독자의 1초를
아껴주는 정성을
만나보세요!

세상이 아무리 바쁘게 돌아가더라도 책까지 아무렇게나 빨리 만들 수는 없습니다.
인스턴트 식품 같은 책보다 오래 익힌 술이나 장맛이 밴 책을 만들고 싶습니다.
땀 흘리며 일하는 당신을 위해 한 권 한 권 마음을 다해 만들겠습니다.
마지막 페이지에서 만날 새로운 당신을 위해 더 나은 길을 준비하겠습니다.

도커 교과서

Learn Docker in a Month of Lunches

초판 발행 · 2022년 8월 16일

초판 3쇄 발행 · 2024년 8월 19일

지은이 · 엘튼 스톤맨

옮긴이 · 심효섭

발행인 · 이종원

발행처 · (주)도서출판 길벗

출판사 등록일 · 1990년 12월 24일

주소 · 서울시 마포구 월드컵로 10길 56(서교동)

대표 전화 · 02)332-0931 | **팩스** · 02)323-0586

홈페이지 · www.gilbut.co.kr | **이메일** · gilbut@gilbut.co.kr

기획 및 책임편집 · 정지은(je7304@gilbut.co.kr) | **디자인** · 장기춘 | **제작** · 이준호, 손일순, 이진혁

영업마케팅 · 임태호, 전선하, 차명환, 박민영, 지운집, 박성용 | **영업관리** · 김명자 | **독자지원** · 윤정아, 최희창

교정교열 · 전도영 | **전산편집** · 박진희 | **출력 · 인쇄 · 제본** · 정민문화사

▶ 잘못 만든 책은 구입한 서점에서 바꿔 드립니다.

▶ 이 책은 저작권법에 따라 보호받는 저작물이므로 무단전재와 무단복제를 금합니다. 이 책의 전부 또는 일부를 이용하려면
반드시 사전에 저작권자와 (주)도서출판 길벗의 서면 동의를 받아야 합니다.

ISBN 979-11-407-0094-3 93000

(길벗 도서번호 080258)

정가 36,000원

독자의 1초를 아껴주는 정성 길벗출판사

길벗 | IT단행본, IT교육서, 교양&실용서, 경제경영서

길벗스쿨 | 어린이학습, 어린이어학

페이스북 · www.facebook.com/gbitbook

예제소스 · https://github.com/gilbutITbook/080258

LEARN DOCKER
IN A MONTH OF
LUNCHES

도커
교과서

엘튼 스톤맨 지음
심효섭 옮김

길벗

글로스터셔의 헛간에서 수많은 밤을 지새며 집필에 몰두하는 동안,
가정을 꾸리느라 애쓴 나의 아내와 아이들에게 이 책을 바친다.

그동안 여러 곳에서 콘퍼런스 강연이나 워크숍 운영, 교육 프로그램 운영, 컨설팅을 해 왔지만 모든 사람에게 추천할 수 있는 책이 없어서 아쉬웠다. 시중에 좋은 도커(Docker) 서적이 많이 나와 있지만, 특정 기술 스택이나 배경지식을 필요로 하는 것이 많았다. 개발 팀 출신인지 또는 운영 팀 출신인지에 상관없이 리눅스와 윈도 사용자도 모두 아우를 수 있는 책. 이 책은 이러한 책을 쓰고 싶었던 노력의 결실이다.

"애플리케이션을 필요한 모든 의존 모듈과 함께 패키징하고, 어디서든 동일한 방식으로 실행할 수 있게 하자." 도커는 바로 이러한 개념에서 출발한 매우 멋진 기술이다. 도커가 실현한 이 세계에서는 노트북, 데이터센터, 클라우드 어디서든 애플리케이션을 똑같이 실행할 수 있다. 또 개발 팀과 운영 팀의 경계도 없다. 1장에서 배우겠지만, 이 모든 것을 도커가 가능케 한다. 하지만 도커는 누구나 어렵지 않게 배울 수 있을 만큼 직관적인 기술이기도 하다.

이 책은 복잡한 이론보다는 실습과 연습 문제를 통해 배우도록 구성돼 있다. 훨씬 '실제 문제'와 가까운 쓸모 있는 주제에 초점을 맞추고 있으며, 차례로 읽어 나가다 보면 도커를 실무에서 활용할 수 있는 수준까지 여러분을 이끌어 줄 것이다.

감사의 글

매닝 출판사와 함께한 집필은 즐거운 경험이었다. 매닝 출판사 관계자 여러분은 이 책이 더 나은 책이 될 수 있도록 많은 도움을 주셨다. 헤아릴 수 없이 많은 점을 개선해 주신 편집부와 리뷰를 맡아 주신 분들께 감사드린다. 이 책의 얼리 액세스 프로그램에 참여해 주신 독자 여러분께도 감사드리고 싶다. 원고를 검토하고 실습을 검증하며, 많은 의견을 주셨다. 이 책을 위해 내주신 소중한 시간에 감사한다.

또 리뷰를 도와주신 안드레스 새코, 데이비드 마두로스, 데릭 햄튼, 페데리코 베르톨루치, 죠지 오노프레이, 존 캐시비츠, 키스 킴, 케빈 오어, 마커스 브라운, 마크 엘스턴, 맥스 헤밍웨이, 마이크 젠슨, 패트릭 리건, 필립 태핏, 롭 로레인저, 로맹 보이셀, 스리하리 스리다란, 스티븐 번, 실뱅 콜롬벨, 토비아스 캐츠, 트렌트 위틀리, 빈센트 자발라에게 감사드린다.

이 책은 컨테이너 세상으로 이주하기를 원하는 개발자를 위한 책이다. 기존에 운영이나 개발 업무에 종사하던 사람들이 컨테이너 환경으로 넘어갈 수 있도록 길잡이 역할을 하는 책은 이미 여러 종류가 나와 있고 개중에는 직접 번역한 책도 있지만, 이 책만큼 실무와 가까운 내용으로 구성된 책은 보지 못했다.

이 책은 한 달간의 하루 한 시간 학습 전략을 기초로 구성됐다. 실무를 경험해 봤지만 컨테이너 환경에 익숙하지 못한 사람들을 위해 첫 번째 주에는 먼저 도커와 컨테이너에 대해 차근차근 설명하고, 이어서 도커의 사용법을 간단한 컨테이너 실행부터 시작해 원하는 이미지를 빌드하는 방법까지 조금씩 손에 익혀 나간다. 여기에 다시 기존 레거시 애플리케이션을 컨테이너로 이주하는 절차와 요령을 살짝 곁들이니, 컨테이너 기술에 익숙하지 않은데 당장 그러한 업무를 맞닥뜨린 사람에게는 가려운 곳을 참 시원하게 긁어 주는 책이 아닐 수 없다.

레거시 애플리케이션을 어떻게든 컨테이너로 이주해 왔다면, 두 번째 주는 컨테이너 환경의 장점을 온전히 누릴 수 있는 방법을 배울 차례다. 헬스 체크와 모니터링 기능을 적용하고 도커 컴포즈를 이용해 지속적 통합/전달 인프라까지 컨테이너 환경에 꾸리는 방법을 배운다.

세 번째 주는 컨테이너 오케스트레이션 맛보기다. 조금 고식적이라고 할 수 있지만, 컨테이너를 공부하면서 절대 빠뜨릴 수 없는 내용이기도 하다. 먼저 조금은 가볍게 접근할 수 있는 도커 스웜으로 분산 애플리케이션을 배치하고 나서 자동 업그레이드 및 롤백, 다중 아키텍처 이미지를 만드는 방법 등도 익힌다. 이것만으로 컨테이너 오케스트레이션을 제대로 배웠다고 할 수는 없겠지만, 곧이어 출간될 저자의 또 다른 책인 〈쿠버네티스 교과서〉의 학습을 시작하는 출발점 역할을 한다.

마지막 주에는 바로 실무에서 써먹을 수 있는 실전적인 내용을 다룬다. 도커 이미지의 최적화, 애플리케이션 설정 관리, 로그 관리, 본격적인 마이크로서비스 아키텍처 적용에 필요한 비동기 통신 등을 배운다.

본격적으로 컨테이너 기술로의 이주를 준비하는 개발자들에게 이 책이 도움이 되기를 바란다.

심효섭

이 책의 목표는 명료하다. 독자 여러분이 이 책을 읽고 난 후 도커를 이용해 여러분의 애플리케이션을 자신감 있게 운영할 수 있는 능력을 갖추는 것이다. 여기서 말하는 능력이란 개념 검증 수준의 프로젝트를 컨테이너로 이전하는 것을 비롯해서 실제 운영 환경으로 이행하기 위한 모든 과정을 수행할 수 있는 능력을 의미한다. 이 책의 각 장은 실무에서 맞닥뜨릴 수 있는 과업에 초점을 맞추고 있으며 도커와 분산 애플리케이션, 컨테이너 오케스트레이션과 컨테이너 생태계를 이해하고 잘 활용할 수 있도록 점진적인 경험을 제공하게 구성돼 있다.

이 책은 도커를 처음 접했거나 학습 중인 독자를 대상으로 한다. 도커는 정보통신의 다양한 분야와 관련된 핵심 기술이지만, 이 책을 읽기 위해 필요한 배경지식은 최소한으로 억제했다. 또한, 도커는 설계, 개발, 운영의 경계를 넘나드는 기술이기도 하다. 이들 업무 중 경험해 보지 못한 부분이 있더라도 책을 이해하는 데 문제가 없도록 최선을 다했으며, 여러분이 어떤 분야의 배경을 갖더라도 이 책에서 도움을 받을 수 있을 것이다.

이 책은 많은 수의 연습 문제와 실습 과정을 담고 있다. 최대한의 학습 효율을 끌어내려면 본문의 예제를 빠짐없이 직접 수행해 보기를 권한다. 도커는 다양한 유형의 컴퓨터에서 동작할 수 있으며 여러분이 사용하는 시스템이 윈도, 맥, 리눅스, 심지어 라즈베리 파이라도 책에 실린 실습 과정을 실행해 볼 수 있다.

이 책에 실린 모든 예제 코드는 깃허브를 통해 제공된다. 1장에서 실습 환경을 구축할 때 예제 코드를 모두 내려받고, 이후 업데이트 내용을 내려받을 수 있도록 저장소에 별 표시를 해 두기 바란다.

이 책의 구성

도커는 좋은 학습 과정을 구성하기 쉬운 주제다. 간단한 예부터 시작해 서서히 지식에 살을 붙이고 복잡도를 올려가며 실무 수준에 다다를 수 있다. 이 책의 구성은 내가 이미 수없이 많은 워크숍, 웨비나, 강의에서 활용했던 과정을 그대로 따랐다.

1장은 책의 구성을 간단히 언급하고, 컨테이너 기술의 중요성을 설명한 다음 도커를 설치하고 이후 장의 연습 문제와 실습 환경을 구축하는 과정을 소개한다.

2장부터 6장까지는 도커의 기본적인 내용을 다룬다. 컨테이너를 실행하고, 도커에서 실행할 수 있도록 애플리케이션을 패키징하는 방법, 도커 허브 등의 서버에 패키징한 애플리케이션을 공개하는 방법을 익힌다. 마지막으로, 컨테이너에서 스토리지를 다루는 요령을 통해 도커에서 유상태(stateful) 애플리케이션(데이터베이스 등이 해당된다)을 실행하는 능력을 갖춘다.

7장부터 11장까지의 주제는 분산 애플리케이션 운영이다. 분산 애플리케이션은 애플리케이션을 구성하는 각 컴포넌트가 가상 도커 네트워크로 연결된 서로 다른 컨테이너에서 동작하는 애플리케이션이다. 이 장들에서는 컨테이너된 애플리케이션을 실제 운영 가능한 수준(헬스 체크와 모니터링 적용 등)까지 고도화하기 위한 패턴과 도커 컴포즈를 소개한다. 또한, 다른 환경으로 애플리케이션을 이전하는 방법과 도커를 이용한 지속적 통합(CI) 프로세스를 갖추는 방법도 알아본다.

12장부터 16장까지는 컨테이너 오케스트레이션 기술을 통한 분산 애플리케이션 운영을 주제로 한다. 컨테이너 오케스트레이션이란 여러 물리 머신에서 동작하는 도커 클러스터 환경을 말한다. 도커 클러스터를 구성하는 방법과 이 클러스터에 애플리케이션을 배포하는 도커 컴포즈의 고급 사용법을 소개한다. 그리고 윈도, 리눅스, x86, ARM 등 서로 다른 아키텍처와 플랫폼에서 동작할 수 있는 도커 컨테이너를 만드는 방법도 알아본다. 이러한 이식성은 도커의 핵심적인 특징으로, 앞으로 더욱 싸고 효율이 개선된 ARM 프로세서가 클라우드 환경에 널리 도입되면 점점 더 중요해질 것이다.

17장부터 21장까지는 도커 컨테이너 최적화와 도커 플랫폼에 애플리케이션의 로그 및 설정 통합하기 등 실무에 곧바로 적용할 수 있는 고급 주제를 다룬다. 또한, 모놀리식 방식으로 설계된 애플리케이션을 여러 컨테이너로 분할해 리버스 프록시나 메시지 큐 등 강력한 커뮤니케이션 패턴을 적용해 재편하는 방법도 살펴본다.

마지막 장인 22장은 도커로 이주하기 위한 실질적인 도움말을 다룬다. 개념 검증 프로젝트를 도커로 이주하는 방법, 조직의 이해관계자를 설득하는 방법, 운영 환경까지 도커를 도입하기 위한 계획 수립 등을 소개한다. 책을 읽고 나면 일상 업무에서 도커를 자연스럽게 활용할 수 있을 것이다.

연습 문제

각 장에는 힌트가 딸린 연습 문제가 있다. 소스 코드는 이 책의 깃허브 저장소(https://github.com/gilbutITbook/080258)에서 제공된다. 실습 환경을 구축할 때 이 저장소를 함께 복제한 후, 예제를 따라 하며 컨테이너를 만들고 실행해 보기 바란다.

이전 장에서 만든 코드 위에 새로운 내용을 얹도록 구성된 장이 많다. 그러나 무조건 1장부터 순서대로 책을 읽어 나갈 필요는 없다. 각 장마다 도커로 실행할 수 있도록 애플리케이션을 패키징하는 연습 문제가 있지만, 도커 허브에 미리 패키징된 애플리케이션을 따로 업로드해 두었다. 이 패키지를 활용해 이 책의 어느 부분이든 원하는 내용부터 실습을 진행할 수 있다.

하지만 시간이 허락한다면 꼭 모든 예제를 직접 수행해 보기 바란다. 이 책에서 얻을 수 있는 최대한의 효과를 얻을 수 있을 것이다.

실습

각 장에는 연습 문제보다 심화된 내용을 다루는 실습 문제가 있다. 실습 문제에는 도움말이 제공되지 않으며, 실습을 끝까지 마칠 수 있을 정도의 간단한 안내나 힌트 정도만 주어진다. 이 책의 깃허브 저장소에서 모든 실습 문제에 대한 해답이 제공된다. 독자 여러분의 해답과 비교하거나 나의 해답을 확인하는 데 활용하기 바란다.

추가 자료

각 장의 주제에 대한 심화된 내용을 알고 싶다면 먼저 도커 공식 참조 문서(https://docs.docker.com)를 확인하기 바란다. 도커 공식 참조 문서는 도커 엔진의 설치부터 Dockerfile 문법, 도커 스웜 등을 제어하기 위한 도커 컴포즈 명령어까지 모든 내용을 다룬다.

SNS를 통해서도 도커에 대한 정보를 얻을 수 있다. 도커 공식 계정이 페이스북과 트위터에 개설돼 있으며, 내가 작성한 콘텐츠도 다수 찾아볼 수 있다. 나의 트위터 계정은 @EltonStoneman이고, 블로그 주소는 https://blog.sixeyed.com이며, 운영 중인 유튜브 채널은 https://youtube.com/eltonstoneman이다.

예제 파일 내려받기

책에서 사용하는 예제 코드는 길벗출판사 웹 사이트에서 도서 이름으로 검색하여 내려받거나 다음의 깃허브에서도 내려받을 수 있다.

- 길벗출판사 웹 사이트: http://www.gilbut.co.kr
- 길벗출판사 깃허브: https://github.com/gilbutITbook/080258

예제 파일 구조

이 책에는 여러 Dockerfile 예제와 애플리케이션 매니페스트 예제가 실려 있다.

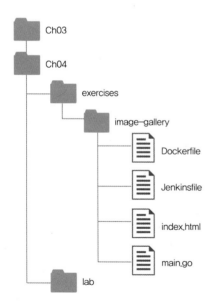

도커 20.10.16 버전(윈도 WSL2 환경(우분투), macOS(우분투))에서 모든 예제가 동작함을 확인했으며, 출력 결과는 여러분의 사용 환경과 버전에 따라 책의 내용과 조금씩 다를 수 있다.

이 책은 장마다 단계별로 매우 세분화하여 도커를 깊이 있게 설명하고, 실습을 통해 기본적인 사용법과 고급 활용법까지 터득할 수 있게 구성돼 있습니다. 꽤 오랫동안 도커를 사용해 와서 도커의 기본을 잘 알고 있다고 생각했었는데, 이 책에 담긴 저자의 깊이 있는 지식과 설명을 읽으면서 제가 큰 착각에 빠졌을지도 모른다는 생각을 하게 됐습니다. 이 책은 단순히 도커를 설명만 하는 것이 아니라 모든 장에 저자의 노하우를 듬뿍 담아냈습니다. 마이크로서비스 환경에서의 빌드, 배포, 테스트, 롤백, 운영, 업데이트 자동화, 보안, 로깅, 모니터링 등 고급 도커 활용법을 매우 상세히 다루며, 프로메테우스, 그라파나, EFK 스택, 엔진엑스(Nginx), 레디스, NATS 등 다양한 서비스와 연계하여 구성하고 배포하고 운영하는 기술도 다룹니다. 또한, GitOps, 젠킨스(Jenkins) CI/CD와 도커 컨테이너를 활용해 데브옵스 환경을 구축하고 운영하는 방법도 소개합니다. 더욱 놀라운 사실은 이렇게 많은 내용을 상세히 다루면서도 내용이나 실습이 전혀 부실하지 않다는 것입니다. 실무에서 충분히 활용할 수 있는 수준의 내용이 상당히 많이 제공되고 있으며 '도커 교과서'라는 이름에 전혀 손색이 없을 만한 내용을 갖추고 있습니다. 누군가에게 도커 서적을 한 권 추천하라고 한다면, 이 책을 자신 있게 권할 수 있을 것 같습니다.

권민승_샵라이브코리아

이 책은 도커의 A~Z까지 친절하게 설명하며 다양한 환경에서 실습할 수 있는 도커 스크립트를 제공합니다. 또한, 도커를 사용한 애플리케이션 개발에서부터 클라우드 환경에서의 운영, 레거시 시스템의 이주 과정과 최적화 방법까지 고루 설명하고 있습니다. 도커의 기본 개념과 작동 원리는 물론이고 실무에 바로 활용할 수 있는 고급 기술까지 다루고 있으므로 도커를 잘 모르는 초보자라도 도커를 적재적소에 활용할 수 있는 전문가의 길로 이끌어 줍니다. 개발만 하던 저도 이제는 도커를 이용하여 빌드에서 배포까지 아우르는 도커 스크립트를 작성하고 싶어지네요. 좋은 교과서로 공부했으니 실력도 쑥쑥 늘 것이라 생각합니다.

김미수_자바 웹 개발자

저자의 경험과 평소 강의 내용이 잘 녹아 있는 책입니다. 어떤 기술이든 실습을 하지 않으면 개념을 익히기가 굉장히 어려운데, 실습이 잘 정리돼 있고 어렵지 않게 따라 할 수 있어 도커가 쉽게 느껴졌습니다. 개념을 익히고 실습으로 한 번 더 학습하여 도커에 대한 개념을 더 빨리 익힐 수 있는 책이며, '도커 교과서'라는 이름답게 언제든지 꺼내 보면서 학습하기에 좋습니다. 도커에 대한 궁금증이 있는 분들이라면 꼭 한번 읽어 보면 좋겠습니다.

류영표_프리랜서 개발자

도커는 공식 문서가 매우 잘 정리돼 있지만, 처음부터 이를 활용해 공부하기는 어렵습니다. 저는 도커의 큰 강점인 배포가 아니라 딥러닝 서버 관리를 위해 도커를 배우게 됐고, 너무 다양한 소스를 활용해 배우다 보니 사용은 하고 있지만 지식이 하나로 합쳐지지 않은 상태였습니다. 그러던 중 상황에 따른 도커의 기능들을 순차적으로 제공하는 이 책을 접하게 됐고, 마침내 혼란스러웠던 여러 내용이 머릿속에서 잘 합쳐졌습니다. 특히 실습 코드가 도움이 많이 됐는데, 지나치게 다양한 상황의 실습 코드를 사용하는 것이 아니라 몇 개의 실습 코드를 상황에 맞춰 빌드업해 나가면서 배우다 보니 도커의 세부적인 기능을 이해하는 데 큰 도움이 됐습니다. 또한, 널리 사용되는 도커의 기본적인 기능 외에 추가적인 기능도 함께 배우게 됐습니다.

조대현_고려대학교 인공지능학과 석박사 통합 과정

제 1 부

도커 컨테이너와
이미지 이해하기

1부는 도커의 핵심 개념인 컨테이너와 이미지, 레지스트리를 간략히 소개한다. 컨테이너로 애플리케이션을 실행하는 방법을 배운 다음, 애플리케이션을 컨테이너로 패키징하는 방법과 패키징된 애플리케이션을 다른 사람에게 공유하는 방법을 배운다. 그리고 도커 볼륨에 데이터를 저장하는 요령을 통해 컨테이너에서 유상태 애플리케이션을 실행하는 방법도 익힌다. 1장을 읽고 나면 도커의 기본적인 기능은 익숙하게 사용할 수 있으며 시행착오 없이 학습을 진행할 준비를 마칠 수 있다.

1장

시작하기 전에

도커는 **컨테이너**라는 경량 단위로 애플리케이션을 실행하는 기능을 제공하는 플랫폼이다. 컨테이너는 클라우드의 서버리스 함수(serverless function)부터 기업의 전략 수립까지 소프트웨어 분야의 거의 모든 곳에 자리 잡았다. 그리고 소프트웨어 산업 전반에서 개발 업무와 운영 업무 모두에서 반드시 익혀야 할 핵심 기술로 인식되고 있다.

하지만 도커는 그리 복잡한 기술이 아니다. 여러분이 도커에 대해 아무것도 모르는 완전한 초심자이더라도 2장을 읽을 무렵이면 컨테이너로 애플리케이션을 실행시킬 수 있으며, 3장을 읽을 즈음이면 애플리케이션을 패키징하는 방법까지 터득하게 될 것이다. 각 장을 읽으며, 윈도, 맥, 리눅스 등 어떤 환경에서도 실행 가능한 예제와 실습 과제를 수행하면서 도커로 할 수 있는 쓸모 있는 일을 한 가지씩 배울 수 있다.

이 책은 내가 여러 해 동안 도커를 가르치면서 지속적으로 가다듬은 과정을 따라 구성됐다. 모든 장은(1장은 예외다) 실습 위주로 구성돼 있다. 그러나 독자 여러분이 도커를 배우기 전에 먼저 컨테이너가 실무에서 어떻게 활용되고 있는지, 또 어떤 문제를 해결하는 데 도움이 되는지 이해할 필요가 있으며 이 장에서 설명할 내용이 바로 이것이다. 이와 더불어 이 책에서 어떻게 도커를 배울 수 있는지도 소개한다. 자신에게 이 책이 적합한지 판단할 수 있을 것이다.

그럼 컨테이너가 무엇에 쓰는 물건인지 알아보자. 여기서는 도커를 도입해 큰 성과를 거두고 있는 다섯 개의 주요 시나리오를 설명할 것이다. 또한, 컨테이너로 해결할 수 있는 다양한 문제를 소개하므로 이 중에서 자신의 업무와의 연결점을 찾을 수 있다. 1장을 끝까지 읽고 나면, 도커가 배울 만한 가치가 있는 기술이라는 것을 알게 되고 이 책을 어떻게 활용해야 할지 깨달을 수 있다.

DOCKER TEXTBOOK

1.1 컨테이너가 IT 세상을 점령한 이유

내가 도커를 처음 만난 것은 2014년으로, 안드로이드 단말기를 위한 API를 만드는 프로젝트에 참여하던 때였다. 처음에는 빌드 서버로 이용하기 위해 도커를 도입했다. 그 이후로 어느 정도 컨테이너 활용에 자신이 붙고 나자 테스트 환경을 컨테이너에서 동작하는 API로 구성하게 됐다. 이 프로젝트가 마무리될 무렵에는 비교적 높은 기준의 가용성과 확장성을 필요로 했던 운영 환경까지 모든 환경이 도커로 동작하는 단계에 도달했다.

내가 이 프로젝트에서 하차할 때 새 개발 팀에 전달한 인수인계 자료는 깃허브 저장소에 포함된 README 파일 단 하나였다. 운영 환경과 테스트 환경을 막론하고 애플리케이션을 빌드하고, 배포하고, 관리하는 모든 업무가 도커를 통해 이뤄지고 있었다. 프로젝트에 새로 참여한 개발자도 소스 코드를 내려받고 나면 명령 한 줄로 로컬 머신에서 빌드와 실행을 끝낼 수 있었다. 운영 팀 역시 운영 환경 클러스터에서 실행 중인 컨테이너를 관리하고 배포하는 데 동일한 도구를 사용했다.

이 정도 규모의 프로젝트를 인수인계하려면 대개는 2주 정도가 걸린다. 새 개발 팀은 대여섯 가지나 되는 도구를 특정한 버전으로 설치해야 하고 운영 팀도 또 다른 도구 대여섯 가지를 설치해야 하는 경우가 다반사다. 그러나 도커를 도입하니 모든 툴체인이 중앙집중화돼 어떤 역할의 조직에서도 모든 작업이 간단해졌다. 나는 그때 도커와 컨테이너를 쓰지 않는 프로젝트가 없어질 날이 머지 않았다고 느꼈다.

그리고 2016년 나는 도커에 입사했다. 그 이후로 몇 년 동안 도커의 미래 비전이 실현되는 과정을 지켜봤다. 도커는 마치 공기와도 같은 존재가 돼 가는 중이다. 그 이유는 도커를 활용하면 프로덕트 출시 작업이 아주 쉬워지기 때문이며, 유연성이 뛰어나 어떤 프로젝트든 도커를 도입할 수 있기 때문이다. 그럼 지금부터 도커가 어떤 경우에 활용되는지 살펴보자.

1.1.1 클라우드 환경으로 이주하기

애플리케이션의 클라우드 환경 이주는 거의 모든 조직에서 최우선 관심사일 것이다. 서버, 스토리지, 네트워크 심지어 전원까지 마이크로소프트나 아마존, 구글에 맡겨버릴 수 있다니 매력적인 조건이 아닐 수 없다. 전 세계에 존재하는 글로벌 데이터 센터에 우리 애플리케이션을 입주시켜 사실상 무제한의 확장성을 누릴 수 있고, 눈 깜짝할 사이에 새로운 환경에 애플리케이션을 배포할 수도 있으며, 비용도 실제 사용한 만큼만 부담하면 된다. 그런데 클라우드 환경으로 이주하려면 어떻게 해야 할까?

기존에는 클라우드 환경으로 이주하려면 '서비스로서의 인프라(IaaS)'와 '서비스로서의 플랫폼(PaaS)' 이렇게 두 가지 선택지가 있었다. 두 선택지는 모두 일장일단이 있다. 먼저 PaaS를 선택하면 우리 애플리케이션의 각 컴포넌트를 하나씩 클라우드의 매니지드 서비스(managed service)로 옮기는 까다로운 프로젝트를 진행해야 한다. 게다가 애플리케이션이 특정 클라우드에 종속되는 결과를 낳지만, 적어도 운영비는 절감할 수 있다. 반대로 IaaS를 선택하면 애플리케이션의 각 컴포넌트를 가상 머신에서 동작시키게 된다. 특정 클라우드에 종속되는 신세는 면할 수 있지만 운영비가 상승한다. 그림 1-1은 분산 애플리케이션의 전형적인 클라우드 이주 과정을 IaaS와 PaaS로 나눠 나타낸 것이다.

도커는 앞에서 언급된 단점이 없는 또 다른 선택지를 제공한다. 도커를 도입하면 애플리케이션의 각 컴포넌트를 컨테이너로 이주한 다음 애저 쿠버네티스 서비스나 아마존 일래스틱 컨테이너 서비스 혹은 직접 구축한 도커 클러스터에서 전체 애플리케이션을 실행할 수 있다. 이렇게 분산 애플리케이션을 컨테이너를 통해 실행시키는 방법은 7장에서 다룬다. 그리고 13장과 14장에서 운영 환경에 적용할 스케일링 방법을 배울 수 있다.

▼ 그림 1-1 클라우드 환경으로 이주하기 위한 기존의 두 가지 선택지. IaaS를 선택해 비효율적인 가상 머신에 높은 운영비를 지불하거나, PaaS를 선택해 낮은 운영비 대신 복잡한 이주 과정 및 특정 클라우드에 종속되는 것을 감수해야 했다.

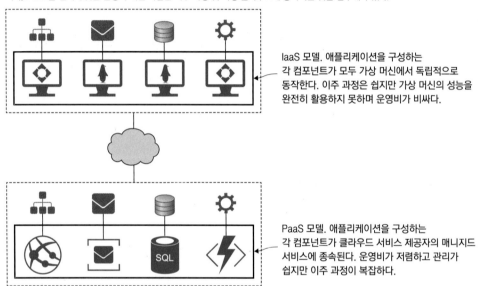

IaaS 모델. 애플리케이션을 구성하는 각 컴포넌트가 모두 가상 머신에서 독립적으로 동작한다. 이주 과정은 쉽지만 가상 머신의 성능을 완전히 활용하지 못하며 운영비가 비싸다.

PaaS 모델. 애플리케이션을 구성하는 각 컴포넌트가 클라우드 서비스 제공자의 매니지드 서비스에 종속된다. 운영비가 저렴하고 관리가 쉽지만 이주 과정이 복잡하다.

그림 1-2는 도커를 도입한 클라우드 이주 과정을 나타낸 것이다. 특정 클라우드에 종속되지 않으므로 원하는 클라우드 서비스나 데이터센터, 심지어 로컬 환경에서도 운영 가능하며 낮은 운영비와 이식성도 확보할 수 있다.

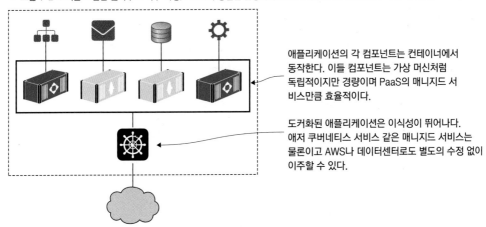

▼ 그림 1-2 도커를 도입한 클라우드 이주 과정. PaaS의 장점인 운영비와 IaaS의 장점인 이식성을 모두 누릴 수 있다.

애플리케이션의 각 컴포넌트는 컨테이너에서 동작한다. 이들 컴포넌트는 가상 머신처럼 독립적이지만 경량이며 PaaS의 매니지드 서비스만큼 효율적이다.

도커화된 애플리케이션은 이식성이 뛰어나다. 애저 쿠버네티스 서비스 같은 매니지드 서비스는 물론이고 AWS나 데이터센터로도 별도의 수정 없이 이주할 수 있다.

컨테이너로 애플리케이션을 이주하려면 어느 정도 비용이 필요하다. 우선 기존 설치 절차를 Dockerfile이라는 스크립트로 재작성해야 하고, 배포 관련 사항 역시 도커 컴포즈나 쿠버네티스에서 사용되는 애플리케이션 매니페스트로 재작성해야 한다. 코드를 수정할 필요는 없다. 컨테이너화된 애플리케이션은 업무용 노트북부터 클라우드까지 어떤 환경에서든 기존과 동일한 기술 스택에서 그대로 동작한다.

1.1.2 레거시 애플리케이션 현대화하기

컨테이너를 활용하면 거의 모든 애플리케이션을 클라우드에서 실행할 수 있다. 그러나 기존 애플리케이션의 구조를 낡은 모놀리식(monolithic) 설계로 방치한다면 도커 혹은 클라우드 플랫폼의 진가가 발휘되기 어렵다. 물론 모놀리식 설계를 가진 애플리케이션도 컨테이너에서 동작하는 데 문제가 없지만, 기민성에는 제약이 따른다. 컨테이너 환경에서는 30초면 새 기능을 단계적으로 자동 배포할 수 있지만, 이 새 기능이 모놀리식 설계를 가진 200만 줄 코드의 일부분이라면 이야기가 조금 달라진다. 이 상태에서 새 기능을 출시하려면 기존 기능이 망가지지 않았는지 확인하는 회귀 테스트에만 적어도 2주가 걸릴 것이다.

도커로 이주하는 과정은 애플리케이션의 낡은 설계를 탈바꿈하는 첫걸음이다. 애플리케이션을 전면적으로 재구현하지 않고도 새로운 패턴을 도입할 수 있다. 방법은 간단하다. 우선 책에 나오는 대로 Dockerfile 스크립트와 도커 컴포즈 문법을 따라 애플리케이션을 단일 컨테이너로 옮긴다. 이것만으로 통짜 애플리케이션의 컨테이너 이주가 끝난다.

컨테이너는 가상 네트워크를 통해 외부에 노출되지 않고 서로 통신할 수 있다. 다시 말해 이 통짜 애플리케이션을 분할해 기능별로 별도의 컨테이너에 배치할 수 있는 것이다. 결과적으로 통짜 애플리케이션이 여러 개의 컨테이너로 분할된 분산 애플리케이션으로 거듭나게 된다. 그림 1-3은 이러한 과정을 예제 애플리케이션을 통해 나타낸 것이다.

❤ 그림 1-3 모놀리식 설계를 가진 통짜 애플리케이션을 재구현 없이 분산 애플리케이션으로 재편하는 과정. 각 컴포넌트는 도커 컨테이너에서 실행되며, 라우팅 컴포넌트가 요청 처리를 기존 통짜 애플리케이션에 맡길지 아니면 새로운 마이크로서비스 설계를 따르는 컴포넌트에 맡길지 결정한다.

모놀리식 설계를 따르는 기존 애플리케이션.
10년 이상 코드 변화가 없었던 경우도 있다.

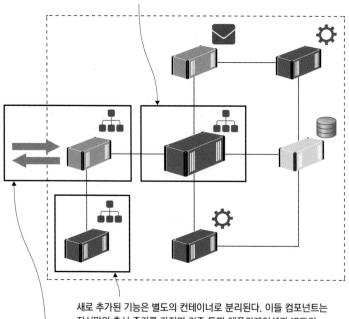

새로 추가된 기능은 별도의 컨테이너로 분리된다. 이들 컴포넌트는
자신만의 출시 주기를 가지며 기존 통짜 애플리케이션과 별도의
기술 스택을 가질 수도 있다.

외부에서 들어오는 모든 요청은 라우팅 컴포넌트로 전달된다. 라우팅 컴포넌트는
요청 내용에 따라 요청을 기존 통짜 애플리케이션 혹은 새로 추가된 컨테이너로
라우팅한다. 통짜 애플리케이션은 재구현 없이 서서히 마이크로서비스로 분할된다.

이렇게 새로운 설계로 거듭난 애플리케이션은 마이크로서비스 아키텍처의 다양한 장점을 누릴 수 있는데, 이를테면 핵심 기능을 작고 독립된 단위로 만들어 따로따로 다루면서 변경 내용을 빠르게 테스트할 수 있다. 애플리케이션 전체를 변경한 것이 아니라 해당 기능이 포함된 컨테이너만을 변경했기 때문이다. 그리고 해당 기능의 확장성을 조절할 수도 있고, 필요에 맞는 적절한 기술 기반을 선택할 수도 있다.

도커를 도입하면 레거시 애플리케이션의 설계를 쉽게 현대화할 수 있다. 20장과 21장에서 예제를 통해 이 과정을 배운다. 1년 이상 재구현에 매달리지 않고도 독자 여러분의 애플리케이션을 좀 더 유연하고 탄력적이며 기민하게 만들 수 있다. 더구나 이 과정을 점진적으로 진행하면서 말이다.

1.1.3 클라우드 환경에 적합한 새로운 애플리케이션 개발하기

도커는 분산 애플리케이션이든 모놀리식 설계든 기존 애플리케이션을 클라우드로 이주하는 데 유용하다. 통짜 애플리케이션이라면 도커를 통해 컴포넌트를 분할하고 새로운 설계를 적용해 클라우드나 데이터센터 어디든 원하는 곳에서 애플리케이션을 운영할 수 있으며, 클라우드 환경을 고려한 완전히 새로운 애플리케이션 개발이라면 도커를 통해 더 빠른 개발이 가능하다.

클라우드 네이티브 컴퓨팅 재단(CNCF)에서는 이러한 새로운 설계의 특징을 '오픈 소스 소프트웨어 스택을 통해 마이크로서비스 형태로 배포되는 애플리케이션으로, 각 컴포넌트가 별도의 컨테이너로 패키징되며 이들 컨테이너를 동적으로 오케스트레이션해 리소스 활용의 최적화를 꾀하는 애플리케이션'이라 정의한다.

그림 1-4는 전형적인 마이크로서비스 아키텍처의 애플리케이션을 나타낸 것이다. 사실 이 애플리케이션은 커뮤니티에서 제공하는 데모 애플리케이션으로, 깃허브(https://github.com/microservices-demo)에서 코드를 볼 수 있다.

마이크로서비스 아키텍처가 어떻게 구현되는지 궁금했다면 이 애플리케이션이 예제로 딱 적합하다. 각 컴포넌트는 자신만의 데이터를 가지며 API를 통해 이 데이터를 외부에 제공한다. 프런트엔드는 이들 API 서비스를 이용하는 웹 애플리케이션 형태다. 또한, 이 데모 애플리케이션은 여러 가지 프로그래밍 언어로 구현됐으며 서로 다른 데이터베이스 기술을 함께 사용한다. 반면 모든 컴포넌트는 공통적으로 Dockerfile을 통해 패키징되며 도커 컴포즈 파일 형태로 전체 애플리케이션이 정의된다.

❤ 그림 1-4 클라우드 애플리케이션은 각 컴포넌트가 컨테이너에서 동작하는 마이크로서비스 아키텍처로 설계된다.

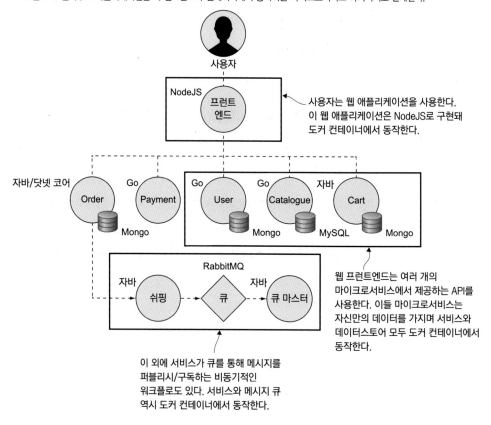

4장에서 애플리케이션을 패키징하는 과정의 일환으로 도커를 이용해 코드를 컴파일하는 방법을 배운다. 다시 말하면, 분산 애플리케이션을 빌드하고 실행하는 데는 별도의 개발 도구가 필요치 않다는 뜻이다. 도커를 설치하고, 소스 코드 저장소를 복제한 다음, 한 번의 명령으로 코드를 빌드하고 전체 애플리케이션을 실행할 수 있다.

도커는 서드파티 소프트웨어를 도입하는 데도 유용하다. 이런 방법으로 코드를 작성하지 않고도 애플리케이션에 새로운 기능을 추가할 수 있다. 도커 허브는 다양한 사람이 자신이 작성한 컨테이너를 공유하는 서비스다. CNCF는 모니터링부터 메시지 큐까지 원하는 용도에 적합한 오픈 소스 프로젝트의 목록을 제공한다. 이들 모두 도커 허브를 통해 자유롭게 사용할 수 있다.

1.1.4 기술 혁신: 서버리스와 그 너머

현대 IT 기술을 주도하는 요소 중 하나는 일관성이다. 개발 팀은 모든 프로젝트에서 같은 도구, 같은 프로세스, 동일한 런타임을 사용하기를 원한다. 도커를 통해 이러한 요구를 만족시킬 수 있다. 윈도에서 동작하는 낡은 모놀리식 설계를 가진 닷넷(.NET) 애플리케이션도 리눅스에서 동작하는 Go로 작성된 애플리케이션도 컨테이너에서 실행할 수 있다. 도커 클러스터를 구축하면 모든 제품의 빌드, 배포, 운영을 같은 도구와 같은 방법으로 수행할 수 있다.

일상적으로 사용하는 애플리케이션이라고 해서 기술 혁신이 없을 리 없다. 도커는 기술 혁신의 최전선이다. 새로운 분야로 진출하더라도 당분간은 같은 도구와 기술을 그대로 사용할 수 있을 것이다. 컨테이너 도입 후 마주할 가장 흥미진진한 기술 혁신은 서버리스 함수다. 그림 1-5는 모놀리식 설계의 통짜 애플리케이션부터 클라우드 환경에 적합한 분산 애플리케이션, 서버리스 함수까지 다양한 애플리케이션을 실행할 수 있는 도커 클러스터를 나타낸 것이다. 도커 클러스터는 클라우드와 데이터센터 어디든 원하는 곳에서 운영할 수 있다.

❤ 그림 1-5 어떠한 애플리케이션이라도 단일 도커 클러스터 혹은 서버를 이용해 실행할 수 있다. 그리고 아키텍처나 기술 기반과 무관하게 이들 애플리케이션의 빌드, 배포, 관리를 일원화할 수 있다.

어떠한 형태의 애플리케이션이라도
도커 클러스터의 컨테이너에서 실행할 수 있다.

| 모놀리식 설계 | 분산 애플리케이션 | 모놀리식 설계 | 서버리스 |

운영 환경 클러스터를 리눅스나 윈도에서
혹은 두 운영체제를 섞어 구성할 수 있다.

컨테이너화된 애플리케이션을 관리하기 위한
도커 스웜 API나 쿠버네티스 API를 사용할 수 있도록
클러스터를 설정할 수 있다.

서버리스 기술은 곧 컨테이너 기술이다. 개발자에게 있어 서버리스 기술의 목표는 개발자가 함수 코드를 작성하고 서비스에 푸시하면 서비스가 코드를 빌드하고 패키징하도록 하는 것이다. 함수 사용 측에서 함수를 호출하면 서비스는 해당 함수의 인스턴스를 생성해 요청을 처리한다. 이 과정에는 빌드 서버도, 파이프라인도, 관리가 필요한 운영 환경도 필요 없다. 모든 일은 플랫폼이 처리한다.

클라우드 서버리스의 수면 아래에서는 도커가 실제로 코드를 패키징하고 함수를 실행하는 역할을 담당한다. 그러나 클라우드 환경의 함수는 이식성이 없다. 쉽게 말해 AWS 람다 함수를 애저(Azure)로 그대로 옮길 수는 없다는 말이다. 그 이유는 서버리스에 개방형 표준이 아직 없기 때문이다. 특정 클라우드에 종속되는 일 없이 서버리스 기술을 활용하고 싶거나 데이터센터를 직접 운영하고 있다면, 유명 서버리스 프레임워크인 누클리오(Nuclio)나 오픈파스(OpenFaaS) Fn 프로젝트(Fn project)와 도커를 활용해 직접 플랫폼을 구축할 수 있다.

서버리스 외의 최근 기술 혁신, 이를테면 머신러닝, 블록체인, IoT 등도 환경과 상관없이 동작하는 도커의 패키징 및 배포 모델에서 얻을 수 있는 바가 많다. 텐서플로(Tensorflow)나 하이퍼레저(Hyperledger) 같은 이들 분야의 핵심 프로젝트도 거의 모두 도커 허브를 통해 배포된다. IoT 분야의 상황은 한층 더 흥미롭다. 도커가 ARM과 협약을 맺고 컨테이너를 IoT 디바이스의 기본 런타임으로 제공하게 됐기 때문이다.

1.1.5 데브옵스 도입하기

우리가 살펴본 시나리오는 모두 기술과 관련된 것이다. 그러나 대부분의 조직이 직면하는 가장 큰 문제는 역시 운영이다. 특히 역사가 깊고 규모가 큰 조직에서 더욱 그렇다. 기술 조직은 '개발 팀'과 '운영 팀'으로 나뉘어 프로젝트 생애주기의 서로 다른 부분을 각각 담당한다. 출시 시점의 문제점은 개발 팀과 운영 팀이 서로 책임을 미루게 되기 쉽다. 따라서 이후 발생할 수 있는 문제를 방지하기 위해 이 시점에 품질 게이트를 둔다. 그러다 보면 결국 점점 늘어나는 품질 게이트로 인해 불어나는 위험과 작업량을 감당하지 못해 한 해에 한두 번밖에 출시하지 못하게 된다.

데브옵스(DevOps)는 기민한 소프트웨어 유지 보수를 위해 애플리케이션의 전체 생애주기를 담당하는 전담 팀을 둔다. 이름부터가 '개발'과 '운영'을 합친 것이다. 데브옵스 전환은 주로 팀 문화의 변화를 통해 일어난다. 분기별 대규모 릴리스를 작은 규모의 일일 배포로 대체하게 하는 식이다. 그러나 아무 기술적 변화 없이 이를 실현하기는 어렵다.

운영자는 배시(Bash), 나기오스(Nagios), 파워셸(Powershell), 시스템 센터 등의 도구를 다루며, 개발자는 메이크(Make), 메이븐(Maven), 누겟(NuGet), MS빌드(MSBuild) 등의 도구를 주로 사용한다. 서로 다른 기술을 사용하는 사람들끼리 어떻게 하나의 팀을 이룰 수 있을까? 여기서 바로 도커의 진가가 발휘된다. 컨테이너로의 전환을 통해 데브옵스 도입을 더욱 촉진할 수 있다. 팀원 모두가 Dockerfile과 도커 컴포즈 스크립트를 사용하면 같은 기술과 도구로 팀을 통일할 수 있다.

장점은 이뿐만이 아니다. CALMS라는 데브옵스를 위한 프레임워크가 있다. CALMS는 문화(Culture), 자동화(Automation), 린(Lean), 측정(Metric), 공유(Sharing)의 머리글자를 딴 것이다. 도커는 이들 개념 모두와 밀접한 관련이 있다. 자동화는 컨테이너 환경의 핵심이고 분산 애플리케이션은 린 원칙에 따라 만들어지며, 배포 프로세스와 운영 로그로부터 얻은 측정치를 쉽게 활용할 수 있고 도커 허브는 이미 있는 것을 다시 만드는 노력을 절약할 수 있는 공유의 장이다.

1.2 대상 독자

앞서 살펴본 다섯 가지 시나리오는 IT 산업에서 벌어지는 대부분의 활동을 커버한다. 그리고 도커는 이들 활동의 열쇠가 될 수 있다. 만약 여러분이 도커를 활용해 실제 문제를 해결하기를 원한다면 이 책이 정답이 될 수 있다. 도커에 대한 아무 사전 지식이 없더라도 운영 환경 수준의 클러스터에서 애플리케이션을 실행할 수 있는 능력을 키우게 될 것이다.

이 책의 목표는 도커의 사용법을 배우는 것이다. 그런 만큼 도커의 내부 동작에 대해 자세히 다루지는 않는다. containerd나 리눅스의 cgroups 혹은 namespaces, 윈도의 HCS가 저수준에서 어떻게 동작하는지에 대해서도 마찬가지다. 이러한 저수준 세부 사항을 알고 싶다면 제프 니콜로프(Jeff Nickoloff)와 스티븐 쿠엔즐리(Stephen Kuenzli)가 쓴 〈Docker in Action〉 2판을 추천한다.

이 책의 모든 예제는 여러 플랫폼에서 동작한다. 여러분이 사용하는 시스템이 윈도, 맥, 리눅스나 심지어 ARM 아키텍처 프로세서가 탑재된 라즈베리 파이를 사용하더라도 실습을 진행할 수 있다. 나는 하나 이상의 플랫폼에 구현체가 있는 프로그래밍 언어만을 사용한다. 이를테면 윈도용 구현만 있는 닷넷 프레임워크 대신 닷넷 코어를 사용하는 식이다. 윈도 환경의 컨테이너에 대해 깊이 알고 싶다면 나의 블로그(https://blog.sixeyed.com)가 도움이 될 것이다.

마지막으로, 이 책의 주제는 도커다. 나는 운영 환경 배포를 위해 도커에 내장된 클러스터 기술인 도커 스웜(Swarm)을 사용한다. 12장은 쿠버네티스(Kubernetes)를 다루는데, 도커 스웜과 쿠버네티스를 각각 어떤 경우에 사용해야 하는지도 설명한다. 그러나 쿠버네티스를 아주 자세히 다루지는 않는다. 쿠버네티스를 익히려면 한 달 이상의 학습 기간이 필요하기 때문이다. 하지만 쿠버네티스도 결국 도커 컨테이너를 운영하기 위한 한 가지 수단일 뿐이다. 이 책에서 배운 내용이 그대로 쿠버네티스에서도 통용된다.

1.3 / 실습 환경 구축하기

이제 본격적인 시작이다. 도커를 설치하고 소스 코드를 내려받기만 하면 된다.

1.3.1 도커 설치하기

개발이 목적이라면 도커 커뮤니티 에디션으로 충분하다. 윈도 10이나 macOS를 사용하고 있다면 도커 데스크톱을 추천한다. 도커 데스크톱 구 버전은 도커 툴박스도 사용할 수 있다. 주요 리눅스 배포판에서 사용할 수 있는 리눅스 버전 도커도 제공된다. 이 중 원하는 것을 선택하면 된다. 그리고 도커 허브 계정을 만드는 것도 잊지 말자. 이 계정이 있어야 내가 만든 애플리케이션을 다른 사람과 공유할 수 있으며 계정을 만드는 것도 무료다.

윈도 10 환경에서 도커 설치하기

도커 데스크톱을 사용하려면 최신 업데이트가 설치된 윈도 10 프로페셔널 버전 혹은 엔터프라이즈 버전이 필요하다. 최소 1809 이후의 업데이트가 적용돼야 한다(명령 프롬프트에서 winver 명령으로 버전을 확인할 수 있다).

▼ 그림 1-6 윈도 10의 버전 확인

도커 사이트(https://www.docker.com/products/docker-desktop)에서 Windows를 클릭해
설치 파일을 내려받는다.

▼ 그림 1-7 설치 파일 내려받기

내려받은 설치 파일을 실행한다. 다음과 같이 인스톨러 화면이 나타나면 모든 설정을 기본값으로 그대로 두고 Ok를 클릭한다.

▼ 그림 1-8 도커 데스크톱 설치 파일을 실행한 화면

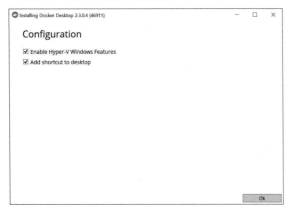

설치 과정이 끝나고 태스크 바에 고래 아이콘이 나타나면 정상적으로 도커 엔진이 동작 중임을 확인할 수 있다.

macOS 환경에서 도커 설치하기

맥에서 도커 데스크톱을 사용하려면 macOS 시에라(10.12) 이상의 버전이 필요하다. 화면 상단 메뉴 바에서 애플 아이콘을 클릭하고 메뉴에서 About this mac을 선택하면 그림 1-9와 같은 화면이 나타난다. 이 중 붉게 표시된 영역에서 자신의 macOS 버전을 확인할 수 있다.

▼ 그림 1-9 macOS 버전 확인

윈도와 마찬가지로 도커 사이트(https://www.docker.com/products/docker-desktop)에서
여러분이 사용하는 컴퓨터의 아키텍처에 맞는 설치 파일을 내려받는다.

▼ 그림 1-10 설치 파일 내려받기

설치 파일을 실행해 설치를 진행한다. 메뉴 바에 고래 아이콘이 나타나면 무사히 설치가 끝난 것
이다.

도커 툴박스 설치하기

앞에서 언급한 것보다 이전 버전의 윈도나 macOS를 사용한다면 도커 툴박스를 추가로 설치해
야 한다. 실제 사용할 때는 동일하게 사용할 수 있지만, 이를 위해 몇 가지 구성 요소가 더 필요
하다. 버추얼박스 등의 가상 머신 소프트웨어를 설치한 다음(가능하다면 도커 데스크톱을 설치하
라. 그러면 별도의 가상 머신 소프트웨어가 없어도 된다), Docker Toolbox 문서(https://docs.
docker.com/toolbox)의 설명을 따라 도커 툴박스의 설치를 진행한다.

도커 커뮤니티 에디션과 도커 컴포즈 설치하기

대개의 리눅스 배포판에는 배포판에서 제공되는 도커 패키지가 있다. 하지만 반드시 이 패키지를
사용할 필요는 없다. 최근에는 도커가 별도의 인스톨러를 통해 제공되기 때문에 이러한 패키지는
현재 꽤 구 버전일 경우가 많으며, 새 버전이 나올 때마다 도커를 업데이트하는 스크립트를 사용
할 수도 있다. https://get.docker.com의 설명을 따라 스크립트를 실행한 다음, https://docs.
docker.com/compose/install의 설명을 따라 도커 컴포즈를 설치한다.

윈도 서버 혹은 리눅스 서버에 도커 설치하기

운영 환경에는 도커 커뮤니티 에디션을 사용한다. 하지만 기술 지원이 필요하다면 도커에서 제공하는 상용 버전인 도커 엔터프라이즈를 사용한다. 도커 엔터프라이즈는 도커 커뮤니티 에디션에 추가 기능이 탑재된 것이다. 그러므로 도커 엔터프라이즈에서도 이 책의 내용이 그대로 적용된다. 도커 엔터프라이즈는 주요 리눅스 배포판과 윈도 서버 2016 및 2019용 버전이 제공된다. 도커 허브에서 도커 엔터프라이즈 인스톨러와 설치 방법을 볼 수 있다. 여기서는 우분투 리눅스를 기준으로 도커 커뮤니티 에디션의 설치 방법을 간단히 소개한다.

먼저 할 일은 기존에 설치된 도커 커뮤니티 에디션과 도커 엔진을 제거하는 것이다. 다음 명령을 입력하면 된다. 기존에 도커를 설치한 적이 없더라도 이 명령을 사용해 확실히 제거하는 것이 좋다.

```
$ sudo apt-get remove docker docker-engine docker.io containerd runc
```

우분투 리눅스 패키지 관리자의 도커 공식 저장소를 추가한다. 그러나 그 전에 다음 명령을 입력해 저장소를 추가하는 데 필요한 패키지를 먼저 설치해야 한다.

```
$ sudo apt-get update
```

```
$ sudo apt-get install \
   apt-transport-https \
   ca-certificates \
   curl \
   gnupg-agent \
   software-properties-common
```

그리고 도커 패키지 저장소를 인증하기 위한 인증 키를 추가한다.

```
$ curl -fsSL https://download.docker.com/linux/ubuntu/gpg | sudo apt-key add -
```

인증 키가 제대로 추가됐는지 다음 명령으로 확인할 수 있다.

```
$ sudo apt-key fingerprint 0EBFCD88
```

출력 내용이 다음과 같다면 인증 키가 잘 추가된 것이다.

```
pub    rsa4096 2017-02-22 [SCEA]
       9DC8 5822 9FC7 DD38 854A  E2D8 8D81 803C 0EBF CD88
uid            [ unknown] Docker Release (CE deb) <docker@docker.com>
sub    rsa4096 2017-02-22 [S]
```

이제 안정 버전을 제공하는 저장소를 실제로 추가할 차례다.

```
$ sudo add-apt-repository \
    "deb [arch=amd64] https://download.docker.com/linux/ubuntu \
    $(lsb_release -cs) \
    stable"
```

새로 추가된 저장소의 패키지 정보를 업데이트한 다음, 도커 엔진 패키지를 설치한다.

```
$ sudo apt-get update
$ sudo apt-get install docker-ce docker-ce-cli containerd.io
```

이 방법을 사용한 경우 도커 컴포즈를 별도로 설치해야 한다. 여기서는 현재 최신 버전인 1.27.4
를 기준으로 한다. 이후 버전을 설치하고 싶다면 다음 명령의 '1.27.4' 부분을 원하는 버전으로 수
정하면 된다.

```
$ sudo curl -L "https://github.com/docker/compose/releases/download/1.27.4/docker-
compose-$(uname -s)-$(uname -m)" -o /usr/local/bin/docker-compose

$ sudo chmod +x /usr/local/bin/docker-compose
```

이것으로 도커 엔진과 도커 컴포즈의 설치가 끝났다.

1.3.2 도커 설치 검증하기

도커 플랫폼은 다양한 요소로 구성되지만, 이 책의 내용을 익히는 데는 도커 엔진이 실행 중이고
도커 컴포즈만 설치돼 있으면 충분하다.

먼저 docker version 명령으로 도커 엔진이 제대로 동작 중인지 확인하자.

```
PS> docker version
Client: Docker Engine - Community
  Version:       19.03.5
  API version:   1.40
  Go version:    go1.12.12
  Git commit:    633a0ea
  Built:         Wed Nov 13 07:22:37 2019
  OS/Arch:       windows/amd64
  Experimental:  false
```

```
Server: Docker Engine - Community
  Engine:
    Version:      19.03.5
    API version:  1.40 (minimum version 1.24)
    Go version:   go1.12.12
    Git commit:   633a0ea
    Built:        Wed Nov 13 07:36:50 2019
    OS/Arch:      windows/amd64
    Experimental: false
```

독자 여러분의 환경은 운영체제도 도커 버전도 나와 다를 것이므로 여러분이 보게 될 출력 내용은 이것과는 조금 다를 것이다. 그러나 클라이언트와 서버의 버전이 잘 출력됐다면 도커는 정상적으로 동작 중이다. 지금은 클라이언트가 무엇이고 서버가 또 무엇인지는 신경 쓰지 않아도 좋다. 다음 장에서 도커의 아키텍처를 배우면서 알게 될 것이다.

이번에는 또 다른 명령을 사용해 도커 컴포즈를 테스트할 차례다. docker-compose version 명령을 입력한다.

```
PS> docker-compose version
docker-compose version 1.25.4, build 8d51620a
docker-py version: 4.1.0
CPython version: 3.7.4
OpenSSL version: OpenSSL 1.1.1c  28 May 2019
```

이번 명령의 출력 내용 역시 환경에 따라 조금 달라질 수 있다. 하지만 에러 메시지 없이 버전이 잘 출력됐다면 정상이다.

1.3.3 이 책에서 사용할 소스 코드 내려받기

이 책의 예제를 담은 소스 코드는 깃허브의 git 코드 저장소를 통해 제공된다. 이미 git이 설치돼 있다면 다음 명령으로 저장소를 복제하면 된다.

```
git clone https://github.com/gilbutITbook/080258.git
```

git이 아직 설치돼 있지 않다면 아래 깃허브에서 소스 코드를 압축 파일로 내려받은 다음 압축을 해제하면 된다.

- **길벗출판사 깃허브:** https://github.com/gilbutITbook/080258

1.3.4 실습 환경 초기화 명령

도커에는 컨테이너나 애플리케이션을 자동으로 정리하는 기능이 없다. 도커 데스크톱을 종료(혹은 도커 서비스를 정지)시키면 모든 컨테이너가 종료돼 CPU나 메모리를 사용하지 않지만, 장을 넘어갈 때마다 실습 환경을 깔끔하게 초기화하면 편리할 것이다. 실습 환경을 초기화하려면 다음 명령을 사용하면 된다.

```
docker container rm -f $(docker container ls -aq)
```

그리고 다음 명령을 사용하면 내려받은 이미지가 차지한 디스크 용량을 모두 회수할 수 있다.

```
docker image rm -f $(docker image ls -f reference='diamol/*' -q)
```

도커는 내려받은 데이터를 똑똑하게 관리하므로 이 명령을 언제 실행해도 아무런 문제가 생기지 않는다. 컨테이너를 실행시킬 때 필요한 이미지가 누락됐다면, 다시 내려받아 문제없이 컨테이너를 실행시킬 수 있다.

1.4 / 바로 활용하기

하루 한 시간 학습 전략의 가장 큰 장점은 즉각적으로 배운 내용을 활용할 수 있다는 점이다. 이후 읽을 내용은 모두 기능을 익히고 업무에 바로 활용하는 데 초점이 맞춰져 있다.

각 장은 그 장에서 다룰 주제를 간단히 소개하는 내용으로 시작하며, 이어지는 연습 문제로 도커의 사용법을 익힌다. 그다음 연습 문제를 간단히 회고하며 미처 이해하지 못한 부분이나 세부 사항을 다루고, 마지막으로 실습을 거친 후 다음 장으로 넘어간다.

모든 주제는 실무에서 바로 활용 가능한 유용한 과업과 관계가 깊다. 따라서 각 장을 읽다 보면 배운 내용을 바로 활용할 수 있을 것이다. 그럼 지금부터 컨테이너를 다뤄 보도록 하자.

2^장

도커의
기본적인 사용법

이제 도커를 실제로 다뤄 보자. 이번 장에서는 도커의 핵심 기능인 컨테이너를 실행하는 다양한 방법을 알아볼 것이다. 그리고 컨테이너가 정확히 무엇인지 살펴보고, 컨테이너가 애플리케이션을 경량(lightweight)으로 실행할 수 있는 이유를 설명한다. 이 장의 대부분은 애플리케이션을 다루는 새로운 방법에 익숙해질 수 있도록 간단한 명령으로 컨테이너를 직접 실행해 보는 실습으로 구성했다.

2.1 컨테이너로 Hello World 실행하기

우리에게 익숙한 Hello World 예제로 도커 학습을 시작해 보자. 앞서 1장에서는 이미 도커를 설치하고 실행해 두었다. 이제 손에 익은 터미널 창을 연다. 맥 사용자는 터미널, 리눅스 사용자는 배시 셸을 사용하면 된다. 윈도 사용자에게는 파워셸을 추천한다.

우리가 할 일은 도커에서 컨테이너로 'Hello World' 메시지를 출력하는 애플리케이션을 실행하는 것이다.

실습 다음 명령을 실행하면 Hello World 컨테이너가 실행된다.

```
docker container run diamol/ch02-hello-diamol
```

이번 장을 마치고 나면 이 명령의 의미를 이해할 수 있을 것이다. 지금은 그냥 출력되는 내용을 읽어 보기만 하면 된다. 우선 화면을 보면 그림 2-1과 비슷한 내용이 출력돼 있을 것이다.

화면에 출력된 내용이 매우 많은데, 앞으로 책에 나올 출력 내용은 중요한 부분만 발췌해 실을 것이다. 그러나 이번은 처음이니 전체 메시지를 싣고 중요한 곳을 파악할 수 있도록 표시해 두었다.

❤ 그림 2-1 Hello World 컨테이너를 실행한 후의 출력 메시지. 이름이 diamol/ch02-hello-diamol인 도커 애플리케이션 패키지 (이미지)를 내려받고 컨테이너로 애플리케이션을 실행해 메시지를 출력하는 과정이 나타나 있다.

이 run 명령을 실행하면 애플리케이션 패키지
diamol/ch02-hello-diamol로부터
컨테이너가 실행된다.

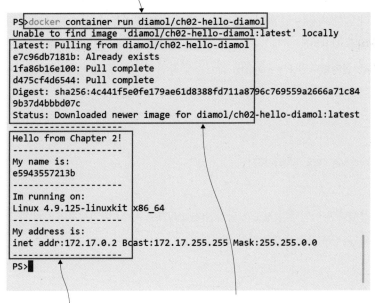

```
PS>docker container run diamol/ch02-hello-diamol
Unable to find image 'diamol/ch02-hello-diamol:latest' locally
latest: Pulling from diamol/ch02-hello-diamol
e7c96db7181b: Already exists
1fa86b16e100: Pull complete
d475cf4d6544: Pull complete
Digest: sha256:4c441f5e0fe179ae61d8388fd711a8796c769559a2666a71c84
9b37d4bbbd07c
Status: Downloaded newer image for diamol/ch02-hello-diamol:latest
--------------------
Hello from Chapter 2!
--------------------
My name is:
e5943557213b
--------------------
Im running on:
Linux 4.9.125-linuxkit x86_64
--------------------
My address is:
inet addr:172.17.0.2 Bcast:172.17.255.255 Mask:255.255.0.0
--------------------
PS>
```

이 컴퓨터에는 현재 diamol/ch02-hello-diamol
패키지가 없다. 먼저 내려받아야 한다.

패키지를 사용해 컨테이너를 실행한다.
이 로그는 애플리케이션이 출력한 내용이다.

그럼 조금 전의 명령으로 무엇을 한 것일까? docker container run 명령은 컨테이너로 애플리케이션을 실행하라는 도커 명령이다. 이 애플리케이션은 미리 도커로 실행하도록 패키징돼 누구나 내려받을 수 있도록 공유된 것이다. 이 컨테이너 패키지(도커에서는 이를 '이미지'라고 한다)의 이름은 diamol/ch02-hello-diamol(diamol은 이 책 영어 제목의 머리글자)이다. 그리고 지금 입력한 명령이 이미지를 이용해 컨테이너를 실행하는 도커 명령이다.

이미지를 이용해 컨테이너를 실행하려면 먼저 이미지가 있어야 한다. 조금 전의 명령을 처음 실행했던 시점에는 우리가 이미지를 갖고 있지 않았다. 그래서 출력 메시지 처음 부분에 unable to find image locally라는 메시지가 출력된 것이다. 그리고 이어서 도커가 이미지를 내려받는(도커에서 이미지를 내려받는 것을 pull이라고 한다) 과정을 볼 수 있다.

이미지를 내려받고 나면 내려받은 이미지를 사용해 컨테이너를 실행한다. 이미지에는 애플리케이션을 실행하는 데 필요한 모든 내용과 함께 애플리케이션을 실행하는 방법이 정의돼 있다. 이 이미지에 실린 애플리케이션은 간단한 스크립트로, Hello from Chapter 2!(2장 학습을 시작합니다!)라는 메시지와 함께 컨테이너가 실행 중인 환경을 출력한다.

- 컴퓨터의 이름, 예제에서는 e5943557213b에 해당한다.
- 운영체제 종류, 예제에서는 Linux 4.9.125-linuxkit x86_64에 해당한다.
- 네트워크 주소, 예제에서는 172.17.0.2다.

앞에서 '비슷한' 내용이라 말한 이유는 실행하는 환경마다 출력 내용이 바뀔 수 있기 때문이다. 나의 경우 리눅스 운영체제를 사용하는 인텔 64비트 프로세서 컴퓨터에서 이 명령을 실행했다. 만약 윈도 환경에서 명령을 실행했다면 I'm running on:(동작 중인 운영체제) 항목이 다음과 같이 출력됐을 것이다.

```
---------------------
I'm running on:
Microsoft Windows [Version 10.0.17763.557]
---------------------
```

또 라즈베리 파이를 사용했다면 아키텍처 정보가 달라진다(armv7l은 ARM 아키텍처의 32비트 프로세서, x86_64는 인텔의 64비트 프로세서를 각각 의미한다).

```
---------------------
I'm running on:
Linux 4.19.42-v7+ armv7l
---------------------
```

아주 간단한 애플리케이션이지만 이 과정에서 도커를 사용하는 워크플로의 핵심을 볼 수 있다. 먼저 애플리케이션을 컨테이너에서 실행할 수 있도록 패키징하고(예제 애플리케이션은 내가 패키징했으나, 다음 장에서는 독자 여러분도 패키징을 직접 해 볼 것이다), 다른 사람이 패키지를 사용할 수 있도록 공유한 다음, 이 패키지를 내려받은 사람이 컨테이너를 통해 애플리케이션을 실행하는 것이다. 도커에서는 이 과정을 **빌드**, **공유**, **실행**이라고 부른다.

빌드, 공유, 실행은 매우 강력한 개념이다. 아무리 복잡한 애플리케이션이라도 모두 이 과정을 거치기 때문이다. 여기서는 간단한 스크립트이지만, 다양한 라이브러리를 사용하고 많은 수의 컴포넌트로 구성된 자바 애플리케이션이라도 이와 똑같은 과정을 거친다. 그리고 도커를 실행할 수 있는 환경이라면 어디서든 실행할 수 있도록 도커 이미지를 만들 수 있다. 이런 방법으로 도커의 핵심적인 이점인 이식성이 확보된다.

같은 명령을 한 번 더 입력해 또 다른 컨테이너를 실행하면 어떻게 될까?

실습 조금 전의 명령을 한 번 더 입력해 보자.

```
docker container run diamol/ch02-hello-diamol
```

아까와 비슷하지만 조금 다른 내용이 출력된다. 도커가 조금 전 이미지를 이미 내려받았기 때문에 이미지를 내려받는 부분이 사라지고 바로 컨테이너를 실행하는 메시지가 출력된다. 같은 컴퓨터를 사용하므로 컨테이너가 출력하는 내용 중 운영체제와 아키텍처에 대한 내용은 아까와 같으며 컴퓨터 이름과 네트워크 주소에 대한 내용은 달라진다.

```
---------------------
Hello from Chapter 2!
---------------------
My name is:
858a26ee2741
---------------------
Im running on:
Linux 4.9.125-linuxkit x86_64
---------------------
My address is:
inet addr:172.17.0.5 Bcast:172.17.255.255 Mask:255.255.0.0
---------------------
```

이번에는 컴퓨터 이름이 858a26ee2741이고, IP 주소는 172.17.0.5다. 컴퓨터 이름은 컨테이너를 실행할 때마다 매번 바뀌며, IP 주소 역시 매번 바뀔 확률이 높다. 그런데 모든 컨테이너는 같은 컴퓨터에서 실행될 텐데 컴퓨터 이름과 IP 주소가 왜 계속 바뀌는 것일까? 그 이유를 이해하려면 조금 어려운 설명이 필요하다.

2.2 / 컨테이너란 무엇인가?

DOCKER TEXTBOOK

도커 컨테이너는 말 그대로 물건을 담는 컨테이너와 다를 것이 없다. 애플리케이션이 들어 있는 어떤 상자를 상상해 보자. 이 상자 안에는 애플리케이션과 애플리케이션을 실행할 컴퓨터(IP 주소, 컴퓨터 이름, 디스크 드라이브, 윈도 컨테이너라면 자신만의 윈도 레지스트리도 포함된다)가 함께 들어 있다. 그림 2-2는 애플리케이션이 들어 있는 이 상자를 다이어그램으로 나타낸 것이다.

▼ 그림 2-2 컨테이너 환경 안에 들어 있는 애플리케이션의 예

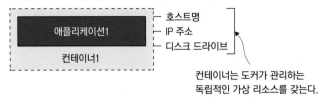

호스트명, IP 주소, 파일 시스템까지 이들은 모두 도커가 만들어낸 가상 리소스다. 이들이 서로 엮여 애플리케이션이 동작할 수 있는 환경이 만들어진다. 이 환경이 바로 그림 2-2의 '상자'다.

상자 안에서는 상자 밖의 환경을 볼 수 없다. 그러나 이 상자는 어떤 컴퓨터상에서 동작하는 것이고, 이 컴퓨터는 이 상자 말고도 다른 상자를 여러 개 실행할 수 있다. 이들 상자는 (도커가 관리하는) 서로 독립적인 환경을 갖지만 상자가 실행되는 컴퓨터의 CPU와 메모리, 운영체제를 공유한다. 그림 2-3에 이러한 상황을 나타냈다.

▼ 그림 2-3 같은 컴퓨터에서 운영체제와 CPU, 메모리를 공유하는 여러 개의 컨테이너

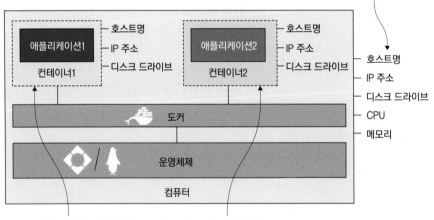

이러한 구도가 중요한 이유는 격리(isolation)와 밀집(density)이라는 얼핏 보면 모순돼 보이는 조건을 동시에 만족할 수 있기 때문이다. 밀집이란 컴퓨터에 CPU와 메모리가 허용하는 한 되도록 많은 수의 애플리케이션을 실행하는 것을 의미한다. 그러나 서로 다른 여러 애플리케이션을 동시에 실행하는 데는 제약이 따른다. 자바나 닷넷 등 필요로 하는 런타임의 버전이 서로 다를 수도 있고, 서로 호환되지 않는 버전의 라이브러리를 사용하는가 하면, 어느 한 애플리케이션이 과다한 리소스를 필요로 해 다른 애플리케이션의 리소스가 부족해질 수도 있다. 이런 면을 고려하면 애플리케

이션은 서로 독립된 환경에서 실행돼야 한다. 하지만 그럴 경우 한 컴퓨터에서 여러 애플리케이션을 실행할 수 없게 되고, 다시 말해 밀집을 달성할 수 없다.

이 모순된 조건을 동시 달성하려던 첫 번째 시도는 가상 머신을 사용하는 것이었다. 가상 머신은 애플리케이션이 실행될 독립적 환경이 생긴다는 점에서는 컨테이너와 큰 차이가 없다. 다만 가상 머신은 컨테이너와 달리 호스트 컴퓨터의 운영체제를 공유하지 않고 별도의 운영체제를 필요로 한다. 호스트 컴퓨터와 컨테이너의 관계를 나타낸 그림 2-3을 호스트 컴퓨터와 가상 머신의 관계를 나타낸 그림 2-4와 비교해 보자.

▼ 그림 2-4 같은 컴퓨터에서 동작하지만 각자 별도의 운영체제를 갖는 가상 머신

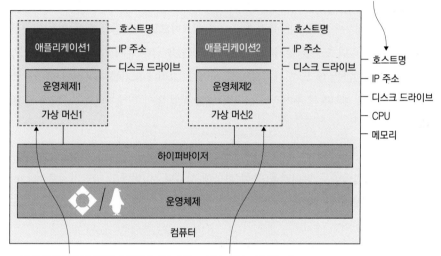

두 그림은 언뜻 큰 차이가 없어 보이나, 이 작은 차이가 의미하는 차이는 크다. 각각의 가상 머신은 자신만의 운영체제를 별도로 갖는다. 이 운영체제는 애플리케이션이 사용해야 할 CPU와 메모리 자원을 상당량 차지한다. 문제는 또 있다. 운영체제의 라이선스 비용과 운영체제 업데이트 설치 부담이 추가로 생긴다. 결국 가상 머신은 격리는 달성할 수 있지만 밀집은 제공하지 못한다.

컨테이너는 이러한 단점을 해결할 수 있다. 각각의 컨테이너는 호스트 컴퓨터의 운영체제를 공유하므로 필요한 리소스가 크게 경감된다. 그만큼 실행도 빠르고 같은 호스트 컴퓨터에서 가상 머신에 비해 더 많은 수(일반적으로 약 다섯 배)의 애플리케이션을 실행할 수 있다. 또한, 컨테이너 역시 외부와 독립된 환경을 제공하므로 밀집과 격리가 동시에 달성되는 것이다. 이것이 도커의 또 다른 특징인 효율성이다.

이제 도커가 밀집과 격리를 모두 달성할 수 있는 비결을 알게 됐다. 지금부터는 컨테이너를 좀 더 익숙하게 다룰 수 있는 연습을 해 보자.

2.3 / 컨테이너를 원격 컴퓨터처럼 사용하기

우리가 조금 전 실행시킨 컨테이너는 메시지를 출력한 다음 종료되는 간단한 스크립트였지만, 이 정도로도 할 수 있는 일이 많다. 한 스크립트 안에서 여러 도구를 사용해 필요한 일을 처리하는 경우를 생각해 보자. 이런 경우에는 대부분 특정한 도구가 필요하므로 스크립트 외에 이들 도구를 함께 공유해야 한다. 그러려면 도구를 설치하고 사용하는 방법을 담은 문서도 전달해야 할 테고, 이들 도구를 전달받아 설치하는 데 또 시간이 필요할 것이다. 그러나 도커를 사용하면 도구와 스크립트를 하나의 이미지로 패키징해 추가적인 설치나 설정 작업 없이 컨테이너로 스크립트를 바로 실행하게 할 수 있다.

컨테이너를 다른 방식으로 활용할 수도 있다. 이번에는 컨테이너를 실행하고 실행된 컨테이너에 마치 원격 컴퓨터에 접속하듯 터미널을 통해 접근해 보겠다. 이번에도 마찬가지로 docker container run 명령을 사용하지만 터미널 세션으로 조작할 수 있는 대화식 컨테이너를 실행하도록 몇 가지 플래그를 추가한다.

실습 터미널에서 다음 명령을 실행한다.

```
docker container run --interactive --tty diamol/base
```

--interactive 플래그를 사용하면 컨테이너에 접속된 상태가 된다. 그리고 --tty 플래그는 터미널 세션을 통해 컨테이너를 조작하겠다는 의미다. 출력되는 메시지를 보면, 이미지를 내려받은 후 그림 2-5와 같이 명령 프롬프트가 뜬다. 이 명령 프롬프트는 컨테이너 내부에 접속된 터미널 세션이다.

▼ 그림 2-5 대화식 컨테이너를 실행한 후 터미널을 통해 연결된 화면

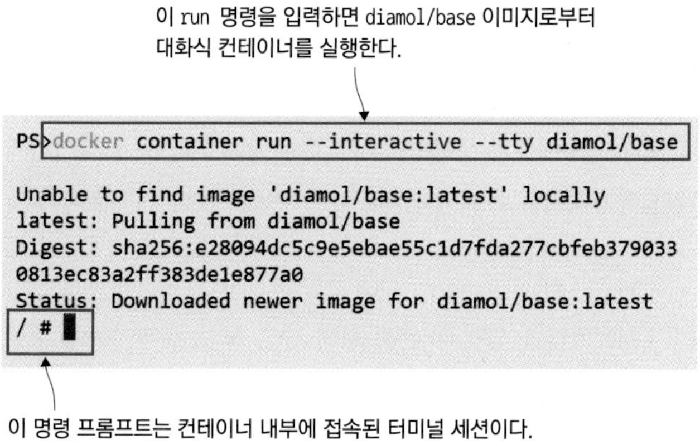

이 run 명령을 입력하면 diamol/base 이미지로부터
대화식 컨테이너를 실행한다.

```
PS>docker container run --interactive --tty diamol/base

Unable to find image 'diamol/base:latest' locally
latest: Pulling from diamol/base
Digest: sha256:e28094dc5c9e5ebae55c1d7fda277cbfeb379033
0813ec83a2ff383de1e877a0
Status: Downloaded newer image for diamol/base:latest
/ #
```

이 명령 프롬프트는 컨테이너 내부에 접속된 터미널 세션이다.

이 명령은 윈도 환경에서도 똑같이 동작한다. 다만 마지막에 윈도 명령 프롬프트가 뜬다는 것만
다르다.

```
Microsoft Windows [Version 10.0.17763.557]
(c) 2018 Microsoft Corporation. All rights reserved.


C:\>
```

어떤 명령 프롬프트가 뜨든 이제 컨테이너 내부에서 해당 운영체제의 명령행 인터페이스를 사용
하듯 명령을 실행할 수 있다.

실습 hostname과 date 명령을 사용해 컨테이너 내 환경을 확인한다.

```
/ # hostname
f1695de1f2ec
/ # date
Thu Jun 20 12:18:26 UTC 2019
```

명령행 인터페이스 환경에 익숙하다면 다른 사항도 확인할 수 있겠지만, 일단 지금 확인할 수 있
는 사실은 원격 컴퓨터에 접속한 것과 같은 로컬 터미널 세션이 열려 있다는 것과 연결된 컴퓨터
가 현재 실행 중인 컨테이너라는 것이다. 이를테면 보안 셸(SSH)을 통해 원격 리눅스 컴퓨터에 연
결하거나 원격 데스크톱을 통해 다른 윈도 컴퓨터에 연결했다면 지금 컨테이너에 연결한 것과 같
은 결과를 얻게 된다.

앞에서도 설명했지만 도커 컨테이너는 호스트 컴퓨터의 운영체제를 공유한다. 그렇기 때문에 호
스트 컴퓨터가 리눅스 머신이라면 리눅스 셸이 뜨고, 윈도 머신이라면 윈도 명령 프롬프트가 뜨는

것이다. 이 두 가지 환경에서 모두 사용할 수 있는 명령도 있지만(ping google.com처럼), 일반적으로는 같은 기능이라도 명령이 서로 다르다(파일 목록을 보려면 리눅스에서는 ls 명령, 윈도에서는 dir 명령을 사용한다).

도커 자체는 호스트 컴퓨터의 아키텍처나 운영체제와 상관없이 동일하게 동작하지만, 컨테이너에 들어 있는 애플리케이션은 운영체제나 아키텍처를 가릴 수 있다. 결국 컨테이너의 내용물이 무엇이든 컨테이너를 다루는 방법은 환경과 상관없이 동일하다.

> **실습** 새로운 터미널 세션을 열고 다음 명령을 입력해 현재 실행 중인 모든 컨테이너에 대한 정보를 확인한다.

```
docker container ls
```

이 명령을 실행하면 현재 실행 중인 모든 컨테이너에 대한 정보를 볼 수 있다. 컨테이너마다 컨테이너의 바탕이 된 이미지, 컨테이너 ID, 컨테이너 실행 후 도커가 실행한 명령 등이 출력된다. 다음은 출력 중 일부를 발췌한 것이다.

```
CONTAINER ID  IMAGE        COMMAND    CREATED         STATUS
f1695de1f2ec  diamol/base  "/bin/sh"  16 minutes ago  Up 16 minutes
```

눈썰미가 좋다면 지금 출력된 컨테이너 ID가 조금 전에 컨테이너 내부에서 확인한 호스트명과 동일하다는 사실을 알 수 있을 것이다. 도커는 컨테이너를 실행할 때마다 무작위로 생성한 ID 값을 부여한다. 그리고 이 ID 값 중 일부분이 호스트명이 된다. 특정한 컨테이너에 대해 실행할 수 있는 다양한 docker container 명령이 있는데, 이때 컨테이너를 특정하려면 컨테이너 ID의 처음 몇 글자를 지정하면 된다.

> **실습** docker container top 명령은 대상 컨테이너에서 실행 중인 프로세스의 목록을 보여 준다. 여기서는 f1695de1f2ec 컨테이너를 대상으로 하기 위해 f1까지만 지정했다.

```
> docker container top f1
PID    USER   TIME   COMMAND
69622  root   0:00   /bin/sh
```

컨테이너에서 실행 중인 프로세스가 두 개 이상이라면, 모든 프로세스에 대한 정보가 출력된다. 이는 윈도 컨테이너도 마찬가지다. 윈도 컨테이너는 항상 백그라운드로 동작하는 프로세스가 더 있기 때문에 이들 모두의 정보가 출력된다.

실습 docker container logs 명령은 대상 컨테이너에서 수집된 모든 로그를 출력한다.

```
> docker container logs f1
/ # hostname
f1695de1f2ec
```

도커는 애플리케이션의 표준 출력으로부터 로그를 수집한다. 우리가 조금 전 살펴본 터미널 세션에서는 입력한 명령과 출력된 내용을 모두 볼 수 있었지만, 실제 애플리케이션이 실행된 컨테이너에서는 애플리케이션이 출력하는 로그만 보인다. 예를 들어 어떤 컨테이너에서 모든 HTTP 요청마다 로그를 생성하는 웹 애플리케이션이 동작 중이라면, 이 컨테이너는 이들 HTTP 요청에 대한 로그를 출력한다.

실습 docker container inspect 명령은 대상 컨테이너의 상세한 정보를 보여 준다.

```
> docker container inspect f1
[
  {
    "Id":
    "f1695de1f2ecd493d17849a709ffb78f5647a0bcd9d10f0d97ada0fcb7b05e98",
    "Created": "2019-06-20T12:13:52.8360567Z"
```

이 외에 컨테이너의 가상 파일 시스템상의 경로, 컨테이너에서 실행 중인 명령, 해당 컨테이너가 접속된 가상 도커 네트워크 정보 등 애플리케이션에 발생한 문제를 추적하는 데 유용한 정보가 제공된다. 또한, 이 정보는 자동 처리에 유리한 JSON 포맷으로 돼 있는데, 내용이 길어 여기서는 앞부분 일부를 발췌해 실었다.

이들 명령은 CPU 사용량을 확인하거나 도커 가상 네트워크의 상태를 확인하는 등 컨테이너를 다루거나 애플리케이션에 일어난 문제를 찾고 해결하기 위해 일상적으로 사용할 명령이다.

그리고 지금까지 한 실습에서 배울 점이 하나 더 있다. 도커를 사용하는 한 컨테이너는 모두 똑같다는 점이다. 도커를 적용하면 모든 애플리케이션 위에 관리를 위한 계층이 하나 추가된다. 리눅스 컨테이너에서 동작하는 개발된 지 10년이 지난 자바 애플리케이션이나, 윈도 컨테이너에서 동작하는 15년 된 닷넷 애플리케이션, 라즈베리 파이에서 동작하는 Go로 작성된 따끈따끈한 애플리케이션도 모두 똑같은 방법으로 관리할 수 있다. run 명령으로 애플리케이션을 실행하고, logs 명령으로 로그를 출력하고, 프로세스 목록을 보려면 top 명령을 실행하며, 컨테이너의 상세 정보를 보고 싶다면 inspect 명령을 사용하면 된다.

지금까지 조금이나마 기본적인 도커 사용법을 익혔다. 그럼 좀 더 유용한 예제를 실습한 다음 이번 장을 마치겠다. 두 번째 터미널 창(docker container logs 명령을 입력했던 창)은 이제 닫아도 좋다. 첫 번째 터미널 창으로 돌아가 exit를 입력해 세션을 종료한다.

2.4 컨테이너를 사용해 웹 사이트 호스팅하기

지금까지 컨테이너를 몇 개 실행해 봤다. 처음 실행한 컨테이너는 텍스트를 몇 줄 출력하고 종료되는 것이었고, 그다음은 대화식 컨테이너(containers in interactive mode)로서 컨테이너를 실행할 때 컨테이너 내부에 접속된 터미널 세션을 만들고 세션이 종료될 때 컨테이너도 종료되는 컨테이너였다. 조금 전 터미널 창에서 세션을 끝내면서 모든 컨테이너가 종료됐으므로 docker container ls 명령을 입력해 보면 현재 실행 중인 컨테이너가 없다고 나온다.

> **실습** docker container ls --all 명령을 실행해 상태와 상관없이 모든 컨테이너의 목록을 확인한다.

```
> docker container ls --all
CONTAINER ID IMAGE COMMAND
CREATED STATUS
f1695de1f2ec diamol/base "/bin/sh"
About an hour ago Exited (0)
858a26ee2741 diamol/ch02-hello-diamol "/bin/sh -c ./cmd.sh" 3 hours ago Exited (0)
2cff9e95ce83 diamol/ch02-hello-diamol "/bin/sh -c ./cmd.sh" 4 hours ago Exited (0)
```

모든 컨테이너의 상태가 Existed임을 알 수 있다. 여기서 알아 두어야 할 내용은 다음 두 가지다.

첫 번째는 컨테이너 내부의 애플리케이션이 실행 중이어야 컨테이너의 상태도 실행 중이 된다는 점이다. 애플리케이션 프로세스가 종료되면 컨테이너의 상태도 Existed가 된다. 종료된 컨테이너는 CPU 자원이나 메모리를 사용하지 않는다. 앞서 살펴본 'Hello World' 컨테이너도 스크립트 실행이 끝나자마자 종료됐다. 대화식 컨테이너도 터미널 세션을 종료하는 시점에 종료된다.

두 번째는 컨테이너가 종료돼도 컨테이너는 사라지지 않는다는 점이다. 종료된 컨테이너는 사라지지 않고 그대로 남아 있다. 그러므로 나중에 컨테이너를 다시 실행하거나, 로그를 확인하거나, 컨테이너의 파일 시스템에 새로운 파일을 복사하거나 외부로 복사해 올 수 있다. docker container ls 명령으로는 실행 중인 컨테이너의 목록만 볼 수 있지만, 종료된 컨테이너도 명시적으로 삭제하지 않는 한 그대로 남아 있다. 또한, 컨테이너의 파일 시스템이 그대로 남아 있으므로 호스트 컴퓨터의 디스크 공간을 계속 점유한다.

그럼 컨테이너를 실행하고 백그라운드에서 계속 동작하게 하려면 어떻게 하면 될까? 도커를 사용하는 주목적은 웹 사이트, 배치 프로세스, 데이터베이스 같은 서버 애플리케이션을 실행하는 것이므로 이러한 형태가 주된 사용 형태일 것이다.

실습 컨테이너에서 간단한 웹 사이트를 호스팅하자.

```
docker container run --detach --publish 8088:80 diamol/ch02-hello-diamol-web
```

이 명령을 실행하면 컨테이너 ID만 출력된다. 이 컨테이너는 종료되지 않고 백그라운드에서 계속 동작한다.

실습 docker container ls 명령을 실행해 새로 만든 컨테이너의 상태가 Up인지 확인한다.

```
> docker container ls
CONTAINER ID    IMAGE
COMMAND                    CREATED       STATUS
PORTS                          NAMES
e53085ff0cc4    diamol/ch02-hello-diamol-web
"bin\\httpd.exe -DFOR…" 52 seconds ago  Up 50 seconds
443/tcp, 0.0.0.0:8088->80/tcp    reverent_dubinsky
```

이 컨테이너를 만드는 데 사용된 이미지는 diamol/ch02-hello-diamol-web이다. 이 이미지는 아파치 웹 서버와 간단한 HTML 페이지를 담고 있다. 이 이미지로 컨테이너를 실행하면 실제 웹 서버를 통해 웹 페이지가 제공된다. 컨테이너가 백그라운드에서 동작하면서 네트워크를 주시(listen)하게 하려면 docker container run 명령에 다음과 같은 두 개의 플래그를 적용해야 한다.

- **--detach**: 컨테이너를 백그라운드에서 실행하며 컨테이너 ID를 출력한다.
- **--publish**: 컨테이너의 포트를 호스트 컴퓨터에 공개한다.

--detach 플래그를 적용해 실행한 컨테이너는 마치 리눅스 데몬이나 윈도 서비스처럼 백그라운드로 동작하며 겉으로 드러나지 않는다. 컨테이너의 포트를 호스트 컴퓨터에 공개하는 원리는 좀 더 복잡하다. 도커를 설치하면 호스트 컴퓨터의 네트워크 계층에 도커가 끼어들게 되는데, 그러면 호스트 컴퓨터에서 들고나는 네트워크 트래픽을 모두 도커가 가로채서 그중 필요한 것을 컨테이너에 전달할 수 있다.

컨테이너는 기본적으로 외부 환경에 노출되지 않는다. 각 컨테이너는 고유의 IP 주소를 갖지만, 이 IP 주소는 도커가 관리하는 내부 가상 네트워크의 주소지 호스트 컴퓨터가 연결된 물리 네트워크에 연결된 것이 아니다. 컨테이너의 포트를 공개한다는 것은 도커가 호스트 컴퓨터의 포트를 주시하다가 해당 포트로 들어오는 트래픽을 컨테이너로 전달해 주는 것이다. 앞서 본 예제에서는 호스트 컴퓨터의 8080번 포트로 들어온 트래픽이 컨테이너의 80번 포트로 전달됐다. 그림 2-6은 이 과정을 나타낸 것이다.

▼ 그림 2-6 호스트 컴퓨터의 물리 네트워크와 컨테이너의 가상 네트워크의 관계

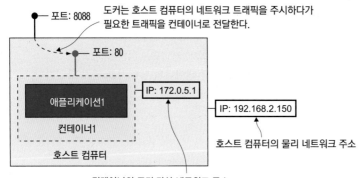

이 그림에서 나의 컴퓨터는 도커를 실행하는 호스트 컴퓨터가 되고, IP 주소는 192.168.2.150이다. 이 주소는 내가 사용하는 물리 네트워크의 주소이며 나의 집 공유기가 부여한 것이다. 이 컴퓨터에는 도커를 통해 한 개의 컨테이너가 실행 중인데, 이 컨테이너의 IP 주소는 172.0.5.1이다. 이 주소는 도커가 부여한 도커 가상 네트워크의 주소다. 호스트 컴퓨터가 연결된 물리 네트워크의 컴퓨터는 컨테이너의 IP 주소에 접근할 수 없다. 왜냐하면 이 주소는 도커 내부에만 존재하는 주소이기 때문이다. 그러나 컨테이너의 포트가 공개됐으므로 컨테이너로 트래픽을 전달할 수는 있다.

실습 브라우저에서 http://localhost:8080 페이지에 접근한다. 이 HTTP 요청은 로컬 컴퓨터에서 보낸 것인데, HTTP 응답은 컨테이너로부터 나온 것이다(그림 2-7).

▼ 그림 2-7 컨테이너에서 호스팅된 웹 페이지를 로컬 컴퓨터에서 접근한 화면

호스트 컴퓨터의 공개된 포트에 요청을 보내면
컨테이너에서 응답을 받을 수 있다.

간단한 웹 페이지이지만, 도커의 이식성과 효율성을 그대로 누린다. 이 웹 페이지는 웹 서버와 함께 이미지로 패키징된다. 이미지 외에 별도로 필요한 요소는 없다. 웹 개발자는 자신이 작업하는 노트북에서 컨테이너 하나만 실행하면 전체 애플리케이션(HTML부터 웹 서버까지) 스택이 실행된다. 이 점은 운영 팀이 운영 환경에서 여러 물리 서버에 나눠 배치된 100개의 컨테이너를 실행해 전체 애플리케이션을 실행할 때도 마찬가지다.

이 컨테이너의 애플리케이션은 계속 실행된 상태이므로 컨테이너도 계속 실행 상태가 된다. 아까 배운 docker container 명령을 사용해 나중에 컨테이너를 관리할 수 있다.

실습 docker container stats 명령으로도 실행 중인 컨테이너의 상태를 확인할 수 있다. 이 명령을 실행하면 실시간으로 컨테이너의 CPU, 메모리, 네트워크, 디스크 사용량을 볼 수 있다. 다만 이 명령은 리눅스와 윈도에서 출력 내용이 조금 다르다.

```
> docker container stats e53
CONTAINER ID NAME              CPU %    PRIV WORKING SET NET I/O
BLOCK I/O
e53085ff0cc4 reverent_dubinsky  0.36%   16.88MiB          250kB / 53.2kB
19.4MB / 6.21MB
```

컨테이너 사용이 끝나면 docker container rm 명령에 컨테이너 ID를 지정해 대상 컨테이너를 삭제할 수 있다. --force 플래그를 사용하면 실행 중인 컨테이너라도 바로 삭제가 가능하다.

앞으로 여러 번 사용하게 될 명령어를 배우면서 실습을 마무리하자.

모든 컨테이너를 삭제하려면 다음 명령을 사용한다.

```
docker container rm --force $(docker container ls --all --quiet)
```

$() 문법은 괄호 안 명령의 출력을 다른 명령으로 전달하는 역할을 한다. 이 문법은 리눅스나 맥 터미널은 물론, 윈도 파워셸에서도 그대로 쓸 수 있다. 그러므로 전체 명령의 의미는 호스트 컴퓨터에 존재하는 모든 컨테이너의 목록을 만든 다음 이들 컨테이너를 제거하는 것이다. 컨테이너를 한 번에 정리할 수 있는 편리한 명령이지만, 삭제 전 아무 확인 절차가 없기 때문에 사용할 때 주의해야 한다.

2.5 도커가 컨테이너를 실행하는 원리

이번 장에서 여러 가지 실습을 했다. 이제는 컨테이너를 다루는 기본적인 방법을 숙지했을 것이다.

이번 장 첫 번째 실습에서 빌드-공유-실행 워크플로가 도커의 핵심이라고 설명했었다. 이 워크플로를 적용하면 소프트웨어 배포가 매우 쉬워진다. 내가 예제 컨테이너의 이미지를 만들어 공유하면 독자 여러분은 도커에서 이 이미지로 컨테이너를 실행하기만 하면 된다. 아주 많은 프로젝트가 이제 도커를 통해 소프트웨어를 배포한다. 새로운 소프트웨어(예를 들어 일래스틱서치 (ElasticSearch)나 SQL Server라고 하자)를 사용해 보고 싶다면, 앞서 배운 docker container run 명령을 실행하면 된다.

도커로 애플리케이션을 실행하는 과정을 확실히 이해할 수 있도록 도커의 내부 동작에 대한 설명을 마지막으로 이 장을 마무리하겠다. 도커를 설치하고 컨테이너를 실행하는 일은 매우 간단하지만, 이 과정에는 그림 2-8에서 보듯 여러 컴포넌트가 관여한다.

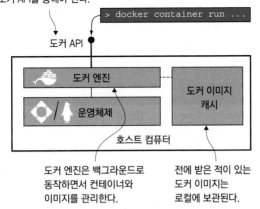

▼ 그림 2-8 도커를 구성하는 컴포넌트

도커 엔진의 기능에 접근하려면
도커 API를 통해야 한다.

`> docker container run ...`

도커 API

도커 엔진

운영체제

도커 이미지
캐시

호스트 컴퓨터

도커 엔진은 백그라운드로
동작하면서 컨테이너와
이미지를 관리한다.

전에 받은 적이 있는
도커 이미지는
로컬에 보관된다.

- **도커 엔진**(Docker Engine)은 도커의 관리 기능을 맡는 컴포넌트다. 로컬 이미지 캐시를 담당하므로 새로운 이미지가 필요하면 이미지를 내려받으며, 기존 이미지가 있다면 전에 내려받은 이미지를 사용한다. 호스트 운영체제와 함께 컨테이너와 가상 네트워크 등 도커 리소스를 만드는 일도 담당한다. 도커 엔진은 항시 동작하는 백그라운드 프로세스다(리눅스 데몬 또는 윈도 서비스와 같다).

- 도커 엔진은 도커 API를 통해 맡은 기능을 수행한다. **도커 API**(Docker API)는 표준 HTTP 기반 REST API다. 도커 엔진의 설정을 수정하면 이 API를 네트워크를 경유해 외부 컴퓨터로부터 호출할 수 없도록 차단(기본 설정)하거나 허용할 수 있다.

- **도커 명령행 인터페이스**(Docker command-line interface)(도커 CLI)는 도커 API의 클라이언트다. 우리가 docker 명령을 사용할 때 실제로 도커 API를 호출하는 것이 바로 도커 CLI다.

도커의 설계를 이해하면 도커를 더욱 잘 활용할 수 있다. 도커 엔진과 상호 작용할 수 있는 유일한 방법은 API를 통하는 방법뿐이다. 그리고 API의 접근 허용 범위를 몇 가지로 선택할 수 있다. CLI는 API에 요청을 전달하는 역할을 한다.

지금까지는 한 대의 물리 머신에서 컨테이너를 실행하고 관리하기 위한 목적으로 CLI를 사용했는데, 원격 컴퓨터에서 실행 중인 도커를 조작할 수 있도록 CLI가 요청을 전달하는 곳을 변경할 수 있다. 빌드 환경, 운영 환경, 테스트 환경 등 서로 다른 환경에서 동작하는 컨테이너를 관리하려면 이런 방법을 사용해야 한다. 도커 API는 운영체제와 상관없이 동일하므로 라즈베리 파이나 클라우드 환경, 리눅스 서버 등 어느 곳에 위치한 도커 엔진이라도 윈도가 설치된 노트북에서 이들을 제어할 수 있다.

2

도커의 기본적인 사용법

도커 API는 명세가 공개돼 있다. 그러므로 도커 CLI 외의 다른 클라이언트를 사용할 수 있다. 이미 그래픽 인터페이스를 통해 시각적으로 컨테이너를 관리할 수 있는 클라이언트가 몇 가지 나와 있다. API를 통해 컨테이너나 이미지 등 도커가 관리하는 모든 리소스에 대한 정보를 얻을 수 있으므로 그림 2-9와 같은 대시보드를 만드는 것도 가능하다.

그림 2-9는 도커에서 만든 상업용 도커 API 클라이언트 UCP(Universal Control Plane)(https:// docs.docker.com/ee/ucp/)의 모습이다. Portainer라는 오픈 소스 클라이언트도 있다. 두 가지 모두 컨테이너 형태로 제공되며 설치와 사용이 쉽다.

도커의 구조에 대한 설명은 이 정도로 마무리하겠다. 도커 엔진은 containerd라는 컴포넌트를 통해 컨테이너를 실제로 관리하는데, containerd는 호스트 운영체제가 제공하는 기능을 통해 컨테이너, 즉 가상 환경을 만든다.

컨테이너에 대해 저수준의 세부 사항까지 알 필요는 없다. 그러나 containerd는 CNCF에서 관리하는 오픈 소스 프로젝트이며, 컨테이너는 **개방형 컨테이너 이니셔티브**(Open Container Initiative, OCI)라는 이름으로 공개된 개방형 표준이라는 점은 알아 둘 필요가 있다.

도커는 현재 가장 널리 쓰이는 컨테이너 플랫폼이다. 그러나 컨테이너 플랫폼이 도커만 있는 것은 아니다. 컨테이너로 이주하더라도 특정 플랫폼에 종속될 걱정은 없다.

▼ 그림 2-9 그래픽 사용자 인터페이스를 갖춘 도커 API 클라이언트, UCP

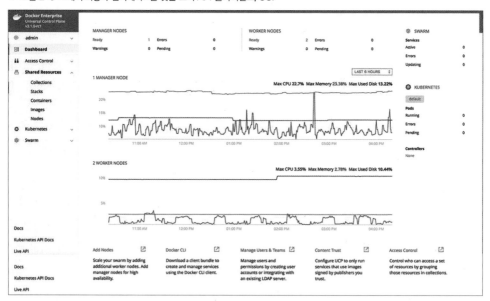

2.6 연습 문제: 컨테이너 파일 시스템 다루기

첫 번째 연습 문제다. 처음인 만큼 앞으로 나올 연습 문제에 대해 간단히 설명하겠다. 연습 문제는 해당 장에서 배운 내용을 서로 연결 지을 수 있도록 독자 여러분이 직접 해결해 보는 과제다. 과제를 완료할 수 있도록 몇 가지 안내나 힌트는 제공되겠지만, 대부분의 과제는 앞에서 수행한 실습 내용 등을 참고해 직접 해결해야 한다.

모든 연습 문제는 깃허브 저장소에서 해답이 제공된다. 학습 효과를 위해서는 연습 문제를 직접 해결하는 것이 가장 좋지만, 해답을 확인하고 싶다면 깃허브 저장소 ch02의 lab 폴더를 참고하기 바란다.

이번 장의 연습 문제는 앞서 실행해 봤던 웹 사이트 컨테이너를 실행하고 index.html 파일을 교체해 웹 페이지의 내용을 수정하는 것이다. 컨테이너도 자신만의 파일 시스템을 갖는다고 설명했었다. 이 웹 페이지 파일 역시 컨테이너의 파일 시스템 안에 담겨 있다.

다음 힌트를 참고하기 바란다.

- docker container 명령을 사용하면 컨테이너를 대상으로 할 수 있는 일의 목록을 볼 수 있다.
- 모든 docker 명령에 --help 플래그를 추가하면 해당 명령의 도움말을 볼 수 있다.
- 도커 이미지 diamol/ch02-hello-diamol-web 안에서 웹 페이지 파일이 위치한 경로는 /usr/local/apache2/htdocs다(윈도의 경우 C:\usr\local\apache2\htdocs).

행운을 빈다.

3^장

도커 이미지
만들기

지난 장에서 도커를 사용해 컨테이너를 실행하고 관리하는 방법을 배웠다. 컨테이너를 사용하면 애플리케이션의 기술 스택과 무관하게 동일한 방법으로 애플리케이션을 실행하고 관리할 수 있다. 지금까지는 내가 패키징한 도커 이미지를 사용했지만, 이번 장에서는 도커 이미지를 만드는 방법을 배울 것이다. Dockerfile 문법과 함께 애플리케이션을 컨테이너화하는 데 필요한 주요 패턴을 익힌다.

3.1 도커 허브에 공유된 이미지 사용하기

먼저 이번 장에서 우리가 만들어 볼 이미지의 완성본부터 살펴보겠다. 이 완성본을 보며 어떤 부분이 도커와 컨테이너를 고려한 부분인지 생각해 보기 바란다. 실습 예제에서는 web-ping이라는 간단한 애플리케이션을 다룬다. 이 애플리케이션은 지정한 웹 사이트가 노출되는지 확인하는 기능을 한다. 컨테이너에서 실행돼 지정된 URL에 HTTP 요청을 3초마다 보내는 동작을 컨테이너가 종료될 때까지 반복한다.

2장에서 docker container run 명령을 사용할 때 필요한 이미지 중 로컬 컴퓨터에 없는 이미지가 있으면 이미지를 내려받는 과정을 봤을 것이다. 이 과정은 소프트웨어 배포 기능이 도커 플랫폼에 완전히 내장됐기 때문에 가능했다. 이미지를 내려받는 과정을 이처럼 도커에 전적으로 맡길 수도 있지만, 도커 CLI를 통해 명시적으로 원하는 이미지를 내려받을 수도 있다.

실습 web-ping 애플리케이션의 컨테이너 이미지를 내려받자.

```
docker image pull diamol/ch03-web-ping
```

이 명령을 실행하면 그림 3-1과 같은 내용이 출력된다.

▼ 그림 3-1 도커 허브에서 이미지 내려받기

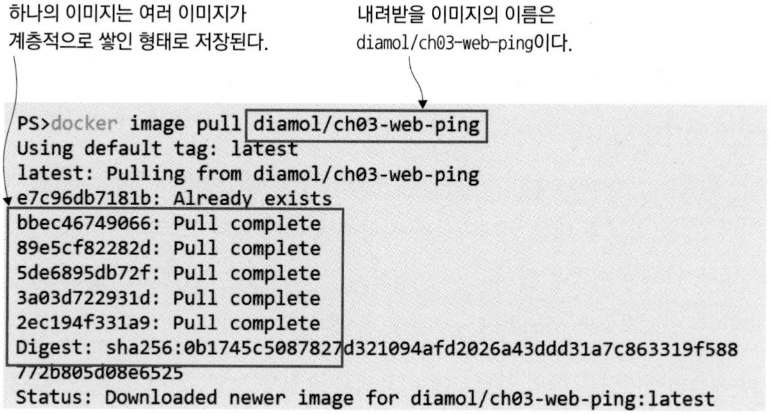

하나의 이미지는 여러 이미지가   내려받을 이미지의 이름은
계층적으로 쌓인 형태로 저장된다.   diamol/ch03-web-ping이다.

```
PS>docker image pull diamol/ch03-web-ping
Using default tag: latest
latest: Pulling from diamol/ch03-web-ping
e7c96db7181b: Already exists
bbec46749066: Pull complete
89e5cf82282d: Pull complete
5de6895db72f: Pull complete
3a03d722931d: Pull complete
2ec194f331a9: Pull complete
Digest: sha256:0b1745c5087827d321094afd2026a43ddd31a7c863319f588
772b805d08e6525
Status: Downloaded newer image for diamol/ch03-web-ping:latest
```

이미지 이름은 diamol/ch03-web-ping이고, 이 이미지는 도커가 가장 먼저 이미지를 찾기 위해 접근하는 저장소인 도커 허브에 저장돼 있다. 이미지를 제공하는 저장소를 레지스트리(registry)라고 하는데, 도커 허브는 무료로 제공되는 공개 레지스트리다. 도커 허브는 웹 인터페이스도 제공한다. 이 이미지에 대한 자세한 사항은 https://hub.docker.com/r/diamol/ch03-web-ping에서도 확인할 수 있다.

docker image pull 명령을 실행해 출력된 내용 중 흥미로운 부분은 이미지가 저장된 방식을 짐작케 하는 부분이다. 도커 이미지는 논리적으로는 하나의 대상(애플리케이션 스택 전체가 하나의 파일로 압축된 압축 파일을 생각하면 쉽게 이해할 수 있다)이다. 이 이미지의 경우 내가 작성한 애플리케이션 코드 외에 Node.js 런타임을 포함한다.

이미지를 내려받는 과정을 보면 여러 건의 파일을 동시에 내려받는다는 점에서 단일 파일을 내려받는 과정이 아니라는 것을 알 수 있다. 이들 각각의 파일을 이미지 레이어라고 부른다. 도커 이미지는 물리적으로는 여러 개의 작은 파일로 구성돼 있다. 그리고 도커가 이들 파일을 조립해 컨테이너의 내부 파일 시스템을 만든다. 모든 레이어를 내려받고 나면 전체 이미지를 사용할 수 있게 된다.

실습 내려받은 이미지로 컨테이너를 실행하고 실행된 애플리케이션의 기능을 확인하자.

```
docker container run -d --name web-ping diamol/ch03-web-ping
```

-d 플래그는 --detach의 축약형이다. 그러므로 이 컨테이너는 백그라운드에서 동작한다. 애플리케이션 역시 사용자 인터페이스 없이 배치 잡(batch job)처럼 동작한다. 그러나 2장에서 실행했던 웹 사이트 컨테이너와 달리, 이 컨테이너는 네트워크를 통해 요청을 받지 않는다. 그러므로 포트를 외부로 공개할 필요도 없다.

이 명령에는 처음 보는 플래그 --name이 있다. 지금까지 컨테이너를 조작하려면 처음 실행할 때 임의로 생성된 컨테이너 ID를 입력해 대상 컨테이너를 지정해 주어야 했다. 그러나 --name 플래그를 사용하면 컨테이너에 원하는 이름을 붙이고 이 이름으로 컨테이너를 지칭할 수 있다. 이 컨테이너에도 쉽게 구별할 수 있도록 web-ping이라는 이름을 붙였다.

이 컨테이너로 실행된 애플리케이션은 나의 블로그에 반복해서 요청을 보낼 것이다. 무한 루프를 돌며 실행되는 애플리케이션이므로 2장에서 배운 docker container 명령을 통해 컨테이너의 상태를 확인할 수도 있다.

실습 도커를 통해 수집된 애플리케이션의 로그를 살펴보자.

```
docker container logs web-ping
```

이 명령을 실행하면 그림 3-2와 같은 로그를 볼 수 있다. 애플리케이션이 blog.sixeyed.com으로 HTTP 요청을 반복적으로 보내고 있다는 내용이다.

❤ 그림 3-2 동작 중인 web-ping 컨테이너의 로그. 나의 블로그로 HTTP 요청을 반복적으로 보내고 있다.

로그를 보고 blog.sixeyed.com에
HTTP 요청을 보내고 있음을 알 수 있다.

이 명령을 실행하면 web-ping 애플리케이션이
백그라운드 컨테이너로 실행된다.

```
PS>docker container run -d --name web-ping diamol/ch03-web-ping
07793103391a45d20f3d79954bdf4eff9297c98761fc7b940fdf00a53f81c09c
PS>
PS>
PS>docker container logs web-ping
** web-ping ** Pinging: blog.sixeyed.com; method: HEAD; 3000ms intervals
Making request number: 1; at 1561541743968
Got response status: 200 at 1561541744636; duration: 668ms
Making request number: 2; at 1561541746971
Got response status: 200 at 1561541747472; duration: 501ms
Making request number: 3; at 1561541749974
Got response status: 200 at 1561541750460; duration: 486ms
Making request number: 4; at 1561541752977
Got response status: 200 at 1561541753484; duration: 507ms
Making request number: 5; at 1561541755980
Got response status: 200 at 1561541756540; duration: 560ms
Making request number: 6; at 1561541758983
Got response status: 200 at 1561541759489; duration: 506ms
Making request number: 7; at 1561541761985
```

웹 요청을 보내고 그에 대한 로그를 생성하는 애플리케이션은 요청에 대한 응답 시간을 파악할 수 있다는 점에서 유용하다. 이는 웹 사이트의 동작 여부를 확인하는 용도로도 활용할 수 있다. 그러나 이 애플리케이션에는 요청 대상이 나의 블로그 주소로 고정돼 있는 듯하니 나 이외의 사람에게는 그리 쓸모가 없을 것 같다.

하지만 애플리케이션에서 대상 URL과 요청 간격, 요청 타입 등을 설정할 수 있다. 시스템의 환경 변수 값에서 설정값을 읽어 온다.

환경 변수(environment variable)는 운영체제에서 제공하는 키-값 쌍이다. 윈도나 리눅스나 같은 방식으로 동작하며, 아주 적은 양의 데이터를 저장하는 데 유용하다. 도커 컨테이너도 별도의 환경 변수를 가질 수 있다. 그러나 이 환경 변수는 호스트 운영체제의 것을 가져오는 게 아니라 컨테이너의 호스트명이나 IP 주소처럼 도커가 부여해 준다.

web-ping 이미지에도 이 환경 변수의 기본값이 포함돼 있다. 컨테이너를 실행하면 도커가 이들 기본값을 컨테이너에 적용하고 이 값을 애플리케이션에서 사용한다. 컨테이너를 생성할 때 기본값과 다른 값을 환경 변수로 설정할 수도 있다. 환경 변수 값을 변경하면 애플리케이션의 동작 내용도 바뀐다.

실습 실행 중인 컨테이너를 삭제하고 환경 변수 TARGET의 값을 다른 값으로 지정한 새로운 컨테이너를 실행하라.

```
docker rm -f web-ping
docker container run --env TARGET=google.com diamol/ch03-web-ping
```

이 명령을 실행하면 그림 3-3과 비슷한 내용이 출력된다.

❤ 그림 3-3 동일한 이미지로 실행했으나 HTTP 요청을 구글로 보내도록 설정한 컨테이너

아까와 같은 이미지로 생성한 컨테이너이지만,
이번에는 google.com에 요청을 보낸다.

애플리케이션에서 사용할 환경 변수 값을
지정한 부분

```
PS>docker container run --env TARGET=google.com diamol/ch03-web-ping

** web-ping ** Pinging: google.com; method: HEAD; 3000ms intervals
Making request number: 1; at 1561543803645
Got response status: 301 at 1561543803781; duration: 136ms
Making request number: 2; at 1561543806648
Got response status: 301 at 1561543806729; duration: 81ms
```

새로 실행한 컨테이너의 동작은 아까와는 다르다. 첫 번째 차이점으로, 이 컨테이너는 --detach 플래그를 적용하지 않았으므로 애플리케이션의 출력 내용이 콘솔에 나타난다. Ctrl+C를 눌러 애플리케이션을 종료할 때까지 출력이 계속될 것이다. 두 번째 차이점은 HTTP 요청을 보내는 대상이 blog.sixeyed.com에서 google.com으로 변경됐다는 것이다.

이 부분이 이번 장에서 가장 중요한 부분이다. 도커 이미지는 설정값의 기본값을 포함해 패키징되지만, 컨테이너를 실행할 때 이 설정값을 바꿀 수 있어야 한다.

환경 변수를 이용하면 이를 간단하게 구현할 수 있다. web-ping 애플리케이션의 코드는 TARGET이라는 이름의 환경 변수 값을 찾는다. 이미지에는 이 환경 변수의 값이 blog.sixeyed.com으로 설정돼 있으나 docker container run 명령에서 --env 플래그를 사용해 다른 값을 지정할 수 있다. 그림 3-4는 이미지에 포함된 기본값 외의 다양한 설정값이 반영된 컨테이너를 나타낸 것이다.

호스트 컴퓨터에도 고유의 환경 변수가 있다. 그러나 호스트 컴퓨터의 환경 변수는 컨테이너와는 별개다. 컨테이너는 도커가 부여한 환경 변수만을 갖는다. 그림 3-4에서 중요한 것은 두 컨테이너 모두 애플리케이션은 동일하다는 점이다. 같은 이미지를 사용했으며, 같은 바이너리를 실행 중이지만 설정값에 의해 동작이 달라지는 것이다.

이렇게 유연한 이미지를 만드는 것은 이미지 작성자가 결정할 일이다. 지금부터 Dockerfile을 작성해 직접 도커 이미지를 만드는 방법을 알아보자.

▼ 그림 3-4 도커 이미지와 컨테이너의 환경 변수

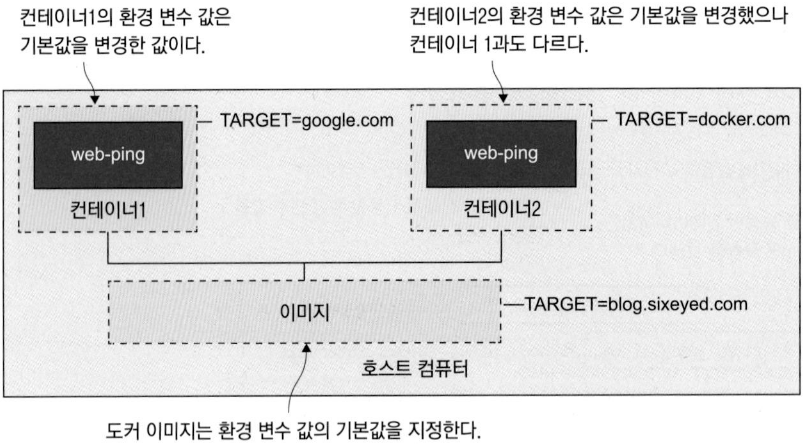

컨테이너1의 환경 변수 값은 기본값을 변경한 값이다.

컨테이너2의 환경 변수 값은 기본값을 변경했으나 컨테이너 1과도 다르다.

— TARGET=google.com

web-ping

컨테이너1

— TARGET=docker.com

web-ping

컨테이너2

이미지 — TARGET=blog.sixeyed.com

호스트 컴퓨터

도커 이미지는 환경 변수 값의 기본값을 지정한다.

3.2 Dockerfile 작성하기

Dockerfile은 애플리케이션을 패키징하기 위한 간단한 스크립트다. Dockerfile은 일련의 인스트럭션으로 구성돼 있는데, 인스트럭션을 실행한 결과로 도커 이미지가 만들어진다. Dockerfile 문법은 배우기 쉬우며 어떠한 애플리케이션이라도 패키징할 수 있다. 여타 스크립트 언어와 마찬가지로 Dockerfile 문법도 매우 유연하다. 자주 쓰이는 작업은 별도의 명령이 마련돼 있으며, 원하는 작업을 직접 작성할 수 있고, 표준 셸 문법도 사용 가능하다(리눅스의 배시 셸 혹은 윈도의 파워셸). 예제 3-1은 web-ping 애플리케이션을 패키징하기 위한 전체 Dockerfile 스크립트다.

예제 3-1 web-ping 애플리케이션의 Dockerfile 스크립트

```
FROM diamol/node

ENV TARGET="blog.sixeyed.com"
ENV METHOD="HEAD"
ENV INTERVAL="3000"

WORKDIR /web-ping
COPY app.js .

CMD ["node", "/web-ping/app.js"]
```

처음 보는 Dockerfile 스크립트이지만, 어렵지 않게 대강의 내용을 이해할 수 있다. 이 스크립트에 나온 인스트럭션은 FROM, ENV, WORKDIR, COPY, CMD다. 대문자로 작성돼 있으나 소문자를 사용해도 무방하다. 인스트럭션을 하나씩 차례로 읽어 보자.

- **FROM**: 모든 이미지는 다른 이미지로부터 출발한다. 이 이미지는 diamol/node 이미지를 시작점으로 지정했다. diamol/node 이미지에는 web-ping 애플리케이션을 실행하는 데 필요한 런타임인 Node.js가 설치돼 있다.

- **ENV**: 환경 변수 값을 지정하기 위한 인스트럭션이다. 값을 지정하기 위해 [key]="[value]" 형식을 따른다. 이 스크립트에는 ENV 인스트럭션이 세 번 사용돼 세 개의 환경 변수를 설정했다.

- **WORKDIR**: 컨테이너 이미지 파일 시스템에 디렉터리를 만들고, 해당 디렉터리를 작업 디렉터리로 지정하는 인스트럭션이다. 리눅스와 윈도 컨테이너 모두 구분자로 슬래시를 사용한다. 그러므로 스크립트에 나온 인스트럭션은 리눅스 컨테이너에서는 /web-ping 디렉터리를 만들고, 윈도 컨테이너에서는 C:\web-ping 디렉터리를 만든다.
- **COPY**: 로컬 파일 시스템의 파일 혹은 디렉터리를 컨테이너 이미지로 복사하는 인스트럭션이다. [원본경로] [복사경로] 형식으로 지정하면 된다. 이 스크립트에서는 로컬 파일 시스템에 있는 app.js 파일을 이미지의 작업 디렉터리로 복사했다.
- **CMD**: 도커가 이미지로부터 컨테이너를 실행했을 때 실행할 명령을 지정하는 인스트럭션이다. 여기서는 Node.js 런타임이 애플리케이션을 시작하도록 app.js를 지정했다.

이 Dockerfile의 내용은 이게 전부다. 이들 다섯 가지 인스트럭션만으로도 어지간한 애플리케이션을 도커로 패키징할 수 있으며, 지금 살펴본 스크립트가 좋은 예제가 돼 줄 것이다.

> **실습** 책에서 제공하는 예제 코드에 포함돼 있으므로 이 Dockerfile을 직접 작성할 필요는 없다. 코드 저장소를 복제한 경로에서 이미지를 빌드하기 위한 모든 파일이 갖춰졌는지 다음 명령을 실행해 확인해 보자.

```
cd ch03/exercises/web-ping
ls
```

이 명령을 실행하면 다음과 같은 세 개의 파일이 보일 것이다.

- **Dockerfile**(확장자 없음): 예제 3-1의 스크립트가 담긴 파일이다.
- **app.js**: web-ping 애플리케이션을 구현한 Node.js 코드가 담긴 파일이다.
- **README.md**: 이 이미지에 대한 정보가 적힌 문서 파일이다.

그림 3-5가 이 명령을 실행한 결과다.

Node.js나 자바스크립트에 대해 전혀 몰라도 이 애플리케이션을 패키징하고 도커를 통해 실행하는 데 아무 문제가 없다. app.js 파일의 코드를 보면 알겠지만, Node.js 표준 라이브러리를 사용해 환경 변수에 지정된 URL에 HTTP 요청을 보내는 아주 간단한 애플리케이션이다.

이렇게 세 개 파일만 있으면 web-ping 애플리케이션의 이미지를 빌드할 수 있다.

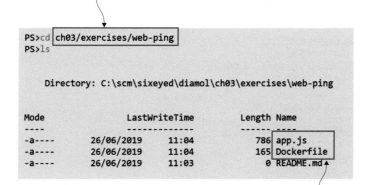

❤ 그림 3–5 도커 이미지를 빌드하기 위해 필요한 파일

이미지 빌드에 필요한 파일이 위치한 디렉터리

Dockerfile 스크립트와 애플리케이션 코드가 들어 있다.

3.3 / 컨테이너 이미지 빌드하기

이미지를 빌드하려면 Dockerfile 스크립트 외에도 필요한 것이 몇 가지 더 있다. 이미지의 이름, 패키징에 필요한 파일의 경로를 추가로 지정해 주어야 한다. 지금 모든 파일이 갖춰진 디렉터리에 위치한 터미널 창이 열려 있는 상태이므로 이미지를 빌드할 준비는 끝났다.

실습 docker image build 명령을 사용해 Dockerfile 스크립트로 이미지를 빌드하라.

```
docker image build --tag web-ping .
```

--tag의 인잣값(web-ping)은 이미지의 이름이고, 이어지는 인자는 Dockerfile 및 이미지에 포함시킬 파일이 위치한 경로다. 도커에서는 이 디렉터리를 컨텍스트라고 한다. 마지막의 .은 '현재 작업 디렉터리'라는 뜻이다. build 명령을 입력하면 Dockerfile 스크립트에 포함된 인스트럭션이 차례로 실행되며 그 결과가 출력된다. 나의 출력 결과는 그림 3-6과 같았다.

태그는 새로 빌드되는
이미지의 이름이다.

여기에 이미지에 들어갈
파일이 위치한 디렉터리를 기재한다. '.'은
현재 작업 디렉터리를 의미한다.

```
PS>docker image build --tag web-ping .
Sending build context to Docker daemon  4.096kB
Step 1/7 : FROM diamol/node
 ---> 9dfa73010b19
Step 2/7 : ENV TARGET="blog.sixeyed.com"
 ---> Running in 271fd8fafdca
Removing intermediate container 271fd8fafdca
 ---> 184364920df8
Step 3/7 : ENV METHOD="HEAD"
 ---> Running in 519bc1b02aad
Removing intermediate container 519bc1b02aad
 ---> aeac2009c2d8
Step 4/7 : ENV INTERVAL="3000"
 ---> Running in 0f356eae6f42
Removing intermediate container 0f356eae6f42
 ---> f255921aee9b
Step 5/7 : WORKDIR /web-ping
 ---> Running in 3c1e496ac175
Removing intermediate container 3c1e496ac175
 ---> 2f119d903989
Step 6/7 : COPY app.js .
 ---> 0f7036862799
Step 7/7 : CMD ["node", "/web-ping/app.js"]
 ---> Running in aaaabba6eecc
Removing intermediate container aaaabba6eecc
 ---> 76f3436762e9
Successfully built 76f3436762e9
Successfully tagged web-ping:latest
```

build 명령에서 어떤 오류가 발생했다면, 먼저 도커 엔진이 정상적으로 동작 중인지 확인해야 한다. 윈도나 맥 환경이라면 도커 데스크톱의 상태를 확인한다(태스크 바에 고래 아이콘이 있는지 확인하면 된다). 그다음 현재 작업 디렉터리가 정확한지 확인한다. 현재 작업 디렉터리가 ch03-web-ping 디렉터리이고 Dockerfile과 app.js 파일이 있어야 한다. 마지막으로 build 명령을 정확하게 입력했는지 확인한다. 도커가 빌드 컨텍스트 정보를 필요로 하기 때문에 명령 마지막에 현재 작업 디렉터리를 나타내는 .을 빠트리면 안 된다.

파일 권한과 관련된 경고 메시지가 출력된다면 윈도 환경에서 리눅스 컨테이너를 빌드하려고 했기 때문이다. 윈도용 도커 데스크톱에는 리눅스 컨테이너 모드가 있어서 리눅스 컨테이너를 빌드할 수 있다. 다만 윈도에서는 파일 권한을 설정하는 방법이 리눅스와 다르기 때문에 윈도 환경에서 빌드된 리눅스 컨테이너 이미지의 파일은 모두 읽고 쓰기가 전면 허용되는 상태가 된다.

출력 마지막에 'successfully built', 'successfully tagged'라는 메시지가 나왔다면, 이미지를 성공적으로 빌드한 것이다. 빌드된 이미지는 로컬 이미지 캐시에 저장되며 도커 명령으로 이미지 목록을 확인하면 볼 수 있다.

> **실습** 'w'로 시작하는 태그명을 가진 이미지 목록을 확인하라.

```
docker image ls 'w*'
```

이 명령을 입력하면 다음과 같이 web-ping 이미지를 확인할 수 있다.

```
> docker image ls w*
REPOSITORY    TAG      IMAGE ID       CREATED          SIZE
web-ping      latest   f2a5c430ab2a   14 minutes ago   75.3MB
```

이렇게 빌드된 이미지는 도커 허브에서 내려받은 이미지와 똑같이 사용할 수 있다. 이미지에 포함된 애플리케이션도 같고, 환경 변수를 이용한 설정도 같은 방법으로 할 수 있다.

> **실습** 새로 빌드한 이미지로부터 컨테이너를 실행해 도커 웹 사이트에 5초마다 요청을 보내보자.

```
docker container run -e TARGET=docker.com -e INTERVAL=5000 web-ping
```

이 명령을 입력하면 그림 3-7과 비슷한 내용이 출력된다. 출력된 로그의 첫 번째 줄에서 대상 URL이 docker.com이고 요청 간격이 5000밀리세컨드로 설정된 것을 확인할 수 있다.

❤ 그림 3-7 새로 빌드한 이미지로 web-ping 컨테이너 실행하기

환경 변수로 대상 URL과 요청 간격을 지정한다.

로그를 통해 설정값을 확인할 수 있다.

이 컨테이너는 포어그라운드(foreground)로 동작하므로 Ctrl + C 를 눌러 중지시킬 수 있다. 그러면 애플리케이션이 종료되고 컨테이너도 종료 상태가 된다.

간단한 애플리케이션을 이미지로 패키징해 도커로 실행해 봤다. 이 과정은 더 복잡한 애플리케이션에도 그대로 적용할 수 있다. 패키징 과정을 Dockerfile 스크립트에 작성하고 이미지에 포함시킬 리소스를 모은 다음, 사용자로 하여금 애플리케이션의 동작을 어떤 방식으로 설정하게 할 것인지 결정하면 된다.

3.4 / 도커 이미지와 이미지 레이어 이해하기

앞으로 책을 읽으면서 여러 이미지를 빌드하게 될 것이다. 이번 장에서는 앞서 만들어 본 간단한 이미지를 예제로 이미지의 동작 원리, 컨테이너와 이미지의 관계에 대해 자세히 알아보자.

도커 이미지에는 우리가 패키징에 포함시킨 모든 파일이 들어 있다. 이들 파일은 나중에 컨테이너의 파일 시스템을 형성한다. 이 외에도 이미지에는 자신에 대한 여러 메타데이터 정보도 들어 있다. 이 정보 중에는 이미지가 어떻게 빌드됐는지에 대한 간단한 이력도 포함된다. 이 정보를 이용하면 이미지를 구성하는 각 레이어는 무엇이고 이들 레이어가 어떤 명령으로 빌드됐는지 알 수 있다.

실습 web-ping 이미지의 히스토리 확인하기

```
docker image history web-ping
```

이 명령을 입력하면 한 줄마다 한 레이어에 대한 정보가 출력된다. 다음은 나의 환경에서 출력한 이미지의 히스토리 중 처음 부분을 발췌한 것이다.

```
> docker image history web-ping
IMAGE          CREATED        CREATED BY
47eeeb7cd600   30 hours ago   /bin/sh -c #(nop) CMD ["node" "/web-ping/ap…
<missing>      30 hours ago   /bin/sh -c #(nop) COPY file:a7cae366c9996502…
<missing>      30 hours ago   /bin/sh -c #(nop) WORKDIR /web-ping
```

CREATED BY 항목은 해당 레이어를 구성한 Dockerfile 스크립트의 인스트럭션이다. Dockerfile 인스트럭션과 이미지 레이어는 1:1 관계를 갖는다. 이 부분에 대해 좀 더 자세히 설명할 텐데, 이미지 레이어를 제대로 이해해야 도커를 효율적으로 활용할 수 있기 때문이다.

도커 이미지는 이미지 레이어가 모인 논리적 대상이다. 레이어는 도커 엔진의 캐시에 물리적으로 저장된 파일이다. 이 점이 왜 중요하냐면, 이미지 레이어는 여러 이미지와 컨테이너에서 공유되기 때문이다. 만약 Node.js 애플리케이션이 실행되는 컨테이너를 여러 개 실행한다면 이들 컨테이너는 모두 Node.js 런타임이 들어 있는 이미지 레이어를 공유한다. 이러한 상황을 그림 3-8에 나타냈다.

▼ 그림 3-8 이미지 레이어가 논리적 대상인 도커 이미지를 구성하는 원리

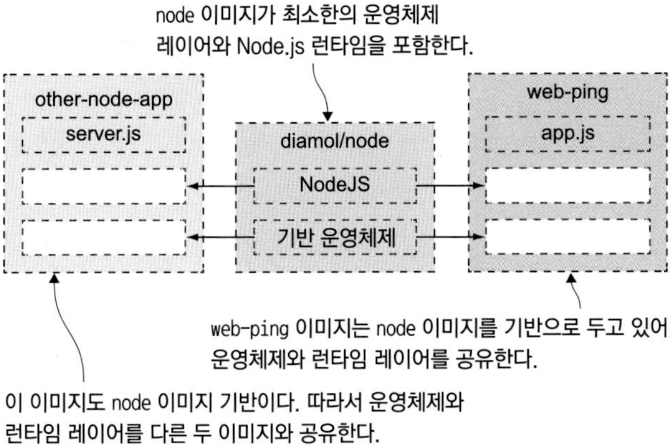

node 이미지가 최소한의 운영체제 레이어와 Node.js 런타임을 포함한다.

web-ping 이미지는 node 이미지를 기반으로 두고 있어 운영체제와 런타임 레이어를 공유한다.

이 이미지도 node 이미지 기반이다. 따라서 운영체제와 런타임 레이어를 다른 두 이미지와 공유한다.

diamol/node 이미지는 최소한의 운영체제 레이어와 Node.js 런타임을 포함한다. 리눅스 이미지는 약 75MB의 디스크 용량을 차지한다(윈도의 운영체제 기반 레이어는 이보다 크기 때문에 윈도 버전은 약 300MB 정도가 된다). 우리가 만든 web-ping 이미지는 diamol/node 이미지를 기반 이미지로 하므로 기반 이미지의 모든 레이어를 포함한다. Dockerfile 스크립트의 FROM 인스트럭션의 의미가 바로 이것이다. 기반 레이어 위에 추가한 app.js 파일은 불과 몇 KB에 지나지 않는다. 그럼 web-ping 이미지의 전체 용량은 얼마나 될까?

실습 docker image ls로 출력된 이미지 목록에서 각 이미지의 용량을 확인할 수 있다. 아무 필터 조건을 걸지 않고 출력한 이미지 목록은 다음과 같을 것이다.

```
docker image ls
```

✔ 그림 3-9 이미지 목록에서 이미지의 용량 확인하기

```
PS>docker image ls
REPOSITORY                          TAG        IMAGE ID        CREATED          SIZE
★ web-ping                          latest     b44a0d51764b    10 minutes ago   ★ 75.3MB
  diamol/ch02-hello-diamol-web      latest     a7c850f696e4    28 hours ago       127MB
★ diamol/ch03-web-ping              latest     737b256ab732    47 hours ago     ★ 75.3MB
  diamol/ch02-hello-diamol          latest     c4e9b34678b8    8 days ago         5.53MB
★ diamol/node                       latest     9dfa73010b19    3 weeks ago      ★ 75.3MB
  diamol/base                       latest     055936d39205    6 weeks ago        5.53MB
PS>
```

이들 세 이미지는 모두
Node.js 기반 레이어를 공유한다.

세 이미지가 각각 디스크 용량을 75MB씩 점유하는 것 같지만,
이 수치는 이미지의 논리적 용량으로 공유된 레이어의 용량이
반영되지 않은 것이다.

언뜻 보면 diamol/node, 도커 허브에서 내려받은 diamol/ch03-web-ping, 그리고 새로 빌드한 web-ping까지 세 이미지가 모두 비슷한 용량을 점유하는 것처럼 보인다(리눅스 버전의 경우 약 75MB). 분명 기반 레이어를 공유할 텐데, docker image ls 명령으로 출력된 결과는 각각 75MB씩 도합 225MB의 디스크 용량을 점유하는 것으로 나온다.

하지만 이는 사실이 아니다. 이미지 목록의 SIZE 항목에 나오는 수치는 이미지의 논리적 용량이지 해당 이미지가 실제로 차지하는 디스크 용량을 나타내는 것이 아니다. 다른 이미지와 레이어를 공유하면 여기에 나온 수치보다 디스크 용량을 훨씬 덜 차지한다. 이미지 목록 확인에서는 이를 확인할 수 없지만, 다른 명령으로 확인할 수 있다.

> **실습** 이미지 목록에서는 이미지의 용량 총합이 363.96MB로 나온다. 그러나 이 수치는 논리적 용량이다. 이미지 저장에 실제 사용된 디스크 용량은 system df 명령으로 확인할 수 있다.

```
docker system df
```

✔ 그림 3-10 이미지 캐시에 실제 사용된 디스크 용량 확인하기

```
PS>docker system df
TYPE              TOTAL       ACTIVE        SIZE          RECLAIMABLE
Images            6           0             202.2MB       202.2MB (100%)
Containers        0           0             0B            0B
Local Volumes     0           0             0B            0B
Build Cache       0           0             0B            0B
PS>
```

이 부분이 이미지 레이어를 저장하는 데 실제 사용된 디스크 용량이다.

이 명령을 입력해 나온 출력 결과를 보면 이미지 캐시의 실제 용량은 약 202.2MB를 차지하는 것으로 나온다. 163MB는 이미지끼리 레이어를 공유한 것으로, 약 45%의 디스크 공간이 절약됐다. 이렇게 절약되는 디스크 공간은 대개 런타임 등 같은 기반 레이어를 공유하는 애플리케이션의 숫

자가 많을수록 더욱 늘어난다. 이들 기반 레이어가 자바, 닷넷, PHP 그 무엇이든 도커의 동작 방식은 같다.

이제 설명이 필요한 마지막 주제다. 이미지 레이어를 여러 이미지가 공유한다면, 공유되는 레이어는 수정할 수 없어야 한다. 만약 이미지의 레이어를 수정할 수 있다면 그 수정이 레이어를 공유하는 다른 이미지에도 영향을 미치게 된다. 도커는 이미지 레이어를 읽기 전용으로 만들어 두어 이런 문제를 방지한다. 이미지를 빌드하면서 레이어가 만들어지면 레이어는 다른 이미지에서 재사용될 수 있다. 그러나 레이어를 수정할 수는 없다. 이 점은 이제 살펴볼 Dockerfile 스크립트를 최적화해 도커 이미지의 용량을 줄이고 빌드를 빠르게 만드는 기법에서 특히 잘 활용된다.

3.5 이미지 레이어 캐시를 이용한 Dockerfile 스크립트 최적화

우리가 조금 전에 빌드한 web-ping 이미지에는 애플리케이션이 구현된 자바스크립트 파일이 들어 있다. 이 파일을 수정하고 이미지를 다시 빌드하면, 새로운 이미지 레이어가 생긴다. 도커의 이미지 레이어가 특정한 순서대로만 배치된다고 가정한다. 그래서 이 순서 중간에 있는 레이어가 변경되면 변경된 레이어보다 위에 오는 레이어를 재사용할 수 없다.

> **실습** ch03-web-ping 디렉터리에 있는 app.js 파일을 수정하라. 반드시 코드를 수정할 필요는 없고 파일 끝에 빈 줄을 추가하는 정도로도 충분하다. 그다음 새로운 버전의 도커 이미지를 빌드한다.

```
docker image build -t web-ping:v2 .
```

이미지를 다시 빌드하면 그림 3-11과 같은 출력 내용을 볼 수 있다. 두 번째부터 다섯 번째 단계까지는 기존에 캐시된 레이어가 재사용됐지만, 6단계와 7단계는 새로운 레이어가 만들어졌다.

Dockerfile 스크립트의 인스트럭션은 각각 하나의 이미지 레이어와 1:1로 연결된다. 그러나 인스트럭션의 결과가 이전 빌드와 같다면, 이전에 캐시된 레이어를 재사용한다. 이런 방법으로 똑같은 인스트럭션을 다시 실행하는 낭비를 줄일 수 있다.

도커는 캐시에 일치하는 레이어가 있는지 확인하기 위해 해시값을 이용한다. 해시는 입력값이 같은지 확인할 수 있는 일종의 디지털 지문이다. 해시값은 Dockerfile 스크립트의 인스트럭션과 인스트럭션에 의해 복사되는 파일의 내용으로부터 계산되는데, 기존 이미지 레이어에 해시값이 일치하는 것이 없다면 캐시 미스가 발생하고 해당 인스트럭션이 실행된다. 한번 인스트럭션이 실행되면 그다음에 오는 인스트럭션은 수정된 것이 없더라도 모두 실행된다.

우리가 만들었던 자그마한 이미지도 이에 영향을 받을 수 있다. 지난 번 이미지 빌드 이후 app.js 파일이 수정됐으므로 6단계의 COPY 인스트럭션은 실제로 실행이 될 것이다. 7단계에 있는 CMD 인스트럭션은 변경된 것이 없지만 6단계 인스트럭션이 실행됐으므로 함께 실행된다.

이러한 연유로 Dockerfile 스크립트의 인스트럭션은 잘 수정하지 않는 인스트럭션이 앞으로 오고 자주 수정되는 인스트럭션이 뒤에 오도록 배치돼야 한다. 이렇게 해야 캐시에 저장된 이미지 레이어를 되도록 많이 재사용할 수 있다. 이미지를 공유하는 과정에서 시간은 물론이고 디스크 용량, 네트워크 대역폭을 모두 절약할 수 있는 방법이다.

❤ 그림 3-11 캐싱된 레이어를 사용하는 이미지 빌드

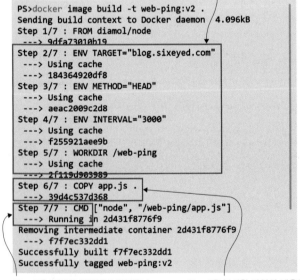

web-ping 이미지의 Dockerfile 스크립트에는 인스트럭션이 일곱 개뿐이다. 그러나 이 짧은 스크립트에도 개선의 여지가 있다. CMD 인스트럭션은 스크립트 마지막에 위치할 필요가 없다. 이 인스트럭션은 FROM 인스트럭션 뒤라면 어디에 배치해도 무방하다. 또한, 수정할 일이 잘 없을 것이므로 초반부에 배치하면 된다. 그리고 ENV 인스트럭션 하나로 여러 개의 환경 변수를 정의할 수 있으므로 세 개의 ENV 인스트럭션을 하나로 합칠 수 있다. 이렇게 최적화한 Dockerfile 스크립트를 예제 3-2에 실었다.

예제 3-2 web-ping 이미지의 Dockerfile 스크립트를 최적화한 결과

```
FROM diamol/node

CMD ["node", "/web-ping/app.js"]

ENV TARGET="blog.sixeyed.com" \
    METHOD="HEAD" \
    INTERVAL="3000"

WORKDIR /web-ping
COPY app.js .
```

실습 최적화를 마친 Dockerfile 스크립트도 예제 코드로 제공된다. web-ping-optimized 디렉터리로 이동하여 새로운 스크립트로 이미지를 다시 빌드하라.

```
cd ../web-ping-optimized
docker image build -t web-ping:v3 .
```

이전과 비교해서 빌드 과정에 큰 차이가 느껴지지는 않는다. 일곱 단계의 인스트럭션이 다섯 단계로 줄긴 했으나 결과는 동일하다. 이미지로 컨테이너를 실행해 보면 동작도 동일했다. 그러나 app.js 파일을 다시 수정하고 이미지를 빌드해 보면, 마지막 단계를 제외하고는 모든 레이어를 캐시에서 재사용한다. 우리가 원하는 최적화가 바로 이것이었다.

이번 장의 이미지 빌드에 대한 설명은 이것으로 마친다. 지금까지 Dockerfile 스크립트의 문법과 중요한 인스트럭션을 배웠다. 그리고 도커 CLI를 이용해 이미지를 빌드하고 다루는 방법도 익혔다.

이번 장에서 배운 내용 중 중요한 것은 두 가지다. 앞으로 이미지를 빌드할 때 두고두고 큰 도움이 될 것이다. 첫 번째는 Dockerfile 스크립트의 최적화다. 두 번째는 다른 환경에도 애플리케이션을 배포할 수 있도록 이식성 있는 이미지를 만드는 것이다. 이 두 가지는 Dockerfile의 인스트럭션을 잘 배치하고 애플리케이션의 설정값을 컨테이너에서 받도록 하는 방법으로 달성할 수 있다. 결과적으로 좀 더 빨리 이미지를 빌드할 수 있으며 테스트 환경에서 검증된 이미지를 운영 환경에 그대로 적용할 수 있다.

3.6 / 연습 문제

3장의 연습 문제를 풀 시간이다. 이번 장의 연습 문제는 Dockerfile 스크립트 없이 도커 이미지를 만드는 것이다. Dockerfile의 목적은 애플리케이션 배포를 자동화하는 것이다. 그러나 때로는 자동화 없이 수동으로 직접 해야 하거나, 스크립트로 작성할 수 없는 절차가 필요한 경우가 있다.

이번 장의 연습 문제는 이 문제를 조금 단순화한 것이다. 여러분에게는 도커 허브에 공유된 `diamol/ch03-lab` 이미지가 있고, 이 이미지 안에는 /diamol/ch03.txt 파일이 있다. 연습 문제는 이 파일 뒤에 독자 여러분의 이름을 추가한 다음, 수정된 파일을 포함하는 새로운 이미지를 빌드하는 것이다. 단, Dockerfile 스크립트는 사용할 수 없다.

이번 연습 문제의 해답은 깃허브 저장소 ch03의 lab 폴더를 참고하기 바란다. 그리고 이번 장의 힌트는 다음과 같다.

- `-it` 플래그를 사용하면 컨테이너를 대화식으로 실행할 수 있다.
- 파일 시스템의 컨테이너는 컨테이너가 종료된 후에도 남아 있다.
- 아직 사용해 보지 않은 도커 명령이 많다. `docker container --help` 명령에서 과제를 해결하는 데 유용한 명령 두 가지를 찾을 수 있다.

4^장

애플리케이션
소스 코드에서
도커 이미지까지

도커 이미지를 만들기는 어렵지 않았다. 3장에서는 Dockerfile 스크립트에 몇 가지 인스트럭션을 작성해 애플리케이션을 컨테이너로 실행하는 방법을 배웠다. 애플리케이션을 패키징할 때 필요한 일이 한 가지 더 있다. Dockerfile 스크립트 안에서 명령을 실행하는 것이다.

빌드 중에 실행한 명령과 이로 인해 일어난 파일 시스템 변경은 이미지 레이어에 그대로 저장된다. 이 덕분에 Dockerfile 스크립트는 매우 유연한 패키징 도구가 됐다. 압축 파일을 압축 해제하거나 윈도 인스톨러를 실행하는 등 다양한 일을 패키징 과정에 포함시킬 수 있다. 이번 장에서는 이러한 유연성을 활용해 소스 코드로부터 애플리케이션을 패키징하는 방법을 알아보자.

4.1 Dockerfile이 있는데 빌드 서버가 필요할까?

작업용 노트북에서 빌드를 하는 경우는 주로 개인 작업이다. 그러나 팀의 일원으로 개발에 참여한다면 좀 더 엄격한 전달 절차가 필요하다. 이러한 절차의 예로는 깃허브처럼 팀을 위한 형상 관리 시스템을 사용하며 여럿이 자신이 작업한 코드를 푸시하거나, 이들 코드를 빌드하기 위한 별도의 서버를 두는 것 등이 있다.

이런 절차를 활용하면 문제점을 좀 더 빨리 발견할 수 있다. 한 개발자가 파일을 하나 빼먹고 코드를 푸시했다면 빌드 서버에서 빌드가 실패할 테고, 팀원들도 빌드가 깨졌음을 알 수 있다. 이런 방법으로 프로젝트를 건전하게 유지할 수 있지만, 이를 위해서는 빌드 서버를 유지하는 비용이 추가로 발생한다. 대부분의 프로그래밍 언어는 프로젝트를 빌드하기 위해 다양한 도구가 필요하다. 이런 도구의 예를 그림 4-1에 실었다.

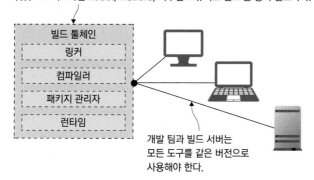

❤ 그림 4-1 소프트웨어 프로젝트를 빌드하려면 개발 팀원 모두가 같은 도구를 사용해야 한다.

소프트웨어를 빌드하기 위한 도구. 자바 프로젝트라면 JDK와 메이븐이 필요하고,
닷넷 프로젝트라면 NuGet, MSBuild, 비주얼 스튜디오 빌드 툴 등이 필요하다.

개발 팀과 빌드 서버는
모든 도구를 같은 버전으로
사용해야 한다.

이 과정에는 유지 보수를 위한 큰 오버헤드가 발생한다. 신규로 팀에 참여한 개발자는 이 도구를 설치하는 데만 출근 첫날을 모두 보내기 일쑤다. 또 작업용 컴퓨터에서 이들 도구 중 하나를 업데이트하면서 빌드 서버와 버전이 달라지는 것만으로도 빌드가 실패할 수 있다. 매니지드 빌드 서비스(managed build service)를 사용하더라도 이러한 문제를 피하기 어려우며 이로 인해 사용 가능한 도구의 선택 폭이 좁다.

이런 경우에 빌드 툴체인을 한 번에 패키징해서 공유할 수 있다면 편리할 것이다. 물론 도커를 사용하면 가능하다. 개발에 필요한 모든 도구를 배포하는 Dockerfile 스크립트를 작성한 다음 이를 이미지로 만든다. 그리고 애플리케이션 패키징을 위한 Dockerfile 스크립트에서 이 이미지를 사용해 소스 코드를 컴파일함으로써 애플리케이션을 패키징하는 것이다.

이 과정에는 아직 배우지 않은 새로운 기능이 쓰이므로 먼저 간단한 예제부터 시작해 보자. 예제 4-1은 이러한 워크플로를 적용한 기본적인 Dockerfile 스크립트다.

예제 4-1 멀티 스테이지 빌드를 적용한 Dockerfile 스크립트

```
FROM diamol/base AS build-stage
RUN echo 'Building...' > /build.txt

FROM diamol/base AS test-stage
COPY --from=build-stage /build.txt /build.txt
RUN echo 'Testing...' >> /build.txt

FROM diamol/base
COPY --from=test-stage /build.txt /build.txt
CMD cat /build.txt
```

이 스크립트는 빌드가 여러 단계로 나뉘는 멀티 스테이지 빌드를 적용한 것이다. 각 빌드 단계는 FROM 인스트럭션으로 시작된다. 필요한 경우 빌드 단계에 AS 파라미터를 이용해 이름을 붙일 수도 있다. 예제 4-1은 세 단계로 나뉜 멀티 스테이지 빌드의 예다. 두 단계는 build-stage, test-stage로 이름이 붙어 있고, 마지막 한 단계는 이름이 없다. 빌드가 여러 단계로 나뉘어 있다고는 하지만, 최종 산출물은 마지막 단계의 내용물을 담은 도커 이미지다.

각 빌드 단계는 독립적으로 실행되지만, 앞선 단계에서 만들어진 디렉터리나 파일을 복사할 수는 있다. 예제 4-1의 COPY 인스트럭션을 보면 --from 인자를 사용해 해당 파일이 호스트 컴퓨터의 파일 시스템이 아니라 앞선 빌드 단계의 파일 시스템에 있는 파일임을 알려 준다. 이 예제에서는 build-stage 단계에서 파일 하나를 생성하는데, 이 파일을 test-stage로 복사하고 다시 test-stage에서 생성한 파일을 마지막 단계로 복사한다.

처음 보는 인스트럭션이 나왔다. RUN 인스트럭션이다. 여기서는 파일을 생성하기 위해 사용했다.

RUN 인스트럭션은 빌드 중에 컨테이너 안에서 명령을 실행한 다음 그 결과를 이미지 레이어에 저장하는 기능을 한다. RUN 인스트럭션에서 실행할 수 있는 명령에는 특별한 제한이 없지만, FROM 인스트럭션에서 지정한 이미지에서 실행할 수 있는 것이어야 한다. 여기서는 diamol/base를 기반 이미지로 지정했으며, 이 이미지가 echo 명령을 포함하고 있기 때문에 이 RUN 인스트럭션이 정상적으로 동작한다.

그림 4-2는 이 멀티 스테이지 빌드가 순차적으로 이뤄지는 과정을 나타낸 것이다.

✔ 그림 4-2 멀티 스테이지 빌드를 적용한 Dockerfile 스크립트의 실행 과정

각 빌드 단계는 서로 격리돼 있다는 것을 이해해야 한다. 빌드 단계별로 기반 이미지도 다를 수 있으므로 사용할 수 있는 도구도 달라진다. 마지막 빌드 단계의 산출물은 이전 빌드 단계에서 명시적으로 복사해 온 것만 포함할 수 있다. 어느 한 단계에서라도 명령이 실패하면 전체 빌드가 실패한다.

실습 예제 코드가 있는 디렉터리에서 터미널 창을 열고 멀티 스테이지 빌드가 적용된 Dockerfile 스크립트를 사용해 이미지를 빌드하라.

```
cd ch04/exercises/multi-stage
docker image build -t multi-stage .
```

빌드 명령을 입력하면 Dockerfile 스크립트에 작성된 순서를 따라 빌드가 진행되는 것을 볼 수 있다(그림 4-3).

간단한 예제이지만, 이 패턴은 훨씬 복잡한 애플리케이션을 하나의 Dockerfile 스크립트로 빌드 하는 데도 사용할 수 있다. 그림 4-4는 자바 애플리케이션에 이 워크플로를 적용한 예다.

▼ 그림 4-3 멀티 스테이지 Dockerfile 스크립트로 자바 애플리케이션 빌드하기

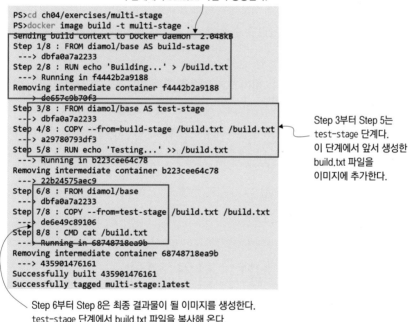

build-stage 단계에서는 빌드 도구가 설치된 기반 이미지를 사용한다. 로컬 컴퓨터에서 소스 코드를 복사해 넣고, build 명령을 실행한다. 그리고 단위 테스트 프레임워크가 설치된 기반 이미지를 사용하며 앞서 빌드한 바이너리를 복사해 간 다음 단위 테스트를 수행하는 test-stage 단계를 추가할 수도 있다. 마지막 단계는 애플리케이션을 실행할 런타임이 들어 있는 기반 이미지로 시작한다. 그리고 build-stage에서 빌드하고 test-stage에서 테스트까지 성공적으로 마친 바이너리를 이 이미지에 복사해 넣는다.

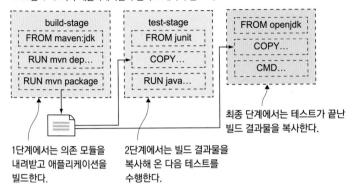
▼ 그림 4-4 자바 애플리케이션의 멀티 스테이지 빌드 예

1단계에서는 의존 모듈을
내려받고 애플리케이션을
빌드한다.

2단계에서는 빌드 결과물을
복사해 온 다음 테스트를
수행한다.

최종 단계에서는 테스트가 끝난
빌드 결과물을 복사한다.

이런 방법으로 애플리케이션의 진정한 이식성을 확보할 수 있다. 딱 한 가지, 도커만 갖춰진다면 컨테이너를 통해 어떤 환경에서든 애플리케이션을 빌드하거나 실행할 수 있다. 빌드 서버에도 도커만 설치돼 있으면 된다. 새로 팀에 합류한 개발자도 즉시 개발 환경을 갖출 수 있으며 빌드 도구를 도커 이미지를 통해 중앙 집중적으로 관리할 수 있다. 팀 공통의 설정에서 벗어날 가능성 자체가 원천적으로 차단된다.

거의 모든 주요 애플리케이션 프레임워크는 이미 도커 허브를 통해 빌드 도구가 내장된 공식 이미지를 제공한다. 런타임만 제공되는 이미지를 별도로 제공하는 경우도 있다. 이들 이미지를 직접 활용하거나 이들을 포함하는 이미지를 새로 만들어 사용하면 된다. 이렇게 하면 프레임워크 개발 팀이 유지 보수하는 최신 업데이트를 바로바로 적용할 수 있다는 장점이 있다.

4.2 애플리케이션 빌드 실전 예제: 자바 소스 코드

실제 애플리케이션을 예제로 살펴보자. 이 애플리케이션은 자바 스프링부트(Spring Boot)를 사용해 구현한 것으로, 앞으로 도커를 이용해 이 애플리케이션을 빌드하고 실행하는 과정을 체험할 것이다. 이 애플리케이션을 빌드하고 실행하기 위해 자바 빌드 도구를 따로 설치할 필요는 없다. 필요한 도구는 모두 도커 이미지를 통해 가져온다. 자바를 사용한 적이 없는 독자라도 이 절을 읽는

데 문제가 없을 것이다. 이 절의 목적은 닷넷 코어(.NET Core), 얼랭(Erlang) 등 컴파일이 필요한 언어라면 어떤 언어라도 적용할 수 있는 패턴을 익히는 것이기 때문이다.

애플리케이션의 소스 코드는 이 책에서 제공하는 소스 코드 중 ch04/exercises/image-of-the-day에서 볼 수 있다. 이 애플리케이션은 표준적인 자바 빌드 도구인 메이븐(Maven)과 OpenJDK를 사용한다. 메이븐은 빌드 절차와 의존 모듈의 입수 방법을 정의하는 도구이고, OpenJDK는 자유로이 재배포가 가능한 자바 런타임이자 개발자 키트다. 메이븐은 빌드 절차가 정의된 XML 문서를 사용하며, mvn 명령을 실행해 사용한다. 이 정도만 알면 예제 4-2의 Dockerfile 스크립트를 이해할 수 있다.

예제 4-2 메이븐을 사용해 자바 애플리케이션을 빌드하는 Dockerfile 스크립트

```
FROM diamol/maven AS builder

WORKDIR /usr/src/iotd
COPY pom.xml .
RUN mvn -B dependency:go-offline

COPY . .
RUN mvn package

# app
FROM diamol/openjdk

WORKDIR /app
COPY --from=builder /usr/src/iotd/target/iotd-service-0.1.0.jar .

EXPOSE 80
ENTRYPOINT ["java", "-jar", "/app/iotd-service-0.1.0.jar"]
```

거의 모든 인스트럭션(instruction)은 이미 본 적이 있는 인스트럭션이다. 그리고 스크립트에 사용된 패턴 역시 앞서 살펴본 예제에서 직접 작성해 본 적이 있다. FROM 인스트럭션이 여러 개 있는 것으로 보아 멀티 스테이지 빌드가 적용된 스크립트다. 그리고 도커의 레이어 캐시를 최대한 활용할 수 있도록 인스트럭션이 배치됐다는 것도 알 수 있다.

첫 번째 단계인 builder 단계에서 하는 일은 다음과 같다.

- 기반 이미지는 diamol/maven이다. 이 이미지는 메이븐과 OpenJDK를 포함한다.

- builder 단계는 먼저 이미지에 작업 디렉터리를 만든 다음 이 디렉터리에 pom.xml 파일을 복사하면서 시작된다. 이 파일에는 메이븐에서 수행할 빌드 절차가 정의돼 있다.

- 첫 번째 RUN 인스트럭션에서 메이븐이 실행돼 필요한 의존 모듈을 내려받는다. 이 과정에는 상당한 시간이 걸리기 때문에 별도의 단계로 분리해 레이어 캐시를 활용할 수 있도록 한다. 새로운 의존 모듈이 추가될 경우, XML 파일이 변경됐을 것이므로 이 단계가 다시 실행된다. 추가된 의존 모듈이 없다면 이미지 캐시를 재사용한다.

- 그다음에는 COPY . . 인스트럭션을 통해 나머지 소스 코드가 복사된다. 이 인스트럭션은 '도커 빌드가 실행 중인 디렉터리에 포함된 모든 파일과 서브 디렉터리를 현재 이미지 내 작업 디렉터리로 복사하라'는 의미다.

- builder 단계의 마지막은 mvn package 명령을 실행하는 것이다. 이 명령은 애플리케이션을 빌드하고 패키징하라는 의미다. 입력은 자바 소스 코드이며, 출력은 JAR 포맷으로 패키징된 자바 애플리케이션이다.

builder 단계가 끝나고 나면, 컴파일된 애플리케이션이 해당 단계의 파일 시스템에 만들어진다. 메이븐을 이용한 빌드 과정에 (네트워크 문제로 의존 모듈을 받아오지 못했거나 소스 코드에 컴파일 에러가 있는 등의) 문제가 있었다면 RUN 인스트럭션이 실패하면서 전체 빌드도 실패한다.

builder 단계를 정상적으로 마쳤다면, 다음 과정을 수행하는 마지막 단계를 실행해 애플리케이션 이미지를 생성한다.

- 기반 이미지는 diamol/openjdk이다. 이 이미지는 자바 11 런타임을 포함하지만, 메이븐은 포함하지 않는다.

- 이번에도 이미지에 작업 디렉터리를 만든 다음, 여기에 앞서 builder 단계에서 만든 JAR 파일을 복사한다. 이 JAR 파일은 모든 의존 모듈과 컴파일된 애플리케이션을 포함하는 단일 파일이다. 그러므로 builder 단계의 파일 시스템에서 이 파일만 가져오면 된다.

- 애플리케이션은 80번 포트를 주시하는 웹 서버 애플리케이션이다. 그러므로 이 포트를 EXPOSE 인스트럭션을 통해 외부로 공개해야 한다.

- ENTRYPOINT 인스트럭션은 CMD 인스트럭션과 같은 기능을 하는 인스트럭션이다. 해당 이미지로 컨테이너가 실행되면 도커가 이 인스트럭션에 정의된 명령을 실행한다. 이 이미지의 경우 java 명령으로 빌드된 JAR 파일을 실행한다.

실습 자바 애플리케이션의 소스 코드를 훑어보고 이미지를 빌드하라.

```
cd ch04/exercises/image-of-the-day
docker image build -t image-of-the-day .
```

이 이미지를 빌드하면 메이븐이 출력하는 상당한 양의 로그를 볼 수 있다. 그 내용은 의존 모듈을 내려받고 자바 빌드를 실행하는 내용이다. 그림 4-5는 내가 빌드를 실행한 결과의 일부를 발췌한 것이다.

▼ 그림 4-5 도커를 이용해 실행한 메이븐 빌드의 출력 내용 일부

builder 단계의 마지막은 메이븐을 사용해
자바 애플리케이션을 JAR 파일로 패키징하는 부분이다.

```
[INFO] --- maven-jar-plugin:3.1.1:jar (default-jar) @ iotd-service ---
[INFO] Building jar: C:\usr\src\iotd\target\iotd-service-0.1.0.jar
[INFO]
[INFO] --- spring-boot-maven-plugin:2.1.3.RELEASE:repackage (repackage) @ iotd-
[INFO] Replacing main artifact with repackaged archive
[INFO] ------------------------------------------------------------
[INFO] BUILD SUCCESS
[INFO] ------------------------------------------------------------
[INFO] Total time:  6.274 s
[INFO] Finished at: 2019-07-09T14:05:57+01:00
[INFO]
Removing intermediate container c29941e403b9
 ---> eab51d723848
Step 7/11 : FROM diamol/openjdk
 ---> 840bada2490b
Step 8/11 : WORKDIR /app
 ---> Using cache
 ---> b78b5c5757fa
Step 9/11 : COPY --from=builder /usr/src/iotd/target/iotd-service-0.1.0.jar .
 ---> 2f5470ca5eb2
```

앞서 builder 단계에서 패키징된 JAR 파일을
빌드 마지막 단계에서 복사한다.

우리가 방금 빌드한 애플리케이션은 무엇일까? 이 애플리케이션은 NASA의 오늘의 천문 사진 서비스(Astronomy Picture of the Day)(htttps://apod.nasa.gov)에서 오늘 자 사진을 받아오는 간단한 REST API다. 받아온 사진은 캐시해 두었다가 다음에 또 같은 요청이 들어오면 전에 받아온 사진을 다시 보여 준다.

이 API는 이번 장에서 실행해 볼 전체 애플리케이션의 한 부분이다. 앞으로 여러 개의 컨테이너를 실행해 이들이 서로 통신하게 할 것이다. 컨테이너는 컨테이너가 실행될 때 부여되는 가상 네트워크 내 가상 IP를 통해 서로 통신한다. 이 가상 네트워크 역시 명령행 인터페이스를 통해 관리할 수 있다.

실습 컨테이너 간 통신에 사용되는 도커 네트워크를 생성하라.

```
docker network create nat
```

이 명령을 실행했을 때 오류 메시지가 출력된다면, nat이라는 이름의 도커 네트워크를 이미 생성했기 때문이다. 이 오류 메시지는 무시해도 좋다. 그리고 컨테이너를 실행할 때 --network 옵션을 사용하면 새로 만들 컨테이너를 연결할 네트워크를 직접 지정할 수 있다. 같은 네트워크 안에 속한 컨테이너 간에는 서로 자유롭게 통신이 가능하다.

실습 앞서 빌드한 이미지로부터 컨테이너를 실행하되, 80번 포트를 호스트 컴퓨터를 통해 공개하고 nat 네트워크에 컨테이너를 접속하라.

```
docker container run --name iotd -d -p 800:80 --network nat image-of-the-day
```

이제 웹 브라우저에서 http://localhost:800/image에 접근해 보면 NASA에서 제공하는 오늘의 사진에 대한 정보를 JSON 포맷으로 볼 수 있다. 내가 이 컨테이너를 실행했던 날의 사진은 일식 장면을 찍은 것으로, 그림 4-6과 같은 내용이 출력됐다. 내가 사용한 파이어폭스 웹 브라우저는 JSON 포맷의 응답을 잘 정리해 보여주지만, 다른 브라우저를 사용한다면 정리되지 않은 JSON 응답 내용이 그대로 보일 수 있다.

❤ **그림 4-6** 내가 실행한 컨테이너에 캐시된 NASA 오늘의 사진 정보

컨테이너의 80번 포트가 호스트 컴퓨터의
800번 포트로 공개됐다.

사진의 상세 정보. 본래 NASA의 오늘의 천문 사진 서비스에서
제공되는 것이지만, 컨테이너로 실행된 자바 애플리케이션에 캐시됐다.

이 애플리케이션 자체는 썩 대단해 보이지 않지만(그러나 아직 컨테이너를 삭제하지는 말라. 이번 장 뒷부분에서 다시 필요하다), 진짜 중요한 것은 도커만 설치돼 있다면 이 애플리케이션을 어디서든 실행할 수 있다는 점이다. 소스 코드와 Dockerfile 스크립트만 있으면 된다. 그 외에는 빌드 도구를 설치할 필요도 없고 특정한 버전의 자바 런타임을 설치할 필요도 없다. 코드 저장소를 복제한 다음 도커 명령 두어 개만 실행하면 애플리케이션을 실행할 수 있다.

중요한 점이 한 가지 더 있다. 최종적으로 생성되는 애플리케이션 이미지에 빌드 도구는 포함되지 않는다는 점이다. image-of-the-day 이미지를 사용해 대화식 컨테이너를 실행해 보면, 이 이미지에서는 mvn 명령을 사용할 수 없다는 것을 알 수 있다. 애플리케이션 이미지에는 도커 파일에 정의된 빌드 단계 중 마지막 단계의 콘텐츠만이 포함된다. 이전 단계의 콘텐츠 중 포함시키고 싶은 것이 있다면 최종 단계에서 명시적으로 해당 콘텐츠를 복사해 와야 한다.

DOCKER TEXTBOOK

4.3 애플리케이션 빌드 실전 예제: Node.js 소스 코드

멀티 스테이지 빌드가 적용된 Dockerfile 스크립트를 한 가지 더 살펴보자. 이번에는 Node.js 애플리케이션을 빌드하는 스크립트다. 최근에는 조직의 기술 스택이 점점 다양해지는 만큼, 도커를 이용한 서로 다른 빌드 방식을 살펴보는 것도 도움이 될 것이다. Node.js는 자바와는 다른 스크립트 언어이며 많이 채택되는 기술이라는 점에서 딱 좋은 예제라고 할 수 있다. 이 빌드 패턴 역시 파이썬, PHP, 루비 등 여타 스크립트 언어에 그대로 적용 가능하다. 이 애플리케이션의 소스 코드는 예제 코드 내 경로 ch04/exercises/access-log에서 볼 수 있다.

자바 애플리케이션은 컴파일을 거쳐야 하기 때문에 빌드 단계에서 소스 코드를 복사한 다음 패키징 과정을 통해 JAR 파일을 생성했었다. JAR 파일은 컴파일된 애플리케이션을 담은 파일로 이 파일이 다시 최종 애플리케이션 이미지에 복사되며 소스 코드는 여기에 포함되지 않는다. 닷넷 코어 역시 마찬가지다. 컴파일된 바이너리는 DLL(dynamic link library) 포맷이다. 그러나 Node.js는 이와는 조금 다르다. Node.js 애플리케이션은 자바스크립트로 구현된다. 자바스크립트는 인터프리터형 언어로 별도의 컴파일 절차가 필요 없다. 컨테이너화된 Node.js 애플리케이션을 실행하려면 Node.js 런타임과 소스 코드가 애플리케이션 이미지에 포함돼야 한다.

그렇다고 멀티 스테이지 빌드가 필요하지 않은 것은 아니다. 멀티 스테이지 빌드를 통해 의존 모듈 로딩을 최적화할 수 있다. Node.js는 npm(node package manager)이라는 패키지 관리자를 사용해 의존 모듈을 관리한다. 예제 4-3은 이 Node.js 애플리케이션을 빌드하는 전체 Dockerfile 스크립트다.

예제 4-3 npm을 사용해 Node.js 애플리케이션을 빌드하는 Dockerfile 스크립트

```
FROM diamol/node AS builder

WORKDIR /src
COPY src/package.json .

RUN npm install

# app
FROM diamol/node

EXPOSE 80
CMD ["node", "server.js"]

WORKDIR /app
COPY --from=builder /src/node_modules/ /app/node_modules/
COPY src/ .
```

이 스크립트의 목표 역시 앞서와 마찬가지로, 애플리케이션을 패키징하고 다른 도구 없이 도커만 설치된 환경에서 애플리케이션을 실행하는 것이다. 두 이미지 모두 diamol/node를 기반 이미지로 사용한다. 이 이미지는 Node.js 런타임과 npm이 설치된 이미지다. builder 단계에서 애플리케이션의 의존 모듈이 정의된 package.json 파일을 복사한 다음, npm install 명령을 실행해 의존 모듈을 내려받는다. 별도의 컴파일이 필요치 않으므로 빌드 과정은 이것이 전부다.

이 Node.js 애플리케이션 역시 REST API다. 최종 단계에서 공개할 HTTP 포트와 애플리케이션 시작 명령을 지정한다. 최종 단계는 작업 디렉터리를 만들고 호스트 컴퓨터로부터 애플리케이션 아티팩트를 모두 복사해 넣는 것으로 끝난다. src 디렉터리는 애플리케이션의 진입점 역할을 하는 server.js 파일을 비롯해 여러 자바스크립트 파일을 담고 있다.

이번 애플리케이션은 앞서 본 예제와 기술 스택, 패키징 패턴이 모두 다르다. 기반 이미지, 빌드 도구, 실행 명령 또한 자바 애플리케이션과는 모두 차이가 있다. 하지만 이러한 차이점에도 불구하고 Dockerfile 스크립트를 통해 똑같은 방식으로 애플리케이션을 빌드하고 실행할 수 있다.

실습 Node.js 애플리케이션의 소스 코드를 훑어보고 이미지를 빌드하라.

```
cd ch04/exercises/access-log
docker image build -t access-log .
```

이번에도 역시 npm이 출력하는 많은 양의 로그(일부 오류 메시지와 경고 메시지가 포함돼 있지만, 무시해도 좋다)를 볼 수 있다. 그림 4-7은 내가 빌드를 실행했을 때 출력된 내용을 발췌한 것이다. 내려받은 의존 모듈은 도커 이미지 레이어 캐시에 저장되므로 의존 모듈 추가 없이 코드만 수정했다면 그다음 번 빌드는 지금보다 매우 빠르게 진행된다.

▼ 그림 4-7 도커를 이용한 Node.js 애플리케이션의 멀티 스테이지 빌드

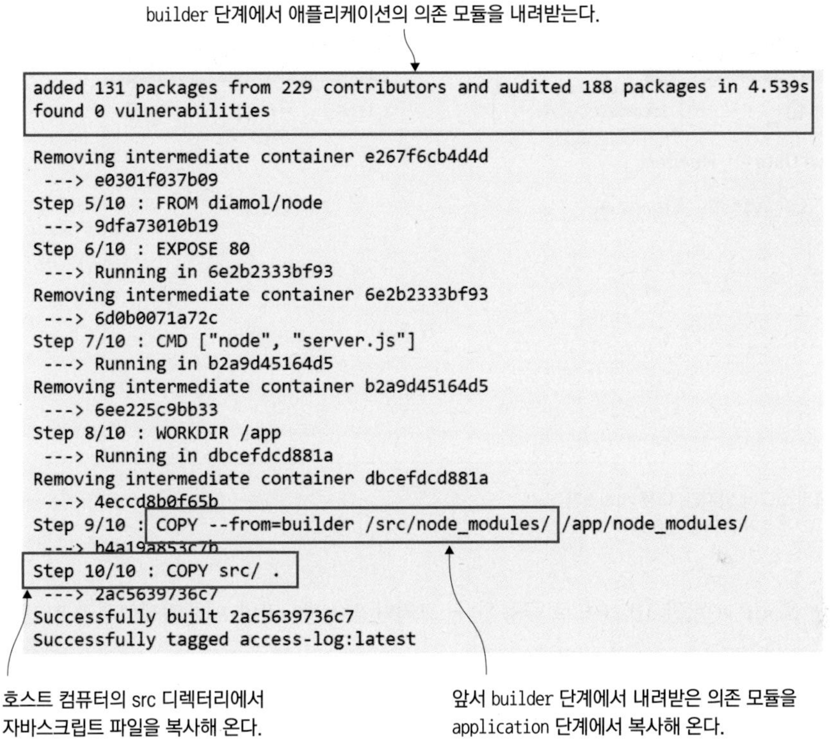

builder 단계에서 애플리케이션의 의존 모듈을 내려받는다.

```
added 131 packages from 229 contributors and audited 188 packages in 4.539s
found 0 vulnerabilities

Removing intermediate container e267f6cb4d4d
 ---> e0301f037b09
Step 5/10 : FROM diamol/node
 ---> 9dfa73010b19
Step 6/10 : EXPOSE 80
 ---> Running in 6e2b2333bf93
Removing intermediate container 6e2b2333bf93
 ---> 6d0b0071a72c
Step 7/10 : CMD ["node", "server.js"]
 ---> Running in b2a9d45164d5
Removing intermediate container b2a9d45164d5
 ---> 6ee225c9bb33
Step 8/10 : WORKDIR /app
 ---> Running in dbcefdcd881a
Removing intermediate container dbcefdcd881a
 ---> 4eccd8b0f65b
Step 9/10 : COPY --from=builder /src/node_modules/ /app/node_modules/
 ---> b4a19a853c7b
Step 10/10 : COPY src/ .
 ---> 2ac5639736c7
Successfully built 2ac5639736c7
Successfully tagged access-log:latest
```

호스트 컴퓨터의 src 디렉터리에서 자바스크립트 파일을 복사해 온다.

앞서 builder 단계에서 내려받은 의존 모듈을 application 단계에서 복사해 온다.

지금 빌드한 Node.js 애플리케이션 역시 특별한 점은 없다. 하지만 패키징이 잘 끝났는지 한번 실행해 보기 바란다. 이 애플리케이션은 다른 서비스로부터 호출을 받아 로그를 남기는 REST API다. HTTP POST 엔드포인트를 통해 남길 로그를 접수하며, GET 엔드포인트를 통해 현재까지 기록된 로그 건수를 알려 준다.

지금 빌드한 access-log 이미지로 컨테이너를 실행하되, 이 컨테이너를 nat 네트워크에 연결하며 80번 포트를 공개하라.

```
docker container run --name accesslog -d -p 801:80 --network nat access-log
```

이제 웹 브라우저에서 http://localhost:801/stats에 접근해 보면 지금까지 남긴 로그 건수를 확인할 수 있다. 그림 4-8은 아직 기록된 로그가 없음을 보여 준다(여기서도 파이어폭스를 사용 했다).

▼ 그림 4-8 컨테이너를 통해 실행한 Node.js API

컨테이너의 80번 포트가 호스트 컴퓨터의
801번 포트를 통해 공개됐다.

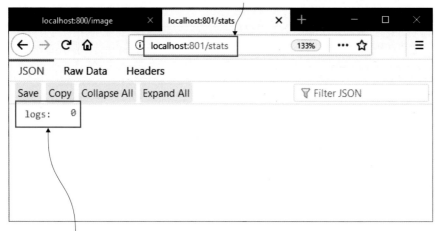

현재까지는 기록된 로그가 없지만, 다른 서비스가
이 API를 사용하면 건수가 증가할 것이다.

이 로그 API는 Node.js 버전 10.16으로 구동된다. 그러나 앞서 본 자바 애플리케이션과 마찬가 지로, 이 애플리케이션 역시 특정한 버전의 Node.js 런타임이나 여타 도구를 호스트 컴퓨터에 설 치할 필요가 없다. Dockerfile 스크립트에 정의된 빌드 절차에서 모든 의존 모듈과 스크립트를 최종 이미지에 복사했기 때문이다. pip를 사용하는 파이썬, gems를 사용하는 루비에도 같은 방 법을 적용할 수 있다.

4.4 애플리케이션 빌드 실전 예제: Go 소스 코드

멀티 스테이지 빌드를 적용한 Dockerfile의 마지막 예제로, Go를 사용해 구현한 웹 애플리케이션을 살펴보자. Go는 네이티브 바이너리로 컴파일되는 현대적인 크로스 플랫폼 언어다. 다시 말하면, 원하는 어떤 플랫폼(윈도, 리눅스, amd64 아키텍처, ARM 아키텍처)이든 해당 플랫폼에서 동작하는 바이너리를 컴파일할 수 있다는 의미다. 자바나 Node.js, 닷넷 코어 혹은 파이썬처럼 별도의 런타임이 필요하지도 않다. 그만큼 도커 이미지의 크기가 매우 작아진다.

러스트(Rust)와 스위프트(Swift) 등 네이티브 바이너리로 컴파일되는 언어는 Go 외에도 몇 가지가 더 있지만, 그중에서도 Go가 가장 지원 플랫폼의 범위가 넓다. 또한, Go는 클라우드 네이티브 언어로서도 인기가 높다. 애초에 도커 자체가 Go로 구현됐을 정도다. 도커를 이용한 Go 애플리케이션의 멀티 스테이지 빌드는 자바의 빌드 방식과 유사한 점이 많지만, 몇 가지 중요한 차이점이 있다. 예제 4-4는 Go 애플리케이션 빌드를 위한 전체 Dockerfile 스크립트다.

예제 4-4 Go 애플리케이션의 멀티 스테이지 빌드를 위한 Dockerfile 스크립트 예

```
FROM diamol/golang AS builder

COPY main.go .
RUN go build -o /server

# app
FROM diamol/base

ENV IMAGE_API_URL="http://iotd/image" \
    ACCESS_API_URL="http://accesslog/access-log"
CMD ["/web/server"]

WORKDIR web
COPY index.html .
COPY --from=builder /server .
RUN chmod +x server
```

Go는 네이티브 바이너리로 컴파일된다. 그러므로 이 Dockfile 스크립트의 각 빌드 단계는 서로 다른 기반 이미지를 사용한다. builder 단계의 기반 이미지는 Go 언어의 도구가 설치된 diamol/golang이다. Go 애플리케이션 빌드는 일반적으로 의존 모듈을 내려받는 단계 없이 곧장 빌드에 들어가며(대개 main.go 단일 파일로 구성된다), 그다음 애플리케이션 단계는 최소한의 운영체제 레이어만을 포함하는 이미지를 사용한다. 여기서는 diamol/base 이미지를 사용한다.

그다음에는 몇 가지 설정값을 환경 변수 형태로 설정하고 컴파일된 바이너리를 실행해 애플리케이션을 시작한다. 애플리케이션 단계는 builder 단계에서 빌드한 웹 서버 바이너리와 이 웹 서버가 제공할 HTML 파일을 복사하는 과정으로 마무리된다. 마지막으로, 바이너리 파일이 chmod 명령을 통해 명시적으로 실행 권한을 부여받는다(윈도에서는 효과가 없다).

실습 Go 애플리케이션의 소스 코드를 훑어본 다음 이미지를 빌드하라.

```
cd ch04/exercises/image-gallery
docker image build -t image-gallery .
```

이번 빌드에서는 컴파일 과정에서 출력되는 로그 양이 그리 많지 않다. Go 컴파일러는 비교적 로그 양이 적으며 빌드에 실패한 경우에만 로그를 출력하기 때문이다. 내가 실행한 빌드의 출력 내용을 발췌한 것을 그림 4-9에 실었다.

❤ 그림 4-9 멀티 스테이지 빌드를 적용한 Dockerfile 스크립트로 Go 애플리케이션 빌드하기

애플리케이션은 builder 단계에서 컴파일된다. Go 컴파일러는
빌드에 실패하지 않는 한 로그를 출력하지 않는다.

```
Step 3/10 : RUN go build -o /server
 ---> Running in 4c82369bdd7d
Removing intermediate container 4c82369bdd7d
 ---> 86dd4bcd457b
Step 4/10 : FROM diamol/base
 ---> 055936d39205
Step 5/10 : ENV IMAGE_API_URL="http://iotd/image"
 ---> Running in 71a2577def79
Removing intermediate container 71a2577def79
 ---> a876b44cbe31
Step 6/10 : CMD ["/web/server"]
 ---> Running in cdb6cbd72371
Removing intermediate container cdb6cbd72371
 ---> 9c32166ff4c9
Step 7/10 : WORKDIR web
 ---> Running in cfeff2048a98
Removing intermediate container cfeff2048a98
 ---> 69f36239586b
Step 8/10 : COPY index.html .
 ---> ac083fe04427
Step 9/10 : COPY --from=builder /server .
 ---> c03a4156eca6
```

builder 단계에서 빌드한 웹 서버
바이너리를 복사해 온다.

호스트 컴퓨터에 있는 HTML 파일을
최종 이미지로 복사해 온다.

이 애플리케이션은 앞서 본 애플리케이션에 비해 비교적 유용하다. 실행하기 전에 빌드에 사용된 이미지와 최종적으로 빌드된 이미지의 크기를 잠시 비교해 보자.

실습 빌드에 사용된 Go 빌드 도구 이미지와 빌드된 Go 애플리케이션 이미지의 크기를 비교해 보자.

```
docker image ls -f reference=diamol/golang -f reference=image-gallery
```

대부분의 도커 명령어는 출력 내용을 필터링하는 기능을 제공한다. docker image ls 명령어에도 인자로 지정된 diamol/golang 혹은 image-gallery를 태그에 포함하는 이미지만을 출력하도록 필터링하는 기능이 있다. 이 명령을 실행해 보면 기반 이미지를 잘 선택하는 것이 얼마나 중요한지 깨닫게 될 것이다.

```
REPOSITORY        TAG       IMAGE ID        CREATED          SIZE
image-gallery     latest    b6aaf615a3a8    20 minutes ago   25.5MB
diamol/golang     latest    e0b7365f308e    2 hours ago      803MB
```

리눅스 환경을 기준으로, Go 빌드 도구를 포함하는 이미지의 크기는 800MB를 넘어선다. 그러나 실제 Go 애플리케이션 이미지의 크기는 25MB에 불과하다. 다시 강조하지만, 이 크기는 논리적 크기이므로 이미지 간에 많은 수의 레이어가 공유된다. 중요한 부분은 실제 이미지 크기가 아니라, 최종 애플리케이션 이미지에 모든 것이 들어가지 않는다는 점이다. Go 애플리케이션은 실행 시에 별도의 Go 빌드 도구가 필요 없다. 그러므로 애플리케이션 이미지의 크기를 최소한으로 유지하며 거의 750MB에 달하는 용량을 줄일 수 있는 것이다. 이는 공격이 가능한 부분 자체를 줄일 수 있다는 점에서 큰 장점이다.

이제 애플리케이션을 실행해 보자. 이 애플리케이션이 지금까지 이번 장에서 실행했던 다른 애플리케이션을 하나로 묶게 될 것이다. 앞서 빌드한 애플리케이션이 제공하는 API를 사용하는 것이 바로 이 Go 애플리케이션이기 때문이다. 앞에서 본 애플리케이션의 컨테이너가 정확한 이름으로 모두 실행 중인지 다시 한 번 확인하자. docker container ls 명령을 사용해 확인해 보면 이번 장에서 실행한 두 개의 컨테이너 accesslog(Node.js 애플리케이션)와 iotd(자바 애플리케이션)가 실행 중일 것이다. Go 애플리케이션을 담은 컨테이너를 실행하면 새로운 컨테이너가 이들 두 컨테이너가 제공하는 API를 사용하게 된다.

실습 Go 애플리케이션 이미지로 컨테이너를 실행하되, 컨테이너를 nat 네트워크에 접속하고 80번 포트를 호스트 컴퓨터의 포트를 통해 공개하라.

```
docker container run -d -p 802:80 --network nat image-gallery
```

웹 브라우저를 통해 http://localhost:802에 접근해 보면 NASA가 제공하는 오늘의 천문 사진을 볼 수 있다. 그림 4-10은 내가 실행한 컨테이너를 통해 본 오늘의 천문 사진이다.

▼ 그림 4-10 자바 애플리케이션이 제공하는 API의 정보로 사진을 보여 주는 Go 애플리케이션

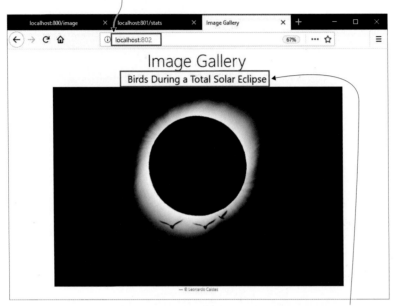

웹 페이지가 제공되는 컨테이너의 80번 포트를 호스트 컴퓨터의 802번 포트를 통해 공개한다.

같은 도커 네트워크상에 위치한 자바 애플리케이션이 제공하는 API를 통해 Go 애플리케이션이 정보를 받아 온다.

바로 지금 세 개의 컨테이너에 걸쳐 실행되는 분산 애플리케이션이 실행됐다. Go로 구현된 웹 애플리케이션이 자바로 구현된 API를 호출해 이미지의 상세 정보를 얻은 다음 Node.js로 구현된 API에 접근 로그를 남긴다. 여기까지 오는 데 각 애플리케이션의 소스 코드와 도커만 필요했을 뿐 어떤 언어의 빌드 도구도 설치할 필요가 없었다.

멀티 스테이지 빌드를 적용한 Dockerfile 스크립트를 통해 우리 프로젝트의 이식성을 극적으로 향상시킬 수 있었다. 이 시점에서 젠킨스를 이용해 애플리케이션을 빌드할 수도 있지만, 앱베이어 (AppVeyor)의 매니지드 CI 서비스나 애저의 데브옵스를 적용하면 빌드 파이프라인을 추가로 정의하지 않아도 된다. docker image build 명령 자체가 파이프라인 정의 역할을 한다.

4.5 멀티 스테이지 Dockerfile 스크립트 이해하기

이번 장에서 많은 내용을 배웠다. 마지막으로, 멀티 스테이지 Dockerfile 스크립트의 동작 원리와 컨테이너 안에서 애플리케이션을 빌드하는 것이 왜 유용한지를 설명하며 이번 장을 마무리하겠다.

첫 번째 장점은 표준화다. 나는 독자 여러분이 이번 장의 예제 이미지를 모두 성공적으로 빌드할 수 있으리라는 것을 안다. 그 이유는 독자 여러분과 내가 모두 같은 도구를 사용했기 때문이다. 독자 여러분이 어떤 운영체제를 사용하든, 그리고 로컬 컴퓨터에 어떤 도구를 설치했는지와 상관없이 모든 빌드 과정은 도커 컨테이너 내부에서 이뤄진다. 그리고 이들 컨테이너는 모든 도구를 정확한 버전으로 갖추고 있다. 이것을 실무에 적용한다면 신규 개발자의 적응 기간이나 빌드 서버의 관리 부담, 혹은 개발자 간 도구 버전의 차이로 인한 빌드 실패를 크게 줄일 수 있을 것이다.

두 번째 장점은 성능 향상이다. 멀티 스테이지 빌드의 각 단계는 자신만의 캐시를 따로 갖는다. 그리고 도커는 빌드 중에 각 인스트럭션에 해당하는 레이어 캐시를 찾는다. 해당되는 캐시를 찾지 못하면 남은 인스트럭션이 모두 실행되지만, 그 범위가 해당 단계 안으로 국한된다. 이어지는 다음 단계는 다시 캐시를 재사용하면서 시작할 수 있다. 처음에 Dockerfile 스크립트를 세심하게 최적화해서 작성한다면 이후로 캐시 재사용을 통해 90% 이상의 빌드 단계에서 시간을 절약할 수 있다.

마지막으로 언급할 장점은 멀티 스테이지 Dockerfile 스크립트를 통해 빌드 과정을 세밀하게 조정하며 최종 산출물인 이미지를 가능한 한 작게 유지할 수 있다는 점이다. 비단 컴파일러에만 국한된 내용은 아니다. 어떤 도구든지 그 도구가 사용되는 단계만으로 도구의 포함 여부를 국한시킬 수 있다. 최종 산출물인 이미지에 불필요한 도구는 빼버릴 수 있는 것이다. 이 좋은 예가 curl이다. curl은 인터넷을 통해 필요한 파일을 내려받을 수 있는 중요한 도구이지만, 파일 다운로드를 빌드 초기 단계에 모아 놓는다면 최종 이미지에는 curl을 포함시키지 않아도 된다. 이런 방법으로 이미지 크기를 줄여서 애플리케이션의 시작 시간을 단축할 수 있으며, 애플리케이션의 의존 모듈 자체를 줄여 취약점을 이용한 외부 공격의 가능성도 최대한 차단할 수 있다.

4.6 / 연습 문제

3장의 연습 문제를 풀어 볼 시간이다. 이번 장에서 배운 멀티 스테이지 빌드와 Dockerfile 스크립트의 최적화를 연습해 보자. 책의 소스 코드에서 ch04/lab 디렉터리를 먼저 살펴보겠다. 이 디렉터리에는 Go로 구현된 간단한 웹 서버 애플리케이션과 이를 위한 Dockerfile 스크립트가 있다. 그러나 이 빌드 스크립트는 최적화가 필요한 상태다. 여러분이 해결해야 할 문제는 다음과 같다.

- 지금 있는 Dockerfile 스크립트로 이미지를 빌드한다. 이어서 Dockerfile 스크립트를 최적화한 다음 새로운 이미지를 빌드하라.
- 현재 이미지는 리눅스 환경에서 약 800MB, 윈도 환경에서 약 5.2GB 크기다. 최적화된 이미지의 크기가 리눅스 환경에서 약 15MB, 윈도 환경에서 약 260MB가 되도록 하라.
- 현재 Dockerfile 스크립트에 포함된 HTML 파일의 내용을 수정하면 일곱 단계의 빌드 단계를 재수행한다.
- Dockerfile 스크립트를 최적화해서 HTML 파일을 수정하더라도 재수행하는 빌드 단계가 한 단계가 되도록 하라.

이번 장의 연습 문제 역시 이 책의 깃허브 저장소에서 해답을 볼 수 있다. 그러나 이번 장의 연습 문제는 꼭 직접 풀어 보기를 권한다. Dockerfile 스크립트 최적화는 모든 프로젝트에서 활용할 수 있는 중요한 기술이기 때문이다. 그러나 꼭 해답을 참고하고 싶다면, 깃허브 저장소 ch04/lab/ 폴더에서 볼 수 있다. 이번 장의 연습 문제는 힌트가 없다. 다만, 연습 문제에 나오는 애플리케이션이 이번 장에서 우리가 살펴본 애플리케이션과 비슷하다는 점을 잘 활용하기 바란다.

5장

도커 허브 등
레지스트리에
이미지 공유하기

지난 몇 장에 걸쳐 도커의 기본적인 워크플로 중 빌드와 실행에 대해 배웠다. 이번에는 공유에 대해 배울 차례다. 공유란 독자 여러분이 로컬 컴퓨터에서 빌드한 이미지를 다른 사람이 사용하게끔 하는 것을 말한다. 개인적으로 도커의 여러 장점 중에서도 바로 이 공유가 핵심에 해당한다고 생각한다. 우리가 개발한 소프트웨어를 모든 의존 모듈과 함께 패키징한다면 누가 어떤 환경에서 시도하더라도 쉽게 소프트웨어를 실행할 수 있을 것이다. 환경의 차이가 사라진 만큼 환경 설정이나 배포 문제로 인한 트러블 슈팅에 낭비되는 시간도 줄일 수 있다.

5.1 레지스트리, 리포지터리, 이미지 태그 다루기

도커 플랫폼은 소프트웨어 배포 기능을 내장하고 있다. 앞에서 이미 이미지에서 컨테이너를 쉽게 실행해 볼 수 있었다. 로컬 컴퓨터에 이미지를 갖고 있지 않더라도 도커가 자동으로 이미지를 내려받아 준다. 우리가 내려받은 이미지는 도커 레지스트리라고 불리는 서버에 저장된다. 도커 허브는 도커 레지스트리 중에서 가장 유명한 레지스트리로, 수십만 종 이상의 이미지를 제공하며 다운로드 횟수가 한 달에 수십억 회에 달한다. 도커 허브는 도커 엔진에 기본으로 설정된 레지스트리이기도 하다. 달리 말하면, 로컬 컴퓨터에 없는 이미지를 내려받으려 할 때 가장 먼저 찾아보는 곳이 도커 허브라는 말이다.

도커 이미지에는 이름이 부여되는데, 이 이름에 해당 이미지를 내려받기 위해 필요한 모든 정보가 들어 있다. 지금까지 우리가 사용했던 이미지는 image-gallery나 diamol/golang처럼 하나 혹은 두 개의 요소로 구성되는 간단한 이름을 가졌다. 그러나 이미지의 전체 이름은(이미지 참조(image reference)라고도 부른다) 네 개의 요소로 구성된다. 그림 5-1에 이미지 diamol/golang의 전체 이름을 구성 요소별로 나타냈다.

▼ 그림 5-1 도커 이미지 참조의 구조

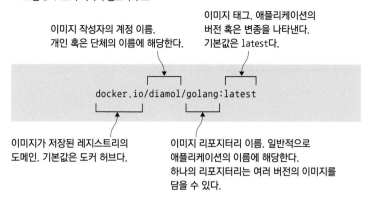

직접 개발한 애플리케이션의 이미지를 관리하면 이미지 참조의 모든 구성 요소를 다 사용해야 한다. 로컬 컴퓨터에서만 사용한다면 이미지 이름을 마음대로 지어도 문제가 없지만, 레지스트리를 통해 다른 사람이 이미지를 사용하게 하려면 좀 더 상세한 정보를 이미지 이름에 포함시켜야 한다. 바로 이 이미지 참조가 레지스트리에서 특정한 이미지를 식별하는 식별자 역할을 하기 때문이다.

레지스트리와 태그 등의 정보는 따로 지정하지 않아도 도커가 미리 정해진 기본값을 사용한다. 레지스트리의 기본값은 도커 허브이고, 태그의 기본값은 latest다. 도커 허브의 도메인은 docker.io이므로 diamol/golang 이미지의 전체 이름, 즉 이미지 참조는 docker.io/diamol/golang:latest가 된다. 우리가 사용할 때는 이 두 가지 중 어느 것을 사용해도 무방하다. diamol은 도커 허브의 단체 계정 이름이다. 그리고 golang은 이 단체에 속한 리포지터리의 이름이 된다. 이 리포지터리는 공개 리포지터리이므로 누구든지 이미지를 내려받을 수 있다. 그러나 diamol 단체의 소속원만이 리포지터리에 이미지를 푸시할 수 있다.

규모가 큰 회사는 사내 네트워크나 전용 클라우드 환경에 자사의 도커 레지스트리를 별도로 꾸리는 경우가 많다. 이미지 참조의 첫 부분에 이런 인하우스 레지스트리의 도메인을 기재하면 도커는 도커 허브 대신 해당 레지스트리를 찾아간다. 만약 내가 r.sixeyed.com이라는 도메인에 나의 전용 레지스트리를 만들고 diamol/golang 이미지를 이 레지스트리에 푸시했다면, 이 이미지의 이미지 참조는 r.sixeyed.com/diamol/golang이 될 것이다. 이 이미지 참조에서 가장 중요한 부분은 바로 태그다.

우리는 아직 이미지 태그를 지정해 본 적이 없다. 처음에는 태그를 사용하지 않는 편이 더 이해하기 쉽기 때문이다. 그러나 직접 애플리케이션을 패키징하려면 항상 태그를 부여해야 한다. 태그는 같은 애플리케이션의 서로 다른 버전을 구별하기 위해 쓰인다. OpenJDK의 공식 도커 이미지에는 수백 개에 달하는 태그가 있다. openjdk:13은 가장 최신 버전이고 openjdk:8u212-jdk는 자바 8의 특정 릴리스를 가리키며, 이 외에도 서로 다른 리눅스 배포판이나 윈도 버전을 위한 태그가 따로 있다. 이미지를 빌드할 때 태그를 따로 지정하지 않으면 기본적으로 latest 태그가 부여된다. 그러나 새로 만든 이미지가 항상 최신 버전일 수는 없기 때문에 태그를 명시적으로 지정하지 않으면 오해를 일으키기 쉽다. 레지스트리에 이미지를 푸시할 때는 항상 명시적으로 태그를 부여해야 한다.

5.2 도커 허브에 직접 빌드한 이미지 푸시하기

4장에서 만든 이미지를 도커 허브에 푸시하는 것부터 시작해 보자. 도커 허브에 이미지를 푸시하려면 먼저 도커 허브 계정이 필요하다. 도커 허브 계정을 아직 만들지 않았다면 https://hub.docker.com에 가서 계정을 생성하기 바란다(가입은 무료이며 스팸 메일을 받을 일도 없다).

레지스트리에 이미지를 푸시하려면 두 가지 절차가 필요하다. 첫 번째는 도커 명령행을 통해 레지스트리에 로그인을 해야 한다. 이 로그인을 통해 레지스트리에 이미지를 푸시할 권한이 부여된다. 두 번째는 이미지에 푸시 권한을 가진 계정명을 포함하는 이미지 참조를 붙여야 한다.

독자 여러분은 각자 다른 도커 허브 계정을 사용하므로 실습에서 혼동을 방지하기 위해 각자의 도커 허브 계정을 터미널에 환경 변수로 정의하면 편리하다. 환경 변수를 정의하고 나면 본문의 명령을 그대로 복사해서 사용할 수 있다.

실습 터미널 창을 열고 각자의 도커 허브 계정 이름을 환경 변수로 정의해 보자. 도커 허브 계정 이름은 이메일 주소 형식이 아니니 주의하기 바란다. 이 명령은 리눅스와 윈도 환경에서 문법이 서로 다르므로 자신의 환경에 맞는 명령을 입력하라.

```
# 윈도 환경의 파워셸
$dockerId="도커허브계정이름"

# 리눅스 또는 macOS 환경의 배시 셸
export dockerId="도커허브계정이름"
```

나는 윈도 환경을 사용하며, 도커 허브 계정 이름이 sixeyed이므로 $dockerId="sixeyed" 명령을 사용하면 된다. 리눅스 환경이라면 export dockerId="sixeyed" 명령을 사용해야 한다. 환경 변수가 제대로 정의됐는지 확인하려면 echo $dockerId를 입력해 자신의 계정 이름이 출력되는지 확인하면 된다. 이 명령은 운영체제와 상관없이 사용 가능하다. 환경 변수 정의를 확인했다면 본문에 나오는 명령을 그대로 터미널에 붙여 넣어 사용할 수 있다.

먼저 도커 허브에 로그인부터 하자. 이미지를 레지스트리에 업로드하거나 다운로드하는 일은 도커 엔진이 맡지만, 그 전에 도커 명령행을 통해 인증을 마쳐야 한다. login 명령을 입력하면 패스워드를 물어 올 것이다. 도커 허브 계정의 패스워드를 입력하면 된다.

> **실습** 도커 허브에 로그인하라. 도커 허브는 기본 레지스트리이므로 도메인 이름을 지정할 필요가 없다.

```
docker login --username $dockerId
```

패스워드를 제대로 입력했다면 그림 5-2와 비슷한 내용이 출력된다. 패스워드를 입력할 때 입력된 내용은 화면에 나타나지 않는다.

▼ 그림 5-2 도커 허브에 로그인하기

레지스트리에 로그인하려면 도커 명령행을 통해야한다. 도커 허브는 기본 레지스트리이므로 도메인 이름을 지정할 필요가 없다.

```
PS> docker login --username $dockerId
Password:
Login Succeeded
```

계정 이름은 레지스트리의 계정 이름을 입력하면 된다. 여기서는 환경 변수로 정의된 도커 허브 계정 이름이 입력된다.

자, 이제 로그인을 마쳤다. 지금부터 본인의 계정이나 푸시 권한이 부여된 단체 계정에 이미지를 푸시할 수 있다. 나는 독자 여러분을 개인적으로 알지 못하지만, 이 책에 실린 이미지에 독자 여러분의 도움이 필요해지면 독자 여러분의 계정에 diamol 단체 계정에 대한 권한을 부여할 수 있다. 이 권한을 부여받고 나면 독자 여러분도 diamol/로 시작하는 이미지를 도커 허브에 푸시할 수 있게 된다. 여러분이 어떤 단체에도 소속돼 있지 않다면 본인 계정의 리포지터리에만 이미지를 푸시할 수 있다.

앞서 4장에서는 image-gallery 이미지를 빌드한 바 있다. 이 이미지 참조에는 계정 이름이 지정돼 있지 않기 때문에 지금 상태로는 이 이미지를 레지스트리에 푸시할 수 없다. 그러나 이미지 참조를 새로 부여하기 위해 이미지를 다시 빌드할 필요는 없다. 이미지는 여러 개의 참조를 가질 수 있다.

실습 기존 이미지에 새로운 이미지 참조를 부여하라. 태그는 v1으로 지정한다.

```
docker image tag image-gallery $dockerId/image-gallery:v1
```

이제 이 이미지는 두 개의 이미지 참조를 갖게 됐다. 그중 하나는 계정 이름과 버전이 지정된 상태다. 이미지는 또한 유일 식별자를 갖는다. 이 식별자를 통해 여러 개의 이미지 참조가 같은 이미지를 가리키고 있는지도 알 수 있다.

실습 image-gallery 이미지의 이미지 참조 목록을 확인하라.

```
docker image ls --filter reference=image-gallery --filter reference='*/image-gallery'
```

이 명령을 입력하면 그림 5-3과 비슷한 내용이 출력된다. 도커 허브 계정 이름만 차이가 있을 것이다.

▼ 그림 5-3 두 개의 이미지 참조를 갖는 이미지

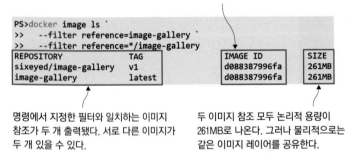

이미지 ID가 같은 것으로 보아 두 이미지 참조가
같은 이미지를 가리키는 것을 알 수 있다.

명령에서 지정한 필터와 일치하는 이미지
참조가 두 개 출력됐다. 서로 다른 이미지가
두 개 있을 수 있다.

두 이미지 참조 모두 논리적 용량이
261MB로 나온다. 그러나 물리적으로는
같은 이미지 레이어를 공유한다.

지금까지 실습을 잘 따라왔다면 도커 허브에 로그인을 마치고, 독자 여러분의 도커 허브 계정 이름이 포함된 이미지 참조까지 만들었을 것이다. 이것으로 독자 여러분이 만든 이미지를 공유할 준비가 모두 끝났다. pull 명령과 반대되는 기능을 가진 명령인 docker image push 명령을 사용해 로컬 컴퓨터에 저장된 이미지 레이어를 레지스트리로 푸시해 보자.

실습 $dockerId/image-gallery:v1 이미지를 레지스트리에 푸시하라.

```
docker image push $dockerId/image-gallery:v1
```

도커 레지스트리도 로컬 컴퓨터에서 동작하는 도커 엔진과 같은 방식으로 이미지 레이어를 다룬다. 이미지를 푸시할 때 실제로 업로드 대상이 되는 것은 이미지 레이어다. 출력되는 내용을 보면, 일련의 레이어 식별자와 해당 레이어의 업로드 진행 상황이 표시된다. 다음은 내가 레이어를 푸시했을 때 출력된 내용의 일부다. 여기서도 레이어가 푸시되는 과정을 확인할 수 있다.

```
The push refers to repository [docker.io/sixeyed/image-gallery]
c8c60e5dbe37: Pushed
2caab880bb11: Pushed
3fcd399f2c98: Pushed
...
v1: digest: sha256:127d0ed6f7a8d1... size: 2296
```

레지스트리 역시 도커 엔진과 같은 방식으로 이미지 레이어를 다루면 그만큼 Dockerfile 스크립트의 최적화가 더욱 중요해진다. 레지스트리에서도 캐시상에 레이어 해시와 일치하는 레이어가 없을 경우에만 실제로 업로드가 이뤄진다. 도커 엔진의 레이어 캐시와 완전히 같은 방식이지만, 레지스트리상의 전체 이미지를 대상으로 한다는 점이 다르다. 레이어의 90%가 기존 캐시를 재사용할 수 있도록 이미지를 최적화했다면, 이 이미지를 푸시할 때 90%의 레이어는 레지스트리의 캐시를 재사용할 수 있다. 이렇듯 최적화된 Dockerfile 스크립트는 빌드 시간, 디스크 용량을 넘어 네트워크 대역폭까지 영향을 미치는 중요한 요소다.

이제 웹에서 도커 허브를 열람해 새로 푸시한 이미지를 확인해 보자. 도커 허브에서 제공되는 이미지에 대한 웹 페이지 URL은 이미지 참조와 같은 방식으로 구성된다. 계정 이름을 알고 있으니 곧장 URL을 생각해 낼 수 있을 것이다.

> **실습** 다음 명령은 도커 허브에 새로 푸시된 이미지에 대한 도커 허브 웹 페이지 URL을 출력하는 명령이다.

```
echo "https://hub.docker.com/r/$dockerId/image-gallery/tags"
```

출력된 URL을 웹 브라우저로 접근해 보면 그림 5-4와 같이 새로 푸시된 이미지와 태그, 최종 수정 시간이 실린 웹 페이지를 볼 수 있다.

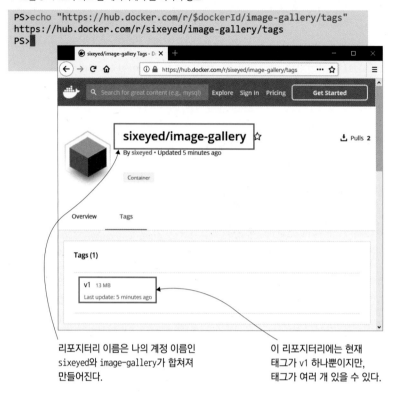

▼ 그림 5-4 도커 허브 웹 페이지에서 본 이미지 정보

```
PS>echo "https://hub.docker.com/r/$dockerId/image-gallery/tags"
https://hub.docker.com/r/sixeyed/image-gallery/tags
PS>
```

리포지터리 이름은 나의 계정 이름인
sixeyed와 image-gallery가 합쳐져
만들어진다.

이 리포지터리에는 현재
태그가 v1 하나뿐이지만,
태그가 여러 개 있을 수 있다.

레지스트리에 이미지를 푸시하는 방법은 이게 전부다. 기존의 리포지터리가 없는 이미지를 푸시하면 도커 허브에서 리포지터리를 새로 생성하고, 기본적으로 이 리포지터리는 누구나 접근할 수 있는 공개 상태가 된다. 지금 막 푸시한 image-gallery 애플리케이션을 이제 누구나 검색하고 내려받고 실행할 수 있다. 다른 사람들이 애플리케이션의 사용법까지 알려면 조금 공부가 필요하겠지만, 이 사용법 역시 문서를 통해 도커 허브에서 제공할 수 있다.

도커 허브는 레지스트리 중에서도 가장 접근성이 좋고 거의 제로에 가까운 (비공개 리포지터리 등의 기능을 월 구독 형태로 유료 제공하기는 한다) 비용으로 다양한 기능을 제공한다. 하지만 도커 허브 외에도 다양한 레지스트리가 서비스 중이다.

레지스트리는 개방형 API 명세다. 또한, 코어 레지스트리 서버도 도커에서 오픈 소스 형태로 제공한다. 모든 클라우드 서비스는 자체 레지스트리 서비스를 제공하므로, 데이터 센터에서 도커 트러스티드 레지스트리(Docker Trusted Registry) 등의 제품을 이용해 직접 레지스트리를 운영할 수 있다. 아니면 단순 컨테이너 형태의 레지스트리를 운영하는 것도 가능하다.

5.3 나만의 도커 레지스트리 운영하기

로컬 네트워크에 전용 레지스트리가 있으면 편리한 점이 많다. 우선 인터넷 회선 사용량을 줄여주며 전송 시간도 절약할 수 있다. 그리고 데이터를 다른 사람의 손에 맡기지 않아도 된다는 장점도 있다. 이런 장점을 차치하더라도 주로 사용하는 공개 레지스트리가 다운됐을 때 신속하게 전환할 수 있다는 장점은 무시하기 어렵다.

도커 코어 레지스트리 서버는 깃허브 저장소 docker/distribution에서 개발이 진행된다. 코어 레지스트리 서버는 도커 허브와 동일한 레이어 캐시 시스템을 통해 이미지를 내려받고 푸시하는 기본적인 기능을 제공한다. 그러나 도커 허브에서 볼 수 있는 웹 기반 UI 등의 기능은 빠져 있다. 코어 레지스트리 서버는 매우 가볍게 동작하는 서버로, 내가 별도로 diamol 계정에 패키징한 이미지를 사용해 컨테이너 형태로 직접 실행할 수 있다.

실습 내가 패키징한 이미지를 사용해 컨테이너 형태로 도커 레지스트리를 실행해 보자.

```
# --restart 플래그를 부여하면 도커를 재시작했을 때
# 해당 컨테이너도 자동으로 재시작된다
docker container run -d -p 5000:5000 --restart always diamol/registry
```

자, 이제 로컬 컴퓨터에 독자 여러분의 전용 레지스트리가 생겼다. 이 명령으로 실행되는 레지스트리 서버의 기본 포트는 5000이다. 이 레지스트리의 도메인 localhost:5000을 사용해 이미지에 태그를 부여하면 새로운 레지스트리에 이미지를 푸시할 수 있다. 그러나 이 레지스트리는 로컬 컴퓨터에서만 접근할 수 있기 때문에 크게 유용하진 않다. 그러나 로컬 컴퓨터에 제대로 된 도메인 네임을 붙인다면 더 활용도가 높아질 것이다.

다음 명령은 이렇게 도메인 네임을 별명으로 붙이는 명령이다. 로컬 컴퓨터에 registry.local이라는 별명을 추가한다. 별명을 추가하려면, 도메인과 IP 주소의 연결을 기록한 작은 텍스트 파일인 hosts 파일에 새로운 도메인-주소 쌍을 추가하면 된다.

실습 윈도, 리눅스, macOS 컴퓨터에는 모두 같은 형식으로 된 hosts 파일이 있지만, 파일이 위치한 경로는 환경마다 다르다. 자신의 환경에 맞는 명령을 골라 입력하라.

```
# 윈도 환경의 파워셸
Add-Content -Value "127.0.0.1 registry.local" -Path /windows/system32/drivers/etc/
hosts
```

```
# 리눅스 또는 macOS 환경의 배시 셸
echo $'\n127.0.0.1 registry.local' | sudo tee -a /etc/hosts
```

이 명령을 입력했을 때 권한 관련 오류 메시지가 출력된다면, 관리자 권한으로 파워셸을 실행하거나(윈도 환경), sudo 명령어를 사용(리눅스 또는 macOS 환경)하면 된다. 명령이 오류 없이 실행됐다면 ping registry.local 명령을 입력해 그림 5-5에서 보듯 로컬 컴퓨터의 IP 127.0.0.1이 응답하는지 확인해 보자.

❤ 그림 5-5 로컬 컴퓨터에 대한 네트워크 별명을 붙인 후 결과 확인하기

registry.local은 조금 전 hosts 파일에 추가한 로컬 컴퓨터에 대한 네트워크 별명이다.   127.0.0.1은 '자기 자신'을 나타내는 IP 주소다.

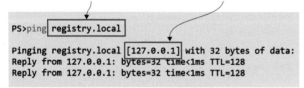

```
PS>ping registry.local
Pinging registry.local [127.0.0.1] with 32 bytes of data:
Reply from 127.0.0.1: bytes=32 time<1ms TTL=128
Reply from 127.0.0.1: bytes=32 time<1ms TTL=128
```

지금부터 이미지 참조에 도메인 네임 registry.local:5000을 사용할 수 있다. 이미지에 도메인 네임을 추가하는 방법은 조금 전 도커 허브에 푸시를 위해 태그를 부여했던 방법과 동일하다. 도메인 네임을 지금 붙인 로컬 컴퓨터의 별명으로 치환하면 된다.

실습 image-gallery 이미지에 새로 만든 레지스트리 도메인 네임을 추가해 이미지 참조를 부여해 보자.

```
docker image tag image-gallery registry.local:5000/gallery/ui:v1
```

로컬 컴퓨터에 실행 중인 레지스트리에는 별도의 인증 수단이 없으며, 레지스트리 운영을 위해 직접 사용할 수 있을 만한 수준은 아니다. 하지만 소규모 팀에서는 상당히 유효하고, 자신만의 이미지 참조 명명 체계를 만들 수 있다는 장점도 있다. 4장에서 살펴본 NASA의 오늘의 사진 애플리케이션을 실행했던 세 개 컨테이너의 이미지를 모두 같은 방법으로 gallery 프로젝트 아래로 묶어보자.

- **registry.local:5000/gallery/ui:v1**: Go 애플리케이션
- **registry.local:5000/gallery/api:v1**: 자바로 구현된 API
- **registry.local:5000/gallery/logs:v1**: Node.js로 구현된 API

로컬 컴퓨터의 레지스트리에 이미지를 푸시하려면 아직 한 가지 해야 할 일이 더 남아 있다. 이 레지스트리 컨테이너는 이미지를 푸시하고 내려받기 위해 보안 프로토콜인 HTTPS 대신 비보안 프로토콜인 HTTP를 사용한다. 도커의 기본 설정에서는 비보안 프로토콜이 적용된 레지스트리를 사용할 수 없게 돼 있다. 비보안 레지스트리를 사용하려면 로컬 컴퓨터의 레지스트리를 비보안 레지스트리 허용 목록에 추가해야 한다.

드디어 도커 설정에 처음으로 손을 대게 됐다. 이미지 레이어의 저장 경로, 도커 API가 주시하는 포트 번호, 허용된 비보안 레지스트리 목록 등 도커 엔진의 모든 설정은 daemon.json이라는 이름의 JSON 포맷으로 된 설정 파일에 들어 있다. 이 파일은 윈도에서는 C:\Program Data\docker\config, 리눅스에서는 /etc/docker에 위치한다. 설정 파일을 직접 편집할 수도 있지만, 도커 데스크톱을 사용 중이라면 사용자 인터페이스를 통해 설정을 수정할 수 있다.

> **실습** 태스크 바에 있는 도커 고래 아이콘을 우클릭해 컨텍스트 메뉴에서 **Settings**(macOS에서는 **Preference**)를 클릭한다. 그다음 **Daemon** 탭을 열어 비보안 레지스트리 목록(insecure registries)에 registry.local:5000을 추가하라. 그림 5-6은 이 설정이 추가된 상태의 화면이다.

설정을 수정하고 나면 도커 엔진을 재시작해야 한다. daemon.json 파일을 텍스트 에디터에서 불러들인 다음(없다면 새로 만들어도 된다), 다음과 같이 JSON 포맷으로 비보안 레지스트리 허용 목록을 추가한다. 기존 설정 파일을 수정할 때는 원래 설정값을 지우지 않도록 주의한다.

```
{
  "insecure-registries" : ["registry.local:5000"]
}
```

▼ 그림 5-6 비보안 레지스트리 허용 목록 추가하기

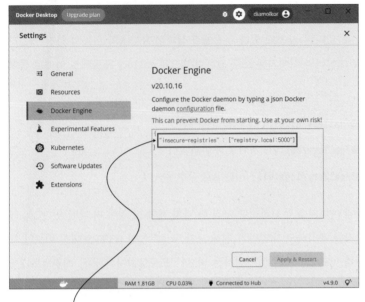

로컬 컴퓨터에서 실행한 레지스트리의 도메인 네임을
비보안 레지스트리 허용 목록에 추가한다.

그다음에는 Restart-Service docker 명령(윈도 서버)이나 service docker restart(리눅스 서버)
명령을 사용해 도커 엔진을 재시작한다. 도커 엔진이 재시작된 다음 info 명령을 사용해 변경된
설정이 제대로 적용됐는지 확인한다.

실습 도커 엔진 설정 정보를 출력해 비보안 레지스트리 허용 목록을 확인하라.

```
docker info
```

출력된 내용 마지막에서 레지스트리 관련 설정을 볼 수 있다. 비보안 레지스트리 목록에 로컬 컴
퓨터의 레지스트리가 포함됐는지 확인한다. 잘 모르겠다면 그림 5-7을 참고하라.

▼ 그림 5-7 비보안 레지스트리 허용 목록 추가하기

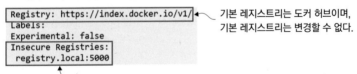

기본 레지스트리는 도커 허브이며,
기본 레지스트리는 변경할 수 없다.

HTTP로 통신하는 비보안 레지스트리는
이 목록에 추가되지 않는 한 사용할 수 없다.

비보안 레지스트리를 사용할 때는 주의가 필요하다. 도커 엔진과 레지스트리의 통신 내용을 제삼자가 엿볼 수 있으며 이미지 푸시 과정에서 레이어가 유출될 수 있다. 최악의 경우 레지스트리에서 이미지를 받아 올 때 위조된 가짜 이미지를 받아 올 가능성도 있다. 모든 상업용 레지스트리 서버는 HTTPS가 적용돼 있으며, 도커에서 배포하는 오픈 소스 레지스트리도 HTTPS를 사용하도록 설정할 수 있다. 하지만 로컬 컴퓨터에서 데모 용도로 사용한다면 비보안 레지스트리라도 크게 걱정할 필요는 없다.

이제 태그가 부여된 이미지를 로컬 컴퓨터의 레지스트리에 푸시할 수 있다. 이미지 참조에 레지스트리의 도메인이 포함돼 있으며 해당 도메인이 비보안 레지스트리 허용 목록에도 들어 있으므로 사용에 문제가 없다.

실습 태그를 부여한 이미지를 푸시하라.

```
docker image push registry.local:5000/gallery/ui:v1
```

로컬 컴퓨터의 레지스트리는 현재 완전히 빈 상태다. 그러므로 푸시 중 모든 레이어가 업로드되는 모습을 볼 수 있다. push 명령을 한 번 더 실행해 보면 모든 레이어가 이미 레지스트리에 존재하므로 아무것도 업로드되지 않는다. 지금까지 나만의 도커 레지스트리를 운영하는 방법을 익혔다. 실제 도메인 네임이나 IP 주소를 알려주면 로컬 네트워크상의 다른 사람에게 이미지를 공유할 수 있다.

DOCKER TEXTBOOK

5.4 이미지 태그를 효율적으로 사용하기

도커 이미지 태그에는 어떤 문자열이라도 포함시킬 수 있다. 앞서 이미 봤듯이 같은 이미지에 여러 개의 태그를 부여하는 것도 가능하다. 태그를 통해 버전을 구별하고 이미지를 사용할 다른 사람들이 자신이 원하는 이미지가 무엇인지 찾을 수 있다.

대부분의 소프트웨어가 소수점으로 구분된 숫자로 버전을 나타낸다. 이 버전 표현법을 따르면 자릿수가 높을수록 해당 자리의 숫자가 바뀌었을 때 버전 간의 차이가 큰데, 이미지 태그에도 비슷한 방법을 쓸 수 있다. 기본적인 방법은 [major].[minor].[patch] 형태를 따르는 것이다. 이런 버전 표현법을 통해 두 버전의 대략적인 차이를 짐작할 수 있다. patch 자리만 바뀐 버전은 변경 내용이 버그 수정뿐이고 기능은 지난 버전과 같다는 식이다. 반면 minor 자리가 바뀐 버전은 추가된 기능은 있으되 기존 기능은 모두 유지하는 것이고, major 자리가 바뀐 버전은 완전히 다른 기능을 가진다는 정보를 유추할 수 있다.

이미지 태그에도 이런 방식을 적용하려면 특정 major 혹은 minor 버전을 유지하거나 최신 버전을 계속 따라가는 등의 선택권을 사용자에게 주어야 한다.

> **실습** 앞서 패키징했던 Go 애플리케이션에 major.minor.patch 형식의 버전 태그를 부여하라.

```
docker image tag image-gallery registry.local:5000/gallery/ui:latest
docker image tag image-gallery registry.local:5000/gallery/ui:2
docker image tag image-gallery registry.local:5000/gallery/ui:2.1
docker image tag image-gallery registry.local:5000/gallery/ui:2.1.106
```

그리고 이 애플리케이션이 한 달에 한 번씩 새 버전이 릴리스될 때마다 버전 넘버가 증가한다고 생각해 보자. 그림 5-8은 이 애플리케이션이 7월부터 10월까지 업데이트되는 동안 태그의 변화 과정을 나타낸 것이다.

▼ 그림 5-8 소프트웨어 버전업에 따른 이미지 태그의 변화 예

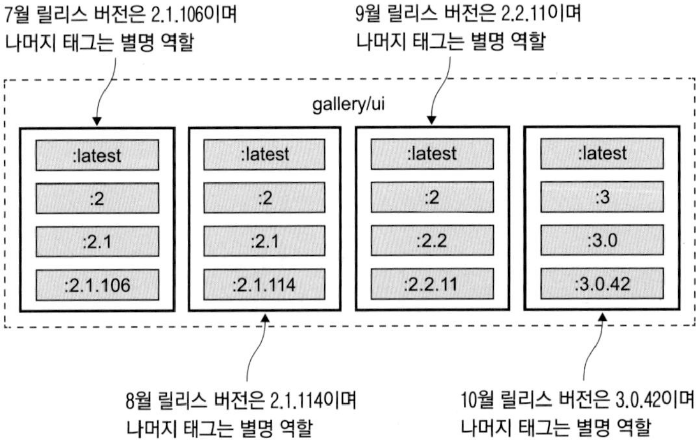

7월 릴리스 버전은 2.1.106이며
나머지 태그는 별명 역할

9월 릴리스 버전은 2.2.11이며
나머지 태그는 별명 역할

gallery/ui

:latest	:latest	:latest	:latest
:2	:2	:2	:3
:2.1	:2.1	:2.2	:3.0
:2.1.106	:2.1.114	:2.2.11	:3.0.42

8월 릴리스 버전은 2.1.114이며
나머지 태그는 별명 역할

10월 릴리스 버전은 3.0.42이며
나머지 태그는 별명 역할

그림 5-8을 보면 일부 태그는 릴리스에 따라 옮겨 다니는 것을 볼 수 있다. gallery/ui:2.1은 7월에는 2.1.106 버전을 가리켰는데, 이어서 8월에는 2.1.114 버전을 가리키게 됐다. 근데 다시 9월에는 :2 태그도 2.2.11 버전의 별명으로 옮겨 갔다. 그중에서도 latest 태그의 이동이 가장 잦다. 7월에는 gallery/ui가 2.1.106 버전을 가리켰는데, 10월에는 3.0.42 버전을 가리키고 있다.

이 과정이 도커 이미지 버전 표현법을 운영하는 전형적인 방식이다. 이런 방식을 사용하는 이유는 사용자들에게 최신 버전을 얼마나 빠르게 따라갈지 선택권을 줄 수 있기 때문이다. pull 명령이나 FROM 인스트럭션에서 특정한 패치 버전을 콕 집어 사용하면서 항상 같은 버전을 보장받을 수도 있다. 실제로 2.1.106 태그는 10월이 지나도 계속 같은 버전을 가리킨다. 만약 패치 업데이트를 자동으로 전달받고 싶다면 2.1 태그를 사용하면 되고, 마이너 업데이트까지 전달받고 싶다면 2 태그를 사용하면 되는 것이다.

어떤 선택을 하더라도 위험을 균형 있게 관리해야 한다. 특정 패치 버전을 집어 사용한다면 계속 같은 버전을 사용하게 되겠지만, 보안 패치를 받을 수 없다. major 버전 태그를 지정해 사용한다면 지속적인 업데이트를 받겠지만, 예기치 않은 기능 변경을 겪을 수도 있다.

특히 직접 작성한 Dockerfile 스크립트의 기반 이미지는 가능한 한 정확한 버전을 지정하는 것이 좋다. 개발 팀과 동일한 도구로 빌드하고 동일한 런타임을 사용해 실행할 수 있기 때문이다. 버전을 구체적으로 지정하지 않으면 향후 문제가 생기기 쉽다. 빌드용 이미지가 업데이트되면서 빌드가 깨질 수도 있고, 런타임의 업데이트로 인해 애플리케이션 실행 과정에서 오류가 발생할 수도 있다.

DOCKER TEXTBOOK

5.5 공식 이미지에서 골든 이미지로 전환하기

도커 허브 등 레지스트리에 대해 이해할 것이 한 가지 더 있다. 레지스트리에서 제공되는 이미지를 얼마나 신뢰할 수 있을까? 도커 허브에는 누구나 이미지를 푸시할 수 있고 그 이미지를 또 누구나 내려받을 수 있다. 해커의 관점에서 보면 멀웨어를 배포하기에 제격인 조건이다. 그럴싸한 이름과 설명을 붙이고 이미지를 푸시한 다음 피해자가 걸려들기를 기다리기만 하면 된다. 도커 허브는 검증된 퍼블리셔(verified publisher)와 공식 이미지(official image) 제도를 통해 이러한 피해를 방지한다.

도커 허브를 통해 이미지를 배포하는 단체들 중에서도 마이크로소프트, 오라클, IBM 같은 신뢰할 수 있는 큰 기업을 '검증된 퍼블리셔'로 지정하는데, 이들이 배포하는 이미지는 취약점 탐지 등의 승인 절차를 거쳐 공개된다. 이들 이미지 역시 도커와 해당 퍼블리셔의 지원을 받을 수 있다는 의미로 인증을 받는다. 컨테이너에서 새로 나온 최신 버전의 소프트웨어를 실행하고 싶다면 검증된 퍼블리셔가 배포하는 인증된 이미지를 사용하는 것이 최선이다.

공식 이미지는 이와는 개념이 조금 다르다. 공식 이미지로 배포되는 소프트웨어는 주로 오픈 소스 소프트웨어로, 해당 프로젝트 개발 팀과 도커가 함께 이미지를 관리한다. 공식 이미지 역시 취약점 탐색을 거치고 주기적으로 업데이트되며, 잘 최적화된 Dockerfile 스크립트로 구성된다. 공식 이미지의 모든 콘텐츠는 오픈 소스이며 깃허브 저장소에서 Dockerfile 스크립트를 직접 볼 수 있다. 대부분의 경우 이 공식 이미지를 기반 이미지로 삼아 이미지를 빌드하기 시작하지만, 직접 빌드한 이미지를 사용하다 보면 좀 더 많은 것을 통제하고자 하는 시기가 온다. 바로 이 시점에 자신이 선호하는 기반 이미지로 전환한다. 이 이미지를 골든 이미지(golden image)라고 한다. 그림 5-9에 골든 이미지가 무엇인지 나타냈다.

❤ 그림 5-9 공식 이미지를 캡슐화한 골든 이미지

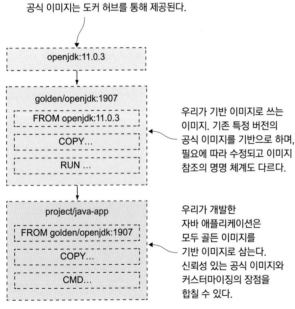

골든 이미지는 공식 이미지를 기반 이미지로 삼아 인증서나 환경 설정값 등 자신이 필요한 설정을 추가한 것이다. 골든 이미지는 도커 허브의 기업 리포지터리나 자체 리포지터리에서 관리된다. 그리고 해당 기업의 모든 애플리케이션 이미지는 바로 이 골든 이미지를 기반 이미지로 한다. 이런 방식은 프로젝트 개발 팀과 도커가 함께 최적화한 공식 이미지의 이점을 그대로 누리면서 필요한 설정을 추가할 수 있다는 것이 장점이다.

> **실습** 이번 장의 소스 코드에는 두 개의 Dockerfile 스크립트가 있는데, 이들 스크립트는 닷넷 코어 애플리케이션을 위한 골든 이미지를 빌드할 수 있는 스크립트다. 각 디렉터리를 살펴보고 이미지를 빌드하라.
>
> ```
> cd ch05/exercises/dotnet-sdk
> docker image build -t golden/dotnetcore-sdk:3.0 .
>
> cd ../aspnet-runtime
> docker image build -t golden/aspnet-core:3.0 .
> ```

골든 이미지라고 해서 특별할 것은 없다. 다른 이미지와 똑같이 Dockerfile 스크립트로부터 빌드하고 우리가 정한 이미지 참조 명명 규칙을 따른다. 조금 전 빌드한 이미지의 Dockerfile 스크립트를 봐도 LABEL 인스트럭션을 사용해 이미지의 메타데이터를 정의하고 일반적인 설정이 몇 가지 추가돼 있을 뿐이다. 이제 이 골든 이미지를 닷넷 코어 애플리케이션의 멀티 스테이지 빌드에 사용할 수 있다. 예제 5-1의 Dockerfile 스크립트를 살펴보자.

예제 5-1 골든 이미지를 사용한 닷넷 코어 애플리케이션의 멀티 스테이지 빌드 스크립트

```
FROM golden/dotnetcore-sdk:3.0 AS builder
COPY . .
RUN dotnet publish -o /out/app app.csproj

FROM golden/aspnet-core:3.0
COPY --from=builder /out /app
CMD ["dotnet", "/app/app.dll"]
```

이 스크립트 역시 여느 멀티 스테이지 빌드 스크립트와 같은 구조를 갖는다. 그러나 그 기반 이미지부터 우리가 만든 이미지라는 차이점이 있다. 공식 이미지는 매달 새 버전이 릴리스되지만, 골든 이미지는 업데이트 주기를 우리가 마음대로 정할 수 있다. 또한, 지속적 통합 파이프라인에서 Dockerfile 스크립트를 확인하는 방법으로 골든 이미지 사용을 강제하는 것도 좋은 방법이다.

5.6 연습 문제

이번 장의 연습 문제는 문제라기보다는 탐정 수사에 가깝다. 하지만 문제를 해결하고 나면 그럴 만한 가치가 있음을 느낄 수 있을 것이다. 독자 여러분이 할 일은 도커 레지스트리 API v2 명세가 담긴 문서(https://docs.docker.com/registry/apec/api/)를 조사하는 것이다. 여러분은 이 문서에 정의된 REST API를 통해서만 로컬 도커 레지스트리에 접근할 수 있다. (아직은) 도커 명령행만으로는 이미지를 검색할 수도 없고 삭제할 수도 없다.

이번 장 연습 문제의 목표는 gallery/ui 이미지의 모든 태그를 로컬 컴퓨터의 레지스트리에 푸시하는 것이다. 모든 태그가 푸시됐는지 확인한 다음, 삭제하고 삭제가 완료됐는지까지 확인하라.

단일 이미지가 여러 개의 태그를 갖는 것이 이번 연습 문제의 주제이므로 gallery/api, gallery/logs 이미지는 그대로 두어도 좋다. 다음 힌트를 참고하라.

- 한 번의 image push 명령만으로 모든 태그를 푸시해야 한다.
- 로컬 컴퓨터의 레지스트리 API 주소는 http://registry.local:5000/v2다.
- 대상 리포지터리(gallery/ui)의 태그 목록을 먼저 확인하라.
- 그다음 이미지 매니페스트를 확인하라.
- API를 통해 이미지를 삭제하라. 이때 매니페스트를 사용해야 한다.
- 참조 문서를 참고하라. HEAD 요청에서 꼭 필요한 요청 헤더가 있다.

연습 문제 해답은 깃허브 저장소에서 볼 수 있다. 이번 문제는 해답을 조금 참고해도 좋다. 처음 두어 단계는 쉽게 떠올릴 수 있겠지만, 그 뒤로는 꽤 까다로울 것이다. 해답은 이 책의 깃허브 저장소 ch05/lab/ 폴더에서 볼 수 있다. 해답을 참고하더라도 부끄럽게 여길 필요는 없다.

그럼 행운을 빈다. 참조 문서를 잊지 말고 읽어 보기 바란다.

6장

도커 볼륨을 이용한 퍼시스턴트 스토리지

컨테이너는 무상태 애플리케이션에게는 최적의 실행 환경이다. 사용량이 증가하더라도 클러스터에 실행 중인 컨테이너의 수를 늘리기만 하면, 모든 요청이 똑같이 신뢰성 있게 처리된다. 또 롤링 업데이트를 통해 서비스 중단 없이 점진적으로 업데이트를 배포할 수도 있다.

그러나 애플리케이션에 전혀 상태가 없을 수는 없다. 퍼시스턴시(persistency)나 성능 향상을 위해 디스크를 사용하는 컴포넌트가 있어야 할 테고, 이 컴포넌트 역시 컨테이너에서 실행된다.

스토리지가 관련되면 아무래도 복잡한 상황이 생긴다. 이렇듯 유상태 애플리케이션을 도커로 실행하려면 고려해야 할 것이 많다. 이번 장에서는 도커 볼륨과 마운트에 대해 배우고 컨테이너 파일 시스템이 어떻게 동작하는지 알아보자.

6.1 컨테이너 속 데이터가 사라지는 이유

도커 컨테이너에도 단일 드라이브로 된 파일 시스템이 있다. 이 파일 시스템의 내용은 이미지 속 파일로부터 만들어지는데, 우리도 이 과정을 이미 배운 적이 있다. Dockerfile 스크립트에서 COPY 인스트럭션을 사용해 파일을 이미지로 복사하면, 이 이미지로 실행한 컨테이너에도 같은 경로에 복사된 파일이 있다. 그리고 앞서 도커 이미지는 여러 개의 레이어 형태로 저장된다고 설명했었다. 컨테이너의 디스크 역시 이 이미지 레이어를 순서대로 합쳐 만든 가상 파일 시스템이다.

모든 컨테이너는 독립된 파일 시스템을 갖는다. 같은 이미지에서 실행한 여러 개의 컨테이너는 처음에는 디스크의 내용이 모두 같지만, 그중 한 컨테이너에서 애플리케이션이 파일을 수정해도 다른 컨테이너나 이미지는 영향을 받지 않는다. 디스크에 데이터를 쓰는 컨테이너를 여럿 실행하고 출력을 확인해 보면 이를 확인할 수 있다.

> **실습** 터미널 창을 열고 같은 이미지로부터 컨테이너를 두 개 실행하라. 이 이미지에 담긴 애플리케이션은 컨테이너 속 파일에 무작위 숫자를 쓰는 기능을 한다.
>
> ```
> docker container run --name rn1 diamol/ch06-random-number
> ```
>
> ```
> docker container run --name rn2 diamol/ch06-random-number
> ```

컨테이너를 실행하면 텍스트 파일에 무작위 숫자를 쓰는 스크립트가 실행된다. 그리고 컨테이너를 종료하면 Exited 상태가 된다. 이 두 컨테이너는 같은 이미지로부터 실행됐으나 파일 시스템의 내용은 서로 다르다. 2장에서 컨테이너를 종료해도 파일 시스템은 삭제되지 않는다고 배웠다. 그러므로 컨테이너의 파일과 디렉터리는 그대로 남아 있을 것이다.

docker container cp 명령으로 컨테이너와 로컬 컴퓨터 간에 파일을 복사할 수 있다. 이 명령에 파일의 경로와 이름을 지정하면 무작위 숫자가 쓰인 텍스트 파일을 로컬 컴퓨터로 복사해 파일의 내용을 확인할 수 있다.

> **실습** docker container cp 명령을 사용해 두 컨테이너에서 무작위 숫자가 쓰인 텍스트 파일을 로컬 컴퓨터로 복사해 온 다음, 파일의 내용을 확인하라.

```
docker container cp rn1:/random/number.txt number1.txt
docker container cp rn2:/random/number.txt number2.txt

cat number1.txt
cat number2.txt
```

그러면 그림 6-1과 비슷한 내용이 출력될 것이다. 두 컨테이너는 모두 같은 경로(/random/number.txt)에 파일을 생성했다. 이 파일을 로컬 컴퓨터로 복사해서 내용을 확인해 보니 두 파일의 내용이 서로 달랐다. 이로써 컨테이너의 파일 시스템이 서로 독립적임을 알 수 있었다. 여기서는 단지 파일 하나의 내용이지만, 같은 데이터베이스 엔진 이미지로 실행된 두 컨테이너가 서로 전혀 다른 데이터를 담을 수도 있는 것이다.

▼ 그림 6-1 같은 이미지로부터 실행한 두 개 컨테이너의 데이터 비교하기

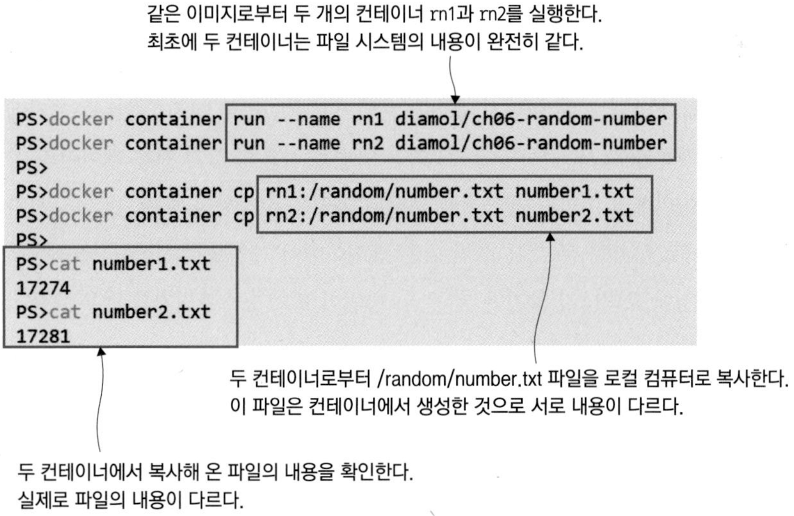

같은 이미지로부터 두 개의 컨테이너 rn1과 rn2를 실행한다.
최초에 두 컨테이너는 파일 시스템의 내용이 완전히 같다.

```
PS>docker container run --name rn1 diamol/ch06-random-number
PS>docker container run --name rn2 diamol/ch06-random-number
PS>
PS>docker container cp rn1:/random/number.txt number1.txt
PS>docker container cp rn2:/random/number.txt number2.txt
PS>
PS>cat number1.txt
17274
PS>cat number2.txt
17281
```

두 컨테이너로부터 /random/number.txt 파일을 로컬 컴퓨터로 복사한다.
이 파일은 컨테이너에서 생성한 것으로 서로 내용이 다르다.

두 컨테이너에서 복사해 온 파일의 내용을 확인한다.
실제로 파일의 내용이 다르다.

컨테이너의 파일 시스템은 단일 디스크(리눅스 컨테이너는 /dev/sda1, 윈도는 C:\)다. 그러나 이 디스크는 도커가 여러 출처로부터 합쳐 만들고 컨테이너에 전달한 가상 파일 시스템이다. 이 출처는 기본적으로 이미지 레이어와 컨테이너의 기록 가능 레이어로 구성되는데, 이미지 레이어는 모든 컨테이너가 공유하지만 기록 가능 레이어는 컨테이너마다 다르다.

그림 6-2에 두 컨테이너가 생성해 파일에 기록한 무작위 숫자를 출력한 결과를 실었다. 그림 6-2에서 알 수 있는 두 가지 중요한 사실이 있다. 모든 컨테이너가 공유하는 이미지 레이어는 읽기 전용이고, 각 컨테이너가 따로 갖는 기록 가능 레이어는 컨테이너와 같은 생애주기를 갖는다. 이미지 레이어는 이미지를 내려받은 순간부터 삭제할 때까지 로컬 컴퓨터의 이미지 레이어에 존재한다. 그러나 컨테이너의 쓰기 가능 레이어는 컨테이너를 실행할 때 생성되며 컨테이너를 삭제할 때 함께 삭제된다(컨테이너를 종료하는 것만으로는 컨테이너가 삭제되지 않는다. 그래서 종료된 컨테이너의 데이터도 그대로 남아 있는 것이다).

▼ 그림 6-2 컨테이너의 파일 시스템은 이미지 레이어와 기록 가능 레이어로 구성된다.

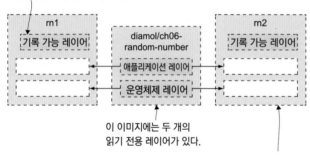

기록 가능 레이어를 새 파일을 만드는 데만 사용하는 것은 아니다. 기존 이미지 레이어에 있는 파일을 수정할 수도 있다. 그러나 조금 전에 이미지 레이어는 읽기 전용이라고 하지 않았나? 여기에 바로 비밀이 있다. 도커는 **기록 중 복사**(copy-on-write)라는 방법을 사용해 읽기 전용 레이어의 파일을 수정할 수 있다. 컨테이너에서 이미지 레이어에 포함된 파일을 수정하려 하면, 먼저 도커가 이 파일을 쓰기 가능 레이어로 복사해 온 다음 쓰기 가능 레이어에서 파일을 수정한다. 컨테이너나 애플리케이션에는 이 과정이 드러나지 않지만, 바로 이 방법이 도커가 스토리지를 매우 효율적으로 사용할 수 있는 비법이다.

유상태 컨테이너를 본격적으로 다루기 전에 한 가지 예제를 더 살펴보자. 이번 실습에서는 컨테이너를 실행해 이미지 레이어에 포함된 파일의 내용을 출력해 볼 것이다. 그리고 파일을 수정한 다음 다시 변경된 파일 내용을 확인한다.

실습 다음 명령으로 컨테이너를 실행해 파일의 내용을 출력한다. 그다음 파일의 내용을 수정하고 컨테이너를 재시작해 변경된 파일 내용을 확인한다.

```
docker container run --name f1 diamol/ch06-file-display

echo "http://eltonstoneman.com" > url.txt

docker container cp url.txt f1:/input.txt

docker container start --attach f1
```

이번에는 로컬 컴퓨터에서 컨테이너로 파일을 복사했다. 이 파일이 컨테이너가 내용을 출력하는 파일이다. 컨테이너를 재시작해 보면 똑같은 스크립트가 실행되며 파일의 내용을 출력하지만, 이번에는 그림 6-3에서 보듯 파일의 내용이 달라졌다.

▼ 그림 6-3 컨테이너의 상태를 수정하고 재시작하기

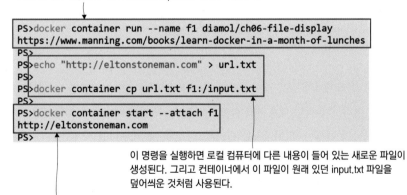

컨테이너가 실행되면 input.txt 파일의 내용을 출력한다.
지금 출력된 내용은 이미지에 포함된 input.txt 파일의 내용이다.

```
PS>docker container run --name f1 diamol/ch06-file-display
https://www.manning.com/books/learn-docker-in-a-month-of-lunches
PS>
PS>echo "http://eltonstoneman.com" > url.txt
PS>
PS>docker container cp url.txt f1:/input.txt
PS>
PS>docker container start --attach f1
http://eltonstoneman.com
PS>
```

이 명령을 실행하면 로컬 컴퓨터에 다른 내용이 들어 있는 새로운 파일이
생성된다. 그리고 컨테이너에서 이 파일이 원래 있던 input.txt 파일을
덮어씌운 것처럼 사용된다.

컨테이너가 첫 번째 실행을 마치고 종료됐다. 이 컨테이너를 다시 시작하면
똑같은 명령이 실행되지만 파일의 내용이 변경된 상태다.

컨테이너 속 파일을 수정하면 컨테이너의 동작에 영향을 미친다. 그러나 이미지를 공유하는 다른 컨테이너나 이미지는 영향을 받지 않는다. 수정된 파일은 해당 컨테이너의 기록 가능 레이어에만 존재하기 때문이다. 새로운 컨테이너는 이미지로부터 받은 최초의 내용을 담은 파일 시스템을 가지며, f1 컨테이너가 삭제되면 수정된 파일도 사라진다.

실습 새 컨테이너를 실행해 해당 파일의 내용이 그대로인지 확인해 보자. 그리고 처음 실행했던 컨테이너를 삭제하고 수정된 데이터가 사라진 것을 확인하라.

```
docker container run --name f2 diamol/ch06-file-display
```

```
docker container rm -f f1
```

```
docker container cp f1:/input.txt .
```

출력된 내용은 그림 6-4와 같을 것이다. 새로 실행한 컨테이너는 이미지로부터 받은 원래 내용의 파일을 사용하며, 처음 만든 컨테이너를 삭제하면 그 파일 시스템과 함께 수정된 파일도 사라진다.

▼ 그림 6-4 컨테이너 안의 파일을 수정해도 이미지에는 영향이 없다. 또한, 컨테이너의 데이터는 일시적이다.

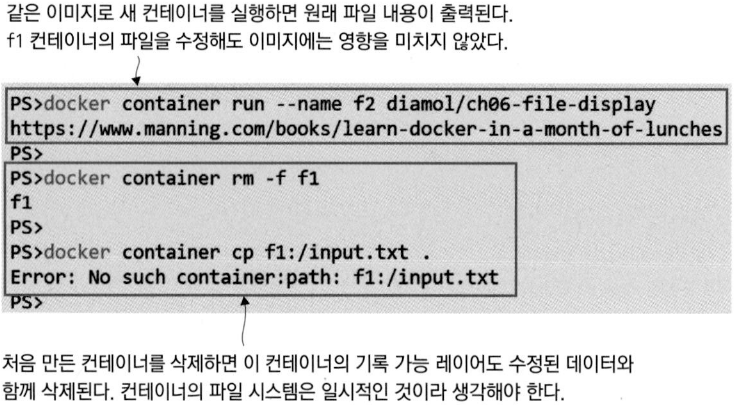

같은 이미지로 새 컨테이너를 실행하면 원래 파일 내용이 출력된다.
f1 컨테이너의 파일을 수정해도 이미지에는 영향을 미치지 않았다.

```
PS>docker container run --name f2 diamol/ch06-file-display
https://www.manning.com/books/learn-docker-in-a-month-of-lunches
PS>
PS>docker container rm -f f1
f1
PS>
PS>docker container cp f1:/input.txt .
Error: No such container:path: f1:/input.txt
PS>
```

처음 만든 컨테이너를 삭제하면 이 컨테이너의 기록 가능 레이어도 수정된 데이터와 함께 삭제된다. 컨테이너의 파일 시스템은 일시적인 것이라 생각해야 한다.

컨테이너 파일 시스템은 컨테이너와 같은 생애주기를 갖는다. 컨테이너가 삭제되면 이 컨테이너의 기록 가능 레이어와 여기서 수정된 데이터도 함께 삭제된다. 도커를 사용하면 컨테이너 삭제를 밥 먹듯이 하게 된다. 실무에서는 새 이미지를 빌드하고 오래된 컨테이너를 삭제한 다음 새 이미지에서 실행한 컨테이너로 대체하는 방법으로 애플리케이션을 업데이트한다. 이 과정에서 기존 컨테이너에 있는 수정된 데이터는 모두 손실된다. 새 컨테이너는 이미지에서 받은 파일만 갖고 있기 때문이다.

애플리케이션이 계산 비용이 큰 계산 결과처럼 몇 가지 일시적 데이터를 캐싱만 하는 경우라면 새 컨테이너가 빈 캐시를 갖고 시작하더라도 문제가 없다. 하지만 그렇지 않은 경우라면 아마 재앙이 일어날 것이다. 컨테이너로 데이터베이스를 실행해 사용했는데 데이터베이스 버전을 업데이트했더니 모든 데이터가 사라졌다고 생각해 보자.

도커는 이런 상황도 감안해 만들어졌다. 컨테이너의 가상 파일 시스템은 여전히 이미지 레이어와 기록 가능 레이어로 구성되지만, 몇 가지 추가할 수 있는 요소가 더 있다. **도커 볼륨**(Docker volume)과 **마운트**(mount)다. 이들 요소는 컨테이너와는 별개의 생애주기를 갖는다. 그러므로 컨테이너가 대체돼도 지속돼야 할 데이터를 저장할 수 있다.

6.2 도커 볼륨을 사용하는 컨테이너 실행하기

도커 볼륨은 도커에서 스토리지를 다루는 단위다. 컨테이너를 위한 USB 메모리라 생각하면 이해하기 쉬울 것이다. 볼륨은 컨테이너와 독립적으로 존재하며 별도의 생애주기를 갖지만, 컨테이너에 연결할 수 있다. 퍼시스턴시가 필요한 유상태 애플리케이션을 컨테이너로 실행하려면 볼륨을 사용해야 한다. 볼륨을 생성해 애플리케이션 컨테이너에 연결하면 컨테이너 파일 시스템의 한 디렉터리가 된다. 나중에 애플리케이션을 업데이트하더라도 새로운 컨테이너에 다시 볼륨을 연결하면 데이터가 그대로 유지된다.

컨테이너에서 볼륨을 사용하는 방법은 두 가지다. 첫 번째는 수동으로 직접 볼륨을 생성해 컨테이너에 연결하는 방법이고, 두 번째는 Dockerfile 스크립트에서 VOLUME 인스트럭션을 사용하는 방법이다. 이 인스트럭션을 사용해 만든 이미지로 컨테이너를 실행하면 자동으로 볼륨을 생성한다. VOLUME 인스트럭션의 문법은 VOLUME <target-directory> 형식이다. 예제 6-1은 diamol/ch06-todo-list 이미지를 빌드하기 위한 멀티 스테이지 빌드 Dockerfile 스크립트의 일부다. 이 애플리케이션은 볼륨을 사용하는 유상태 애플리케이션이다.

예제 6-1 볼륨이 사용된 멀티 스테이지 빌드 Dockerfile 스크립트의 일부

```
FROM diamol/dotnet-aspnet
WORKDIR /app
ENTRYPOINT ["dotnet", "ToDoList.dll"]

VOLUME /data
COPY --from=builder /out/ .
```

이 이미지로부터 컨테이너를 실행하면 자동으로 볼륨을 생성해 컨테이너에 연결해 준다. 실행된 컨테이너에는 /data 디렉터리가 있는데(윈도 컨테이너라면 C:\data), 이 디렉터리는 다른 디렉터리와 똑같이 사용할 수 있지만 이 디렉터리의 내용은 볼륨에 영구적으로 저장된다. 실제로 이 이미지로 컨테이너를 실행해 확인해 보자.

실습 todo-list 애플리케이션 이미지로 컨테이너를 실행해 컨테이너와 연결된 볼륨을 살펴보라.

```
docker container run --name todo1 -d -p 8010:80 diamol/ch06-todo-list

docker container inspect --format '{{.Mounts}}' todo1

docker volume ls
```

이 명령을 실행하면 그림 6-5와 비슷한 내용이 출력된다. 컨테이너가 실행되면 볼륨을 자동으로 생성해 컨테이너에 연결하는 과정을 볼 수 있다. 여기서는 컨테이너에 연결된 볼륨만 보여 주기 위해 컨테이너 정보에 필터를 적용했다.

❤ 그림 6-5 Dockerfile 스크립트의 정의에 따라 볼륨을 사용하는 컨테이너 실행하기

container run 명령에는 볼륨이 언급되지 않았지만,
Dockerfile 스크립트의 정의에 따라 볼륨을 생성해 컨테이너에 연결한다.

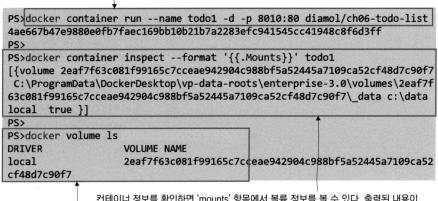

컨테이너 정보를 확인하면 'mounts' 항목에서 볼륨 정보를 볼 수 있다. 출력된 내용이
눈에 잘 들어오진 않지만, 볼륨 ID와 해당 볼륨의 호스트 컴퓨터상 경로, 볼륨이 연결된
컨테이너 파일 시스템의 경로 등을 확인할 수 있다.

볼륨은 도커에서 이미지나 컨테이너와 동급인 요소다. docker volume 명령을 사용해
볼륨을 만들고 목록을 확인하고 삭제할 수 있다. 이 볼륨은 새로 만든 컨테이너에
연결하기 위해 만들어진 것이다.

컨테이너에서 동작하는 애플리케이션에서는 볼륨의 존재를 전혀 느낄 수 없다. 웹 브라우저에서 http://localhost:8010에 접근해 보면 to-do 애플리케이션의 화면을 볼 수 있다. 이 애플리케이션은 데이터를 /data 디렉터리에 저장하는데, 웹 페이지에서 '할 일(to-do)'을 하나 추가하면 이 데이터는 도커 볼륨에 저장된다. 그림 6-6이 to-do 애플리케이션의 화면이다. 이 애플리케이션은 나와 같은 게으른 사람에게나 유용한 애플리케이션이다(할 일을 추가할 수 있지만, 삭제할 수는 없다).

▼ 그림 6-6 할 일이 삭제되지 않는 to-do 애플리케이션의 모습. 이 애플리케이션은 도커 볼륨을 사용하는 컨테이너로 실행됐다.

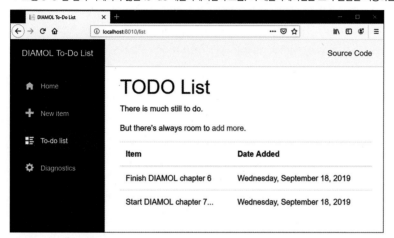

도커 이미지에서 볼륨을 정의하면 컨테이너를 생성할 때마다 새로운 볼륨을 만든다. 하지만 컨테이너가 같은 볼륨을 공유하게 할 수도 있다. to-do 애플리케이션의 새로운 컨테이너를 그냥 실행하면 자신만의 볼륨을 생성하니 할 일 목록이 비어 있을 것이다. 그러나 volumes-from 플래그를 적용하면 다른 컨테이너의 볼륨을 연결할 수 있다. 다음 예제는 같은 데이터를 공유하는 to-do 애플리케이션 컨테이너 두 개를 만드는 과정이다.

실습 to-do 애플리케이션의 두 번째 컨테이너를 실행하고 data 디렉터리의 내용을 확인해 보자. 그다음에는 이 컨테이너와 데이터를 공유하는 첫 번째 컨테이너의 해당 디렉터리와 내용을 비교하라(exec 명령의 문법이 윈도와 리눅스에서 약간 다른 것에 주의하라).

```
# 이 컨테이너를 실행하면 볼륨을 생성한다
docker container run --name todo2 -d diamol/ch06-todo-list

# 리눅스 환경의 경우
docker container exec todo2 ls /data
```

```
# 윈도 환경의 경우
docker container exec todo2 cmd /C "dir C:\data"

# 이 컨테이너는 todo1의 볼륨을 공유한다
docker container run -d --name t3 --volumes-from todo1 diamol/ch06-todo-list

# 리눅스 환경의 경우
docker container exec t3 ls /data

# 윈도 환경의 경우
docker container exec t3 cmd /C "dir C:\data"
```

이 명령을 실행하면 그림 6-7과 비슷한 출력 내용을 볼 수 있다(나는 리눅스 환경에서 실행했다).
두 번째 컨테이너는 새로운 볼륨을 생성해 연결하기 때문에 /data 디렉터리가 비어 있지만, 세 번
째 컨테이너는 첫 번째 컨테이너와 볼륨을 공유하므로 애플리케이션의 데이터를 세 번째 컨테이
너의 디렉터리에서도 볼 수 있다.

❤ 그림 6-7 전용 볼륨을 가진 컨테이너와 공유 볼륨을 가진 컨테이너 실행하기

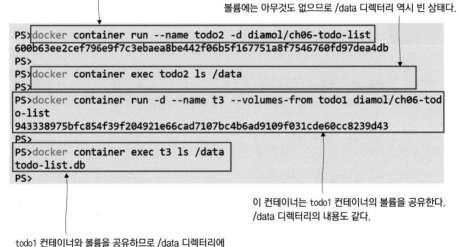

컨테이너 간 볼륨 공유는 이해하긴 쉬워도 모든 일을 해결해 주지는 못한다. 애플리케이션 컨테이
너는 종종 자신만이 접근할 수 있는 파일을 필요로 한다. 이러한 파일을 다른 컨테이너가 동시에
접근하게 허용하면 애플리케이션이 비정상적으로 동작할 수도 있다. 볼륨은 컨테이너 간 파일 공

유보다는 업데이트 간 상태를 보존하기 위한 용도로 사용해야 하며, 이미지에서 정의하는 것보다는 명시적으로 관리하는 편이 더 낫다. 볼륨에 이름을 붙여 생성하고 업데이트 시 다른 컨테이너로 옮겨 연결하면 된다.

실습 볼륨을 생성하고 버전 1의 to-do 애플리케이션에서 볼륨을 사용하라. 그다음 애플리케이션에서 UI를 통해 데이터를 추가하고, 애플리케이션을 버전 2로 업데이트해 보자. 운영체제에 따라 파일 경로가 달라지므로 환경 변수로 먼저 정의해 본문의 코드를 쉽게 붙여 넣을 수 있도록 했다.

```
# 복사 대상 경로를 환경 변수로 정의한다
target='/data' # 리눅스 컨테이너
$target='c:\data' # 윈도 컨테이너

# 데이터를 저장할 볼륨을 생성한다
docker volume create todo-list

# 볼륨을 연결해 v1 애플리케이션을 실행한다
docker container run -d -p 8011:80 -v todo-list:$target --name todo-v1 diamol/ch06-
todo-list

# http://localhost:8011 페이지에서 애플리케이션에 데이터를 몇 건 추가한다

# v1 애플리케이션이 실행 중인 컨테이너를 삭제한다
docker container rm -f todo-v1

# 그다음에는 같은 볼륨을 사용하도록 v2 애플리케이션 컨테이너를 실행한다
docker container run -d -p 8011:80 -v todo-list:$target --name todo-v2 diamol/ch06-
todo-list:v2
```

그림 6-8에 실린 출력 내용을 보면, 볼륨은 컨테이너보다 먼저 생성돼 자신과 연결됐던 컨테이너가 삭제된 뒤에도 그대로 남아 있다. 이로써 볼륨이 컨테이너와 별개의 생애주기를 가졌다는 것을 알 수 있다. 볼륨을 사용하면 컨테이너를 교체해 애플리케이션을 업데이트하더라도 이렇게 데이터를 그대로 보존할 수 있다.

❤ 그림 6-8 볼륨을 사용하면 컨테이너 교체 시에도 데이터를 보존할 수 있다.

새로운 볼륨을 이름을 붙여 만든다. 지금은
그냥 빈 스토리지다.

-v 플래그를 사용해 새 컨테이너를 실행한다.
이 플래그는 컨테이너의 파일 시스템 경로
/data에 지정한 볼륨을 마운트하라는 의미다.

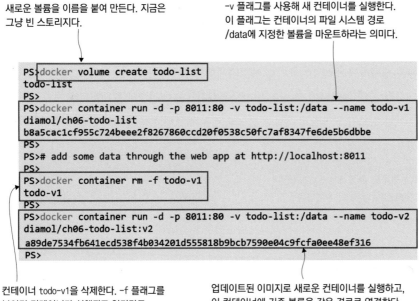

```
PS>docker volume create todo-list
todo-list
PS>
PS>docker container run -d -p 8011:80 -v todo-list:/data --name todo-v1
diamol/ch06-todo-list
b8a5cac1cf955c724beee2f8267860ccd20f0538c50fc7af8347fe6de5b6dbbe
PS>
PS># add some data through the web app at http://localhost:8011
PS>
PS>docker container rm -f todo-v1
todo-v1
PS>
PS>docker container run -d -p 8011:80 -v todo-list:/data --name todo-v2
diamol/ch06-todo-list:v2
a89de7534fb641ecd538f4b034201d555818b9bcb7590e04c9fcfa0ee48ef316
PS>
```

컨테이너 todo-v1을 삭제한다. -f 플래그를
붙이면 컨테이너가 실행되고 있더라도
컨테이너를 삭제할 수 있다. 이 과정에서
컨테이너의 기록 가능 레이어가 함께 삭제
되지만 볼륨은 삭제되지 않는다.

업데이트된 이미지로 새로운 컨테이너를 실행하고,
이 컨테이너에 기존 볼륨을 같은 경로로 연결한다.
그러면 v2 애플리케이션은 v1에서 생성했던 데이터를
그대로 유지한다.

다시 웹 브라우저에서 http://localhost:8011에 접근해 보면 UI가 수정된 v2 버전의 to-do 애플
리케이션을 볼 수 있다. 그림 6-9는 디자인 수정이 끝난 애플리케이션의 모습이다.

다음 내용으로 넘어가기 전에 도커 볼륨에 대해 설명할 것이 한 가지 더 있다. Dockerfile 스크
립트의 VOLUME 인스트럭션과 docker container 명령의 --volume 플래그는 별개 기능이다. VOLUME
인스트럭션을 사용해 빌드된 이미지로 docker container run 명령에서 볼륨을 지정하지 않으면
항상 새로운 볼륨을 함께 생성한다. 이 볼륨은 무작위로 만들어진 식별자를 가지므로, 컨테이너를
삭제한 후 볼륨을 재사용하려면 이 식별자를 미리 기억해야 한다.

▼ 그림 6-9 디자인이 수정된 to-do 애플리케이션의 모습

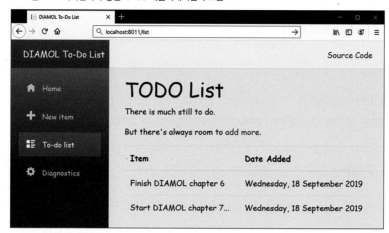

반면 --volume 플래그는 이미지에 볼륨이 정의돼 있든 말든 지정된 볼륨을 컨테이너에 마운트한다. 이미지에 볼륨이 정의돼 있더라도 이 정의가 무시되므로 새로운 볼륨이 생성되지 않는다. 지금 우리가 to-do 애플리케이션을 업데이트한 과정이 바로 이 경우다.

이미지에 볼륨이 정의돼 있지 않아도 똑같은 결과를 얻는다. 이미지를 만드는 입장에서는 안전장치 삼아 VOLUME 인스트럭션을 이미지 정의에 포함시켜 두는 것이 좋다. 그러면 사용자가 볼륨을 지정하지 않더라도 데이터를 유실할 일이 없다. 하지만 역시 사용자 입장에서 보면, 이미지의 기본 볼륨 설정에 의존하지 말고 별도로 이름을 붙여 만든 볼륨을 사용하는 것이 좋다.

6.3 / 파일 시스템 마운트를 사용하는 컨테이너 실행하기

볼륨의 장점은 컨테이너와 스토리지의 생애주기를 분리하면서도 도커를 사용하는 방식 그대로 스토리지를 다룰 수 있는 점이다. 볼륨 역시 호스트 컴퓨터상에 존재하지만 컨테이너와는 분리돼 있기 때문이다. 하지만 호스트의 스토리지를 컨테이너에 좀 더 직접적으로 연결할 수 있는 수단이 있다. 바로 **바인드 마운트**(bind mount)다. 바인드 마운트는 호스트 컴퓨터 파일 시스템의 디렉터리를 컨테이너 파일 시스템의 디렉터리로 만든다. 바인드 마운트도 볼륨과 마찬가지로 컨테이너의

입장에서는 그냥 평범한 디렉터리에 불과하다. 그러나 도커를 사용하는 입장에서는 컨테이너가 호스트 컴퓨터의 파일에 직접 접근할 수 있고 그 반대도 가능해지므로 좀 더 흥미로운 일을 할 수 있다.

바인드 마운트를 사용하면 호스트 컴퓨터의 파일 시스템을 명시적으로 지정해 컨테이너 데이터로 쓸 수 있다. 속도 면에서 뛰어난 SSD 디스크, 고사용성 디스크 어레이, 네트워크상에서 사용하는 분산 스토리지까지 호스트 컴퓨터에서 접근 가능한 파일 시스템이라면 무엇이든 컨테이너에서도 사용할 수 있다. 만약 RAID가 적용된 디스크 어레이를 가진 서버가 있다면, 이 스토리지를 to-do 앱의 데이터베이스를 저장할 고신뢰성 스토리지로 활용할 수도 있다.

실습 나는 RAID를 적용한 디스크 어레이가 있는 서버가 있지만, 독자 여러분에게는 이런 서버가 없으므로 호스트 컴퓨터의 로컬 디렉터리를 컨테이너에 바인드 마운트로 연결해 보라. 파일 시스템 경로는 호스트 운영체제의 방식을 따라야 한다. 이번에도 환경과 상관없이 본문의 코드를 붙여 넣을 수 있도록 경로 문자열을 운영체제에 따라 환경 변수로 정의하라.

```
$source="$(pwd)\databases".ToLower(); $target="c:\data" # 윈도
source="$(pwd)/databases" && target='/data'             # 리눅스
# 윈도 환경에서 리눅스 컨테이너를 실행하는 경우
$source="$(pwd)\databases".ToLower(); $target='/data'

mkdir ./databases

docker container run --mount type=bind,source=$source,target=$target -d -p 8012:80
diamol/ch06-todo-list

curl http://localhost:8012

ls ./databases
```

이번 실습에는 curl 명령(리눅스, macOS, 윈도에서 모두 사용 가능하다)으로 to-do 애플리케이션에 HTTP 요청을 보내는 부분이 있다. 이 요청을 받아 애플리케이션이 시작되며 데이터베이스 파일이 생성된다. 마지막 명령은 호스트 컴퓨터에 연결된 디렉터리에 데이터베이스 파일이 생성된 것을 확인하는 명령이다. 그림 6-10에서 보듯 데이터베이스 파일이 생성된 것을 알 수 있다.

❤ 그림 6-10 바인드 마운트를 사용해 호스트 컴퓨터의 디렉터리를 컨테이너와 공유할 수 있다.

본문의 명령을 그대로 복사해
사용할 수 있도록 경로를
환경 변수로 설정한다.

바인드 마운트를 적용해 컨테이너를 실행.
호스트 컴퓨터의 C:\data 디렉터리를
컨테이너 안에서 사용한다. Out-Null 파이프는
명령의 출력을 제거하기 위해 사용됐다.

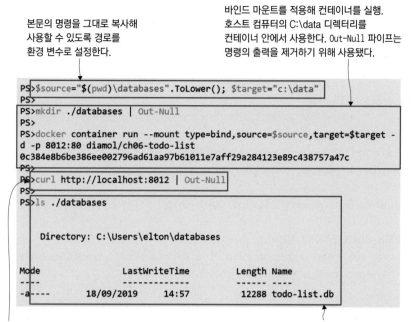

```
PS>$source="$(pwd)\databases".ToLower(); $target="c:\data"
PS>
PS>mkdir ./databases | Out-Null
PS>
PS>docker container run --mount type=bind,source=$source,target=$target -
d -p 8012:80 diamol/ch06-todo-list
0c384e8b6be386ee002796ad61aa97b61011e7aff29a284123e89c438757a47c
PS>
PS>curl http://localhost:8012 | Out-Null
PS>
PS>ls ./databases


    Directory: C:\Users\elton\databases


Mode                 LastWriteTime         Length Name
----                 -------------         ------ ----
-a----        18/09/2019     14:57          12288 todo-list.db
```

컨테이너 포트 80번을 호스트의 8012번 포트로 공개한다.
curl 명령으로 컨테이너에 HTTP 요청을 보내면
애플리케이션이 시작되면서 C:\data에 데이터베이스
파일이 생성된다.

이 파일이 컨테이너에서 생성한 파일이다.
호스트 컴퓨터에서 이 파일을 직접 사용하거나
다른 파일을 추가할 수 있다. 새로 만든 파일도
컨테이너에서 사용할 수 있다.

바인드 마운트는 양방향으로 동작한다. 컨테이너에서 만든 파일을 호스트 컴퓨터에서 수정할 수도 있고, 반대로 호스트에서 만든 파일도 컨테이너에서 수정할 수 있다. 호스트 컴퓨터에 대한 공격을 방지하기 위해 컨테이너는 대개 최소 권한을 가진 계정으로 실행되는데, 바인드 마운트를 사용하면 호스트 컴퓨터 파일에 접근하기 위해 권한 상승이 필요하다. 그래서 Dockerfile 스크립트에서 USER 인스트럭션을 사용해 컨테이너에 관리자 권한을 부여한다(리눅스는 root, 윈도는 ContainerAdministrator 계정으로 실행된다).

파일에 쓰기 작업을 할 필요가 없다면 호스트 컴퓨터의 디렉터리를 읽기 전용으로 컨테이너에 연결할 수도 있다. 이 방법은 호스트 컴퓨터에 작성한 설정을 컨테이너에 적용하기 위해 자주 쓰인다. to-do 애플리케이션은 이미지 내에 로그 출력을 최소한으로 줄이도록 설정된 설정 파일을 내장하고 있는데, 이 방법으로 이미지를 수정하지 않고도 애플리케이션의 설정을 변경할 수 있다.

실습 to-do 애플리케이션은 /app/config 경로가 존재할 경우 이 디렉터리에서 추가 설정 파일을 로드한다. 호스트 컴퓨터의 디렉터리를 이 경로에 연결하도록 바인드 마운트를 적용한 컨테이너를 실행해 애플리케이션이 호스트 컴퓨터에 있는 설정 파일을 사용하도록 하라. 이 책 소스 코드의 압축을 푼 디렉터리까지 이동한 다음, 아래 명령을 입력하면 된다.

```
cd ./ch06/exercises/todo-list

# 경로 문자열을 환경 변수로 정의
$source="$(pwd)\config".ToLower(); $target="c:\app\config" # 윈도
source="$(pwd)/config" && target='/app/config'          # 리눅스
# 윈도 환경에서 리눅스 컨테이너를 실행하는 경우
$source="$(pwd)\config".ToLower(); $target='/app/config'

# 바인드 마운트를 적용해 컨테이너 실행
docker container run --name todo-configured -d -p 8013:80 --mount type=bind,source=$source,target=$target,readonly diamol/ch06-todo-list

# 애플리케이션 작동 여부 확인
curl http://localhost:8013

# 컨테이너 로그 확인
docker container logs todo-configured
```

호스트 컴퓨터에 위치한 설정 파일에는 좀 더 상세한 내용까지 로그를 출력하도록 설정돼 있다. 컨테이너를 실행하면 호스트와 컨테이너의 디렉터리가 연결되고 애플리케이션이 설정 파일 디렉터리를 발견해 안에 있는 로그 설정을 읽어 들인다. 전체 명령을 수행한 결과는 그림 6-11과 같다. 많은 양의 debug 레벨 로그가 출력된 것으로 보아 설정이 변경됐음을 알 수 있다.

바인드 마운트된 호스트 컴퓨터의 디렉터리에 로그 레벨을
조정한 설정 파일이 들어 있기 때문에 컨테이너 속 애플리케이션이
이 설정 파일을 읽어 들여 적용한다.

```
PS> cd ./ch06/exercises/todo-list
PS>
PS> $source="$(pwd)\config".ToLower(); $target="c:\app\config"
PS>
PS> docker container run --name todo-configured  -d -p 8013:80 --mount
type=bind,source=$source,target=$target,readonly diamol/ch06-todo-list
5ffc30873434c56bda7cd20beebf4637077613849eeda7e1f402750581740982
PS>
PS> curl http://localhost:8013 | Out-Null
PS>
PS> docker container logs todo-configured
dbug: Microsoft.Extensions.Hosting.Internal.Host[1]
      Hosting starting
warn: Microsoft.AspNetCore.DataProtection.Repositories.FileSystemXmlRep
ository[60]
      Storing keys in a directory 'C:\Users\ContainerAdministrator\AppD
```

container logs 명령을 실행해 보면 전에는 출력되지 않던
많은 양의 debug 레벨 로그가 출력되는 것으로 보아 설정이
변경됐음을 확인할 수 있다.

호스트 컴퓨터가 접근할 수 있는 스토리지라면 무엇이든 바인드 마운트를 통해 컨테이너에 연결할 수 있다. 예를 들어 네트워크 드라이브가 경로 /mnt/nfs(리눅스)나 X: 드라이브(윈도)에 연결돼 있다면 이 네트워크 드라이브를 바인드 마운트로 컨테이너에 연결할 수 있는 것이다. 이런 방법으로 분산 스토리지를 컨테이너에 연결해 유상태 애플리케이션에서 사용하게 하면 신뢰성을 크게 개선할 수 있지만, 한계도 존재한다.

DOCKER TEXTBOOK

6.4 / 파일 시스템 마운트의 한계점

바인드 마운트와 볼륨을 효율적으로 활용하려면 각 요소의 핵심 사용 시나리오와 한계점을 이해해야 한다. 개중에는 미묘한 상황과 좀처럼 겪기 힘든 조합도 있지만 한번 살펴보자.

첫 번째 시나리오는 간단하다. 컨테이너의 마운트 대상 디렉터리가 이미 존재하고 이미지 레이어에 이 디렉터리의 파일이 포함돼 있다면 어떻게 될까? 지금까지 본 경우를 생각하면 원래 있던 파일과 마운트된 파일에 모두 접근 가능하지 않을까? 하지만 이번에는 틀렸다. 이미 존재하는 대상 디렉터리에 마운트하면 마운트의 원본 디렉터리가 기존 디렉터리를 완전히 대체한다. 그래서 이미지에 포함돼 있던 원래 파일은 사용할 수 없다.

디렉터리의 목록을 출력하는 간단한 컨테이너를 실행해 직접 확인해 보자. 리눅스와 윈도 컨테이너 모두 동일하게 동작하지만 경로 문자열은 운영체제에 맞게 사용해야 한다.

실습 마운트가 없는 컨테이너를 실행해 이미지에서 받은 파일 목록을 확인하라. 그다음 마운트를 지정해 컨테이너를 다시 실행하고 마운트 원본 디렉터리의 파일 목록이 출력되는지 확인하라(이때 운영체제에 따른 경로 문자열을 환경 변수로 정의하라).

```
cd ./ch06/exercises/bind-mount

$source="$(pwd)\new".ToLower(); $target="c:\init" # 윈도
source="$(pwd)/new" && target='/init'              # 리눅스
# 윈도 환경에서 리눅스 컨테이너를 실행하는 경우
$source="$(pwd)\new".ToLower(); $target='/init'

docker container run diamol/ch06-bind-mount

docker container run --mount type=bind,source=$source,target=$target diamol/ch06-bind-mount
```

처음 실행한 컨테이너는 두 개의 파일명 abc.txt와 def.txt를 출력했다. 이들 파일은 이미지 레이어에서 컨테이너로 전달된 파일이다. 두 번째 컨테이너는 이미지 레이어에서 받은 파일이 마운트된 파일로 대체됐으므로 파일 목록이 123.txt와 456.txt로 바뀌었다. 내가 이 명령을 실행한 결과는 그림 6-12와 같았다.

❤ 그림 6–12 기존 디렉터리가 있는 경로에 바인드 마운트를 적용하면 기존 디렉터리는 대체돼 나타나지 않는다.

컨테이너를 실행하면 /init 디렉터리의 파일 목록을 출력한다. 이 컨테이너는
바인드 마운트가 마운트되지 않았으므로 이미지에 포함된 기존 파일의 목록이 출력된다.

```
PS> cd ./ch06/exercises/bind-mount
PS>
PS> $source="$(pwd)\new".ToLower(); $target="c:\init"
PS>
PS> docker container run diamol/ch06-bind-mount
abc.txt
def.txt
PS>
PS> docker container run --mount type=bind,source=$source,target=$target
  diamol/ch06-bind-mount
123.txt
456.txt
```

/init를 대상으로 바인드 마운트를 마운트해 컨테이너를 실행하면 원래
디렉터리의 내용은 숨겨지고 바인드 마운트의 원본 디렉터리가 이를 대체한다.

두 번째 시나리오는 이와는 조금 다르다. 호스트 컴퓨터의 파일 하나를 컨테이너에 이미 존재하는 디렉터리로 마운트하면 어떻게 될까? 이번에는 디렉터리의 파일이 합쳐져 이미지에서 온 파일과 호스트에서 마운트된 파일이 모두 나타난다. 단, 윈도 컨테이너는 이 기능을 제공하지 않아 동작이 달라진다.

컨테이너 파일 시스템은 윈도 컨테이너와 리눅스 컨테이너의 동작이 일치하지 않는 몇 안 되는 영역 중 하나다. 동일하게 동작하는 경우가 없는 것은 아니다. 예를 들면 Dockerfile 스크립트 내 경로 문자열이 그렇다. Dockerfile 스크립트에서 리눅스 스타일의 경로 문자열 \data를 사용해도 윈도 컨테이너에서 그대로 C:\data의 별명으로 처리된다. 그러나 볼륨이나 바인드 마운트에서는 동작이 달라진다. 이번 장의 실습에서 경로 문자열을 운영체제별로 다르게 환경 변수로 정의하는 것도 바로 이 때문이다.

단일 파일 마운트의 한계점은 이보다 더 명확하다. 윈도와 리눅스 컴퓨터를 모두 갖고 있거나 리눅스 컨테이너와 윈도 컨테이너를 모두 지원하는 윈도 버전 도커 데스크톱에서 확인해 볼 수 있다.

실습 단일 파일 마운트는 리눅스 컨테이너와 윈도 컨테이너에서 서로 다르게 동작한다. 두 가지 컨테이너를 모두 실행할 수 있다면 다음 명령을 실행해 보라.

```
cd ./ch06/exercises/bind-mount

# 리눅스
docker container run --mount type=bind,source="$(pwd)/new/123.txt",target=/init/123.txt diamol/ch06-bind-mount

# 윈도
docker container run --mount type=bind,source="$(pwd)/new/123.txt",target=C:\init\123.txt diamol/ch06-bind-mount

docker container run diamol/ch06-bind-mount

docker container run --mount type=bind,source="$(pwd)/new/123.txt",target=/init/123.txt diamol/ch06-bind-mount
```

사용한 이미지도 입력한 명령도 같지만(운영체제별로 경로 문자열은 다르게 사용했어도), 리눅스 환경에서는 우리가 배운 대로 동작하는 반면 윈도 환경의 도커 엔진에서는 그림 6-13과 같이 동작한다.

세 번째 시나리오는 다른 시나리오에 비해 좀 드문 경우다. 복잡한 상황이 모두 들어맞지 않으면 좀처럼 이 시나리오를 재현하기 어렵다. 그래서 이 시나리오는 실습 없이 설명만으로 이해해야 한다. 분산 파일 시스템을 컨테이너에 바인드 마운트하면 어떻게 될까? 이 경우에도 컨테이너에서 실행되는 애플리케이션이 정상적으로 동작할까? 이 물음에 대한 답은 조금 까다롭다.

분산 파일 시스템을 사용하면 네트워크상의 모든 컴퓨터에서 데이터에 접근할 수 있지만, 대개 분산 파일 시스템의 메커니즘은 윈도 파일 공유에 쓰이는 SMB, 애저 파일스(Azure Files), AWS S3 등 로컬 컴퓨터 운영체제의 파일 시스템과 다른 경우가 많다. 이러한 분산 파일 스토리지를 컨테이너에 마운트하면 일반적인 파일 시스템의 일부처럼 보이기는 하겠지만 지원하지 않는 동작이 있을 수 있다.

❤ 그림 6–13 단일 파일 마운트 기능은 윈도 컨테이너에서는 동작하지 않는다.

리눅스 컨테이너에서는 단일 파일 마운트 기능을 사용할 수 있다. 대상 디렉터리가
컨테이너에 이미 존재한다면 마운트되는 디렉터리와 내용이 합쳐진다.

```
PS> cd ./ch06/exercises/bind-mount
PS>
PS> docker container run --mount type=bind,source="$(pwd)/new/123.txt",
target=/init/123.txt diamol/ch06-bind-mount
123.txt
abc.txt
def.txt
PS>
PS> # switch to Windows containers
PS>
PS> docker container run --mount type=bind,source="$(pwd)/new/123.txt",
target=C:\init\123.txt diamol/ch06-bind-mount
C:\Program Files\Docker\Docker\Resources\bin\docker.exe: Error response
 from daemon: invalid mount config for type "bind": source path must be
 a directory.
See 'C:\Program Files\Docker\Docker\Resources\bin\docker.exe run --help
```

윈도 컨테이너는 단일 파일 마운트 기능을 지원하지 않는다. 따라서
단일 파일 마운트를 사용하려 하면 'invalid mount config' 에러 메시지가
출력되며 마운트 대상이 디렉터리여야 한다고 알려 준다.

그 구체적인 예를 그림 6–14에 실었다. 애저 파일스 서비스의 스토리지를 컨테이너 스토리지로
사용해 Postgres 데이터베이스를 실행한 경우인데, 애저 파일스는 읽기 및 쓰기 기능은 똑같이
제공하지만 지원하지 않는 기능이 있다. 이 사례에서는 애저 파일스가 지원하지 않는 기능인 파일
링크 생성을 시도하다 실패해서 애플리케이션이 오류를 일으켰다.

❤ 그림 6–14 분산 파일 시스템을 마운트하면 일반적인 파일 시스템의 기능 중에서 지원하지 않는 기능이 있을 수 있다.

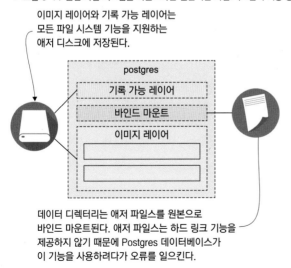

이미지 레이어와 기록 가능 레이어는
모든 파일 시스템 기능을 지원하는
애저 디스크에 저장된다.

postgres

기록 가능 레이어

바인드 마운트

이미지 레이어

데이터 디렉터리는 애저 파일스를 원본으로
바인드 마운트된다. 애저 파일스는 하드 링크 기능을
제공하지 않기 때문에 Postgres 데이터베이스가
이 기능을 사용하려다가 오류를 일으킨다.

이 시나리오는 매우 드문 경우다. 그러나 한번 발생하면 회피할 도리가 없기 때문에 주의가 필요하다. 바인드 마운트의 원본 스토리지가 컨테이너에서 사용하는 모든 파일 시스템 기능을 제공하지 않을 수 있다. 그러나 이 사실은 애플리케이션을 실행해 보지 않고는 미리 파악할 방법이 없다. 컨테이너에 분산 스토리지를 마운트할 계획이라면, 이런 위험과 함께 분산 스토리지의 성능이 로컬 스토리지와 큰 차이가 있다는 것도 고려해야 한다. 디스크를 많이 사용하는 애플리케이션을 분산 스토리지를 마운트한 컨테이너에서 실행한다면 모든 파일 입출력이 네트워크를 거쳐야 하는 만큼 최악의 경우 애플리케이션이 멈춰 버릴 가능성도 있다.

6.5 컨테이너의 파일 시스템은 어떻게 만들어지는가?

이번 장에서 많은 내용을 배웠다. 컨테이너의 스토리지는 물리적 머신이나 가상 머신에서 사용하는 스토리지와 비교해 선택할 수 있는 범위가 꽤 다르므로 잘 알아 두어야 한다. 컨테이너 파일 시스템을 다루는 베스트 프랙티스를 소개하며 이번 장을 마무리하고자 한다.

모든 컨테이너는 도커가 다양한 출처로부터 모아 만든 단일 가상 디스크로 구성된 파일 시스템을 갖는다. 이 파일 시스템을 **유니언 파일 시스템**(Union File System)이라고 한다. 여기서 다룰 내용은 이 유니언 파일 시스템이 어떻게 구현됐는지가 아니다. 유니언 파일 시스템은 운영체제마다 다른 방식으로 구현돼 있기 때문이다. 도커를 설치하면 여러분이 사용하는 운영체제에 맞춰 최선의 구현을 선택해 주기 때문에 상세한 구현에 대해서는 신경 쓸 필요가 없다.

컨테이너는 유니언 파일 시스템을 통해 물리적 위치가 서로 다른 파일과 디렉터리에 마치 단일 디스크를 사용하듯 접근할 수 있다. 그림 6-15는 이러한 상황을 그림으로 나타낸 것이다.

컨테이너에서 실행되는 애플리케이션의 입장에서는 단일 디스크만을 볼 수 있지만, 컨테이너나 이미지를 생성해 사용하는 사용자는 여러 출처를 합쳐 이 디스크를 구성할 수 있다. 여러 개의 이미지 레이어, 역시 하나 이상의 볼륨 마운트와 바인드 마운트를 컨테이너에 연결할 수 있다. 그러나 기록 가능 레이어는 하나밖에 가질 수 없다. 다음은 컨테이너의 스토리지를 구성할 때 고려해야 할 일반론이다.

- **기록 가능 레이어**: 비용이 비싼 계산이나 네트워크를 통해 저장해야 하는 데이터의 캐싱 등 단기 저장에 적합하다. 각 컨테이너마다 독립적인 기록 가능 레이어를 갖지만, 컨테이너가 삭제되면 여기 저장된 데이터는 유실된다.

- **로컬 바인드 마운트**: 호스트 컴퓨터와 컨테이너 간 데이터를 공유하기 위해 사용한다. 개발자의 로컬 컴퓨터에서 컨테이너로 소스 코드를 전달하기 위해 사용하면 로컬 컴퓨터에서 수정한 내용이 이미지 빌드 없이도 즉시 컨테이너로 전달될 수 있다.

- **분산 바인드 마운트**: 네트워크 스토리지와 컨테이너 간에 데이터를 공유하기 위해 사용한다. 가용성이 높지만 로컬 디스크와 비교해 지원하지 않는 파일 시스템 기능이 있거나 성능 면에서 차이가 있을 수 있다. 읽기 전용으로 설정 파일을 전달하거나 공유 캐시로 활용할 수 있으며 읽기 쓰기 가능으로 데이터를 저장해 동일 네트워크상의 모든 컨테이너나 컴퓨터와 데이터를 공유하는 데 적합하다.

- **볼륨 마운트**: 컨테이너와 도커 객체인 볼륨 간에 데이터를 공유하기 위해 사용된다. 볼륨 마운트를 사용하면 애플리케이션이 볼륨에 데이터를 영구적으로 저장한다. 컨테이너를 교체하는 방식으로 애플리케이션을 업데이트해도, 이전 버전 컨테이너의 데이터를 그대로 유지할 수 있다.

- **이미지 레이어**: 이미지 레이어는 컨테이너의 초기 파일 시스템을 구성한다. 레이어는 적층 구조를 갖는데, 후속 레이어와 이전 레이어의 내용이 서로 충돌하는 경우 후속 레이어의 내용이 적용된다. 레이어는 읽기 전용이며 여러 컨테이너가 공유한다.

▼ 그림 6-15 컨테이너 파일 시스템은 여러 출처를 합쳐 구성된다.

모든 컨테이너에는 기록 가능 레이어가
있다. 기록 가능 레이어는 컨테이너와
같은 생애주기를 가지므로 컨테이너가
삭제되면 기록 가능 레이어에 저장된
데이터도 함께 유실된다.

바인드 마운트는 호스트 컴퓨터 스토리지의
특정 경로를 컨테이너의 대상 디렉터리로 연결한다.
원본 스토리지는 호스트 컴퓨터에서
접근 가능한 로컬 디스크와
네트워크 스토리지 모두 가능하다.

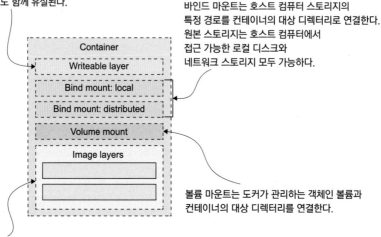

볼륨 마운트는 도커가 관리하는 객체인 볼륨과
컨테이너의 대상 디렉터리를 연결한다.

컨테이너의 초기 상태는 이미지 레이어에서 받은 상태로만
구성된다. Dockerfile 스크립트에서 이미지로 복사한
모든 파일이 여기에 해당된다. 이들 레이어는 읽기 전용이지만
기록 중 복사 기법을 사용해 컨테이너에서 이들 파일을 수정할 수 있다.

6.6 / 연습 문제

연습 문제를 풀며 배운 내용을 정리해 보자. 다시 한 번 to-do 애플리케이션을 다뤄 볼 텐데, 이번에는 약간 문제를 꼬아 보겠다. to-do 애플리케이션을 컨테이너로 실행하면 이미 몇 가지 할 일이 등록된 상태다. 이번 연습 문제는 to-do 애플리케이션을 컨테이너로 실행하되 미리 등록된 할 일이 없는 상태로 애플리케이션이 시작되도록 스토리지를 설정하는 것이다. 앞서 풀어 본 실습 문제를 되돌아보면 힌트를 얻을 수 있을 것이다.

- docker rm -f $(docker ps -aq) 명령으로 먼저 모든 컨테이너를 삭제하라.
- diamol/ch06-lab 이미지로 컨테이너를 실행해 현재 등록된 할 일을 확인하라.
- 이때 마운트를 추가해 컨테이너를 실행해야 한다.
- to-do 애플리케이션의 설정 파일은 앞에서 본 로그 설정보다 좀 더 복잡하다.

이 책의 깃허브 저장소에 나의 해답을 올려 두었다. 필요하다면 해답을 참고해도 좋지만, 가능하다면 직접 연습 문제를 풀면서 확실히 이해하지 못한 부분을 잘 다지기 바란다. 유일한 해답은 아니지만 나의 해답을 이 책의 깃허브 저장소 ch06/lab/ 폴더에서 볼 수 있다.

제 **2** 부

컨테이너로 분산 애플리케이션 실행하기

모든 일을 단일 컴포넌트가 맡아 수행하는 애플리케이션은 그리 많지 않다. 애플리케이션은 대개 여러 요소로 분할돼 구성되기 마련이다. 2부에서는 도커와 도커 컴포즈를 사용해 여러 컨테이너에 걸쳐 실행되는 애플리케이션을 정의하고 실행하고 관리하는 방법을 배운다. 그리고 도커를 활용해 지속적 통합 파이프라인을 강화하는 방법과 단일 머신에 도커 네트워크로 격리된 여러 환경을 구성할 수 있도록 애플리케이션을 설정하는 방법도 알아본다. 이와 함께 헬스 체크와 모니터링 등 운영 환경을 위한 컨테이너를 준비하는 방법도 배운다.

7^장

도커 컴포즈로 분산 애플리케이션 실행하기

대부분의 애플리케이션은 여러 개의 요소로 구성된다. 커다란 낡은 설계를 가진 애플리케이션조차 물리적으로 분산돼 동작하는 논리적 계층인 프런트엔드와 백엔드로 나뉘어 구성된다. 도커는 n-티어 모놀리식 설계부터 현대적인 마이크로서비스 설계까지 이렇듯 분산된 컴포넌트를 실행하는 데 이상적인 환경이다. 각 컴포넌트는 자신만의 경량 컨테이너에서 실행되며 도커가 표준 네트워크 프로토콜을 통해 이들 컨테이너를 엮어낸다. 도커 컴포즈를 사용하면 이렇게 여러 컨테이너에 걸쳐 실행되는 애플리케이션을 정의하고 관리할 수 있다.

7.1 도커 컴포즈 파일의 구조

지금까지 많은 수의 Dockerfile 스크립트를 보아 온 만큼, Dockerfile 스크립트가 애플리케이션을 패키징하기 위한 스크립트라는 점은 확실히 이해했을 것이다. 그러나 분산 애플리케이션을 기준으로 보면 Dockerfile 스크립트는 애플리케이션의 한 부분을 패키징하는 수단에 지나지 않는다. 웹 프런트엔드, 백엔드 API, 데이터베이스를 갖춘 애플리케이션을 패키징하려면 각 컴포넌트에 하나씩 세 개의 Dockerfile 스크립트가 필요하다. 그렇다면 이들 컨테이너는 누가 실행해야할까?

직접 순서대로 각각의 컨테이너를 도커 명령행을 통해 일일이 옵션을 지정해 가며 실행할 수도 있겠지만, 이런 수동 프로세스는 온갖 실수와 오류의 원천이 되기 쉽다. 직접 실행하는 과정에서 조금만 옵션을 잘못 지정해도 애플리케이션이 정상적으로 동작하지 않거나 컨테이너 간 통신에 문제가 생길 수 있기 때문이다. 이런 방법 대신 도커 컴포즈 파일에 애플리케이션의 구조를 정의하면 된다.

도커 컴포즈 파일은 애플리케이션의 '원하는 상태', 다시 말해 모든 컴포넌트가 실행 중일 때 어떤 상태여야 하는지를 기술하는 파일이다. 또한, docker container run 명령으로 컨테이너를 실행할 때 지정하는 모든 옵션을 한데 모아 놓은 단순한 형식의 파일이다. 도커 컴포즈 파일을 작성하고 나면 도커 컴포즈 도구를 사용해 애플리케이션을 실행한다. 그러면 도커 컴포즈가 컨테이너, 네트워크, 볼륨 등 필요한 모든 도커 객체를 만들도록 도커 API에 명령을 내린다.

예제 7-1은 도커 컴포즈 파일의 전체 스크립트다. 이번 장의 소스 코드 중 exercises 디렉터리에서 이 파일을 볼 수 있다.

예제 7-1 6장의 to-do 애플리케이션을 실행하는 도커 컴포즈 파일 스크립트

```
version: '3.7'

services:

  todo-web:
    image: diamol/ch06-todo-list
    ports:
      - "8020:80"
    networks:
      - app-net

networks:
  app-net:
    external:
      name: nat
```

이 스크립트의 내용은 도커 네트워크에 도커 컨테이너 하나가 연결된 간단한 애플리케이션을 기술한 것이다. 도커 컴포즈는 사람도 쉽게 읽고 이해할 수 있으며 (API의 표준 언어인) JSON으로 변환하기도 쉬운 YAML 문법으로 기술된다. YAML 문법은 들여쓰기를 통해 구조를 정의하기 때문에 들여쓰기가 중요하다.

위의 도커 컴포즈 파일은 다음과 같은 세 개의 최상위 문(statement)으로 구성된다.

- version은 이 파일에 사용된 도커 컴포즈 파일 형식의 버전을 가리킨다. 여러 번에 걸쳐 문법과 표현 가능한 요소에 많은 변화가 있었으므로 먼저 정의가 따르는 형식 버전을 지정할 필요가 있다.

- services는 애플리케이션을 구성하는 모든 컴포넌트를 열거하는 부분이다. 도커 컴포즈에서는 실제 컨테이너 대신 서비스(service) 개념을 단위로 삼는다. 하나의 서비스를 같은 이미지로 여러 컨테이너에서 실행할 수 있기 때문이다.

- networks는 서비스 컨테이너가 연결될 모든 도커 네트워크를 열거하는 부분이다.

도커 컴포즈를 사용해 이 애플리케이션을 실행하면 컨테이너 하나가 실행돼 스크립트에 정의된 구성을 갖춘다. 그림 7-1은 이 애플리케이션이 어떤 리소스로 어떻게 구성되는지 나타낸 것이다.

애플리케이션을 직접 실행해 보기 전에 스크립트에서 주의 깊게 살펴볼 부분이 두어 곳 있다. todo-web이라는 이름의 서비스는 diamol/ch06-todo-list 이미지로부터 단일 컨테이너로 실행되며, 이 컨테이너는 호스트 컴퓨터의 80번 포트로 자신의 8002번 포트를 공개한다. 그리고 app-net이라는 이름의 도커 네트워크에 연결된다. 최종적인 결과는 docker container run -p 8020:80 --name todo-web --network nat diamol/ch06-todo-list 명령을 실행한 것과 같은 상태가 된다.

❤ 그림 7-1 하나의 서비스와 하나의 네트워크로 구성된 컴포즈 파일의 아키텍처

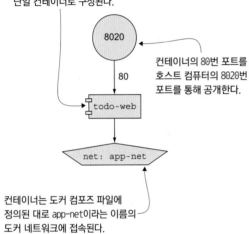

유일한 서비스인 todo-web은
단일 컨테이너로 구성된다.

컨테이너의 80번 포트를
호스트 컴퓨터의 8020번
포트를 통해 공개한다.

컨테이너는 도커 컴포즈 파일에
정의된 대로 app-net이라는 이름의
도커 네트워크에 접속된다.

서비스 이름 아래로는 속성이 기술된다. 그 내용은 거의 docker container run 명령의 옵션과 그 지정값의 쌍 형태다. image는 실행할 이미지를 지정하는 필드이고, ports는 공개할 포트에 대한 정보, networks는 컨테이너가 접속할 도커 네트워크를 정의하는 필드다. 서비스 이름은 컨테이너의 이름이자 도커 네트워크상에서 다른 컨테이너들이 해당 컨테이너를 식별하기 위한 DNS 네임으로도 쓰인다. 서비스가 구성될 네트워크 이름은 app-net이다. 그러나 networks 항목을 보면 이 네트워크는 nat이라는 이름의 외부 네트워크로 연결된다. external 필드의 의미는 nat 네트워크가 이미 존재하므로 새로 생성하지 말라는 뜻이다.

도커 컴포즈를 사용하려면 명령행에서 docker-compose 명령을 실행하면 된다. docker-compose의 사용법은 docker 명령과는 다르다. 애플리케이션을 시작하려면 up 명령을 실행해야 한다. 그러면 도커 컴포즈가 컴포즈 파일을 체크하고 애플리케이션을 정의된 상태로 실행하기 위해 필요한 요소를 준비하기 시작한다.

> **실습** 터미널 창을 열어 도커 네트워크를 생성해 보자. 그다음에는 예제 7-1의 도커 컴포즈 파일이 있는 디렉터리로 이동해 docker-compose 명령으로 애플리케이션을 시작하라.

```
docker network create nat

cd ./ch07/exercises/todo-list

docker-compose up
```

컴포즈로 애플리케이션을 실행시키기 위해 항상 도커 네트워크가 필요한 것은 아니다. 그리고 4장의 실습을 수행했다면 nat이라는 이름의 네트워크가 이미 있어 오류 메시지를 본 독자도 있을 것이다. 리눅스 컨테이너를 사용한다면 도커 컴포즈가 네트워크를 대신 관리해 주지만, 윈도 컨테이너를 사용한다면 도커를 설치할 때 자동으로 생성되는 기본 네트워크 nat을 사용해야 한다. 내가 바로 이 nat 네트워크를 사용하도록 했기 때문에 윈도나 리눅스 환경 모두 도커 컴포즈 스크립트가 잘 동작할 것이다.

docker-compose 명령을 실행하면 먼저 현재 작업 디렉터리에서 docker-compose.yml 파일을 찾는다. 해당 파일을 발견하면 to-do 애플리케이션의 정의를 읽어 들인다. 현재는 todo-web 서비스를 구성하는 컨테이너가 하나도 없으므로 도커 컴포즈가 컨테이너를 하나 실행한다. 이때 출력되는 애플리케이션 로그를 컨테이너별로 정리해서 보여 준다. 이 기능은 개발 및 테스트를 수행할 때 매우 도움이 된다.

나의 환경에서 실습에 나온 명령을 실행한 결과를 그림 7-2에 실었다. 독자 여러분이 명령을 실행할 때는 이 내용에 도커 허브에서 이미지를 내려받는 내용이 추가될 것이다.

❤ 그림 7-2 도커 컴포즈를 사용해 애플리케이션을 실행하면 필요한 도커 리소스를 자동으로 생성한다.

컴포즈 스크립트의 external 필드에
정의된 네트워크는 애플리케이션 실행 전에
생성돼 있어야 한다. 아직 해당 네트워크가
존재하지 않는다면 이 명령으로 nat이라는
이름의 도커 네트워크를 생성한다.

이 명령으로 애플리케이션이 실행된다. 도커 컴포즈는
현재 있는 리소스와 애플리케이션을 구성하는 리소스를
비교해 더 필요한 요소를 생성한다.

```
PS>docker network create nat
Error response from daemon: network with name nat already exists
PS>
PS>cd ./ch07/exercises/todo-list
PS>
PS>docker-compose up
Creating todo-list_todo-web_1 ... done
Attaching to todo-list_todo-web_1
todo-web_1  | warn: Microsoft.AspNetCore.DataProtection.Repositories.F
ileSystemXmlRepository[60]
todo-web_1  |        Storing keys in a directory '/root/.aspnet/DataPro
```

애플리케이션을 구성하는 단일 컨테이너가 실행된다.
컨테이너의 로그에 표준 출력을 연결해 애플리케이션의
로그를 보여 준다. 표시된 부분은 ASP.net 코어로 구현된
to-do 애플리케이션의 시동 로그다.

이제 웹 브라우저에서 http://localhost:8020에 접근해 to-do 애플리케이션의 화면을 띄운다. 6
장에서 애플리케이션을 실행했을 때와 완전히 똑같은 상태다. 그러나 이번에는 도커 컴포즈를 이
용해 훨씬 간단하고 안정적으로 애플리케이션을 실행했다. 도커 컴포즈 파일은 애플리케이션의
소스 코드, Dockerfile 스크립트와 함께 형상 관리 도구로 관리된다. 그리고 이 파일에 애플리케
이션의 모든 실행 옵션이 기술된다. 그러므로 README 파일에 애플리케이션 이미지 이름이나
공개해야 할 포트 번호를 문서화할 필요가 아예 없다.

도커 컴포즈 파일 형식에는 애플리케이션의 모든 설정 사항값과 최상위 레벨 도커 요소가 정의된
다. 이 애플리케이션은 단일 서비스로 구성되지만, 이런 경우에도 컴포즈 파일을 통해 설정 사항
을 간접적으로 문서화하는 효과를 얻을 수 있다. 하지만 여러 서비스로 구성된 애플리케이션이라
면 컴포즈 파일이 꼭 필요할 것이다.

7.2 / 도커 컴포즈를 사용해 여러 컨테이너로 구성된 애플리케이션 실행하기

4장에서는 NASA의 오늘의 천문 사진을 보여 주는 분산 애플리케이션을 만들었다. 이 애플리케이션은 자바로 구현된 웹 프런트엔드, Go로 구현된 REST API, Node.js로 구현된 로그 수집 모듈로 구현됐었다. 차례로 이들 컨테이너를 실행시켜 애플리케이션을 가동했고 모든 컨테이너를 동일한 도커 가상 네트워크에 미리 약속된 이름으로 접속시켜 애플리케이션의 구성 요소가 서로 통신할 수 있도록 했다. 우리가 이때 한 일을 바로 도커 컴포즈가 대신해 주는 것이다.

예제 7-2의 컴포즈 스크립트를 보면 services 필드에 이 이미지 갤러리 애플리케이션이 기술돼 있다. 여기서는 서비스 구성값에 집중할 수 있도록 네트워크 설정 부분을 생략했으나 앞서 본 to-do 애플리케이션과 마찬가지로 이 애플리케이션도 nat 네트워크에 접속된다.

예제 7-2 여러 개의 컨테이너로 구성된 이미지 갤러리를 기술한 컴포즈 스크립트

```
accesslog:
  image: diamol/ch04-access-log

iotd:
  image: diamol/ch04-image-of-the-day
  ports:
    - "80"

image-gallery:
  image: diamol/ch04-image-gallery
  ports:
    - "8010:80"
  depends_on:
    - accesslog
    - iotd
```

이 스크립트는 서로 다른 유형의 서비스를 기술한 좋은 예다. accesslog 서비스는 공개하는 포트나 docker container run 명령에서 사용할 법한 설정값도 없이 이미지 이름만 적혀 있다. 반면 iotd 서비스는 REST API다. 스크립트에 이미지 이름과 함께 80번 포트를 호스트 컴퓨터의 무작위 포트를 통해 공개하도록 작성됐다. image-gallery 서비스는 이미지 이름과 함께 8010번 포트를 호스트 컴퓨터의 8010번 포트를 통해 공개한다. 또 depends_on 항목을 추가해 이 서비스는 다

른 두 서비스에 의존한다는 사실도 기술했다. 이 의존성을 만족하기 위해 컴포즈는 image-gallery 서비스를 실행하기 전에 여기 나열된 두 서비스를 먼저 실행하려 시도하게 된다.

그림 7-3은 이 애플리케이션의 아키텍처를 나타낸 것이다. 이 그림은 도커 컴포즈 스크립트를 다이어그램으로 변환해 주는 도구를 사용해 만든 것이다. 이 도구로 스크립트가 수정될 때마다 다이어그램을 생성하게 하면 애플리케이션의 참조 문서를 편리하게 최신 상태로 유지할 수 있다. 이 도구 역시 도커 컨테이너로 실행한다. 관심 있는 독자는 https://github.com/pmsipilot/docker-compose-viz에서 이 도구의 깃허브 저장소를 열람할 수 있다.

▼ 그림 7-3 동일 네트워크에 접속된 세 개의 서비스로 구성된 좀 더 복잡한 애플리케이션의 예

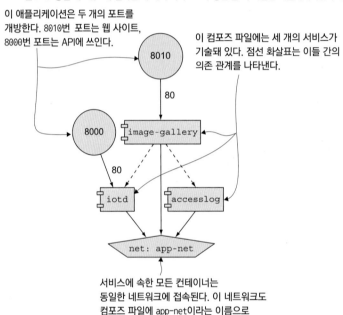

이 애플리케이션은 두 개의 포트를 개방한다. 8010번 포트는 웹 사이트, 8000번 포트는 API에 쓰인다.

이 컴포즈 파일에는 세 개의 서비스가 기술돼 있다. 점선 화살표는 이들 간의 의존 관계를 나타낸다.

서비스에 속한 모든 컨테이너는 동일한 네트워크에 접속된다. 이 네트워크도 컴포즈 파일에 app-net이라는 이름으로 기술돼 있다.

도커 컴포즈를 사용해 이 애플리케이션을 실행해 보자. 단, 이번에는 **분리 모드**(detached mode)로 애플리케이션을 실행한다. 컴포즈가 우리 대신 컨테이너 로그를 수집하지만, 컨테이너는 백그라운드로 동작하므로 그동안 컴포즈의 기능을 몇 가지 더 사용해 보자.

실습 터미널 창을 열어 예제 소스 코드의 최상위 디렉터리로 이동하고, 다음과 같이 이미지 갤러리 애플리케이션의 디렉터리로 이동해 애플리케이션을 실행하라.

```
cd ./ch07/exercises/image-of-the-day
```

```
docker-compose up --detach
```

그림 7-4와 비슷한 내용이 출력될 것이다. 잘 살펴보면 image-gallery 서비스를 시작하기 전에 accesslog와 iotd 서비스를 먼저 시작하는 것을 알 수 있다. 이것은 컴포즈 파일에 서비스 간의 의존 관계를 설정했기 때문이다.

❤ 그림 7-4 여러 컨테이너로 구성된 애플리케이션을 의존 관계가 설정된 도커 컴포즈 파일로 실행하기

```
PS>cd ./ch07/exercises/image-of-the-day
PS>
PS>docker-compose up --detach
Creating image-of-the-day_accesslog_1 ... done
Creating image-of-the-day_iotd_1       ... done
Creating image-of-the-day_image-gallery_1 ... done
PS>
```

도커 컴포즈는 의존 관계를 준수해 세 개의 컨테이너를 만든다.
그러므로 image-gallery 컨테이너는 accesslog와 iotd 서비스가
실행된 다음에 실행된다. --detach 플래그를 사용하면 컨테이너가
백그라운드로 실행되므로 명령을 실행한 창에 로그가 출력되지 않는다.

애플리케이션 구동이 끝나면 웹 브라우저에서 http://localhost:8010에 접근해 보자. 4장에서 실행했던 것과 완전히 동일하게 동작할 것이다. 달라진 점은 여러 컨테이너의 설정과 이들이 어떻게 함께 동작하는지 적힌 도커 컴포즈 파일이 생긴 것이다. 컴포즈 파일을 사용해 여러 개의 컨테이너로 구성된 애플리케이션을 마치 한 덩어리처럼 다룰 수 있다. API 서비스는 상태가 없으므로 컨테이너를 늘리는 방법으로 스케일 아웃할 수 있다. 웹 컨테이너가 API에 데이터를 요청하면 도커가 여러 개의 API 컨테이너에 이 요청을 고르게 분배해 준다.

> **실습** 조금 전과 같은 터미널 창에서 도커 컴포즈를 사용해 iotd 서비스의 컨테이너 수를 늘려 보자. 그리고 웹 페이지를 리프레시하며 iotd 컨테이너의 로그를 살펴보라.
>
> docker-compose up -d --scale iotd=3
>
> # http://localhost:8010 페이지를 웹 브라우저로 접근해 몇 차례 리프레시한다
>
> docker-compose logs --tail=1 iotd

명령 실행 후 출력되는 내용을 보면 API 서비스의 컨테이너를 두 개 늘려 애초의 세 배로 만드는 것을 알 수 있다. 사진이 뜨는 웹 페이지를 몇 차례 리프레시하면 웹 애플리케이션이 API에 데이터를 요청하고, 이들 요청을 늘어난 컨테이너가 고르게 나눠 처리하는데, API 서비스가 요청을 처리할 때마다 남기는 컨테이너 로그로 이를 확인할 수 있다. 도커 컴포즈 명령은 모든 컨테이너 혹은 원하는 컨테이너의 로그만 골라 출력하도록 할 수 있다. --tail=1 파라미터는 각 iotd 컨테이너의 마지막 로그를 출력하라는 의미다.

나의 환경에서 출력된 내용을 그림 7-5에 실었다. 웹 애플리케이션에서 컨테이너 1번과 3번으로 요청을 보냈으며, 컨테이너 2번은 아직 사용되지 않았다는 것을 출력된 로그에서 확인할 수 있다.

▼ 그림 7-5 도커 컴포즈를 이용한 애플리케이션 컴포넌트 스케일링과 로그 확인

웹 애플리케이션은 iotd API 컨테이너를
사용한다. 따라서 이 웹 사이트에 접근하면
iotd 컨테이너에도 요청이 전달된다.

iotd 서비스를 스케일링해 컨테이너가
두 개 늘어난다. 원래 있던 컨테이너를
합하면 컨테이너 개수는 모두 합해 세 개가 된다.

```
PS>docker-compose up -d --scale iotd=3
image-of-the-day_accesslog_1 is up-to-date
Starting image-of-the-day_iotd_1 ... done
Creating image-of-the-day_iotd_2 ... done
Creating image-of-the-day_iotd_3 ... done
image-of-the-day_image-gallery_1 is up-to-date
PS>
PS># browse to http://localhost:8010 and refresh
PS>
PS>docker-compose logs --tail=1 iotd
Attaching to image-of-the-day_iotd_2, image-of-the-day_iotd_3, image-o
f-the-day_iotd_1
iotd_2           | 2019-10-08 08:05:38.689  INFO 1 --- [          mai
n] iotd.Application                      : Started Application in 4
.73 seconds (JVM running for 5.366)
iotd_3           | 2019-10-08 08:06:06.430  INFO 1 --- [p-nio-80-exec-
1] iotd.ImageController                  : Fetched new APOD image f
rom NASA
iotd_1           | 2019-10-08 08:07:44.656  INFO 1 --- [p-nio-80-exec-
1] iotd.ImageController                  : Fetched new APOD image f
rom NASA
```

각 iotd 컨테이너의 가장 최근 로그 엔트리를 보여 준다. 컨테이너 iotd_3과 iotd_1이
웹 애플리케이션으로부터 요청을 받았고 이미지 데이터를 전달한 것을 알 수 있다.
iotd_2 컨테이너는 아직 요청을 처리한 적이 없다.

이제 도커 컴포즈가 나를 대신해 컨테이너를 관리해 준다. 하지만 도커 컴포즈를 통해 여전히 전체 애플리케이션을 관리할 수 있다. 컴퓨팅 자원을 절약하기 위해 모든 컨테이너를 중지시킬 수도 있고 다시 컨테이너를 시작해 애플리케이션을 재가동할 수도 있다. 이런 작업은 도커 명령행을 통해서도 할 수 있는 작업이다. 도커 컴포즈는 컨테이너를 관리하는 별도의 명령이지만 내부적으로는 마찬가지로 도커 API를 사용한다. 따라서 도커 컴포즈로 실행한 컨테이너라도 똑같이 도커 명령행으로 관리할 수 있다.

실습 조금 전과 같은 터미널 창에서 도커 컴포즈를 사용해 애플리케이션을 중지했다가 재시작한 다음 도커 명령행을 사용해 현재 실행 중인 컨테이너의 목록을 확인하라.

```
docker-compose stop

docker-compose start

docker container ls
```

이 명령을 실행하면 그림 7-6과 비슷한 내용이 출력될 것이다. 내용을 보면, 컴포즈로 애플리케이션을 중지할 경우 각 컨테이너의 목록이 표시되지만 애플리케이션을 재시작할 때는 서비스의 이름만 열거된다. 서비스 이름이 열거되는 순서를 잘 보면 의존 관계에 맞춰 실행되는 것을 알 수 있다. 뒤이어 도커 명령행으로 컨테이너 목록을 확인해 보면 컨테이너가 생성되고 30분이 지났지만 방금 실행된 것으로 나온다. 이를 보면 새 컨테이너를 만드는 대신 중지됐던 기존 컨테이너가 다시 실행된 것임을 알 수 있다.

▼ 그림 7-6 도커 컴포즈를 사용해 여러 개의 컨테이너로 구성된 애플리케이션을 중지 및 재시작하기

컴포즈로 애플리케이션을 중지하면
모든 컨테이너가 중지된다. 중지된 컨테이너는
CPU나 메모리를 점유하지 않지만, 컨테이너
파일 시스템은 그대로 유지된다.

다시 애플리케이션을 시작하면
기존 컨테이너가 재시작된다.

```
PS>docker-compose stop
Stopping image-of-the-day_iotd_2               ... done
Stopping image-of-the-day_iotd_3               ... done
Stopping image-of-the-day_image-gallery_1 ... done
Stopping image-of-the-day_iotd_1               ... done
Stopping image-of-the-day_accesslog_1          ... done
PS>
PS>docker-compose start
Starting accesslog     ... done
Starting iotd          ... done
Starting image-gallery ... done
PS>
PS>docker container ls
CONTAINER ID       IMAGE                      COMMAND                  CREATED
         STATUS            PORTS                   NAMES
57209868f510       diamol/ch04-image-of-the-day   "java -jar /app/iotd…"   37 minutes
 ago      Up 10 seconds     0.0.0.0:32774->80/tcp   image-of-the-day_iotd_2
8660da5bd8e8       diamol/ch04-image-of-the-day   "java -jar /app/iotd…"   37 minutes
 ago      Up 9 seconds      0.0.0.0:32775->80/tcp   image-of-the-day_iotd_3
55ae17a65d52       diamol/ch04-image-gallery      "/web/server"            48 minutes
 ago      Up 8 seconds      0.0.0.0:8010->80/tcp    image-of-the-day_image-gallery_1
efe432bad3a9       diamol/ch04-image-of-the-day   "java -jar /app/iotd…"   49 minutes
 ago      Up 9 seconds      0.0.0.0:32776->80/tcp   image-of-the-day_iotd_1
e626db8a3220       diamol/ch04-access-log         "docker-entrypoint.s…"   About an h
our ago   Up 10 seconds     80/tcp                  image-of-the-day_accesslog_1
PS>
```

실행 중인 컨테이너 목록에서 확인해 보면, 모든 컨테이너가 약 30분 전에 생성됐고
조금 전에 실행된 것으로 나온다.

도커 컴포즈로 분산 애플리케이션 실행하기

7

도커 컴포즈는 다양한 기능이 있지만(아무 옵션 없이 docker-compose 명령을 실행하면 전체 부명령 목록을 볼 수 있다), 이들 기능을 배우기 전에 알아 두어야 할 것이 있다. 도커 컴포즈는 클라이언트 측에서 동작하는 도구라는 점이다. 도커 컴포즈 명령을 실행하면 컴포즈 파일의 내용에 따라 도커 API로 지시를 보낸다. 도커 엔진 자체는 컨테이너를 실행할 뿐, 여러 컨테이너가 하나의 애플리케이션으로 동작하는지 여부는 알지 못한다. 이를 아는 것은 YAML로 적힌 컴포즈 파일을 읽어 애플리케이션의 구조를 이해한 컴포즈뿐이다. 그러므로 컴포즈를 사용해 애플리케이션을 관리하려면 컴포즈 파일을 작성하고 이 파일을 읽을 수 있게 해야 한다.

컴포즈 파일을 수정하거나 도커 명령행으로 직접 애플리케이션을 수정하면, 애플리케이션이 컴포즈 파일에 기술된 구조와 불일치하게 만들 수도 있다. 이 상태에서 도커 컴포즈로 다시 애플리케이션을 관리하려 하면 비정상적인 동작을 보일 수 있다. 우리는 이런 경우를 이미 본 적이 있는데, 앞에서 컴포즈 파일 수정 없이 iotd 서비스를 컨테이너 세 개로 스케일링했던 경우가 바로 여기에 해당한다. 이 상태에서 컴포즈로 애플리케이션을 재시작하면 iotd 서비스는 다시 한 개의 컨테이너만으로 동작한다.

> **실습** 이번에도 아까와 같은 터미널 창에서 (같은 YAML 파일을 다시 사용해야 하기 때문이다) 도커 컴포즈를 사용해 애플리케이션을 중지한 다음 재시작하라. 그리고 실행 중인 컨테이너 목록을 보고 애플리케이션의 스케일링 상태를 확인하라.

```
docker-compose down

docker-compose up -d

docker container ls
```

부명령 down은 애플리케이션을 제거하는 명령으로, 애플리케이션이 중지되고 컨테이너를 모두 제거한다. 컴포즈 파일에 포함됐으나 external 플래그가 붙지 않았다면 네트워크와 볼륨도 제거 대상이 된다. 그리고 부명령 up은 애플리케이션을 시작하는 명령이다. 하지만 지금은 실행 중인 컨테이너가 없으므로 컴포즈 파일에 정의된 내용대로 모든 서비스를 다시 생성한다. 그러나 컴포즈 파일에는 스케일 아웃에 대한 정의가 없으므로 우리가 세 개로 늘렸던 컨테이너 수가 다시 하나로 돌아간다.

나의 환경에서 출력한 내용을 그림 7-7에 실었다. 여기서 의도한 바는 애플리케이션을 재시작하는 것이었지만, 결과적으로 애플리케이션을 스케일 다운해 버렸다.

❤ 그림 7-7 애플리케이션을 제거했다가 재생성하면 컴포즈 파일에 정의된 상태로 되돌아간다.

이 명령으로 애플리케이션이 중지되고
컴포즈가 관리하는 리소스를 모두 제거한다.
컨테이너도 마찬가지로 삭제된다.

컴포즈 파일에는 네트워크가 external로
정의돼 있다. 이 리소스는 컴포즈의 관리 대상이
아니므로 삭제되지 않고 그대로 남아 있다.

```
PS>docker-compose down
Stopping image-of-the-day_iotd_2              ... done
Stopping image-of-the-day_iotd_3              ... done
Stopping image-of-the-day_image-gallery_1 ... done
Stopping image-of-the-day_iotd_1              ... done
Stopping image-of-the-day_accesslog_1         ... done
Removing image-of-the-day_iotd_2              ... done
Removing image-of-the-day_iotd_3              ... done
Removing image-of-the-day_image-gallery_1 ... done
Removing image-of-the-day_iotd_1              ... done
Removing image-of-the-day_accesslog_1         ... done
Network nat is external, skipping
PS>
PS>docker-compose up -d
Creating image-of-the-day_accesslog_1 ... done
Creating image-of-the-day_iotd_1        ... done
Creating image-of-the-day_image-gallery_1 ... done
PS>
PS>docker container ls
CONTAINER ID      IMAGE                        COMMAND                  CREATED
                  STATUS         PORTS                  NAMES
b432fa2063a1      diamol/ch04-image-gallery    "/web/server"            8 seconds
ago               Up 7 seconds         0.0.0.0:8010->80/tcp    image-of-the-day_image-gallery_1
cb1918be1d66      diamol/ch04-image-of-the-day "java -jar /app/iotd…"   9 seconds
ago               Up 8 seconds         0.0.0.0:32777->80/tcp   image-of-the-day_iotd_1
f4898f4adec4      diamol/ch04-access-log       "docker-entrypoint.s…"   9 seconds
ago               Up 8 seconds         80/tcp                  image-of-the-day_accesslog_1
```

이 명령으로 컴포즈 파일에
정의된 대로 리소스를 다시 생성하고
애플리케이션을 재시작한다.

컴포즈 파일에 정의된 상태는 iotd 서비스에 컨테이너를 하나만
배정한다. 앞서 컨테이너 수를 세 개로 늘렸으나 컴포즈 파일의
내용은 수정되지 않았으므로 다시 컨테이너 수가 하나가 됐다.

도커 컴포즈는 사용하기 쉬우면서도 강력한 기능을 갖췄다. 하지만 도커 컴포즈는 YAML 파일에 정의된 애플리케이션 정의에 의존하는 클라이언트 측 도구임을 잊어서는 안 된다. 도커 컴포즈로 애플리케이션을 배포하면 애플리케이션을 구성하는 다양한 리소스가 생성되지만, 도커 엔진의 입장에서는 이들이 어떤 관계를 갖는지 알 수 없다. 컴포즈 파일을 통해 리소스를 관리해야 애플리케이션이 성립할 수 있다.

7.3 / 도커 컨테이너 간의 통신

분산 애플리케이션의 모든 구성 요소는 컴포즈가 도커 컨테이너로 실행한다. 그런데 이들 컨테이너는 어떻게 서로 통신할까? 앞서 컨테이너는 별도의 네트워크 공간을 가진 가상 환경이라고 설명했었다. 컨테이너는 도커 엔진으로부터 부여받은 자신만의 가상 IP 주소를 가지며 모두 같은 도커 네트워크로 연결돼 이 IP 주소를 통해 서로 통신할 수 있다. 그러나 애플리케이션 생애주기 동안에 컨테이너가 교체되면 IP 주소도 변경된다. IP 주소가 변경돼도 문제가 없도록 도커에서 DNS를 이용해 서비스 디스커버리 기능을 제공한다.

DNS는 IP 주소를 도메인과 연결하는 기능을 제공하는 시스템으로, 인터넷과 사설 네트워크에서 모두 동작한다. 웹 브라우저에서 입력하는 blog.sixeyed.com 같은 주소가 바로 도메인이다. 이 주소를 입력하면 나의 블로그를 운영하는 도커 서버와 연결된 IP 주소를 찾아가게 된다. 컴퓨터는 바로 이 IP 주소를 통해 웹 페이지를 읽어 오지만, 사용자인 우리는 우리에게 더 친숙한 도메인을 사용한다.

도커에도 DNS 서비스가 내장돼 있다. 컨테이너에서 실행 중인 애플리케이션도 다른 구성 요소에 접근하기 위해 이 DNS 서비스를 사용한다. 컨테이너 이름을 도메인 삼아 조회하면 해당 컨테이너의 IP 주소를 찾아 준다. 이런 방법으로 도커 네트워크상에 있는 다른 컨테이너의 정보를 사용할 수 있다. 만약 도메인이 가리키는 대상이 컨테이너가 아니면, 도커 엔진을 실행 중인 컴퓨터에 요청을 보내 호스트 컴퓨터가 속한 네트워크나 인터넷의 IP 주소를 조회한다.

image-gallery 애플리케이션에서 이 과정이 동작하는 것을 실제로 볼 수 있다. 도커의 DNS 서비스로부터 받은 응답에는 서비스를 구성하는 컨테이너의 IP 주소가 있을 것이다. 한 컨테이너로 구성된 서비스라면 IP 주소도 하나이고, 여러 컨테이너로 구성됐다면 이들 모두의 IP 주소를 받는다.

> **실습** 조금 전과 같은 터미널 창에서 컨테이너 수를 세 배로 늘려 도커 컴포즈로 애플리케이션을 실행하라. 그리고 웹 컨테이너에서 DNS 조회 명령을 실행해 보자.

```
docker-compose up -d scale --iotd=3

# 리눅스 컨테이너
docker container exec -it image-of-the-day_image-gallery_1 sh
```

```
# 윈도 컨테이너
docker container exec -it image-of-the-day_image-gallery_1 cmd

nslookup accesslog

exit
```

nslookup은 웹 애플리케이션 컨테이너의 기반 이미지에 들어 있는 유틸리티다. 명령의 인자로 도메인을 지정하면 해당 도메인을 DNS 서비스에서 조회하고 그 결과를 출력한다. 나의 환경에서 출력된 내용은 그림 7-8과 같다. 출력된 내용을 보면 오류 메시지(오류 메시지는 무시해도 좋다)와 대상 컨테이너의 IP 주소가 있다. 나의 환경에서 accesslog 컨테이너의 IP 주소는 172.24.0.2임을 알 수 있다.

❤ 그림 7-8 도커 컴포즈를 사용해 서비스를 스케일 아웃한 뒤 DNS 조회 실행하기

이 명령으로 애플리케이션이
정의된 상태대로 다시 실행된다.
이번에는 iotd 서비스의 컨테이너를
세 개로 늘렸다.

이 명령으로 웹 애플리케이션
컨테이너에 대화식 셸이 실행된다.

```
PS>docker-compose up -d --scale iotd=3
image-of-the-day_accesslog_1 is up-to-date
Starting image-of-the-day_iotd_1 ... done
Creating image-of-the-day_iotd_2 ... done
Creating image-of-the-day_iotd_3 ... done
image-of-the-day_image-gallery_1 is up-to-date
PS>
PS>docker container exec -it image-of-the-day_image-gallery_1 sh
/web #
/web # nslookup accesslog
nslookup: can't resolve '(null)': Name does not resolve

Name:      accesslog
Address 1: 172.24.0.2 image-of-the-day_accesslog_1.nat
/web #
```

nslookup 명령은 컨테이너 이미지에 포함돼 있다.
이 명령은 도메인을 DNS에 조회한다. accesslog 서비스를
DNS에 조회해 보니 해당 컨테이너의 IP 주소가 조회됐다.

도커 네트워크에 연결된 모든 컨테이너는 이 네트워크의 범위에 포함되는 IP 주소를 부여받는다. 그리고 이 네트워크를 통해 컨테이너 간 통신이 가능하다. DNS 조회를 사용하면 컨테이너가 교체돼 IP 주소가 변경되더라도 항상 새로 만들어진 컨테이너에 접근할 수 있다.

도커 명령행에서 accesslog 컨테이너를 직접 삭제하고 도커 컴포즈로 애플리케이션을 재실행해 보면 이를 확인할 수 있다. 도커 컴포즈는 accesslog 컨테이너가 없으므로 새로운 컨테이너를 만

들어 애플리케이션을 재실행할 것이다. 이 컨테이너는 새로운 IP 주소를 부여받으므로 DNS 조회를 다시 해 보면 응답 내용이 달라진 것을 알 수 있다.

실습 조금 전과 같은 터미널 창에서 도커 명령행으로 accesslog 컨테이너를 삭제하라. 그다음에는 도커 컴포즈로 애플리케이션을 재실행한다. 그리고 웹 컨테이너에서 다시 셸(리눅스에서는 sh, 윈도에서는 cmd)을 실행해 DNS 조회를 다시 실행하라.

```
docker container rm -f image-of-the-day_accesslog_1

docker-compose up -d --scale iotd=3

# 리눅스 컨테이너
docker container exec -it image-of-the-day_image-gallery_1 sh

# 윈도 컨테이너
docker container exec -it image-of-the-day_image_gallery_1 cmd

nslookup accesslog

nslookup iotd

exit
```

그림 7-9에 나의 환경에서 출력된 내용을 실었다. 새로 만들어지거나 삭제된 컨테이너가 더 이상 없었으므로 새로 만들어진 accesslog 컨테이너에도 기존과 같은 IP 주소 172.24.0.2가 부여됐다. iotd API를 대상으로 DNS 조회를 해 보면 각각의 컨테이너를 가리키는 세 개의 IP 주소가 출력되는 것을 볼 수 있다.

하나의 도메인에 대해 DNS 조회 결과에 여러 개의 IP 주소가 나올 수 있다. 도커 컴포즈는 이 점을 활용해 간단한 로드 밸런싱을 구현할 수 있다. 여러 개의 IP 주소가 담긴 조회 결과를 어떻게 활용할지는 전적으로 애플리케이션이 결정한다. 간단하게 조회 결과의 첫 번째 IP 주소만 사용할 수도 있다. 모든 컨테이너에 고르게 부하가 분배되도록 도커의 DNS 시스템은 조회 결과의 순서를 매번 변화시킨다. iotd 서비스를 대상으로 nslookup 명령을 여러 번 실행하면 이를 확인할 수 있다. 이 방법으로 컨테이너 간의 트래픽을 고르게 분산시킬 수 있다.

도커 컴포즈는 컨테이너를 실행할 때 지정하는 모든 옵션값을 기억하며, 이들 옵션값을 통해 컨테이너 간의 통신을 처리한다. 독자 여러분의 환경을 구성할 때도 이를 활용할 수 있다.

▼ 그림 7-9 컨테이너 수를 늘려 서비스를 스케일 아웃하기 - DNS 조회 결과에 서비스를 구성하는 모든 컨테이너의 IP 주소가 조회된다.

accesslog 컨테이너를 강제로 삭제하면 애플리케이션의 상태가
컴포즈 파일에 정의된 것과 달라지게 된다. 컴포즈는 새로운
accesslog 컨테이너를 만들어 이러한 상황에 대응한다.

```
PS>docker container rm -f image-of-the-day_accesslog_1
image-of-the-day_accesslog_1
PS>
PS>docker-compose up -d --scale iotd=3
image-of-the-day_iotd_1 is up-to-date
image-of-the-day_iotd_2 is up-to-date
image-of-the-day_iotd_3 is up-to-date
Creating image-of-the-day_accesslog_1 ... done
Recreating image-of-the-day_image-gallery_1 ... done
PS>
PS>docker container exec -it image-of-the-day_image-gallery_1 sh
/web #
/web # nslookup accesslog
nslookup: can't resolve '(null)': Name does not resolve

Name:      accesslog
Address 1: 172.24.0.2 image-of-the-day_accesslog_1.nat
/web #
/web # nslookup iotd
nslookup: can't resolve '(null)': Name does not resolve

Name:      iotd
Address 1: 172.24.0.3 image-of-the-day_iotd_2.nat
Address 2: 172.24.0.5 image-of-the-day_iotd_3.nat
Address 3: 172.24.0.4 image-of-the-day_iotd_1.nat
/web #
```

iotd API 서비스는
세 개의 컨테이너로 동작한다.
따라서 DNS 조회 결과에도
세 컨테이너의 IP 주소가
모두 포함된다.

DNS 조회 결과를 보면 accesslog 서비스에
새로 배정된 컨테이너가 기존 컨테이너의 IP를
그대로 유지했다. 기존 컨테이너가 삭제되면서
부여됐던 IP 주소도 재사용이 가능해졌기 때문이다.

7.4 도커 컴포즈로 애플리케이션 설정값 지정하기

6장에서 살펴봤던 to-do 애플리케이션을 다른 형태로 실행할 수 있다. 예를 들어 애플리케이션을 단일 컨테이너로 실행하고 데이터는 SQLite 데이터베이스에 저장한다면 어떨까? 이 경우 컨테이너 안의 파일 하나만 있으면 된다. 6장에서는 이 데이터베이스 파일을 관리하기 위해 볼륨을 사용하는 방법을 배웠다. 소규모 프로젝트라면 SQLite를 사용해도 아무 문제가 없다. 그러나 일정 규모 이상의 애플리케이션이라면 별도의 데이터베이스를 사용하는 것이 낫다. to-do 애플리케이션도 같은 컨테이너에서 동작하는 SQLite 데이터베이스 대신 원격 컨테이너에서 동작하는 PostgreSQL 데이터베이스를 사용하도록 해 보자.

PostgreSQL은 강력한 기능을 갖춘 오픈 소스 관계형 데이터베이스로, 폭넓은 용도로 사용된다. 도커에서도 잘 동작하므로 애플리케이션 컨테이너와 데이터베이스 컨테이너를 따로 실행하며 분산 애플리케이션을 구동하는 데 사용할 수 있다. to-do 애플리케이션의 이미지에는 개발 환경의 설정값이 기본값으로 들어 있으나, 다른 환경을 위한 설정값을 따로 적용할 수 있다. 이번에는 도커 컴포즈를 사용해 다른 설정값을 적용해 보겠다.

예제 7-3의 컴포즈 파일에서 서비스 정의 내용을 살펴보자. services 항목을 보면 PostgreSQL을 사용하는 데이터베이스 서비스와 to-do 애플리케이션 서비스에 대한 정의를 볼 수 있다.

예제 7-3 PostgreSQL 데이터베이스를 사용하는 to-do 애플리케이션의 서비스 정의

```
services:

  todo-db:
    image: diamol/postgres:11.5
    ports:
      - "5433:5432"
    networks:
      - app-net

  todo-web:
    image: diamol/ch06-todo-list
```

```
    ports:
      - "8020:80"
    environment:
      - Database:Provider=Postgres
    depends_on:
      - todo-db
    networks:
      - app-net
    secrets:
      - source: postgres-connection
        target: /app/config/secrets.json
```

데이터베이스에 대한 정의는 어렵지 않게 이해할 수 있다. diamol/postgres:11.5 이미지를 사용하며, PostgreSQL 데이터베이스의 표준 포트인 5342번 포트를 호스트의 5433번 포트를 통해 공개하고 서비스 이름이자 도메인 네임을 todo-db로 했다. 웹 애플리케이션 정의에도 다음과 같은 새로운 항목이 설정값으로 추가됐다.

- environment에는 컨테이너 안에서 사용될 환경 변수 값이 정의된다. 애플리케이션이 실행되면 컨테이너 안의 환경 변수 Database:Provider의 값이 Postgres로 설정된다.

- secrets에는 실행 시 컨테이너 내부의 파일에 기록될 비밀값을 정의한다. 이 애플리케이션이 실행되면 컨테이너에 /app/config/secrets.json 파일이 생기고, 이 파일에는 postgres-connection이라는 이름의 비밀값의 값이 기록된다.

비밀값은 주로 클러스터 환경에서 쿠버네티스나 도커 스웜 같은 컨테이너 플랫폼을 통해 제공된다. 평소에는 클러스터 데이터베이스에 암호화돼 있기 때문에 데이터베이스 패스워드, 인증서, API 키 등 민감한 정보로 구성된 설정값을 전달하는 데 적합하다. 도커를 단일 컴퓨터에서 실행하는 상황이라면 비밀값을 보관하는 클러스터 데이터베이스가 없을 것이므로 파일을 통해 비밀값을 전달해도 된다. 컴포즈 파일 마지막 부분에는 예제 7-4와 같이 secrets 항목이 있다.

예제 7-4 로컬 파일에서 비밀값을 읽어 오는 컴포즈 파일

```
secrets:
  postgres-connection:
    file: ./config/secrets.json
```

이 스크립트는 비밀값 postgres-connection의 값을 secrets.json 파일에서 읽어 오라는 의미다. 호스트 컴퓨터의 파일이 컨테이너에 영향을 미친다는 점에서 6장에서 배웠던 바인드 마운트와 비슷한 상황이다. 하지만 이 값을 비밀값으로 정의했기 때문에 추후 클러스터 환경에서 암호화된 진짜 비밀값으로 이전할 수 있는 여지를 남겨 둔 것이다.

애플리케이션 설정값을 컴포즈 파일에 정의하면, 같은 도커 이미지라도 다양하게 활용할 수 있고 서로 다른 각 환경에 대한 설정을 명시적으로 정의할 수 있다. 개발 환경과 테스트 환경의 컴포즈 파일을 별도로 작성해 두면 공개하는 포트를 환경에 따라 달리하거나 애플리케이션의 기능을 선택적으로 활성화할 수 있다. 지금 살펴본 컴포즈 파일은 환경 변수와 비밀값을 정의해 to-do 애플리케이션을 PostgreSQL을 사용하는 모드로 실행하고 데이터베이스 접속 정보를 주입하는 예다.

애플리케이션을 실행하면 앞서 본 바와 변함없이 동작하지만, 이제는 데이터가 PostgreSQL 데이터베이스 컨테이너에 저장되며 이 컨테이너를 별도로 관리할 수 있다.

> **실습** 예제 코드의 최상위 디렉터리에서 터미널 창을 열어 이 예제의 코드가 담긴 디렉터리로 이동하라. 이 디렉터리에는 도커 컴포즈 파일과 애플리케이션 컨테이너에서 사용할 비밀값이 담긴 JSON 파일이 있다. docker-compose up 명령을 사용해 평소대로 애플리케이션을 실행하라.
>
> ```
> cd ./ch07/exercises/todo-list-postgres
>
> # 리눅스 컨테이너
> docker-compose up -d
>
> # 윈도 컨테이너(파일 경로가 다름)
> docker-compose -f docker-compose-windows.yml up -d
>
> docker-compose ps
> ```

그림 7-10은 나의 환경에서 실행했을 때 출력된 내용이다. docker-compose ps 명령 말고는 새로운 내용이 없다. 이 명령은 컴포즈 파일에 정의된 모든 컨테이너의 목록을 보여 준다.

컴포즈로 애플리케이션이 실행된다.
PostgreSQL 데이터베이스와
to-do 웹 애플리케이션이 대상이다.

```
PS>cd ./ch07/exercises/todo-list-postgres
PS>
PS>docker-compose up -d
Creating todo-list-postgres_todo-db_1 ... done
Creating todo-list-postgres_todo-web_1 ... done
PS>
PS>docker-compose ps

            Name                          Command              State
            Ports
        --------------------------------------------------------------

todo-list-postgres_todo-db_1     docker-entrypoint.sh postgres   Up
  0.0.0.0:5433->5432/tcp
todo-list-postgres_todo-web_1    dotnet ToDoList.dll              Up
  0.0.0.0:8030->80/tcp
```

컴포즈 애플리케이션을 구성하는 컨테이너 목록을 보여 준다.
다른 애플리케이션을 구성하는 컨테이너는 이 목록에 포함되지 않는다.

웹 브라우저에서 http://localhost:8030에 접근해 보면 새로운 버전의 to-do 애플리케이션을 볼 수 있다. 기능은 전과 같지만, 데이터가 PostgreSQL 데이터베이스에 저장된다는 점이 다르다. 데이터베이스 클라이언트를 통해 데이터베이스에 접속해 보면 저장된 데이터를 확인할 수 있다. 나는 Sqlectron을 사용하는데, Sqlectron은 PostgreSQL, MySQL, SQL Server까지 모두 접근할 수 있는 크로스 플랫폼 클라이언트로 오픈 소스이며 속도가 매우 빠른 것이 특징이다. 데이터베이스 컨테이너의 포트를 호스트 컴퓨터의 포트 5433으로 공개했으므로 localhost:5433을 통해 데이터베이스 서버에 접근할 수 있다. 데이터베이스의 이름은 todo이고, 사용자명은 postgres이며, 패스워드는 없다. 그림 7-11에서 보듯 내가 웹 애플리케이션에서 데이터를 몇 건 추가했으므로 PostgreSQL 데이터베이스에서 쿼리를 통해 이 데이터를 확인해 보겠다.

패키징된 애플리케이션과 설정값을 분리할 수 있다는 것도 도커의 핵심적인 장점 중 하나다. 애플리케이션 이미지는 빌드 파이프라인을 통해 만들어지고 다시 테스트 환경을 거치며 운영 환경에 적합한지 검증된다. 각 환경마다 컴포즈 파일에서 쉽게 정의할 수 있는 환경 변수나 바인드 마운트 설정, 비밀값 등으로 설정값이 적용된다. 이런 방법을 통해 모든 환경에서 동일한 이미지를 사용하므로 개발 환경과 테스트 환경에서 모든 검증을 마친 이미지를 그대로 운영 환경에 투입할 수 있다.

❤ 그림 7-11 PostgreSQL 데이터베이스를 사용하는 to-do 애플리케이션과 SQL 쿼리로 데이터 확인하기

to-do 애플리케이션의 동작은 이전과 동일하지만,
데이터가 PostgreSQL 데이터베이스에 저장된다는 점이 달라졌다.

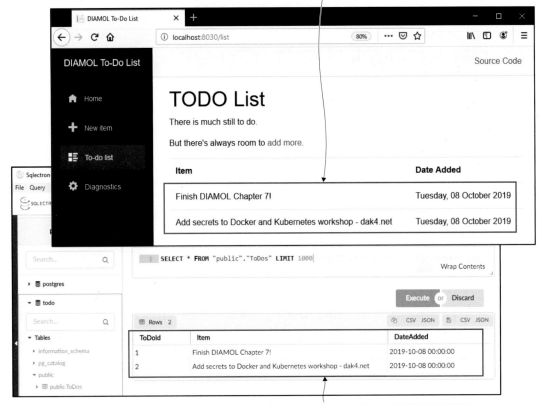

Sqlectron은 데이터베이스 클라이언트 유틸리티다. 이 유틸리티를 사용해
PostgreSQL 데이터베이스에 저장된 데이터를 조회할 수 있다. 이 컨테이너는
to-do 애플리케이션이 데이터베이스로 사용하는 컨테이너이므로 실제로
데이터베이스에 데이터가 저장됐는지 확인할 수 있다.

7.5 / 도커 컴포즈도 만능은 아니다

도커 컴포즈는 복잡한 분산 애플리케이션의 설정을 짧고 명료한 포맷의 파일로 나타낼 수 있게 해
준다. YAML 형식으로 작성된 컴포즈 파일은 애플리케이션의 배포 요령을 전달하는 목적으로는
워드로 작성된 문서 파일보다 훨씬 낫다. 예전에는 이런 문서 파일로 애플리케이션 배포 과정을

한 단계 한 단계 몇 페이지에 걸쳐 설명해야 했고, 그나마 이 문서도 이미 철 지난 정보로 채워져 있기 일쑤였다. 반면 컴포즈 파일은 훨씬 간단하고 그 자체가 애플리케이션 배포 과정이므로 변경에 맞춰 따로 수정할 필요조차 없다.

도커 컨테이너를 본격적으로 사용하려면 도커 컴포즈가 매우 중요한 도구가 될 것이다. 하지만 그전에 도커 컴포즈의 목적은 무엇이고 어떤 기능과 어떤 제한 사항이 있는지를 잘 이해해야 한다. 컴포즈를 사용하면 애플리케이션을 정의하고 이 정의를 도커 엔진을 실행 중인 단일 컴퓨터에 적용할 수 있다. 이 컴퓨터에 실제 활성 상태인 도커 리소스를 파악하고 컴포즈 파일에 기재된 리소스와 비교하여 추가로 필요한 리소스를 도커 API를 통해 요청해서 수정하거나 생성한다.

docker-compose up 명령을 실행하기만 하면 내가 정의한 상태대로 애플리케이션을 실행할 수 있다. 하지만 도커 컴포즈가 할 수 있는 일은 여기까지다. 도커 컴포즈는 도커 스웜이나 쿠버네티스 같은 완전한 컨테이너 플랫폼이 아니다. 도커 컴포즈에는 이들과 달리 애플리케이션이 지속적으로 정의된 상태를 유지하도록 하는 기능이 없다. 일부 컨테이너가 오류를 일으키거나 강제로 종료되더라도 docker-compose up 명령을 다시 실행하지 않는 한 애플리케이션의 상태를 원래대로 되돌릴 수 없다. 그림 7-12는 애플리케이션의 생애주기 중에서 도커 컴포즈를 사용하기 적합한 주기를 나타낸 것이다.

❤ 그림 7-12 개발 환경에서 운영 환경까지 이행하는 과정 중 도커 컴포즈를 사용하기 적합한 시기

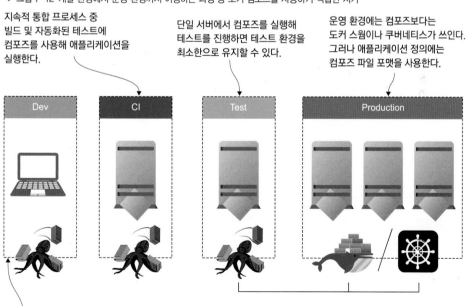

지속적 통합 프로세스 중
빌드 및 자동화된 테스트에
컴포즈를 사용해 애플리케이션을
실행한다.

단일 서버에서 컴포즈를 실행해
테스트를 진행하면 테스트 환경을
최소한으로 유지할 수 있다.

운영 환경에는 컴포즈보다는
도커 스웜이나 쿠버네티스가 쓰인다.
그러나 애플리케이션 정의에는
컴포즈 파일 포맷을 사용한다.

개발자는 자신의 컴퓨터에서 애플리케이션을 실행하고
엔드 투 엔드 테스트를 수행하는 데 컴포즈를 사용한다.

운영 환경에는 도커 컴포즈가 부적합하다는 말은 아니다. 도커를 처음 도입해 가상 머신에서 컨테이너로 이주하는 것을 고려하고 있다면, 이 여정의 출발점으로 도커 컴포즈는 더할 나위 없는 선택이다. 비록 고가용성, 로드 밸런싱, 이중화 같은 기능은 갖추지 못하겠지만, 이들 기능은 애초 가상 머신에서도 없던 기능이다. 하지만 애플리케이션 전체를 일관적인 요소들의 조합으로 만들 수 있다. 애플리케이션의 모든 구성 요소가 각자의 Dockerfile 스크립트와 컴포즈 파일을 갖게 되고, 항상 동일한 도구로 애플리케이션을 배포하고 관리할 수 있다. 컨테이너 클러스터를 운영할 계획이 없는 한 도커 컴포즈로도 충분하다.

7.6 / 연습 문제

도커 컴포즈에는 애플리케이션을 좀 더 신뢰성 있게 실행하는 데 유용한 기능이 몇 가지 있다. 이번 연습 문제는 to-do 애플리케이션을 테스트 환경에서 다음과 같이 좀 더 신뢰성 있게 실행하는 컴포즈 파일 정의를 작성하는 것이다.

- 호스트 컴퓨터가 재부팅되거나 도커 엔진이 재시작되면 애플리케이션 컨테이너도 재시작되도록 하라.
- 데이터베이스 컨테이너는 바인드 마운트에 파일을 저장해 애플리케이션을 재시작하더라도 데이터를 유지할 수 있도록 하라.
- 테스트를 위해 웹 애플리케이션은 80번 포트를 주시하도록 하라.

이번 연습 문제의 힌트는 다음과 같다.

- 도커 참조 문서 중 도커 컴포즈 파일의 상세 규격을 https://docs.docker.com/compose/compose-file에서 볼 수 있다. 컴포즈 파일에 정의할 수 있는 모든 설정이 이 문서에 정의 돼 있다.

이 연습 문제 역시 내가 작성한 해답을 참고할 수 있다. 가급적이면 직접 해결하는 것이 좋겠지만, 꼭 필요하다면 이 책의 깃허브 저장소 ch07/lab/ 폴더를 참고하라.

8장

헬스 체크와
디펜던시 체크로
애플리케이션의
신뢰성 확보하기

지금부터 할 일은 컨테이너에서 실행 중인 애플리케이션을 운영 환경에 맞게 다듬는 일이다. 이미 앞선 장에서 도커 이미지로 애플리케이션을 패키징하고, 컨테이너에서 실행하고, 도커 컴포즈로 여러 컨테이너에 걸쳐 애플리케이션을 실행하는 과정까지 어렵지 않게 진행해 볼 수 있었다. 운영 환경에서는 도커 스웜이나 쿠버네티스 같은 컨테이너 플랫폼상에서 애플리케이션을 실행하게 될 텐데, 이들 플랫폼은 애플리케이션이 스스로 이상에서 회복할 수 있도록 해 주는 기능을 제공한다. 여기다 이들 플랫폼이 컨테이너에서 실행 중인 애플리케이션 상태가 정상인지 확인할 수 있는 정보를 이미지에 함께 패키징할 수도 있다. 이런 방법으로 애플리케이션이 정상적으로 동작하지 않게 되면 플랫폼이 비정상 컨테이너를 삭제하고 새 컨테이너로 대체한다.

이번 장에서는 플랫폼이 제공하는 기능을 활용하기 위해 필요한 정보를 컨테이너 이미지에 추가하는 방법을 알아본다.

8.1 헬스 체크를 지원하는 도커 이미지 빌드하기

도커는 컨테이너를 시작할 때마다 애플리케이션의 기본적인 상태를 확인한다. 컨테이너를 실행하면 내부에서 애플리케이션 실행 파일이나 자바 혹은 닷넷 런타임, 또는 셸 스크립트 같은 특정한 프로세스가 실행되는데, 도커가 확인하는 것은 이 프로세스의 실행 상태다. 만약 이 프로세스가 종료됐다면 컨테이너도 종료 상태가 된다.

이것만으로도 환경과 상관없이 기본적인 헬스 체크는 가능하다. 해당 프로세스가 비정상 종료됐거나 컨테이너가 종료됐다면 개발자도 애플리케이션의 상태가 비정상임을 알 수 있다. 클러스터 환경에서는 플랫폼이 종료된 컨테이너를 재시작하거나 새 컨테이너로 교체하는 작업을 대신 해 준다. 그러나 이 정도는 아주 기초적인 수준에 불과하다. 이 정도 수준에서 보장되는 것은 프로세스가 실행 상태라는 점뿐이지 애플리케이션의 정상적인 상태가 아니다. 웹 애플리케이션을 실행 중인 컨테이너를 떠올려 보자. 이 컨테이너의 처리 용량을 뛰어넘는 수의 요청이 들어오는 순간 웹 애플리케이션은 503 'Service Unavailable' 오류를 뿜을 것이다. 하지만 컨테이너의 프로세스는 여전히 정상적으로 실행 중이다. 애플리케이션이 동작을 멈췄어도 도커는 컨테이너를 정상이라 판단한다.

도커는 애플리케이션의 상태가 실제로 정상인지 확인할 수 있는 정보를 도커 이미지에 직접 넣을 수 있는 똘똘한 기능을 제공한다. 방법도 간단하다. Dockerfile 스크립트에 상태 확인을 위한 로직을 추가하면 된다. 간단한 API 컨테이너를 대상으로 직접 실습해 볼 것이다. 하지만 그 전에 먼저 헬스 체크 로직이 없는 상태에서 생길 수 있는 문제를 먼저 체험해 보겠다.

실습 무작위 숫자를 반환하는 간단한 REST API가 있다. 이 API를 제공하는 컨테이너를 실행하라. 그런데 이 애플리케이션에는 버그가 있어 세 번 API를 호출하고 나면 비정상 상태에 빠지며 그 이후의 호출은 실패한다. 터미널 창을 열어 컨테이너를 실행한 다음 API를 호출한다. 이 이미지는 새로운 이미지이므로 이미지를 내려받게 된다.

```
# API 컨테이너를 실행한다
docker container run -d -p 8080:80 diamol/ch08-numbers-api

# API를 세 번 호출한다 - 각 호출마다 무작위 숫자가 반환된다
curl http://localhost:8080/rng
curl http://localhost:8080/rng
curl http://localhost:8080/rng

# 네 번째부터 API 호출이 실패한다
curl http://localhost:8080/rng

# 컨테이너의 상태를 확인한다
docker container ls
```

나의 환경에서 이 실습을 실행한 결과를 그림 8-1에 실었다. API는 처음 세 번째 호출까지는 정상 동작하지만 네 번째 호출부터 HTTP 500 'Internal Server Error' 응답을 반환한다. 이 버그로 인해 네 번째 이후의 호출 결과는 이렇게 오류를 반환한다(사실 진짜 버그는 아니다. 이 애플리케이션은 의도적으로 이렇게 만들어졌다. 8장의 소스 코드를 보면 확인할 수 있다). 컨테이너 목록을 확인하면 해당 컨테이너의 상태는 여전히 Up으로 나온다. 컨테이너 안에서 동작하는 프로세스의 상태도 역시 실행 중이다. 도커의 입장에서는 애플리케이션에 문제가 없다. 컨테이너 런타임은 프로세스 안에서 무슨 일이 일어나는지, 애플리케이션이 정상적으로 동작 중인지 알 방법이 없다.

▼ 그림 8-1 도커는 애플리케이션 프로세스의 상태만을 확인하므로 애플리케이션이 비정상적으로 동작하더라도 이를 감지할 수 없다.

무작위 숫자 REST API를 제공하는 컨테이너를 실행한다.
이 API에는 네 번째 이후 요청은 무조건 실패하는 버그가 있다.

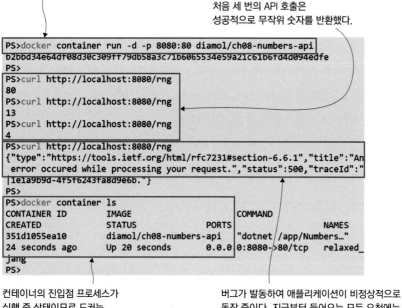

처음 세 번의 API 호출은
성공적으로 무작위 숫자를 반환했다.

```
PS>docker container run -d -p 8080:80 diamol/ch08-numbers-api
b2bbd34e64df08d30c309ff79db58a3c71b6065534e59a21c61b6fd4d0094edfe
PS>
PS>curl http://localhost:8080/rng
80
PS>curl http://localhost:8080/rng
13
PS>curl http://localhost:8080/rng
4
PS>curl http://localhost:8080/rng
{"type":"https://tools.ietf.org/html/rfc7231#section-6.6.1","title":"An
 error occured while processing your request.","status":500,"traceId":"
|1e1a9b9d-4f5f6243fa8d9e6b."}
PS>
PS>docker container ls
CONTAINER ID      IMAGE                         COMMAND
CREATED           STATUS          PORTS                      NAMES
351d1055ea10      diamol/ch08-numbers-api       "dotnet /app/Numbers…"
24 seconds ago    Up 20 seconds   0.0.0 0:8080->80/tcp   relaxed_
jang
PS>
```

컨테이너의 진입점 프로세스가
실행 중 상태이므로 도커는
애플리케이션도 정상이라고 판단하여
컨테이너의 상태가 Up이다.

버그가 발동하여 애플리케이션이 비정상적으로
동작 중이다. 지금부터 들어오는 모든 요청에는
HTTP 500 'Internal Server Error'를 반환한다.

Dockerfile에서 HEALTHCHECK 인스트럭션을 보자. 컨테이너 런타임은 이 인스트럭션에 정의된 정보를 이용해 컨테이너에서 동작 중인 애플리케이션의 상태가 정상인지 확인할 수 있다. HEALTHCHECK 인스트럭션에는 도커가 컨테이너 안에서 실행하는 명령을 지정하게 되는데, 이 명령이 반환하는 상태 코드를 보고 애플리케이션의 상태를 판단한다. 애플리케이션의 상태를 판단할 수 있다면 어떤 명령을 지정해도 무방하다. 도커는 일정한 시간 간격으로 컨테이너 안에서 지정된 명령을 실행한다. 상태 코드가 정상이면 컨테이너도 정상으로 간주되지만, 상태 코드가 연속으로 일정 횟수 이상 실패로 나오면 해당 컨테이너를 이상 상태로 간주한다.

예제 8-1은 무작위 숫자 API의 Dockerfile 스크립트에 추가된 HEALTHCHECK 인스트럭션이다. 이 Dockerfile 스크립트로 API 버전 2의 이미지를 빌드할 것이다(전체 스크립트는 이 책의 소스 코드 ch08/exercises/numbers/numbers-api/Dockerfile.v2에서 볼 수 있다). 이 인스트럭션에 사용된 명령은 curl 명령으로, 호스트 컴퓨터에서 내가 API 상태를 확인했던 방법과 비슷하다. 다른 점은 이 명령은 컨테이너 내부에서 실행된다는 점이다. URL /health는 버그가 발동했는지 확인하기 위한 또 다른 API 엔드포인트다. 만약 버그가 발동됐다면 500 'Internal Server Error'가 반환되고, 정상이라면 200 'OK'가 응답으로 반환된다.

예제 8-1 Dockerfile 스크립트의 HEALTHCHECK 인스트럭션

```
FROM diamol/dotnet-aspnet

ENTRYPOINT ["dotnet", "/app/Numbers.Api.dll"]
HEALTHCHECK CMD curl --fail http://localhost/health

WORKDIR /app
COPY --from=builder /out/ .
```

Dockerfile 스크립트의 나머지 부분은 쉽게 이해할 수 있다. 닷넷 코어 애플리케이션이므로 ENTRYPOINT 인스트럭션에서 dotnet 명령을 실행한다. 따라서 도커가 애플리케이션 상태를 확인하기 위해 모니터링하는 프로세스도 dotnet이다. 헬스 체크 시에는 엔드포인트 /health로 HTTP 요청을 보내는데, 이 엔드포인트의 응답은 애플리케이션 상태의 정상 여부다. --fail 옵션을 붙이면 curl이 전달받은 상태 코드를 도커에 전달한다. 요청이 성공하면 curl이 0을 반환하고 실패하면 0 이외의 숫자를 반환하는데, 도커는 0을 헬스 체크 정상, 0 이외의 값을 비정상으로 간주한다.

이 Dockerfile 스크립트로 새로운 버전의 이미지를 빌드할 텐데, Dockerfile 스크립트의 파일명이 다를 때 build 부명령을 사용하는 방법을 먼저 알아보자. 일반적으로 Dockerfile 스크립트의 파일명은 Dockerfile이고, 도커는 이 이름을 가진 파일을 찾아 빌드를 시도한다. 그러나 이번에는 Dockerfile 스크립트의 파일명이 다르고 파일이 위치한 경로도 다르다. 이 상태에서 이미지를 빌드하려면 build 부명령에 Dockerfile 스크립트의 정확한 위치와 파일명을 지정해야 한다.

> **실습** 터미널 창을 열어 이 책 소스 코드의 최상위 디렉터리로 이동하라. 그다음에는 v2 Dockerfile 스크립트를 v2 태그를 부여해 이미지로 빌드하라.

```
# 예제 코드의 최상위 디렉터리로 이동하면 하위 폴더와 Dockerfile 스크립트 파일이 있다
cd ./ch08/exercises/numbers

# -f 옵션을 붙여 Dockerfile 스크립트 파일의 경로를 지정한다
docker image build -t diamol/ch08-numbers-api:v2 -f ./numbersapi/Dockerfile.v2 .
```

이 이미지 빌드가 끝나면 헬스 체크 기능을 갖춘 애플리케이션을 실행할 수 있다. 여기에 더해 헬스 체크 간격과 애플리케이션의 상태를 이상으로 간주하는 누적 실패 횟수도 설정할 수 있다. 기본값은 30초 간격으로 연속 3회 이상 실패하면 애플리케이션이 이상 상태로 간주된다. 새로 빌드

한 버전 v2 이미지는 이제 헬스 체크 기능을 내장했으므로 테스트를 다시 해 보면 컨테이너의 이상을 감지할 수 있다.

실습 새로 빌드한 v2 이미지로 같은 테스트를 한 번 더 진행하라. 이때 도커가 헬스 체크를 수행할 수 있을 만큼 시간 간격을 조금 두어야 한다.

```
# 버전 v2 이미지로 API 컨테이너를 실행하라
docker container run -d -p 8081:80 diamol/ch08-numbers-api:v2

# 30초 정도 기다린 다음 컨테이너 목록을 확인한다
docker container ls

# API를 네 번 호출한다. 처음 세 번은 무작위 숫자를 반환하고 네 번째는 실패한다
curl http://localhost:8081/rng
curl http://localhost:8081/rng
curl http://localhost:8081/rng
curl http://localhost:8081/rng

# 애플리케이션이 이상 상태에 빠졌다. 90초를 기다려 도커가 이상 상태를 감지하는지 확인한다
docker container ls
```

나의 환경에서 실행한 결과는 그림 8-2와 같았다. 출력된 내용에서 API 컨테이너의 상태가 healthy로 나오는 것을 볼 수 있다. 이미지에 헬스 체크 기능이 추가됐다면 컨테이너를 실행할 때 이렇게 이상 상태 여부가 함께 출력된다. 버그를 일으키고 나서 어느 정도 시간이 흐르니 컨테이너의 상태가 unhealthy가 됐다.

❤ 그림 8-2 애플리케이션에 이상이 발생하니 컨테이너의 상태가 아직 실행 중이지만 unhealthy로 나타났다.

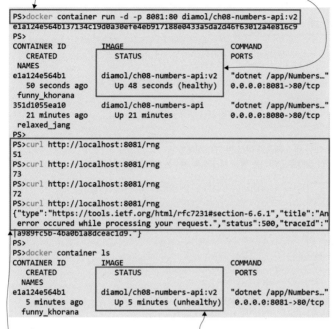

API 버전 v2는 소스 코드는 동일하나
도커 이미지에 헬스 체크 기능이 추가됐다.

상태 정보에는 컨테이너가 실행 중이며
건강(healthy)한 상태라고 나온다. 컨테이너 내부에서
헬스 체크가 수행됐고 결과가 성공이었기 때문이다.

```
PS>docker container run -d -p 8081:80 diamol/ch08-numbers-api:v2
e1a124e564b137134c19d0a30efe4eb917188e0433a5da2d46f63012a4e816c9
PS>
CONTAINER ID        IMAGE                    COMMAND
   CREATED             STATUS                PORTS
   NAMES
e1a124e564b1        diamol/ch08-numbers-api:v2    "dotnet /app/Numbers…"
   50 seconds ago      Up 48 seconds (healthy)    0.0.0.0:8081->80/tcp
 funny_khorana
351d1055ea10        diamol/ch08-numbers-api    "dotnet /app/Numbers…"
   21 minutes ago      Up 21 minutes          0.0.0.0:8080->80/tcp
 relaxed_jang
PS>
PS>curl http://localhost:8081/rng
51
PS>curl http://localhost:8081/rng
73
PS>curl http://localhost:8081/rng
72
PS>curl http://localhost:8081/rng
{"type":"https://tools.ietf.org/html/rfc7231#section-6.6.1","title":"An
 error occured while processing your request.","status":500,"traceId":"
a989fc5b-4ba0b1a8dceac1d9."}
PS>
PS>docker container ls
CONTAINER ID        IMAGE                    COMMAND
   CREATED             STATUS                PORTS
   NAMES
e1a124e564b1        diamol/ch08-numbers-api:v2    "dotnet /app/Numbers…"
   5 minutes ago       Up 5 minutes (unhealthy)   0.0.0.0:8081->80/tcp
 funny_khorana
```

네 번째 이후의 호출은
모두 버그로 인해 실패한다.
헬스 체크 결과 역시 실패로
나올 것이다.

세 번 연속 헬스 체크 결과가 실패했기 때문에
컨테이너의 상태가 이상(unhealthy)으로 나온다.
하지만 컨테이너는 여전히 실행 중이다.
이상이 발생한 컨테이너라고 해서 도커가
종료시키지는 않기 때문이다.

컨테이너의 이상 상태는 도커 API를 통해 보고된다. 따라서 컨테이너를 실행 중인 플랫폼도 컨테이너의 이상 상태를 통보받고 애플리케이션을 복구하기 위한 조치를 취할 수 있다. 그리고 가장 최근의 헬스 체크 수행 결과도 저장돼 있어 컨테이너의 상태를 조사할 때 이 결과를 열람할 수 있다. 컨테이너의 상태를 보여 주는 docker container inspect 명령의 결과는 앞서 실습에서 이미 봤다. 헬스 체크가 수행 중이라면 그 결과 역시 inspect 명령에서 볼 수 있다.

실습 지금은 API 컨테이너를 두 개 실행 중인데, 이들 컨테이너를 만들 때 이름을 부여하지 않았다. 하지만 container ls 명령에 --last 플래그를 붙이면 가장 최근에 만든 컨테이너에 대한 정보를 볼 수 있다. 이 정보를 container inspect 명령으로 전달하면 가장 최근 컨테이너의 상태를 출력한다.

8

헬스 체크와 디펜던시 체크로 애플리케이션의 신뢰성 확보하기

```
docker container inspect $(docker container ls --last 1 --format '{{.ID}}')
```

꽤 긴 길이의 JSON 데이터가 출력되는데, 위로 스크롤을 올려 State 필드를 찾아보면 그 아래 Health 필드가 보인다. 이 필드에서 현재의 헬스 체크 상태를 볼 수 있다. FailingStreak는 연속 실패한 횟수이고 Log는 가장 최근에 수행한 헬스 체크의 정보다. 헬스 체크 명령에서 HTTP 상태 코드 500이 나오면 실패가 되는데, 헬스 체크가 연속으로 여섯 번 실패하면 컨테이너의 상태가 unhealthy로 바뀐다.

❤ 그림 8-3 헬스 체크가 적용된 컨테이너는 애플리케이션의 정상 여부와 헬스 체크 결과 로그를 볼 수 있다.

docker container inspect 명령의 출력 중에서
State 필드는 컨테이너의 상태에 대한
더 자세한 정보를 담고 있다.

나의 컨테이너에 대한 헬스 체크가 여섯 번 연속 실패했다.
컨테이너를 비정상 상태로 간주하는 헬스 체크 실패 횟수는 기본값이 세 번이다.

```
"State": {
    "Status": "running",
    "Running": true,
    "Paused": false,
    "Restarting": false,
    "OOMKilled": false,
    "Dead": false,
    "Pid": 1260,
    "ExitCode": 0,
    "Error": "",
    "StartedAt": "2019-10-10T20:08:29.3233896Z",
    "FinishedAt": "0001-01-01T00:00:00Z",
    "Health": {
        "Status": "unhealthy",
        "FailingStreak": 6,
        "Log": [
            {
                "Start": "2019-10-10T21:13:00.215091+01:00",
                "End": "2019-10-10T21:13:00.3138258+01:00",
                "ExitCode": 22,
                "Output": "  % Total    % Received % Xferd  Ave
rage Speed   Time    Time     Time  Current\r\n
          Dload  Upload   Total   Spent    Left  Speed\r\n\r  0     0
  0     0    0     0      0  --:--:-- --:--:-- --:--:--     0\r  0
      0     0     0     0     0      0  --:--:-- --:--:-- --:--:--
  0\r\ncurl: (22) The requested URL returned error: 500 Internal Serve
r Error\r\n"
            },
```

헬스 체크 로그도 볼 수 있다. 이 로그에서 HTTP 상태 코드가 500이었음을 알 수 있다.

컨테이너 안에서 애플리케이션을 테스트하고 그 결과를 도커에게 통보했으니, 헬스 체크는 기대한 역할을 잘 해냈다. 그런데 그림 8-3을 자세히 보면 애플리케이션이 이상 상태임에도 컨테이너의 상태는 여전히 실행 중(running)이라고 나온다. 왜 이상 상태에 있는 컨테이너를 재시작하거나 다른 컨테이너로 교체하지 않은 것일까?

그 이유를 간단히 말하면, 도커가 이런 작업을 안전하게 처리할 수 없기 때문이다. 도커 엔진은 단일 서버에서 동작하는데, 이상이 생긴 컨테이너를 도커가 중지하고 재시작할 수는 있지만 그 시간 동안에는 애플리케이션이 동작하지 않는다. 이상이 생긴 컨테이너를 제거하고 완전히 같은 설정으로 새 컨테이너를 실행할 수도 있지만, 이 경우에도 컨테이너에 보관된 데이터가 유실되고 그 시간 동안 애플리케이션도 동작하지 않는다. 도커 입장에서는 이상 상태를 보이는 컨테이너를 교체하는 작업을 직접 수행했을 때 상황을 더 악화시키지 않을 것이라는 보장이 없으므로, 이상 상태 발생을 통보만 할 뿐 컨테이너는 그대로 두는 것이다. 물론 헬스 체크도 계속 수행된다. 일시적인 헬스 체크 실패일 뿐이었다면 컨테이너의 상태가 다시 정상(healthy)으로 돌아간다.

도커가 동작하는 여러 대의 서버로 구성되고 도커 스웜이나 쿠버네티스가 관리하는 클러스터 환경에서는 헬스 체크 기능이 더욱 유용하다. 헬스 체크를 통해 컨테이너 플랫폼이 컨테이너의 이상 상태를 통보받으면 자동적으로 조치를 취할 수 있기 때문이다. 클러스터는 컨테이너를 추가로 실행할 여력이 항상 있기 때문에 이상 상태를 보이는 컨테이너를 그대로 두고 대체 컨테이너를 실행해 애플리케이션의 중단 시간 없이 상태를 회복할 수 있다.

8.2 디펜던시 체크가 적용된 컨테이너 실행하기

DOCKER TEXTBOOK

헬스 체크는 동작 중인 애플리케이션의 상태를 확인할 수 있는 수단이었다. 여러 개의 서버로 구성된 클러스터는 일부 컨테이너가 비정상 상태가 되더라도 새 컨테이너를 실행해 상태를 복구할 수 있다. 따라서 몇몇 컨테이너가 응답하지 않게 되더라도 서비스 중단으로 이어지지 않는다. 그러나 여러 컨테이너에 나뉘어 실행되는 분산 애플리케이션은 이와는 또 다른 문제를 겪을 수 있다. 이상이 생긴 컨테이너를 교체할 때는 처음 애플리케이션을 실행할 때처럼 컨테이너 간 의존 관계(dependency)를 고려하지 않기 때문이다.

우리가 예제로 삼았던 무작위 숫자 API도 웹 페이지가 딸려 있었다. 이 웹 애플리케이션은 API와는 별도의 컨테이너에서 실행돼 API를 호출해 생성한 무작위 숫자를 제공한다. 도커가 동작하는 서버가 한 대뿐이라면 웹 컨테이너를 실행하기 전에 API 컨테이너가 실행되도록 보장할 수 있지만, 클러스터 환경의 컨테이너 플랫폼이라면 컨테이너의 실행 순서까지 통제할 수 없다. 그래서

API가 사용 가능한 상태가 되기 전에 웹 애플리케이션이 실행되는 일이 있을 수 있다.

이 의존 관계가 어긋났을 때 어떤 일이 일어날지는 애플리케이션 구현에 달렸다. 적어도 이 무작위 숫자 애플리케이션은 이를 제대로 처리하지 못한다.

> **실습** 실행 중인 모든 컨테이너를 제거해 동작 중인 API 컨테이너가 없게 하라. 이어서 웹 애플리케이션 컨테이너를 실행한 다음 웹 브라우저에서 애플리케이션에 접근한다. 컨테이너가 실행 중이고 애플리케이션 상태가 정상임에도 제대로 동작하지 않는다.

```
docker container rm -f $(docker container ls -aq)

docker container run -d -p 8082:80 diamol/ch08-numbers-web

docker container ls
```

웹 브라우저에서 http://localhost:8082에 접근하면 언뜻 웹 애플리케이션이 제대로 동작하는 것 같지만, 버튼을 클릭해 보면 그림 8-4에서 보듯 오류를 일으킨다.

▼ 그림 8-4 자신의 의존 관계를 검증하지 않는 애플리케이션은 언뜻 보면 정상인 것 같지만 제대로 동작하지 않을 수 있다.

웹 애플리케이션은 API를 사용해 무작위 숫자를
생성한다. 그러나 웹 애플리케이션이 실행될 때
API가 사용 가능한 상태인지 확인하지 않는다.

컨테이너가 실행 중이며
애플리케이션도 별 이상이
없어 보인다.

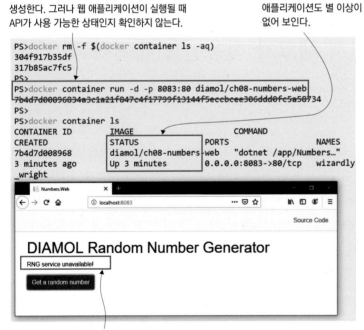

서버 프로세스가 실행 중이고 컨테이너도 정상이지만, API를 사용할 수 없는
상태이므로 웹 애플리케이션도 제대로 동작하지 않는다.

컨테이너 상태는 정상인데 핵심 의존 관계를 만족하지 않아 애플리케이션이 정상적으로 동작하지 않는 상황. 이런 상황은 누구나 사양하고 싶을 것이다. 애플리케이션 중에는 실행 시 필요한 의존 관계를 미리 확인하는 로직을 포함한 것도 있지만, 대부분의 애플리케이션은 이런 로직이 없다. 우리가 실행한 무작위 숫자 웹 애플리케이션도 API가 동작 중인 상태를 상정하고 동작하지만 별도로 의존 관계를 확인하진 않았다.

의존 관계를 만족하는지 점검하는 디펜던시 체크 기능도 도커 이미지에 추가할 수 있다. 디펜던시 체크는 애플리케이션 실행 전에 필요한 요구 사항을 확인하는 기능으로, 실행 시점이 헬스 체크와는 조금 다르다. 모든 요구 사항이 확인되면 디펜던시 체크가 성공하고 애플리케이션이 실행된다. 반대로 만족하지 못하는 요구 사항이 있다면 디펜던시 체크가 실패해 애플리케이션이 실행되지 않는다. 디펜던시 체크는 헬스 체크처럼 별도의 인스트럭션으로 도커에 구현된 것은 아니고 애플리케이션 실행 명령에 로직을 추가하는 방법으로 구현한다.

예제 8-2는 웹 애플리케이션의 수정된 Dockerfile 스크립트의 마지막 부분을 실은 것이다(전체 스크립트는 ch08/exercises/numbers/numbers-web/Dockerfile.v2에서 볼 수 있다). CMD 인스트럭션을 보면 애플리케이션 실행 전에 API가 사용 가능한지 확인하는 것을 알 수 있다.

예제 8-2 실행 명령에 디펜던시 체크를 추가한 Dockerfile 스크립트

```
FROM diamol/dotnet-aspnet

ENV RngApi:Url=http://numbers-api/rng

CMD curl --fail http://numbers-api/rng && \
    dotnet Numbers.Web.dll

WORKDIR /app
COPY --from=builder /out/ .
```

API 사용 가능 여부를 확인하기 위해 이번에도 기반 이미지에 포함된 유틸리티인 curl을 사용한다. CMD 인스트럭션에 정의된 명령은 컨테이너를 실행할 때 실행된다. 이 명령은 API에 HTTP 요청을 보내 API가 사용 가능한지 확인한다. 그 뒤에 이어지는 &&는 리눅스와 윈도 셀 모두에서 기능이 같다. &&의 앞에 오는 명령이 성공하면 뒤에 오는 명령을 실행한다.

API가 사용 가능한 상태라면 curl 명령이 성공하고 이어지는 닷넷 코어 애플리케이션 실행 명령을 실행할 것이며, 도커가 이어서 dotnet 프로세스의 상태를 모니터링할 것이다(이 Dockerfile 스크립트에는 HEALTHCHECK 인스트럭션이 없다). API를 사용할 수 없다면 curl 명령이 실패하고 뒤에 오는 명령도 실행되지 않아 컨테이너가 그대로 종료된다.

실습 무작위 숫자 웹 애플리케이션의 v2 이미지로 컨테이너를 실행하라. 아직 실행 중인 API 컨테이너가 없으므로 웹 애플리케이션 컨테이너도 실행에 실패하고 종료될 것이다.

```
docker container run -d -p 8084:80 diamol/ch08-numbers-web:v2

docker container ls --all
```

그림 8-5에 나의 환경에서 이 실습을 실행한 결과를 실었다. v2 컨테이너는 실행한 지 몇 초 만에 curl 명령을 실패해 사용 가능한 API를 발견하지 못하고 종료된다. 반면 앞서 실행했던 웹 애플리케이션 컨테이너는 애플리케이션이 동작하지 않는데도 아직 실행 중이다.

직관과는 어긋나지만, 이 상황에서는 컨테이너가 실행 중인 것보다 종료되는 것이 낫다. 애플리케이션의 규모가 크다면 무슨 일이 일어났을 때 빨리 아는 편이 더 좋기 때문이다. 컨테이너가 종료되면 컨테이너 플랫폼이 대체할 새로운 컨테이너를 마련한다. 예를 들어 API 컨테이너를 실행하는 데 시간이 오래 걸린다면 웹 애플리케이션이 실행될 때 API가 준비되지 않았을 수도 있다. 이럴 때는 그냥 웹 애플리케이션 컨테이너가 종료되고 API 준비가 끝났을 때 대체 컨테이너를 실행하면 된다.

헬스 체크와 디펜던시 체크를 갖췄다면 이제 컨테이너 플랫폼 환경에 적합한 애플리케이션이라고 할 수 있다. 우리가 사용한 검증 방식은 curl을 사용한 가장 기본적인 HTTP 요청 테스트다. 이 정도로 단순한 방법으로도 원하는 목적을 달성할 수 있으므로 별도의 외부 도구에 의존할 필요는 없다.

❤ 그림 8-5 디펜던시 체크가 설정된 컨테이너는 시작하는 동안 디펜던시 체크에 실패하면 그대로 종료된다.

이 웹 애플리케이션의 버전 2 이미지에는 디펜던시 체크가 추가됐다.
이 기능은 항상 애플리케이션보다 먼저 API가 실행되도록 해 준다.

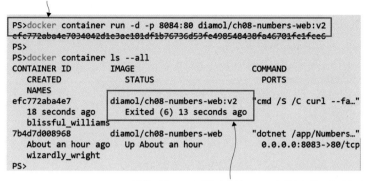

실행 중인 API 컨테이너가 없으므로 디펜던시 체크가 실패해
애플리케이션이 실행되지 않는다.

DOCKER TEXTBOOK

8.3 애플리케이션 체크를 위한 커스텀 유틸리티 만들기

curl은 웹 애플리케이션이나 API를 테스트하는 데 매우 유용한 도구다. 리눅스와 윈도 모두에서 동작하며, 지금 우리가 골든 이미지로 사용하는 닷넷 코어 이미지에도 포함돼 있다. 하지만 실무에서 개발하는 애플리케이션을 테스트하는 목적으로는 curl을 사용하지 않는다. 보안 정책상의 이유로 이미지에 curl을 포함시킬 수 없기 때문이다.

4장에서 언급했듯, 도커 이미지에는 애플리케이션을 구동하는 데 필요한 최소한의 내용만 들어가야 한다. 사용하지 않을 도구를 추가해 봤자 이미지의 크기만 증가하고 외부 공격에 노출될 여지를 늘릴 뿐이다. curl이 컨테이너 상태 체크에 유용한 도구이기는 하지만 이런 이유로 실제 애플리케이션 체크에는 애플리케이션과 같은 언어로 구현된 별도의 커스텀 유틸리티를 사용하는 것이 낫다.

헬스 체크와 디펜던시 체크로 애플리케이션의 신뢰성 확보하기

185

애플리케이션과 같은 언어로 구현된 커스텀 유틸리티의 장점은 다음과 같다.

- 커스텀 유틸리티를 실행할 때도 애플리케이션과 같은 도구를 사용하므로 이미지에 추가적인 소프트웨어를 포함시킬 필요가 없다.
- 재시도 횟수나 분기 등 셸 스크립트로는 표현하기 까다로운 복잡한 체크 로직을 적용할 수 있다. 특히 리눅스와 윈도 양쪽에서 사용할 크로스 플랫폼 이미지라면 더욱 유용하다.
- 애플리케이션과 같은 설정을 사용해 대상 URL을 여러 곳에 반복 정의하거나 수정에서 누락시키는 일을 방지할 수 있다.
- 애플리케이션과 같은 라이브러리 환경에서 데이터베이스 접속이나 인증서 파일의 존재 유무 등 컨테이너 실행 전에 확인이 필요한 모든 사항을 검증할 수 있다.

다양한 상황에서 동작이 가능하다는 것도 장점이다. 나는 닷넷 코어로 구현한 간단한 HTTP 테스트 유틸리티를 사용해 API 이미지의 헬스 체크와 웹 이미지의 디펜던시 체크에 사용한다. 이들 애플리케이션에는 애플리케이션 빌드와 유틸리티 빌드로 나뉜 멀티 스테이지 빌드가 적용돼 있다. 그림 8-6에 이러한 빌드 과정을 실었다.

▼ 그림 8-6 애플리케이션과 유틸리티를 나눠 빌드 및 패키징하는 멀티 스테이지 빌드 과정

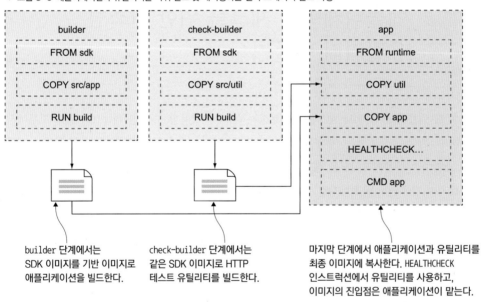

Dockerfile.v3 파일의 빌드 단계 중 마지막 단계를 예제 8-3에 실었다. HEALTHCHECK 인스트럭션에서 curl 대신 닷넷 코어로 구현된 테스트 유틸리티를 사용한다.

```
FROM diamol/dotnet-aspnet

ENTRYPOINT ["dotnet", "Numbers.Api.dll"]
HEALTHCHECK CMD ["dotnet", "Utilities.HttpCheck.dll", "-u",
    "http://localhost/health"]

WORKDIR /app
COPY --from=http-check-builder /out/ .
COPY --from=builder /out/ .
```

수정된 헬스 체크도 동작은 거의 그대로다. 차이점은 컨테이너 검사 중 출력되는 로그가 좀 적어지다는 정도다. 따라서 헬스 체크 수행 한 번에 한 줄의 결과만 출력된다. 애플리케이션의 초기 상태도 정상으로 나온다. 이미 알고 있듯이 API를 몇 번 호출하고 나면 이상 상태를 보고할 것이다.

> **실습** 지금 있는 모든 컨테이너를 삭제하고 무작위 숫자 API를 v3 버전의 컨테이너로 실행한다. 이번에는 헬스 체크 간격을 조금 줄인다. 컨테이너의 상태가 정상인지 확인하고 API를 몇 번 호출해 상태가 이상으로 바뀌는지 확인하라.

```
# 기존 컨테이너를 모두 삭제한다
docker container rm -f $(docker container ls -aq)

# API를 v3 버전의 이미지로 실행한다
docker container run -d -p 8080:80 --health-interval 5s diamol/ch08-numbers-api:v3

# 5초 정도 기다린 후 컨테이너 목록을 확인한다
docker container ls

# API를 네 번 호출한다 - 처음 세 번은 성공하고, 마지막 한 번은 실패한다
curl http://localhost:8080/rng
curl http://localhost:8080/rng
curl http://localhost:8080/rng
curl http://localhost:8080/rng

# 애플리케이션에 버그가 발생했다. 15초 기다린 후 상태가 이상으로 바뀌는지 확인한다
docker container ls
```

그림 8-7에 나의 환경에서 실행한 결과를 실었다. 버그가 발생한 후 헬스 체크가 실패하는 내용으로 v2와 같이 컨테이너가 비정상으로 나타나는 것을 볼 때, HTTP 테스트 유틸리티가 잘 동작하는 것을 알 수 있다.

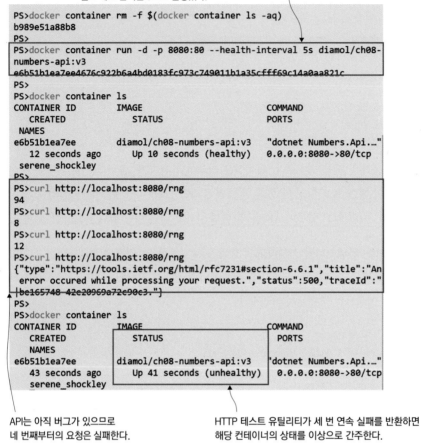

▼ 그림 8-7 도커 이미지에 패키징된 커스텀 유틸리티를 사용한 컨테이너 헬스 체크

API 버전 v3는 헬스 체크에 닷넷으로 구현된 HTTP 테스트 유틸리티를 사용한다.
헬스 체크 간격은 5초로 설정했다.

```
PS>docker container rm -f $(docker container ls -aq)
b989e51a88b8
PS>
PS>docker container run -d -p 8080:80 --health-interval 5s diamol/ch08-
numbers-api:v3
e6b51b1ea7ee4676c922b6a4bd0183fc973c749011b1a35cfff69c14a0aa821c
PS>
PS>docker container ls
CONTAINER ID       IMAGE                          COMMAND
   CREATED            STATUS                      PORTS
 NAMES
e6b51b1ea7ee       diamol/ch08-numbers-api:v3     "dotnet Numbers.Api.…"
   12 seconds ago     Up 10 seconds (healthy)     0.0.0.0:8080->80/tcp
 serene_shockley
PS>
PS>curl http://localhost:8080/rng
94
PS>curl http://localhost:8080/rng
8
PS>curl http://localhost:8080/rng
12
PS>curl http://localhost:8080/rng
{"type":"https://tools.ietf.org/html/rfc7231#section-6.6.1","title":"An
 error occured while processing your request.","status":500,"traceId":"
 be165748-42e20969a72c90e3."}
PS>
PS>docker container ls
CONTAINER ID        IMAGE                         COMMAND
   CREATED             STATUS                     PORTS
 NAMES
e6b51b1ea7ee        diamol/ch08-numbers-api:v3    "dotnet Numbers.Api.…"
   43 seconds ago      Up 41 seconds (unhealthy)   0.0.0.0:8080->80/tcp
 serene_shockley
```

API는 아직 버그가 있으므로
네 번째부터의 요청은 실패한다.

HTTP 테스트 유틸리티가 세 번 연속 실패를 반환하면
해당 컨테이너의 상태를 이상으로 간주한다.

다양한 상황에 대응할 수 있도록 유연하다는 것도 HTTP 테스트 유틸리티의 장점이다. 웹 애플리케이션의 Dockerfile.v3 파일을 보면, API 사용 가능 여부를 확인하는 디펜던시 체크에도 같은 유틸리티를 사용했다.

예제 8-4는 Dockerfile 스크립트의 마지막 빌드 단계다. 여기서 사용한 -t 옵션은 유틸리티가 요청에 대한 응답을 기다릴 제한 시간을 설정한 것이고, -c 옵션은 애플리케이션과 같은 설정 파일을 읽어 그 설정대로 대상 URL을 지정한 것이다.

예제 8-4 컨테이너 실행 시의 디펜던시 체크에도 커스텀 유틸리티 사용하기

```
FROM diamol/dotnet-aspnet

ENV RngApi:Url=http://numbers-api/rng
```

```
CMD dotnet Utilities.HttpCheck.dll -c RngApi:Url -t 900 && \
    dotnet Numbers.Web.dll

WORKDIR /app
COPY --from=http-check-builder /out/ .
COPY --from=builder /out/ .
```

이제 동작은 똑같이 유지하면서 애플리케이션 이미지에서 curl을 제거할 수 있게 됐다.

실습 웹 애플리케이션 버전 v3를 실행하라. 이번에는 API가 없으므로 컨테이너가 바로 종료된다.

```
docker container run -d -p 8081:80 diamol/ch08-numbers-web:v3

docker container ls --all
```

나의 환경에서 실습을 실행한 결과를 그림 8-8에 실었다. 출력된 내용을 보면, API 컨테이너가 이상 상태이지만 계속 실행 중으로 나온다. 웹 애플리케이션 컨테이너는 numbers-api라는 도메인으로 API 컨테이너를 찾는데, API 컨테이너를 실행할 때 이 이름을 지정하지 않았기 때문에 API를 찾지 못한다. API 컨테이너에 numbers-api라는 이름을 지정해 실행했다면 웹 애플리케이션이 API를 발견해 호출했을 것이다. 그래도 네 번째 호출부터 버그를 일으키는 것은 변함없다.

❤ 그림 8-8 도커 이미지에 패키징된 테스트 유틸리티로 디펜던시 체크 수행하기

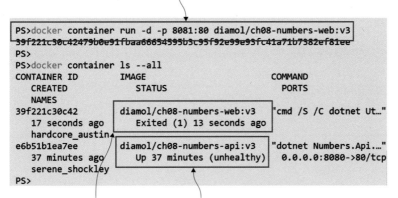

웹 애플리케이션 이미지 버전 v3는 컨테이너 실행 시 HTTP 테스트
유틸리티를 사용해 디펜던시 체크를 수행한다.

웹 애플리케이션 컨테이너의
디펜던스 체크가 실패해
컨테이너가 종료됐다.

API 컨테이너가 실행 중이지만 컨테이너 이름이
numbers-api로 지정되지 않았다. 웹 애플리케이션이
API 컨테이너를 발견하지 못한다.

커스텀 테스트 유틸리티를 따로 마련하는 또 한 가지 장점은 이미지의 이식성이 향상된다는 것이다. 컨테이너 플랫폼마다 헬스 체크와 디펜던시 체크를 정의하고 실행하는 방법에 차이가 있다. 그러나 모든 로직을 테스트 유틸리티에 포함시킨다면 도커 컴포즈, 도커 스웜, 쿠버네티스 등 어떤 환경에서도 그대로 동작시킬 수 있다.

8.4 도커 컴포즈에 헬스 체크와 디펜던시 체크 정의하기

디펜던시 체크에 실패했을 때 실행하던 컨테이너를 종료해야 하는 이유를 아직 납득하지 못했다면 이번 절의 내용이 도움이 될 것이다. 도커 컴포즈는 애플리케이션의 상태에 이상이 생겼을 때 어느 정도 복원할 수 있는 기능이 있다. 그러나 도커 컴포즈도 이상이 생긴 컨테이너를 새 컨테이너로 대체하지는 않는다. 단일 서버에서 애플리케이션을 실행 중이라면 더 심각한 장애를 일으킬 수 있기 때문이다. 하지만 종료된 컨테이너를 재시작하거나 이미지에 정의되지 않은 헬스 체크를 추가할 수는 있다.

예제 8-5는 도커 컴포즈 파일에 정의된 무작위 숫자 API다(전체 스크립트는 ch08/exercises/numbers/docker-compose.yml에서 볼 수 있다). 이 스크립트에서는 컨테이너 버전을 v3로 지정하고 있는데, 이 이미지에는 헬스 체크가 적용됐고 커스텀 테스트 유틸리티가 들어갔다.

예제 8-5 도커 컴포즈 파일에서 헬스 체크 옵션 설정하기

```
numbers-api:
  image: diamol/ch08-numbers-api:v3
  ports:
    - "8087:80"
  healthcheck:
    interval: 5s
    timeout: 1s
    retries: 2
    start_period: 5s
  networks:
    - app-net
```

도커 컴포즈 파일에서는 헬스 체크의 옵션을 더 세세하게 설정할 수 있다. 내가 실무에서 사용하는 헬스 체크도 도커 이미지에 정의된 것이지만, 옵션은 따로 설정해 사용한다.

- interval은 헬스 체크 실시 간격을 의미한다. 여기서는 5초로 설정됐다.
- timeout은 그때까지 응답을 받지 못하면 실패로 간주하는 제한 시간을 의미한다.
- retries는 컨테이너 상태를 이상으로 간주할 때까지 필요한 연속 실패 횟수를 의미한다.
- start_period는 컨테이너 실행 후 첫 헬스 체크를 실시하는 시간 간격을 의미한다. 애플리케이션을 시작하는 데 시간이 오래 걸리는 경우 필요하다.

이들 설정값은 애플리케이션에 따라 혹은 환경에 따라 달라질 수 있다. 실제 설정값은 애플리케이션의 이상 발생을 파악하는 속도와 허용할 수 있는 장애 오탐지 빈도를 고려해 결정한다. 내가 API 컨테이너에 설정한 값은 상당히 적극적인 설정이다. 헬스 체크를 실시하는 데도 CPU와 메모리 자원이 필요하므로 운영 환경에서는 좀 더 간격을 길게 잡는 것이 낫다.

이미지에 헬스 체크가 정의되지 않았다면 컴포즈 파일에서 정의하는 방법도 있다. 예제 8-6은 이 컴포즈 파일의 웹 애플리케이션 서비스 정의 부분을 발췌한 것이다. 발췌한 부분을 보면 서비스에 헬스 체크를 추가한 것을 알 수 있다. 설정값은 API 서비스와 같은 값을 적용했다. test 필드가 헬스 체크를 위해 실행하는 명령이다.

예제 8-6 도커 컴포즈 파일에 헬스 체크 정의하기

```
numbers-web:
  image: diamol/ch08-numbers-web:v3
  restart: on-failure
  ports:
    - "8088:80"
  healthcheck:
    test: ["CMD", "dotnet", "Utilities.HttpCheck.dll", "-t", "150"]
    interval: 5s
    timeout: 1s
    retries: 2
    start_period: 10s
  networks:
    - app-net
```

모든 컨테이너에 헬스 체크를 적용하는 것뿐만 아니라 이 스크립트에서는 이미지에 디펜던시 체크가 포함돼 있다. 스크립트에는 restart: on-failure 설정이 있으므로 컨테이너가 예기치 않게 종료되면 컨테이너를 재시작한다(연습 문제를 풀지 않은 독자를 위해 첨언하자면, 이 설정은 7장의 연습 문제에 포함된 내용이다). 그러나 의존 관계를 정의한 depends_on 설정이 없으므로 도커 컴포즈는 컨테이너를 어떤 순서로든 실행할 수 있다. API 컨테이너의 준비가 끝나기 전에 웹 애플리케이션 컨테이너가 실행되면 디펜던시 체크가 실패해 웹 컨테이너가 종료된다. 하지만 결국 API 컨테이너도 실행될 것이므로 마지막에는 디펜던시 체크도 성공해 애플리케이션이 제대로 동작한다.

실습 지금 있는 컨테이너를 모두 삭제하고 도커 컴포즈를 이용해 무작위 숫자 애플리케이션을 실행하라. 애플리케이션이 제대로 실행됐는지 알아보기 위해 실행 후 컨테이너 목록을 확인하라.

```
# 컴포즈 파일이 있는 디렉터리로 이동
cd ./ch08/exercises/numbers

# 현재 컨테이너를 모두 삭제
docker container rm -f $(docker container ls -aq)

# 애플리케이션 실행
docker-compose up -d

# 5초를 기다린 다음 컨테이너 목록을 확인
docker container ls

# 웹 애플리케이션 로그도 확인
docker container logs numbers-numbers-web-1
```

나의 환경에서 실행한 결과를 그림 8-9에 실었다. 독자 여러분이 실행한 결과도 이와 크게 다르지 않을 것이다. 의존 관계가 정의되지 않았으므로 컴포즈를 실행하면 두 컨테이너를 동시에 생성한다. API 컨테이너가 시작하는 동안 웹 애플리케이션 컨테이너의 디펜던시 체크가 실행된다. 내가 실행한 결과에서는 HTTP 테스트에서 성공 코드가 출력되는 것을 볼 수 있다. 그러나 응답 시간으로 3,176밀리세컨드가 걸렸다. 디펜던시 체크가 성공하려면 150밀리세컨드 이내에 응답이 돌아와야 하므로 체크가 실패해 컨테이너가 종료된다. 웹 서비스는 실패 시 재시작하도록 설정돼 있으므로 기존 컨테이너가 재시작된다. 이번에는 API에 대한 요청이 115밀리세컨드 만에 응답을 반환해 디펜던시 체크가 성공하고 애플리케이션이 동작 상태에 들어간다.

❤ 그림 8-9 도커 컴포즈를 사용해 애플리케이션에 약간의 복원력이 생겼다. 웹 애플리케이션 컨테이너는 첫 번째 디펜던시 체크가 실패하더라도 재시작된다.

앞서 모든 컨테이너를 삭제했으므로, 도커 컴포즈는 API와 웹 애플리케이션을
구성할 컨테이너를 모두 새로 생성한다. 그러나 이들 서비스 간에 의존 관계를
정의하지 않았기 때문에 모든 컨테이너가 동시에 생성된다.

API 컨테이너의 상태는 정상이다. 실행 상태가 된 지
19초가 지났고, 23초 전에 생성됐다. 결과적으로
컨테이너를 시작하는 데 4초가 걸렸다.

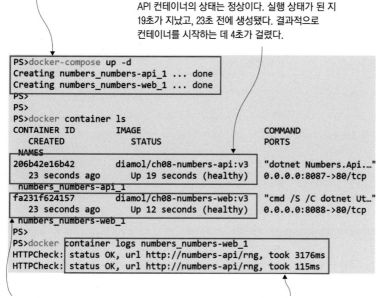

```
PS>docker-compose up -d
Creating numbers_numbers-api_1 ... done
Creating numbers_numbers-web_1 ... done
PS>
PS>
PS>docker container ls
CONTAINER ID        IMAGE                        COMMAND
   CREATED             STATUS                     PORTS
   NAMES
206b42e16b42        diamol/ch08-numbers-api:v3   "dotnet Numbers.Api...."
   23 seconds ago      Up 19 seconds (healthy)   0.0.0.0:8087->80/tcp
 numbers_numbers-api1_1
fa231f624157        diamol/ch08-numbers-web:v3   "cmd /S /C dotnet Ut..."
   23 seconds ago      Up 12 seconds (healthy)   0.0.0.0:8088->80/tcp
 numbers_numbers-web_1
PS>
PS>docker container logs numbers_numbers-web_1
HTTPCheck: status OK, url http://numbers-api/rng, took 3176ms
HTTPCheck: status OK, url http://numbers-api/rng, took 115ms
```

웹 컨테이너도 실행 중이다.
디펜던시 체크가 성공했음을 알 수 있다.
그러나 웹 컨테이너를 시작하는 데
걸린 시간은 11초로, 예상한 시간보다
너무 오래 걸렸다.

웹 컨테이너를 시작하는 데 너무 오래 걸린 이유는
컨테이너가 재시작됐기 때문이다. HTTP 테스트 로그를
보면 첫 번째 테스트가 응답 시간 초과로 실패했다.
설정대로 컨테이너가 재시작됐고 두 번째 테스트에는
성공했다.

http://localhost:8088을 웹 브라우저에서 열어 보면 정상적으로 무작위 숫자를 출력하는 웹 애플리케이션을 볼 수 있다. 적어도 세 번까지는 버튼을 클릭해 무작위 숫자를 출력할 수 있다. 네 번째 호출부터는 API에 버그가 발생해 오류를 출력한다. 그림 8-10에 무작위 숫자가 무사히 출력된 예를 실었다.

왜 도커 컴포즈 파일에 depends_on 설정을 사용해 직접 디펜던시 체크를 하도록 하지 않는지 궁금한 독자도 있을 것이다. 그 이유는 도커 컴포즈가 디펜던시 체크를 할 수 있는 범위가 단일 서버로 제한되기 때문이다. 이에 비하면 운영 환경에서 애플리케이션을 실제 시작할 때 일어나는 상황은 이보다 훨씬 예측하기 어렵다.

헬스 체크와 디펜던시 체크로 애플리케이션의 신뢰성 확보하기

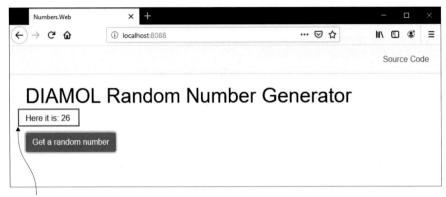

이 숫자 26을 보려고 지금까지 많은 수고를 들였다.

8.5 헬스 체크와 디펜던시 체크로 복원력 있는 애플리케이션을 만들 수 있는 이유

여러 개의 요소로 구성된 분산 시스템으로 동작하는 애플리케이션은 유연성과 기민성 면에서 뛰어나다. 그러나 반대 급부로 관리가 그만큼 어려워진다. 구성 요소 간의 복잡한 의존 관계를 보면, 이들 의존 관계를 각 구성 요소를 시작하는 순서에 반영해 모델링하고 싶은 유혹에 빠지기 쉽다. 하지만 이 방법은 그리 현명한 방법이 아니다.

물리 서버가 한 대뿐인 환경이라면 도커 컴포즈에 웹 컨테이너보다 API 컨테이너를 먼저 실행시키라고 지시할 수 있다. 그러면 이 순서대로 실제로 컨테이너가 실행된다. 나의 운영 환경에서는 10여 대의 서버에서 쿠버네티스를 운영하는데, 이 클러스터에서 20여 개의 API 컨테이너와 50여 개의 웹 애플리케이션 컨테이너를 실행한다. 이 애플리케이션의 시작 절차를 설계한다면 어떻게 해야 할까? 웹 애플리케이션 컨테이너 50개보다 API 컨테이너 20개를 먼저 실행해야 할까? 20개의 API 컨테이너 중 19개는 무사히 실행됐는데 마지막 한 개가 실행이 늦어져 5분이나 걸렸다면 어떻게 될까? 웹 애플리케이션 컨테이너가 하나도 실행되지 않았으므로 애플리케이션이 동작 중이라 할 수 없다. 하지만 API 컨테이너가 하나 부족하더라도 50개의 웹 애플리케이션 컨테이너를 실행하는 데는 문제가 없다.

디펜던시 체크와 헬스 체크가 활약하는 부분이 바로 이 지점이다. 디펜던시 체크와 헬스 체크를 도입하면 처음부터 플랫폼이 실행 순서를 보장하게 할 필요가 없다. 가능한 한 빨리 컨테이너를 실행하면 된다. 일부 컨테이너가 의존 관계를 만족하지 못한 상태라면 재실행되거나 다른 컨테이너로 교체될 것이다. 이런 방법이면 대규모 애플리케이션의 경우 완전 동작 상태가 되는 데 몇 분 정도가 걸린다. 하지만 그동안에도 애플리케이션이 동작하며 요청을 처리할 수 있다. 그림 8-11 은 운영 환경의 클러스터에서 일어나는 컨테이너의 생애주기를 나타낸 것이다.

애플리케이션의 자기 수복이란 일시적인 오류를 플랫폼이 해소해 주는 것이다. 애플리케이션에 메모리 누수를 일으키는 까다로운 버그가 있더라도 플랫폼에서 해당 컨테이너를 메모리를 잃지 않은 새 컨테이너로 대체하면 된다. 버그를 수정한 것은 아니지만 애플리케이션은 계속 동작할 수 있다.

▼ 그림 8-11 컨테이너 재시작이나 대체 컨테이너를 이용하는 자기 수복 능력을 갖춘 애플리케이션

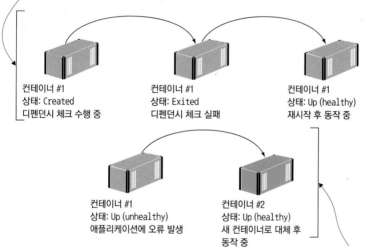

이 부분은 애플리케이션 시작 시의 생애주기다. 컨테이너가 실행됐다가
의존 관계를 만족하지 못해 종료되고, 재시작된 다음에는 의존 관계를
만족해 애플리케이션이 제대로 실행된다. 이어서 헬스 체크도 통과한다.

컨테이너 #1
상태: Created
디펜던시 체크 수행 중

컨테이너 #1
상태: Exited
디펜던시 체크 실패

컨테이너 #1
상태: Up (healthy)
재시작 후 동작 중

컨테이너 #1
상태: Up (unhealthy)
애플리케이션에 오류 발생

컨테이너 #2
상태: Up (healthy)
새 컨테이너로 대체 후
동작 중

이 부분은 애플리케이션 가동 시의 생애주기다. 가동 중인 애플리케이션에 오류가 발생해
헬스 체크가 연속으로 실패하면 컨테이너의 상태가 이상으로 보고된다. 플랫폼은 새로운
컨테이너를 만들어(이 컨테이너는 원래 컨테이너와 다른 서버에 있을 수도 있다) 실행한 다음
기존 컨테이너를 종료한다.

하지만 헬스 체크와 디펜던시 체크에 주의가 필요하다. 헬스 체크는 주기적으로 자주 실행되므로, 시스템에 부하를 주는 내용이어서는 안 된다. 자원을 너무 많이 소모하지 않으면서 애플리케이션이 실질적으로 동작 중인지 검증할 수 있는 핵심적인 부분을 테스트해야 한다. 디펜던시 체크는 애플리케이션 시작 시에만 실행된다. 그러므로 테스트에 소모되는 리소스에 너무 크게 신경 쓸 필

요는 없다. 하지만 테스트 대상이 빠짐없이 정확하도록 주의해야 한다. 디펜던시 체크에서 누락된 의존 관계가 있고 이 문제를 플랫폼이 해결하지 못한다면 애플리케이션에도 문제가 생길 것이다.

8.6 연습 문제

애플리케이션 중에는 특정 리소스를 지속적으로 사용하는 것도 있다. 이런 애플리케이션의 경우 실행 초기의 디펜던시 체크와 가동 중에 실시되는 헬스 체크의 대상이 같다. 이번 연습 문제의 소재는 바로 이런 애플리케이션이다. 이번 연습 문제에 나오는 애플리케이션은 실행하는 내내 메모리를 지속적으로 요청하는 방법으로 인위적인 메모리 누수를 일으킨다. 이 애플리케이션은 Node.js로 구현됐으며, 여러분은 이 애플리케이션에 대해 다음에서 설명하는 부분을 테스트해야 한다.

- 애플리케이션 시작 시 충분한 메모리가 있는지 확인하고, 메모리가 부족한 경우 컨테이너를 종료한다.
- 애플리케이션 실행 중 5초 간격으로 최대치를 초과해 메모리를 사용하는지 확인한다. 최대치를 초과했다면 해당 컨테이너의 상태를 이상으로 판정해야 한다.
- 테스트 로직은 memory-check.js 스크립트에 이미 작성돼 있다. Dockerfile 스크립트에서 테스트 스크립트를 그대로 사용하면 된다.
- 테스트 스크립트와 Dockerfile 스크립트는 ch08/lab 디렉터리에 있다.

> Note ≡ 이 애플리케이션이 실제로 메모리를 사용하는 것은 아니다. 컨테이너의 메모리 관리는 환경에 따라 달라진다. 이를테면 윈도 환경의 도커 데스크톱과 리눅스에서 동작하는 도커 커뮤니티 에디션에서 컨테이너의 메모리 관리는 다르게 동작한다. 이 연습 문제에 나오는 애플리케이션은 그저 메모리를 사용하는 흉내만 내는 것이다.

이번 연습 문제는 크게 어렵지 않다. 힌트가 있다면, Node.js 애플리케이션은 컴파일이 필요하지 않으며 그에 따라 멀티 스테이지 빌드도 필요치 않다는 것이다. 내가 작성한 해답인 Dockerfile. solution 파일이 이 책의 깃허브 저장소 ch07/lab/ 폴더에 있다.

9^장

컨테이너 모니터링으로 투명성 있는 애플리케이션 만들기

애플리케이션의 자동 스케일링 기능은 애플리케이션에 들어오는 트래픽 부하에 맞춰 자신의 규모를 조절하며, 간헐적인 오류에 대응해 스스로를 복원할 수 있다. 말만 들어도 행복한 기능이다. 도커 이미지에 헬스 체크만 추가하더라도 컨테이너 플랫폼이 다양한 운영 업무를 독자 여러분 대신 수행할 수 있다. 하지만 그렇다 하더라도 만약을 위해 지속적인 애플리케이션 모니터링과 이상이 발생했을 때 통보하는 기능은 필요하다. 컨테이너화된 애플리케이션의 특성을 파악하지 못한다면 이 애플리케이션을 운영 단계까지 고도화시킬 수 없다.

컨테이너에서 실행하는 애플리케이션에 있어 투명성(observability)은 매우 중요한 요소다. 투명성을 확보하지 못하면 애플리케이션이 뭘 하고 있는지 또는 어떤 상태에 있는지, 문제가 있다면 어떤 부분이 원인인지조차 알 수 없다. 이번 장의 주제는 도커를 이용한 체계적인 모니터링이다. 프로메테우스(Prometheus)를 사용해 애플리케이션 컨테이너에서 측정된 수치를 수집하고 그라파나(Grafana)를 사용해 수치를 시각화해 이해하기 쉬운 대시보드 형태로 구성한다. 이들 도구는 오픈 소스이며 여러 플랫폼에서 사용할 수 있다. 그러므로 개발 환경과 운영 환경을 막론한 어떤 환경에서도 동등하게 애플리케이션의 성능을 확인할 수 있다.

9.1 컨테이너화된 애플리케이션에서 사용되는 모니터링 기술 스택

컨테이너 환경의 모니터링은 일반 환경과는 사뭇 다르다. 컨테이너 이전의 전통적인 애플리케이션 모니터링이라고 하면, 서버의 목록과 현재 동작 상태(잔여 디스크 공간, 메모리와 CPU 사용량 등)가 표시된 대시보드가 있고 과부하가 걸리거나 응답하지 않는 서버가 발생하면 경보가 울리는 형태가 대표적이다. 컨테이너화된 애플리케이션의 환경은 이보다 훨씬 역동적이다. 애플리케이션은 수십 개에서 수백 개에 이르는 컨테이너에 걸쳐 실행되고, 컨테이너는 플랫폼에 의해 끊임없이 생성됐다가 삭제되기를 반복한다.

이런 환경에서는 컨테이너를 다룰 수 있으며 컨테이너 플랫폼과 연동해 정적인 컨테이너 혹은 IP 주소 목록 없이도 실행 중인 애플리케이션을 속속들이 들여다볼 수 있는 도구를 갖춘 새로운 모니터링 방식이 필요하다. 프로메테우스는 바로 이런 기능을 제공하는 오픈 소스 도구다. 프로메테우스는 CNCF(쿠버네티스와 컨테이너 런타임인 containerd를 관리하는 바로 그곳이다)에서 개발을 담당하며 다양한 곳에서 널리 사용되고 있다. 프로메테우스 역시 컨테이너에서 동작하기 때문에 분산 애플리케이션에 어렵지 않게 모니터링을 추가할 수 있다. 그림 9-1은 프로메테우스를 사용한 모니터링 기술 스택을 나타낸 것이다.

▼ 그림 9-1 컨테이너에서 동작하는 프로메테우스를 사용해 도커 엔진과 다른 컨테이너를 모니터링하기

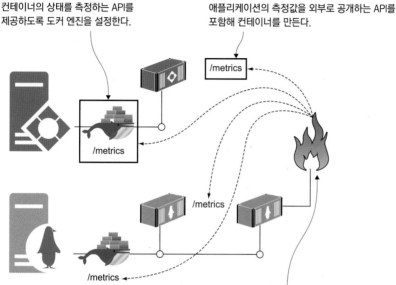

컨테이너의 상태를 측정하는 API를
제공하도록 도커 엔진을 설정한다.

애플리케이션의 측정값을 외부로 공개하는 API를
포함해 컨테이너를 만든다.

애플리케이션의 프로메테우스 역시 컨테이너에서 실행되며 도커 엔진과 그 외 애플리케이션
컨테이너로부터 데이터를 수집한다. 수집된 데이터는 수집 시각과 함께 저장된다. 측정값을
외부로 공개하는 API를 포함해 컨테이너를 만든다.

프로메테우스를 사용하면 모니터링의 중요한 측면인 일관성이 확보된다. 모든 애플리케이션에서 똑같이 구성된 측정값을 내놓기 때문에 윈도 컨테이너의 닷넷 애플리케이션이든 리눅스 컨테이너의 Node.js 애플리케이션이든 모든 애플리케이션을 똑같은 표준적인 형태로 모니터링할 수 있다. 측정값을 추출하기 위한 쿼리 언어도 한 가지만 익히면 되고, 전체 애플리케이션 스택에 똑같은 모니터링을 적용할 수 있다.

프로메테우스의 또 다른 장점은 도커 엔진의 측정값도 같은 형식으로 추출할 수 있다는 점이다. 이를 통해 컨테이너 플랫폼에서 벌어지는 일도 파악할 수 있다. 이 기능을 사용하려면 도커 엔진 설정에서 프로메테우스 측정 기능을 명시적으로 활성화해야 한다. 도커 엔진의 설정 방법은 5장을 참고하라. 도커 엔진의 설정은 daemon.json이라는 이름의 파일에 포함돼 있는데, 이 파일은 윈도 환경에서는 C:\Program Data\docker\config 디렉터리에 위치해 있고 리눅스 환경에서는 /etc/docker 디렉터리에 있다. 도커 데스크톱을 사용 중이라면, 고래 아이콘을 우클릭해 메뉴에서 설정을 선택한 다음 **Daemon** 항목에서 설정을 수정하면 된다.

실습 설정 파일을 열고 다음 두 값을 추가하라.

```
"metrics-addr" : "0.0.0.0:9323",
"experimental": true
```

이 설정을 추가하면 포트 9323번을 통해 측정값이 공개된다. 그림 9-2에 나의 도커 데스크톱 전체 설정을 실었다.

▼ 그림 9-2 프로메테우스 형식으로 측정값을 출력하는 도커 엔진 설정

도커 데스크톱 설정 화면의 Docker Engine 탭에서 설정을 수정해도
daemon.json 파일을 수정하는 것과 같은 효과를 얻을 수 있다.

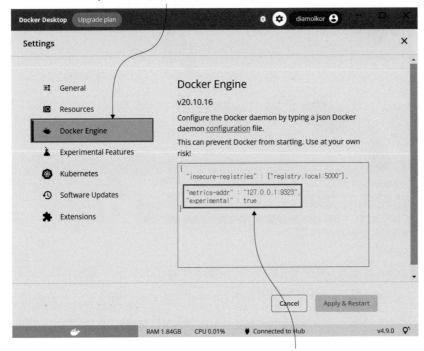

측정을 활성화하려면 이 두 가지 설정을 추가해야 한다. metrics-addr 항목에서는
측정값이 노출되는 주소에 포트를 함께 명시적으로 지정해야 한다.

도커 엔진의 상태 측정 기능은 아직 실험적 기능이다. 다시 말해 기능에 언제든지 변동이 생길 수 있다는 뜻이다. 하지만 별다른 변동 없이 제법 긴 기간 동안 실험적 기능 상태를 유지 중이다. 도커 엔진의 상태도 전체 시스템의 상태를 파악하기 위한 밑바탕이 되므로 대시보드에 추가할 만한 가치가 있는 정보다. 도커 엔진의 상태 측정 기능을 활성화했다면 http://localhost:9323/metrics에서 도커 엔진의 상태 정보를 볼 수 있다. 그림 9-3은 나의 환경에서 확인한 도커 엔진의 상태 정보다. 정보를 확인해 보면 도커 엔진과 컨테이너 모두 정상적으로 실행 중이다.

▼ 그림 9-3 도커 엔진이 HTTP API를 통해 외부로 공개하는 상태 정보의 예

도커 엔진에서 상태 측정 기능을 활성화하면 상태 정보를 제공하는 HTTP 엔드포인트가 생긴다.

제공되는 상태 정보 중에는 도커를 실행 중인
시스템의 설치된 메모리 용량 같은 정적인 정보도 있고

현재 컨테이너의 상태별 개수처럼
지속적으로 변화하는 정보도 있다.

지금 본 상태 정보 출력 포맷이 프로메테우스 포맷이다. 측정된 각 상태 정보가 이름과 값의 쌍 형태로 표현되는 간단한 텍스트 기반 포맷으로 돼 있다. 그리고 이름-값 쌍 앞에는 해당 정보가 어떤 정보인지, 값의 데이터 타입은 무엇인지에 대해 간단한 안내 설명이 붙는다. 이 텍스트 형식의 정보가 컨테이너 모니터링의 핵심이다. 정보 항목마다 별도의 엔드포인트를 통해 실시간으로 값을 제공한다. 프로메테우스는 이 값을 수집하면서 타임스탬프 값을 덧붙여 저장하므로 저장된 값을 정리해 시간에 따른 값의 변화를 추적할 수 있다.

실습 프로메테우스를 컨테이너에서 실행해 현재 도커를 실행 중인 컴퓨터의 정보를 수집해 보자. 이를 위해서는 먼저 현재 로컬 컴퓨터의 IP 주소를 확인해야 한다. 컨테이너는 자신을 실행 중인 서버의 IP 주소를 알 수 없다. 따라서 이 정보를 컨테이너에 환경 변수 형태로 직접 전달해야 한다.

```
# 로컬 컴퓨터의 IP 주소를 확인해 환경 변수로 정의하기(윈도)
$hostIP = $(Get-NetIPConfiguration | Where-Object {$_.IPv4DefaultGateway -ne $null
}).IPv4Address.IPAddress

# 로컬 컴퓨터의 IP 주소를 확인해 환경 변수로 정의하기(리눅스)
hostIP=$(ip route get 1 | awk '{print $NF;exit}')

# 로컬 컴퓨터의 IP 주소를 확인해 환경 변수로 정의하기(macOS)
hostIP=$(ifconfig en0 | grep -e 'inet\s' | awk '{print $2}')

# 환경 변수로 로컬 컴퓨터의 IP 주소를 전달해 컨테이너를 실행
docker container run -e DOCKER_HOST=$hostIP -d -p 9090:9090 diamol/prometheus:2.13.1
```

프로메테우스가 포함된 diamol/Prometheus 이미지의 설정 중 DOCKER_HOST 환경 변수를 사용해 호스트 컴퓨터와 통신하고 도커 엔진의 상태 측정값을 수집한다. 컨테이너에서 호스트 컴퓨터의 서비스에 접근할 일은 별로 없지만, 필요하다면 서버 이름을 설정해 도커가 IP 주소를 직접 알아내도록 한다. 개발 환경이라면 이런 방법을 쓰기 어려울 수도 있으니 IP 주소를 직접 전달하면 된다.

이제 프로메테우스가 실행됐다. 좀 더 구체적으로 설명하면, 주기적으로 도커 호스트에서 측정값을 수집한 다음, 타임스탬프를 덧붙여 데이터베이스에 저장한다. 그리고 수집된 데이터를 열람할 수 있는 간단한 웹 인터페이스가 실행됐다. 이 웹 인터페이스를 통해 /metrics 엔드포인트로 제공되는 정보는 모두 확인할 수 있다. 원하는 정보만 필터링하거나 표 혹은 그래프 형식으로 요약해 보는 것도 가능하다.

실습 웹 브라우저에서 http://localhost:9090에 접근해 프로메테우스의 웹 인터페이스를 살펴보자. 웹 인터페이스 메뉴의 **Status** > **Targets** 항목에서 원하는 대상의 측정값을 볼 수 있다. DOCKER_HOST의 상태가 녹색이라면 프로메테우스가 호스트 컴퓨터를 발견했다는 의미다.

그다음에 **Graph** 메뉴로 이동하면 프로메테우스가 수집한 모든 측정값의 목록이 담긴 드롭다운 리스트가 나온다. 그중에는 engine_daemon_container_actions_seconds_sum이라는 항목도 있는데, 이 항목은 컨테이너의 각 활동에 걸린 시간을 의미한다. 이 항목을 선택하고 **Execute** 버튼을 클릭하면 그림 9-4와 비슷한 화면을 볼 수 있다. 이 화면에서 컨테이너를 시작, 생성, 삭제하는 데 걸린 시간이 각각 얼마나 되는지 알 수 있다.

❤ 그림 9-4 프로메테우스는 간단한 웹 UI를 통해 측정값을 확인하거나 쿼리를 실행할 수 있다.

프로메테우스 UI를 통해 쉽게 쿼리를 실행하고 그 결과를 확인할 수 있다.
단순한 측정값의 이름 외에도 PromQL 문법으로 된 복잡한 쿼리를 쓸 수 있다.

드롭다운 메뉴에 현재 수집 중인 모든 측정값의 이름이 나온다.

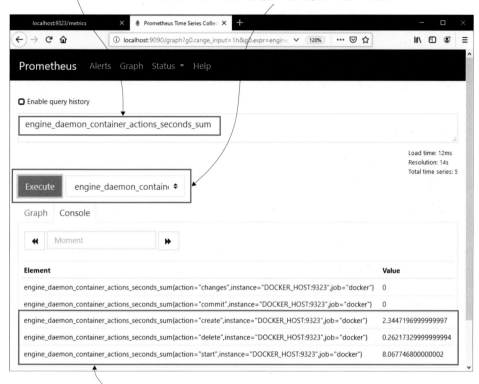

이 뷰에서 실행했던 쿼리의 결과를 표 형태로 볼 수 있다. 수집된 값 중 가장 최근의 값이 표시된다.
시간에 따른 측정값의 변화를 살펴보기 위해 그래프 뷰로 전환할 수도 있다.

프로메테우스의 웹 인터페이스를 통하면 어떤 정보가 수집됐는지 일목요연하게 볼 수도 있고, 간단한 쿼리를 사용할 수도 있다. 이들 정보는 각 상태별 컨테이너 수나 실패한 헬스 체크 횟수 같은 고수준 정보부터 도커 엔진이 점유 중인 메모리 용량 같은 저수준 정보까지 다양하다. 호스트 컴퓨터에 설치된 CPU 수와 같은 인프라스트럭처의 정적인 정보도 여기에 포함된다. 이들 정보도 대시보드에 포함시킨다면 유용하게 활용할 수 있다.

애플리케이션 또한 자신의 상태 정보를 제공하는데, 이들 정보의 자세한 정도는 애플리케이션마다 다르다. 우리가 할 일은 컨테이너마다 측정값을 수집할 엔드포인트를 만들고 프로메테우스가 이들 엔드포인트에서 주기적으로 정보를 수집하게 하는 것이다. 이 정도면 전체 시스템의 상태를 한눈에 알 수 있는 대시보드를 만드는 데 충분한 정보를 수집할 수 있다.

9.2 애플리케이션의 측정값 출력하기

앞서 도커 엔진이 출력하는 측정값을 살펴봤다. 도커 엔진의 측정값은 프로메테우스의 사용법을 익히는 출발점으로 적당하기 때문이다. 애플리케이션의 유용한 정보를 측정값으로 구성하려면 이들 정보를 생성하는 코드를 작성해 HTTP 엔드포인트로 출력해야 하기 때문에 이미 만들어진 도커 엔진의 측정값을 수집하는 것보다는 좀 더 수고가 필요하다. 하지만 주요 프로그래밍 언어에는 프로메테우스의 라이브러리가 제공되므로 이를 사용하면 그리 어려운 일은 아니다.

이번 장의 예제 코드는 이전에 다뤘던 NASA 오늘의 천체 사진 애플리케이션에 프로메테우스 측정값 생성 코드를 추가한 것이다. 나는 자바와 Go 언어용 프로메테우스 공식 클라이언트와 Node.js용 비공식 클라이언트 라이브러리를 사용했다. 그림 9-5는 각 컨테이너에 프로메테우스 클라이언트가 함께 패키징된 것을 보여 준다. 이 클라이언트가 측정값을 출력하고 수집한다.

❤ 그림 9-5 프로메테우스 클라이언트 라이브러리를 사용해 각 컨테이너에 측정값을 출력하는 엔드포인트를 만든다.

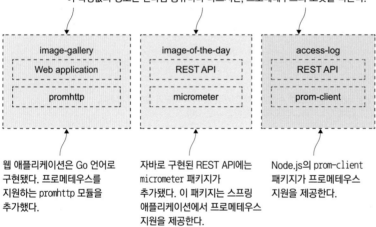

애플리케이션의 각 컴포넌트에 측정값을 출력하는 HTTP 엔드포인트가 추가된다.
이 측정값의 정보는 런타임 종류마다 다르지만, 프로메테우스의 포맷을 따른다.

image-gallery	image-of-the-day	access-log
Web application	REST API	REST API
promhttp	micrometer	prom-client

웹 애플리케이션은 Go 언어로 구현됐다. 프로메테우스를 지원하는 promhttp 모듈을 추가했다.

자바로 구현된 REST API에는 micrometer 패키지가 추가됐다. 이 패키지는 스프링 애플리케이션에서 프로메테우스 지원을 제공한다.

Node.js의 prom-client 패키지가 프로메테우스 지원을 제공한다.

프로메테우스 클라이언트 라이브러리를 통해 수집된 정보는 런타임 수준의 측정값으로, 해당 컨테이너가 처리하는 작업이 무엇이고 이 작업의 부하가 어느 정도인지에 대한 정보가 런타임의 관점에서 표현돼 있다. 예를 들어 Go 애플리케이션의 측정값에는 현재 활성 상태인 고루틴의 개수가 포함돼 있고, 자바 애플리케이션의 측정값에는 JVM이 사용 중인 메모리 용량 정보가 들어 있다. 각각의 런타임은 자신만의 중요도가 높은 측정값을 갖고 있으며 해당 클라이언트 라이브러리도 이러한 정보를 수집해 외부로 제공한다.

실습 이번 장의 연습 문제에는 image-gallery 애플리케이션의 프로메테우스 클라이언트가 적용된 새로운 버전을 사용하는 도커 컴포즈 파일이 들어 있다. 이 애플리케이션을 실행해 측정값을 제공하는 엔드포인트에 접근해 보자.

```
cd ./ch09/exercises

# 모든 컨테이너를 제거한다
docker container rm -f $(docker container ls -aq)

# 도커 네트워크 nat을 생성한다
# 같은 이름의 기존 네트워크가 있다면 경고 메시지가 나오지만, 무시해도 좋다
docker network create nat

# 애플리케이션을 시작한다
docker-compose up -d

# 웹 브라우저에서 http://localhost:8010에 접근하면 애플리케이션 화면이 나타난다
# http://localhost:8010/metrics에서는 측정값을 볼 수 있다
```

그림 9-6은 나의 환경에서 이번 실습을 실행한 결과다. 여기 출력된 내용은 Go로 구현된 프론트엔드 웹 애플리케이션에서 나온 측정값이다. 이 데이터를 생성하기 위해 따로 코드를 작성하지는 않았다. 애플리케이션에 Go 언어용 프로메테우스 클라이언트 라이브러리만 추가하면 된다.

▼ 그림 9-6 Go로 구현된 image-gallery 애플리케이션에서 프로메테우스를 사용해 수집한 측정값
애플리케이션에 프로메테우스 클라이언트 라이브러리를 추가하면 애플리케이션 컨테이너에서 측정값을 얻을 수 있다.

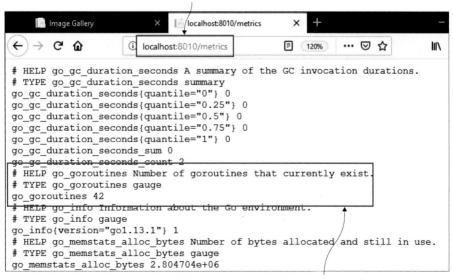

측정값의 포맷은 프로메테우스 포맷이지만 내용은 런타임 종류에 따라 다르다. 그림에 나온 측정값은
Go 애플리케이션 고유의 측정값인 활성 고루틴의 개수다.

웹 브라우저에서 http://localhost:8011/actuator/prometheus에 접근하면 이와 비슷한 형태로 자바 REST API의 측정값을 볼 수 있다. 엔드포인트에서 출력된 내용은 언뜻 어수선한 텍스트처럼 보이지만, 그 안에 컨테이너가 얼마나 '열심히' 동작하는지(CPU 시간, 메모리, 스레드 등을 얼마나 많이 점유하는지) 한눈에 알 수 있는 대시보드를 만들기 위해 필요한 내용을 모두 포함하고 있다.

이러한 런타임 상태 측정값은 도커 엔진에서 얻은 인프라스트럭처 측정값과는 또 다른 수준의 정보를 제공한다. 하지만 이 두 수준의 정보만으로 알 수 없는 것도 있다. 측정값의 마지막 수준은 애플리케이션에서 우리가 직접 노출시키는 핵심 정보로 구성된 애플리케이션 측정값이다. 애플리케이션 측정값은 컴포넌트가 처리하는 이벤트의 수, 평균 응답 처리 시간처럼 연산 중심의 정보일 수도 있고, 현재 시스템을 사용 중인 활성 사용자 수나 새로운 서비스를 사용하는 사용자 수와 같이 비즈니스 중심의 정보일 수도 있다.

프로메테우스 클라이언트 라이브러리를 사용해도 이러한 애플리케이션 측정값을 수집할 수 있다. 하지만 이런 정보를 수집하기 위해서는 애플리케이션에서 명시적으로 이들 정보를 생성하는 코드를 작성해야 한다. 아주 어려운 작업은 아니다. 예제 9-1은 Node.js 프로메테우스 라이브러리를 access-log 컴포넌트에서 사용한 예다. 지금 다짜고짜 복잡한 코드를 독자 여러분께 들이밀지는 않겠지만, 컨테이너를 더욱 폭넓게 활용하다 보면 반드시 프로메테우스를 다루게 될 때가 온다. 이 코드 조각에는 이때 참고할 수 있는 몇 가지 중요한 요소가 담겨 있다.

예제 9-1 Node.js에서 커스텀 프로메테우스 측정값을 선언하고 사용하기

```
// 측정값 선언하기
const accessCounter = new prom.Counter({
  name: "access_log_total",
  help: "Access Log - 총 로그 수"
});

const clientIpGauge = new prom.Gauge({
  name: "access_client_ip_current",
  help: "Access Log - 현재 접속 중인 IP 주소"
});

// 측정값 갱신하기
accessCounter.inc();
clientIpGauge.set(countOfIpAddresses);
```

이번 장의 예제 코드를 보면, Go 언어로 구현된 image-gallery 애플리케이션과 자바로 구현된 REST API image-of-the-day 애플리케이션에 내가 정의해 추가한 측정값을 볼 수 있을 것이다. 두 애플리케이션에서 프로메테우스 클라이언트 라이브러리는 서로 다른 방식으로 동작한다. main.go 파일에서도 Node.js 소스 코드에서처럼 먼저 카운터와 게이지를 초기화하지만, 그다음에는 측정값을 명시적으로 갱신하지 않고 라이브러리에서 제공되는 핸들러로 처리한다. 자바 애플리케이션에서 사용된 방식은 이와는 또 다르다. ImageController.java 파일을 보면 @Timed 어노테이션과 registry.counter 객체를 증가시키는 방식을 사용했다. 두 클라이언트 모두 해당 언어에서 가장 합리적인 방식으로 동작한다.

프로메테우스의 측정값에도 몇 가지 유형이 있다. 이 애플리케이션에서 사용한 유형은 그중에서도 가장 간단한 종류인 카운터와 게이지다. 카운터와 게이지는 모두 숫잣값인데, 카운터의 값은 현상 유지 혹은 증가만 가능하고 게이지의 값은 증가와 감소가 모두 가능하다. 가장 적합한 측정값 유형을 정하고 정확한 시점에 값을 갱신하는 것은 독자 여러분, 즉 애플리케이션 개발자에게 달렸다. 나머지는 프로메테우스 라이브러리가 대신 처리해 준다.

> **실습** 지난 실습에서 실행했던 image-gallery 애플리케이션이 아직 실행 중이며 측정값이 수집되는 중이다. 애플리케이션에 조금 부하를 가한 다음, 해당 애플리케이션의 측정값이 출력되는 엔드포인트에 접근해 보자.

```
# 반복문을 돌며 다섯 번의 HTTP GET 요청을 보낸다(윈도)
for ($i=1; $i -le 5; $i++) { iwr -useb http://localhost:8010 | Out-Null }

# 반복문을 돌며 다섯 번의 HTTP GET 요청을 보낸다(리눅스)
for i in {1..5}; do curl http://localhost:8010 > /dev/null; done

# 웹 브라우저에서 http://localhost:8012/metrics에 접근한다
```

그림 9-7에 나의 환경에서 실행한 결과를 실었다. 이 명령을 실행한 후 몇 차례 더 API에 요청을 보냈다. 처음 두 개의 레코드는 내가 추가한 커스텀 측정값으로, API에 들어온 요청의 횟수와 서비스를 이용한 IP 주소의 총개수를 기록한 것이다. 간단한 측정값이지만(그나마 IP 주소의 수는 실제 값도 아니다), 측정값을 수집한다는 목적은 충분히 달성했다. 프로메테우스를 사용해 이보다 더 복잡한 측정값도 수집할 수 있다. 하지만 간단한 카운터나 게이지 같은 측정값으로도 애플리케이션의 상세한 상황을 알 수 있다.

❤ 그림 9-7 Node.js 런타임의 정보와 커스텀 측정값을 제공하는 측정값 엔드포인트

Node.js 런타임에 대한 측정값과 커스텀 측정값이 한 엔드포인트에서 함께 제공된다.

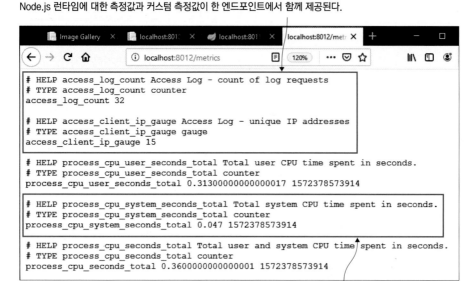

Node.js 런타임 측정값은 클라이언트 라이브러리가 생성한 것이다.
해당 부분은 사용된 총 CPU 시간이다.

어떤 값을 수집할지는 어떤 애플리케이션이냐에 따라 달라진다. 하지만 다음 목록을 대강의 기준으로 삼을 수 있다. 이 책을 완독하고 나서 독자 여러분의 애플리케이션에 상세한 모니터링을 추가할 때 이 목록을 다시 참고하기 바란다.

- (만약 있다면) 외부 시스템과의 통신에 걸린 시간과 성공적으로 응답을 받았는지 여부에 대한 기록. 이 측정값으로 외부 시스템이 애플리케이션의 속도나 이상 상태에 영향을 줬는지 알 수 있다.

- 로그로 남길 가치가 있는 모든 정보. 로그로 남기는 것보다는 측정값으로 수집하는 편이 메모리, 디스크 용량, CPU 시간 면에서 저렴하고 추세를 볼 수 있도록 시각화하기도 쉽다.

- 사업 부서에서 필요로 하는 애플리케이션의 상태 및 사용자 행동에 관한 모든 정보. 측정값을 활용하면 과거 정보를 수고를 들여 보고하는 대신 실시간 정보로 대시보드를 구성할 수 있다.

9.3 측정값 수집을 맡을 프로메테우스 컨테이너 실행하기

프로메테우스는 직접 측정값을 대상 시스템에서 받아다 수집하는 풀링 방식으로 동작한다. 프로메테우스에서는 측정값을 수집하는 이 과정을 스크래핑(scraping)이라고 한다. 프로메테우스를 실행하면 스크래핑 대상 엔드포인트를 설정해야 한다. 운영 환경의 컨테이너 플랫폼에서는 클러스터에 있는 모든 컨테이너를 찾도록 설정할 수도 있다. 단일 서버의 도커 컴포즈 환경에서는 서비스 목록으로 도커 네트워크의 DNS를 통해 대상 컨테이너를 자동으로 찾는다.

예제 9-2는 image-gallery 애플리케이션의 두 컴포넌트로부터 측정값을 스크래핑하기 위해 내가 사용한 설정이다. 전역 설정인 global 항목을 보면 스크래핑 간격이 기본값인 10초로 설정돼 있고, 각 컴포넌트마다 스크래핑 작업을 의미하는 job 설정이 정의돼 있다. job 설정은 해당 스크래핑 작업의 이름과 측정값을 수집할 엔드포인트, 대상 컨테이너를 지정하는 정보로 구성된다. 이 설정에는 두 가지 유형이 있다. 첫 번째는 정적 설정인 static_config인데 호스트명으로 단일 컨테이너를 지정하며, 두 번째는 dns_sd_config로 DNS 서비스 디스커버리 기능을 통해 여러 컨테이너를 지정할 수 있고 스케일링에 따라 대상 컨테이너를 자동으로 확대할 수도 있다.

예제 9-2 애플리케이션 측정값을 스크래핑하기 위한 프로메테우스 설정

```
global:
  scrape_interval: 10s

scrape_configs:
  - job_name: "image-gallery"
    metrics_path: /metrics
    static_configs:
      - targets: ["image-gallery"]

  - job_name: "iotd-api"
    metrics_path: /actuator/prometheus
    static_configs:
      - targets: ["iotd"]

  - job_name: "access-log"
    metrics_path: /metrics
    dns_sd_configs:
```

```
  - names:
    - accesslog
      type: A
      port: 80
```

이 설정을 따르면 프로메테우스가 10초마다 한 번씩 모든 컨테이너에서 측정값을 수집한다. 컨테이너의 IP 주소를 알기 위해 DNS를 사용하지만, image-gallery에 대한 설정은 단일 컨테이너를 대상으로 하는 설정이므로 이 컴포넌트에 스케일링을 적용하면 의도하지 않은 동작을 보일 수 있다. 프로메테우스는 DNS의 응답 중에서 가장 앞에 오는 IP 주소를 사용하므로 도커 엔진이 DNS 응답을 통해 로드 밸런싱을 적용한 경우 그 컨테이너 모두에서 측정값을 받아올 수 있다. accesslog 컴포넌트의 스크래핑은 여러 IP 주소를 상정해 설정됐으므로 모든 컨테이너의 IP 주소를 목록으로 만들어 이들 모두에게서 같은 간격으로 측정값을 수집한다. 그림 9-8은 스크래핑이 실제 일어나는 과정을 나타낸 것이다.

▼ 그림 9-8 애플리케이션 컨테이너에서 측정값을 수집하도록 설정된 프로메테우스 컨테이너의 동작

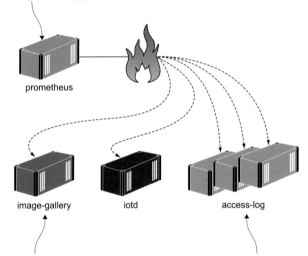

프로메테우스 도커 이미지는
스크래핑 간격의 기본값이 10초로 설정돼 있다.

prometheus

image-gallery   iotd   access-log

Go와 자바로 구현된 컴포넌트는
단일 컨테이너로 구성된다. 프로메테우스는
이들 컴포넌트의 설정을 static_config로
설정해 해당 도메인 네임의 IP 주소를 하나로
간주한다.

반면 Node.js로 구현된 컴포넌트는 세 개 이상의 컨테이너로
동작 중이다. 이 컴포넌트에 대한 설정은 dns_sd_config로
돼 있어 DNS의 서비스 디스커버리 기능을 사용해 DNS 조회
결과로 나오는 모든 IP 주소를 대상으로 한다.

나는 image-gallery 애플리케이션을 위해 따로 설정된 프로메테우스 도커 이미지를 만들어 두었다. 이 이미지는 프로메테우스 공식 이미지를 기반으로 나의 설정 파일을 추가한 것이다(이번 장

의 예제 코드에 이 이미지의 Dockerfile 스크립트가 들어 있다). 이런 방법으로 원하는 설정값이 기본값으로 포함된 프로메테우스 이미지를 만들면 매번 추가로 설정을 작성하지 않아도 되며, 필요한 경우에는 기본값을 수정할 수 있다.

측정값은 여러 컨테이너에서 수집할 때 한층 더 흥미롭다. image-gallery 애플리케이션의 Node.js 컴포넌트를 스케일링해 컨테이너의 수를 증가시키면 프로메테우스가 이들 컨테이너 모두에서 측정값을 수집한다.

실습 예제 코드의 연습 문제 디렉터리에는 또 다른 도커 컴포즈 파일이 있다. 이 파일은 access-log 서비스의 공개 포트를 무작위로 설정하기 때문에 해당 서비스에 스케일링을 적용할 수 있다. 세 개의 컨테이너로 이 서비스를 실행하고 웹 애플리케이션에서 부하를 가해 보자.

```
docker-compose -f docker-compose-scale.yml up -d --scale accesslog=3

# HTTP GET 요청을 열 번 보냄(윈도)
for ($i=1; $i -le 10; $i++) { iwr -useb http://localhost:8010 | Out-Null }

# HTTP GET 요청을 열 번 보냄(리눅스)
for i in {1..10}; do curl http://localhost:8010 > /dev/null; done
```

웹 애플리케이션은 요청을 받을 때마다 access-log 서비스를 호출할 것이고, access-log 서비스는 세 개의 컨테이너가 동작 중이므로 서비스에 대한 요청은 이들 컨테이너에 고르게 분배될 것이다. access-log 서비스에 로드 밸런싱이 잘 적용됐는지 어떻게 검증할 수 있을까? 애플리케이션 컴포넌트에서 수집한 측정값에는 측정값이 수집된 컨테이너의 호스트명 정보(여기서는 컨테이너 식별자)를 포함한다. 프로메테우스 웹 인터페이스를 열고 access-log 컴포넌트의 측정값을 살펴보자. 데이터가 세 개의 세트로 나뉜 것을 볼 수 있다.

실습 웹 브라우저에서 http://localhost:9090/graph에 접근해 측정값 드롭다운 메뉴에서 access_log_total을 선택하고 **Execute**를 클릭하라.

그러면 그림 9-9와 비슷한 화면이 출력된다. 화면에 세 개의 측정값이 출력됐는데, 측정값 레이블에 컨테이너의 호스트명이 포함된 것으로 보아 컨테이너마다 한 측정값이 수집됐다. 이 측정값의 값(value) 항목을 보면 로드 밸런싱이 얼마나 고르게 부하를 분배했는지 알 수 있다. 이상적인 상황이라면 이 측정값이 모두 같겠지만, 로드 밸런싱에 네트워크가 관여하는 부분(DNS 캐시 혹은 HTTP keep-alive 커넥션 등)이 많으므로 단일 서버에서 도커를 실행했다면 측정값이 완전히 같은 경우는 보기 어렵다.

레이블을 붙여 측정값에 정보를 추가하는 기능은 프로메테우스의 기능 중에서도 가장 강력한 것 중 하나다. 이 기능을 활용하면 같은 측정값을 다양한 입도(granularity)에서 다룰 수 있다. 여러분이 지금 보는 것은 날것 그대로의 측정값이다. 표 모양으로 구성되며 각 줄이 하나의 컨테이너에서 수집한 가장 최근 값이 된다. sum() 쿼리를 사용해 레이블을 무시하고 합을 구해 모든 컨테이너의 값을 통합할 수도 있으며, 이를 그래프로 나타내 사용량이 증가하는 추세를 확인할 수도 있다.

❤ 그림 9–9 측정값을 처리해 로드 밸런싱으로 요청이 고르게 분배되고 있는지 확인할 수 있다.

Node.js 애플리케이션의 커스텀 카운터 측정값으로,
처리된 요청 수가 기록된다.

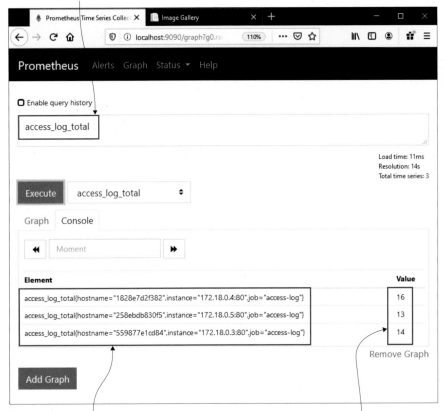

프로메테우스는 세 컨테이너 모두에서
측정값을 수집해 저장한다. hostname
필드의 값이 컨테이너 식별자이므로
측정값 레코드를 구별할 수 있다.

세 컨테이너 모두 많은 수의 요청을 처리했다.
이로써 로드 밸런싱이 제대로 동작하고 있음을
알 수 있다. 요청이 완전히 동등하게 분배되지는
않았으나 상당히 고르게 분배됐다.

실습 프로메테우스 웹 UI에서 **Add Graph** 버튼을 클릭하면 새로운 쿼리로 그래프를 추가할 수 있다. 표현식 텍스트박스에 다음 쿼리를 입력하라.

sum(access_log_total) without(hostname, instance)

이어서 **Execute** 버튼을 클릭하면 시간 축에 대한 선 그래프를 볼 수 있다(**Graph** 탭). 프로메테우스는 시간 축에 대한 선 그래프 형태로 측정값의 추이를 보여 준다.

그래프를 추가하기 전에 로컬 컴퓨터에서 몇 차례 더 HTTP 요청을 보냈다. 나의 환경에서 출력된 내용은 그림 9-10과 같다.

▼ 그림 9-10 모든 컨테이너의 측정값을 합한 값으로 그린 선 그래프

이 쿼리를 통해 모든 컨테이너의 access_log_total 측정값이
hostname과 instance를 따지지 않고 합해진다.

그래프 뷰로 넘어가면 시간 축에 따른 쿼리 결과의 추이를 보여 준다.
이 측정값은 카운터이기 때문에 시간에 따라 증가하는 패턴을 보인다.

sum() 쿼리는 프로메테우스에서 쓰이는 쿼리 언어인 PromQL로 구현돼 있다. PromQL은 쿼리 값의 시간에 따른 추이 또는 변화율을 확인하거나 측정값 간의 상관관계를 보여 주는 여러 통계 함수를 갖추고 있다. 하지만 유용한 대시보드를 꾸리는 데 꼭 이런 기능까지 필요하지는 않다. 프로메테우스 포맷은 구조화가 잘돼 있기 때문에 간단한 쿼리로도 핵심 측정값을 쉽게 시각화할 수 있다. 레이블을 이용한 필터를 적용하거나 합을 구하는 등의 기본적인 기능만으로도 쓸 만한 대시 보드를 작성할 수 있다.

그림 9-11은 대시보드를 구성하기 위해 쓰이는 쿼리의 전형적인 예다. 이 쿼리는 image_gallery_ request 측정값을 통합한 다음, 그중 응답 코드가 200인 것을 추려 instance 레이블과 무관하게 이 값을 합하는 쿼리다. 그러므로 모든 컨테이너의 측정값이 합해진다. 결국 쿼리의 결괏값은 image-gallery 애플리케이션의 응답 중 응답 코드가 200인 응답의 총횟수다.

프로메테우스 웹 UI는 현재 설정을 확인하는 데도 유용하다. 모든 스크랩 대상이 접근 가능한 상태인지, 쿼리가 처리 중인지도 확인할 수 있다. 그러나 이 자체가 대시보드라고 할 수는 없다. 대시보드를 만들려면 그라파나(Grafana)를 사용해야 한다.

❤ 그림 9-11 간단한 프로메테우스 쿼리의 예. 이 쿼리보다 복잡한 쿼리를 사용할 일은 드물다.

중괄호는 SQL의 WHERE나 HAVING 절처럼 필터 조건을 지정하는 데 쓰인다.
이 쿼리의 결과에는 HTTP 응답 코드를 나타내는 레이블 code의 값이
200인 측정값만이 포함된다.

```
sum(image_gallery_requests_total{code="200"}) without(instance)
```

sum() 함수는 괄호 안 표현식의 결과를 통합하는 역할을 한다. 이 표현식은 HTTP 응답이 OK인 측정값을 합하라는 의미다.

without 함수는 측정값을 통합할 때 무시할 레이블을 지정하는 데 쓰이며, SQL의 GROUP BY와 비슷한 역할을 한다. 이 표현식의 의미는 instance의 값을 무시하므로 모든 인스턴스의 값을 합하라는 의미다.

9.4 측정값 시각화를 위한 그라파나 컨테이너 실행하기

모니터링은 컨테이너의 주제 중에서도 핵심에 속하는 만큼, 이번 장에서 다룰 내용이 많다. 하지만 세세한 조정은 애플리케이션의 상황에 따라 크게 달라지므로 여기서는 대략적인 내용만을 설명한다. 어떤 측정값을 수집할 것인지는 비즈니스의 목표와 운영상의 필요에 따라 결정된다. 그리고 측정값을 어떻게 수집할 것인가는 애플리케이션을 구동하는 런타임과 이 런타임에서 동작하는 프로메테우스 클라이언트의 작동 방식에 달렸다.

프로메테우스를 사용해 데이터를 수집했다면, 그 뒤에 할 일은 비교적 간단하다. 어떤 애플리케이션이라도 적용할 수 있는 표준적인 절차가 있다. 측정값을 열람하거나 데이터 시각화를 위한 쿼리를 확인하고 손보는 데는 프로메테우스 웹 UI를 사용하고, 이 쿼리를 연결해 대시보드를 구성하는 데는 그라파나를 사용한다. 각 데이터 점(data point)은 이해하기 쉽게 시각화되며, 대시보드로 애플리케이션의 상황을 일목요연하게 파악할 수 있다.

이번 장의 내용을 진행하며 그라파나로 image-gallery 애플리케이션의 대시보드를 만들 준비를 해 왔다. 그림 9-12는 완성된 대시보드의 모습을 실은 것이다. 대시보드는 애플리케이션의 모든 구성 요소와 도커 런타임의 상태를 한눈에 알 수 있는 유용한 수단이다. 이 대시보드에 사용된 쿼리는 스케일링을 지원하도록 작성됐으므로 운영 클러스터에서도 대시보드를 수정 없이 사용할 수 있다.

그라파나 대시보드는 애플리케이션의 핵심 정보를 다양한 수준에서 제공한다. 얼핏 복잡해 보이지만 시각화된 그래프 하나하나는 PromQL로 작성된 단일 쿼리로 그려지며, 이들 쿼리는 측정값의 취합이나 필터링 이상의 복잡한 작업을 필요로 하지 않는다. 그림 9-12에 실린 축소된 화면으로는 어떤 정보가 실렸는지 모두 파악하기 어렵겠지만, 내가 작성한 커스텀 그라파나 이미지에 이 대시보드를 넣어 두었으므로 직접 컨테이너에서 실행시켜 볼 수 있다.

❤ 그림 9–12 애플리케이션의 정보를 보여 주는 그라파나 대시보드. 복잡해 보이지만 간단하게 만들 수 있다.

그라파나 대시보드의 전체 모습. 각 그래프는 프로메테우스 쿼리 하나의 결과로 구성된 것이다.
행별로 각 컴포넌트의 핵심 지표가 담긴 대시보드가 열거된 구조다.

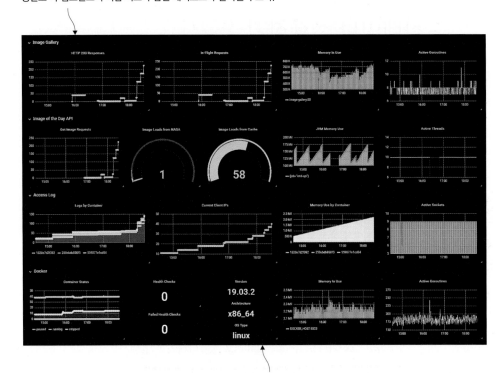

마지막 행은 도커 엔진에 대한 정보다. 컨테이너에 대한 측정값부터
상세한 설정까지 알 수 있다.

실습 다시 한 번 로컬 컴퓨터의 IP 주소를 확인해 두기 바란다. 환경 변수로 저장된 IP 주소는
컴포즈 파일을 통해 프로메테우스 컨테이너로 전달된다. 도커 컴포즈로 애플리케이션을 실행
한 다음 약간의 부하를 가한다.

```
# 로컬 컴퓨터의 IP 주소를 환경 변수로 저장하기(윈도)
$env:HOST_IP = $(Get-NetIPConfiguration | Where-Object {$_.IPv4DefaultGateway -ne
$null }).IPv4Address.IPAddress

# 로컬 컴퓨터의 IP 주소를 환경 변수로 저장하기(리눅스)
export HOST_IP=$(ip route get 1 | awk '{print $NF;exit}')

# 그라파나가 포함된 컴포즈 파일로 애플리케이션을 실행
docker-compose -f ./docker-compose-with-grafana.yml up -d --scale accesslog=3

# 측정값에 변화가 생기도록 부하를 약간 가하기(윈도)
for ($i=1; $i -le 20; $i++) { iwr -useb http://localhost:8010 | Out-Null }
```

```
# 측정값에 변화가 생기도록 부하를 약간 가하기(리눅스)
for i in {1..20}; do curl http://localhost:8010 > /dev/null; done

# 웹 브라우저에서 http://localhost:3000에 접근
```

그라파나의 웹 UI는 포트 3000을 사용하며, 웹 브라우저에서 처음 접근하면 로그인을 요구한다. 초기 사용자명은 admin, 패스워드도 admin이다. 첫 로그인 후에는 패스워드를 바꿔야 하겠지만, 지금은 **Skip**을 클릭해 넘어가도 무방할 것이다. 사용자 인터페이스가 로딩되면 '홈' 대시보드를 볼 수 있다. 화면 좌상단의 홈 링크를 클릭하면 그림 9-13과 같은 대시보드 목록 화면을 볼 수 있다. image-gallery 항목을 클릭해 애플리케이션 대시보드로 이동한다.

▼ 그림 9-13 그라파나의 대시보드 목록 화면. 최근에 사용했던 폴더가 표시된다.

이 컨테이너를 실행한 도커 이미지에는 그라파나 외에
대시보드 구성 설정도 포함된다.

그라파나에 여러 개의 대시보드를 설정할 수 있다.
홈 링크를 누르면 지금 사용 가능한 대시보드의 목록
화면으로 이동한다.

내가 만든 대시보드는 운영 환경에도 적용 가능하게 구성됐다. 대시보드를 어떤 측정값으로 구성해야 하는지 궁금하다면 구글에서 제공하는 문서인 '사이트 신뢰성 엔지니어링(Site Reliability Engineering)(http://mng.bz/EdZj)'을 참고하기 바란다. 이 문서에서는 주로 지연 시간, 트래픽, 오류, 가용 시스템 자원을 주요 측정값으로 지목하는데, 이들을 합쳐 '골든 시그널'이라고 부른다.

내가 만든 대시보드의 그래프와 그래프를 만든 쿼리를 하나하나 살펴보며, 이 정도의 대시보드를 만드는 데 복잡한 쿼리가 필요하지 않다는 것을 직접 확인해 보자. 그림 9-14는 image-gallery 웹 인터페이스에서 수집된 측정값을 보여 주는 그래프다. 그림에서는 한눈에 보기 쉽도록 세로로 배열됐으나, 실제로는 대시보드에서 한 행으로 표시되는 그래프들이다.

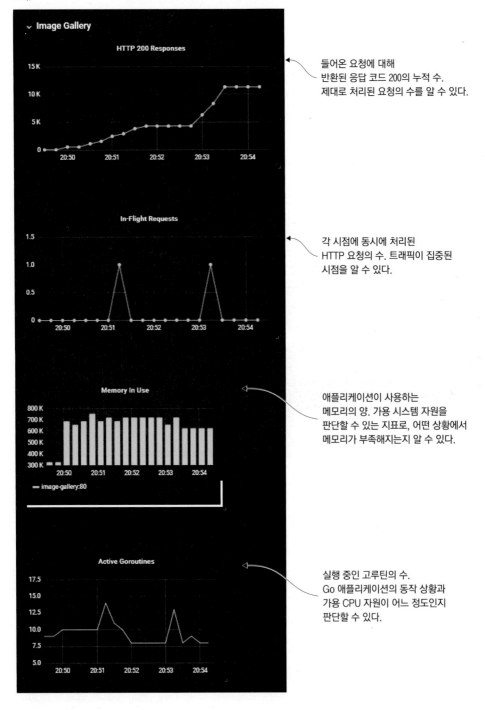

들어온 요청에 대해
반환된 응답 코드 200의 누적 수.
제대로 처리된 요청의 수를 알 수 있다.

각 시점에 동시에 처리된
HTTP 요청의 수. 트래픽이 집중된
시점을 알 수 있다.

애플리케이션이 사용하는
메모리의 양. 가용 시스템 자원을
판단할 수 있는 지표로, 어떤 상황에서
메모리가 부족해지는지 알 수 있다.

실행 중인 고루틴의 수.
Go 애플리케이션의 동작 상황과
가용 CPU 자원이 어느 정도인지
판단할 수 있다.

이 대시보드에는 애플리케이션의 부하가 얼마나 되는지, 이를 감당하기 위한 시스템의 부하는 어느 정도인지 판단할 수 있는 다음 네 가지 측정값이 쓰였다.

- **HTTP 응답 코드 200으로 처리된 응답의 수**: 이 값은 요청에 대해 HTTP 200 응답을 보낸 누적 개수다. 이 값을 계산하기 위해 카운터 측정값을 누적 계산하는 다음과 같은 PromQL 쿼리가 쓰였다.

```
sum(image_gallery_requests_total{code="200"}) without(instance)
```

필터링 조건을 바꿔 code="500"을 적용한다면 서버 오류의 누적 개수가 된다.

- **현재 처리 중인 요청 수**: 이 값은 해당 시점에 처리 중인 요청의 수다. 게이지 측정값이므로 증가와 감소가 가능하다. 또한, 필터링 조건 없이 전체 컨테이너의 측정값을 합산한다. 그러므로 이번에도 sum() 쿼리의 형태로 다음 쿼리가 쓰인다.

```
sum(image_gallery_in_flight_requests) without(instance)
```

- **메모리 사용량**: 이 값은 image-gallery 애플리케이션의 컨테이너가 현재 사용 중인 메모리 용량이다. 그래프는 막대 그래프 형태로 사용량의 변동을 쉽게 비교할 수 있다. 스케일링을 통해 컨테이너 수를 증가시키면 막대 수가 늘어난다. 메모리 사용량에서 잡 이름에 필터링 조건을 걸어 다음과 같은 쿼리를 사용한다.

```
go_memstats_stack_inuse_bytes{job="image-gallery"}
```

이 필터링 조건이 필요한 이유는 이 측정값이 Go 런타임의 표준 측정값이므로 도커 엔진에 대한 정보도 같은 이름의 측정값으로 수집되기 때문이다.

- **활성 고루틴 수**: 해당 컴포넌트의 부하를 나타내는 대략적인 지표다. 고루틴이란 Go로 구현된 프로그램에서 작업의 단위를 의미한다. 또한, 여러 개의 고루틴이 동시에 실행될 수 있다. 이 그래프를 통해 웹 컴포넌트의 부하에 급격한 증가가 있었는지 알 수 있다. 활성 고루틴 수 또한 메모리 사용량과 마찬가지로 Go 런타임의 표준 측정값이므로 잡 이름에 필터링 조건을 걸어 수집한다.

```
sum(go_goroutines{job="image_gallery"}) without(instance)
```

대시보드의 다른 행에 포함된 그래프도 모두 이와 비슷한 쿼리를 사용한다. 중요한 것은 복잡한 PromQL 쿼리가 아니라 적확한 측정값을 골라 필요한 정보를 드러내도록 잘 시각화하는 것이다.

대시보드의 그래프는 절대적인 값보다는 변화하는 추세에서 알 수 있는 정보가 더 많다. 이 웹 애플리케이션을 구동하며 사용하는 평균 메모리 용량이 200MB이든 800MB이든, 그건 중요치 않다. 중요한 것은 이 평균값에서 벗어나 수치가 튀어오르는 순간이 언제인지다. 컴포넌트의 측정값을 조합해 애플리케이션의 컴포넌트에 발생한 이상 현상과 이들의 상관관계를 찾아야 한다. 서버 오류 응답 수의 그래프가 상승일로에 있고 활성 고루틴의 수가 몇 초마다 두 배씩 증가하고 있다면 분명히 시스템에 이상이 생긴 것이라 할 수 있다. 해당 컴포넌트의 잔여 처리 용량이 빠르게 감소하고 있으므로 스케일링을 통해 컨테이너를 추가 투입함으로써 부하를 처리해야 한다.

그라파나는 강력한 도구이면서도 사용하기 쉽다. 현대적인 애플리케이션의 모니터링에는 가장 널리 쓰이는 도구이므로 배워 둘 가치가 있다. 다양한 데이터 소스로부터 질의를 수행할 수 있고, 또 여러 시스템에 경고를 보내는 기능도 갖추고 있다. 대시보드를 새로 만드는 것도 기존 대시보드를 수정하는 것과 다를 바 없다. 그래프(그라파나에서는 패널이라고 부른다)를 추가하거나 수정하고, 대시보드상에서 크기나 위치를 조절한 다음 대시보드 구성을 파일에 저장하면 된다.

실습 구글의 '사이트 신뢰성 엔지니어링' 문서에서는 HTTP 응답 오류 수를 핵심 측정값으로 지목하고 있는데, 조금 전 본 대시보드에는 이 측정값이 빠져 있으므로 새로 추가하려고 한다. 현재 애플리케이션을 실행하고 있지 않다면 image-gallery 애플리케이션을 재시작한 다음, 웹 브라우저에서 http://localhost:3000에 접근해 그라파나 사용자 인터페이스를 띄우고 사용자명 admin, 패스워드 admin으로 로그인한다.

image-gallery 대시보드를 열어 화면 오른쪽 상단의 **Add Panel** 아이콘을 클릭한다. 그림 9-15에서 보듯 막대 그래프에 더하기 표시가 달린 아이콘이다.

▼ 그림 9-15 그라파나 툴바의 모습. 이 툴바의 아이콘을 클릭해 패널을 추가하거나 대상 기간을 선택하거나 대시보드를 저장할 수 있다.

그라파나 사용자 인터페이스의 우상단에 이 툴바가 위치한다.

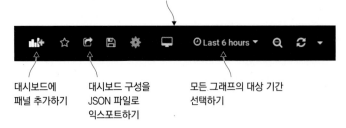

대시보드에
패널 추가하기

대시보드 구성을
JSON 파일로
익스포트하기

모든 그래프의 대상 기간
선택하기

이제 패널 추가하기 창에서 **Add Query**를 클릭해 쿼리를 추가한다. 그러면 그래프의 세세한 조절 옵션을 지정할 수 있는 화면이 나타난다. 데이터 소스로 프로메테우스를 선택하고 metrics 필드에 다음과 같은 PromQL 쿼리를 붙여 넣는다.

sum(image_gallery_requests_total{code="500"}) without(instance)

그림 9-16에 실린 것과 비슷한 패널이 새로 추가됐을 것이다. image-gallery 애플리케이션은 요청의 10% 정도를 오류로 응답한다. 그러므로 요청 수를 충분히 늘려 보면 독자 여러분의 그래프에서도 오류 수를 볼 수 있을 것이다.

ESC를 눌러 주 대시보드 화면으로 돌아간다.

패널의 오른쪽 하단을 마우스로 드래그하면 패널의 크기를 조절할 수 있으며, 타이틀 부분을 드래그하면 위치를 조정할 수 있다. 대시보드를 원하는 대로 구성했다면 툴바에서 **Share Dashboard** 아이콘(그림 9-15 참조)을 클릭해 JSON 파일로 내보낸다(export).

마지막 단계는 지금까지 만든 데이터 소스 및 대시보드 설정을 포함시켜 그라파나 도커 이미지를 만드는 것이다. 나는 이 설정을 포함하는 diamol/ch09-grafana 이미지를 만들었다. 예제 9-3은 이 이미지의 전체 Dockerfile 스크립트다.

예제 9-3 커스텀 그라파나 이미지의 Dockerfile 스크립트

```
FROM diamol/grafana:6.4.3

COPY datasource-prometheus.yaml ${GF_PATHS_PROVISIONING}/datasources/
COPY dashboard-provider.yaml ${GF_PATHS_PROVISIONING}/dashboards/
COPY dashboard.json /var/lib/grafana/dashboards/
```

그라파나의 패널 추가 화면. 그래프 유형을 선택하고 제목과 범례를 작성한 다음,
그래프에 나타낼 데이터를 받아오기 위한 쿼리를 지정한다.

쿼리의 대상 데이터 소스가 프로메테우스이므로
그라파나 컨테이너가 프로메테우스 컨테이너에
쿼리를 전달한다.

표시된 부분이 쿼리다. 이 쿼리를 이용해 지정된 기간
동안의 HTTP 서버 오류 응답 수 데이터를 받아오고,
이 데이터를 그래프로 나타낸다.

Dockerfile 스크립트를 보면 특정 버전의 그라파나 이미지를 기반 이미지로 삼은 다음, 몇 가지 YAML 파일과 JSON 파일을 이미지로 복사한다. 그라파나 역시 앞서 본문에서 소개한 설정 패턴을 그대로 사용한다. 기본 설정은 이미지에 내장시키고 필요한 설정만 변경해서 사용하는 것이다. 컨테이너를 실행하면 그라파나가 실행되며, 특정 폴더의 파일을 뒤져보고 설정 파일을 발견하면 그 내용을 그대로 설정에 적용한다. YAML 파일은 각각 프로메테우스에 연결하기 위한 정보와 /var/lib/Grafana/dashboards 디렉터리에서 대시보드 구성을 읽으라는 내용을 담고 있다. 마지막 인스트럭션은 지금 만든 대시보드 구성 파일을 설정된 디렉터리에 복사하는 내용이다. 그라파나 프로비저닝에는 이보다 더 많은 기능이 있으며, 그라파나 사용자를 생성하고 별도

의 설정을 추가할 수도 있다. 이 이미지를 약간 수정해 여러 개의 대시보드와 이들 대시보드가 모두 포함된 플레이리스트, 대시보드 열람만 가능하고 수정 권한이 없는 사용자를 포함하는 커스텀 이미지를 쉽게 만들 수 있다. 그다음에는 사무실에서 큰 스크린으로 대시보드를 그대로 순환하며 보여 주면 된다.

9.5 / 투명성의 수준

간단한 개념 검증 수준의 프로덕트에서 실제 서비스가 가능한 수준으로 나아가기 위해서는 투명성(observability)이 반드시 필요하다. 하지만 이번 장에서 프로메테우스와 그라파나를 소개한 이유가 단지 이것 때문만은 아니다. 또한, 도커를 익힌다는 것은 Dockerfile 스크립트와 도커 컴포즈 스크립트 작성법을 배우는 것만이 아니다. 도커의 진짜 매력은 컨테이너를 중심으로 만들어진 생태계와 이들 생태계를 구성하는 도구를 적용하는 패턴에 있다.

컨테이너 기술 초기의 모니터링은 정말 골치 아픈 문제였다. 운영 환경에 배포하는 과정은 그때나 지금이나 별반 다를 것이 없지만, 운영 환경에 투입한 애플리케이션의 상태를 파악하기가 너무 어려웠다. 당시로서는 핑덤(Pingdom) 같은 외부 서비스로 API의 동작 상태를 확인하거나 사용자 리포팅에 의존하는 수밖에 없었다. 오늘날의 컨테이너 모니터링은 이미 시행착오를 거친 신뢰성 있는 수단을 사용하며, 이번 장에서 배운 내용이 바로 그것이다. 그림 9-17에 컨테이너 모니터링의 개요를 정리했다.

▼ 그림 9–17 컨테이너화된 애플리케이션의 모니터링 과정. 프로메테우스가 모니터링의 중심이 된다.

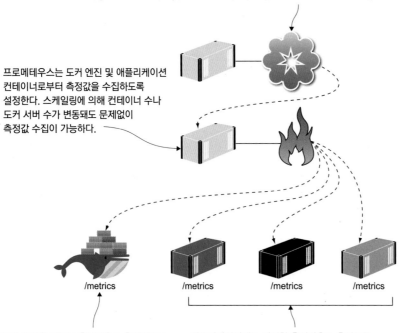

그라파나는 핵심 측정값을 정리해서 대시보드를 구성하도록 설정한다.
측정값 데이터는 각 그래프마다 프로메테우스에 PromQL 쿼리로 질의한 결과다.

프로메테우스는 도커 엔진 및 애플리케이션
컨테이너로부터 측정값을 수집하도록
설정한다. 스케일링에 의해 컨테이너 수나
도커 서버 수가 변동돼도 문제없이
측정값 수집이 가능하다.

/metrics /metrics /metrics /metrics

도커 엔진은 외부로 측정값을 노출시키도록
설정한다. 이를 통해 컨테이너 및 호스트
컴퓨터에 대한 인프라스트럭처 정보를
얻을 수 있다.

애플리케이션에는 생성한 측정값을 노출하도록
엔드포인트를 만든다. 이 측정값은 런타임 수준의 성능 정보와
애플리케이션 내부 상황에 대한 사용자 정의 측정값이다.

본문에서는 image-gallery 애플리케이션의 전체적인 상황을 모니터링하는 대시보드 하나만을 만들었지만, 실제 운영 환경 모니터링이라면 더 자세한 상황을 알려 주는 대시보드가 필요하다. 또 가용한 디스크 용량, CPU, 메모리, 네트워크 자원 등 모든 서버의 상황을 보여 주는 인프라스트럭처 대시보드도 생각해 볼 수 있다. 애플리케이션을 구성하는 각 컴포넌트도 자신만의 추가적인 정보를 모니터링하는 대시보드를 따로 가질 수 있다. 이를테면 웹 애플리케이션의 페이지별로 혹은 API의 엔드포인트별로 응답 시간을 분류해 본다거나 하는 것이 가능하다.

가장 중요한 것은 애플리케이션의 전체 상황을 조망하는 대시보드다. 측정값 중에서 가장 애플리케이션에 중요한 데이터를 모아 하나의 화면으로 구성할 수 있어야 한다. 그래야만 한눈에 이상 상황을 파악하고 사태가 악화되기 전에 과감한 조치를 취할 수 있다.

9.6 연습 문제

이번 장에서는 image-gallery 애플리케이션에 모니터링을 추가해 봤다. 연습 문제는 to-do 애플리케이션에도 마찬가지로 모니터링을 추가하는 것이다. 모니터링을 추가하기 위해 소스 코드에 손을 댈 필요는 없다. 내가 이미 프로메테우스 측정값을 생성하도록 수정한 애플리케이션 이미지를 만들어 두었다. `diamol/ch09-todo-list` 이미지를 실행하고, 웹 브라우저로 애플리케이션에 접근한 다음, 몇 가지 할 일을 추가하라. 그러고 나면 URL `/metrics`에서 생성된 측정값을 볼 수 있을 것이다. 연습 문제는 to-do 애플리케이션도 image-gallery 애플리케이션에 했던 것과 같이 다음 과정을 거치는 것이다.

- 프로메테우스 컨테이너와 그라파나 컨테이너를 함께 실행하도록 도커 컴포즈 스크립트를 작성하라.
- 프로메테우스 컨테이너는 to-do 애플리케이션에서 측정값을 수집하도록 설정돼야 한다.
- 그라파나 컨테이너는 미리 구성된 대시보드를 포함해야 한다. 이 대시보드는 다음과 같은 애플리케이션의 세 가지 핵심 측정값으로 구성된다. 생성된 할 일 수, 처리한 HTTP 요청 수, 현재 처리 중인 HTTP 요청 수

복잡하고 어렵게 들리지만 생각만큼 어렵지는 않다. 앞서 본 실습에서는 그 방법을 자세히 다룬다. 이번 장의 연습 문제는 새로운 애플리케이션에 측정값 수집을 적용하는 경험을 준다는 점에서 유용하다.

다른 장과 마찬가지로 이번 장 연습 문제의 해답도 깃허브 ch09/lab 폴더에서 참고할 수 있다. 내가 만든 대시보드의 이미지도 추가로 첨부했다.

9

컨테이너 모니터링으로 투명성 있는 애플리케이션 만들기

10^장

도커 컴포즈를 이용한 여러 환경 구성

7장에서는 도커 컴포즈 사용법을 다뤘다. 이 과정에서 여러 개의 컨테이너로 구성된 애플리케이션을 YAML로 정의하고 도커 컴포즈 명령을 사용해 이 애플리케이션을 관리하는 방법을 배웠다. 그다음에는 도커 애플리케이션에 모니터링을 추가해 운영 환경에 적합하도록 개선했다. 이제 다시 도커 컴포즈로 돌아올 차례다. 운영 환경을 위한 설정이 필요 없는 환경도 있기 때문이다. 이식성은 도커의 가장 핵심적인 장점이다. 컨테이너로 실행하기 위해 패키징된 애플리케이션은 어떤 환경에 애플리케이션을 배포해도 동일하게 동작한다. 애초에 환경의 차이가 없기 때문이다.

환경 변화는 수동에 의존하는 소프트웨어 배포에서 불가피하게 발생한다. 특정한 업데이트가 누락되거나 의존 모듈이 빠질 수도 있는 등 사용자 테스트 환경은 운영 환경과 다르며, 시스템 테스트 환경은 이와는 또 차이가 있다. 배포가 실패하는 주된 원인은 환경 차이다. 구체적으로 어떤 차이가 원인이었는지 밝혀내고 다시 그 원인을 해결하자면 시간과 노력이 한없이 들어간다. 도커로 이주하며 이 문제가 해결되는 이유도 패키지에 모든 의존 모듈이 함께 들어가기 때문이다. 그러나 환경에 따라 애플리케이션의 동작을 달리해야 할 필요는 여전히 남는다. 이번 장에서 배울 도커 컴포즈의 고급 기능을 사용하면 이러한 문제를 해결할 수 있다.

10.1 도커 컴포즈로 여러 개의 애플리케이션 배포하기

도커 컴포즈는 여러 개의 컨테이너로 구성된 애플리케이션을 단일 도커 엔진 호스트에서 실행하기 위한 도구이며 개발자에게 특히 유용하므로 개발 환경이나 테스트 환경에서 주로 쓰인다. 조직에서는 같은 애플리케이션을 버전을 달리해 서로 다른 환경에서 구동해야 하는 경우가 있다. 이를테면 1.5 버전은 운영 환경에서, 1.5.1 버전은 핫픽스 테스트 환경에서, 1.6 버전은 사용자 테스트 환경에서, 1.7 버전은 시스템 테스트 환경에서 구동하는 식이다. 비운영 환경에서는 스케일링 기능이 필요 없으며 운영 환경만큼의 성능을 요구하지도 않는다. 그러므로 이들 비운영 환경이야말로 도커 컴포즈가 가장 크게 활약할 수 있는 환경이다.

이렇게 여러 환경을 구성해 용도별로 사용하려면, 환경마다 애플리케이션이 다르게 동작하게끔 해야 한다. 무턱대고 여러 컨테이너가 같은 포트를 통해 요청을 받게 하거나, 서버에 있는 같은 파일을 여러 컨테이너가 쓰려고 해서는 안 된다. 이런 것이 가능하려면 도커 컴포즈 파일에서 이런 기능을 지원하게 해야 한다. 그 전에 먼저 도커 컴포즈가 어떤 도커 리소스가 애플리케이션의 일부인지 아닌지 판단하는 원리를 먼저 고려해야 하는데, 그 기준은 레이블의 명명 규칙을 따른다. 그러므로 같은 애플리케이션을 여러 번 실행하고 싶다면 이 기본값을 조금 수정해야 한다.

실습 터미널 창을 열어 이 실습 문제의 디렉터리로 이동한다. 우리가 다뤘던 애플리케이션 두 가지를 실행한다. 그리고 to-do 애플리케이션을 하나 더 실행해 보자.

```
cd ./ch10/exercises

# 무작위 숫자 애플리케이션(8장)을 실행
docker-compose -f ./numbers/docker-compose.yml up -d

# to-do 애플리케이션(6장)을 실행
docker-compose -f ./todo-list/docker-compose.yml up -d

# to-do 애플리케이션을 하나 더 실행
docker-compose -f ./todo-list/docker-compose.yml up -d
```

그러면 그림 10-1과 같은 내용이 출력될 것이다. 서로 다른 디렉터리에 있는 컴포즈 파일로부터 애플리케이션을 실행할 수는 있었지만, 이미 같은 디렉터리에서 실행한 애플리케이션을 하나 더 실행하려고 하니 잘되지 않았다. 출력된 내용을 읽어 보면, 이미 애플리케이션이 잘 실행 중인 것으로 판단하고 더 이상 새로운 컨테이너를 실행하지 않았다.

도커 컴포즈는 도커 리소스가 어떤 애플리케이션의 일부인지 아닌지를 판정하기 위해 프로젝트 (project)라는 개념을 사용한다. 프로젝트 이름의 기본값은 도커 컴포즈 파일이 들어 있던 디렉터리명인데, 도커 컴포즈가 도커 리소스를 만들 때 이 프로젝트 이름을 리소스의 이름에 접두사로 붙이고, 컨테이너 이름에는 번호를 접미사로 붙인다. 예를 들어 설명하면, 컴포즈 파일이 포함된 디렉터리명이 app1이고 이 컴포즈 파일에 정의된 서비스가 web, 볼륨이 disk라면 컴포즈가 실제 이 애플리케이션을 실행할 때 app1_disk라는 볼륨과 app1_web_1이라는 컨테이너를 만든다. 컨테이너 이름 뒤에는 번호가 붙기 때문에 스케일링에도 대응할 수 있다. 만약 서비스 web의 컨테이너를 두 개로 늘렸다면 새로 추가되는 컨테이너의 이름은 app1_web_2가 된다. to-do 애플리케이션을 실행했을 때 어떻게 컨테이너 이름이 지어지는지를 그림 10-2에서 설명한다.

❤ 그림 10-1 도커 컴포즈로 같은 애플리케이션을 다시 실행시켜도 애플리케이션이 두 개 실행되지는 않는다.

numbers 디렉터리 안에 있는
컴포즈 파일에 정의된
애플리케이션을 실행한다.

포즈는 애플리케이션을 구성하는 컨테이너를
실행하는데, 그 이름에 컴포즈 파일이 포함된
디렉터리명을 접두사로 사용한다.

```
PS>cd ./ch10/exercises
PS>
PS>docker-compose -f .\numbers\docker-compose.yml up -d
Creating numbers_numbers-web_1 ... done
Creating numbers_numbers-api_1 ... done
PS>
PS>docker-compose -f .\todo-list\docker-compose.yml up -d
Creating todo-list_todo-web_1 ... done
PS>
PS>docker-compose -f .\todo-list\docker-compose.yml up -d
todo-list_todo-web_1 is up-to-date
PS>_
```

todo-list 디렉터리의 컴포즈 파일에
정의된 애플리케이션을 실행하면
애플리케이션 컨테이너가 생성된다.

앞의 명령을 한 번 더 실행해도 애플리케이션이
하나 더 실행되지 않는다. 이미 실행 중인 애플리케이션이
컴포즈 파일에 기술된 조건을 이미 만족하기 때문이다.

컴포즈가 사용하는 프로젝트 이름의 기본값을 바꿀 수 있으므로 이 프로젝트 이름을 바꾸는 방법으로 단일 도커 호스트에 같은 애플리케이션을 여러 번 실행시킬 수 있다.

실습 지금 to-do 애플리케이션이 하나 실행 중이다. 프로젝트 이름을 기본값에서 바꿔 애플리케이션을 하나 더 실행할 수 있다. 웹 사이트가 무작위 포트를 개방하므로 새로 실행한 애플리케이션에 접근하려면 개방한 포트를 따로 알아내야 한다.

```
docker-compose -f ./todo-list/docker-compose.yml -p todo-test up -d

docker container ls

docker container port todo-test_todo-web_1 80
```

❤ 그림 10-2 도커 컴포즈는 프로젝트의 이름을 따서 자신이 관리하는 도커 리소스의 이름을 짓는다.

프로젝트 이름의 기본값은
컴포즈 파일이 들어 있던
디렉터리명이다.

컨테이너의 번호는 스케일링으로
컨테이너 수를 증가시킴에 따라
증가한다.

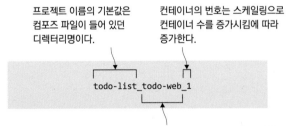

todo-list_todo-web_1

컴포즈 파일에 정의된 서비스 이름. 다른 컨테이너와 통신하기 위한
DNS상의 도메인 이름으로도 쓰인다.

230

나의 환경에서 출력된 결과를 그림 10-3에 실었다. 프로젝트 이름을 따로 지정해 주었기 때문에 컴포즈의 입장에서 이 애플리케이션은 기존에 실행 중인 것과 별개가 된다. 또 새로운 프로젝트 이름과 일치되는 리소스가 없기 때문에 새로운 컨테이너를 실행하게 된다. 명명 규칙을 이미 파악 했으므로 새로운 컨테이너의 이름은 todo-test_todo-web_1이 되리라 예상할 수 있다. 도커 명령 행에서 container port 부명령을 사용하면 컨테이너의 공개된 포트를 알려 주므로 컨테이너 이름 으로 애플리케이션의 포트도 알 수 있다.

▼ 그림 10-3 프로젝트 이름을 새로 지정하면 같은 컴포즈 파일로 애플리케이션을 여러 번 실행시킬 수 있다.

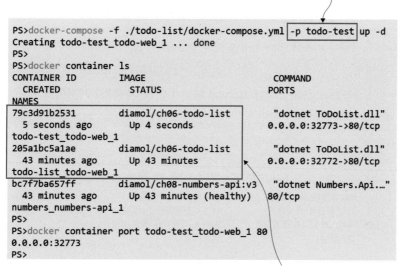

프로젝트 이름을 새로 지정하면 기본값이 프로젝트
이름으로 사용된 기존 애플리케이션과 별개의 것으로 취급된다.

```
PS>docker-compose -f ./todo-list/docker-compose.yml -p todo-test up -d
Creating todo-test_todo-web_1 ... done
PS>
PS>docker container ls
CONTAINER ID         IMAGE                          COMMAND
  CREATED               STATUS                       PORTS
NAMES
79c3d91b2531         diamol/ch06-todo-list          "dotnet ToDoList.dll"
  5 seconds ago       Up 4 seconds                 0.0.0.0:32773->80/tcp
todo-test_todo-web_1
205a1bc5a1ae         diamol/ch06-todo-list          "dotnet ToDoList.dll"
  43 minutes ago      Up 43 minutes                0.0.0.0:32772->80/tcp
todo-list_todo-web_1
bc7f7ba657ff         diamol/ch08-numbers-api:v3     "dotnet Numbers.Api...."
  43 minutes ago      Up 43 minutes (healthy)      80/tcp
numbers_numbers-api_1
PS>
PS>docker container port todo-test_todo-web_1 80
0.0.0.0:32773
PS>
```

애플리케이션 두 벌이 실행 중이다. 같은 도커 컴포즈로 정의된 애플리케이션이지만,
프로젝트 이름이 다르기 때문에 별개의 것으로 취급된다.

이 방법으로 도커 컴포즈를 사용해 같은 애플리케이션도 여러 번 실행할 수 있다. 무작위 숫자 애 플리케이션도 하나의 컴포즈 파일로 프로젝트 이름만 바꿔 여러 번 실행할 수 있다. 이 정도로도 충분히 유용하지만 약간 아쉬운 점이 있다. 무작위로 정해진 공개 포트를 일일이 찾아야 하는 것 은 운영 팀에게나 테스트 팀에게나 바람직한 일이 아니다. 컴포즈 파일을 복사해 필요한 부분만 수정하는 방법도 가능하겠지만, 컴포즈가 제공하는 기능 중에 더 좋은 방법이 있다. 설정을 오버 라이드하는 것이다.

10.2 / 도커 컴포즈의 오버라이드 파일

하나의 애플리케이션을 여러 설정으로 실행해야 할 필요가 생긴 경우 대부분은 컴포즈 파일을 (각 설정 또는 환경마다 하나씩) 여러 개 두는 방법을 쓴다. 그러나 이 방법은 유지 보수 측면에서 바람직하지 않다. 이들 컴포즈 파일의 내용은 90% 이상이 중복이니 수정 시 누락이 발생한다면 환경 차이 문제가 되살아나게 된다. 오버라이드 파일은 이런 문제를 해결하는 기능이다. 도커 컴포즈는 여러 파일을 합쳐 컴포즈 파일을 구성하는데, 나중에 지정된 파일의 내용이 이전 파일의 내용을 오버라이드(override), 즉 덮어 쓰기한다.

그림 10-4는 오버라이드 파일을 이용해 여러 환경에 대한 설정을 담으면서도 유지 보수성이 좋은 컴포즈 파일을 만드는 방법을 나타낸 것이다. 먼저 기본적인 애플리케이션 구조와 모든 환경에서 공통으로 쓰이는 속성이 정의된 docker-compose.yml 파일이 있고, 환경별로 작성된 오버라이드 파일이 해당 환경에서 달라진 속성을 정의한다. 하지만 이들 파일의 내용은 기본 파일과 항목이 중복되지 않는다.

▼ 그림 10-4 오버라이드 파일을 사용해 여러 설정을 유지하면서도 도커 컴포즈 파일의 중복 작성을 방지하기

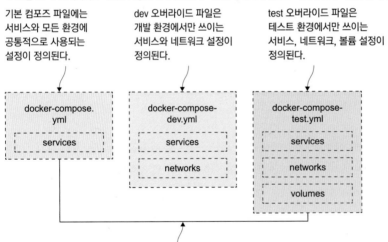

이렇게 구성하면 설정 파일에 중복된 내용이 없고 유지 보수성이 개선된다. 모든 환경에 공통적으로 적용될 내용(이를테면, 이미지 태그를 최신 버전으로 변경)을 변경하고 싶다면 기본 파일을 수정하면 된다. 어느 특정 환경에만 적용하고 싶은 변경 내용이라면 해당 환경의 오버라이드 파일만

수정한다. 오버라이드 파일에는 각 환경의 차이점만 정리돼 있을 것이므로 그 자체로 문서 역할을 할 수도 있다.

예제 10-1은 애플리케이션의 대부분의 속성이 정의된 기본 컴포즈 파일과 특정 환경에만 적용할 설정이 담긴 오버라이드 파일의 간단한 예다. 오버라이드 파일의 정의에 따라 to-do 애플리케이션의 v2 태그를 갖는 이미지가 사용된다.

예제 10-1 속성 하나를 변경하는 도커 컴포즈 오버라이드 파일

```
# docker-compose.yml - 기본 파일
services:
  todo-web:
    image: diamol/ch06-todo-list
    ports:
      - 80
    environment:
      - Database:Provider=Sqlite
    networks:
      - app-net

# docker-compose-v2.yml - 오버라이드 파일
services:
  todo-web:
    image: diamol/ch06-todo-list:v2
```

오버라이드 파일에는 해당 환경에서 변경할 항목만 기술하면 된다. 그러나 기본 컴포즈 파일의 구조를 유지해야 도커 컴포즈가 두 정의를 연결 지을 수 있다. 이 예제의 오버라이드 파일은 image 속성값 하나만 변경하는데, 이 속성은 기본 파일상의 위치와 마찬가지로 services 블록의 todo-web 블록 아래에 위치한다.

도커 컴포즈는 하나 이상의 파일이 인자로 지정됐을 때 이들 파일을 병합한다. 특히 config 부명령이 이때 유용한데, 이 부명령은 입력 파일의 내용을 검증해 내용이 유효한 경우에만 최종 출력을 내놓는다. 이 최종 출력이 실제 반영되는 컴포즈 파일이 되므로 오버라이드 파일을 적용한 결과를 예상할 수 있다.

실습 이번 장의 exercises 디렉터리에서 도커 컴포즈를 사용해 예제 10-1의 파일을 병합한 결과를 출력하라.

```
docker-compose -f ./todo-list/docker-compose.yml -f ./todo-list/docker-compose-v2.yml
config
```

config 부명령은 설정 파일의 내용이 유효한지 확인할 뿐 애플리케이션을 실제로 실행하지는 않는다. 대신 기본 파일과 오버라이드 파일이 병합된 컴포즈 파일을 미리 볼 수 있다. 그림 10-5를 보면, 이 병합된 파일의 내용에서 다른 모든 속성은 기본 파일의 내용을 따르지만 image 속성의 값만 오버라이드 파일의 내용이 반영된 것을 알 수 있다.

❤ 그림 10-5 기본 파일과 오버라이드 파일을 병합한 결과

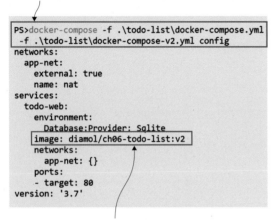

config 부명령은 병합된 컴포즈 파일을 미리 볼 수 있으므로
오버라이드 파일을 검증하는 데 편리하다.

```
PS>docker-compose -f .\todo-list\docker-compose.yml
 -f .\todo-list\docker-compose-v2.yml config
networks:
  app-net:
    external: true
    name: nat
services:
  todo-web:
    environment:
      Database:Provider: Sqlite
    image: diamol/ch06-todo-list:v2
    networks:
      app-net: {}
    ports:
    - target: 80
version: '3.7'
```

image 속성은 오버라이드 파일의 내용이 적용된 유일한
속성이다. 나머지 설정은 기본 파일의 내용을 따른다.

도커 컴포즈가 오버라이드 파일을 병합하는 순서는 인자로 받은 순서를 따른다. 다시 말해, 인자로 지정된 순서가 먼저인 파일이 순서가 나중인 파일보다 우선한다. 이 점은 매우 중요하다. 파일의 순서를 잘못 나열하면 원치 않은 결과를 얻을 수 있기 때문이다. config 부명령은 병합된 컴포즈 파일의 결과를 미리 알 수 있다는 점에서 매우 유용하다. 병합된 파일의 내용을 보면 모든 속성이 알파벳순으로 정렬돼 있다. 그러므로 networks가 먼저 나오고, 그다음은 services, 그 뒤로 컴포즈 파일 형식의 버전이 나온다. 순서가 약간 낯설지만 유용한 점도 있다. 이 명령을 자동화된 절차에 포함시켜 병합된 파일을 형상 관리 도구에 커밋할 수도 있다. 알파벳 순서로 컴포즈 파일의 구조가 고정되기 때문에 서로 다른 버전을 비교하기에 유리하다.

오버라이드 파일에서 이미지 태그를 수정한 것은 이해를 위한 아주 간단한 예로, numbers 디렉터리에 오버라이드 파일 실전 응용 사례가 있는데 이 도커 컴포즈 파일은 다음과 같이 구성된다.

- docker-compose.yml: 기본 컴포즈 파일. 웹 및 API 서비스가 정의됐으나 포트나 도커 네트워크에 대한 정의는 빠져 있다.

- docker-compose-dev.yml: 개발 환경 대상의 설정. 도커 네트워크 및 서비스의 공개 포트를 정의하고 헬스 체크와 디펜던시 체크를 비활성화한다. 개발자들이 빠르게 애플리케이션을 실행하는 것을 목적으로 한다.

- docker-compose-test.yml: 테스트 환경 대상의 설정. 도커 네트워크를 정의하고, 헬스 체크를 설정하고, 웹 서비스의 공개 포트를 정의한다. 그러나 API 서비스의 포트는 공개하지 않는다.

- docker-compose-uat.yml: 사용자 인수 테스트 환경 대상의 설정. 도커 네트워크를 설정하고, 웹 서비스는 80번 표준 포트로 공개하고, 서비스가 오류 발생 시 항상 재시작하도록 설정하고, 헬스 체크를 좀 더 꼼꼼하게 하도록 지정한다.

예제 10-2는 개발 환경 대상의 오버라이드 파일이다. 한눈에 봐도 이미지가 지정돼 있지 않기 때문에 애플리케이션의 전체 구성을 담은 것이 아니라는 점을 알 수 있다. 이 파일에 정의된 속성값은 기본 컴포즈 파일에 병합돼 속성을 추가하거나 기존 속성의 값을 변경하는 역할을 한다.

예제 10-2 기본 컴포즈 파일을 변경하기 위한 오버라이드 파일의 예

```
services:
  numbers-api:
    ports:
      - "8087:80"
    healthcheck:
      disable: true

numbers-web:
  entrypoint:
    - dotnet
    - Numbers.Web.dll
  ports:
    - "8088:80"

networks:
  app-net:
    name: numbers-dev
```

다른 오버라이드 파일도 동일한 구조를 따른다. 환경마다 웹 애플리케이션과 API가 사용하는 포트가 다르기 때문에 여러 개의 애플리케이션을 단일 도커 호스트에서 실행할 수 있다.

실습 현재 있는 컨테이너를 모두 제거한 다음 무작위 숫자 애플리케이션을 여러 환경용 설정으로 실행하라. 각 환경마다 별도의 프로젝트 이름과 기본 컴포즈 파일, 오버라이드 파일이 있어야 한다.

```
# 기존 컨테이너 모두 제거하기
docker container rm -f $(docker container ls -aq)

# 개발 환경용 설정으로 실행하기
docker-compose -f ./numbers/docker-compose.yml -f ./numbers/docker-compose-dev.yml -p
numbers-dev up -d

# 테스트 환경용 설정으로 실행하기
docker-compose -f ./numbers/docker-compose.yml -f ./numbers/docker-compose-test.yml -p
numbers-test up -d

# 인수 테스트 환경용 설정으로 실행하기
docker-compose -f ./numbers/docker-compose.yml -f ./numbers/docker-compose-uat.yml -p
numbers-uat up -d
```

이제 애플리케이션 세 개를 실행 중이다. 그리고 이들 각각은 모두 별개의 도커 네트워크를 사용하므로 서로 독립적이다. 개발 팀에서는 이들 모두를 한 서버에서 실행하고, 팀마다 포트를 달리해 자신의 업무와 관련된 환경에 접근할 수 있다. 예를 들어 사용자 인수 테스트 환경은 80번 포트로 접근하고, 시스템 테스트 환경은 8080번 포트로, 개발 팀의 통합 테스트 환경은 8088번 포트로 접근하는 식이다. 그림 10-6은 나의 환경에서 이 실습을 실행한 결과다. 네트워크와 컨테이너가 생성되는 것을 확인할 수 있다.

❤ 그림 10-6 단일 도커 호스트에서 여러 개의 서로 독립된 환경으로 애플리케이션 실행하기

프로젝트 이름을 지정해 애플리케이션을 실행한다. 컨테이너는 이 프로젝트 이름을
접두사로 삼아 이름이 정해지지만, 네트워크는 컴포즈 파일에 이름이 직접적으로
지정돼 있기 때문에 프로젝트 이름과 무관한 이름을 갖는다.

```
PS>docker container rm -f $(docker container ls -aq)
3dcaa8c57b0a
PS>
PS>docker-compose -f .\numbers\docker-compose.yml -f .\
numbers\docker-compose-dev.yml -p numbers-dev up -d
Creating network "numbers-dev" with the default driver
Creating numbers-dev_numbers-api_1 ... done
Creating numbers-dev_numbers-web_1 ... done
PS>
PS>docker-compose -f .\numbers\docker-compose.yml -f .\
numbers\docker-compose-test.yml -p numbers-test up -d
Creating network "numbers-test" with the default driver
Creating numbers-test_numbers-api_1 ... done
Creating numbers-test_numbers-web_1 ... done
PS>
PS>docker-compose -f .\numbers\docker-compose.yml -f .\
numbers\docker-compose-uat.yml -p numbers-uat up -d
Creating network "numbers-uat" with the default driver
Creating numbers-uat_numbers-api_1 ... done
Creating numbers-uat_numbers-web_1 ... done
PS>
```

test 환경은 별도의
오버라이드 파일을 통해
도커 네트워크 설정을
달리하므로 dev 환경의
컨테이너와 분리된다.

uat 환경은 또 다른 별도의 네트워크를 사용한다. 그러므로 세 환경의
애플리케이션 모두를 하나의 도커 호스트에서 실행할 수 있다.

이제 완전히 독립적으로 동작하는 세 애플리케이션을 실행했다. 사용자 인수 테스트 환경
은 http://localhost, 시스템 테스트 환경은 http://localhost:8080, 개발 환경은 http://
localhost:8088로 각각 접근할 수 있다. 이 URL 중 어느 것에 접근하더라도 같은 애플리케이션
을 보게 되겠지만, 이들은 모두 자신만의 네트워크 안에서 해당 환경의 API 컨테이너와만 통신할
수 있다. 이 때문에 세 환경의 애플리케이션은 서로 독립적이다. 따라서 개발 환경의 애플리케이
션에 여러 번 무작위 숫자를 요청해 API가 버그를 일으키더라도 시스템 테스트 환경이나 사용자
인수 테스트 환경의 애플리케이션은 잘 동작한다. 이들 환경별로 실행된 컨테이너는 도메인 네임
을 사용해 서로를 식별하지만, 같은 도커 네트워크에 접속한 컨테이너끼리만 통신이 가능하다. 그
림 10-7에 네트워크 분리를 이용해 각 환경의 애플리케이션을 독립적으로 유지하는 상황을 나타
냈다.

▼ 그림 10-7 도커 네트워크를 분리해 한 대의 도커 호스트에서 여러 개의 환경을 운영하는 방법

네 개의 컨테이너 모두 같은 도커 호스트에서 동작 중이지만, 접속된 도커 네트워크가
서로 다르다. numbers-test 네트워크에 접속된 컨테이너는 numbers-uat 네트워크에
접속된 컨테이너의 존재를 알 수 없다.

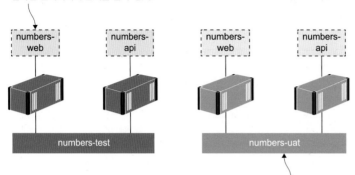

도메인 네임으로 IP 주소를 조회해 numbers-api라는 이름으로 API에 접근하려면
같은 도커 네트워크에 접속된 컨테이너여야 한다.

다시 한 번 강조하지만, 도커 컴포즈는 클라이언트에서 동작하는 도구다. 그러므로 애플리케이션
을 관리하려면 컴포즈 파일에 접근이 가능해야 하며, 애플리케이션을 실행할 때 지정한 프로젝트
이름도 알고 있어야 한다. 테스트 환경의 애플리케이션을 종료하려면 해당 환경의 컨테이너와 네
트워크를 제거해야 한다. 일반적인 상황이라면 docker-compose down 명령을 실행하면 되겠지만,
프로젝트 이름을 기본값에서 변경한 지금은 docker-compose up 명령을 실행할 때 사용한 모든 파
일과 프로젝트 정보를 정확히 지정해야 한다.

> **실습** 테스트 환경의 애플리케이션을 제거해 보자. 다음 명령을 조금 바꿔 실행해도 좋다. 그
> 러나 처음 애플리케이션을 실행한 up 명령에서 지정했던 파일 목록과 프로젝트 이름을 정확히
> 다시 지정해야만 제대로 동작할 것이다.

```
# 프로젝트 이름을 기본값에서 변경하지 않고
# 기본 컴포즈 파일만 사용했다면 이 명령이 동작했을 것이다
docker-compose down

# 프로젝트 이름 변경 없이
# 오버라이드 파일만 지정했다면 이 명령도 동작했을 것이다
docker-compose -f ./numbers/docker-compose.yml -f ./numbers/docker-compose-test.yml
down

# 하지만 프로젝트 이름을 기본값에서 변경했으니
# 애플리케이션을 종료할 때도 다시 프로젝트 이름을 정확하게 지정해야 한다
docker-compose -f ./numbers/docker-compose.yml -f ./numbers/docker-compose-test.yml -p
numbers-test down
```

나의 환경에서 실행한 결과를 그림 10-8에 실었다. 기본 파일 및 오버라이드 파일 이름과 프로젝트 이름을 정확하게 지정하지 않으면 컴포즈가 도커 리소스를 식별하지 못할 것이라 예상했듯이, 첫 번째 명령으로는 아무 리소스도 제거하지 못했다. 두 번째 명령에서는 네트워크에 접속한 컨테이너가 있는 상태에서 도커 네트워크를 제거하려고 하다가 실패한다.

✔ 그림 10-8 컴포즈로 애플리케이션을 관리하려면 동일한 파일 및 프로젝트 이름을 사용해야 한다.

이 디렉터리에는 컴포즈 파일이 없고 -f 옵션으로 파일을 별도
지정하지도 않았으므로 수행할 내용이 없다.

```
PS>docker-compose down
ERROR:
        Can't find a suitable configuration file in thi
s directory or any
        parent. Are you in the right directory?

        Supported filenames: docker-compose.yml, docker
-compose.yaml

PS>
PS>docker-compose -f .\numbers\docker-compose.yml -f .\
numbers\docker-compose-test.yml down
Removing network numbers-test
ERROR: error while removing network: network numbers-te
st id df5591c401bb4742263df710dac38a7e6caec411f25c98af9
bda1fd14da4b459 has active endpoints
PS>
PS>docker-compose -f .\numbers\docker-compose.yml -f .\
numbers\docker-compose-test.yml -p numbers-test down
Stopping numbers-test_numbers-api_1 ... done
Stopping numbers-test_numbers-web_1 ... done
Removing numbers-test_numbers-api_1 ... done
Removing numbers-test_numbers-web_1 ... done
Removing network numbers-test
PS>
```

프로젝트 이름이 지정되지 않았으므로
컨테이너 대신 컴포즈 파일에 이름이
명시적으로 지정된 네트워크를 찾는다.

처음 up 부명령을 실행했던 파일과 프로젝트 이름이
일치하므로 이들 리소스가 제거 대상이 된다.

이러한 오류는 컴포즈 오버라이드 파일에 네트워크의 이름이 명시적으로 지정됐기 때문이다. 두 번째로 실행한 down 명령에 프로젝트 이름을 따로 지정하지 않았으므로 기본값인 numbers가 사용됐으며, 컴포즈는 이 프로젝트 이름을 따라 numbers_numbers-web_1과 numbers_numbers-api_1이라는 이름의 컨테이너를 찾는다. 그러나 애플리케이션을 실행할 때는 numbers-test라는 프로젝트 이름을 사용했으니 앞서 언급한 이름의 컨테이너는 생성된 적이 없다. 따라서 컴포즈는 해당 컨테이너가 이미 제거됐다고 판단하고, 프로젝트 이름이 붙지 않고 명시적으로 이름이 지정된 네트워크를 찾아내 이를 제거하려고 시도한다. 하지만 이 네트워크에는 아직 연결된 컨테이너가 있기 때문에 네트워크도 제거할 수 없다.

이야기가 좀 길었지만, 이런 이유로 도커 컴포즈를 사용할 때는 주의가 필요하다. 하지만 한 컴퓨터에 같은 애플리케이션을 몇 벌이든 실행할 수 있으므로 도커 컴포즈는 운영 외 환경에서 가장 유용하다. 오버라이드 파일을 사용하면 애플리케이션 정의를 재사용할 수 있지만 그만큼 오버라이드 관리에 드는 오버헤드도 발생한다. 따라서 애플리케이션 배포 및 폐기 스크립트의 작성과 자동화를 익혀 두기 바란다.

10.3 / 환경 변수와 비밀값을 이용해 설정 주입하기

여러 개의 애플리케이션을 도커 네트워크를 사용해 분리하고 각 환경 간의 차이를 도커 오버라이드 파일을 통해 기술할 수 있었다. 그러나 환경 간에 애플리케이션 설정을 달리해야 하는 경우도 있다. 대부분의 애플리케이션은 설정을 환경 변수나 설정 파일로부터 읽어 오는데, 도커 컴포즈도 이들 수단을 충실히 지원한다.

이번 절에서 환경 변수와 설정 파일을 모두 다루기 위해 도커 컴포즈의 세부적인 동작을 더 자세히 소개하겠다. 이 내용을 통해 어떤 수단을 선택하더라도 그 동작 원리를 이해할 수 있을 것이다.

이 이야기를 하려면 이전에 살펴본 to-do 애플리케이션으로 돌아가야 한다. 이 애플리케이션은 환경 변수와 설정 파일에서 설정값을 읽어 오도록 만들어졌다. 환경에 따라 다음 세 가지 설정값에 변화를 주고자 한다.

- **로깅**: 환경별 로그 수준을 달리해 개발 환경에서 좀 더 자세한 로그를 출력하도록 할 수 있다.
- **데이터베이스 프로바이더**: 애플리케이션 컨테이너에 포함된 파일 형태의 간이 데이터베이스와 별도의 데이터베이스 컨테이너를 선택할 수 있다.
- **데이터베이스 커넥션 문자열**: 별도의 데이터베이스를 사용하는 경우 적용할 데이터베이스 접속 정보를 지정할 수 있다.

오버라이드 파일을 사용해 환경별로 다른 설정값을 적용한다. 그리고 설정값마다 다른 방법을 사용할 것이다. 예제 10-3은 코어 컴포즈 파일이다. 이 파일에는 웹 애플리케이션의 기본적인 정보와 비밀값 형태로 설정 파일을 지정했다.

예제 10-3 웹 서비스와 비밀값이 정의된 컴포즈 파일

```
services:
  todo-web:
    image: diamol/ch06-todo-list
    secrets:
      - source: todo-db-connection
        target: /app/config/secrets.json
```

비밀값은 도커 컴포즈, 도커 스웜, 쿠버네티스에서 모두 지원하는 기능으로, 설정값을 주입하기에 매우 유용한 기능이다. 컴포즈 파일에서 비밀값의 원본 위치와 대상 위치를 모두 지정할 수 있는데, 원본 위치는 컨테이너 런타임이 비밀값의 값을 읽어 오는 곳이고 대상 위치는 컨테이너 안에서 비밀값이 위치할 경로를 의미한다.

이 컴포즈 파일에 사용된 비밀값은 todo-db-connection에서 읽어 오도록 돼 있는데, 이 값을 읽으려면 이 이름으로 정의된 비밀값이 해당 컴포즈 파일에 정의돼 있어야 한다. 그리고 비밀값의 내용은 컨테이너 속 경로 /app/config/secrets.json 파일로 전달된다. 이 경로는 애플리케이션이 설정 파일을 찾는 경로이기도 하다.

앞서 본 컴포즈 파일은 스크립트에서 사용된 todo-db-connection 비밀값이 해당 파일에 정의돼 있지 않기 때문에 단독으로 사용하면 유효하지 않다. 예제 10-4는 개발 환경용 오버라이드 파일이다. 이 파일은 개발 환경을 위한 추가 설정과 비밀값을 정의한다.

예제 10-4 개발 환경만을 위한 추가 설정과 비밀값이 정의된 오버라이드 파일

```
services:
  todo-web:
    ports:
      - 8089:80
    environment:
      - Database:Provider=Sqlite
    env_file:
      - ./config/logging.debug.env

secrets:
  todo-db-connection:
    file: ./config/empty.json
```

이 오버라이드 파일에는 세 가지 프로퍼티가 정의돼 있다. 이들 프로퍼티는 애플리케이션에 설정 값을 주입해 동작을 변화시키는 역할을 한다. 셋 중에 원하는 것만 골라 적용해도 되지만 이들 모두 나름의 장점이 있다.

- environment 프로퍼티는 컨테이너 안에서만 사용되는 환경 변수를 추가한다. 이 환경 변수 값을 적용하면 애플리케이션이 데이터베이스로 파일 데이터베이스인 SQLite를 사용한다. 설정값을 전달하는 방법 중 가장 간단한 방법이다.

- env_file 프로퍼티는 텍스트 파일의 경로를 값으로 받는다. 이 파일에 정의된 환경 변수가 컨테이너에 적용된다. 텍스트 파일에 변수 이름과 값을 등호(=)로 구분해 한 줄에 하나씩 정의한다. 같은 환경 변수를 여러 번 정의하지 않아도 환경 변수를 여러 컴포넌트에서 공유해 사용할 수 있다.

- secrets 프로퍼티는 services나 networks처럼 컴포즈 파일의 최상위 프로퍼티이며, 이 프로퍼티의 todo-db-connection의 실제 값 혹은 경로가 정의된다(여기서는 로컬 파일 시스템 상의 파일로 정의됐다). 이 예제에는 별도의 데이터베이스가 없으므로 빈 JSON 파일을 사용했다. 애플리케이션이 파일을 읽어도 추가로 적용되는 설정값은 없다.

실습 todo-list-configured 디렉터리에 있는 컴포즈 파일과 오버라이드 파일을 사용해 개발 환경으로 설정된 애플리케이션을 실행하라. 실행된 웹 애플리케이션에 curl을 사용해 요청을 보내고 컨테이너의 로그 수준이 더 상세해졌는지 확인한다.

```
# 기존 컨테이너 제거
docker container rm -f $(docker container ls -aq)

# 오버라이드 파일을 적용해 애플리케이션 실행하기(리눅스)
docker-compose -f ./todo-list-configured/docker-compose.yml -f ./todolist-configured/
docker-compose-dev.yml -p todo-dev up -d

# 또 다른 오버라이드 파일을 적용해 애플리케이션 실행하기(윈도)
docker-compose -f ./todo-list-configured/docker-compose.yml -f ./todo-list-
configured/docker-compose-dev.yml -f ./todo-list-configured/docker-compose-dev-
windows.yml -p todo-dev up -d

# 실행된 애플리케이션에 요청 보내기
curl http://localhost:8089/list

# 애플리케이션 로그 확인하기
docker container logs --tail 4 todo-dev_todo-web_1
```

그림 10-9에 나의 환경에서 실행한 결과를 실었다. 도커 컴포즈는 애플리케이션 한 개마다 도커 네트워크를 하나씩 사용하므로 컴포즈 파일에 정의된 네트워크가 없어도 기본 네트워크에 컨테이너를 연결한다. 나의 환경에서 출력된 내용을 보면, 애플리케이션이 실행한 SQL 쿼리가 보인다. 독자 여러분의 환경에서 출력된 내용은 순서가 다를 수 있지만, 좀 더 거슬러 올라가 보면 같은 SQL 쿼리를 볼 수 있을 것이다. 이것으로 로그 수준이 변경됐음을 확인했다.

▼ 그림 10-9 도커 컴포즈 파일을 통해 주입한 설정값으로 애플리케이션의 동작을 바꿀 수 있다.

개발 환경 설정값을 적용해 애플리케이션을 실행한다. 이 설정값은
환경별 오버라이드 파일과 비밀값에 정의돼 있다.

```
PS>docker container rm -f $(docker container ls -aq)
a46a478e74f6
PS>
PS>docker-compose -f .\todo-list-configured\docker-comp
ose.yml -f .\todo-list-configured\docker-compose-dev.ym
l -p todo-dev up -d
Creating network "todo-dev_default" with the default dr
iver
Creating todo-dev_todo-web_1 ... done
PS>
PS>curl http://localhost:8089/list | Out-Null
  % Total    % Received % Xferd  Average Speed   Time
  Time     Time Current
                                 Dload  Upload   Total
  Spent    Left  Speed
  0    0     0     0    0     0     0      0 --:--:--
100  2620    0  2620    0     0   2620      0 --:--:--
100  2620    0  2620    0     0   2620      0 --:--:--
--:--:-- --:--:--  3493
PS>
PS>docker container logs --tail 4 todo-dev_todo-web_1
info: Microsoft.EntityFrameworkCore.Database.Command[20
100]
      Executing DbCommand [Parameters=[], CommandType='
Text' , CommandTimeout='30']
      SELECT "t"."ToDoId", "t"."DateAdded", "t"."Item"
      FROM "ToDos" AS "t"
```

개발 환경 설정값에는 로그를 상세한
수준까지 남기도록 돼 있기 때문에
데이터베이스로 전달된 SQL 쿼리까지
볼 수 있다. 기본 설정에서는 이러한
로그를 남기지 않는다.

애플리케이션을 사용하면
로그가 기록된다.

개발 환경에는 비밀값과 환경 변수로 설정값을 주입하며, 이 비밀값과 환경 변수는 컴포즈 파일과 컴포즈 파일에 지정된 경로에 있는 설정 파일로부터 읽어 오는 방법을 사용했다.

테스트 환경에서는 컴포즈가 제공하는 다른 방법을 통해 설정값을 주입해 보겠다. **호스트 컴퓨터의 환경 변수 값**을 컨테이너에 전달하는 방법이다. 이 방법을 사용하면 컴포즈 파일을 수정하지 않아도 설정값을 변경할 수 있기 때문에 애플리케이션의 이식성이 향상된다. 다른 컴퓨터에서 환경 변수 값만 바꾸면 설정이 다른 테스트 환경을 하나 더 꾸릴 수 있기 때문에 편리하다. 예제 10-5는 이 방법을 사용해 todo-web 서비스를 정의한 컴포즈 파일이다.

```
todo-web:
  ports:
    - "${TODO_WEB_PORT}:80"
  environment:
    - Database:Provider=Postgres
  env_file:
    - ./config/logging.information.env
  networks:
    - app-net
```

달러 기호가 붙은 중괄호 부분이 괄호 안에 적힌 이름의 환경 변수 값으로 치환된다. 만약 내가 도커 컴포즈를 실행 중인 컴퓨터의 환경 변수 TODO_WEB_PORT의 값이 8877이었다면 ports 프로퍼티의 값이 "8877:80"이 된다. 이 서비스 정의는 docker-compose-test.yml 파일에 포함되는데, 이 파일에는 데이터베이스 서비스의 정의와 데이터베이스 컨테이너에 접속하기 위한 정보가 담긴 비밀값이 함께 정의된다.

앞서 살펴본 개발 환경에서와 마찬가지로 테스트 환경 역시 환경별 컴포즈 파일 이름과 프로젝트 이름을 지정해 주면 애플리케이션을 실행할 수 있다. 하지만 마지막으로 소개할 컴포즈의 더 편리한 설정 기능을 추가로 적용해 보겠다. 컴포즈로 애플리케이션을 실행할 때 대상 디렉터리에서 .env 파일을 발견하면, 이 파일을 환경 파일로 간주하고 파일의 내용으로부터 환경 변수를 읽어들여 애플리케이션을 실행하기 전에 먼저 적용한다.

실습 설정이 추가된 to-do 애플리케이션 예제 디렉터리까지 이동해 도커 컴포즈에 별도의 파라미터를 지정하지 않고 애플리케이션을 실행해 보자.

```
cd ./todo-list-configured

# 윈도 컨테이너라면 별도의 예제 코드를 사용한다
cd ./todo-list-configured-windows
docker-compose up -d
```

그림 10-10을 보면 코어 컴포즈 파일에 데이터베이스 서비스의 정의가 없어도 웹 컨테이너와 데이터베이스 컨테이너를 실행하는 것을 알 수 있다. 그리고 별도의 정의 없이 todo_ch10이라는 프로젝트 이름을 사용했다. .env 파일에 테스트 환경의 기본 설정값이 들어 있었기 때문에 오버라이드 파일을 별도로 지정할 필요가 없다.

❤ 그림 10-10 환경 파일을 이용해 컴포즈 파일과 프로젝트 이름의 기본값 설정하기

애플리케이션을 사용하면 로그가 기록된다. 이 디렉터리에는 컴포즈 파일이 여러 개 있다.
.env 파일에는 이 중 어떤 파일을 기본값으로 사용할지에 대한 정보와 프로젝트 이름의
기본값 등의 정보가 들어 있다.

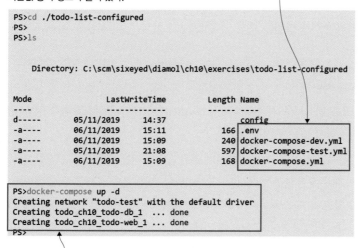

```
PS>cd ./todo-list-configured
PS>
PS>ls


    Directory: C:\scm\sixeyed\diamol\ch10\exercises\todo-list-configured


Mode                LastWriteTime         Length Name
----                -------------         ------ ----
d-----        05/11/2019     14:37                config
-a----        06/11/2019     15:11            166 .env
-a----        06/11/2019     15:09            240 docker-compose-dev.yml
-a----        05/11/2019     21:08            597 docker-compose-test.yml
-a----        06/11/2019     15:09            168 docker-compose.yml

PS>docker-compose up -d
Creating network "todo-test" with the default driver
Creating todo_ch10_todo-db_1 ... done
Creating todo_ch10_todo-web_1 ... done
PS>
```

컴포즈 명령을 아무 인자 없이 실행하면 .env 파일에 포함된 기본값을 컴포즈 파일 및
컴포즈 실행 옵션으로 사용한다. 이 기본값을 적용하면 코어 컴포즈 파일에 테스트 환경의
설정값이 적용되므로 데이터베이스 컨테이너와 웹 컨테이너가 모두 생성된다.

이제 컴포즈 파일조차 지정하지 않아도 .env 파일에 포함된 기본 설정이 사용된다. .env 파일에
포함된 정보는 크게 두 가지로 나눌 수 있다. 첫 번째는 웹 애플리케이션의 공개 포트 같은 컨테이
너 설정이고, 두 번째는 프로젝트 이름이나 컴포즈 파일 이름 같은 컴포즈 명령 자체에 대한 옵션
이다. 예제 10-6에 .env 파일의 전체 내용을 실었다.

예제 10-6 환경 파일을 이용해 컨테이너 설정값 및 도커 컴포즈 실행 옵션 적용하기

```
# 컨테이너 설정값 - 공개 포트
TODO_WEB_PORT=8877
TODO_DB_PORT=5432

# 도커 컴포즈 실행 옵션 - 컴포즈 파일 지정, 프로젝트 이름
COMPOSE_PATH_SEPARATOR=;
COMPOSE_FILE=docker-compose.yml;docker-compose-test.yml
COMPOSE_PROJECT_NAME=todo_ch10
```

이 환경 파일에는 테스트 환경을 위한 애플리케이션 설정이 기본값으로 들어 있으며, 파일명만 바
꾸면 쉽게 개발 환경 설정을 기본값으로 할 수 있다. 컴포즈 파일과 함께 환경 파일을 잘 관리하면
어떤 파일이 어떤 환경의 설정값에 해당하는지에 대한 문서 역할을 대신할 수 있으나 주의할 점이

있다. 도커 컴포즈는 .env 파일만을 환경 파일로 간주하기 때문에 환경 파일 여러 개를 만들어 바꿔 가면서 사용할 수 없다.

도커 컴포즈의 다양한 설정값 주입 방법을 알아봤다. 앞으로 도커를 사용하다 보면 컴포즈 파일을 다룰 일이 많을 것이다. 그러려면 이들 방법을 모두 능숙하게 사용할 수 있어야 한다. 아래에 지금까지 소개한 방법을 정리했다.

- environment 프로퍼티를 사용해 환경 변수를 지정하는 방법은 간단하고 컴포즈 파일의 가독성도 좋다. 그러나 평문 텍스트로 작성되기 때문에 API 키나 데이터베이스 접속 정보 같은 민감한 정보에는 사용하지 않는 편이 좋다.
- 비밀값에 설정값을 지정하는 방법은 모든 컨테이너 런타임에서 적용 가능하고 민감한 정보가 유출될 우려도 없기 때문에 유연성 면에서 가장 뛰어나다. 비밀값의 실제 값은 로컬 파일 시스템에 저장할 수도 있고 도커 스웜이나 쿠버네티스 클러스터에 저장할 수도 있다. 실제 값이 어디에 저장되든 애플리케이션이 실행될 때 컨테이너 속의 특정한 파일로 전달된다.
- 설정값을 파일에 저장한 다음 이 파일의 경로를 environment_file 프로퍼티에 지정하는 방법은 서비스 간에 공유하는 설정이 많은 경우에 유용하다. 컴포즈가 로컬에 위치한 파일을 읽어 각 설정값을 지정해 주기 때문에 원격 컴퓨터에서 실행 중인 도커 엔진을 다룰 때도 로컬 컴퓨터의 설정값을 적용할 수 있다.
- 환경 파일 .env는 환경을 막론하고 기본 설정을 지정할 때 유용하다.

10.4 확장 필드로 중복 제거하기

지금까지의 설명만 보면 어떤 상황이든 그에 적합한 도커 컴포즈 설정 방법이 있을 것처럼 느껴진다. 그러나 도커 컴포즈 설정 기능은 비교적 단순한 기능이기 때문에 사용하다 보면 금세 나름의 한계점에 부닥친다. 이 중 가장 흔한 경우는 서비스 간 많은 설정값을 공유하는 컴포즈 파일의 덩치가 점점 커지는 문제다. 이번 절에서는 이런 문제를 해결하기 위한 도커 컴포즈의 기능인 확장 필드를 소개한다. 확장 필드는 YAML의 여러 블록을 한곳에서 정의하는 기능이다. 컴포즈 파일에서는 스크립트 전체에 걸쳐 이 블록을 재사용하는 효과를 얻을 수 있다. 확장 필드는 컴포즈의 강력한 기능 중 하나이지만 그리 널리 쓰이는 기능은 아니다. 확장 필드는 스크립트의 중복을 제거하는 동시에 잠재적인 오류를 줄여 준다. 또한, YAML 병합 문법에 익숙하다면 직관적으로 사용할 수 있다.

이번 장의 예제 코드 중 image-gallery 디렉터리를 보면 docker-compose-prod.yml 파일에 확장 필드가 사용된 것을 볼 수 있다. 예제 10-7에 확장 필드의 사용법을 실었다. 최상위 블록(services, networks 등이 해당한다) 외부라면 어디서든 정의할 수 있으며 이름에 앰퍼샌드 문법을 사용한다.

예제 10-7 도커 컴포즈 파일에 정의된 확장 필드

```
x-labels: &logging
  logging:
    options:
      max-size: '100m'
      max-file: '10'

x-labels: &labels
  app-name: image-gallery
```

확장 필드는 일종의 사용자 정의 필드다. 위의 파일을 보면 logging과 labels라는 두 개의 확장 필드가 있다. 블록은 관습적으로 x로 시작하는 이름을 붙인다. 그러므로 x-labels 블록은 labels 블록의 확장 필드가 된다. logging 확장 필드는 컨테이너 로그를 위한 설정을 포함하므로 서비스 정의에 이 블록을 사용할 수 있다. 그리고 labels 확장 필드는 레이블로 사용할 키-값 쌍을 정의하는데, 이 블록은 서비스 정의의 labels 필드에서 사용할 수 있다.

두 정의의 차이를 눈여겨보기 바란다. logging 필드는 logging 프로퍼티를 포함하므로 이 블록을 서비스에서 바로 사용할 수 있다. 그러나 labels 필드는 labels 프로퍼티를 포함하지 않기 때문에 기존 lables 필드 안에서 사용돼야 한다. 예제 10-8에 이 차이가 잘 나타나 있다.

예제 10-8 서비스 정의에서 YAML 병합을 통해 확장 필드를 사용한 예

```
services:

  iotd:
    ports:
      - 8080:80
    <<: *logging
    labels:
      <<: *labels
      public: api
```

확장 필드를 재사용할 때는 YAML 병합 문법을 사용해 《:*필드명과 같이 쓴다. 그러므로 《:
*logging 위치에 해당 YAML 파일의 logging 확장 필드값이 병합된다. 컴포즈가 이 파일을 처리
하고 나면 서비스의 logging에 logging 확장 필드의 값이 들어가고, labels에 labels 확장 필드에
정의된 레이블이 추가된다.

실습 컴포즈 파일의 확장 필드가 처리되는 것을 확인하려면 config 부명령을 사용하면 되고
굳이 애플리케이션을 실행할 필요는 없다. 이 명령을 사용하면 입력된 내용을 모두 검증한 후
확장 필드가 서비스 정의에 모두 병합된 최종 컴포즈 파일을 출력한다.

```
# ch10/exercises/image-gallery 디렉터리로 이동
cd ./image-gallery

# 운영 환경 오버라이드 파일이 적용된 컴포즈 파일의 최종 내용을 출력한다
docker-compose -f ./docker-compose.yml -f ./docker-compose-prod.yml config
```

나의 환경에서 실행한 결과 중 확장 필드 병합이 반영된 서비스 정의 부분을 발췌해 그림 10-11
에 실었다.

❤ 그림 10-11 config 부명령을 사용해 확장 필드 병합이 반영된 컴포즈 스크립트를 확인할 수 있다.

이 부분의 경고 메시지는 호스트 컴퓨터에서 정의되지 않은　　　　　config 부명령은 입력 파일을 검증하고
환경 변수가 컴포즈 파일에서 사용됐음을 알리는 메시지다.　　　그 내용이 유효하다면 병합을 처리해
환경 변수 대입을 적용 중이라면 주의해야 할 상황이다.　　　　　최종 컴포즈 스크립트를 출력한다.

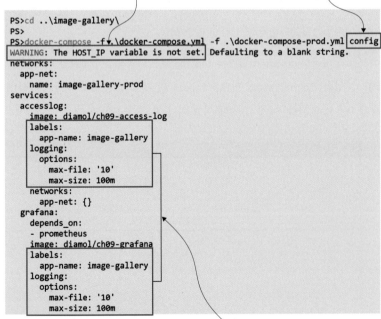

두 서비스의 정의에 모두 logging과 labels 확장 필드가 병합되며 내용이 중복되지만,
소스 코드상의 컴포즈 파일에는 이러한 중복이 없다.

확장 필드는 컴포즈 파일을 관리하는 베스트 프랙티스 중 한 가지 방법이다. 특히 로깅 및 레이블 설정은 모든 서비스에 공통적으로 적용되는 경우가 많다. 모든 애플리케이션에서 활용되는 것은 아니지만 잘 익혀 두면 중복이 많은 YAML 파일을 작성할 때 매우 유용하다. 하지만 확장 필드에도 여러 컴포즈 파일에 한꺼번에 적용할 수 없다는 한계점이 있다. 이 때문에 코어 컴포즈 파일에 정의된 확장 필드를 오버라이드 파일에서 사용할 수는 없다. 이 점은 컴포즈의 한계라기보다는 YAML 포맷의 한계에 가깝지만 잘 알아 둘 필요가 있다.

10.5 도커를 이용한 설정 워크플로 이해하기

소스 코드 형상 관리 도구로 시스템의 모든 환경에 대한 설정을 관리할 수 있다면 유익한 점이 아주 많다. 이것이 가능하다면, 애플리케이션의 원하는 어떤 버전이라도 해당 버전의 코드를 불러와 소스 코드에 포함된 배포 스크립트만 실행하면 되기 때문이다. 이 외에도 운영 환경과 동일한 설정으로 애플리케이션을 실행해 신속하게 버그를 재현해 볼 수 있다는 장점도 있다.

환경은 어떤 식으로든 차이가 있기 마련이다. 그리고 도커 컴포즈를 이용하면 이러한 환경 간의 설정 차이를 소스 코드 형상 관리를 통해 다룰 수 있다. 이번 장에서는 도커 컴포즈를 이용해 서로 다른 환경을 정의하는 방법을 다음과 같은 세 가지 핵심 영역 위주로 살펴봤다.

- **애플리케이션 구성 요소의 조합**: 모든 환경에서 전체 스택을 실행할 필요는 없다. 모니터링을 위한 대시보드는 개발자에게는 필요가 없을 것이고, 테스트 환경에서는 컨테이너에서 실행한 데이터베이스를 사용하면서 운영 환경에서는 클라우드 데이터베이스를 사용해야 할 경우도 있다. 오버라이드 파일을 사용하면 공통된 서비스는 그대로 두고 환경마다 필요한 서비스를 달리하는 설정을 깔끔하고 간편하게 작성할 수 있다.

- **컨테이너 설정**: 각 환경의 상황과 요구 사항에 맞춰 설정을 바꿀 필요가 있다. 공개 포트는 다른 컨테이너와 충돌하지 않도록 중복되지 않아야 하고, 볼륨 경로는 테스트 환경에서는 로컬 드라이브를 사용하겠지만 운영 환경에서는 공유 스토리지가 사용될 것이다. 오버라이드 파일과 도커 네트워크로 각 애플리케이션을 분리하는 방법으로 이런 요구 사항을 모두 만족시키면서 단일 서버에 여러 개의 애플리케이션을 실행할 수 있다.

- **애플리케이션 설정**: 환경별로 컨테이너 내부 동작이 달라야 하는 경우가 있다. 애플리케이션이 생성하는 로그 수준이나, 로컬 데이터를 저장하기 위해 사용하는 캐시 크기를 달리할 수도 있고, 아예 특정 기능을 켜거나 꺼야 할 수도 있다. 오버라이드 파일과 환경 파일, 비밀값을 이용해 상황에 맞는 애플리케이션 설정값을 컨테이너에 주입할 수 있다.

그림 10-12는 10.3절에서 다뤘던 to-do 애플리케이션의 개발 환경과 테스트 환경의 차이를 나타낸 것이다. 이들 두 환경은 많은 부분에서 차이가 있다. 개발 환경은 로컬 데이터베이스 파일을 사용하고, 테스트 환경에서는 컴포즈에서 별도의 데이터베이스 컨테이너를 실행해 사용한다. 하지만 서로 독립된 네트워크를 사용하면서 중복되지 않는 공개 포트를 사용하므로 동일한 호스트 컴퓨터에서 두 환경의 애플리케이션을 모두 실행할 수 있다. 만약 개발자가 로컬 테스트 버전을 실행해 개발 중인 버전과 비교해야 하는 상황이라면 완벽하게 그 필요에 부응할 수 있는 설정이다.

❤ 그림 10-12 도커 컴포즈를 이용해 같은 애플리케이션의 서로 다른 환경을 정의한 예
개발 환경은 로컬 데이터베이스 파일을 사용하고 상세한 로그를 남기도록 설정됐다.
이 설정을 위해 환경 변수, 환경 파일, 비밀값을 사용했다.

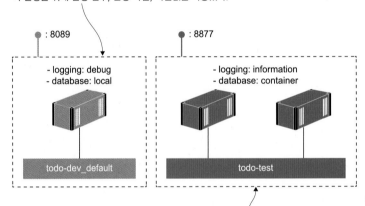

반면 테스트 환경은 오버라이드 파일에 지정된 대로 별도의 데이터베이스 컨테이너를
실행한다. 그리고 개발 환경과 별개의 네트워크에 접속하며 공개 포트도 다르기 때문에
두 환경을 모두 같은 서버에서 실행시켜도 문제가 없다.

이 설정 워크플로에서 가장 중요한 점은 모든 환경에서 같은 이미지를 사용한다는 것이다. 빌드 프로세스가 끝나면 모든 자동화 테스트를 통과하고 특정 태그가 부여된 컨테이너 이미지가 생성된다. 이 이미지를 컴포즈 파일에 포함된 설정값으로 빌드 검증 테스트(sanity test) 환경에 배포한다. 빌드 검증 테스트에 통과하면 다음 환경으로 넘어간다. 이 환경에서도 똑같은 이미지를 사용하지만 설정은 다른 컴포즈 파일 설정값을 적용한다. 이번에도 모든 테스트를 통과하면, 최종적으로 도커 스웜이나 쿠버네티스 배포 매니페스트로 운영 환경에 이 이미지를 배포한다. 결과적으로

운영 환경에 배포된 소프트웨어는 지금까지 거쳐 온 모든 테스트를 통과한 바로 그 버전이지만, 컨테이너 플랫폼에서 제공된 설정값에 따라 동작한다.

10.6 연습 문제

이번 장의 연습 문제는 직접 to-do 애플리케이션의 또 다른 환경을 위한 정의를 추가하는 것이다. 먼저 개발 환경과 테스트 환경을 하나의 호스트 컴퓨터에서 실행한다.

그리고 개발 환경을 docker-compose up 명령의 기본값으로 삼으며 다음과 같이 설정한다.

- 로컬 파일 데이터베이스 사용

- 8089번 포트 공개

- to-do 애플리케이션의 v2 버전 실행

테스트 환경은 프로젝트 이름과 특정 컴포즈 파일을 지정해 실행하도록 하며, 다음과 같이 설정한다.

- 별도의 데이터베이스 컨테이너 사용

- 데이터베이스 스토리지를 위한 볼륨 사용

- 8080번 포트 공개

- to-do 애플리케이션의 최신(latest) 버전 실행

이번 장에서 진행했던 todo-list-configured 실습의 컴포즈 파일과 비슷한 점이 많으며, 볼륨을 사용한다는 점에서 차이가 있다. 데이터베이스 컨테이너는 환경 변수 PGDATA의 값을 따라 해당 경로에 데이터 파일을 저장한다. 컴포즈 파일에서 볼륨 지정과 함께 이 환경 변수를 그대로 사용해도 좋다.

이번 장을 읽으며 이미 경험했듯, 이 연습 문제의 해답은 한 가지가 아니다. 나의 해답을 참고하고 싶다면 이 책의 깃허브에서 /ch10/lab 폴더를 살펴보자.

11^장

도커와 도커 컴포즈를 이용한 애플리케이션 빌드 및 테스트

자동화는 도커의 핵심이다. 애플리케이션 패키징은 패키징 절차를 도커 파일에 작성하여 도커 명령 하나로 전체 패키징 절차를 자동화했다. 애플리케이션 아키텍처는 도커 컴포즈 파일에 작성해 컴포즈 명령을 사용함으로써 애플리케이션 종료 및 시작 절차를 자동화했다. 명령행 도구는 매일 일정한 시각에 실행하거나 개발자가 코드를 푸시할 때마다 실행하는 작업 같은 어떤 특정한 절차를 자동화하기에 알맞은 수단이다. 이들 절차를 실행하는 데 어떤 도구를 사용하는지는 중요한 문제가 아니다. 어떤 작업이든 스크립트를 작성해 자동화 서버에서 동작하는 도커 워크플로에 통합시킬 수 있다.

이번 장에서는 도커를 이용한 지속적 통합(Continuous Integration, CI)에 대해 배운다. CI는 정기적으로 반복되며 애플리케이션을 빌드하고 일련의 테스트를 수행하는 절차다. CI 작업의 결과가 성공한다면, 현재 애플리케이션 코드 상태가 정상이고 패키징이 끝나 릴리스 후보로 배포될 준비가 된 상태라는 뜻이다. CI 서버를 설치하고 관리하는 작업은 시간 소모가 상당히 큰 작업이다. 예전 대규모 프로젝트에서는 '빌드 관리자'라는 별도의 직위가 있을 정도였다. 도커를 이용하면 CI 작업의 대부분을 간소화할 수 있어 그만큼 개발자들이 좀 더 흥미로운 일에 매진할 수 있다.

11.1 / 도커를 이용한 지속적 통합 절차

CI 절차는 코드로부터 시작하는 파이프라인이다. 일련의 단계를 밟아 테스트를 통과하고 즉시 배포 가능한 결과물(artifact)을 내놓는다. CI에서 어려운 점은 이 파이프라인이 프로젝트마다 서로 다르다는 것이다. 기술 스택이 무엇이냐에 따라 밟아야 하는 단계는 물론 결과물도 달라진다. CI 서버는 프로그래밍 언어와 빌드 프레임워크의 조합마다 달라질 수 있는 이러한 모든 파이프라인을 다룰 수 있어야 한다. 하지만 그만큼 관리의 어려움이 커진다.

도커는 CI 절차의 일관성을 유지해 준다. 모든 도커 프로젝트는 똑같은 단계를 거쳐 똑같은 유형의 결과물을 생성하기 때문이다. 그림 11-1은 도커 프로젝트의 전형적인 파이프라인을 나타낸 것이다. 코드 변경이나 정해진 일정에 따라 CI 절차가 시작되면 도커 이미지를 빌드한다. 이 이미지는 빌드 및 테스트, 패키징, 배포를 위해 레지스트리에 푸시까지 마친 최신 코드를 반영한 이미지다.

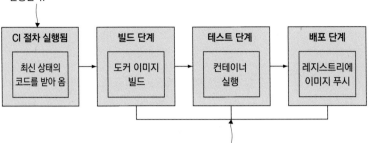

▼ 그림 11-1 빌드, 테스트, 배포 과정을 담은 기본적인 CI 파이프라인. 이 절차는 모두 도커에 의해 실행된다.

개발자가 코드를 변경하거나
정해진 시간이 되면 CI 절차가
실행된다.

CI 절차 실행됨 / 최신 상태의 코드를 받아 옴 → 빌드 단계 / 도커 이미지 빌드 → 테스트 단계 / 컨테이너 실행 → 배포 단계 / 레지스트리에 이미지 푸시

CI 서버가 최신 상태의 코드를 받아 오면 그 뒤의 작업은
도커와 도커 컴포즈를 사용해 컨테이너 안에서 진행된다.

CI 파이프라인의 각 단계는 도커 혹은 도커 컴포즈에 의해 실행되며 실제 과정은 컨테이너 내부에서 진행된다. 앞서 우리는 애플리케이션을 컨테이너 안에서 빌드했다. 마찬가지로 CI 서버도 컴파일러나 SDK를 서버에 직접 설치할 필요가 없다. 자동화된 단위 테스트는 이미지 빌드 단계에 포함되므로 빌드가 깨졌다면 CI 절차도 해당 시점에서 중단된다. 또한, 도커 컴포즈로 전체 애플리케이션을 실행하고 여기에 더해 사용자 역할을 맡아 트래픽을 일으킬 별도의 컨테이너를 실행함으로써 복잡한 엔드 투 엔드(E2E) 테스트를 진행할 수도 있다.

도커화된 CI 절차에서는 모든 일이 컨테이너 안에서 진행된다. 그래도 전체 절차를 수행하려면 중앙 집권적인 형상 관리 시스템, 이미지를 저장할 도커 레지스트리, CI 작업을 수행할 자동화 서버 등 몇 가지 인프라스트럭처적인 요소가 필요하다. 이들 요소는 선택지가 아주 많지만 이들 모두 도커를 지원한다. 깃허브와 애저 데브옵스, 도커 허브를 조합할 수도 있고, 그냥 이들 모두를 한 곳에서 제공하는 깃랩을 사용할 수도 있다. 아니면 도커 컨테이너를 사용해 직접 CI 인프라스트럭처를 꾸리는 것도 가능하다.

도커와 도커 컴포즈를 이용한 애플리케이션 빌드 및 테스트

11.2 도커를 이용한 빌드 인프라스트럭처 구축하기

신뢰성 있는 매니지드 서비스를 무료로 사용할 수 있는데 굳이 직접 인프라스트럭처를 구축하려는 사람은 없을 것이다. 하지만 도커를 이용한 빌드 시스템은 배워 둘 만한 가치가 있다. 특히 보안이 목적이든 속도가 목적이든, 소스 코드와 패키징된 이미지를 내부 네트워크 밖으로 반출하기가 꺼려지는 상황이라면 이상적인 해결책이 된다. 다른 것을 모두 외부 서비스에 의존하고 있더라도 깃허브나 도커 허브, 더 나아가 인터넷 회선이 다운된 상황을 대비한 비상 수단을 하나 갖춰 두는 것도 나쁘지 않다.

우리가 필요한 세 가지 컴포넌트는 상업용으로 운용 가능한 수준의 몇 가지 오픈 소스 소프트웨어를 사용하면 쉽게 컨테이너로 실행할 수 있다. 형상 관리 기능을 제공하는 Gogs, 이미지 배포를 맡을 오픈 소스 도커 레지스트리, 자동화 서버로는 젠킨스(Jenkins)가 있으며, 이들 모두 명령 한 번이면 설치할 수 있다.

실습 이번 장 예제 코드의 exercises 디렉터리에는 빌드 인프라스트럭처를 정의한 도커 컴포즈 파일이 있다. 리눅스와 윈도 컨테이너에 따라 스크립트 일부가 다르기 때문에 자신의 환경에 맞는 파일을 선택하기 바란다. 그리고 5.3절에서 hosts 파일에 registry.local 도메인에 대한 항목을 하나 추가하지 않은 독자는 이 항목을 추가해야 한다.

```
cd ./ch11/exercises/infrastructure

# 리눅스 컨테이너 환경
docker-compose -f docker-compose.yml -f docker-compose-linux.yml up -d

# 윈도 컨테이너 환경
docker-compose -f docker-compose.yml -f docker-compose-windows.yml up -d

# 레지스트리의 도메인을 hosts 파일에 추가(맥 혹은 리눅스)
echo $'\n127.0.0.1 registry.local' | sudo tee -a /etc/hosts

# 레지스트리의 도메인을 hosts 파일에 추가(윈도)
Add-Content -Value "127.0.0.1 registry.local" -Path /windows/system32/drivers/etc/
hosts
```

```
# 실행된 컨테이너 확인
docker container ls
```

나의 환경에서 출력된 내용을 그림 11-2에 실었다. 리눅스와 윈도 환경에서 서로 다른 명령을 사용하지만 출력되는 내용은 같다. Gogs의 Git 서버가 포트 3000번에서, 젠킨스가 포트 8080번에서, 레지스트리가 포트 5000번에서 각각 실행된다.

❤ 그림 11-2 컨테이너에서 동작하는 전체 빌드 인프라스트럭처를 명령 한 번으로 실행할 수 있다.

전체 빌드 인프라스트럭처(Git, 도커 레지스트리, 젠킨스)를 실행한다.
나의 환경은 리눅스 컨테이너 모드로 설정된 윈도우용 도커 데스크톱이다.

```
PS>cd .\ch11\exercises\infrastructure\
PS>
PS>docker-compose -f docker-compose.yml -f docker-compose-linux.y
ml up -d
Creating infrastructure_gogs_1           ... done
Creating infrastructure_registry.local_1 ... done
Creating infrastructure_jenkins_1        ... done
PS>
PS>echo "`n127.0.0.1  registry.local" >> /windows/system32/driver
s/etc/hosts
PS>
PS>docker container ls
CONTAINER ID      IMAGE            COMMAND
CREATED           STATUS           PORTS
        NAMES
8879c6ceecf9      diamol/jenkins   "/bin/sh -c 'java -D…"
12 seconds ago    Up 10 seconds    0.0.0.0:8080->8080/tcp
        infrastructure_jenkins_1
58300a8e6f59      diamol/registry  "/registry/registry …"
12 seconds ago    Up 10 seconds    0.0.0.0:5000->5000/tcp
        infrastructure_registry.local_1
52dd6b467136      diamol/gogs      "/app/gogs/docker/st…"
12 seconds ago    Up 10 seconds    22/tcp, 0.0.0.0:3000->300
0/tcp  infrastructure_gogs_1
PS>
```

레지스트리 컨테이너의 도메인을
로컬 컴퓨터의 hosts 파일에 추가해야
이미지를 푸시하거나 내려받을 수 있다.

모든 컨테이너는 공개된 포트가 있으므로
호스트 컴퓨터에서 컨테이너에 접근할 수 있다.

이들 도구는 각각 서로 다른 수준의 자동화를 제공한다는 점에서 흥미롭다. 레지스트리 서버는 특별한 추가 설정 없이 컨테이너에서 동작하므로 이미지 태그에 도메인 registry.local:5000을 포함하면 바로 이미지를 푸시할 수 있다. 젠킨스는 기능 추가를 위해 플러그인을 사용해야 한다. 플러그인은 수동으로 설치할 수도 있고 도커 파일에 스크립트를 포함시켜 자동으로 설치할 수도 있다. Gogs는 자동화 수단이 딱히 없다. 컨테이너로 Gogs를 실행했더라도 수동 설정이 필요하다.

실습 브라우저에서 http://localhost:3000에 접근하면 Gogs의 웹 UI를 볼 수 있다. 처음 나타나는 페이지는 초기 설치 페이지로, 그림 11-3과 같은 모습이다. 이 페이지는 새로운 컨테이너에서 처음 실행한 경우에만 나타난다. 모든 값이 제대로 설정돼 있으므로 스크롤을 내려 **Install Gogs**를 클릭한다.

▼ 그림 11-3 컨테이너에서 Gogs 실행하기. Gogs는 오픈 소스 Git 서버로, 설치 시 수동 설정이 필요하다.

이 페이지는 Gogs를 처음 실행했을 때 나타나는 설정 페이지로,
Gogs는 모든 설정이 자동으로 이뤄지는 애플리케이션은 아니다.

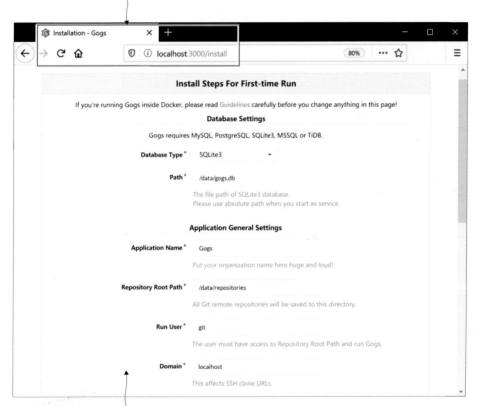

모든 설정값이 컨테이너에 저장된 값으로 사전 설정돼 있으므로 설정을 바꿀 필요는 없다.
화면을 아래로 스크롤하여 Install Gogs 버튼을 클릭하면 된다.

매우 짧은 설치 과정을 지나 로그인 페이지가 나타난다. 처음부터 제공되는 기본 계정이 없으므로 **Register**를 클릭해 새로운 계정을 만들어야 한다. 그림 11-4에서 보듯 diamol이라는 이름으로 새로운 계정을 생성한다. 이메일 주소와 패스워드는 마음대로 정해도 좋다. 하지만 젠킨스에 설정된 CI 작업에 Gogs 사용자명이 diamol이라고 지정돼 있어 사용자명은 그대로 사용해야 한다.

❤ 그림 11-4 Gogs에서 소스 코드를 서버에 푸시하기 위한 새로운 계정을 생성한다.

막 설치된 상태의 Gogs에는 처음부터 제공되는 기본 계정이 없다. 따라서
Register를 클릭해 새로운 계정을 만들어야 한다. 첫 번째로 생성하는
계정은 관리자 권한을 갖는다.

이메일 주소와 패스워드는 마음대로 정해도 되지만, 사용자명은
diamol을 사용해야 한다. 젠킨스 서버의 작업 설정에 diamol이라는
사용자명이 사용됐다.

Create New Account 버튼을 클릭해 계정을 생성한 다음 diamol 계정과 조금 전 입력한 패스
워드로 로그인한다. 마지막 단계는 새로운 코드가 푸시되면 자동으로 CI 작업이 실행되는 코드
저장소를 생성하는 것이다. http://localhost:3000/repo/create에 웹 브라우저로 접근한 다
음 diamol이라는 이름으로 코드 저장소를 생성한다. 나머지 항목은 그림 11-5처럼 비워 두어도
된다.

♥ 그림 11-5 Gogs에서 새로운 Git 저장소를 만든다. 앞으로 이 코드 저장소에 코드를 푸시한다.

저장소는 하나의 프로젝트 혹은 애플리케이션의 코드를 담는 Git 서버의 디렉터리 같은 개념이다.
앞으로 이 저장소에 소스 코드를 푸시하면 CI 작업이 자동으로 실행된다.

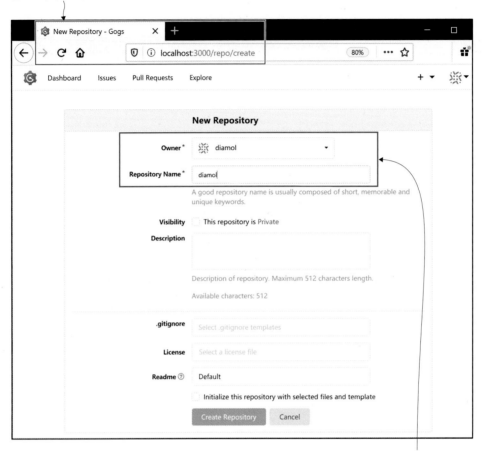

저장소는 저장소를 생성한 사용자명과 저장소명이 포함된 URL을 통해 접근할 수 있다.
젠킨스 서버는 URL diamol/diamol을 통해 코드에 변경이 있었는지 확인한다.

도커로 실행한 소프트웨어를 직접 설정하려니 매우 귀찮게 느껴질 것이다. 하지만 모든 애플리케이션의 설치는 설정 없이 끝나지 않는다. 내가 이런 설정 절차가 끝난 커스텀 이미지를 만들어 제공하는 방법도 있지만, docker container run 명령만으로 모든 것이 자동으로 진행되도록 패키징할 수 없는 소프트웨어도 있다는 사실을 알아 두어야 한다.

젠킨스 설치 과정은 이보다는 조금 낫다. 젠킨스는 자바 애플리케이션으로, 컨테이너 실행 시 젠킨스를 실행하는 스크립트와 함께 도커 이미지 형태로 패키징할 수 있다. 이 스크립트는 젠킨스 실행 외에도 플러그인 설치, 사용자 등록, 파이프라인 작업 생성 등 다양한 용도로 활용할 수 있다. 지금 우리가 다루는 젠킨스 컨테이너는 이들 스크립트가 모두 적용됐기 때문에 로그인만 하면 바로 사용할 수 있다.

실습 웹 브라우저에서 http://localhost:8080에 접근하면 그림 11-6과 같은 화면을 볼 수 있다. 이 화면을 보면 사전에 diamol이라는 작업이 설정돼 있으며 이전에 작업이 실패한 상태다. 화면 오른쪽 상단에서 **Log in** 버튼을 눌러 사용자명 diamol, 패스워드 diamol로 로그인한다.

❤ 그림 11-6 CI 작업과 사용자 정보 설정이 이미 끝난 상태의 컨테이너로 실행된 젠킨스

젠킨스는 충실한 자동화 기능을 갖고 있으며, 이 기능을 사용한 설정을 도커 이미지에 담았다.
컨테이너를 실행하기만 하면 바로 젠킨스를 사용할 수 있다.

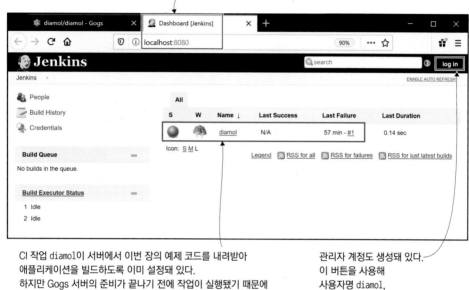

CI 작업 diamol이 서버에서 이번 장의 예제 코드를 내려받아
애플리케이션을 빌드하도록 이미 설정돼 있다.
하지만 Gogs 서버의 준비가 끝나기 전에 작업이 실행됐기 때문에
한 번 실패가 발생한 상태다.

관리자 계정도 생성돼 있다.
이 버튼을 사용해
사용자명 diamol,
패스워드 diamol로
로그인할 수 있다.

젠킨스 서버의 CI 작업이 실패한 상태인 이유는 코드를 가져오기로 설정된 Gogs의 Git 저장소에 아직 아무 코드도 없기 때문이다. 이 책의 예제 코드는 이미 그 자체로 Git 저장소이므로, 이 저장소에 Gogs에서 생성한 저장소를 새로운 원격 저장소로 추가하고 코드를 푸시할 수 있다.

실습 git remote add 명령을 사용해 Git 저장소에 원격 저장소를 추가할 수 있다. 원격 저장소를 추가하고 나면 (컨테이너로 실행 중인) 이 저장소에 로컬 컴퓨터에 있는 소스 코드를 업로드할 수 있다.

```
git remote add local http://localhost:3000/diamol/diamol.git

git push local

# Gogs에 로그인해야 함
# 사용자명 diamol, 패스워드 diamol로 로그인한다
```

이제 Git 서버에 예제 코드 전체를 업로드했다. 젠킨스 서버는 1분에 한 번씩 이 코드에 변경이 있었는지 확인하다가 변경이 발견되면 CI 파이프라인을 실행한다. 첫 번째 실행은 코드 저장소 자체가 없었기 때문에 실패하고 실행 일정을 멈춘 상태다. 수동으로 다시 실행하면 실행 일정이 재개된다.

실습 웹 브라우저에서 http://localhost:8080/job/diamol에 접근하면 그림 11-7과 같은 화면을 볼 수 있다. 좌측 메뉴에서 **Build Now**를 클릭한다. **Build Now** 링크가 보이지 않는다면 젠킨스에 diamol 계정으로 로그인된 상태인지 확인하라.

❤ 그림 11-7 젠킨스 작업 페이지에서 해당 작업의 현재 상태를 볼 수 있으며, 작업을 수동으로 즉시 실행할 수도 있다.

작업 페이지에서 파이프라인을 구성하고 최근 빌드의 상태를 확인할 수 있다.

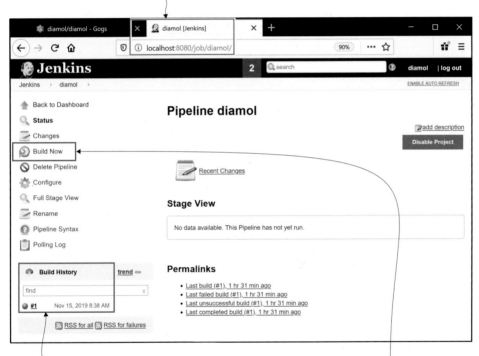

젠킨스 서버는 코드 변경 여부를 확인하기 위해
1분에 한 번씩 Git 서버에 접근한다. 그러나
최초 시도에는 코드 저장소 자체가 없기 때문에
작업이 정지된 상태다.

사용자 diamol로 로그인하면 수동으로 빌드를
새로 시작할 수 있다.

1~2분 후 빌드가 성공적으로 끝나면 웹 페이지가 리프레시되며 그림 11-8과 같은 화면을 볼 수 있다.

▼ 그림 11-8 젠킨스의 작업 페이지. 최근 빌드의 상태와 파이프라인의 각 단계를 보여 준다.

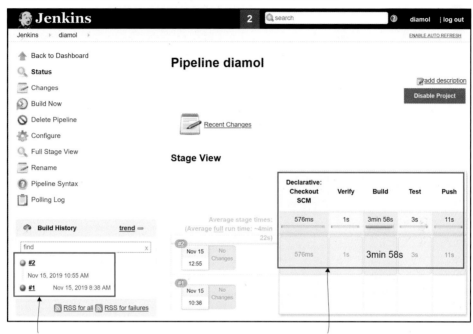

빌드 히스토리 항목은 최근 빌드의 상태를 보여 준다. 여기서 두 번째 빌드는 수동으로 실행된 것이며 성공적으로 끝났다.

파이프라인 뷰 항목은 파이프라인을 구성하는 각 단계의 수행 시간과 수행 결과를 보여 준다. 여기에 나타난 파이프라인은 그림 11-1에 나타난 것과 비슷하게 구성됐다.

전체 CI 파이프라인이 도커 컨테이너를 통해 실행되므로 다음과 같은 이점이 있다. 도커에서 실행된 컨테이너는 도커 API, 그리고 같은 도커 엔진에서 실행된 컨테이너와 연결된다. 젠킨스 이미지에는 도커 CLI와 젠킨스 컨테이너 설정을 위한 컴포즈 파일을 포함하고 있기 때문에 도커 명령을 실행하면 호스트 컴퓨터에서 실행 중인 도커 엔진으로 전달한다.

조금 이상하게 들리겠지만, 도커 CLI는 도커 API를 호출하는 방식으로 동작하기 때문에 다른 곳에 위치한 CLI도 같은 도커 엔진에 접속할 수 있다. 그림 11-9에 이 구조를 나타냈다.

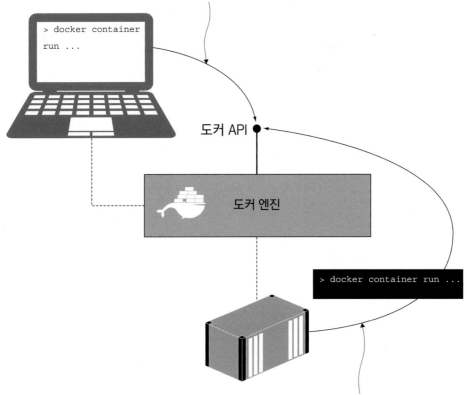

▼ 그림 11-9 도커 API와 연결하기 위한 보안 통신 채널로 볼륨을 사용하는 컨테이너

도커를 실행 중인 로컬 컴퓨터에서 해당 컴퓨터 안으로
국한된 통신 채널을 통해 도커 엔진으로 CLI 명령을 전달한다.

```
> docker container
run ...
```

도커 API

도커 엔진

```
> docker container run ...
```

컨테이너는 볼륨을 보안 통신 채널로 삼아 API와 연결된다. 그러므로 컨테이너에서 실행 중인
도커 CLI도 호스트 컴퓨터의 도커 엔진으로 CLI 명령을 전달할 수 있다.

도커 CLI는 기본적으로 로컬 컴퓨터에서 실행 중인 도커 API에 접속을 시도한다. 이때 이 통신 과정은 호스트 컴퓨터 안으로 국한된 채널을 사용하는데, 리눅스 환경에서는 소켓을 사용하고 윈도 환경에서는 명명된 파이프(named pipe)를 사용한다. 이 채널은 컨테이너에서 바인드 마운트로도 사용할 수 있으므로 CLI가 컨테이너 안에서 실행됐다면 실제 통신은 호스트 컴퓨터의 소켓이나 명명된 파이프를 통해 이뤄진다. 이러한 상황을 이용하면 컨테이너에서 실행된 애플리케이션이 도커를 통해 다른 컨테이너를 찾아 달라고 요청하거나 새로운 컨테이너를 시작하고 종료하는 등의 일이 가능해진다. 하지만 컨테이너에서 실행 중인 애플리케이션이 호스트에서 동작 중인 도커의 모든 기능에 접근 가능하다는 점에서 보안 문제가 생길 수 있으므로 신뢰할 수 있는 도커 이미지에만 적용해야 한다. 물론 내가 만든 diamol 이미지는 신뢰해도 좋다.

예제 11-1은 CI 인프라스트럭처를 실행하는 데 사용된 도커 컴포즈 파일 중에서 젠킨스와 관련된 부분을 발췌한 것이다. 리눅스 환경에서는 볼륨이 도커 소켓과 연결된 것과 달리 윈도 환경에서는 명명된 파이프와 연결된 것에 주목하기 바란다. 이 소켓과 파이프가 도커 API에 접속하는 주소가 된다.

예제 11-1 젠킨스에 포함된 도커 CLI를 도커 엔진과 연결하기

```
# docker-compose.yml
services:
  jenkins:
    image: diamol/jenkins
    ports:
      - "8080:8080"
    networks:
      - infrastructure

# docker-compose-linux.yml
jenkins:
  volumes:
    - type: bind
      source: /var/run/docker.sock
      target: /var/run/docker.sock

# docker-compose-windows.yml
jenkins:
  volumes:
    - type: npipe
      source: \\.\pipe\docker_engine
      target: \\.\pipe\docker_engine
```

CI를 위한 인프라스트럭처는 이게 전부다. 젠킨스 컨테이너가 도커 및 도커 컴포즈 명령을 실행할 수 있게 도커 엔진과 연결할 수 있도록 하고, 같은 도커 네트워크에서 동작하는 컨테이너인 Git 서버와 도커 레지스트리에는 DNS를 통해 연결한다. CI 프로세스는 애플리케이션을 빌드하도록 하는 명령 하나만을 내릴 뿐이고, 나머지 복잡한 일은 Dockerfile 스크립트와 도커 컴포즈 파일에 정의된 대로 진행된다.

11.3 / 도커 컴포즈를 이용한 빌드 설정

젠킨스에서 빌드 작업을 마치고 나면 8장에서 다뤘던 무작위 숫자 애플리케이션의 새로운 버전이 빌드된다. 앞서 10장에서는 애플리케이션의 정의를 여러 개의 컴포즈 파일에 나눠 정의하는 방법을 배웠다. 이 애플리케이션에서도 빌드 설정의 세부 사항을 정의하는 데 같은 방법을 사용한다. 예제 11-2는 ch11/exercises 디렉터리의 docker-compose.yml 파일에서 웹 애플리케이션과 API 서비스의 정의를 발췌한 것이다. 이들 정의의 이미지 항목에는 환경 변수가 사용됐다.

예제 11-2 이미지 태그에 환경 변수가 사용된 코어 컴포즈 파일

```
services:
  numbers-api:
    image: ${REGISTRY:-docker.io}/diamol/ch11-numbers-api:v3-build-${BUILD_NUMBER:-
local}
    networks:
      - app-net

  numbers-web:
    image: ${REGISTRY:-docker.io}/diamol/ch11-numbers-web:v3-build-${BUILD_NUMBER:-
local}
    environment:
      - RngApi__Url=http://numbers-api/rng
    networks:
      - app-net
```

여기 사용된 환경 변수에는 기본값을 의미하는 :- 문법이 사용됐다. 예를 들어 ${REGISTRY:-docker.io}는 이 부분을 환경 변수 REGISTRY의 값으로 치환하되, 해당 환경 변수가 정의돼 있지 않다면 도커 허브의 도메인인 docker.io를 기본값으로 사용하라는 의미다. 이미지 태그 정의 역시 같은 의미다. BUILD_NUMBER 환경 변수가 정의돼 있다면 그 값을 사용하고, 그렇지 않다면 기본값 local로 치환한다.

이 패턴을 사용하면 같은 결과물로 CI 파이프라인과 개발자 빌드를 매끄럽게 동시에 지원할 수 있다. 개발자가 빌드한 API 이미지에는 환경 변수가 정의돼 있지 않을 것이므로 이 이미지의 이미지 태그는 docker.io/diamol/ch11-numbers-api:v3-build-local이 된다. 그러나 docker.io는 도커 허브의 도메인이므로 생략할 수 있기 때문에 diamol/ch11-numbers-api:v3-build-local로 보

인다. 반면 젠킨스에서 같은 이미지를 빌드하면 로컬 도커 레지스트리의 도메인과 빌드 작업 번호가 환경 변수로 정의돼 있기 때문에 이미지 태그는 registry.local:5000/diamol/ch11-number-api:v3-build-2가 된다.

이미지 이름을 유연하게 결정하도록 하는 설정은 CI 설정에서 중요한 부분이다. 그러나 핵심적인 부분은 오버라이드 파일인 docker-compose-build.yml에 들어 있다. 이 파일에 포함된 정보로 컴포즈가 빌드에 사용할 Dockerfile 스크립트를 결정한다.

> **실습** 로컬 컴퓨터에서도 CI 빌드 파이프라인과 같은 단계를 거쳐 애플리케이션을 빌드할 수 있다. 터미널 창을 열고 이번 장의 예제 코드 디렉터리로 이동한 후 다음과 같이 도커 컴포즈를 실행해 애플리케이션을 빌드하라.

```
cd ./ch11/exercises

# 두 이미지를 빌드
docker-compose -f docker-compose.yml -f docker-compose-build.yml build

# 웹 애플리케이션 이미지를 확인
docker image inspect -f '{{.Config.Labels}}' diamol/ch11-numbers-api:v3-build-local
```

나의 환경에서 출력된 결과를 그림 11-10에 실었다.

▼ 그림 11-10 도커 컴포즈를 사용해 이미지를 빌드한 뒤 이미지 레이블 확인하기

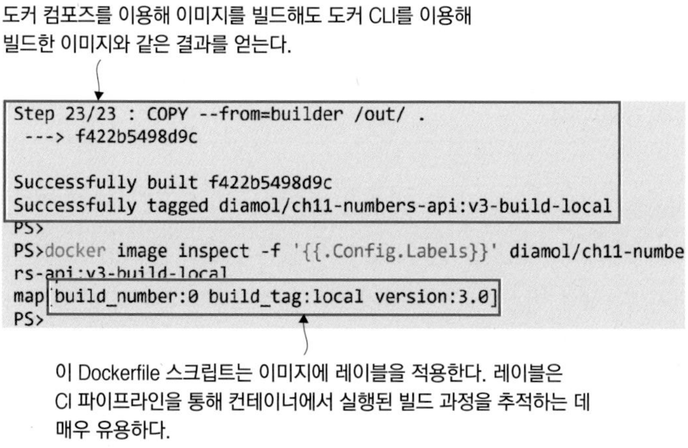

도커 컴포즈를 이용해 이미지를 빌드해도 도커 CLI를 이용해
빌드한 이미지와 같은 결과를 얻는다.

```
Step 23/23 : COPY --from=builder /out/ .
 ---> f422b5498d9c

Successfully built f422b5498d9c
Successfully tagged diamol/ch11-numbers-api:v3-build-local
PS>
PS>docker image inspect -f '{{.Config.Labels}}' diamol/ch11-numbe
rs-api:v3-build-local
map[build_number:0 build_tag:local version:3.0]
PS>
```

이 Dockerfile 스크립트는 이미지에 레이블을 적용한다. 레이블은
CI 파이프라인을 통해 컨테이너에서 실행된 빌드 과정을 추적하는 데
매우 유용하다.

도커 컴포즈로 애플리케이션을 빌드하는 과정은 실질적으로는 정의된 각 서비스마다 docker image build 명령을 실행하는 과정이다. 이런 식으로 이미지를 한 번에 여러 개 빌드할 수 있지만, 빌드되는 이미지가 하나인 경우라도 컴포즈를 통하는 쪽이 이미지 태그를 자동으로 생성한다

는 점에서 더 낫다. 이번 빌드에서 CI 파이프라인의 성공과 관련된 사항이 몇 가지 더 있는데, 이들 사항은 마지막에 이미지 레이블을 출력하기 위한 inspect 부명령을 실행하면 볼 수 있다.

컨테이너, 이미지, 네트워크 볼륨 등 대부분의 도커 리소스에는 레이블을 부여할 수 있다. 이 레이블은 리소스에 대한 추가 데이터에 키-값 쌍 형태로 저장된다. 레이블은 이미지에 포함시킬 수 있다는 점에서 이미지와 함께 사용할 때 특히 유용하다. 이미지를 레지스트리에 푸시하거나 내려받으면 레이블도 함께 따라온다. CI 파이프라인을 통한 애플리케이션 빌드에서는 빌드 과정을 진행 중인 시점에 추적하거나 사후에 추적하는 것이 중요한데, 이미지 레이블이 이 과정에 큰 도움이 된다.

예제 11-3은 무작위 숫자 API의 Dockerfile 스크립트의 일부를 발췌한 것이다(전체 파일은 이번 장의 소스 코드 중 numbers/numbers-api/Dockerfile.v4 파일을 보면 된다). 이 파일에는 이전에 보지 못한 새로운 두 가지 인스트럭션 ARG와 LABEL이 쓰였다.

예제 11-3 빌드 인자와 이미지 레이블이 지정된 Dockerfile 스크립트의 예

```
# 애플리케이션 이미지
FROM diamol/dotnet-aspnet

ARG BUILD_NUMBER=0
ARG BUILD_TAG=local

LABEL version="3.0"
LABEL build_number=${BUILD_NUMBER}
LABEL build_tag=${BUILD_TAG}

ENTRYPOINT ["dotnet", "Numbers.Api.dll"]
```

LABEL 인스트럭션은 Dockerfile 스크립트에 정의된 키-값 쌍을 빌드되는 이미지에 적용해 준다. 이 스크립트를 보면 version=3.0이라고 정의된 것을 볼 수 있다. 이 값은 앞에서 본 그림 11-10의 출력 내용에도 나와 있다. 나머지 두 LABEL 인스트럭션은 환경 변수 값으로부터 레이블 값을 정의한다. 이들 환경 변수 값은 ARG 인스트럭션에서 온 것이다.

ARG 인스트럭션은 이미지를 빌드하는 시점에만 유효하다는 점을 제외하면 ENV 인스트럭션과 거의 같다. 두 인스트럭션 모두 환경 변수 값을 설정하는 기능을 하지만, ARG 인스트럭션은 빌드 중에만 정의된 환경 변수가 유효하므로 빌드된 이미지로 실행한 컨테이너에서는 이 환경 변수가 정의되지 않는다. 내가 이 스크립트에서 ARG 인스트럭션을 사용한 것은 이미지 레이블에 들어갈 값을 제공하기 위해서다. CI 파이프라인에서 만들어진 이미지 레이블로 빌드 넘버와 전체 빌드 네임이

결정된다. ARG 인스트럭션은 이외에 build_number:0이나 build_tag:local에서처럼 아무 변수 값이 없는 경우에 사용할 기본값을 설정하는 데도 쓰였다.

CI 파이프라인에서 정의된 환경 변수 값이 도커 명령이나 컴포즈 오버라이드 파일까지 전달될 수 있었던 것은 바로 이 때문이다. 예제 11-4는 모든 설정값이 치환된 docker-compose-build.yml의 내용이다.

예제 11-4 빌드 설정값과 재사용 가능한 인자가 적용된 컴포즈 파일

```
x-args: &args
  args:
    BUILD_NUMBER: ${BUILD_NUMBER:-0}
    BUILD_TAG: ${BUILD_TAG:-local}

services:
  numbers-api:
    build:
      context: numbers
      dockerfile: numbers-api/Dockerfile.v4
      <<: *args

  numbers-web:
    build:
      context: numbers
      dockerfile: numbers-web/Dockerfile.v4
      <<: *args
```

10장을 이미 읽었다면 이 컴포즈 파일을 이해하기에 어려움이 없을 것이다. 아직 읽지 않았다면 돌아가서 10장을 읽고 오기 바란다. 읽는 데 한 시간이면 충분하다.

이 컴포즈 파일 정의의 build 블록은 크게 다음 세 부분으로 나뉜다.

- **context**: 도커가 빌드 중에 사용할 작업 디렉터리에 대한 경로다. 보통은 docker image build 명령에서 맨 끝에 .를 붙이므로 현재 디렉터리가 사용되지만, 이번에는 numbers 디렉터리를 사용한다. 상대 경로일 경우 컴포즈 파일의 경로를 기준으로 한다.

- **dockerfile**: Dockerfile 스크립트의 경로. 상대 경로일 경우 context에서 지정된 경로를 기준으로 한다.

도커와 도커 컴포즈를 이용한 애플리케이션 빌드 및 테스트

- **args**: 빌드 시에 전달할 인자. Dockerfile 스크립트에서 ARG 인스트럭션으로 정의된 키와 일치해야 한다. 이 애플리케이션의 Dockerfile 스크립트에는 모두 BUILD_NUMBER와 BUILD_TAG 인자가 사용됐다. 여기서는 컴포즈 확장 필드를 사용해 값을 정의하고 블록 두 곳에 확장 필드를 병합했다.

굉장히 많은 곳에서 기본값을 볼 수 있을 텐데, 이 기본값은 CI 파이프라인 절차를 적용하려다 다른 워크플로를 적용하기 곤란한 일이 없도록 하기 위한 것이다. 어떤 방법으로 빌드를 실행하든 빌드가 항상 같은 방식으로 수행되려면 Dockerfile 스크립트를 하나의 파일로 유지해야 한다. 컴포즈 파일에 기본값을 설정하면 CI 서버 외의 곳에서 빌드를 실행하더라도 빌드가 성공할 수 있으며 Dockerfile 스크립트에 정의된 기본값은 빌드 실행에 컴포즈를 사용하지 않더라도 적용될 것이다.

실습 무작위 숫자 API 이미지를 평소와 같이 image build 명령으로 빌드하면 컴포즈 파일의 설정을 우회해 이미지의 레이블을 원하는 대로 바꿀 수 있다. 빌드가 성공하면 Dockerfile 스크립트에 정의된 기본값이 적용된다.

```
# numbers 디렉터리로 이동한다
# 컴포즈 파일에서는 context 설정으로 같은 효과를 얻는다
cd ch11/exercises/numbers

# Dockerfile 스크립트 경로와 빌드 인자를 지정해 이미지를 빌드한다
docker image build -f numbers-api/Dockerfile.v4 --build-arg BUILD_TAG=ch11 -t numbers-api .

# 레이블 확인
docker image inspect -f '{{.Config.Labels}}' numbers-api
```

나의 환경에서 출력된 결과를 그림 11-11에 실었다. build_tag:ch11이 적용된 것을 볼 수 있지만, build_number:0은 Dockerfile 스크립트의 ARG 인스트럭션에 지정된 기본값에서 온 것이다.

◆ 그림 11-11 개발 중 빌드 워크플로를 지원하도록 빌드 인자의 기본값을 지정한 예

build 명령에 하나의 인자만 지정됐지만, 다른 인자의 기본값이
Dockerfile 스크립트에 정의됐기 때문에 빌드가 무사히 진행됐다.

```
Step 23/23 : COPY --from=builder /out/ .
 ---> Using cache
 ---> 79737e41496f
Successfully built 79737e41496f
Successfully tagged numbers-api:latest
PS>
PS>docker image inspect -f '{{.Config.Labels}}' numbers-a
pi
map[build_number:0 build_tag:ch11 version:3.0]
PS>
```

build_tag 레이블의 값이 build 명령의 인자로 지정됐다.
CI 파이프라인에서는 이 값이 젠킨스의 환경 변수 형태로 제공된다.

이미지에 레이블이 전달되는 과정만으로 상당한 분량을 설명했는데, 그만큼 제대로 알고 있어야
하는 부분이다. docker image inspect 명령으로 이미지의 레이블을 확인하고 이 레이블을 따라 이
미지가 빌드된 CI 작업을 추적해 정확히 어느 버전의 코드가 빌드된 것인지 확인할 수 있어야 한
다. 어떤 환경에서 실행 중인 컨테이너라도 다시 소스 코드까지 역추적할 수 있는 감사 추적이다.

DOCKER TEXTBOOK

11.4 도커 외의 의존 모듈이 불필요한 CI 작업 만들기

지금까지 아무 걱정 없이 도커와 도커 컴포즈만을 사용해 무작위 숫자 애플리케이션을 빌드할 수
있었다. 이 애플리케이션은 닷넷 SDK(.NET SDK)로 구현된 두 개의 컴포넌트로 구성되는데, 우리
는 닷넷 코어 SDK를 설치하지 않고도 애플리케이션을 빌드했다. 애플리케이션의 컴파일과 패키
징에 4장에서 배운 멀티 스테이지 Dockerfile 스크립트를 사용했기 때문으로, 그 덕분에 우리는
도커와 컴포즈 외의 도구를 사용하지 않아도 됐다.

이렇듯 의존 모듈이 별도로 필요하지 않다는 점은 컨테이너에서 수행하는 CI의 주된 장점이다. 그
리고 도커 허브, 깃허브 액션스, 애저 데브옵스 등 주요 매니지드 빌드 서비스가 이를 지원한다.
이러한 서비스를 사용하면, 여러 가지 도구를 설치해야 하는 빌드 서버도 필요 없어지고 모든 개

271

발자가 개발 도구를 최신 버전으로 유지할 필요도 사라진다. 거기다 빌드 스크립트도 간결하게 유지할 수 있고 개발자가 로컬 컴퓨터에서 사용하는 것과 같은 절차를 CI 파이프라인에서도 그대로 사용할 수 있으며 결과물도 당연히 동일하기 때문에 빌드 서비스를 교체하는 것도 간단하다.

이 책에서는 CI 파이프라인을 실행하기 위해 젠킨스를 사용하는데, 젠킨스 CI 작업은 소스 코드 저장소에 포함된 간단한 텍스트 파일로 설정이 가능하다. 예제 11-5는 CI 파이프라인 정의에서 일부를 발췌한 것이다(전체 파일은 ch11/exercises/Jenkinsfile에서 볼 수 있다).

예제 11-5 Jenkinsfile에 정의된 CI 작업의 빌드 단계

```
# Jenkinsfile에 정의된 빌드 단계
# 작업 디렉터리를 변경하고 두 개의 셸 명령을 실행한다
# 첫 번째 명령은 스크립트 파일을 만들고 두 번째 명령에서 스크립트를 실행한다
stage('Build') {
  steps {
    dir('ch11/exercises') {
      sh 'chmod +x ./ci/01-build.bat'
      sh './ci/01-build.bat'
    }
  }
}


# 다음은 01-build.bat 스크립트의 내용이다
docker-compose -f docker-compose.yml -f docker-compose-build.yml build --pull
```

pull 옵션이 추가된 것만 빼면, 우리가 로컬 컴퓨터에서 이미지를 빌드할 때 사용했던 docker-compose build 명령과 하나도 다를 바가 없다. pull 옵션은 빌드에 필요한 이미지를 무조건 최신 버전으로 새로 내려받으라는 의미다. 항상 최신 보안 패치가 적용된 기반 이미지를 사용해 이미지를 빌드한다는 점에서 그 자체로도 권장할 만한 습관이지만, CI 파이프라인에서는 Dockerfile에 지정된 이미지에 변경이 생겼을 때 애플리케이션에 미치는 영향을 최대한 빨리 알 수 있으므로 이 옵션이 더욱 중요하다.

빌드 단계는 스크립트를 실행하는 간단한 내용이다. 스크립트 파일의 확장자가 .bat이므로 리눅스 컨테이너는 물론 윈도 컨테이너에 실행된 젠킨스에서도 문제없이 실행된다. 스크립트를 실행하면 도커 컴포즈가 실행되고 도커 및 도커 컴포즈에서 출력하는 내용은 모두 빌드 로그에 저장된다.

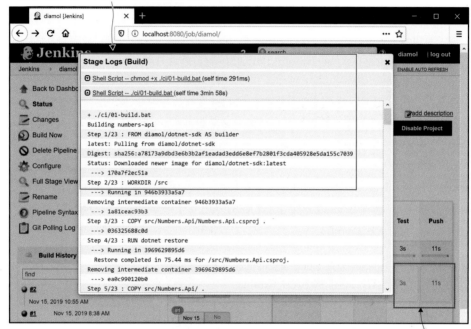

실습 젠킨스 UI에서 빌드 로그를 볼 수 있다. 웹 브라우저에서 http://localhost:8080/job/diamol을 입력해 작업 페이지에 접근한 뒤 파이프라인 뷰에서 작업 **#2**의 두 번째 단계를 선택한 다음, **Logs**를 클릭하라. 빌드 단계별 로그를 눌러 내용을 펼쳐 보면 눈에 익은 도커 빌드 출력을 볼 수 있다. 나의 환경에서 실행한 결과를 그림 11-12에 실었다.

❤ 그림 11-12 CI 파이프라인 빌드의 로그에는 익숙한 도커 빌드 출력이 수집됐다.

이 부분이 빌드 단계의 로그다. 이 단계는 도커 컴포즈 CLI로 명령을 실행한 것이므로
눈에 익은 도커 이미지 빌드 메시지를 볼 수 있다.

원하는 파이프라인 단계를 클릭하면 해당 단계에서 출력된 로그를 볼 수 있다.

빌드 파이프라인의 각 단계는, 배치 스크립트를 실행하고 여기서 실행된 도커 컴포즈가 실질적인 작업을 담당하는 비슷한 패턴을 따른다. 상업용으로 제공되는 파이프라인 작성 문법 대신 일반적인 스크립트로 작성해 파이프라인에서 호출하는 이런 패턴은 빌드 서비스를 갈아타기에도 유리하다. 깃랩이나 깃허브 액션으로 빌드 서비스를 변경하더라도 파이프라인 스크립트만 추가하면 동일하게 동작하기 때문이다.

젠킨스 빌드의 모든 단계는 컨테이너에서 실행된다.

- **검증 단계**: 00-verify.bat 스크립트를 실행한다. 이 스크립트는 도커 및 도커 컴포즈의 버전을 출력하는 내용을 담고 있다. 빌드에 필요한 의존 모듈인 도커의 버전 정보를 빌드 파이프라인 로그 맨 처음에 출력하면 유용할 때가 많다.

- **빌드 단계**: 앞서 본 01-build.bat 스크립트를 실행한다. 이는 도커 컴포즈를 실행해 이미지를 빌드하는 역할을 한다. Jenkinsfile에 환경 변수 REGISTRY가 정의돼 있으므로 빌드되는 이미지는 로컬 레지스트리 도메인이 포함된 태그를 갖는다.

- **테스트 단계**: 02-test.bat 스크립트를 실행한다. 이 스크립트는 도커 컴포즈로 빌드된 애플리케이션을 실행하고 컨테이너 목록을 출력한 다음 애플리케이션을 다시 종료한다. 간단해 보이지만, 컨테이너가 이상 없이 실행됨을 확인할 수 있다. 실제 프로젝트라면 애플리케이션을 실행한 뒤 다른 컨테이너에서 E2E 테스트를 진행할 것이다.

- **푸시 단계**: 03-push.bat 스크립트를 실행한다. 도커 컴포즈를 실행해 빌드된 이미지를 레지스트리에 푸시하는 스크립트다. 이미지 태그는 로컬 레지스트리 도메인을 포함하므로 빌드 및 테스트 단계가 성공했다면 이미지가 레지스트리에 푸시된다.

CI 파이프라인의 각 단계는 순서대로 실행된다. 중간에 실패한 단계가 있으면 해당 작업은 그대로 종료된다. 다시 말하면, 빌드와 테스트 단계를 통과해 릴리스 후보가 될 수 있는 이미지만 레지스트리에 푸시된다는 뜻이다.

실습 젠킨스에서 첫 빌드에 성공했다(빌드 번호 1은 소스 코드가 없어 실패하고 빌드 번호 2가 성공했다). 로컬 레지스트리 컨테이너의 REST API에서 무작위 숫자 애플리케이션 이미지의 v2 태그가 있는지 확인하라.

```
# 엔드포인트 catalog에서 모든 이미지 리포지터리의 목록을 확인한다
curl http://registry.local:5000/v2/_catalog

# 엔드포인트 tags에서는 단일 리포지터리의 태그 목록을 확인한다
curl http://registry.local:5000/v2/diamol/ch11-numbers-api/tags/list
curl http://registry.local:5000/v2/diamol/ch11-numbers-web/tags/list
```

나의 환경에서 실행한 결과를 그림 11-13에 실었다. 웹 애플리케이션과 API가 리포지터리를 따로 갖고 있으며, 첫 번째 빌드가 실패하여 이미지가 푸시되지 않았기 때문에 build-2 태그가 부여됐다.

hosts 파일에 추가한 도메인에서 도커 레지스트리 API를
호출할 수 있다. 엔드포인트 _catalog에서 이미지 리포지터리의
목록을 확인할 수 있다.

```
PS>curl http://registry.local:5000/v2/_catalog
{"repositories":["diamol/ch11-numbers-api","diamol/ch11-n
umbers-web"]}
PS>
PS>curl http://registry.local:5000/v2/diamol/ch11-numbers
-api/tags/list
{"name":"diamol/ch11-numbers-api","tags":["v3-build-2"]}
PS>
PS>curl http://registry.local:5000/v2/diamol/ch11-numbers
-web/tags/list
{"name":"diamol/ch11-numbers-web","tags":["v3-build-2"]}
PS>
```

웹 애플리케이션 이미지에는 태그 하나만이 존재한다.
이 이미지가 CI 작업을 통해 빌드되고 푸시된 이미지다.
태그 이름에도 젠킨스 빌드 번호가 붙었음을 확인할 수 있다.

이 파이프라인은 비교적 간단한 CI 파이프라인이지만, 주요 베스트 프랙티스와 필수적인 CI 작업
단계가 모두 포함돼 있다. 이 파이프라인의 핵심은 복잡한 일을 스크립트를 통해 도커에 맡기라는
것이다. 이것만 지킨다면, 어떤 CI 서버를 사용하더라도 기존의 스크립트를 그대로 옮겨 파이프
라인을 정의하면 된다.

DOCKER TEXTBOOK

11.5 / CI 파이프라인에 관계된 컨테이너

도커를 이용한 CI 파이프라인에서 먼저 애플리케이션을 컨테이너에서 빌드하고 실행하는 방법을
배웠다. 도커를 사용하면 애플리케이션 빌드 프로세스의 최상위 레이어가 항상 동일해진다. 이렇
게 최상위 레이어가 항상 동일하다는 점을 이용하면 CI 파이프라인에 다양하고 유용한 기능을 추
가할 수 있다. 그림 11-14는 알려진 취약점을 탐지하는 보안 검사 및 이미지에 디지털 서명을 넣
는 컨테이너가 추가된 CI 파이프라인을 보여 준다.

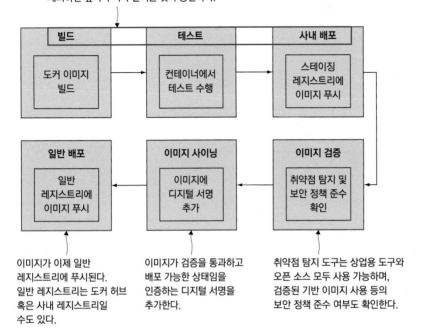

✔ 그림 11-14 일반 배포를 위한 보안 검사가 추가된 실제 운영 수준의 CI 파이프라인

파이프라인 전반부는 레지스트리가 스테이징 레지스트리인 것을
제외하면 앞서 우리가 살펴본 것과 동일하다.

빌드	테스트	사내 배포
도커 이미지 빌드	컨테이너에서 테스트 수행	스테이징 레지스트리에 이미지 푸시

일반 배포	이미지 사이닝	이미지 검증
일반 레지스트리에 이미지 푸시	이미지에 디지털 서명 추가	취약점 탐지 및 보안 정책 준수 확인

이미지가 이제 일반
레지스트리에 푸시된다.
일반 레지스트리는 도커 허브
혹은 사내 레지스트리일
수도 있다.

이미지가 검증을 통과하고
배포 가능한 상태임을
인증하는 디지털 서명을
추가한다.

취약점 탐지 도구는 상업용 도구와
오픈 소스 모두 사용 가능하며,
검증된 기반 이미지 사용 등의
보안 정책 준수 여부도 확인한다.

도커에서는 이런 CI 파이프라인을 안전 소프트웨어 공급 체인(secure software supply chain)이라고
부르는데, 이는 기업 규모와 상관없이 배포할 소프트웨어의 안전성을 담보한다는 점에서 매우 중
요하다. CI 파이프라인에서 취약점 탐색 도구를 실행하고 취약점이 발견되면 빌드가 실패한다. 그
리고 운영 환경에서 CI 파이프라인을 무사히 통과했을 때만 추가되는 디지털 서명이 있는 이미지
로만 컨테이너를 실행하게끔 설정할 수도 있다. 결과적으로 운영 환경에서는 모든 테스트를 통과
한 소프트웨어만 실행될 것이고 보안 문제에서 자유로워질 수 있다.

CI 파이프라인에 추가된 모든 검증 단계는 컨테이너와 이미지를 대상으로 하므로 전체 애플리케
이션 플랫폼에도 그대로 유효하다. 여러 기술이 적용된 프로젝트라도 기반 이미지와 Dockerfile
스크립트의 내용만 달라질 뿐이며 CI 파이프라인은 변경하지 않아도 된다.

11.6 연습 문제

연습 문제 시간이다. 이번 연습 문제는 CI 파이프라인을 직접 구성해 보는 것이다. 하지만 미리 겁먹을 필요는 없다. 이번 장에서 배우고 실습한 내용만 사용해 간단한 파이프라인을 만들면 된다.

이번 장 예제 코드의 lab 디렉터리에는 6장에서 배웠던 to-do 애플리케이션의 소스 코드가 있다. 이 애플리케이션은 거의 바로 빌드가 가능한 상태다. Jenkinsfile과 CI 빌드 스크립트, 코어 컴포즈 파일도 이미 갖춰져 있다. 여러분이 다음 내용만 추가하면 된다.

- docker-compose-build.yml이라는 이름으로 빌드 설정이 담긴 오버라이드 파일을 작성한다.
- CI 파이프라인을 수행할 젠킨스 작업을 생성한다.
- Gogs 서버의 diamol 저장소에 수정한 내용을 푸시한다.

몇 번 빌드가 실패한다고 포기하지 말자. 로그를 잘 읽어 보고 설정을 수정해 문제를 해결하면 된다. 젠킨스 빌드 설정은 한 번에 성공하는 사람이 오히려 드물다. 다음 몇 가지 힌트를 참조하면 좀 더 수월할 것이다.

- 우리가 필요한 오버라이드 파일은 실습에서 작성했던 오버라이드 파일과 내용이 비슷하다. context를 지정하고 빌드 넘버 레이블을 인자로 전달하면 된다.
- 젠킨스 UI에서 **New Item**을 클릭해 새 작업을 만든다. 기존 diamol 작업의 설정을 그대로 사용해도 된다.
- 젠킨스 작업 설정에서 Jenkinsfile의 경로를 exercises 디렉터리에서 lab 디렉터리로 수정한다.

지금까지의 설명으로도 연습 문제가 어렵게 느껴진다면, lab 디렉터리에서 readme 파일을 읽어 보기 바란다. 또한, 젠킨스 UI의 빌드 단계 뷰의 스크린샷과 예제 컴포즈 파일도 참고하기 바란다.

11

도커와 도커 컴포즈를 이용한 애플리케이션 빌드 및 테스트

— 제 **3** 부 —

컨테이너
오케스트레이션을
이용한 스케일링

오케스트레이션은 여러 대의 물리 서버에 걸쳐 컨테이너로 애플리케이션을 실행하는 것을 말한다. 도커 이미지와 컴포즈 파일은 전과 같지만, 컨테이너를 수동으로 직접 관리했던 이전과 비교하면 클러스터에 컨테이너 관리를 위임한다는 점이 다르다. 3부에서는 도커에 내장된 오케스트레이션 도구인 도커 스웜의 사용법을 배운다. 그리고 애플리케이션 업데이트 및 롤백 절차, CI 파이프라인을 클러스터와 연결해 지속적 통합에서 한 발짝 더 나아간 지속적 배포를 실현하는 방법도 알아본다.

12^장

컨테이너 오케스트레이션: 도커 스웜과 쿠버네티스

이제 컨테이너를 익히는 우리의 여정도 반환점을 돌았다. 지금쯤이면 독자 여러분도 도커와 도커 컴포즈를 이용해 애플리케이션을 패키징하고 실행하는 데 익숙해졌을 것이다. 이번에는 대량의 트래픽을 처리하고 고가용성을 얻기 위해 여러 대의 도커 호스트로 구성된 운영 환경에서 애플리케이션을 실행하는 방법을 알아볼 차례다.

운영 환경에서도 여전히 애플리케이션은 컨테이너에서 실행되지만, 여러 대의 도커 호스트와 컨테이너를 관리해 주는 관리 레이어가 한 층 추가된다. 이 관리 레이어를 오케스트레이션(orchestration)이라고 하며, 주요 오케스트레이션 도구로 도커 스웜(Docker Swarm)과 쿠버네티스(Kubernetes)가 있다. 이 두 가지 도구는 기능 면에서 겹치는 부분이 많지만, 이 중 쿠버네티스는 별도의 책으로 다뤄야 할 정도로 더 복잡한 도구다. 이번 장에서는 도커 스웜을 사용하며 컨테이너 오케스트레이션을 경험해 볼 것이다. 도커에 내장된 형태라고는 하지만, 도커 스웜 역시 운영 환경에 적용해도 무리가 없는 강력한 컨테이너 오케스트레이션 도구다. 독자 여러분의 최종 목표가 쿠버네티스를 익히는 것이라 할지라도 스웜을 먼저 익히는 것이 좋다. 쿠버네티스는 초기 학습 과정이 꽤 어려운 편인데, 스웜을 미리 익혔다면 학습이 훨씬 수월하기 때문이다.

12.1 컨테이너 오케스트레이션 도구란?

도커 컴포즈는 단일 도커 호스트에서 컨테이너를 실행하기 위한 도구였다. 하지만 운영 환경은 단일 호스트로만 구성되지 않는다. 단일 호스트 환경에서는 호스트 한 대만 고장을 일으켜도 전체 애플리케이션이 중단된다. 서비스 운영을 위한 시스템은 고가용성을 요구하는데, 이 때문에 오케스트레이션이 필요해진다. 오케스트레이션 도구란 기본적으로 클러스터(cluster)를 구성하는 여러 대의 호스트 컴퓨터를 의미한다. 오케스트레이션 도구는 컨테이너를 관리하고, 서비스를 제공하기 위한 작업을 여러 컴퓨터에 분배하며, 네트워크 트래픽 부하를 고르게 분산시키고, 상태가 불량한 컨테이너를 새 컨테이너로 교체하는 일을 담당한다.

여러 대의 호스트에 도커를 설치해 클러스터를 만들고 나면, 이들 컴퓨터를 오케스트레이션 플랫폼(스웜이나 쿠버네티스)에 등록한다. 그다음부터는 명령행 도구나 웹 UI를 통해 원격에서 클러스터를 관리할 수 있다. 그림 12-1은 오케스트레이션이 적용된 인프라스트럭처를 나타낸 것이다.

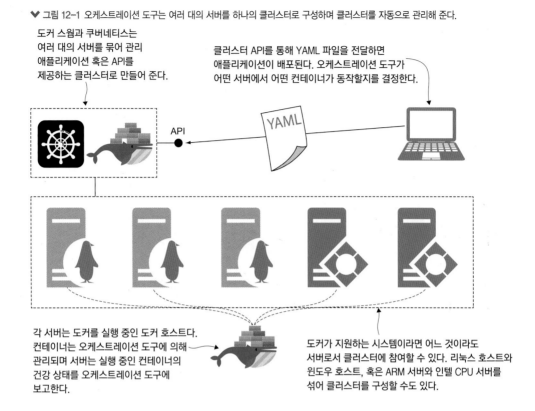

▼ 그림 12-1 오케스트레이션 도구는 여러 대의 서버를 하나의 클러스터로 구성하며 클러스터를 자동으로 관리해 준다.

도커 스웜과 쿠버네티스는
여러 대의 서버를 묶어 관리
애플리케이션 혹은 API를
제공하는 클러스터로 만들어 준다.

클러스터 API를 통해 YAML 파일을 전달하면
애플리케이션이 배포된다. 오케스트레이션 도구가
어떤 서버에서 어떤 컨테이너가 동작할지를 결정한다.

YAML

API

각 서버는 도커를 실행 중인 도커 호스트다.
컨테이너는 오케스트레이션 도구에 의해
관리되며 서버는 실행 중인 컨테이너의
건강 상태를 오케스트레이션 도구에
보고한다.

도커가 지원하는 시스템이라면 어느 것이라도
서버로서 클러스터에 참여할 수 있다. 리눅스 호스트와
윈도우 호스트, 혹은 ARM 서버와 인텔 CPU 서버를
섞어 클러스터를 구성할 수도 있다.

오케스트레이션 도구에는 컨테이너의 잠재력을 한층 더 살릴 수 있는 기능이 있다. 클러스터에는 클러스터에 배포된 애플리케이션에 대한 모든 정보가 담긴 분산 데이터베이스와 어떤 컨테이너를 어떤 호스트에서 실행할지 배정하는 스케줄러, 클러스터를 구성하는 호스트 간에 주기적으로 연락 신호를 주고받는 시스템이 있는데, 이들 시스템은 클러스터의 신뢰성을 확보하는 기본적인 수단이 된다. 클러스터에 애플리케이션을 배포하려면 클러스터에 YAML 파일을 전달하면 된다. 그러면 클러스터가 애플리케이션 구성 정보를 저장하고 그에 맞춰 동원 가능한 서버에서 컨테이너를 생성해 애플리케이션을 실행한다. 애플리케이션이 실행되면 클러스터는 애플리케이션의 실행 상태가 유지되도록 관리한다. 어떤 서버가 고장 나면 컨테이너 일부가 손실되겠지만, 클러스터가 다른 서버에서 대체 컨테이너를 실행한다.

복잡한 컨테이너 관리는 모두 오케스트레이션 도구가 대신해 준다. 우리는 YAML에 원하는 애플리케이션의 상태를 작성하기만 하면 되며, 어떤 서버에서 몇 개의 컨테이너를 실행해야 할지는 신경 쓰지 않아도 된다. 게다가 오케스트레이션 도구는 네트워크 관련 기능, 애플리케이션 설정 기능, 데이터 저장 기능도 제공한다. 그림 12-2는 클러스터 내의 트래픽 라우팅, 비밀값에 저장된 애플리케이션 설정, 공유 스토리지를 나타낸 것이다.

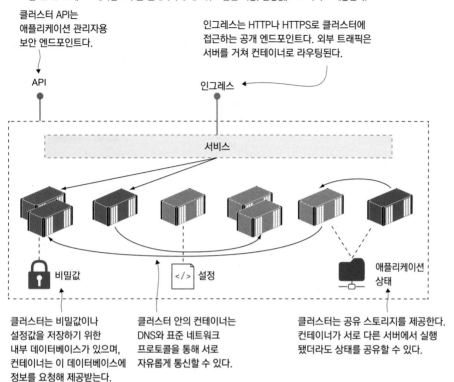

▼ 그림 12-2 오케스트레이션 도구는 컨테이너에 네트워크 관련 기능, 설정값, 스토리지도 제공한다.

클러스터 API는
애플리케이션 관리자용
보안 엔드포인트다.

인그레스는 HTTP나 HTTPS로 클러스터에
접근하는 공개 엔드포인트다. 외부 트래픽은
서버를 거쳐 컨테이너로 라우팅된다.

API

인그레스

서비스

비밀값

</> 설정

애플리케이션
상태

클러스터는 비밀값이나
설정값을 저장하기 위한
내부 데이터베이스가 있으며,
컨테이너는 이 데이터베이스에
정보를 요청해 제공받는다.

클러스터 안의 컨테이너는
DNS와 표준 네트워크
프로토콜을 통해 서로
자유롭게 통신할 수 있다.

클러스터는 공유 스토리지를 제공한다.
컨테이너가 서로 다른 서버에서 실행
됐더라도 상태를 공유할 수 있다.

그림 12-2를 잘 보면 서버가 나타나 있지 않다. 오케스트레이션 도구가 각 서버, 네트워크, 스토리지 장치의 세부 사항을 가려 주기 때문이다. 우리는 클러스터가 마치 하나의 대상인 것처럼 명령행 도구와 API를 통해 명령을 보내고 쿼리를 요청해 사용한다. 클러스터는 1,000대의 호스트일 수도 있고 단일 호스트일 수도 있다. 하지만 호스트 대수와 상관없이 똑같은 명령을 사용하고 YAML 파일을 전달해 애플리케이션을 배포한다. 애플리케이션 사용자 역시 클러스터에 포함된 모든 서버를 사용할 수 있다. 오케스트레이션 계층이 컨테이너까지 이어지는 트래픽 라우팅을 담당한다.

12.2 / 도커 스웜으로 클러스터 만들기

그럼 바로 시작해 보자. 도커 스웜은 도커 엔진에 포함돼 있어 별도의 설치가 필요 없다. 도커 엔진을 스웜 모드로 전환해 클러스터를 초기화하면 된다.

실습 도커 CLI에는 클러스터 관리를 위한 명령도 준비돼 있다. swarm init 명령을 사용하면 도커 엔진을 스웜 모드로 전환한다. 보통은 아무 인자 없이 사용하는 명령이지만, 호스트 컴퓨터가 하나 이상의 네트워크에 접속돼 있다면 스웜 통신에 사용할 IP 주소를 선택하라는 메시지와 함께 오류를 일으킬 것이다.

```
docker swarm init
```

그림 12-3에 나의 환경에서 실행한 결과를 실었다. 출력된 내용을 보면, 도커 스웜이 초기화되고 나의 컴퓨터가 클러스터 매니저가 됐다. 클러스터에 속한 컴퓨터는 매니저와 워커라는 두 가지 역할 중 하나를 맡는다. 출력된 내용 중에는 다른 컴퓨터를 클러스터에 워커로 참여시키기 위해 입력할 명령어도 있다.

♥ 그림 12-3 도커 엔진을 스웜 모드로 전환하면 매니저 역할을 맡은 단일 노드를 가진 클러스터가 만들어진다.

도커 엔진을 스웜 모드로 전환하고 이 컴퓨터가 스웜 매니저가 된다.
네트워크 카드가 여러 개 설치된 경우 IP 주소도 여러 개가 할당돼 있을 텐데,
이 중 어떤 주소를 스웜이 사용할지 선택해야 한다.

```
PS>docker swarm init
Swarm initialized: current node (ot24xzb7jnmcg310z6y7mwgtg
) is now a manager.

To add a worker to this swarm, run the following command:

    docker swarm join --token SWMTKN-1-3hyzunhmg4sacxlfdfj
n1syk8w6pieoeb8b0boz7w8k9qpuqrp-4f62v3d1mydkj4zm10idzevdv
192.168.65.3:2377

To add a manager to this swarm, run 'docker swarm join-tok
en manager' and follow the instructions.
```

이 부분은 다른 컴퓨터를 현재 생성한 스웜에 참여시킬 때 입력해야 할 명령이다.

매니저는 클러스터를 관리하는 작업을 직접 수행한다. 클러스터 데이터베이스도 매니저 노드에 저장되며, 사용자가 YAML 파일을 전달하기 위해 사용하는 API도 매니저 노드에서 동작하고 컨테이너 모니터링과 스케줄링 모두 매니저 노드가 수행한다. 이와 달리 워커는 매니저의 스케줄링에 따라 컨테이너를 실행하고 그 상태를 주기적으로 매니저에 보고하는 역할을 하는데, 매니저도 워커의 역할을 수행할 수는 있다.

스웜을 만들고 나면 원하는 만큼 컴퓨터를 스웜에 추가할 수 있다. 스웜에 추가된 컴퓨터를 노드라고 부른다. 스웜에 노드로 추가하려면, 먼저 해당 컴퓨터가 스웜과 같은 네트워크상에 있어야 하고 스웜에 들어가기 위한 패스워드 역할을 하는 참가 토큰을 매니저로부터 발급받아야 한다. 매니저 노드에 접근이 가능하다면 매니저용 혹은 워커용 참가 토큰을 출력하거나 스웜에 현재 참여 중인 노드의 목록을 볼 수 있다.

> **실습** 도커 엔진을 스웜 모드로 전환하고 나면, 도커 CLI에서 사용할 수 있는 새로운 명령이 많다. 이들 명령을 사용해 워커용 참가 토큰과 매니저용 참가 토큰을 각각 출력해 보고 스웜에 현재 참여 중인 노드의 목록도 확인하라.
>
> ```
> # 워커 노드로 스웜에 참여하기 위한 명령을 화면에 출력
> docker swarm join-token worker
>
> # 매니저 노드로 스웜에 참여하기 위한 명령을 화면에 출력
> docker swarm join-token manager
>
> # 스웜에 참여 중인 노드의 목록을 출력
> docker node ls
> ```

나의 환경에서 실행한 결과를 그림 12-4에 실었다. 나의 스웜에는 노드가 현재 하나뿐이다. 그러나 같은 네트워크상에 있는 어떤 컴퓨터라도 매니저 노드의 IP 주소와 join 명령을 사용하면 스웜에 새로운 노드로 추가할 수 있다.

❤ 그림 12-4 스웜 모드로 전환하면 노드를 관리하기 위한 명령을 새로 사용할 수 있다.

스웜 매니저 노드에 접근 권한이 있다면, 스웜을 관리하기 위한 명령을
실행할 수 있다. 이 명령은 워커 노드로 스웜에 참가하기 위한 명령이다.

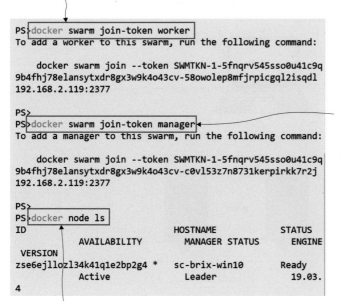

```
PS>docker swarm join-token worker
To add a worker to this swarm, run the following command:

    docker swarm join --token SWMTKN-1-5fnqrv545sso0u41c9q
9b4fhj78elansytxdr8gx3w9k4o43cv-58owolep8mfjrpicgql2isqdl
192.168.2.119:2377

PS>
PS>docker swarm join-token manager
To add a manager to this swarm, run the following command:

    docker swarm join --token SWMTKN-1-5fnqrv545sso0u41c9q
9b4fhj78elansytxdr8gx3w9k4o43cv-c0vl53z7n8731kerpirkk7r2j
192.168.2.119:2377

PS>
PS>docker node ls
ID                               HOSTNAME             STATUS
          AVAILABILITY           MANAGER STATUS       ENGINE
 VERSION
zse6ejllozl34k41q1e2bp2g4 *      sc-brix-win10        Ready
          Active                 Leader               19.03.
4
```

이 명령은 매니저 노드로 스웜에
참가하기 위한 명령이다. 매니저를
두 개 이상 만들면 그만큼 스웜의
가용성이 높아진다. 이 경우 보통
세 개의 매니저 노드를 둔다.

현재 스웜에 참가 중인 노드의 목록을 확인한다. 현재 사용 가능 여부,
노드 타입, 해당 노드에서 동작 중인 도커 버전 등과 같은 기본적인 정보가 함께 출력된다.

단일 노드 스웜도 노드가 여러 개인 스웜과 같은 방식으로 동작한다. 다른 점이 있다면, 노드가 하나인 만큼 노드가 여러 개인 스웜에 비해 높은 가용성을 가질 수 없으며 컨테이너 수를 원하는 만큼 증가시키는 스케일링이 불가능하다는 점이다. 그림 12-5는 개발 환경과 테스트 환경에 적합한 단일 노드 스웜과 운영 환경에 사용되는 노드가 여러 개인 클러스터를 비교한 것이다.

▼ 그림 12-5 테스트 환경과 운영 환경의 스웜은 노드 수에는 차이가 있지만 기능은 동일하다.

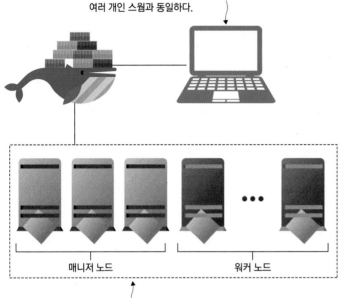

개발 환경이나 테스트 환경이라면 단일 노드 스웜으로도 충분하다.
컴퓨팅 파워가 단일 컴퓨터로 제한되고 예비 노드로부터
얻을 수 있는 가용성 향상도 기대할 수 없지만, 사용 방식은 노드가
여러 개인 스웜과 동일하다.

매니저 노드

워커 노드

운영용 스웜에는 세 개의 매니저 노드가 있다. 매니저 노드가 여러 개 있으므로
클러스터 데이터베이스와 스케줄러, 모니터링에서 가용성이 향상된다.
세 개의 매니저 노드라면 수백 대의 워커 노드를 관리할 수 있으므로 애플리케이션을
대규모로 스케일링할 수 있다.

도커 스웜이 쿠버네티스보다 나은 점 중 하나는 클러스터를 구성하고 관리하는 작업이 단순하다
는 것이다. 수십 대 정도 규모의 스웜은 각 호스트마다 도커를 설치하고 매니저 노드를 맡을 컴퓨
터에서 docker swarm init 명령을 한 번 실행한 다음, 나머지 노드에서 docker swarm join 명령
을 실행하는 정도면 만들 수 있다. 운영 환경에서도 더 복잡한 작업은 필요 없다.

이제 단일 노드 스웜을 만들었으니 컨테이너 오케스트레이션의 관리 아래에서 애플리케이션이 어
떻게 동작하는지 알아보자.

288

12.3 / 도커 스웜 서비스로 애플리케이션 실행하기

도커 스웜 환경에서는 컨테이너를 직접 실행할 필요가 없다. 서비스를 배포하면 스웜이 대신 컨테이너를 실행해 준다. 서비스는 컨테이너를 추상화한 개념이다. 하나의 서비스가 여러 개의 컨테이너로 배포될 수 있다는 점에서 스웜에서 말하는 서비스는 컴포즈에서 말하는 서비스와 의미가 같다.

서비스는 컨테이너와 같은 정보로 정의된다. 사용되는 이미지, 환경 변수와 값, 공개되는 포트와 같은 정보다. 여기에 서비스의 이름이 도커 네트워크상에서 그대로 도메인으로 사용된다는 점도 컨테이너와 같다. 차이점이라면, 서비스는 여러 개의 레플리카(서비스와 똑같이 설정되지만 스웜상의 여러 노드에 흩어져 배치될 수 있다)를 가질 수 있다는 점이다.

> **실습** 도커 허브에 있는 이미지로 컨테이너 하나를 실행하는 서비스를 만들어라. 그리고 서비스 목록을 확인해 새로 실행한 서비스가 제대로 실행 중인지 확인해 보자.

```
docker service create --name timecheck --replicas 1 diamol/ch12-timecheck:1.0

docker service ls
```

서비스는 도커 스웜의 일급 객체이지만, 서비스를 다루려면 도커 엔진이 스웜 모드이거나 스웜 매니저에 연결된 상태여야 한다. 나의 환경에서 실행한 결과를 그림 12-6에 실었다. 실행 결과를 보면 서비스가 생성되고 서비스 목록에서 서비스의 기본적인 정보가 출력된다. 이 서비스는 하나의 레플리카를 실행 중임을 알 수 있다.

컨테이너 오케스트레이션: 도커 스웜과 쿠버네티스

❤ 그림 12-6 스웜에 컨테이너 실행을 요청하려면 서비스를 생성해야 한다.

단일 컨테이너로 실행되는 서비스 timecheck를 스웜상에 생성한다.
사용되는 이미지는 diamol/ch12-timecheck:1.0이다.

```
PS>docker service create --name timecheck --replicas 1 diamol/ch12-timecheck:1.0

8yj2h75zzvv22qk2j7t4obid9
overall progress: 1 out of 1 tasks
1/1: running
verify: Service converged
PS>
PS>docker service ls
ID                      NAME              MODE              REPLICAS
IMAGE                         PORTS
8yj2h75zzvv2            timecheck         replicated        1/1
diamol/ch12-timecheck:1.0
PS>
```

서비스 목록에는 실행 중인 레플리카 수, 도커 이미지 등 서비스에 대한
기본적인 정보가 함께 출력된다.

서비스를 구성하는 컨테이너를 **레플리카**(replica)라고 부른다. 그러나 레플리카는 뭔가 특별한 것이 아니라 평범한 도커 컨테이너. 레플리카를 실행 중인 노드에 접속하면, 지금까지 컨테이너를 다룰 때와 마찬가지로 docker container 명령을 사용할 수 있다. 노드가 하나뿐인 스웜에서는 모든 레플리카가 같은 서버에서 실행되므로 지금 만든 서비스 컨테이너를 바로 다룰 수 있다. 컨테이너 관리를 스웜이 대신해 주니 컨테이너를 직접 다룰 일이 많지는 않겠지만, 그럴 필요가 있다면 직접 다룰 수 있다.

실습 서비스 레플리카가 현재 실행 중이지만, 스웜이 레플리카의 관리를 맡고 있다. 직접 컨테이너를 삭제해 보면 스웜이 레플리카 수가 부족해졌다고 판단하고 새로운 컨테이너를 실행한다.

```
# 이 서비스의 레플리카 목록을 확인한다
docker service ps timecheck

# 현재 컴퓨터에 실행 중인 컨테이너를 확인한다
docker container ls

# 가장 최근에 생성한 컨테이너(레플리카)를 삭제한다
docker container rm -f $( docker container ls --last 1 -q)

# 레플리카 목록을 다시 확인한다
docker service ps timecheck
```

나의 환경에서 실행한 결과를 그림 12-7에 실었다. 조금 전 생성한 서비스의 레플리카인 컨테이너가 하나 있었고, 수동으로 그 컨테이너를 삭제했다. 하지만 스웜상에 서비스가 여전히 존재하므로, 내가 수동으로 컨테이너를 삭제하니 스웜은 컨테이너가 부족하다고 판단하고 대체 컨테이너를 실행했다. 마지막의 레플리카 리스트를 보면 원래 있었던 컨테이너는 실패 상태로 나오지만, 스웜의 입장에서는 컨테이너가 중지된 이유를 알 수 없다. 현재 실행 중인 컨테이너는 10초 전에 실행된 것으로 나온다.

❤ 그림 12-7 서비스의 레플리카는 특별할 것 없는 평범한 컨테이너다. 하지만 레플리카 관리는 스웜이 대신 맡는다.

service ps 명령은 해당 서비스의
레플리카 목록을 출력한다. 현재는
도커 데스크톱 노드에서 레플리카
한 개가 실행 중이다.

컨테이너 목록을 확인해도 앞서 본 레플리카가
나온다. 이 레플리카가 나의 컴퓨터에서 실행 중이기
때문이다. 컨테이너 이름은 서비스 이름, 레플리카 번호,
레플리카 식별자를 붙여 짓는다.

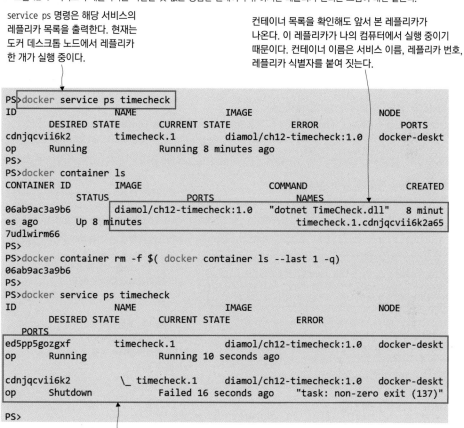

레플리카 컨테이너를 직접 삭제하면, 스웜은 서비스의 레플리카가
부족하다고 판단하고 새 레플리카를 실행한다.

도커 엔진을 스웜 모드로 전환했다면, 애플리케이션을 서비스로 보고 각각의 컨테이너를 관리하는 것은 스웜에 맡겨야 한다. 모든 컨테이너를 직접 관리하려면 스웜에 참가 중인 노드에 일일이 접속해 해당 노드가 서비스에 포함되는 레플리카를 실행 중인지 확인한 후 컨테이너를 관리해야 하는데, 이것이 사실상 불가능하기 때문이다. 그 대신 도커가 스웜 리소스를 관리할 수 있는 명령을 제공한다. docker service 명령을 사용해 레플리카의 로그를 확인하거나 서비스의 구성을 확인할 수 있다.

실습 스웜 모드에서는 docker service 명령을 사용해 애플리케이션을 관리한다. 이 명령으로 레플리카의 로그 같은 각 레플리카의 정보나 서비스에 대한 전반적인 정보를 확인할 수 있다.

```
# 최근 10초간의 로그를 출력한다
docker service logs --since 10s timecheck

# 서비스의 정보 중 이미지 정보를 출력한다
docker service inspect timecheck -f '{{.Spec.TaskTemplate.ContainerSpec.Image}}'
```

나의 환경에서 실행한 결과를 그림 12-8에 실었다. 서비스의 레플리카에서 10초 동안 생성된 로그와 서비스 구성 정보가 출력됐다.

▼ 그림 12-8 서비스를 하나의 대상으로 취급해 레플리카의 로그를 확인하거나 서비스 자체의 구성 정보를 확인할 수 있다.

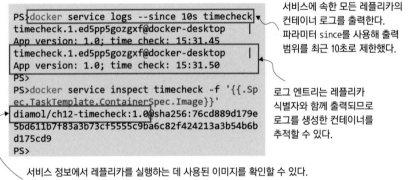

서비스에 속한 모든 레플리카의 컨테이너 로그를 출력한다. 파라미터 since를 사용해 출력 범위를 최근 10초로 제한했다.

로그 엔트리는 레플리카 식별자와 함께 출력되므로 로그를 생성한 컨테이너를 추적할 수 있다.

서비스 정보에서 레플리카를 실행하는 데 사용된 이미지를 확인할 수 있다. 도커 스웜은 이미지 레지스트리에서 받은 이미지 해시로 모든 노드에서 같은 이미지를 사용하도록 한다.

서비스 전체의 구성 정보는 클러스터에 저장돼 있으므로, 포맷 파라미터 없이 service inspect 명령을 입력하면 확인할 수 있다. 클러스터 데이터베이스에는 상당히 많은 정보가 들어 있는데, 이들 정보는 안전하게 암호화돼 모든 매니저 노드마다 복제본이 위치한다. 도커 컴포즈가 도커 스웜과 가장 크게 다른 점은 애플리케이션 정의를 저장할 공간을 갖지 않는다는 것이다. 애플리케이션 정의는 컴포즈 파일에만 들어 있으므로 도커 컴포즈로 애플리케이션을 관리하려면 컴포즈 파일이 있어야 한다. 스웜 모드에서는 애플리케이션 정의가 클러스터에 저장된다. 그러므로 로컬 컴퓨터에 YAML 파일을 갖고 있지 않아도 원격에서 애플리케이션을 관리할 수 있다.

지금 실행 중인 서비스를 수정해 이를 실제로 확인해 보자. 이미지 버전을 새로운 버전으로 변경할 수 있지만 그 외에 다른 서비스 구성 정보는 입력하지 않아도 된다. 클러스터에 배포된 애플리케이션은 이런 방식으로 수정한다. 서비스 정의를 변경하면 스웜이 레플리카를 하나씩 새로운 것으로 교체하며 변경 사항을 적용한다.

실습 timecheck 서비스의 이미지 버전을 변경하라. 새 버전은 이전 버전과 마찬가지로 몇 초에 한 번씩 타임스탬프 값을 출력하지만, 로그에 애플리케이션 버전이 삽입된다.

```
# 서비스에 사용된 이미지 버전을 수정한다
docker service update --image diamol/ch12-timecheck:2.0 timecheck

# 서비스의 레플리카 목록을 확인한다
docker service ps timecheck

# 레플리카 로그도 확인한다
docker service logs --since 20s timecheck
```

service ps 명령으로 레플리카 목록을 확인하면 두 개의 인스턴스가 있을 것이다. 그중 오래된 것은 태그가 1.0인 이미지로 실행된 것이고, 새로 실행된 것은 태그가 2.0인 이미지로 실행된 것이다. 각 로그에는 레플리카의 식별자가 달려 있어 어느 레플리카에서 출력한 것인지 알 수 있다. 이 로그는 애플리케이션에서 컨테이너에 남긴 것으로, 스웜이 이를 다시 수집하고 레플리카 식별자를 달아 보여 주는 것이다. 나의 환경에서 출력된 로그는 그림 12-9와 같다.

❤ 그림 12-9 서비스를 업데이트하면 점진적 롤링 업데이트 방식으로 새로운 버전의 애플리케이션이 배치된다.

서비스를 업데이트하면 롤링 업데이트
방식으로 새로운 버전의 애플리케이션이
배치된다. 여기 출력된 내용은 롤링
업데이트가 끝나고 현재 전체 한 개 중
한 개의 레플리카가 실행 중이란 뜻이다.

서비스의 레플리카가 현재 세 개다. 하나는 수동으로
제거한 버전 1.0 컨테이너이고, 다른 하나는 스웜이
수동으로 제거한 컨테이너를 대체해 만든 것이며,
나머지 하나는 롤링 업데이트를 통해 배치된 버전 2.0 컨테이너다.

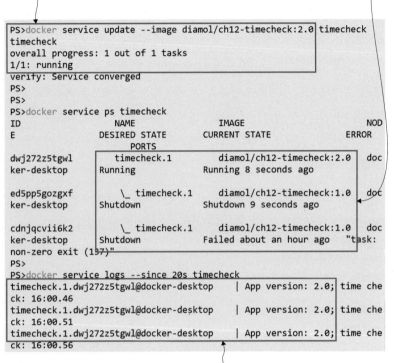

```
PS>docker service update --image diamol/ch12-timecheck:2.0 timecheck
timecheck
overall progress: 1 out of 1 tasks
1/1: running
verify: Service converged
PS>
PS>
PS>docker service ps timecheck
ID                 NAME                 IMAGE                        NOD
E                  DESIRED STATE        CURRENT STATE                ERROR
                        PORTS
dwj272z5tgwl         timecheck.1          diamol/ch12-timecheck:2.0   doc
ker-desktop        Running              Running 8 seconds ago

ed5pp5gozgxf         \_ timecheck.1       diamol/ch12-timecheck:1.0   doc
ker-desktop        Shutdown             Shutdown 9 seconds ago

cdnjqcvii6k2         \_ timecheck.1       diamol/ch12-timecheck:1.0   doc
ker-desktop        Shutdown             Failed about an hour ago    "task:
non-zero exit (137)"
PS>
PS>docker service logs --since 20s timecheck
timecheck.1.dwj272z5tgwl@docker-desktop      | App version: 2.0; time che
ck: 16:00.46
timecheck.1.dwj272z5tgwl@docker-desktop      | App version: 2.0; time che
ck: 16:00.51
timecheck.1.dwj272z5tgwl@docker-desktop      | App version: 2.0; time che
ck: 16:00.56
```

서비스의 로그 중 가장 최근 엔트리는 2.0 버전의 애플리케이션에서 출력한 것이다.
여기서 좀 더 이전 로그까지 살펴보면 1.0 버전의 애플리케이션에서 출력한 것도 볼 수 있다.

모든 컨테이너 오케스트레이션 도구는 애플리케이션을 업데이트할 때 애플리케이션을 중단시키지 않고 점진적으로 컨테이너를 교체해 나가는 롤링 업데이트 방식을 사용한다. 스웜에서는 한 번에 한 레플리카씩 교체하는 방식을 사용하는데, 애플리케이션을 여러 개의 레플리카로 실행했다면 요청을 중단 없이 처리할 수 있다. 롤링 업데이트는 세밀하게 설정이 가능하다. 예를 들어 열 개의 레플리카로 실행 중인 서비스가 있다면, 한 번에 레플리카를 두 개씩 교체해 나가도록 설정할 수도 있고 한 차례 교체마다 새로 투입된 컨테이너의 상태가 정상인지 확인한 후 다음 교체를 시작하도록 할 수도 있다.

그림 12-10은 롤링 업데이트가 진행 중인 서비스의 상태를 나타낸 것이다. 일부 레플리카는 구 버전 이미지를 실행 중이고, 새로 투입된 레플리카는 신 버전 이미지를 실행 중이다. 롤링 업데이트 중에는 두 버전이 모두 실행되고 있으므로 사용자도 두 버전 중 한 가지를 마주하게 된다. 이러한 이유로 롤링 업데이트 중의 사용자 경험은 직접 관리해야 한다.

❤ 그림 12-10 도커 스웜과 쿠버네티스 환경에서는 점진적으로 서비스 업데이트가 이뤄진다.

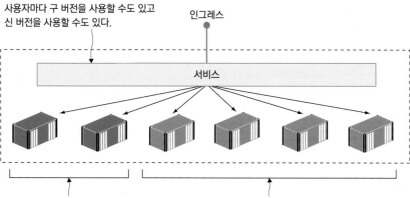

도커 스웜이 이 서비스에 롤링 업데이트를
진행 중이다. 들어오는 트래픽은 정상 상태인
컨테이너에 고르게 분배돼 처리된다. 따라서
사용자마다 구 버전을 사용할 수도 있고
신 버전을 사용할 수도 있다.

인그레스

서비스

이 레플리카는 애플리케이션의
신 버전을 실행 중이다. 컨테이너의
준비 작업이 끝나면 구 버전 레플리카를
대체한다.

이 레플리카는 애플리케이션의 구 버전을 실행 중이다.
이 서비스는 여섯 개의 레플리카를 갖는데, 이들 네 개의
레플리카는 점진적으로 교체될 것이다.

자동화된 롤링 업데이트는 수동 배포에 비하면 천지 차이라 할 만큼 크게 발전한 방식으로, 자기 수복(self-healing)형 애플리케이션의 또 다른 기능적 축을 담당한다. 업데이트 과정에서 신규 투입된 컨테이너의 상태를 확인하게 되는데, 새로 투입된 신 버전 컨테이너에서 문제가 발생하면 업데이트가 자동으로 중단돼 전체 애플리케이션으로 문제가 번지지 않도록 막는다. 스웜의 데이터베이스는 이전 버전의 서비스 정의 내용이 남아 있으므로 명령 한 번으로 이전 버전으로 롤백할 수 있다.

실습 배포 작업 중 이상이 발생하면 이전 상태로 롤백하는 경우가 많다. 도커 스웜도 애플리케이션의 이전 상태를 저장하고 있기 때문에 애플리케이션 롤백 기능을 제공한다.

```
# 이전 버전으로 롤백
docker service update --rollback timecheck

# 레플리카의 목록 확인
docker service ps timecheck
```

```
# 최근 25초 동안 모든 레플리카의 로그 출력
docker service logs --since 25s timecheck
```

롤백 과정도 업데이트와 같이 롤링을 거친다. 하지만 저장 중인 이전 상태로 돌아가는 것이므로 이미지 태그를 새로이 지정할 필요는 없다. 업데이트 중 헬스 체크에서 확인할 수 없는 사항 등의 이유로 애플리케이션에 도커에서 파악할 수 없는 이상이 발생했다면 롤백으로 즉시 정상 상태로 회복할 수 있다. 명령 한 번이면 롤백을 실행할 수 있으므로, 이전 상태의 애플리케이션 정의를 떠올리느라 시간을 지체하지 않아도 된다. 나의 환경에서 이 실습을 실행한 결과를 그림 12-11에 실었다. 출력된 내용을 보면, 모든 레플리카의 상태와 함께 로그에서도 애플리케이션의 버전이 1.0에서 2.0으로 바뀌는 것을 알 수 있다.

❤ 그림 12-11 명령 한 번이면 이전 버전으로 애플리케이션을 롤백할 수 있다.

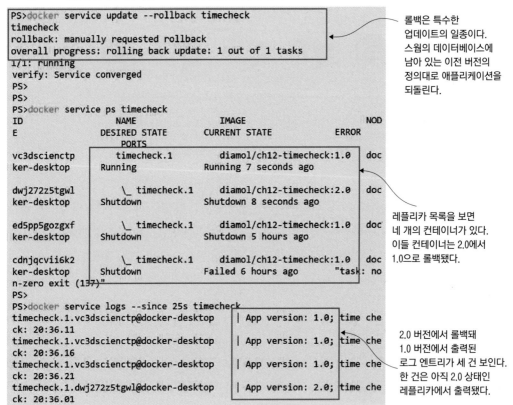

PS>docker service update --rollback timecheck
timecheck
rollback: manually requested rollback
overall progress: rolling back update: 1 out of 1 tasks
1/1: running
verify: Service converged
PS>
PS>
PS>docker service ps timecheck
ID   NAME   IMAGE   NOD
E   DESIRED STATE   CURRENT STATE   ERROR
                PORTS
vc3dscienctp   timecheck.1   diamol/ch12-timecheck:1.0   doc
ker-desktop   Running   Running 7 seconds ago
dwj272z5tgwl   _ timecheck.1 diamol/ch12-timecheck:2.0   doc
ker-desktop   Shutdown   Shutdown 8 seconds ago
ed5pp5gozgxf   _ timecheck.1 diamol/ch12-timecheck:1.0   doc
ker-desktop   Shutdown   Shutdown 5 hours ago
cdnjqcvii6k2   _ timecheck.1 diamol/ch12-timecheck:1.0   doc
ker-desktop   Shutdown   Failed 6 hours ago   "task: no
n-zero exit (137)"
PS>
PS>docker service logs --since 25s timecheck
timecheck.1.vc3dscienctp@docker-desktop | App version: 1.0; time che
ck: 20:36.11
timecheck.1.vc3dscienctp@docker-desktop | App version: 1.0; time che
ck: 20:36.16
timecheck.1.vc3dscienctp@docker-desktop | App version: 1.0; time che
ck: 20:36.21
timecheck.1.dwj272z5tgwl@docker-desktop | App version: 2.0; time che
ck: 20:36.01

롤백은 특수한 업데이트의 일종이다. 스웜의 데이터베이스에 남아 있는 이전 버전의 정의대로 애플리케이션을 되돌린다.

레플리카 목록을 보면 네 개의 컨테이너가 있다. 이들 컨테이너는 2.0에서 1.0으로 롤백됐다.

2.0 버전에서 롤백돼 1.0 버전에서 출력된 로그 엔트리가 세 건 보인다. 한 건은 아직 2.0 상태인 레플리카에서 출력됐다.

스웜 모드에서는 컨테이너보다는 서비스를 주로 다룬다. 서비스 외에도 스웜 모드에서 다루게 되는 도커 리소스가 몇 가지 더 있지만, 핵심이 되는 것들은 전과 같은 방법으로 사용할 수 있다. 스웜 모드에서도 컨테이너는 도커 네트워크를 통해 통신하며 외부 트래픽은 공개된 포트로만 컨테이너로 전달된다.

12.4 / 클러스터 환경에서 네트워크 트래픽 관리하기

컨테이너에서 실행되는 애플리케이션의 입장에서 스웜 모드의 네트워크는 표준 TCP/IP 방식이다. 컴포넌트는 도메인 네임으로 서로를 식별하며, 도커 DNS 서버가 도메인 네임을 조회해 IP 주소를 알려 주면 이 IP 주소로 트래픽을 전달한다. 결과적으로 트래픽은 컨테이너에 전달되고 컨테이너가 응답을 보낸다. 스웜 모드에서는 서로 다른 노드에서 실행 중인 컨테이너 간에 요청과 응답을 주고받을 수 있지만, 컨테이너와 컨테이너에서 실행 중인 애플리케이션은 이를 신경 쓸 필요가 없다.

서로 다른 노드를 신경 쓰지 않고 컨테이너 간 통신이 가능케 하기 위해 물밑에서 다양한 네트워크 로직이 돌아가지만, 이를 따로 의식할 필요는 없다. 스웜 모드에서는 오버레이 네트워크(overlay network)라는 새로운 형태의 도커 네트워크를 사용할 수 있다. 오버레이 네트워크는 클러스터에 속한 모든 노드를 연결하는 가상 네트워크다. 오버레이 네트워크에 연결된 서비스는 서비스 이름을 도메인 네임 삼아 다른 서비스와 통신할 수 있다.

그림 12-12는 서로 다른 애플리케이션이 두 개의 오버레이 네트워크에서 동작하는 상황을 나타낸 것이다. 각 애플리케이션은 여러 노드에 걸쳐 실행되는 여러 개의 서비스로 구성된다. 같은 애플리케이션에 속하는 서비스는 오버레이 네트워크를 통해 통신이 가능하지만, 오버레이 네트워크 자체는 서로 독립적이기 때문에 서로 다른 네트워크에 속한 서비스는 통신이 불가능하다.

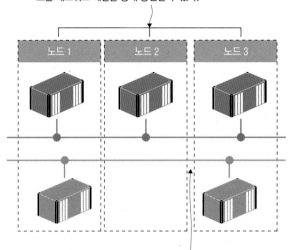

▼ 그림 12-12 스웜의 네트워크는 클러스터 전체를 연결하면서도 애플리케이션에는 서로 독립적인 환경을 제공해야 한다.

오버레이 네트워크는 스웜을 구성하는 모든 노드를 연결한다.
서로 다른 서버에서 실행되는 컨테이너끼리도 도메인 네임과
표준 네트워크 채널을 통해 통신할 수 있다.

노드 1 노드 2 노드 3

스웜 모드라도 도커 네트워크는 서로 독립적이다.
같은 네트워크에 연결된 서비스에 속한 컨테이너끼리만
서로 통신할 수 있다.

오버레이 네트워크와 일반적인 도커 네트워크의 차이점이 한 가지 더 있다. 앞서 7장에서는 도커 컴포즈를 이용해 하나의 서비스를 여러 개의 컨테이너로 스케일링하는 방법을 배웠다. 이 서비스에 대한 DNS 질의를 하면 모든 컨테이너의 IP 주소가 응답에 포함됐다. 이 중 어느 IP 주소로 실제 트래픽이 전달될지는 전적으로 서비스를 사용하는 쪽(컨슈머)의 몫이었다. 스웜에서 실행한 서비스는 때로 수백 개의 레플리카를 가질 수도 있기 때문에 이런 방식은 제대로 된 스케일링이라 할수 없다. 이런 경우 오버레이 네트워크에서는 서비스를 가리키는 가상 IP 주소 하나를 반환한다.

실습 기존에 실행 중인 애플리케이션을 제거하고 새로운 네트워크와 앞 장에서 배운 NASA의 오늘의 천문 사진 애플리케이션의 컴포넌트 중 API 서비스를 실행한다.

```
# 기존에 실행 중인 애플리케이션을 제거한다
docker service rm timecheck

# 새로운 오버레이 네트워크를 만든다
docker network create --driver overlay iotd-net

# 오늘의 천문 사진 애플리케이션의 API 서비스와
docker service create --detach --replicas 3 --network iotd-net --name iotd diamol/
ch09-image-of-the-day
```

```
# 로그 API를 실행해 같은 네트워크에 연결한다
docker service create --detach --replicas 2 --network iotd-net --name accesslog
diamol/ch09-access-log

# 서비스 목록을 확인한다
docker service ls
```

이제 NASA의 오늘의 천문 사진 애플리케이션에 포함된 두 API 서비스를 오버레이 네트워크에 연결해 실행했다. 그림 12-13을 보면, 이 중 이미지 API 서비스는 세 개의 레플리카를 실행 중이고 로그 서비스는 두 개의 레플리카를 실행 중이다. 지금은 이들 서비스를 도커 데스크톱으로 만든 단일 노드 스웜에서 실행 중이지만, 500대의 노드를 가진 스웜에서도 같은 명령을 사용하면 완전히 같은 결과를 얻을 수 있다. 물론 레플리카가 서로 다른 노드에서 동작한다는 사실은 빼고 말이다.

▼ 그림 12-13 스웜 모드에서 서비스를 실행해 오버레이 네트워크에 연결하기

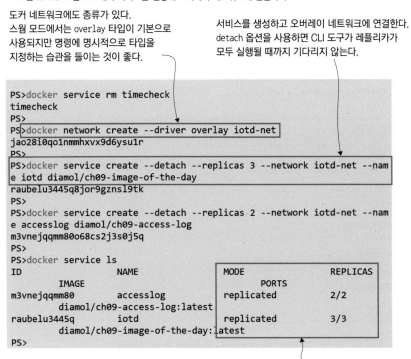

도커 네트워크에도 종류가 있다.
스웜 모드에서는 overlay 타입이 기본으로
사용되지만 명령에 명시적으로 타입을
지정하는 습관을 들이는 것이 좋다.

서비스를 생성하고 오버레이 네트워크에 연결한다.
detach 옵션을 사용하면 CLI 도구가 레플리카가
모두 실행될 때까지 기다리지 않는다.

```
PS>docker service rm timecheck
timecheck
PS>
PS>docker network create --driver overlay iotd-net
jao28i0qo1nmmhxvx9d6ysu1r
PS>
PS>docker service create --detach --replicas 3 --network iotd-net --nam
e iotd diamol/ch09-image-of-the-day
raubelu3445q8jor9gznsl9tk
PS>
PS>docker service create --detach --replicas 2 --network iotd-net --nam
e accesslog diamol/ch09-access-log
m3vnejqqmm80o68cs2j3s0j5q
PS>
PS>docker service ls
ID              NAME          MODE          REPLICAS
     IMAGE                       PORTS
m3vnejqqmm80     accesslog     replicated    2/2
     diamol/ch09-access-log:latest
raubelu3445q     iotd          replicated    3/3
     diamol/ch09-image-of-the-day:latest
PS>
```

서비스는 여러 개의 레플리카로 구성된다. 서비스 네임으로 DNS 조회를 하면
가상 IP 주소 하나만이 조회된다.

가상 IP 주소를 확인하려면 레플리카 컨테이너에서 터미널로 접속하는 방법이 가장 간단하다. 터미널에서 서비스 네임으로 DNS를 조회해 응답에서 IP 주소를 확인하면 된다.

실습 가장 최근에 실행한 컨테이너에서 대화식 터미널 창을 열고, API 서비스에 대해 DNS 조회를 요청하라. 첫 번째 명령의 경우 윈도 컨테이너와 리눅스 컨테이너에서 다른 명령이 쓰이지만, 터미널을 통해 컨테이너에 접속하고 나면 나머지 명령은 동일하다.

```
# 컨테이너에 터미널로 접속한다(윈도 컨테이너)
docker container exec -it $(docker container ls --last 1 -q) cmd

# 컨테이너에 터미널로 접속한다(리눅스 컨테이너)
docker container exec -it $(docker container ls --last 1 -q) sh

# DNS 조회하기
nslookup iotd
nslookup accesslog
```

나의 환경에서 출력된 결과를 그림 12-14에 실었다. 나의 실행 결과를 보면, 서비스가 여러 개의 컨테이너를 실행함에도 각 서비스마다 IP 주소가 하나씩 조회됐다. 이 IP 주소는 가상 IP 주소로, 서비스에 속하는 모든 레플리카가 공유하는 주소다.

▼ 그림 12-14 서비스는 VIP 네트워킹을 사용하기 때문에 레플리카가 아무리 많아도 IP 주소는 하나뿐이다.

가장 최근에 실행한 컨테이너의 식별자를 구해 이 컨테이너 내부와 연결된
터미널 세션을 연다. 이 컨테이너는 어느 서비스에 속한 레플리카라도 무방하다.

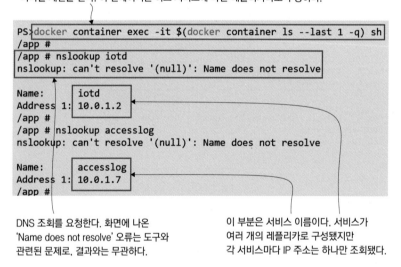

DNS 조회를 요청한다. 화면에 나온
'Name does not resolve' 오류는 도구와
관련된 문제로, 결과와는 무관하다.

이 부분은 서비스 이름이다. 서비스가
여러 개의 레플리카로 구성됐지만
각 서비스마다 IP 주소는 하나만 조회됐다.

VIP 네트워크는 리눅스와 윈도 두 환경 모두에서 지원하는데, 네트워크 트래픽을 고르게 분배하는 로드 밸런싱에 훨씬 더 유리하다. 서비스의 스케일링 규모와 상관없이 DNS 조회 결과에는 IP 주소가 하나만 조회됐다. 클라이언트가 이 IP 주소로 요청을 보내면, 운영체제의 네트워크 계층에서 이 IP 주소의 종착점이 여러 곳임을 파악하고 그중 하나를 결정해 준다.

도커 스웜은 서비스 접근에 대한 신뢰성을 높이고 부하를 잘 분산시키기 위해 VIP 네트워크를 사용한다. 서비스 간 통신 문제를 디버깅할 때는 이 점을 잘 기억해야 한다. 그렇지 않으면 DNS 조회를 할 때마다 IP 주소가 한 개만 조회되는 것을 보고 당황할 수 있다. 스웜 서비스 형태로 실행되는 애플리케이션도 DNS 네임을 그대로 사용하기 때문에 오버레이 네트워크는 애플리케이션 관점에서는 전혀 겉으로 드러나지 않는다.

스웜 모드 역시 클러스터로 들어오는 트래픽을 처리하는 복잡한 과정을 이 같은 방식으로 드러내지 않고 숨겨 둔다. 이러한 네트워크의 동작은 클러스터를 스케일링하거나 애플리케이션을 스케일링하게 되면 훨씬 더 복잡해진다. 예를 들어 열 개 레플리카로 실행되는 웹 애플리케이션이 있다고 하자. 클러스터의 노드가 20개라면, 웹 애플리케이션 컨테이너를 실행하지 않는 노드가 있을 수 있다. 그런데 스웜은 클러스터에 인입되는 요청을 웹 애플리케이션 컨테이너를 실행 중인 노드로만 전달해야 한다. 반대로 클러스터의 노드가 다섯 개뿐이었다면 한 노드에서도 컨테이너를 여러 개 실행 중일 것이므로 한 노드에서 실행 중인 컨테이너끼리도 로드 밸런싱을 해야 한다. 스웜은 인그레스 네트워킹(ingress networking)을 이용해 이런 문제를 해결한다. 그림 12-15는 인그레스의 동작 방식을 보여 준다. 그림을 보면 모든 노드가 같은 포트를 감시하며 외부 트래픽을 받고, 이렇게 노드에 도달한 트래픽에 대한 내부적인 로드 밸런싱을 도커가 맡는 식이다.

❤ 그림 12-15 도커 스웜에서는 노드 속 컨테이너로 트래픽을 라우팅하기 위해 인그레스 네트워킹을 사용한다.

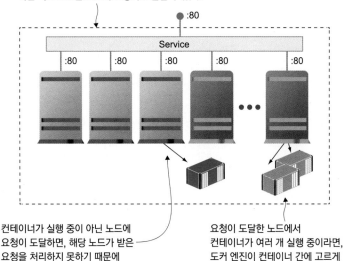

인그레스 네트워크는 스웜을 구성하는 모든 노드가
서비스가 공개한 포트를 감시하는 방식으로 동작한다.
이런 식으로 모든 노드에 요청이 도달할 수 있다.

컨테이너가 실행 중이 아닌 노드에
요청이 도달하면, 해당 노드가 받은
요청을 처리하지 못하기 때문에
요청을 처리할 수 있는 다른 노드로
요청을 포워딩한다.

요청이 도달한 노드에서
컨테이너가 여러 개 실행 중이라면,
도커 엔진이 컨테이너 간에 고르게
요청을 배분한다.

서비스의 포트를 공개하면 인그레스 네트워크가 기본적으로 적용된다. 오버레이 네트워크가 그랬듯 복잡한 기술을 쉽게 적용할 수 있다. 서비스를 생성할 때 공개할 포트를 지정하기만 하면 인그레스 네트워크를 사용할 수 있다.

실습 NASA 오늘의 천문 사진 애플리케이션의 마지막 구성 요소인 웹 애플리케이션을 실행할 차례다. 웹 애플리케이션을 스웜 서비스 형태로 실행하고 공개할 포트를 지정하면, 인그레스 네트워크가 적용된다.

```
# 웹 프론트엔드를 실행한다
docker service create --detach --name image-gallery --network iotd-net --publish
8010:80 --replicas 2 diamol/ch09-image-gallery

# 서비스의 목록 확인
docker service ls
```

이제 여러 개의 레플리카가 하나의 포트를 감시 중인 서비스를 실행했다. 도커 컴포즈로는 여러 컨테이너가 같은 포트를 감시하도록 할 수 없기 때문에 이 같은 일이 불가능하다. 하지만 도커 스웜에서는 인그레스 네트워크를 사용해 서비스 하나가 포트 하나를 사용하는 것이 되므로 이것이 가능해진다. 요청이 클러스터로 인입되면, 서비스 레플리카가 요청을 처음 받은 노드에 실행 중이 아니었더라도 인그레스 네트워크를 통해 서비스 레플리카로 요청이 전달된다. 그림 12-16을 보면 서비스가 두 개의 레플리카로 같은 포트를 주시하며 실행 중임을 확인할 수 있다.

❤ 그림 12-16 포트를 공개하는 것만으로 인그레스 네트워크에 서비스를 연결할 수 있다.

도커 스웜에서 공개 포트가 있는 서비스를 생성하면, 해당 포트는
인그레스 네트워크에서 외부 공개된다. 컨테이너에서 포트를 공개하듯 아주 간단하다.

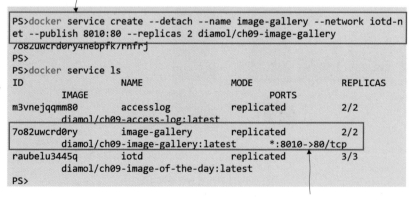

이 서비스는 두 개의 레플리카로 구성되지만, 한 포트를 주시 중이다. 내부적으로는
인그레스 네트워크가 해당 포트를 주시하며 이 포트로 인입되는 트래픽을 레플리카로
전달해 준다.

웹 브라우저에서 이 포트로 접근해 보면 4장에서 본 NASA 오늘의 천문 사진 애플리케이션 페이지를 볼 수 있다. 단, 현재 윈도 컨테이너를 사용 중이 아니어야 한다. 지금까지는 명령어 차이를 제외한 윈도 환경과 리눅스 환경의 차이를 적당히 피해 왔지만, 이 문제만은 그럴 수가 없었다. 만약 리눅스나 맥 호스트 컴퓨터를 사용하거나 윈도 컴퓨터를 사용하더라도 리눅스 컨테이너 모드로 도커를 사용 중이라면, 브라우저의 주소창에 http://localhost:8010을 입력하면 애플리케이션을 볼 수 있을 것이다. 하지만 윈도 호스트 컴퓨터에서 윈도 컨테이너 모드로 도커를 사용 중이라면 애플리케이션에 접근할 수 없다. 윈도 컨테이너에서는 localhost를 통해 스웜 서비스에 접근할 수 없기 때문이다.

이 상황은 윈도 컨테이너가 리눅스 컨테이너와 다르게 동작하는 극소수의 상황 중 하나로, 윈도의 네트워크 스택이 지닌 한계 탓이다. 그러나 실무에서 큰 문제가 될 일은 없다. 일반적으로 스웜 클러스터는 테스트 환경 혹은 운영 환경이 위치한 원격 서버에 있을 것이고, 원격 서버에 접근하는 경우라면 아무 문제가 없기 때문이다. 하지만 윈도 컴퓨터에서 실행한 단일 노드 스웜의 서비스에 접근하려면 다른 컴퓨터에서 접근해야 한다. 아쉽긴 하지만 '윈도에서는 이게 안 됩니다'라고 말해야 하는 상황을 12장까지 미룰 수 있었고 또 이런 문제가 있지는 않을 것 같아 다행이라고 생각한다.

이번 장에서 나의 환경도 리눅스 컨테이너 모드로 전환했으므로 그림 12-17에서 오늘의 천문 사진 애플리케이션 화면을 찍을 수 있었다. 내가 웹 브라우저에서 보낸 요청도 두 개의 웹 서비스 레플리카 중 하나를 거쳐 다시 세 개의 API 서비스 레플리카 중 하나로부터 데이터를 받아 와서 처리된 것이다.

♥ 그림 12-17 서비스의 공개 포트는 인그레스 네트워크를 사용한다. 스웜이 요청을 레플리카까지 라우팅한다.

인그레스 네트워크가 포트 8010번을 주시 중이다. 클러스터에 요청이 들어오면
스웜이 이 서비스의 레플리카를 실행 중인 노드로 요청을 전달하고, 해당 노드에서
이 레플리카가 여러 개 실행 중이라면 도커 엔진이 각 레플리카에 요청을 고르게 배분한다.

앞서도 말한 적이 있지만, 여기서 다시 한 번 밝혀둔다. 애플리케이션 배포와 관리에 클러스터 크기는 그리 영향을 주지 못한다. 클라우드 환경에서 만든 50개 노드의 클러스터에서도 똑같은 명령을 사용할 수 있고, 그 결과도 두 개의 레플리카를 가진 웹 서비스와 세 개의 레플리카를 가진 API 서비스 컨테이너로 완전히 같다.

12.5 / 도커 스웜과 쿠버네티스 중 무엇을 사용할까?

도커 스웜은 상대적으로 기능이 간단한 컨테이너 오케스트레이션 도구로 설계됐다. 잘 알려진 네트워크와 서비스의 개념을 도커 컴포즈에서 차용해, 오케스트레이션 도구로서 도커 엔진에 잘 녹여 넣었다. 도커 스웜 외에도 오픈 소스 또는 상업용으로 출시된 컨테이너 오케스트레이션 도구가 여럿 있지만, 대부분은 도커 스웜이나 쿠버네티스를 사용한다.

쿠버네티스는 주요 클라우드 서비스에서 매니지드 서비스 형태로 제공되기 때문에 지명도가 더 높다. 마이크로소프트 애저, 아마존 웹 서비스, 구글 클라우드에서 명령행 도구로 명령을 입력하거나 웹 포털에서 몇 번 클릭을 거치면 여러 대의 노드를 갖춘 쿠버네티스 클러스터를 즉석에서 생성할 수 있다. 클라우드 서비스에서는 클러스터의 생성(도커 스웜과 크게 다를 바 없다)부터 노드 역할을 하는 가상 머신의 관리까지 맡아 준다. 쿠버네티스는 확장성이 뛰어나서 클라우드 사업자가 로드 밸런서, 스토리지 등과 같은 애플리케이션 배포를 지원하는 자사 프로덕트와 통합하기에 유리하다.

현재 도커 스웜을 매니지드 서비스 형태로 제공하는 클라우드 사업자는 아직 없다. 여러 가지 이유가 있겠지만, 쿠버네티스와 달리 확장성이 부족해 자사 프로덕트와 통합하기 곤란하다는 점도 한 가지 이유다. 클라우드 환경에서 도커 스웜 클러스터를 운영하고 싶다면 가상 머신의 관리와 스웜 초기화를 직접 해야 한다. 물론 이 과정도 자동화가 가능하지만, 매니지드 서비스를 사용하는 것만큼 간단하지는 않다. 그림 12-18은 마이크로소프트 애저 클라우드에서 도커 스웜을 직접 운영하기 위해 필요한 주요 클라우드 자원을 나타낸 것이다.

♥ 그림 12-18 운영 환경 수준의 도커 스웜을 운영하려면 몇몇 클라우드 자원을 직접 관리해야 한다.

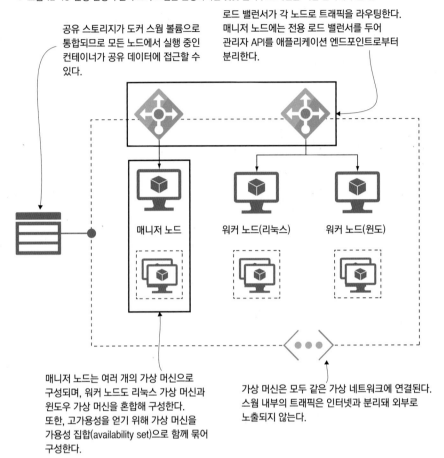

공유 스토리지가 도커 스웜 볼륨으로
통합되므로 모든 노드에서 실행 중인
컨테이너가 공유 데이터에 접근할 수
있다.

로드 밸런서가 각 노드로 트래픽을 라우팅한다.
매니저 노드에는 전용 로드 밸런서를 두어
관리자 API를 애플리케이션 엔드포인트로부터
분리한다.

매니저 노드   워커 노드(리눅스)   워커 노드(윈도)

매니저 노드는 여러 개의 가상 머신으로
구성되며, 워커 노드도 리눅스 가상 머신과
윈도우 가상 머신을 혼합해 구성한다.
또한, 고가용성을 얻기 위해 가상 머신을
가용성 집합(availability set)으로 함께 묶어
구성한다.

가상 머신은 모두 같은 가상 네트워크에 연결된다.
스웜 내부의 트래픽은 인터넷과 분리돼 외부로
노출되지 않는다.

클러스터 생성은 아무래도 애플리케이션 배포보다는 빈도가 적다. 하지만 반복적으로 해야 하는
업무일 때는 도커 스웜을 사용하는 편이 훨씬 간편하다. 쿠버네티스에 비해 기능은 상대적으로 부
족하지만 쿠버네티스보다 훨씬 쉽게 실제 업무에서 필요한 기능의 대부분을 사용할 수 있다. 도커
스웜에 사용하는 YAML 파일은 도커 컴포즈 문법을 확장한 간결하고 직관적인 포맷이다. 그에 비
해 쿠버네티스용 YAML 파일은 쿠버네티스에서만 사용할 수 있는 리소스가 기술되는 만큼 훨씬
어렵고 복잡하다. 두 가지 도구 모두 결국 도커 컨테이너를 실행하는 것이 목적이고 같은 도커 이
미지를 사용하지만, 쿠버네티스용 애플리케이션 정의는 도커 스웜용 정의에 비해 다섯 배에서 열
배까지 길어지기 일쑤다.

컨테이너 오케스트레이션 도구를 새로 도입하려는 조직에 속해 있다면, 우선 도커 스웜을 먼저 도입한 후 도커 스웜에 없는 기능이 필요해졌을 때 쿠버네티스로 이전하는 방안을 추천한다. 나중에 쿠버네티스로 이전하더라도 애플리케이션을 도커로 전환하는 초기 비용이 낭비되는 일은 없다. 쿠버네티스로 이전하는 결정이 무 자르듯 쉽게 내릴 수 있는 결정은 아니지만, 몇 가지 참고 기준이 될 만한 사항을 언급해 둔다.

- **인프라스트럭처**: 애플리케이션을 클라우드 환경에 배포하고 있다면, 쿠버네티스가 더 적합하다. 하지만 온프레미스 환경이라면 관리 면에서 스웜이 훨씬 간편하다. 그리고 현재 조직의 기술 기반이 완전히 윈도 기반이라면, 스웜을 선택해야 리눅스를 도입하지 않고도 이전할 수 있다.

- **학습 곡선**: 스웜의 사용자 경험은 도커와 도커 컴포즈의 연장선상에 있어 학습 부하 면에서는 스웜으로 이전하는 것이 유리하다. 쿠버네티스는 전혀 새로운 도구를 학습해야 하는 부담이 있으므로 개발 팀 모두가 받아들이기 어려울 수 있다.

- **기능**: 쿠버네티스의 사용법이 복잡한 이유는 그만큼 세세하게 설정할 수 있는 기능이 많기 때문이기도 하다. 예를 들어 블루-그린 배포(blue-green deployment)나 자동 스케일링, 역할 기반 접근 제어 같은 기능은 쿠버네티스에는 쉽게 적용할 수 있는 반면, 스웜에는 적용하기가 까다롭다.

- **미래를 위한 투자**: 쿠버네티스의 오픈 소스 커뮤니티는 매우 활동적이고 규모도 업계 최대다. 스웜은 신규 기능이 추가되지 않은 지 좀 됐고, 쿠버네티스는 추가 기능이 계속 업데이트 중이다.

결국 기술 로드맵의 종착점은 쿠버네티스가 될 것이다. 하지만 당장 서둘러 쿠버네티스로 달려갈 필요는 없다. 스웜 역시 훌륭한 컨테이너 오케스트레이션 도구이며, 애플리케이션 규모와 무관하게 운영 환경에 컨테이너 오케스트레이션을 도입하는 출발점으로서 의미가 있다. 그 사례로 비자(Visa)는 도커 콘퍼런스에서 스웜 클러스터만으로도 블랙 프라이데이의 비자 카드 지불 처리를 수행하는 데 아무런 문제가 없었던 경험을 공유한 바 있다.

컨테이너 오케스트레이션: 도커 스웜과 쿠버네티스

12.6 연습 문제

이번 장의 연습 문제는 비교적 간단하다. 8장에서 배운 무작위 숫자 애플리케이션을 스웜 클러스터에서 실행하면 된다. 다음 이미지를 사용해 두 개의 서비스를 정의하고 네트워크에 연결한다. 이미지는 도커 허브에서 제공되지만, 직접 빌드해도 무방하다.

- diamol/ch08-numbers-api:v3
- diamol/ch08-numbers-web:v3

이번 연습 문제 역시 나의 해답을 제공하지만, 명령어 몇 개뿐이라 크게 필요치 않을 것이다.

13^장

도커
스웜 스택으로
분산 애플리케이션
배포하기

독자 여러분께 밝힐 말이 있다. 12장에서 도커 스웜으로 서비스를 만드는 데 모두 명령행 도구를 사용하느라 꽤 많은 시간을 들였다. 하지만 실무에서는 명령행 도구를 사용할 일이 없을 것이다. 컨테이너 오케스트레이션에 입문할 때 오케스트레이션이 직접 컨테이너를 실행하고 관리하는 것과 어떻게 다른지 이해하면 큰 도움이 된다. 하지만 실무에서 다룰 시스템에서는 매니저 노드에 직접 접속해서 명령을 입력하지 않는다. 실무에서는 애플리케이션을 YAML 파일로 정의해 매니저 노드에 이 파일을 전달하는 방법을 쓴다. 그 정의를 받고 어떻게 실행할지는 오케스트레이션 도구가 결정한다. 이 방법은 이전 장에서 도커 컴포즈를 설명할 때 언급했던 '원하는 상태'를 만드는 것과 같은 맥락이다. YAML 파일에 애플리케이션의 원하는 상태를 기술하고, 오케스트레이션 도구가 애플리케이션의 현재 상태를 파악해 원하는 상태로 만들기 위한 조치를 자동으로 취하는 것이다.

도커 스웜과 쿠버네티스 모두 이 '원하는 상태' 방식을 취한다. 하지만 두 도구가 사용하는 YAML 문법이 서로 다르다. 스웜은 도커 컴포즈 문법을 사용해 애플리케이션의 구성 요소를 정의한 다음 매니저 노드에 YAML 파일을 전달하면 네트워크나 서비스 등을 정의된 대로 만들어 준다. 컴포즈 파일 포맷은 분산 애플리케이션을 클러스터 환경에 배포하기 위해 필요한 정보를 기술하는 데 적합하지만, 일부 개념이 도커 엔진의 스웜 모드에만 존재하거나 단일 노드를 기준으로 만들어진 면이 있다. 파일 포맷 자체는 컴포즈와 스웜을 모두 지원할 수 있을 만큼 유연하므로, 이번 장에서는 도커 컴포즈와 도커 스웜에 대해 지금까지 배운 내용을 활용해 클러스터에서 분산 애플리케이션을 실행하는 방법을 알아볼 것이다.

13.1 도커 컴포즈를 사용한 운영 환경

도커 스웜은 컴포즈를 만날 때 진정한 위력을 발휘한다. 운영 환경에서 개발 및 테스트 환경과 동일한 파일 포맷을 사용할 수 있기 때문이다. 모든 환경에서 전체 애플리케이션의 아티팩트와 도구를 동일하게 가져갈 수 있다. 스웜에서 가장 간단한 형태의 배포는 컴포즈 파일 그 자체다. 예제 13-1은 6장에서 다룬 to-do 애플리케이션의 이미지와 공개 포트 등 기본적인 배포 정보를 정의한 것이다.

```
version: "3.7"

services:
  todo-web:
    image: diamol/ch06-todo-list
    ports:
      - 8080:80
```

도커 컴포즈와 이 파일을 사용하면 단일 서버에 애플리케이션이 배포된다. 배포가 끝나면 공개된 포트를 통해 실행 중인 컨테이너에 접근해서 애플리케이션을 사용할 수 있다. 스웜에도 동일한 파일을 사용해 애플리케이션을 배포할 수 있다. 마찬가지로 배포가 끝나면 레플리카 하나를 실행 중인 서비스가 생성되고, 이 서비스는 인그레스 네트워크를 통해 포트를 공개하고 있을 것이다. 스웜 모드에서는 애플리케이션을 배포할 때 스택을 만든다. 스택이란 서비스, 네트워크, 볼륨 등 여러 개의 도커 리소스를 묶어 만든 리소스를 말한다.

실습 앞의 컴포즈 파일을 스택으로 배포해 보자. 먼저 스웜을 초기화한 다음, 이번 장의 예제 코드 디렉터리로 이동한다. 스택을 배포한 후 실행 중인 서비스의 상태를 확인하라.

```
cd ./ch13/exercises

# 컴포즈 파일로 스택을 배포한다
docker stack deploy -c ./todo-list/v1.yml todo

# 스택의 목록에서 새로 생성된 스택을 확인한다
docker stack ls

# 서비스의 목록을 확인해 새로 생성된 서비스를 확인한다
docker service ls
```

그림 13-1에 나의 환경에서 실행한 결과를 실었다. 일반적인 도커 명령행으로 도커 스웜에 애플리케이션을 배포했지만 출력된 내용은 도커 컴포즈 때와 비슷하다. 컴포즈 파일을 클러스터에 전달하니 매니저가 기본 네트워크를 생성하고 나서 서비스를 생성했다. 스택은 스웜 모드의 일급 리소스다. 명령행 도구를 사용해 스택을 생성하거나 목록을 확인하고 제거할 수 있다. 이번 실습에서는 스택을 배포하니 서비스 하나가 생성됐다.

13

도커 스웜 스택으로 분산 애플리케이션 배포하기

❤ 그림 13-1 스웜 모드에서 컴포즈 파일을 전달해 스택을 배포한다.

컴포즈 파일을 이용해 스택을
배포한다. 스웜이 YAML 파일을
보고 애플리케이션의 '원하는 상태'를
파악한 다음 이를 위해 필요한 리소스를
생성한다.

스택은 스웜 리소스다.
도커 명령행 도구를 이용해
생성하고 목록을 확인하거나
삭제할 수 있다.

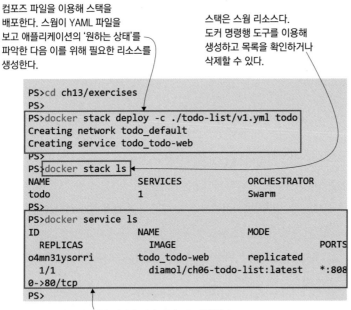

스택이 애플리케이션 정의에 따라 서비스를 생성했다.
스웜의 기본 설정에 따라 이 서비스는 오버레이 네트워크에
연결되며 인그레스 네트워크로 포트를 공개한다.

참고로 리눅스 컨테이너를 사용 중이라면 http://localhost:8080에서 애플리케이션의 모습을 볼수 있다. 하지만 윈도 컨테이너는 로컬 인그레스 네트워크에 접근할 수 없기 때문에 다른 컴퓨터에서 접근해야 한다. 전에 봤던 것과 동일한 애플리케이션이므로 스크린샷은 넘어가도록 하자. 이 실습에서 중요한 점은 별도의 추가 설정 없이 컴포즈 파일만으로 스웜에 애플리케이션을 배포할수 있다는 것이다. 스웜에 노드가 두 개 이상이라면 고가용성을 확보할 수 있다. 여기서 말하는 고가용성이란 서비스 레플리카를 실행 중인 노드가 고장을 일으켜도 남아 있는 노드에서 대체 레플리카를 실행해 애플리케이션을 복구할 것이라는 의미다.

스웜 모드에는 추가 기능이 더 있다. 이 기능을 사용하려면 컴포즈 파일에 deploy 항목을 추가해야 한다. 이 프로퍼티는 클러스터에서 애플리케이션을 실행해야 의미가 있으므로, 스택을 배포해야 효력이 생긴다. 하지만 단일 서버에서 도커 컴포즈로 애플리케이션을 실행해도 해당 프로퍼티가 무시될 뿐 실행이 불가능한 것은 아니다. 예제 13-2는 to-do 애플리케이션의 정의에 deploy 프로퍼티를 추가해 레플리카의 개수를 여러 개로 늘리되 한 레플리카의 계산 자원의 사용량을 제한하도록 설정한 것이다.

```
services:
  todo-web:
    image: diamol/ch06-todo-list
    ports:
      - 8080:80
    deploy:
      replicas: 2
      resources:
        limits:
          cpus: "0.50"
          memory: 100M
```

이들 설정은 운영 환경이라면 기본적으로 포함될 사항일 것이다. 레플리카를 여러 개 실행하면 애플리케이션의 처리 용량도 그만큼 늘어나고, 고장을 일으키거나 업데이트 중인 레플리카가 발생하더라도 다른 레플리카가 그대로 처리를 이어갈 수 있을 것이다. 또한, 서비스가 차지할 수 있는 계산 자원에 대한 상한을 설정해 두면 악의적인 레플리카가 해당 노드의 계산 자원을 고갈시키는 것을 방지할 수 있다. 다만 이 상한치를 결정하려면, 애플리케이션이 최대 성능으로 동작할 때 어느 정도의 CPU와 메모리를 필요로 하는지 미리 확인할 필요가 있다. 앞서 9장에서는 측정값을 통해 이러한 애플리케이션의 상태를 확인하는 방법을 배웠다. 여기서는 한 레플리카가 CPU 코어의 경우 코어 한 개의 50%, 메모리의 경우 100MB까지 점유할 수 있도록 설정했다.

스웜 스택에 업데이트를 적용하는 방법도 애플리케이션을 배포하는 방법과 같다. 수정된 YAML 파일을 매니저 노드에 전달하면 그 내용 그대로 애플리케이션에 반영된다. 버전 v2 컴포즈 파일을 전달하면 스웜이 새로운 레플리카를 생성해 기존 레플리카를 대체하는 것을 볼 수 있다.

실습 기존 스택의 정의를 수정한 새로운 컴포즈 파일을 stack deploy 명령을 사용해 애플리케이션에 반영하라. 서비스에서 진행 중인 작업 목록을 보면 이 과정을 확인할 수 있다.

```
# 수정된 컴포즈 파일을 스웜에 전달한다
docker stack deploy -c ./todo-list/v2.yml todo

# 웹 서비스의 레플리카 상태를 확인한다
docker service ps todo_todo-web
```

나의 환경에서 실행한 결과를 그림 13-2에 실었다. 실행 결과에서 스택이 서비스를 업데이트해 레플리카가 교체되는 과정을 볼 수 있다. 기존 레플리카는 컴포즈 파일에 추가한 계산 자원 제약으로 인해 컨테이너 정의가 수정되면서 새로운 컨테이너로 교체됐다.

도커 컨테이너는 상한치를 지정하지 않는 한 호스트 컴퓨터의 CPU와 메모리를 무제한으로 사용할 수 있다. 비운영 환경처럼 한 서버에 가능한 한 많은 애플리케이션을 욱여넣어도 되는 조건이라면 괜찮겠지만, 운영 환경에서는 버그나 악의적인 사용자가 시스템 자원을 고갈시키는 일이 없도록 계산 자원을 사용하는 데 제약을 둘 필요가 있다. 하지만 이 제약은 컨테이너를 시작할 때만 적용할 수 있기 때문에 레플리카가 교체되는 것이다.

▼ 그림 13-2 수정된 컴포즈 파일로 스택이 업데이트되는 과정에서 서비스도 업데이트됐다.

기존 스택과 같은 이름의 스택이 정의된 새로운 컴포즈 파일을 배포하면
기존 스택이 새로운 상태로 업데이트된다.

```
PS>docker stack deploy -c ./todo-list/v2.yml todo
Updating service todo_todo-web (id: o4mn31ysorrizsiuox4zlu
r8t)
PS>
PS>docker service ps todo_todo-web
ID              NAME              IMAGE
                NODE              DESIRED STATE      CUR
RENT STATE              ERROR           PORTS
sryjzxm96kub        todo_todo-web.1      diamol/ch06-todo
-list:latest  | docker-desktop    Running            Run
ning 13 seconds ago
wftq6sazc74e        \_ todo_todo-web.1   diamol/ch06-todo
-list:latest  | docker-desktop    Shutdown           Shu
tdown 14 seconds ago
t57dupbturab        todo_todo-web.2      diamol/ch06-todo
-list:latest  | docker-desktop    Running            Run
ning 17 seconds ago
PS>
```

업데이트를 통해 레플리카가 교체됐다. 서비스 작업 목록에서
교체된 컨테이너는 Shutdown 상태로 나온다.

스웜 스택은 애플리케이션을 그룹화하는 방법으로 활용된다. 클러스터는 일반적으로 많은 수의 애플리케이션을 실행하기 때문에 애플리케이션도 그룹으로 만들어 관리해야 한다. 도커 명령행에서 stack 명령을 사용해 여러 애플리케이션을 하나의 대상으로 다루며, 각 서비스나 서비스의 레플리카 목록을 보거나 애플리케이션 전체를 한꺼번에 제거할 수도 있다.

실습 스택은 애플리케이션을 관리하는 단위다. 각기 둘 이상의 레플리카를 실행하는 여러 서비스로 구성된 애플리케이션을 쉽게 다룰 수 있게 해 준다. to-do 애플리케이션 스택에서 실행 중인 서비스와 태스크를 확인하고 스택을 제거하라.

```
# 스택의 서비스 목록 확인
docker stack services todo

# 각 서비스의 레플리카 목록 확인
```

```
docker stack ps todo

# 스택 제거
docker stack rm todo
```

이 애플리케이션은 도커 네트워크와 하나의 서비스, 두 개의 레플리카로 구성된 간단한 애플리케이션이다. 스웜에서 실행된 수백 개의 레플리카를 가진 수십 개의 서비스로 구성되는 분산 애플리케이션도 있지만, 이 애플리케이션도 컴포즈 파일을 통해 배포되며 docker stack 명령으로 관리하는 것은 같다. 그림 13-3은 나의 환경에서 실행한 결과를 실은 것이다. 결과의 마지막 부분을 보면 스택 전체가 제거됐다.

▼ 그림 13-3 도커 CLI로 스택 관리하기. 리소스의 목록을 확인하거나 제거할 수 있다.

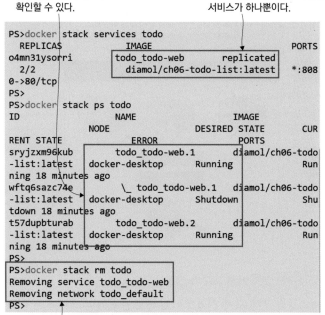

스택의 태스크 목록에서
해당 서비스의 기존 레플리카와
신규 레플리카까지 모두
확인할 수 있다.

to-do 애플리케이션 스택에는
서비스가 하나뿐이다.

컴포즈 파일에 네트워크가 정의되지 않았기 때문에
스택을 제거하면 기본으로 생성된 네트워크까지 스택에 속한
모든 리소스가 삭제된다.

클러스터 데이터베이스에 애플리케이션에 대한 모든 정의가 들어 있기 때문에 따로 컴포즈 파일이 없어도 스택의 모든 리소스를 관리할 수 있다. 매니저 노드는 모두 이 데이터베이스의 복본을 갖고 있기 때문에 다른 리소스에 대한 정보를 안전하게 보관할 수 있다. 컴포즈 파일에 포함된 애플리케이션 설정값도 바로 이 데이터베이스에 저장된다.

13.2 컨피그 객체를 이용한 설정값 관리

컨테이너에서 실행된 애플리케이션은 설정값을 컨테이너를 실행한 플랫폼에서 받아 와야 한다. 앞서 도커 컴포즈와 환경 변수를 이용해 로컬 개발 환경과 테스트 환경에서 애플리케이션에 설정 값을 제공하는 방법을 배웠다. 이번에는 클러스터에 저장되는 도커 컨피그(config) 객체를 이용해 운영 환경에서 애플리케이션에 설정값을 제공하는 방법을 알아보자. 그림 13-4는 컨피그 객체의 동작 과정을 나타낸 것이다. 이 그림에서 중요한 부분은 다른 환경과 동일한 도커 이미지를 사용 한다는 것이다. 그저 애플리케이션의 동작만 달라진다.

▼ 그림 13-4 플랫폼에서 제공하는 설정값을 애플리케이션에 적용하기. 스웜 모드에서는 컨피그 객체와 비밀값을 사용할 수 있다.

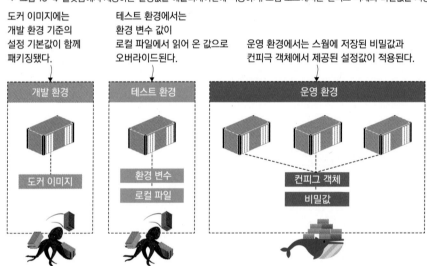

애플리케이션 설정은 모든 컨테이너 오케스트레이션 도구가 전용 1등급 리소스를 따로 마련해 둘 만큼 중요한 요소다. 스웜에서는 설정값을 위해 도커 컨피그 객체가 쓰인다. 컨피그 객체는 컨테 이너가 설정값을 클러스터에서 읽어 올 수 있게 해 주는 강력한 기능을 가진 리소스이자 애플리케 이션 배포와 설정 관리를 분리해 주는 역할도 한다.

개발 조직에는 API 키, 데이터베이스 서버 패스워드, SSL 인증서 등 모든 비밀값에 접근 권한을 갖고 설정 관리를 전담하는 팀을 두는 경우가 많다. 또한, 이들 비밀값은 애플리케이션을 실행하 는 환경과 망 분리된 보안 시스템에 저장된다. 따라서 설정 전담 팀은 중앙 보안 시스템에 저장된

값을 애플리케이션 플랫폼에 전달할 수단이 필요하다. 스웜에는 바로 이런 역할을 위한 리소스인 컨피그 객체가 있다. 기존 설정 파일에서 컨피그 객체를 생성해 클러스터에 로드시키면 된다.

실습 to-do 애플리케이션은 설정값을 JSON 파일로 전달한다. 이미지에 패키징된 기본 설정값에는 데이터 저장을 위해 로컬 데이터베이스 파일을 사용하도록 돼 있으나, 애플리케이션을 실행하는 레플리카의 수가 많아지면 각기 데이터베이스 파일을 따로 갖기 때문에 사용자마다 제각기 다른 할 일 목록을 보게 될 것이므로 이를 사용할 수 없다. 이 문제를 해결하기 위해 우선 클러스터에 새로운 설정 파일을 배포한다.

```
# 로컬에 위치한 JSON 파일로 컨피그 객체를 만든다
docker config create todo-list-config ./todo-list/configs/config.json

# 컨피그 객체의 설정값을 확인한다
docker config ls
```

객체의 이름과 설정값이 담긴 파일 경로를 지정하면 컨피그 객체를 만들 수 있다. 이 애플리케이션은 JSON 포맷을 사용하지만, 컨피그 객체는 JSON 외에도 XML, 키-값 쌍, 바이너리 파일까지 다양한 데이터 포맷을 담을 수 있다. 컨피그 객체는 스웜에 의해 컨테이너 파일 시스템 내의 파일로서 전달된다. 애플리케이션 입장에서는 직접 파일을 업로드한 것과 같은 효과가 있다. 그림 13-5에 나의 환경에서 실행한 결과를 실었다. 지정한 이름에 긴 무작위 문자열 식별자가 더해진 이름으로 컨피그 객체가 생성됐다.

▼ 그림 13-5 컨피그 객체로 스웜 클러스터에 로컬 설정 파일 전달하기

스웜에 로컬 설정 파일의 내용을 담은 컨피그 객체를 생성한다.

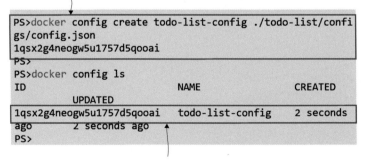

컨피그 객체의 목록에는 식별자, 이름, 객체 생성 후 경과 시간 등이 함께 표시된다.

컨피그 객체는 다른 도커 리소스와 사용 방법이 같다. 명령행 도구로 생성, 삭제, 확인이 모두 가능하며, 컨피그 객체를 확인하면 설정 파일의 내용을 그대로 볼 수 있기 때문에 특히 유용하다. 이

점이 의미하는 바가 상당히 큰데, 컨피그 객체는 민감한 데이터를 보관하기 위한 수단이 아니라는 점이다. 스웜 데이터베이스에서도 이 파일 내용은 암호화되지 않으며, 매니저 노드에서 레플리카를 실행할 노드로 전송할 때도 마찬가지다.

실습 컨피그 객체를 확인하면 객체의 내용을 모두 볼 수 있다. 이 내용은 컨피그 객체를 사용하는 컨테이너 파일 시스템에 전달될 파일의 내용과 동일하다.

```
# 컨피그 객체 확인 시 pretty 플래그를 사용하면 객체의 내용을 볼 수 있다
docker config inspect --pretty todo-list-config
```

나의 환경에서 실행한 결과를 그림 13-6에 실었다. 실행 결과를 보면, 컨피그 객체의 메타데이터와 객체를 만든 로컬 설정 파일의 내용이 공백 문자까지 그대로 담긴 것을 확인할 수 있다.

컨피그 객체를 관리하는 워크플로는 이 설정값을 사용하는 애플리케이션 관리 워크플로와는 완전히 별개다. 데브옵스 관련 워크플로에서는 설정 관리와 애플리케이션 관리를 한 팀이 함께 맡거나 같은 자동화 파이프라인에서 수행하기도 하지만, 대규모 조직이라면 현재 프로세스에 맞춰 분리된 상태를 유지할 수 있다.

▼ 그림 13-6 컨피그 객체는 보안이 적용돼 있지 않다. 클러스터에 접근 권한이 있다면 객체의 내용을 모두 알 수 있다.

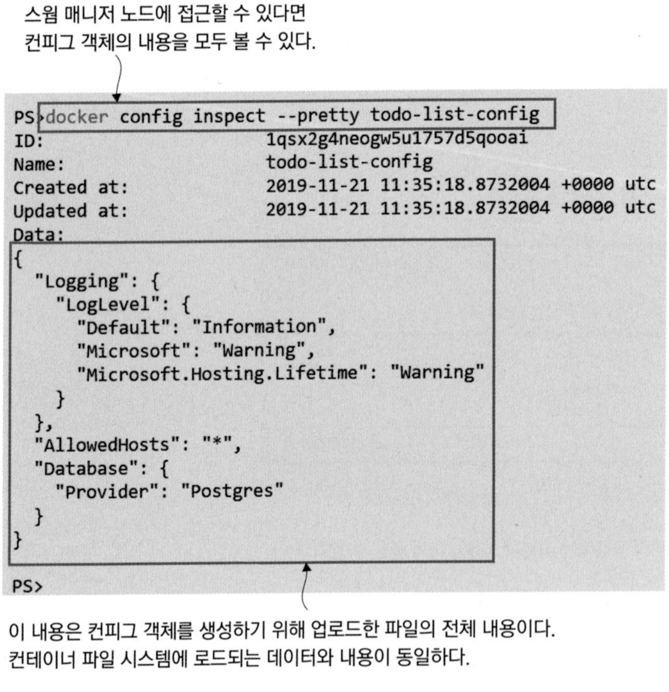

스웜 매니저 노드에 접근할 수 있다면
컨피그 객체의 내용을 모두 볼 수 있다.

```
PS> docker config inspect --pretty todo-list-config
ID:               1qsx2g4neogw5u1757d5qooai
Name:             todo-list-config
Created at:       2019-11-21 11:35:18.8732004 +0000 utc
Updated at:       2019-11-21 11:35:18.8732004 +0000 utc
Data:
{
  "Logging": {
    "LogLevel": {
      "Default": "Information",
      "Microsoft": "Warning",
      "Microsoft.Hosting.Lifetime": "Warning"
    }
  },
  "AllowedHosts": "*",
  "Database": {
    "Provider": "Postgres"
  }
}
PS>
```

이 내용은 컨피그 객체를 생성하기 위해 업로드한 파일의 전체 내용이다.
컨테이너 파일 시스템에 로드되는 데이터와 내용이 동일하다.

서비스는 컴포즈 파일에 지정된 컨피그 객체를 사용한다. 예제 13-3은 to-do 애플리케이션의 정의 중 컨피그 객체로부터 설정값을 도입하도록 수정된 부분을 발췌한 것이다(파일명은 v3.yml이다).

예제 13-3 컨피그 객체는 컨테이너 파일 시스템을 통해 서비스에 전달된다.

```
services:
  todo-web:
    image: diamol/ch06-todo-list
    ports:
      - 8080:80
    configs:
      - source: todo-list-config
        target: /app/config/config.json

#...

configs:
  todo-list-config:
    external: true
```

이 서비스의 레플리카가 될 컨테이너의 실행과 함께 컨피그 객체의 내용이 컨테이너 파일 시스템의 /app/config/config.json 파일로 옮겨진다. 이 파일은 애플리케이션이 설정값을 읽는 경로 중하나다. 컨피그 객체의 이름만 지정하고 설정값을 전달할 파일 경로는 기본값을 사용하는 축약 문법도 있지만, 실제 경로가 운영체제에 따라 달라지기 때문에 대상 파일을 명시적으로 지정하는 쪽이 더 확실하다(역슬래시를 경로 구분자로 사용해도 윈도 및 리눅스 컨테이너 모두에서 유효하다).

예제 13-3에서 컴포즈 파일의 두 번째 부분은 컨피그 객체 자체를 정의한 것이다. external 플래그와 객체 이름을 정의했으며, external 플래그는 해당 리소스가 이미 클러스터에 저장돼 있음을 의미한다. 배포 워크플로는 컨피그 객체를 먼저 배포하고 그다음에 애플리케이션을 배포하도록 돼 있다. v3 컴포즈 파일을 배포하면, SQL 데이터베이스 서비스의 정의가 포함돼 있으므로 웹 컨테이너를 여러 개 생성해도 이들 모두가 같은 데이터를 공유하게 할 수 있다.

실습 YAML 파일을 배포해 애플리케이션을 업데이트하라. 그대로 stack 명령을 사용하면 된다. 명령을 실행하면 새로운 데이터베이스 서비스를 구성할 레플리카와 웹 애플리케이션의 레플리카가 추가로 생성된다.

```
# 수정된 정의에 따라 애플리케이션 배포
docker stack deploy -c ./todo-list/v3.yml todo
```

도커 스웜 스택으로 분산 애플리케이션 배포하기

```
# 스택에 포함된 서비스 목록을 확인한다
docker stack services todo
```

지난 실습에서 기존의 스택을 제거했으므로 지금의 배포는 신규 배포가 된다. 실행 결과를 보면 두 개의 서비스와 네트워크가 생성되는 것을 볼 수 있다. 웹 컴포넌트의 레플리카 개수를 하나로 줄였으므로 업데이트 과정을 더 쉽게 이해할 수 있다. 각 서비스는 모두 단일 레플리카를 갖는다. 나의 환경에서 실행한 결과를 그림 13-7에 실었다.

▼ 그림 13-7 서비스 정의에 컨피그 객체가 사용된 스택의 배포

신규 배포이므로 리소스가 새로 생성된다. 컨피그 객체는
이미 존재하는 외부 리소스이므로 여기에 나타나지 않는다.

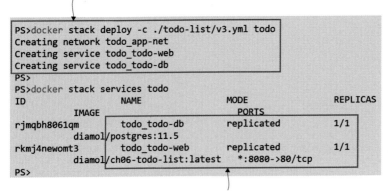

웹 서비스는 하나의 레플리카로 구성된다. 마찬가지로
하나의 레플리카로 구성된 데이터베이스 서비스를 사용한다.

이제 애플리케이션이 컨피그 객체를 통해 PostgreSQL 데이터베이스를 사용하도록 설정됐다. http://localhost:8080 페이지에 접근해 보면(윈도 컨테이너라면 다른 컴퓨터를 사용해야 한다), 애플리케이션이 동작하지 않는다. 웹 서비스의 로그를 확인해 보면 이유를 알 수 있다. 로그에는 데이터베이스 접속과 관련된 오류 메시지가 많이 출력됐다. 이번 배포를 통해 웹 애플리케이션이 PostgreSQL 데이터베이스를 사용하도록 설정됐지만, 컨피그 객체만으로는 데이터베이스 접속에 필요한 자세한 정보가 제공되지 않았다. 따라서 데이터베이스 접속이 실패한 것이다. 이 오류는 다음 실습에서 수정해 보겠다.

민감한 데이터는 컨피그 객체에 보관해서는 안 된다. 컨피그 객체는 암호화되지 않으며 클러스터 접근 권한이 있는 사람이면 누구든 전체 내용을 볼 수 있기 때문이다. 사용자명과 패스워드가 포함되는 데이터베이스 접속 문자열, 운영 환경용 API 키, API URL 등도 민감한 정보에 속한다. 운영 환경의 보안을 위한 방비는 항상 주의 깊게 신경 써야 한다. 외부 인원이 클러스터 접근 권한을

얻게 될 가능성은 그리 높지 않지만, 클러스터 내부에 보관됐다 해도 민감한 데이터는 암호화해야 한다. 도커 스웜에 비밀값 리소스가 있는 것도 이런 정보를 보관하기 위한 것이다.

13.3 비밀값을 이용한 대외비 설정 정보 관리하기

비밀값은 클러스터의 관리를 받는 스웜 리소스다. 비밀값은 컨피그 객체와 비슷한 점이 많다. 로컬 파일로부터 생성한 후, 클러스터 데이터베이스에 저장했다가 서비스 정의에서 비밀값을 참조하면 실행된 컨테이너의 파일 시스템에 비밀값의 값이 전달된다. 비밀값이 컨피그 객체와 가장 크게 다른 점은 비밀값을 사용하는 워크플로 중 비밀값이 컨테이너에 전달된 상태에서만 복호화된 비밀값을 볼 수 있다는 것이다.

그 외의 경우에는 비밀값이 항상 암호화된 상태로 존재한다. 평소에는 클러스터 데이터베이스에 암호화돼 보관되다가 해당 비밀값을 사용하는 컨테이너를 실행할 노드로만 전달된다. 매니저 노드에서 워커 노드로 전달되는 중에도 여전히 암호화된 상태를 유지한다. 그리고 비밀값을 사용할 컨테이너 안에서만 복호화된다. 비밀값을 사용해 데이터베이스 접속 문자열을 저장해 보자.

실습 로컬 파일의 내용으로 비밀값을 만들고, 새로 만든 비밀값의 정보를 확인해 보자.

```
# 로컬에 위치한 JSON 파일의 내용으로 비밀값을 생성한다
docker secret create todo-list-secret ./todo-list/secrets/secrets.json

# 새로 만든 비밀값의 정보를 확인한다
# pretty 플래그를 적용하면 데이터를 볼 수 있다
docker secret inspect --pretty todo-list-secret
```

사용 방법만 보면 비밀값은 컨피그 객체와 다를 바가 없다. 차이점이 있다면 비밀값의 내용을 알 수 없다는 것뿐이다. 나의 환경에서 이 실습을 실행한 결과를 그림 13-8에 실었다. 비밀값의 정보를 확인해 보면 리소스의 메타데이터만 나올 뿐이며, 컨피그 객체에서 볼 수 있었던 실제 데이터는 출력되지 않는다.

▼ 그림 13-8 비밀값이 스웜에 저장되고 나면 암호화되기 전의 원래 내용을 알 수 없다.

로컬 파일의 내용으로 비밀값을 만든다. 비밀값은 스웜 데이터베이스에
암호화돼 저장되며 매니저 노드에서 다른 노드로 전달될 때도 암호화된 채로 전달된다.

```
PS>docker secret create todo-list-secret ./todo-list/secrets/sec
rets.json
y2v9wlkbp71w2olkhybrp60m0
PS>
PS>docker secret inspect --pretty todo-list-secret
ID:              y2v9wlkbp71w2olkhybrp60m0
Name:            todo-list-secret
Driver:
Created at:      2019-11-21 13:40:21.2833795 +0000 utc
Updated at:      2019-11-21 13:40:21.2833795 +0000 utc
PS>
```

비밀값의 정보를 확인해 봐도 원래 내용을 알 수 없다. 원래 내용은
비밀값을 실제 사용하는 컨테이너 안에서만 볼 수 있다.

이제 비밀값이 스웜에 저장됐으니 이 비밀값을 사용하는 새로운 버전의 애플리케이션을 배포할
수 있다. 컴포즈 파일에서 비밀값을 참조하는 문법 역시 컨피그 객체와 매우 유사하다. 원본이 되
는 비밀값과 비밀값의 내용이 들어갈 대상 파일의 경로를 지정하면 된다. 예제 13-4는 새로운 서
비스 정의(v4.yml)의 핵심 부분을 발췌한 것이다.

예제 13-4 비밀값과 컨피그 객체를 사용해 애플리케이션 설정하기

```
services:
  todo-web:
    image: diamol/ch06-todo-list
    ports:
      - 8080:80
    configs:
      - source: todo-list-config
        target: /app/config/config.json
    secrets:
      - source: todo-list-secret
        target: /app/config/secrets.json

#...
secrets:
  todo-list-secret:
    external: true
```

비밀값의 내용은 또 다른 JSON 데이터로, 컨테이너 파일 시스템에서 애플리케이션이 설정 파일
을 찾는 경로에 전달된다. 애플리케이션은 이 JSON 데이터에서 할 일 목록을 저장하기 위한 데이

터베이스 서버에 접속할 정보를 얻는다. 할 일 목록을 데이터베이스 서버에 저장했으니 사용자가 어느 레플리카에 접속하더라도 모두 같은 할 일 목록을 보게 된다.

실습 이전 버전에서 빠져 있었던 데이터베이스 접속 문자열이 추가된 최신 버전의 애플리케이션을 배포해 애플리케이션을 정상 상태로 되돌린다. 이 과정에서 서비스가 업데이트된다.

```
# 최신 버전의 애플리케이션을 배포한다
docker stack deploy -c ./todo-list/v4.yml todo

# 스택에 포함된 레플리카의 정보를 확인한다
docker stack ps todo
```

컴포즈 파일에서는 웹 애플리케이션 서비스의 정의만 수정됐는데, 정작 애플리케이션을 실행하면 두 서비스가 모두 업데이트되는 것을 볼 수 있다. 하지만 실제로 데이터베이스 서비스에는 어떠한 수정도 일어나지 않는다. docker 명령에서 출력되는 내용이 오해를 불러일으킬 수 있는 부분이다. 여기서는 아무것도 변경되지 않더라도 모든 서비스가 '업데이트 중'이라고 나온다. 그림 13-9에 나의 환경에서 이 실습을 실행한 결과를 실었다.

❤ 그림 13-9 최신 버전의 애플리케이션을 배포하니 설정 오류가 해결된다.

도커 명령행 도구로 스택을 업데이트할 때 스택에 포함된 모든 서비스가
업데이트 중이라고 나오지만, 사실 정의가 수정되지 않은 서비스는 변경되지 않는다.

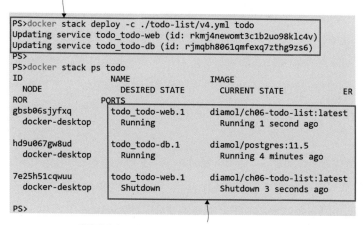

데이터베이스 서비스는 처음 만들어진 레플리카로 동작 중인 반면에
웹 서비스는 종료된 이전 레플리카, 비밀값과 컨피그 객체로 설정된
새로운 레플리카를 볼 수 있다.

이제 애플리케이션이 제대로 동작하므로 로컬 호스트의 8080번 포트로 접근하거나(리눅스 컨테이너를 실행 중인 경우), 다른 컴퓨터에서 현재 컴퓨터의 8080번 포트로 접근해 보면(윈도 컨테이

너를 실행 중인 경우) 애플리케이션의 모습을 확인할 수 있다. 그림 13-10에 이 애플리케이션의 전체 인프라스트럭처 구조를 나타냈다. 모든 컨테이너는 도커 네트워크에 연결돼 스웜에서 비밀값을 읽어 들이도록 돼 있다.

❤ 그림 13-10 스택으로 실행 중인 to-do 애플리케이션. 도커 스웜의 핵심 기능을 사용한다.

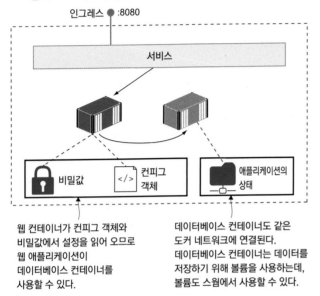

웹 컨테이너가 컨피그 객체와 비밀값에서 설정을 읽어 오므로 웹 애플리케이션이 데이터베이스 컨테이너를 사용할 수 있다.

데이터베이스 컨테이너도 같은 도커 네트워크에 연결된다. 데이터베이스 컨테이너는 데이터를 저장하기 위해 볼륨을 사용하는데, 볼륨도 스웜에서 사용할 수 있다.

그림 13-10에는 하드웨어의 관점이 빠져 있다. 그 이유는 스웜의 크기가 어떻게 변화하더라도 애플리케이션의 구조는 같을 것이기 때문이다. 비밀값과 컨피그 객체는 매니저 노드에 위치한 분산형 데이터베이스에 저장돼 필요로 하는 어느 노드라도 이를 사용할 수 있다. 스택은 오버레이 네트워크를 구성해 컨테이너가 어느 노드에서 실행됐는지와 무관하게 서로 통신할 수 있게 한다. 서비스는 인그레스 네트워크를 사용해 웹 레플리카가 어느 노드에 있는 서비스 컨테이너라도 호출할 수 있게 해 준다.

여기서 꼭 알아 둘 점은 컨피그 객체와 비밀값은 수정이 불가하다는 것이다. 클러스터에서 컨피그 객체와 비밀값을 한번 만들고 나면 이들의 내용은 변하지 않는다. 만약 내용을 변경할 필요가 생긴다면 새로운 컨피그 객체나 비밀값을 만들어야 한다. 이를 위해서는 다음 세 단계를 거친다.

- 변경된 내용을 담은 새로운 컨피그 객체 혹은 비밀값을 기존의 것과 다른 이름으로 만든다.
- 컴포즈 파일의 정의에 사용된 컨피그 객체 혹은 비밀값의 이름을 새로 만든 이름으로 바꾼다.
- 변경된 컴포즈 파일로 스택을 배포한다.

결국 설정값을 수정하려면 서비스를 업데이트해야 한다. 다시 말하면 컨테이너도 새 것으로 교체해야 한다는 말이다. 이 부분에서 컨테이너 오케스트레이션 도구마다 서로 접근법이 갈린다. 쿠버네티스에서는 클러스터에 저장된 기존 컨피그 객체나 비밀값을 수정할 수 있다. 하지만 애플리케이션마다 설정 파일의 변화를 확인하지 않는 경우도 있어 결국 컨테이너를 교체해야 하는 경우도 생긴다. 반면 스웜에서는 컨피그 객체나 비밀값을 수정할 수 없다. 설정을 변경하고 싶다면 서비스를 업데이트해야 한다.

서비스를 업데이트하는 일을 너무 두렵게 생각하지 말기 바란다. 애플리케이션에 새로운 기능을 추가하거나 의존 모듈 또는 기반 이미지에 새로 나온 보안 업데이트를 적용하려면 컨테이너를 롤링 업데이트로 교체해야 한다. 최소한, 도커 허브에서 대부분의 운영체제 이미지가 업데이트되는 주기인 한 달에 한 번 정도는 서비스를 업데이트해야 할 것이다.

그러면 이제 스웜 모드에서 유상태 애플리케이션을 다룰 수 있다. 컨테이너를 주기적으로 교체해야 하므로 퍼시스턴시를 위해 도커 볼륨이 필요해진다. 그러나 볼륨은 스웜 환경에서는 조금 다르게 동작한다.

13.4 / 스웜에서 볼륨 사용하기

6장에서 도커 볼륨의 사용법을 배웠다. 볼륨은 컨테이너와 별개의 생애주기를 갖는 스토리지의 단위라고 설명했다. 모든 유상태 애플리케이션에서 데이터 저장에 볼륨을 사용할 수 있다. 볼륨은 마치 컨테이너 파일 시스템의 일부처럼 사용 가능하지만, 사실은 컨테이너 외부에 존재하는 리소스다. 애플리케이션을 업데이트하면 컨테이너가 교체되면서 볼륨은 새 컨테이너에 연결된다. 그리고 새 컨테이너가 실행되면 이전 컨테이너가 갖고 있던 데이터를 그대로 유지한다.

오케스트레이션 플랫폼에서도 볼륨의 개념은 같다. 컴포즈 파일의 서비스 정의에 볼륨 마운트를 정의하면, 레플리카에서 볼륨을 로컬 파일 시스템의 디렉터리처럼 사용할 수 있다. 하지만 데이터가 저장되는 방식에 큰 차이가 있다. 애플리케이션을 의도대로 동작하게 하려면 이 차이점을 잘 이해해야 한다. 클러스터는 여러 개의 노드로 구성되고, 이들 노드는 각각 디스크가 있어서 이 디스크에 로컬 볼륨을 저장한다. 업데이트에도 데이터를 유지하는 가장 간단한 방법은 이 로컬 볼륨을 이용하는 것이다.

하지만 이 방법으로도 해결되지 않는 문제가 있다. 어떤 레플리카를 대체하는 새로운 레플리카가 이전 레플리카와 다른 노드에서 실행되는 경우다. 이 경우 새 레플리카는 기존 레플리카가 사용하던 로컬 볼륨에 접근할 수 없다. 이 문제는 서비스가 데이터가 있는 특정 노드에서만 실행되게끔 고정하면 해결된다. 다만 레플리카를 여러 개 실행하지 않고 서버 고장도 일어나지 않는 상황이어야 한다. 이 방법을 적용하려면, 노드에 레이블을 부여하고 컴포즈 파일에서 해당 노드에서만 레플리카를 실행하도록 강제하면 된다.

> **실습** 단일 노드 스웜이 있다. 노드가 하나뿐이니 모든 레플리카는 당연히 같은 노드에서 동작한다. 하지만 레이블 기능은 노드가 여러 개일 때와 똑같이 사용할 수 있다. 레이블은 키-값 쌍으로 작성한다. 여기서는 다음과 같이 가상의 스토리지 유형 정보를 레이블로 노드에 부여해 봤다.

```
# 노드의 식별자를 찾아 해당 노드에 레이블을 부여한다
docker node update --label-add storage=raid $(docker node ls -q)
```

이 명령을 입력하면 노드의 식별자만 출력되므로 스크린샷은 생략하겠다. 중요한 사실은 이제 클러스터에서 노드를 식별할 수 있는 수단이 생겼다는 것이다. 그리고 이를 이용하면 서비스 레플리카가 실행되는 노드를 제한할 수 있다. 예제 13-5는 to-do 애플리케이션 서비스 정의(v5.yml 파일)의 constraints 필드 부분을 발췌한 것이다. 추가로 볼륨 마운트도 지정돼 있다.

예제 13-5 스웜에서 실행하는 서비스에 볼륨 마운트 및 제약 사항 설정하기

```
services:
  todo-db:
    image: diamol/postgres:11.5
    volumes:
      - todo-db-data:/var/lib/postgresql/data
    deploy:
      placement:
        constraints:
          - node.labels.storage == raid

#...

volumes:
  todo-db-data:
```

볼륨 설정 부분이 조금 이상하게 보이겠지만 코드가 생략된 것은 아니다. 이 설정을 적용하면 스웜의 기본 볼륨 드라이버를 사용해 로컬 디스크 볼륨을 생성한다. 이 정의대로 애플리케이션을 배포하면 데이터베이스 레플리카는 스토리지 레이블이 일치하는 노드에서만 실행된다. 그리고 이 노드는 todo-db-data라는 이름으로 로컬 볼륨을 생성해 이 볼륨에 데이터가 저장된다.

실습 컴포즈 파일에 지정한 제약 조건이 스웜 노드에 부여한 레이블과 일치하므로 데이터베이스 컨테이너는 이 노드에서만 실행되며 노드에 있는 로컬 볼륨을 사용한다. 다음 명령은 애플리케이션 배포 전과 후로 노드에 존재하는 볼륨 목록을 확인하는 명령이다.

```
# 노드에 존재하는 모든 볼륨의 식별자 목록을 출력한다
docker volume ls -q

# 스택을 버전 v5로 업데이트한다(리눅스 컨테이너)
docker stack deploy -c ./todo-list/v5.yml todo

# 스택을 버전 v5로 업데이트한다(윈도 컨테이너)
docker stack deploy -c ./todo-list/v5-windows.yml todo

# 볼륨 목록을 다시 한 번 확인한다
docker volume ls -q
```

여러분이 실행한 결과에는 많은 수의 볼륨이 출력됐을 것이다(나는 이 실습을 실행하기 전에 docker volume prune 명령으로 불필요한 볼륨을 제거했으므로 내가 실행한 결과보다 볼륨 수가 많을 것이다). 이미지는 Dockerfile 스크립트에서 볼륨을 지정할 수 있는데, 이렇게 볼륨이 사용된 이미지를 서비스에서 사용하면 이 스택에는 서비스에서 사용할 기본 볼륨이 만들어진다. 업데이트 후에도 데이터를 유지하려면 컴포즈 파일에서 이름을 부여한 볼륨을 사용해야 한다. 그림 13-11에 나의 환경에서 실행한 결과를 실었다. 이 실행 결과를 보면, 기본 볼륨 대신 이름이 부여된 볼륨을 새로 생성하는 것을 알 수 있다.

▼ 그림 13-11 스택을 배포할 때도 볼륨이 생성된다. 이 볼륨은 이름이 있는 볼륨일 수도 있고 이름이 없는 볼륨일 수도 있다.

이들 볼륨은 버전 v4 스택을 배포할 때 생성된 것으로, 웹 컨테이너와 데이터베이스 컨테이너
이미지에 볼륨이 지정돼 있었으므로 각각 생성되고 사용됐다.

```
PS>docker volume ls -q
3370d68cf3bc60145f33497e2eed34a6e93ded136169e8f8bb2f1782c5308221
54475ce4e89a2151e69ef6371ae63f9ac7d8b23b3bc918d86bc5a1504e2c7cf1
PS>
PS>docker stack deploy -c ./todo-list/v5.yml todo
Updating service todo_todo-web (id: usm3csl18vo180jhhbmvw23ds)
Updating service todo_todo-db (id: 6olko32lfnturfdkd4vsjbp38)
PS>
PS>docker volume ls -q
3370d68cf3bc60145f33497e2eed34a6e93ded136169e8f8bb2f1782c5308221
54475ce4e89a2151e69ef6371ae63f9ac7d8b23b3bc918d86bc5a1504e2c7cf1
todo_todo-db-data
PS>
```

버전 v5 컴포즈 파일에는 데이터베이스 서비스에 todo-db-data라는 이름의
볼륨이 정의됐다. 기본 볼륨은 스택을 제거하면 삭제되지만, 이름이 부여된 볼륨은
스택을 제거해도 삭제되지 않는다.

이 서비스 정의대로 배포한 애플리케이션은 스택을 제거하더라도 레이블이 붙은 노드 자체가 남아 있기만 하면 데이터를 유실하지 않는다. 컨테이너가 고장을 일으켜 헬스 체크에서 발견돼 교체돼도 새 컨테이너 역시 같은 노드에서 같은 볼륨을 연결해 사용할 것이다. 데이터베이스 서비스의 정의를 변경하더라도 데이터는 그대로 유지된다. 다시 말해 컨테이너 교체에도 데이터가 안전하다는 의미다. 웹 UI를 통해 할 일 목록에 새로운 항목을 추가한 다음, 데이터베이스 서비스를 업데이트해도 이전 데이터는 새로운 데이터베이스 컨테이너에 그대로 남아 있다.

실습 6장의 집필을 마치고 난 후에 PostgreSQL 서버의 새 버전이 출시됐다. 가능하면 항상 최신 버전을 유지하는 것이 바람직하므로 여기서는 데이터베이스 서버를 업데이트하려고 한다. 컴포즈 파일 v6.yml은 PostgreSQL 서버의 버전만 제외하면 v5.yml 파일과 모든 내용이 동일하다.

```
# 데이터베이스 스택을 업데이트한다(리눅스 컨테이너)
docker stack deploy -c ./todo-list/v6.yml todo

# 데이터베이스 스택을 업데이트한다(윈도 컨테이너)
docker stack deploy -c ./todo-list/v6-windows.yml todo

# 스택의 태스크 목록을 확인한다
docker stack ps todo

# 스택의 볼륨 목록을 확인한다
docker volume ls -q
```

그림 13-12는 나의 환경에서 실행한 결과를 보여 준다. 업데이트된 도커 이미지로 새로운 데이터베이스 레플리카가 실행됐고, 기존 레플리카가 사용하던 볼륨이 그대로 연결됐다. 따라서 데이터도 그대로 유지된다.

▼ 그림 13-12 이름이 부여된 볼륨을 사용하는 서비스는 업데이트 후에도 새로운 컨테이너에 데이터가 그대로 유지된다.

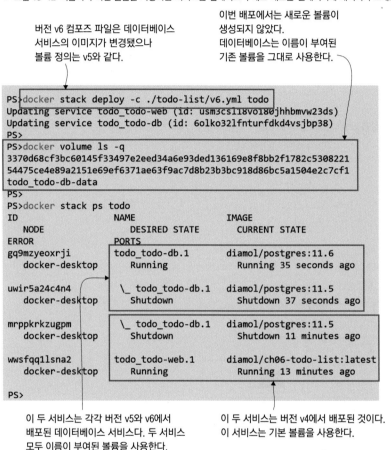

버전 v6 컴포즈 파일은 데이터베이스
서비스의 이미지가 변경됐으나
볼륨 정의는 v5와 같다.

이번 배포에서는 새로운 볼륨이
생성되지 않았다.
데이터베이스는 이름이 부여된
기존 볼륨을 그대로 사용한다.

```
PS>docker stack deploy -c ./todo-list/v6.yml todo
Updating service todo_todo-web (id: usm3cs118vo180jhhbmvw23ds)
Updating service todo_todo-db (id: 6olko32lfnturfdkd4vsjbp38)
PS>
PS>docker volume ls -q
3370d68cf3bc60145f33497e2eed34a6e93ded136169e8f8bb2f1782c5308221
54475ce4e89a2151e69ef6371ae63f9ac7d8b23b3bc918d86bc5a1504e2c7cf1
todo_todo-db-data
PS>
PS>docker stack ps todo
ID                  NAME                  IMAGE
   NODE                DESIRED STATE         CURRENT STATE
ERROR               PORTS
gq9mzyeoxrji        todo_todo-db.1        diamol/postgres:11.6
   docker-desktop       Running               Running 35 seconds ago

uwir5a24c4n4        \_ todo_todo-db.1     diamol/postgres:11.5
   docker-desktop       Shutdown              Shutdown 37 seconds ago

mrppkrkzugpm        \_ todo_todo-db.1     diamol/postgres:11.5
   docker-desktop       Shutdown              Shutdown 11 minutes ago

wwsfqq1lsna2        todo_todo-web.1       diamol/ch06-todo-list:latest
   docker-desktop       Running               Running 13 minutes ago

PS>
```

이 두 서비스는 각각 버전 v5와 v6에서
배포된 데이터베이스 서비스다. 두 서비스
모두 이름이 부여된 볼륨을 사용한다.

이 두 서비스는 버전 v4에서 배포된 것이다.
이 서비스는 기본 볼륨을 사용한다.

이 예제는 상황이 단순했지만, 애플리케이션의 요구 사항이 달라지면 훨씬 일이 복잡해진다. 로컬 볼륨에 저장된 데이터는 모든 노드에 복제되지 않기 때문이다. 디스크를 데이터 캐시 정도로 사용한다면 로컬 볼륨으로도 별문제가 없겠지만, 레플리카마다 데이터가 다를 수도 있는 로컬 볼륨은 여러 노드에 걸쳐 상태를 공유해야 하는 애플리케이션에서는 사용할 수 없다. 도커는 볼륨 드라이버에 플러그인 시스템을 채용하고 있어 스웜에서 클라우드 스토리지나 데이터센터의 스토리지 장비를 분산 스토리지로 사용하게끔 설정할 수 있다. 이들 볼륨을 설정하는 방법은 인프라스트럭처 환경에 따라 다르지만, 서비스에 볼륨을 연결하는 형태를 취하는 것은 어떤 환경이든 동일하다.

13.5 / 클러스터는 스택을 어떻게 관리하는가?

도커 스웜에서 말하는 스택은 클러스터가 관리를 담당하는 리소스의 모임이다. 운영 환경의 스택은 다양한 리소스로 구성되는데, 오케스트레이션 도구는 이들 리소스를 비슷하지만 약간씩 다른 방법으로 관리한다. 그림 13-13에서 주요 리소스 유형을 스웜이 어떻게 관리하는지 정리했다.

❤ 그림 13-13 스택이 도커 스웜상의 리소스를 관리하는 유형

인그레스 네트워크는 항상 존재한다. 스택은 인그레스 네트워크에서 포트 공개 여부를 관리한다.

서비스는 스택의 통제를 받는다. 스택과 함께 생성되거나 업데이트되며, 스택이 제거되면 함께 제거된다.

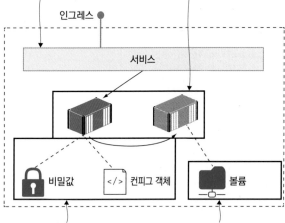

비밀값, 컨피그 객체, 네트워크는 외부에서 관리가 가능하다. 이들 객체는 애플리케이션 배포 전에 생성되며 스택은 서비스를 이들에 연결하는 역할을 한다.

볼륨은 외부에서 관리하거나 스택이 관리한다. 기본 볼륨은 스택과 생애주기를 함께하지만, 이름이 부여된 볼륨은 스택이 제거된 후에도 유지된다.

잘 기억해 두어야 하는 중요한 내용을 아래와 같이 정리했다. 이 중 몇몇은 앞의 실습에서 직접 경험해 봤지만, 다시 한 번 정리하며 이번 장을 마무리하자.

- 스웜도 볼륨을 생성하고 삭제할 수 있다. 서비스 이미지에 볼륨의 정의가 포함된 경우 스택도 기본 볼륨을 생성하지만, 기본 볼륨은 스택을 제거하면 함께 제거된다. 스택 정의에 이름이 붙은 볼륨을 사용하면 스택 배포와 함께 볼륨이 생성되지만, 이 볼륨은 스택을 제거해도 삭제되지 않는다.

- 비밀값과 컨피그 객체는 설정값이 든 파일을 클러스터에 업로드하는 방법으로 생성한다. 비밀값과 컨피그 객체는 클러스터 데이터베이스에 저장됐다가 이 비밀값이나 컨피그 객체를 사용하는 컨테이너가 실행될 때 해당 컨테이너로 전달된다. 비밀값과 컨피그 객체는 전형적인 읽기 위주 객체로, 수정이 불가능하다. 스웜 환경에서 애플리케이션 설정 관리는 배포 프로세스와 별개다.

- 네트워크는 애플리케이션과 별도로 관리된다. 관리자가 명시적으로 네트워크를 생성할 수도 있고 필요할 때마다 스웜이 네트워크를 생성하기도 한다. 모든 스택은 컴포즈 파일에 네트워크가 정의되지 않았더라도 자신이 포함한 서비스를 연결할 네트워크와 함께 배포된다.

- 서비스는 스택이 배포될 때 생성되거나 제거된다. 서비스가 실행 중일 때는 스웜이 서비스를 모니터링하며 서비스 수준이 정상치를 유지하는지 확인한다. 헬스 체크를 통해 이상이 검출된 컨테이너는 새로운 컨테이너로 교체되며, 고장을 일으킨 노드에서 실행 중이던 컨테이너도 마찬가지로 교체된다.

스택은 애플리케이션을 구성하는 요소를 모아 놓은 논리적 객체다. 하지만 스택에는 서비스 간의 의존 관계를 정의하는 기능이 없다. 달리 말하면 스택을 클러스터에 배포할 때 매니저 노드는 가능한 한 신속하게 클러스터에서 필요한 레플리카를 생성하는데, 이때 어떤 서비스가 완전히 실행된 다음에 다른 서비스를 실행하도록 강제할 방법이 없다. 개발자는 애플리케이션 컴포넌트가 무작위 순서로 실행된다고 가정해야 한다. 이미지에 헬스 체크와 디펜던시 체크를 포함시켜 애플리케이션을 정상적으로 실행할 수 없는 경우에는 컨테이너를 조기에 종료시킨다. 이런 방법으로 컨테이너 재시작 혹은 대체로 인해 애플리케이션에 일어나는 문제를 수복할 수 있으며, 이것이 바로 자기 수복 가능 애플리케이션이다.

13.6 / 연습 문제

이번 연습 문제는 스웜에 스택 형태로 배포하는 애플리케이션을 컴포즈 파일에 정의하는 방법을 다룬다. 9장에서 살펴본 오늘의 천문 사진 애플리케이션을 운영 환경에 배포할 수 있는 컴포즈 파일을 작성하라. 단일 파일로 된 컴포즈 파일로 다음 조건을 만족하면 된다.

- 로그 API는 diamol/ch09-access-log 이미지를 사용한다. 로그 API는 웹 애플리케이션에서만 접근하는 내부용 컴포넌트이며, 세 개의 레플리카로 실행된다.

- NASA API는 diamol/ch09-image-of-the-day 이미지를 사용한다. 8088번 포트를 통해 외부 접근이 가능해야 하며, 사용량 증가에 대비해 다섯 개의 레플리카로 실행된다.

- 웹 애플리케이션은 diamol/ch09-image-gallery 이미지를 사용한다. HTTP 표준 포트인 80번 포트를 통해 외부 접근이 가능해야 하며, 두 개의 레플리카로 실행된다.

- 모든 컴포넌트는 적정한 수준으로 CPU 및 메모리 사용량이 제한돼야 한다(안전한 수치를 정하기 위해 시행착오를 통해 여러 번의 배포를 거쳐야 할 수도 있다).

- 스택이 완전히 배포된 후 애플리케이션이 정상적으로 동작해야 한다.

볼륨이나 컨피그 객체, 비밀값 등은 신경 쓰지 않아도 좋다. 간단한 컴포즈 파일만 작성하면 된다. 이번 장 연습 문제의 해답도 깃허브 ch13/lab 폴더에서 확인할 수 있다.

14장

업그레이드와 롤백을 이용한 업데이트 자동화

컨테이너에서 실행되는 애플리케이션을 오케스트레이션 도구와 조합하면 무중단 업데이트가 가능하다. 대개 클러스터에 여분의 연산 능력이 있기 때문에 이 연산력을 활용해 업데이트 중 새 컨테이너를 추가로 실행할 수 있고, 이미지에 헬스 체크를 포함시키면 새 컴포넌트의 정상 상태 여부를 클러스터에서 파악할 수 있다. 13장에서는 컨테이너 교체와 이미지에 내장된 헬스 체크를 애플리케이션 업데이트에 활용하는 방법을 배웠고, 이 방법으로 무중단 업데이트를 실현할 수 있다. 이번 장에서는 매우 세세한 설정이 가능한 업데이트 프로세스를 옵션 하나하나씩 익혀 보겠다.

업데이트 설정이라고 하면 적당히 뛰어넘어도 될 것 같은 주제로 생각하기 쉽지만, 나의 개인적인 경험으로 미루어 말하건대, 롤링 업데이트가 기본 상태에서 어떻게 동작하는지, 그리고 이 동작을 어느 정도까지 설정할 수 있는지 이해하지 못한다면 그 대가를 치르는 날이 반드시 찾아온다. 이번 장의 내용은 도커 스웜을 중심으로 하지만, 롤링 업데이트 기능은 모든 오케스트레이션 도구가 비슷하다. 업데이트와 롤백이 어떤 식으로 이뤄지는지 이해한다면 애플리케이션에 맞는 설정을 찾을 수 있다. 따라서 애플리케이션을 원하는 형태로 운영 환경에 배포할 수 있고, 배포가 실패하더라도 자동으로 이전 버전으로 돌아가므로 자신감 있게 업데이트를 수행할 수 있다.

14.1 도커를 사용한 애플리케이션 업그레이드 프로세스

도커 이미지는 믿을 수 없을 만큼 단순한 패키징 포맷이다. 이미지를 빌드하고 컨테이너에서 애플리케이션을 실행해 보면 그 컨테이너를 다음 업데이트까지 그대로 사용할 수 있을 것 같은 생각마저 든다. 하지만 배포 주기는 애플리케이션 버전을 제외하고도 최소한 다음 네 가지 주기를 고려해야 한다. 첫 번째는 의존 모듈의 업데이트, 두 번째는 애플리케이션 코드를 컴파일하는 데 사용하는 SDK 업데이트, 세 번째는 애플리케이션이 동작하는 플랫폼의 업데이트, 마지막 네 번째는 운영체제 업데이트다. 그림 14-1은 리눅스에서 동작하는 닷넷 코어 애플리케이션의 여섯 가지 업데이트 주기를 정리한 것이다.

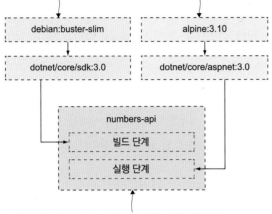

❤ 그림 14-1 다른 이미지를 포함하는 도커 이미지에는 많은 의존 모듈이 있다.

SDK 이미지의 기반 이미지는
데비안 리눅스다. SDK 이미지는
SDK 업데이트나 데비안 리눅스의
새 버전이 나올 때마다 업데이트된다.

런타임 이미지의 기반 이미지는
알파인 리눅스다. 런타임 버전이
업그레이드되거나 알파인 리눅스의
새 버전이 나올 때마다 런타임
이미지도 업데이트된다.

debian:buster-slim

alpine:3.10

dotnet/core/sdk:3.0

dotnet/core/aspnet:3.0

numbers-api

빌드 단계

실행 단계

애플리케이션 이미지는 프로그램 보안을 위해 최신 보안
패치가 포함된 SDK 이미지, 최신 런타임 이미지를 사용하고자
이들이 업데이트될 때마다 함께 업데이트된다.
이와 더불어 애플리케이션이 사용하는 라이브러리가 업데이트될
때도 마찬가지다. 또 이와 별개로 애플리케이션에 새 기능이
추가될 때도 업데이트된다.

운영체제 업데이트를 반영하는 것만이라면 월 단위 업데이트로도 충분하지만, 애플리케이션에 사용된 라이브러리의 보안 패치까지 반영하려면 딱히 정해진 주기 없이 무시로 애플리케이션을 업데이트하는 데 익숙해져야 한다. 빌드 파이프라인이 프로젝트의 핵심을 차지하는 것도 바로 이 때문이다. 애플리케이션의 신규 기능이든 의존 모듈 변경이든, 소스 코드가 조금이라도 변경될 때마다 빌드 파이프라인이 동작한다. 또 매일 밤 자동 빌드를 통해 항상 최신 버전의 SDK, 런타임, 운영체제가 반영된 즉시 배포 가능한 이미지를 가질 수 있다.

애플리케이션에 변경이 없더라도 매달 새 버전을 배포해야 한다는 것은 상당히 부담스러운 일이다. 특히 배포 절차에 많은 시간과 인적 물적 자원을 소비하는 조직이라면 더욱 그렇다. 하지만 이런 방식을 적용하면 '업데이트 배포는 그리 대단한 일이 아니라 일상적으로 일어나는 평범한 업무이고 심지어 사람이 개입할 필요조차 없는 일'이라는 좀 더 건전한 사고방식이 조직에 정착할 수 있다. 주기적인 배포를 자동화하면 빌드에 신뢰감이 생기고, 다음 배포 주기를 기다리지 않고도 작업이 끝난 새 기능을 바로바로 배포에 포함시킬 수 있다.

빌드에 대한 신뢰감은 성공적인 배포가 계속돼야만 쌓을 수 있다. 이 과정의 핵심은 애플리케이션 헬스 체크다. 헬스 체크 없이는 애플리케이션이 자기 수복성을 가질 수 없고 안전한 업데이트와 롤백도 불가능하다. 이번 장에서는 8장에서 다뤘던 무작위 숫자 애플리케이션을 소재로 10장에서 배운 오버라이드 컴포즈 파일을 이용해 이 과정을 체험해 보겠다. 결과물은 애플리케이션 정의만이 포함된 깔끔한 코어 컴포즈 파일 하나와 업데이트를 정의한 추가 파일이 될 것이다. 여러 개로 나뉜 컴포즈 파일은 스택 배포에 사용할 수 없다. 그러므로 먼저 오버라이드 파일을 하나의 컴포즈 파일로 병합하는 방법부터 알아보자.

실습 먼저 무작위 숫자 애플리케이션의 첫 빌드를 배포하는 것부터 시작해 보자. 웹 서비스는 한 개 컨테이너, API 서비스는 여섯 개 레플리카로 실행한다. 컨테이너 상태를 통해 롤링 업데이트의 진행 과정을 알 수 있을 것이다. 도커 엔진은 스웜 모드로 전환한다. 그리고 컴포즈 파일을 병합하고 병합한 파일로 스택을 배포한다.

```
cd ch14/exercises

# 코어 컴포즈 파일과 오버라이드 파일을 병합한다
docker-compose -f ./numbers/docker-compose.yml -f ./numbers/prod.yml config > stack.
yml

# 병합된 컴포즈 파일로 스택을 배포한다
docker stack deploy -c stack.yml numbers

# 스택의 서비스 정보를 확인한다
docker stack services numbers
```

나의 환경에서 실행한 결과를 그림 14-2에 실었다. docker-compose 명령으로 코어 컴포즈 파일과 오버라이드 파일을 병합했는데, 이 기능은 컴포즈 파일을 병합해 주는 것 외에 컴포즈 파일의 유효성 검사도 겸하기 때문에 유용하다. 따라서 지속적 배포 파이프라인에 추가해도 좋을 것이다. 그다음에는 스택이 배포되는 과정에서 오버레이 네트워크와 두 개의 서비스가 생성됐다.

❤ 그림 14-2 코어 파일과 오버라이드 파일로 나뉜 컴포즈 파일을 병합한 후 스택 배포하기

스택을 배포하려면 컴포즈 파일이 단일 파일이어야 한다. 도커 컴포즈 config 명령으로 컴포즈 파일을
단일 파일로 병합할 수 있다. 실행 중 나온 경고는 컴포즈 파일에 스웜 전용 기능이 사용됐다는 의미다.

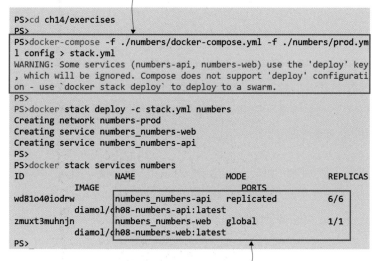

```
PS>cd ch14/exercises
PS>
PS>docker-compose -f ./numbers/docker-compose.yml -f ./numbers/prod.ym
l config > stack.yml
WARNING: Some services (numbers-api, numbers-web) use the 'deploy' key
, which will be ignored. Compose does not support 'deploy' configurati
on - use `docker stack deploy` to deploy to a swarm.
PS>
PS>docker stack deploy -c stack.yml numbers
Creating network numbers-prod
Creating service numbers_numbers-web
Creating service numbers_numbers-api
PS>
PS>docker stack services numbers
ID              NAME                  MODE         REPLICAS
        IMAGE                         PORTS
wd81o40iodrw    numbers_numbers-api   replicated   6/6
        diamol/dh08-numbers-api:latest
zmuxt3muhnjn    numbers_numbers-web   global       1/1
        diamol/dh08-numbers-web:latest
PS>_
```

스택을 배포하면 한 노드에 레플리카 한 개만 실행되는 global 모드 서비스와
레플리카 여섯 개로 실행되는 replicated 모드 서비스가 각각 하나씩 실행된다.

그림 14-2를 보면 스택에 대해 우리가 아직 배우지 않은 내용이 있다. API 서비스는 일반적인
replicated 모드로 실행 중인데, 웹 서비스는 global 모드로 실행 중이라고 나온다. global 모드
로 동작하는 서비스는 한 노드에 레플리카를 하나만 실행한다. 이 모드는 인그레스 네트워크를
우회하기 위한 목적으로 사용하는데, 리버스 프록시 같은 상황에서 유용하게 사용할 수 있는 모
드다.

그러나 여기서는 롤링 업데이트 과정에서 replicated 모드와의 차이를 보여 주기 위한 목적으로
사용했다. 웹 서비스에 대한 설정은 예제 14-1과 같다(오버라이드 파일 prod.yml에서 발췌함).

예제 14-1 global 모드 서비스는 인그레스 네트워크 대신 호스트 네트워크를 사용할 수 있다.

```
numbers-web:
  ports:
    - target: 80
      published: 80
      mode: host
  deploy:
    mode: global
```

이 설정에서 서비스를 global 모드로 설정하는 부분은 다음 두 필드다.

- **mode: global**: deploy 항목에 이 필드 설정을 추가하면 해당 서비스는 한 노드에서 한 개의 컨테이너만 실행된다. 레플리카의 수는 노드의 수와 같으므로 클러스터에 새로 추가된 노드에도 컨테이너가 실행된다.

- **mode: host**: ports 항목에 이 필드 설정을 추가하면 해당 서비스를 인그레스 네트워크 대신 호스트의 80번 포트와 연결한다. 한 노드에 레플리카 하나만으로도 무방한 가벼운 웹 애플리케이션이거나 네트워크 성능이 매우 중요해서 인그레스 네트워크 내 라우팅에 따른 오버헤드를 제거하고 싶다면 유용하게 사용할 수 있는 설정 패턴이다.

이 배포 설정은 원래의 애플리케이션 이미지를 그대로 사용한다. 이 이미지에는 헬스 체크가 없으며 서너 차례 호출 후에는 이상을 일으키는 버그 또한 아직 남아 있다. 하지만 API 서비스의 레플리카가 여섯 개나 되고, 요청이 이들 레플리카에 고르게 분배되므로 웹 브라우저에서 http://localhost(윈도 컨테이너를 사용 중이라면 다른 컴퓨터에서 접근해야 한다)에 접근해 보면 무작위 숫자를 상당히 여러 번 요청할 수 있다. API 서비스의 레플리카가 모두 버그를 일으킬 때까지 호출해 보면 애플리케이션이 이상을 일으키고 스스로 이상을 수복하지 못한다. 헬스 체크가 없어 컨테이너의 이상 상태를 확인하지 못하므로 클러스터도 컨테이너를 교체하지 못하기 때문이다. 롤링 업데이트에서 헬스 체크가 없다면 그 업데이트가 성공했는지 클러스터에서 알 방법이 없으므로, 이는 그리 좋은 상황이 못 된다.

그러므로 애플리케이션 이미지 버전 v2를 배포할 것이다. 이 버전에는 헬스 체크 기능이 포함돼 있다. 버전 v2의 오버라이드 컴포즈 파일에는 v2 이미지 태그가 들어 있고 또 다른 오버라이드 파일에 헬스 체크 빈도 및 실패 허용 횟수 설정이 추가된다. 이 설정은 healthcheck 블록에 들어 있는데, 도커 컴포즈에서도 마찬가지로 동작하지만 컴포즈에서는 오류를 수복하는 기능이 없다는 차이가 있다. 이 버전을 도커 스웜에 배포하면 클러스터가 API 서비스를 자동으로 복원할 것이다. API 컨테이너에 버그를 일으켜도 헬스 체크에 실패한 컨테이너가 교체되면서 애플리케이션도 재시작된다.

> **실습** 이제 버전 v2 컴포즈 파일과 헬스 체크 설정이 추가된 오버라이드 파일, 운영 환경용 오버라이드 파일을 병합해 보자. 그리고 스택을 다시 배포하라.

```
# 헬스 체크, 운영 환경 설정 오버라이드 파일과 v2 버전 파일을 병합한다
docker-compose -f ./numbers/docker-compose.yml -f ./numbers/prod.yml -f ./numbers/
prod-healthcheck.yml -f ./numbers/v2.yml --log-level ERROR config > stack.yml
```

```
# 스택을 업데이트한다
docker stack deploy -c stack.yml numbers

# 스택의 레플리카 상태를 확인한다
docker stack ps numbers
```

지금 스택을 업데이트하면서 웹 서비스와 API 서비스의 이미지 버전이 v2로 바뀌었다. 서비스 업데이트는 항상 기존 컨테이너를 먼저 종료하고 새 컨테이너를 실행하는 식의 롤링 업데이트로 이뤄진다. 호스트 컴퓨터의 포트와 연결되는 global 모드의 서비스라면 이 방식이 맞다. 기존 컨테이너가 호스트 컴퓨터의 포트를 계속 연결하고 있다면 새 컨테이너를 실행할 수가 없기 때문이다. replicated 모드의 서비스에서도 이 방식은 이치에 어긋나지 않는다. 하지만 레플리카를 최대한 많이 실행 중인 상태라면 기존 컨테이너를 종료하면서 새 컨테이너가 실행되기 전까지 서비스 처리 용량이 일시적으로 감소한다는 데 주의해야 한다. 그림 14-3에서 이 과정을 볼 수 있다.

▼ 그림 14-3 기본 설정값을 따른 서비스 업데이트 과정. 레플리카가 한 번에 하나씩 교체된다.

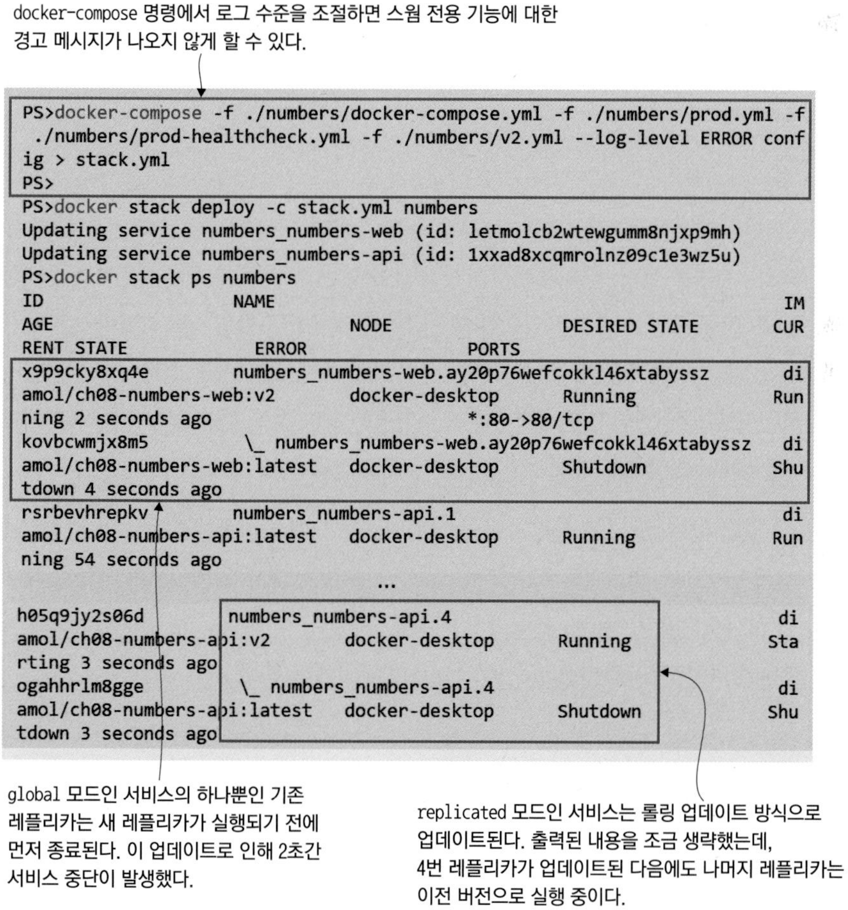

docker-compose 명령에서 로그 수준을 조절하면 스웜 전용 기능에 대한
경고 메시지가 나오지 않게 할 수 있다.

```
PS>docker-compose -f ./numbers/docker-compose.yml -f ./numbers/prod.yml -f
 ./numbers/prod-healthcheck.yml -f ./numbers/v2.yml --log-level ERROR conf
ig > stack.yml
PS>
PS>docker stack deploy -c stack.yml numbers
Updating service numbers_numbers-web (id: letmolcb2wtewgumm8njxp9mh)
Updating service numbers_numbers-api (id: 1xxad8xcqmrolnz09c1e3wz5u)
PS>docker stack ps numbers
ID                      NAME                                              IM
AGE                     NODE                    DESIRED STATE      CUR
RENT STATE              ERROR           PORTS
x9p9cky8xq4e            numbers_numbers-web.ay20p76wefcokkl46xtabyssz     di
amol/ch08-numbers-web:v2        docker-desktop          Running    Run
ning 2 seconds ago                         *:80->80/tcp
kovbcwmjx8m5            \_ numbers_numbers-web.ay20p76wefcokkl46xtabyssz  di
amol/ch08-numbers-web:latest    docker-desktop          Shutdown   Shu
tdown 4 seconds ago
rsrbevhrepkv            numbers_numbers-api.1                             di
amol/ch08-numbers-api:latest    docker-desktop          Running    Run
ning 54 seconds ago
                              ...
h05q9jy2s06d            numbers_numbers-api.4                             di
amol/ch08-numbers-api:v2        docker-desktop      Running        Sta
rting 3 seconds ago
ogahhrlm8gge            \_ numbers_numbers-api.4                          di
amol/ch08-numbers-api:latest    docker-desktop      Shutdown       Shu
tdown 3 seconds ago
```

global 모드인 서비스의 하나뿐인 기존
레플리카는 새 레플리카가 실행되기 전에
먼저 종료된다. 이 업데이트로 인해 2초간
서비스 중단이 발생했다.

replicated 모드인 서비스는 롤링 업데이트 방식으로
업데이트된다. 출력된 내용을 조금 생략했는데,
4번 레플리카가 업데이트된 다음에도 나머지 레플리카는
이전 버전으로 실행 중이다.

도커 스웜의 롤링 업데이트는 섬세하게 결정된 기본값을 따라 동작한다. 레플리카는 하나씩 교체되며 새 컨테이너가 정상적으로 실행되는지 확인이 끝난 후 다음 컨테이너 업데이트에 들어간다. 또 롤링 업데이트는 새 컨테이너를 실행하기 전에 먼저 기존 컨테이너를 종료하는데, 새 컨테이너가 정상적으로 시작되지 않으면 전체 업데이트가 중단된다. 책에서 이러이러하다라고 설명하는 것만 읽으면 얼핏 논리적이고 당연하게 느껴질 수도 있지만, 사실 잘 생각해 보면 이상한 부분이 많다. 왜 새 컨테이너를 실행하기도 전에 먼저 기존 컨테이너를 제거하는 것일까? 새 컨테이너가 제대로 동작한다는 보장도 없는데 말이다. 그리고 또 롤링 업데이트가 실패한 경우에는 왜 반쯤 망가졌을 수도 있는 시스템을 그대로 두고 업데이트를 중단하는 것일까? 다행히 롤링 업데이트는 이러한 동작 방식에 이르기까지 세세한 설정 옵션을 제공한다.

14.2 / 운영 환경을 위한 롤링 업데이트 설정하기

v2 버전의 무작위 숫자 애플리케이션은 헬스 체크 기능을 추가한 덕분에 자기 수복성을 갖게 됐다. 웹 UI에서 무작위 숫자를 여러 번 요청하면 여전히 남아 있는 버그 탓에 API 레플리카는 이상을 일으키지만, 20초 안에 스웜이 이상을 일으킨 레플리카를 교체하고 나면 애플리케이션은 다시 회복된다. 이 경우는 매우 극단적인 예이긴 하지만, 실제 애플리케이션에서도 컨테이너에 간헐적인 이상이 발생하는 경우 클러스터가 컨테이너를 모니터링하다가 헬스 체크 결과에 따라 컨테이너를 교체하고 애플리케이션 상태를 정상으로 유지하는 것을 흔히 볼 수 있다.

조금 전의 버전 v2 업데이트에는 기본 설정의 롤링 업데이트를 그대로 사용했지만, API 서비스는 앞으로 좀 더 빠르고 안전하게 업데이트해야겠다는 생각이 들었다. 롤링 업데이트의 세세한 방식은 컴포즈 파일 내 서비스 정의의 deploy 항목에서 설정할 수 있다. 예제 14-2는 API 서비스에 적용할 update_config 항목이다(prod-update-config.yml 파일에서 발췌).

예제 14-2 롤링 업데이트 커스텀 설정의 예

```
numbers-api:
  deploy:
    update_config:
```

```
parallelism: 3
monitor: 60s
failure_action: rollback
order: start-first
```

update_config 항목의 다음 네 가지 프로퍼티를 통해 롤링 업데이트 과정을 원하는 대로 설정할 수 있다.

- **parallelism**: 한 번에 교체하는 레플리카의 수를 의미한다. 기본값은 1이므로 한 번에 레플리카가 하나씩 교체된다. 앞의 설정에서는 롤링 업데이트를 좀 더 빨리 진행하고 이상을 더잘 발견할 수 있도록 한 번에 세 대의 컨테이너를 교체하게 했다.

- **monitor**: 다음 컨테이너 교체로 넘어가기 전에 새로 실행한 컨테이너의 이상 여부를 모니터링하는 시간을 의미한다. 기본값은 0이므로 헬스 체크 설정을 포함한 이미지의 경우 이 설정값을 늘려야 한다. 이 시간을 증가시키면 롤링 업데이트의 신뢰성이 증가한다.

- **failure_action**: monitor에 설정한 시간 이내에 헬스 체크가 실패하거나 컨테이너가 실행되지 않아 롤링 업데이트가 실패한 경우에 어떤 조치를 취해야 하는지를 의미한다. 기본값은 업데이트 중지이지만, 여기서는 이전 버전으로 롤백하도록 설정했다.

- **order**: 레플리카를 교체하는 절차의 순서를 의미한다. stop-first가 기본값으로, 실행 중인 레플리카 수가 서비스 정의에 지정된 숫자를 넘어서지 않는다. 하지만 레플리카를 실행할 수 있는 추가적인 시스템 자원이 있다면 start-first를 선택해 기존 레플리카를 제거하기 전에 새 레플리카를 먼저 검증하도록 하는 것이 좋다.

이 설정은 대부분의 애플리케이션에 적용할 수 있는 설정이다. 하지만 상황에 따라 적절한 조절이 필요할 수도 있다. parallelism은 전체 레플리카 수의 30% 정도로 설정하면 롤링 업데이트를 꽤 빠르게 진행할 수 있으며, monitor는 헬스 체크가 두세 번 이상 진행될 수 있을 만큼 넉넉한 시간을 지정하는 것이 좋다. 그래야 이번 레플리카 교체가 완전히 끝난 후 다음 레플리카 교체로 들어갈 수 있다.

실습 이번 배포에는 변경된 업데이트 설정과 서비스에 사용된 이미지 태그를 v3로 교체해 반영한다. 롤링 업데이트에 새로 변경된 설정이 적용된다.

```
docker-compose -f ./numbers/docker-compose.yml -f ./numbers/prod.yml -f ./numbers/
prod-healthcheck.yml -f ./numbers/prod-updateconfig.yml -f ./numbers/v3.yml --log-
level ERROR config > stack.yml
```

```
docker stack deploy -c stack.yml numbers

docker stack ps numbers
```

몇 차례 업데이트를 계속하니 stack ps 명령에서 출력되는 레플리카 리스트가 상당히 늘어났다. 이 목록에는 지난 업데이트에서 생성된 레플리카도 계속 출력되므로 최초 버전, v2 버전과 함께 이번 업데이트로 추가된 v3 버전의 레플리카까지 나온다. 그림 14-4는 나의 환경에서 출력된 내용을 일부 발췌해 실은 것이다. 여러분도 출력된 내용을 맨 아래까지 스크롤하면 API 서비스의 레플리카가 세 개씩 업데이트된 후 모니터링되는 과정을 볼 수 있다.

❤ 그림 14-4 업데이트 설정을 변경한 후의 스택 업데이트 과정. 롤링 업데이트 관련 설정이 즉각 적용됐다.

웹 서비스에 대한 업데이트 설정은 변경되지 않았으므로,
v2 레플리카가 종료된 후 새로운 v3 레플리카가 실행된다.

```
PS>docker-compose -f ./numbers/docker-compose.yml -f ./numbers/prod.yml -f
 ./numbers/prod-healthcheck.yml -f ./numbers/prod-update-config.yml  -f .
/numbers/v3.yml --log-level ERROR config > stack.yml
PS>
PS>docker stack deploy -c stack.yml numbers
Updating service numbers_numbers-web (id: letmolcb2wtewgumm8njxp9mh)
Updating service numbers_numbers-api (id: 1xxad8xcqmrolnz09c1e3wz5u)
PS>docker stack ps numbers
ID                    NAME                                              IM
AGE                        NODE                 DESIRED STATE        CUR
RENT STATE            ERROR              PORTS
k2dioh6p7l9k          numbers_numbers-web.ay20p76wefcokkl46xtabyssz    di
amol/ch08-numbers-web:v3    docker-desktop       Running              Run
ning 4 seconds ago                        *:80->80/tcp
x9p9cky8xq4e          \_ numbers_numbers-web.ay20p76wefcokkl46xtabyssz   di
amol/ch08-numbers-web:v2    docker-desktop       Shutdown             Shu
tdown 8 seconds ago
kovbcwmjx8m5          \_ numbers_numbers-web.ay20p76wefcokkl46xtabyssz   di
amol/ch08-numbers-web:latest docker-desktop      Shutdown             Shu
tdown 14 minutes ago
vzdurp1ra5hh          numbers_numbers-api.1                            di
amol/ch08-numbers-api:v3    docker-desktop       Running              Run
ning 6 seconds ago
```

스택의 레플리카 목록을 출력하면 매우 긴 목록이 출력된다. 여기서 아래로 죽 스크롤하면
API 서비스의 레플리카가 한 번에 세 개씩 버전 v3로 업데이트되고 새 레플리카가 1분 동안
모니터링되는 과정을 볼 수 있다. 1분 동안 문제가 없으면 다음 세 개의 레플리카가 교체된다.

스웜의 서비스 정보에서 서비스 정의, 업데이트 설정, 최근 업데이트 결과 등을 좀 더 쉽게 구분할 수 있는 팁이 있다. inpsect 명령에서 pretty 플래그를 적용하면 된다. 그러면 스택에서 생성된 서비스가 {stack-name}_{service-name}과 같은 형식으로 명명된다. 이제 스택 정보에서 원하는 서비스를 쉽게 찾을 수 있다.

실습 무작위 숫자 API 서비스의 정보에서 현재 업데이트 상태를 확인하라.

```
docker service inspect --pretty numbers_numbers-api
```

그림 14-5는 나의 환경에서 이 실습을 실행한 결과 중 중요한 부분을 발췌해 실은 것이다. 출력된 내용을 아래로 스크롤하면 여러분도 헬스 체크 설정, 리소스 제한 설정, 업데이트 설정 등을 확인할 수 있을 것이다.

▼ 그림 14-5 서비스의 정보를 확인해 보면 현재 설정값과 가장 최근 업데이트의 상태를 볼 수 있다.

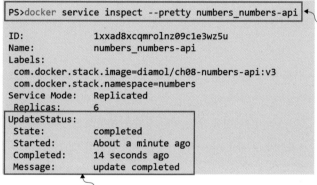

```
PS>docker service inspect --pretty numbers_numbers-api

ID:                1xxad8xcqmrolnz09c1e3wz5u
Name:              numbers_numbers-api
Labels:
 com.docker.stack.image=diamol/ch08-numbers-api:v3
 com.docker.stack.namespace=numbers
Service Mode:      Replicated
 Replicas:         6
UpdateStatus:
 State:            completed
 Started:          About a minute ago
 Completed:        14 seconds ago
 Message:          update completed
```

모든 도커 리소스에는 inspect 부명령이 있다. 그중에서도 서비스는 pretty 플래그를 사용해 좀 더 깔끔한 결과를 출력할 수 있는 몇 안 되는 리소스 중 하나다.

여기에 가장 최근 업데이트 또는 현재 진행 중인 업데이트의 상태가 나온다.

업데이트 설정을 변경할 때 꼭 알아 두어야 할 점은 이후 배포에도 이들 설정을 포함시켜야 한다는 것이다. 내가 버전 v3로 업데이트하면서 추가한 업데이트 설정은 다음 배포에서도 같은 오버라이드 파일을 사용하지 않으면 원래 업데이트 설정으로 되돌아간다. 스웜은 업데이트 설정을 맨먼저 반영하므로 업데이트 설정이 기본값으로 되돌아갔다. 따라서 레플리카 교체도 한 번에 하나씩 진행된다.

롤링 업데이트에 대한 설정과 똑같은 설정을 롤백에도 할 수 있다. 따라서 롤백 시에도 한 번에 몇 개의 레플리카를 교체할 것인지, 교체된 레플리카를 얼마나 오랫동안 모니터링할 것인지 등을 설정할 수 있다. 사소한 조정 같지만 운영 환경에서 실제 운영 규모로 애플리케이션의 업데이트와 롤백 프로세스를 검증해 보는 것은 매우 중요하다. 언제든지 자신 있게 업데이트를 배포할 수 있도록 하되, 롤링 업데이트 중에도 충분한 검증을 거치며 만약 일이 잘못되더라도 자동으로 이전 버전으로 롤백하도록 해야 한다. 이번 장에서 배운 업데이트 설정을 잘 활용하면 언제라도 자신 있게 애플리케이션을 업데이트할 수 있을 것이다.

14.3 / 서비스 롤백 설정하기

docker stack rollback 명령이 따로 있지는 않다. 애플리케이션을 이전 상태로 되돌리는 것은 서비스 단위로 이뤄진다. 일이 아주 잘못되지 않고서야 수동으로 직접 롤백 명령을 내릴 필요는 없을 것이다. 대개 롤백은 자동화된 롤링 업데이트 과정에서 새로 투입한 레플리카가 모니터링 중오류를 일으켰을 때 수행된다. 롤링 업데이트 설정을 미리 잘해 두었다면 '업데이트가 끝났는데 신규 기능이 나타나지 않는 걸' 하고 조금 이상한 것을 깨닫고 말 뿐, 더 이상의 일은 일어나지 않는다.

애플리케이션 배포는 서비스 중단 시간의 주요 원인이다. 모든 업데이트 과정이 자동화돼 있더라도 이 자동화 스크립트와 애플리케이션 정의를 작성하는 것은 여전히 사람이기 때문이다. 그리고 사람은 실수를 하게 마련이다. 무작위 숫자 애플리케이션을 통해 이런 상황을 체험해 보겠다. 새 버전을 배포해야 하는데, 누락되면 API 서비스가 즉시 오류를 일으키는 중요한 설정이 빠진 상태다.

> **실습** 무작위 숫자 애플리케이션의 버전 v5를 실행하라(v4는 앞서 11장에서 지속적 통합을 체험하기 위해 사용했던 버전이다. 하지만 코드는 버전 v3와 같았다). 이번 배포는 버전 v5에서 꼭 필요한 설정이 컴포즈 파일에서 누락됐기 때문에 실패할 것이다.

```
# 코어 컴포즈 파일과 여러 개의 오버라이드 파일을 병합
docker-compose -f ./numbers/docker-compose.yml -f ./numbers/prod.yml -f ./numbers/
prod-healthcheck.yml -f ./numbers/prod-updateconfig.yml -f ./numbers/v5-bad.yml config
> stack.yml

# 업데이트 배포
docker stack deploy -c stack.yml numbers

# 1분간 기다린 후 서비스 상태를 확인
docker service inspect --pretty numbers_numbers-api
```

이 상황은 전형적인 배포 실패 사례다. 새 버전의 API 레플리카가 정상적으로 생성되고 시작됐지만, 헬스 체크 과정에서 오류를 일으켰다. 헬스 체크는 빈도를 2초에 한 번, 세 번 연속 실패 시 컨테이너를 이상 상태로 간주하도록 설정돼 있다. 롤링 업데이트 절차 도중 신규 레플리카가 하나라도 이상 상태에 빠지면 미리 설정된 대로 롤백에 들어간다. 배포 명령을 내린 뒤 30초 정도 기다리면 그림 14-6과 비슷한 내용이 출력되는 것을 볼 수 있다. 출력된 내용을 읽어 보면, 업데이트가 이전 버전으로 롤백되고 서비스는 현재 버전 v3 이미지를 사용한 여섯 개의 레플리카로 동작 중임을 알 수 있다.

배포 실패가 좋은 일은 아니지만, 적어도 이렇게 자동으로 롤백이 된다면 애플리케이션이 장애를 일으키지는 않을 것이다. 롤링 업데이트를 start-first 방식으로 설정하면 배포가 실패할 경우 이전 버전으로 자동 롤백된다. 기본값 그대로 stop-first 방식을 사용했다면 첫 번째 교체에서 v3 버전 레플리카가 세 개 종료되고 교체할 세 레플리카가 정상적으로 시작되지 못한 상태에서 업데이트가 중단되므로, 이상을 일으킨 레플리카가 헬스 체크에서 발견돼 새 컨테이너로 교체되고 롤백이 완료되는 순간까지 애플리케이션의 처리 용량이 감소된 상태가 됐을 것이다. 도커 스웜이 이상 상태인 레플리카에는 트래픽을 전달하지 않으므로 사용자 입장에서는 아무 차이를 느끼지 못하겠지만, 실상 API 서비스는 처리 용량이 50%로 감소한다.

▼ 그림 14-6 업데이트 설정이 제대로 됐다면, 업데이트 실패 여부를 파악해 실패 시 이전 버전으로 롤백이 일어난다.

이 정도로 여러 개의 컴포즈 파일을 병합하면 안정성이 떨어진다. 하지만 여기서는
기능별로 오버라이드 파일을 분리한 것이라 일반적으로 파일 개수가 이렇게 많아지지는 않는다.

```
PS>docker-compose -f ./numbers/docker-compose.yml -f ./numbers/prod.ym
l -f ./numbers/prod-healthcheck.yml -f ./numbers/prod-update-config.ym
l -f ./numbers/v5-bad.yml config > stack.yml
WARNING: Some services (numbers-api, numbers-web) use the `deploy` key
, which will be ignored. Compose does not support 'deploy' configurati
on - use `docker stack deploy` to deploy to a swarm.
PS>
PS>docker stack deploy -c stack.yml numbers
Updating service numbers_numbers-api (id: 1vr0odj82d0xpegpfb9jhjhon)
Updating service numbers_numbers-web (id: f42rvj61mjt3o1p0fjcj322ni)
PS>
PS>docker service inspect --pretty numbers_numbers-api

ID:                1vr0odj82d0xpegpfb9jhjhon
Name:              numbers_numbers-api
Labels:
 com.docker.stack.image=diamol/ch08-numbers-api:v3
 com.docker.stack.namespace=numbers
Service Mode:      Replicated
 Replicas:         6
UpdateStatus:
 State:            rollback_completed
 Started:          42 seconds ago
 Message:          rollback completed
```

v5 태그가 부여된 이미지를
배포했는데, 아직 v3 태그 이미지로
만든 레플리카가 여섯 개 동작 중이다.

그 이유는 v5 버전을 배포하는 업데이트가 실패하고
자동으로 이전 버전으로 롤백이 일어났기 때문이다.

이번 배포에서는 롤백 설정에 기본값이 사용됐다. 롤백 설정의 기본값은 업데이트와 마찬가지로 한 번에 한 태스크씩 stop-first 방식으로 교체하고, 모니터링 시간은 0이며, 교체된 레플리카가

헬스 체크에 실패할 경우 업데이트를 중단하는 것이다. 나의 개인적인 생각으로는 롤백 설정의 기본값은 지나치게 신중해 보인다. 애플리케이션이 잘 동작하고 있다가 배포 중 오류가 발생했다면 가능한 한 신속하게 이전 상태로 돌아가는 것이 낫기 때문이다. 예제 14-3은 내가 결정한 해당 서비스의 롤백 설정이다(prod-rollback-config.yml 파일에서 발췌).

예제 14-3 업데이트 실패 시 최대한 빨리 이전 버전으로 돌아가는 롤백 설정

```
numbers-api:
  deploy:
    rollback_config:
      parallelism: 6
      monitor: 0s
      failure_action: continue
      order: start-first
```

이 설정의 목적은 애플리케이션을 가능한 한 빨리 이전 버전으로 롤백하는 것이다. 따라서 동시 교체 레플리카 수를 6으로 지정해 이상 상태에 있는 레플리카를 한 번에 교체하고, 교체 전략은 start-first를 적용해 기존 레플리카(새 버전) 종료를 신경 쓰지 않고 먼저 새 레플리카(구 버전)를 실행하도록 한다. 롤백이 실패하더라도 다음 레플리카를 교체할 것이므로 모니터링 시간도 불필요하다. 이 설정은 매우 적극적인 롤백 전략으로, 이전 버전에 문제가 없었고 이 버전으로 레플리카를 다시 시작하면 역시 문제가 없으리라 가정해 세운 것이다.

실습 버전 v5 업데이트를 다시 시도해 보자. 이번에는 롤백 설정을 변경한 상태로 시도한다. 롤링 업데이트는 이번에도 실패하지만, 롤백이 좀 더 빠르게 일어나며 v3 버전 API의 처리 용량이 빠르게 회복된다.

```
# 병합할 컴포즈 파일이 더 늘어났다
docker-compose -f ./numbers/docker-compose.yml -f ./numbers/prod.yml -f ./numbers/
prod-healthcheck.yml -f ./numbers/prod-update-config.yml -f ./numbers/prod-rollback-
config.yml -f ./numbers/v5-bad.yml config > stack.yml

# 롤백 설정을 바꿔 업데이트를 재시도한다
docker stack deploy -c stack.yml numbers

# 롤백이 끝날 때까지 기다린 후 서비스 상태를 확인한다
docker service inspect --pretty numbers_numbers-api
```

이번에는 롤백에 걸리는 시간이 단축됐다. 나의 단일 노드 환경에서는 API 서비스의 레플리카 수가 그리 많지 않기 때문에 차이가 미미하지만, 큰 규모의 서비스에서는 이 차이를 무시할 수 없다.

예를 들어 20개 노드에 걸쳐 100개 레플리카로 실행 중인 서비스를 롤백하는데, 한 번에 컨테이너 하나씩 교체해 나간다면 그만큼 서비스 처리 용량이 저하된 상태가 길어진다. 그림 14-7은 이 실습을 나의 환경에서 실행한 결과다. 이번에는 롤백이 시작되자마자 서비스 상태를 확인했기 때문에 상태가 롤백 중으로 나온다.

❤ 그림 14-7 롤백 설정을 변경하면 롤링 업데이트 실패 후 복원에 걸리는 시간이 줄어든다.

앞서 실패한 업데이트와 같은 설정이므로 이번에도 업데이트는 실패한다.
하지만 롤백 설정이 변경됐기 때문에 이전 버전으로 돌아가는 시간이 줄어든다.

```
PS>docker-compose -f ./numbers/docker-compose.yml -f ./numbers/prod.ym
l -f ./numbers/prod-healthcheck.yml -f ./numbers/prod-update-config.ym
l -f ./numbers/prod-rollback-config.yml    -f ./numbers/v5-bad.yml co
nfig > stack.yml
WARNING: Some services (numbers-api, numbers-web) use the 'deploy' key
, which will be ignored. Compose does not support 'deploy' configurati
on - use `docker stack deploy` to deploy to a swarm.
PS>
PS>docker stack deploy -c stack.yml numbers
Updating service numbers_numbers-web (id: f42rvj61mjt3o1p0fjcj322ni)
Updating service numbers_numbers-api (id: 1vr0odj82d0xpegpfb9jhjhon)
PS>
PS>docker service inspect --pretty numbers_numbers-api

ID:             1vr0odj82d0xpegpfb9jhjhon
Name:           numbers_numbers-api
Labels:
 com.docker.stack.image=diamol/ch08-numbers-api:v3
 com.docker.stack.namespace=numbers
Service Mode:   Replicated
 Replicas:      6
UpdateStatus:
 State:         rollback_started
 Started:       27 seconds ago
 Message:       update rolled back due to failure or early termination
 of task 725i2l6t3z45vjk4ftylcvzvq
```

업데이트 시작 27초 만에 새로 실행한 레플리카가 이상을 일으켰기 때문에
롤백이 시작됐다. 롤백 과정은 몇 초 만에 끝난다.

이 실습을 실행한 다음 롤백이 끝났을 때 나오는 서비스 전체 설정을 잘 보면, 롤백 설정이 다시 기본값으로 돌아간 것을 볼 수 있다. 롤백에 롤백 설정은 적용되지 않을 것이라 생각해 혼동을 일으키기 쉬운 부분이다. 하지만 서비스 설정 전체가 이전으로 돌아가는 것이므로 현재 롤백 과정 자체는 지금의 설정값을 따르지만, 롤백이 끝나고 나면 롤백 설정마저도 이전으로 돌아간다. 그리고 그다음 업데이트에서 업데이트 설정과 롤백 설정을 다시 한 번 추가해야 기본값으로 업데이트 되지 않는다.

오버라이드 파일이 많으면 이런 경우에 위험하다. 업데이트 때마다 이들 파일을 빠짐없이 모두 정확한 순서대로 지정해야 하기 때문이다. 대개의 경우 코어 컴포즈 파일 하나와 환경별 오버라이드

오케레이드와 롤백을 이용한 업데이트 자동화

파일 하나, 버전을 정의하는 파일 정도가 일반적이며, 한 가지 환경의 설정을 굳이 여러 개의 파일로 분할하지는 않는다(여기서는 롤백 설정과 업데이트 설정을 나눠 설명하기 위해 파일을 분할했다). 버전 v5의 문제를 수정해 애플리케이션을 정상으로 되돌리는 마지막 업데이트에서 파일을 이런 식으로 구성해 볼 것이다.

실습 버전 v5 업데이트가 실패하고 이전 버전으로 롤백됐다. 개발 팀을 소집해 확인해 보니 중요한 설정 하나가 누락돼 있었다. 오버라이드 파일 v5.yml에 누락된 설정을 추가하고 prod-full.yml 파일에 운영 환경 관련 설정을 모두 모았다. 이제 버전 v5를 제대로 배포할 준비가 끝났다.

```
# 일반적인 방식 - 운영 환경용 설정을 모두 prod-full.yml 한 파일에 모음
docker-compose -f ./numbers/docker-compose.yml -f ./numbers/prod-full.yml -f ./
numbers/v5.yml --log-level ERROR config > stack.yml

# 오류가 수정된 버전 v5 배포
docker stack deploy -c stack.yml numbers

# 잠시 기다린 후 롤링 업데이트 성공을 확인함
docker service inspect --pretty numbers_numbers-api
```

나의 환경에서 실행한 결과를 그림 14-8에 실었다. 배포가 끝날 때까지 2~3분 기다렸다가 서비스 목록을 확인해 롤백이 일어나지 않았음을 확인했다.

❤ 그림 14-8 애플리케이션 설정을 수정하고 나니 업데이트에 성공했다.

이전 업데이트에서 누락됐던 설정을 v5.yml 파일에 추가했으므로
API 서비스 레플리카가 정상적으로 동작해 업데이트가 성공할 것이다.

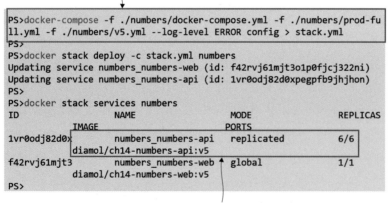

```
PS>docker-compose -f ./numbers/docker-compose.yml -f ./numbers/prod-fu
ll.yml -f ./numbers/v5.yml --log-level ERROR config > stack.yml
PS>
PS>docker stack deploy -c stack.yml numbers
Updating service numbers_numbers-web (id: f42rvj61mjt3o1p0fjcj322ni)
Updating service numbers_numbers-api (id: 1vr0odj82d0xpegpfb9jhjhon)
PS>
PS>docker stack services numbers
ID                NAME                  MODE          REPLICAS
      IMAGE                             PORTS
1vr0odj82d0       numbers_numbers-api   replicated    6/6
      diamol/ch14-numbers-api:v5
f42rvj61mjt3      numbers_numbers-web   global        1/1
      diamol/ch14-numbers-web:v5
PS>
```

몇 분 후 서비스 목록을 확인해 보니 롤백은 발생하지 않았고 API 서비스의
모든 레플리카는 버전 v5가 됐다.

드디어 버전 v5를 성공적으로 업데이트했다. 간단한 데모용 애플리케이션이지만 롤백을 배우는 우리 입장에서는 일종의 도착점이라고 할 수 있다. 애플리케이션은 잘 동작하고 헬스 체크도 적용 됐으니 API를 여러 번 호출해 버그를 일으킨다 해도 API 레플리카가 새 레플리카로 교체되며 애플리케이션을 그대로 사용할 수 있을 것이다. 이전 버전으로 돌아가는 롤백은 업데이트 설정에 지정된 모니터링 시간 이내에 발생한 헬스 체크 실패에만 적용된다. 그 이후에는 헬스 체크 실패가 발생해도 해당 레플리카가 교체될 뿐이다. 만약 버전 v5를 배포하고 나서 모니터링 시간 60초 이내에 API에 버그를 일으켰다면 이전 버전으로 롤백될 것이다. 그림 14-9는 버전 v3부터 v5까지의 업데이트 과정을 정리한 것이다.

▼ 그림 14-9 프로그램 흐름도와 별 차이 없어 보이지만, 업데이트 과정이 잘 정리된 도표다.

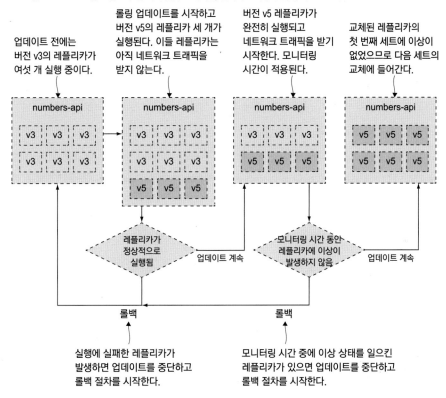

349

14.4 / 클러스터의 중단 시간

컨테이너 오케스트레이션 도구는 여러 대의 컴퓨터를 묶어 하나의 강력한 클러스터로 만든다. 하지만 결국 실제로 컨테이너를 실행하는 것은 각각의 컴퓨터이므로 중단 시간이 발생할 수 있다. 언젠가는 디스크, 네트워크, 전원 등에 이상이 발생하기 때문이다. 클러스터의 규모가 클수록 이들 문제가 생기는 빈도도 잦아진다. 개개의 컴퓨터에 문제가 생겨도 대부분의 클러스터는 애플리케이션을 그대로 실행할 수 있지만, 그중에는 적극적인 조치가 필요한 경우도 있다. 이러한 조치를 사전에 계획해 둔다면 클러스터가 문제를 비켜가는 데 도움이 된다.

이번 장의 내용을 실습하려면 둘 이상의 노드를 갖춘 스웜이 필요하다. 가상 머신을 직접 구축하고 도커를 설치하는 데 어려움이 없거나 온라인 실습 환경이 있다면 이들 환경을 활용하면 될 것이다. 온라인 실습 환경으로는 Play with Docker(PWD) 웹 사이트가 편리하다. 직접 가상 머신이나 물리 머신을 세팅하지 않고도 노드 여러 개를 갖춘 스웜을 만들어 노드 관리와 애플리케이션 배포를 연습해 볼 수 있다. 웹 브라우저에서 https://labs.play-with-docker.com 페이지에 접근한 다음 도커 허브 계정으로 로그인한다. 그다음 **Add New Instance** 버튼을 클릭해 현재 사용 중인 세션에 가상 도커 서버를 생성하면 된다. 나는 다섯 대의 가상 도커 서버를 생성해 스웜을 구성했다.

> **실습** Play with Docker 웹 사이트에서 인스턴스 다섯 개를 생성하라. 인스턴스를 생성하고 나면 화면 왼쪽의 내비게이션 바에서 인스턴스의 목록을 볼 수 있다. 목록에서 인스턴스를 클릭하면 주 화면에 해당 인스턴스와 연결된 터미널 창이 나타난다.

```
# node1을 선택하고 해당 인스턴스의 IP 주소로 스웜을 생성한다
ip=$(hostname -i)
docker swarm init --advertise-addr $ip

# 스웜에 새로운 워커와 매니저를 추가하기 위한 명령을 출력한다
docker swarm join-token manager
docker swarm join-token worker

# node2와 node3을 선택하고 각각 매니저 노드 추가 명령을 입력한다

# node4와 node5를 선택하고 각각 워커 노드 추가 명령을 입력한다

# node1로 돌아와 다른 노드가 잘 준비됐는지 확인한다
docker node ls
```

이제 마음대로 사용할 수 있는 스웜이 생겼다. 마음대로 망가뜨려도 세션을 종료하고 나면 모든 노드가 사라진다(사실 이 노드는 도커 안의 도커(Docker-in-Docker)에서 실행된 컨테이너다). 그림 14-10은 나의 환경에서 실행한 결과로, 스웜을 정상적으로 생성했다.

❤ 그림 14-10 Play with Docker 웹 사이트에서 연습을 위한 1회용 스웜을 만들 수 있다.

이 화면이 Play with Docker 웹 사이트의 화면이다. 웹 브라우저에서 리눅스 컨테이너를 다루며
도커 사용법을 연습할 수 있다. 도커 계정으로 로그인하면 전용 세션이 열린다.

여기서는 다섯 개의 노드를 생성했다. 이 목록에는
노드의 IP 주소가 나오며, 목록에서 노드를 선택하면
해당 노드와 연결된 터미널을 오른쪽 주 화면에 열 수 있다.

생성한 노드를 사용해 고가용성 스웜을 만들었다.
노드 세 대는 매니저 역할을 맡고, 나머지 두 대는
워커 역할을 맡는다.

가장 간단한 사례부터 재현해 보자. 노드 중 한 대가 운영체제 업데이트 혹은 인프라 작업 등으로 인해 사용할 수 없게 됐다. 이 노드에는 실행 중인 컨테이너가 있을 수도 있어서 이 컨테이너를 안전하게 종료시키고 다른 노드에서 실행한 컨테이너로 교체하고 싶다. 그리고 해당 노드는 유지 보수 모드로 전환해 다음 재부팅 주기가 도래하기 전까지는 이 노드에서 컨테이너를 실행하지 않으려고 한다. 스웜에서는 이 노드의 '유지 보수' 모드를 드레인 모드(drain mode)라고 한다. 매니저 노드와 워커 노드 모두 드레인 모드로 설정할 수 있다.

실습 node1 노드의 터미널 화면에서 다른 두 노드를 드레인 모드로 설정하라.

```
# 워커 노드와 매니저 노드를 하나씩 드레인 모드로 설정한다
docker node update --availability drain node5
docker node update --availability drain node3

# 각 노드의 상태를 확인한다
docker node ls
```

워커 노드와 매니저 노드의 드레인 모드는 조금 차이가 있다. 두 가지 모두 현재 실행 중인 레플리카가 종료되고 새로운 레플리카를 실행하지도 않는다는 점은 같지만, 매니저 노드는 드레인 모드가 돼도 계속 클러스터의 관리 그룹으로 기능하며 클러스터 데이터베이스 동기화 및 관리 API 제공도 계속하고 매니저 노드 중 리더인 리더 매니저가 될 수도 있다. 그림 14-11은 두 개의 노드가 드레인 모드로 들어간 클러스터의 상태 정보를 출력한 것이다.

▼ 그림 14-11 드레인 모드로 들어간 노드는 관리 작업을 할 수 있도록 모든 컨테이너가 제거된다.
매니저 노드에서 다른 노드를 드레인 모드로 설정할 수 있다. 드레인 모드로 설정된 노드는
실행 중이던 모든 컨테이너를 종료하고 드레인 모드가 해제될 때까지 새로운 컨테이너를 실행하지 않는다.

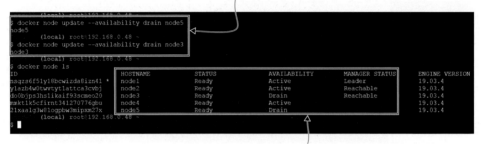

매니저 노드와 워커 모드 모두 드레인 모드 설정이 가능하지만,
매니저 모드는 드레인 모드가 돼도 매니저 노드의 역할을 계속 수행한다.

여기서 리더 매니저라는 것은 무엇일까? 고가용성을 확보하려면 매니저 노드가 둘 이상 필요하다. 하지만 스웜은 능동-수동 고가용성 모델을 따르기 때문에 클러스터를 실제로 통제하는 매니저는 하나뿐이다. 이 매니저가 바로 리더 매니저다. 나머지 매니저 노드는 클러스터 데이터베이스의 복본을 유지하며 관리 API 요청을 처리하다가 리더 매니저가 고장을 일으키면 리더 자리를 이어받는다. 리더 매니저 승계는 남은 매니저 노드끼리 투표를 거쳐 다수결로 결정되는데, 이 때문에 매니저 노드의 수는 항상 홀수여야 한다. 보통 소규모 클러스터는 세 개, 대규모 클러스터는 다섯 개의 매니저 노드를 갖는다. 매니저 노드 하나를 완전히 상실해 매니저 노드의 수가 짝수가 됐다면 워커 노드 중 하나를 매니저 노드로 승격시킬 수 있다.

실습 Play with Docker의 연습용 환경에서 노드 고장을 재현하기는 어렵다. 하지만 리더 매니저 노드를 스웜에서 강제로 제거하는 것은 가능하다. 리더 매니저 노드를 스웜에서 제거하면 남은 매니저 노드 중 하나가 리더 매니저를 승계한다. 그리고 워커 노드 중 하나를 매니저 노드로 승격시켜 매니저 노드의 수를 홀수로 유지한다.

```
# node1의 터미널에서 - node1이 스웜에서 이탈한다
docker swarm leave --force
```

```
# node2의 터미널에서 - node5의 드레인 모드 해제
docker node update --availability active node5

# 워커 노드(node5)를 매니저 노드로 승격
docker node promote node5

# 노드 목록 확인
docker node ls
```

스웜에서 노드를 제거하는 방법은 두 가지다. 매니저 노드에서 node rm 명령을 사용하거나 해당
노드에서 swarm leave 명령을 사용하면 된다. 노드가 스웜에서 직접 이탈하는 경우는 해당 노드
가 고장을 일으킨 것과 비슷한 상황이 된다. 매니저 노드는 이탈한 노드가 아직 있다고 생각하지
만, 더 이상 통신이 되지 않는다. 그림 14-12를 보면 이를 확인할 수 있다. 기존의 node1이 아직
매니저 노드로 목록에 나오지만, 노드의 상태가 Down이고 매니저 노드로서의 상태도 Unreachable
이 된다.

▼ 그림 14-12 노드 관리를 통해 고장 난 노드가 발생해도 스웜을 사용할 수 있다.

node1을 스웜에서 이탈시켰다. 그러므로 노드의 드레인 모드 해제나 워커 노드의
매니저 승격 등 매니저 노드의 기능을 사용하는 명령은 다른 노드에서 실행해야 한다.

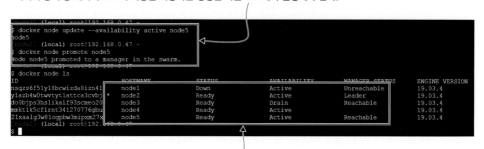

기존 매니저 노드가 unreachable 상태가 됐지만, 워커 노드에서
새로운 매니저 노드가 승격됐으므로 클러스터를 그대로 사용할 수 있다.

스웜의 매니저 노드는 다시 세 대가 돼 고가용성도 확보됐다. node1의 고장이 일시적인 것이어
서 다시 기능을 회복했다면 node demote 명령으로 매니저 노드 중 하나를 다시 워커 노드로 강등
시키면 된다. 스웜 관리와 관련된 명령은 이 외에는 사용할 일이 없을 것이다.

이보다는 드물지만, 그래도 일어날 수 있는 몇 가지 시나리오를 더 살펴보자.

- **모든 매니저가 고장을 일으킨 경우**: 매니저 노드가 모두 고장을 일으켜 워커 노드만 남았다면, 애플리케이션은 그대로 잘 실행된다. 인그레스 네트워크 및 서비스 레플리카는 워커 노드에서 매니저 노드 없이도 잘 동작하지만, 서비스를 모니터링해 줄 주체가 없기 때문에 서비스 컨테이너가 이상을 일으켜도 컨테이너가 교체되지 않는다. 클러스터를 원 상태로 회복하려면 매니저 노드를 복구해야 한다.

- **(리더가 아닌) 한 대를 제외한 모든 매니저 노드가 고장을 일으킨 경우**: 매니저 노드가 한 대 외에는 모두 고장을 일으키고 남은 매니저 노드도 리더 매니저가 아니라면 클러스터의 통제권을 상실할 가능성이 있다. 리더 매니저를 승계하려면 매니저 노드끼리 투표를 해야 하는데, 다른 매니저 노드가 없으니 리더 매니저 승계가 불가능하다. 이 상황을 해결하려면 남은 매니저 노드만으로 swarm init 명령에 force-new-cluster 옵션을 사용해 기존 클러스터의 태스크와 데이터를 그대로 유지하면서 강제로 해당 매니저 노드를 리더 매니저로 만들 수 있다. 그다음에는 매니저 노드를 추가로 투입해 고가용성을 회복하면 된다.

- **노드 간 레플리카를 고르게 재배치하기**: 서비스 레플리카는 클러스터에 노드를 추가해도 알아서 고르게 재배치되지 않는다. 클러스터에 새로 노드를 추가해 처리 용량을 늘렸다 하더라도 서비스를 업데이트하지 않는 한, 새 노드에서는 아무 레플리카도 실행되지 않는다. service update --force 명령으로 변경 사항 없이 강제로 서비스를 업데이트하면 노드마다 고르게 레플리카를 재배치할 수 있다.

14.5 / 스웜 클러스터의 고가용성

애플리케이션의 여러 계층에서 고가용성을 고려할 수 있다. 이번 장에서는 이미 이 중 여럿을 다뤘다. 헬스 체크는 애플리케이션 동작 상태를 확인해 이상 상태에 빠진 컨테이너를 새 컨테이너로 교체하고, 여러 개의 워커 노드는 노드 중 하나가 고장을 일으켜도 다른 컨테이너를 실행할 능력을 보존하며, 여러 개의 매니저 노드는 워커 노드 모니터링 및 컨테이너 배치 능력의 여유분을 확보하는 역할을 했다. 이제 설명하지 않은 계층은 클러스터가 작동하는 곳, 데이터센터만이 남았다.

그저 여러 지역의 데이터센터에 걸쳐 하나의 클러스터를 구성하는 방법으로 고가용성을 확보하려는 경우를 생각보다 자주 보게 된다. 이러한 경우 때문에 이번 장을 마무리하기 전에 이 주제를 다루는 것이다. 이런 방법으로 고가용성을 확보하는 것도 이론적으로는 가능하다. 매니저 노드는 데이터센터 A에 두고, 데이터센터 A, B, C에 워커 노드를 배치할 수도 있다. 이렇게 하면 확실히 클러스터 관리는 단순해질 것이다. 하지만 네트워크 지연 시간이라는 문제가 새로 발생한다. 스웜을 구성하는 노드는 서로 활발하게 통신을 주고받는데, 만약 이 클러스터를 운영하는 중에 데이터센터 A와 B 사이에 심각한 네트워크 지연이 발생한다면 어떻게 될까? 매니저 노드는 데이터센터 B의 노드가 모두 연락이 두절됐다고 판단하고 모든 컨테이너를 데이터센터 C의 워커 노드로 재배치하려 들 것이다. 그다음에는 상황이 더욱 악화될 수 있다. 서로 다른 지역에 위치한 매니저가 각자 자신이 리더 매니저라고 판단해 클러스터가 분열될 가능성이 생긴다.

지역을 아우르는 거대한 규모의 장애에도 애플리케이션이 계속 동작해야 할 필요가 있다면, 이를 실현할 수 있는 방법은 클러스터를 여러 개 구성하는 것뿐이다. 관리적 측면으로는 오버헤드가 발생하고 애플리케이션이 서로 다른 클러스터로 떠다닐 우려가 있지만, 네트워크 지연과 달리 이 정도 문제는 충분히 통제할 수 있다. 그림 14-13은 이러한 구성을 도표로 나타낸 것이다.

❤ 그림 14-13 데이터센터를 이중화하려면 데이터센터마다 클러스터를 하나씩 두는 형태가 돼야 한다.
진정한 고가용성을 실현하려면 클러스터를 여러 개 구축하고 서로 다른 지역의 데이터센터에 배치해 어느 지역 전체가 장애를 겪어도 애플리케이션이 계속 동작할 수 있도록 해야 한다. 외부 DNS 서비스를 활용하면 사용자 트래픽을 가장 가까운 클러스터로 라우팅할 수 있다.

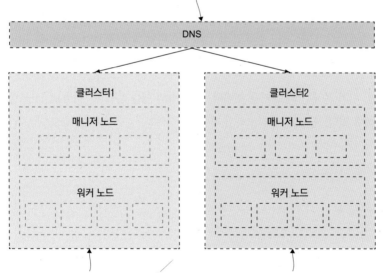

모든 클러스터는 스크립트로 작성된 똑같은 설정이 적용되므로, 새 클러스터를 자동으로 생성할 수 있다. 매니저 노드가 여러 개 있어 클러스터 데이터베이스 및 클러스터 관리를 이중화하고 있다. 워커 노드도 여러 개 있어서 애플리케이션 컨테이너에 고가용성을 제공한다.

14.6 연습 문제

이번 연습 문제는 다시 오늘의 천문 사진 애플리케이션을 다룬다. 이 애플리케이션의 API 서비스를 위한 스택 배포 설정을 적절한 롤링 업데이트 및 롤백 설정을 추가해 구성하라. 단, 함정이 하나 있다. 이 애플리케이션의 API 서비스는 이미지에 헬스 체크 기능이 포함돼 있지 않다. 서비스 정의에서 헬스 체크를 추가할 방법을 찾아야 한다. 그리고 다음 조건을 만족해야 한다.

- 다음 이미지를 사용하는 스택 파일을 작성한다.

  diamol/ch04-access-log, diamol/ch04-image-of-the-day, diamol/ch04-image-gallery

- API 컴포넌트는 diamol/ch04-image-of-the-day 이미지를 사용하고, 네 개의 레플리카로 실행되며, 헬스 체크가 적용돼야 하고, 업데이트 설정은 안정성과 속도를 모두 고려하되 롤백 설정은 속도만 고려해도 좋다.

- 애플리케이션 배포가 끝나면 또 다른 스택 파일을 작성해 다음 이미지로 서비스를 업데이트 하라.

  diamol/ch09-access-log, diamol/ch09-image-of-the-day, diamol/ch09-image-gallery

- 스택 업데이트를 배포하라. 이때 API 컴포넌트가 앞서 정의한 롤링 업데이트 설정을 따라 업데이트되는지, 헬스 체크 시 발견된 이상으로 인해 롤백되지는 않는지를 확인하라.

이런 문제를 좋아한다면, 이번 문제는 꽤 즐거울 것이다. 이번 장의 연습 문제 역시 ch14/lab/ 폴더에 나의 해답을 제시해 두었다. 필요할 때 참고하기 바란다.

15^장

보안 원격 접근 및 CI/CD를 위한 도커 설정

도커 명령행 도구는 컨테이너를 매끄럽게 다룰 수 있게 해 주지만, 단지 도커 엔진에서 실행 중인 관리 API에 지시를 전달하는 역할만 할 뿐 도구 자체가 직접 명령을 수행하는 것은 아니다. 도커 엔진과 API를 분리하면 두 가지 이점이 있다. 첫 번째는 다른 도구로도 도커 API를 사용할 수 있으므로 컨테이너를 관리하는 도구의 선택지가 넓어진다는 점이고, 두 번째는 로컬 컴퓨터에 있는 명령행 도구로도 원격 컴퓨터에서 실행 중인 도커 엔진을 관리할 수 있다는 점이다. 손에 쥔 노트북에서 실행되는 컨테이너 몇 개를 다루다가도 같은 자리에서 똑같은 도구로 노드가 수십 개나 되는 클러스터를 관리할 수도 있는 것이다.

도커 엔진에 대한 원격 접근은 테스트 환경 관리나 운영 환경의 디버깅 목적으로도 사용되지만, 지속적 통합-지속적 배포 파이프라인에서 '지속적 배포' 부분을 구성하는 데도 사용된다. 전체 파이프라인에서 지속적 통합 부분을 완성했다면, 이제 도커 레지스트리에 즉시 배포 가능한 상태의 애플리케이션이 저장돼 있을 것이다. 지속적 배포는 전체 파이프라인의 후반부로서 지속적 통합 이후에 원격 도커 엔진에 접근해 애플리케이션의 새 버전을 배포하는 과정을 말한다. 배포 대상을 테스트 환경으로 설정해 통합 테스트를 거친 후 최종 단계로 운영 환경에 배포하게 할 수도 있다. 이번 장에서는 도커 API를 안전하게 외부로 공개하는 방법을 익히고, 이를 활용해 로컬 컴퓨터 혹은 지속적 통합-지속적 배포 파이프라인에서 도커 엔진에 접근해 보는 방법을 배운다.

15.1 / 도커 API의 엔드포인트 형태

처음 도커를 설치했을 때는 도커 API와 통신하기 위해 별도의 설정을 할 필요가 없었다. 도커 엔진은 로컬 컴퓨터와 연결된 채널을 주시하도록 초기 설정이 돼 있고, 명령행 도구가 사용하는 채널이 바로 이 채널이었기 때문이었다. 리눅스 소켓 혹은 윈도의 명명 파이프가 로컬 채널로 쓰이는데, 이 두 가지 모두 트래픽의 범위가 로컬 컴퓨터 내부로 제한되는 채널이다. 도커 엔진을 원격에서 접근할 수 있게 하려면 먼저 설정에서 명시적으로 외부 접근을 허용해야 한다. 원격 접근이 가능한 채널이 몇 가지 있으나, 그중 가장 간단한 것은 비보안 HTTP를 통한 접근이다.

암호화되지 않은 HTTP로 접근을 허용하는 것은 반드시 피해야 한다. 그렇게 되면 일반적인 HTTP 엔드포인트를 통해 API에 접근할 수 있으므로 같은 네트워크에 연결된 사람이라면 누구든지 아무 인증 절차 없이 이 도커 엔진에 접근해 컨테이너를 멋대로 다룰 수 있다. 개발 업무용 노트북이라면 괜찮지 않을까 생각할 수도 있지만, 쉽고 먹음직스러운 취약점을 만들 뿐이다. 악의적인 웹 사이트에서도 http://localhost:2375, 즉 도커 API가 주시 중인 URL로 요청을 보내는 경우가 있다. 도커 엔진에 접근하면 로컬 컴퓨터에 비트코인을 마이닝하는 컨테이너를 실행한다. 이 수법에 당하고 나면, CPU 자원이 부족해지고 나서야 뭔가 이상하다는 사실을 깨닫게 될 것이다.

중간에 비보안 HTTP 접근을 허용하는 부분도 있지만, 해당 실습 이후에는 절대 사용해서는 안 된다. 이번 절을 끝까지 읽고 나면 도커 엔진 원격 접근이 어떤 식으로 동작하는지 이해할 수 있을 것이므로 비보안 HTTP 접근 대신 더 안전한 수단을 택하게 될 것이다.

실습 원격 접근은 도커 엔진 설정에서 허용할 수 있다. 윈도 10이나 맥에서 도커 데스크톱을 사용 중이라면 고래 아이콘을 클릭해 메뉴에서 **Settings**를 선택한 다음, **Expose Daemon on tcp://localhost:2375 Without TLS** 항목을 체크하라. 그림 15-1에 해당 설정 화면을 실었다. 설정을 저장하면 도커 엔진이 재시작한다.

▼ 그림 15-1 도커 API에 비보안 HTTP 접근 허용하기. 실습 후에는 잊어버리길 바란다.

보안상 너무 위험한 설정이므로 경고 메시지가 나온다.

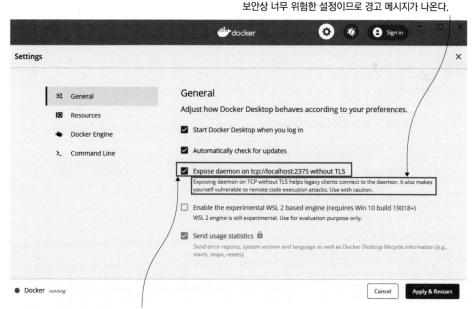

도커 데스크톱을 사용하면 GUI를 통해 쉽게 원격 접근 설정을 할 수 있다.

리눅스나 윈도 서버에서 도커 엔진을 실행 중이라면, 이 방법 대신 설정 파일을 수정해야 한다. 리눅스의 설정 파일 경로는 /etc/docker/daemon.json이고, 윈도 서버의 설정 파일 경로는 C:\ProgramData\docker\config\damon.json이다. 예제 15-1은 기본 포트인 2375번 포트로 비보안 HTTP 접근을 허용하는 설정이다.

예제 15-1 daemon.json 파일을 수정해 도커 엔진에 비보안 HTTP 접근 허용하기

```
{
  "hosts": [
  # 2375번 포트로 원격 접근 허용
  "tcp://0.0.0.0:2375",
  # 로컬 채널을 통한 접근도 계속 허용(윈도 파이프)
  "npipe://"
  # 로컬 채널을 통한 접근도 계속 허용(리눅스 소켓)
  "fd://"
  ],
  "insecure-registries": [
    "registry.local:5000"
  ]
}
```

도커 API로 HTTP 요청을 보내 원격 접근 허용 설정이 잘 적용됐는지 확인해 보자. 명령행 도구에 TCP 호스트 주소를 인자로 주어 사용해 봐도 알 수 있다.

실습 도커 명령행 도구로도 host 인잣값을 지정해 원격 도커 엔진에 접근할 수 있다. 로컬 호스트에 원격 접근도 가능하다. 그러나 이 경우에는 TCP 대신 로컬 채널을 사용한다.

```
# 로컬 도커 엔진에 TCP 프로토콜을 통해 접근
docker --host tcp://localhost:2375 container ls

# 이번에는 HTTP를 통해 REST API로 접근
curl http://localhost:2375/containers/json
```

도커 컴포즈 명령행 도구도 똑같이 host 인잣값을 받는다. 이 인잣값에 명령을 받을 도커 엔진의 호스트 주소를 지정하면 된다. 만약 해당 도커 엔진이 비보안 로컬 주소로부터도 요청을 받도록 설정됐다면 host 인잣값만으로도 도커 엔진을 사용할 수 있다. 이 경우 사용자 인증도 없고 네트워크 트래픽의 암호화도 적용되지 않는다. 나의 환경에서 실행한 결과를 그림 15-2에 실었다. 도커 명령행 도구와 도커 API를 통해 컨테이너 목록이 출력된 것을 확인할 수 있다.

▼ 그림 15-2 도커 엔진이 HTTP로 접근 가능하게 설정된 경우 호스트 주소만 알면 누구든지 도커 엔진을 마음대로 사용할 수 있다.

원격 호스트를 대상(로컬 컴퓨터이지만)으로 도커 명령행 도구를 사용했다.
IP 주소나 도메인을 사용하면 네트워크나 클라우드에 위치한 서버도 사용할 수 있다.

```
PS>docker --host tcp://localhost:2375 container ls
CONTAINER ID       IMAGE              COMMAND            CREATED
          STATUS                 PORTS
          NAMES
651d1c296e63       diamol/apache      "bin\\httpd.exe -DFOR…"   About a
minute ago  Up About a minute    0.0.0.0:61854->80/tcp, 0.0.0.0:61853->443
/tcp   goofy_williams
PS>
```

```
PS>curl http://localhost:2375/containers/json
[{"Id":"651d1c296e634e1d8693a7a8af979bf0a048e532e4868fab216f537de3f16348",
"Names":["/goofy_williams"],"Image":"diamol/apache","ImageID":"sha256:0303
15a5343f1e24f221554c64ad8f03403721827b9f7ac901d3694bd7fd3e24","Command":"b
in\\httpd.exe -DFOREGROUND","Created":1574867870,"Ports":[{"IP":"0.0.0.0",
"PrivatePort":443,"PublicPort":61853,"Type":"tcp"},{"IP":"0.0.0.0","Privat
ePort":80,"PublicPort":61854,"Type":"tcp"}],"Labels":{},"State":"running",
"Status":"Up About a minute","HostConfig":{"NetworkMode":"default"},"Netwo
rkSettings":{"Networks":{"nat":{"IPAMConfig":null,"Links":null,"Aliases":n
ull,"NetworkID":"d03a7ae545bcbe92f1acf61d971e27426de9d315834874e9108096733
4cc500c","EndpointID":"4d3f961bfa648d66f2e72f028eba57fdb94925eb22bfbd42bbe
bf40af33cee41","Gateway":"172.26.208.1","IPAddress":"172.26.208.210","IPPr
efixLen":16,"IPv6Gateway":"","GlobalIPv6Address":"","GlobalIPv6PrefixLen":
0,"MacAddress":"00:15:5d:cc:80:79","DriverOpts":null}}},"Mounts":[]}]
PS>
```

도커 명령행 도구는 도커 API의 클라이언트 중 한 종류에 지나지 않는다.
curl을 이용해 직접 API를 호출하는 방법으로도 도커 명령행 도구의 기능을 사용할 수 있다.

그럼 이제 우리가 도커 서버를 원격으로 접근하게 해 달라고 요청했을 때 운영 팀이 느꼈을 공포를 한번 상상해 보자. 이것은 다시 말하면, 해당 서버의 도커를 누구든지 다룰 수 있게 해 달라는 것과 다름없다. 그것도 아무 보안 수단도 없이 흔적도 남기지 않을 방법으로 말이다. 도커 엔진에 대한 원격 접근이 얼마나 위험해질 수 있는지 간과해서는 안 된다. 리눅스 컨테이너는 호스트 서버의 계정과 같은 계정의 권한으로 실행된다. 만약 컨테이너를 관리자 계정인 root로 실행했다면 해당 서버에 대한 관리자 권한을 얻은 것과 다름없다. 윈도 컨테이너는 이와 조금 달라서 컨테이너에서 서버에 대한 관리자 권한을 얻을 수는 없지만, 그래도 나쁜 장난을 치기에는 충분하다.

원격에 위치한 도커 엔진을 다룰 때는 어떤 명령을 내리든 그 명령을 해당 서버의 입장에서 생각해야 한다. 만약 컨테이너를 하나 실행하고 로컬 디스크 볼륨을 컨테이너에 마운트했다면 컨테이너에는 **그 원격 서버의 디스크**가 마운트된다. 예를 들어 테스트 서버에서 컨테이너를 실행하고 내가 작업 중인 로컬 컴퓨터의 소스 코드를 그 컨테이너에 마운트하려다가 실수했다고 가정해 보자. 내가 마운트하려던 디렉터리가 원격 서버에 없어서 명령이 실패할 수도 있고(이 디렉터리가 로컬 컴퓨터에 있는 것은 잘 알고 있지만 혼동을 일으키기 쉽다), 운이 더 나쁜 경우에는 서버에 해당 경로가 진짜로 있어서 로컬 컴퓨터에 있는 파일과 컨테이너의 파일이 왜 내용이 다른지를 두고 한참 동안 골머리를 썩게 만들 수도 있다. 하지만 도커 엔진에는 접근 권한이 있는데 서버에는 접근 권한이 없는 사람이 원격 서버의 파일 시스템을 마음대로 뒤질 수 있게 하는 통로가 될 수도 있다.

> 실습 도커 엔진에 대한 비보안 원격 접근을 허용하는 것이 왜 위험한지 직접 체험해 보자. 먼저 도커 엔진을 실행 중인 컴퓨터의 디스크를 마운트한 컨테이너를 실행한다. 이 컨테이너를 통해 호스트의 파일 시스템을 마음대로 뒤질 수 있다.

```
# 리눅스 컨테이너 환경인 경우
docker --host tcp://localhost:2375 container run -it -v /:/host-drive diamol/base

# 윈도 컨테이너 환경인 경우
docker --host tcp://localhost:2375 container run -it -v C:\:C:\host-drive diamol/base

# 컨테이너 안에서 호스트 컴퓨터의 파일 시스템을 뒤질 수 있다
ls
ls host-drive
```

나의 환경에서 실행한 결과를 그림 15-3에 실었다. 컨테이너를 실행한 사용자가 호스트 컴퓨터의 파일에 대한 읽기 쓰기 권한을 모두 가진 것을 알 수 있다.

대화식 컨테이너를 실행 중이다. 나는 윈도 컨테이너를 사용하므로
이미지에 들어 있던 윈도 디렉터리와 host-drive 마운트가 보인다.

```
Microsoft Windows [Version 10.0.17763.864]
(c) 2018 Microsoft Corporation. All rights reserved.

C:\>ls
 Volume in drive C has no label.
 Volume Serial Number is E075-7D83


11/27/2019  03:30 PM    <DIR>          host-drive
11/08/2019  09:35 AM            5,510 License.txt
11/27/2019  07:57 PM    <DIR>          Users
11/27/2019  07:57 PM    <DIR>          Windows
               1 File(s)          9,606 bytes
               3 Dir(s)  21,297,627,136 bytes free

C:\>ls host-drive
 Volume in drive C has no label.
 Volume Serial Number is E075-7D83

 Directory of C:\host-drive

09/15/2018  07:33 AM    <DIR>          PerfLogs
11/27/2019  03:10 PM    <DIR>          Program Files
11/06/2019  09:07 PM    <DIR>          Program Files (x86)
11/27/2019  03:30 PM                6 THIS_FILE_IS_ON_THE_HOST_DISK
11/06/2019  09:16 PM    <DIR>          Users
11/06/2019  08:57 PM    <DIR>          Windows
               1 File(s)              6 bytes
               5 Dir(s)  116,392,804,352 bytes free
```

host-drive 디렉터리 안을 보면 호스트 컴퓨터의 모든 파일을 볼 수 있다.
이 마운트는 읽기 쓰기 권한이 모두 있으므로 파일을 수정하는 것도 가능하다.

이번 실습에서는 로컬 호스트에 접속했을 뿐이므로 보안을 정말로 우회한 것은 아니다. 하지만 여러분이 월급을 받는 지급 시스템의 컨테이너가 동작하는 서버의 호스트명이나 IP 주소를 알아냈고, 이 서버의 도커 엔진이 비보안 원격 접속을 허용하는 상태라면? 아마도 꿈에 그리던 '드림 카'를 좀 더 빨리 살 수 있을 것이다. 바로 이런 이유로 조금 전의 예제 외에는 절대 도커 엔진에 비보안 원격 접근을 허용해서는 안 된다.

다음 내용으로 넘어가기 전에 위험천만한 도커 엔진의 비보안 원격 접근 허용 설정을 바꾸도록 하자. 도커 데스크톱 설정 메뉴에서 로컬 호스트 박스의 체크를 해제하거나 도커 데몬 설정 파일을 이전 상태로 되돌린다. 이제 좀 더 안전한 원격 접근 허용 방법을 알아보자.

15.2 / 보안 원격 접근을 위한 도커 엔진 설정

도커에는 API가 요청을 받아들일 수 있는 채널이 두 가지 더 있다. 이 두 가지 채널 모두 보안 채널이다. 첫 번째 채널은 전송 계층 보안(Transport Layer Security, TLS)으로, HTTPS 프로토콜의 디지털 인증서와 같은 방식의 암호화를 사용한다. 도커 API는 상호 TLS를 사용하므로 서버와 클라이언트가 각각 인증서를 갖는다. 서버의 인증서는 자신을 증명하고 전송되는 내용을 암호화하는 데 사용되며, 클라이언트의 인증서는 자신을 증명하는 데 사용된다. 두 번째 채널은 보안 셸(Secure Shell, SSH) 프로토콜이다. 이 프로토콜은 리눅스 서버에 원격 접속하는 표준 프로토콜이지만, 윈도에서도 사용 가능하다. SSH로 원격 서버에 접근하려면 사용자명과 패스워드 혹은 비밀키가 필요하다.

어떤 보안 채널을 사용하느냐에 따라 클러스터에 접근할 권한을 부여하는 방법이 달라진다. 상호 TLS는 더 널리 사용되는 방법이지만 인증서를 생성하고 교체하는 관리 업무에서 오버헤드가 발생한다. 이에 비해 SSH는 사용하는 컴퓨터에 대부분 설치돼 있는 SSH 클라이언트만 있으면 되며 접근 권한 관리가 상대적으로 쉽다. 그림 15-4는 도커 API를 사용하기 위한 채널을 설명한 그림이다.

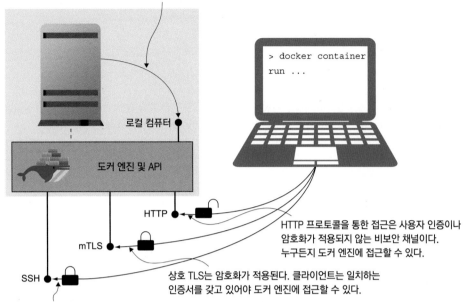

❤ 그림 15-4 사용자 인증이나 암호화 등이 적용된 보안 채널을 통해서도 도커 API를 사용할 수 있다. 기본적으로 사용하는 채널은 로컬 채널이다. 로컬 채널은 도커를 실행 중인 컴퓨터에서만 사용할 수 있다.

로컬 컴퓨터

도커 엔진 및 API

HTTP

mTLS

SSH

HTTP 프로토콜을 통한 접근은 사용자 인증이나 암호화가 적용되지 않는 비보안 채널이다. 누구든지 도커 엔진에 접근할 수 있다.

상호 TLS는 암호화가 적용된다. 클라이언트는 일치하는 인증서를 갖고 있어야 도커 엔진에 접근할 수 있다.

SSH 역시 암호화가 적용된다. 클라이언트는 도커 엔진을 실행 중인 컴퓨터에 계정을 갖고 있어야 도커 엔진에 접근할 수 있다.

잊지 말아야 할 것은 도커 엔진에 보안 원격 접근을 설정하고 싶다면 해당 컴퓨터에 접근해야만 한다는 점이다. 그리고 도커 데스크톱은 보안 원격 접근 설정이 불가능하다. 그도 그럴 것이, 도커 데스크톱의 도커 엔진은 내 컴퓨터에서 동작하는 가상 머신에서 실행되는데 이 가상 머신의 도커 API 채널을 설정할 방법이 없기 때문이다(조금 전 체크박스로 허용했던 비보안 HTTP는 예외다). 다음 실습은 도커 데스크톱에서 진행할 수 없다. 억지로 진행하려 하면 특정한 설정을 수정할 수 없다는 오류 메시지가 뜨거나, 심하면 해당 설정이 수정된 상태로 도커를 사용할 수 없게 되므로 재설치가 필요할 수도 있다. 이번 절의 남은 부분은 Play with Docker 웹 사이트에서 진행하도록 한다. 만약 원격 컴퓨터에서 실행 중인 도커 엔진을 사용할 수 있다면(라즈베리 파이가 활약할 차례다), 이번 장 예제 코드의 readme 파일에서 Play with Docker 외의 환경을 사용하기 위한 설명 부분을 참고하라.

우선 상호 TLS를 이용해 도커 엔진의 보안 원격 접근을 설정해 보자. 상호 TLS를 사용하려면 먼저 인증서와 키 파일 쌍을 두 개 만들어야 한다. 키 파일은 인증서의 패스워드 역할을 한다. 하나는 도커 API가 사용하고, 다른 하나는 클라리언트에서 사용한다. 큰 기업에는 내부 인증 기관(CA)과 인증서의 관리 및 발급을 전담하는 조직이 있을 것이다. Play with Docker 웹 사이트에서 사용할 수 있는 인증서를 미리 준비해 두었으니 실습에서는 이 인증서를 사용하면 된다.

실습 Play with Docker 웹 사이트에 로그인한 후 노드 하나를 생성하라. 그리고 같은 세션에서 인증서를 배포할 컨테이너를 실행한다. 그다음에는 도커 엔진이 이 인증서를 사용하도록 설정한 후 도커를 재시작하라.

```
# 인증서를 둘 디렉터리를 생성한다
mkdir -p /diamol-certs

# 인증서 및 설정값을 적용할 컨테이너를 실행한다
docker container run -v /diamol-certs:/certs -v /etc/docker:/docker diamol/pwd-
tls:server

# 새로운 설정을 적용해 도커를 재시작한다
pkill dockerd
dockerd &>/docker.log &
```

조금 전 실행한 컨테이너에는 Play with Docker 노드에서 만든 두 개의 볼륨이 마운트된다. 그리고 이 컨테이너가 갖고 있던 인증서와 daemon.json 파일을 노드로 복사한다. 도커 엔진 설정을 반영하려면 dockerd 명령으로 도커 엔진을 재시작해야 한다. 그림 15-5에 나의 환경에서 실행한 결과를 실었다. 지금부터 도커 엔진은 TLS를 사용해 2376번 포트를 주시한다(보안 TCP 접근을 위해 관습적으로 사용되는 포트다).

❤ 그림 15-5 Play with Docker 웹 사이트의 도커 엔진을 상호 TLS를 사용하도록 설정한다.

이 컨테이너는 호스트에서 생성한 볼륨 마운트를 사용해 Play with Docker에서
사용 가능한 TLS 인증서를 노드로 복사하고 도커 설정 파일을 수정한다.

도커 엔진을 재시작해 수정된 설정을 반영한다. 이런 식으로 도커를 재시작하는 것은 주로
Play with Docker에서 쓰인다. 보통은 도커 서비스를 재시작하는 형태다.

한 단계만 더 거치면 로컬 컴퓨터에서 Play with Docker 노드의 도커 엔진을 원격에서 사용할수 있다. **Open Port** 버튼을 클릭해 2376번 포트를 지정한다. 그러면 오류 메시지가 찍힌 탭이 열린다. 오류 메시지는 무시하고 URL을 클립보드로 복사한다. 이 URL이 **현재 Play with Docker 세션의 유일한 도메인**이다. 이 도메인은 ip172-18-0-62-bo9pj8nad2eg008a76e0-2376.direct.labs.play-with-docker.com과 비슷한 형태인데, 이 도메인을 사용해 로컬 컴퓨터에서 Play with Docker 웹 사이트에서 실행 중인 도커 엔진에 접속할 수 있다. 그림 15-6에 개방할 포트를 선택하는 화면을 실었다.

▼ 그림 15-6 Play with Docker에서 포트를 개방하면 외부로부터 Play with Docker의 컨테이너와 도커 엔진에 접근할 수 있다. Open Port 버튼을 클릭해 외부 트래픽을 주시할 포트를 설정한다.

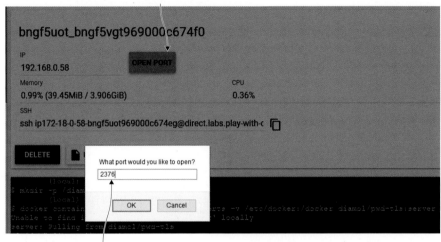

2376번 포트는 Play with Docker에서 실행되는 도커 엔진이 TLS 클라이언트와 통신하기 위해 주시하는 포트다. OK를 클릭하면 새 탭이 실행된다. 나중에 이 탭에서 URL을 사용한다.

이제 현재 사용 중인 Play with Docker 세션에 원격으로 접속할 준비가 끝났다. 여기서 사용 중인 인증서는 OpenSSH(역시 컨테이너로 실행했다. 이 컨테이너의 Dockerfile 스크립트를 images/cert-generator 디렉터리에서 볼 수 있다. 이 컨테이너의 동작 원리에 관심이 있다면 한번 훑어보기 바란다)를 사용해 내가 생성한 것이다. TLS 인증서와 OpenSSH에 대한 더 자세한 설명은 생략하겠다. 그러나 인증 기관, 서버 인증서와 클라이언트 인증서의 관계에 대해서는 잘 알아 두어야 한다. 그림 15-7에 이들의 관계를 나타냈다.

▼ 그림 15-7 상호 TLS의 개요. 인증 기관을 통해 서로의 인증서를 검증하고 그 소유자를 확인한다.

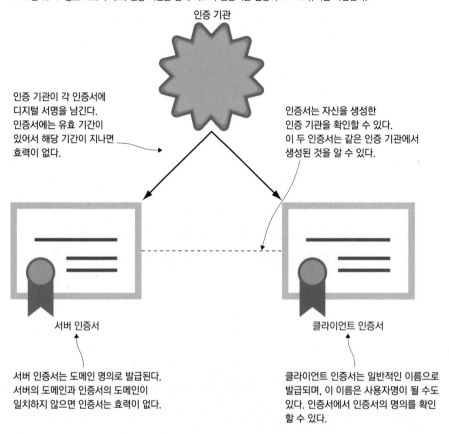

인증 기관

인증 기관이 각 인증서에
디지털 서명을 남긴다.
인증서에는 유효 기간이
있어서 해당 기간이 지나면
효력이 없다.

인증서는 자신을 생성한
인증 기관을 확인할 수 있다.
이 두 인증서는 같은 인증 기관에서
생성된 것을 알 수 있다.

서버 인증서

클라이언트 인증서

서버 인증서는 도메인 명의로 발급된다.
서버의 도메인과 인증서의 도메인이
일치하지 않으면 인증서는 효력이 없다.

클라이언트 인증서는 일반적인 이름으로
발급되며, 이 이름은 사용자명이 될 수도
있다. 인증서에서 인증서의 명의를 확인
할 수 있다.

TLS를 통해 도커 엔진에 접근하려면 인증 기관과 한 쌍의 인증서(클라이언트 인증서, 서버 인증서)가 필요하다. 인증서에는 수명이 있어서 원격 도커 엔진에 대한 접근 권한을 임시로 부여하고 싶다면 단기 클라이언트 인증서를 사용하면 된다. 이와 관련된 모든 절차를 자동화할 수는 있지만 인증서 관리에 대한 오버헤드가 여전히 존재한다.

TLS를 사용해 원격 접근이 가능하게끔 도커 엔진을 설정하려면 먼저 인증 기관 인증서, 서버 인증서 및 키의 쌍이 위치한 경로를 지정해야 한다. 예제 15-2는 Play with Docker 세션의 도커 엔진에 적용된 TLS 원격 접근 허용 설정이다.

예제 15-2 TLS를 이용한 원격 접근 설정

```
{
    "hosts": ["unix:///var/run/docker.sock", "tcp://0.0.0.0:2376"],
    "tls": true,
    "tlscacert": "/diamol-certs/ca.pem",
    "tlskey": "/diamol-certs/server-key.pem",
```

```
    "tlscert": "/diamol-certs/server-cert.pem"
  }
```

이제 도커 엔진 원격 접근에 보안이 적용됐다. 지금부터는 인증 기관 인증서, 클라이언트 인증서 및 키 없이는 curl로 REST API를 호출하거나 도커 명령행 도구로 이 원격 도커 엔진에 명령을 내릴 수 없다. 이전에 만들어진 클라이언트 인증서도 마찬가지로 접근을 허용하지 않는다. 도커 엔진에 접근하려면 서버 인증서와 같은 인증 기관에서 발급된 클라이언트 인증서가 필요하다. 클라이언트 TLS 없이 API 사용을 시도하면 도커 엔진이 접근을 차단한다. Play with Docker에서 실행한 이미지의 다른 버전을 사용하면 로컬 컴퓨터로 클라이언트 인증서를 내려받을 수 있다. 그다음에는 이 인증서를 사용해 원격 도커 엔진에 접근하면 된다.

실습 Play with Docker에서 실행 중인 도커 엔진에 접근할 때는 항상 2376번 포트를 사용해야 한다. 앞서 2376번 포트를 개방할 때 복사한 현재 세션의 도메인을 사용한다. 이제 원격 도커 엔진에 접근해 보자.

```
# address 항목에서 현재 세션의 도메인을 복사한다
# 대략 ip172-18-0-62-bo9pj8nad2eg008a76e0-6379.direct.labs.play-with-docker.com과
# 비슷한 값이다
# 도메인을 환경 변수로 설정한다(윈도)
$pwdDomain="<나의_현재세션_pwd_도메인>"

# 도메인을 환경 변수로 설정한다(리눅스)
pwdDomain="<나의_현재세션_pwd_도메인>"

# 도커 API에 직접 접근을 시도한다
curl "http://$pwdDomain/containers/json"

# 명령행 도구로도 직접 접근을 시도한다
docker --host "tcp://$pwdDomain" container ls

# 클라이언트 인증서를 로컬 컴퓨터로 추출한다
mkdir -p /tmp/pwd-certs
cd ./ch15/exercises
tar -xvf pwd-client-certs -C /tmp/pwd-certs

# 클라이언트를 사용해 도커 엔진에 접근을 시도한다
docker --host "tcp://$pwdDomain" --tlsverify --tlscacert /tmp/pwd-certs/ca.pem
--tlscert /tmp/pwd-certs/client-cert.pem --tlskey /tmp/pwd-certs/client-key.pem
container ls
```

```
# 도커 명령행 도구로 명령을 내릴 수 있다
docker --host "tcp://$pwdDomain" --tlsverify --tlscacert /tmp/pwd-certs/ca.pem
--tlscert /tmp/pwd-certs/client-cert.pem --tlskey /tmp/pwd-certs/client-key.pem
container run -d -P diamol/apache
```

매번 TLS 관련 인자를 입력해야 하는 것이 조금 번거롭지만, 인잣값을 환경 변수로 정의해 두면 불편함이 조금 줄어든다. 클라이언트 인증서를 제대로 지정하지 않으면 오류를 일으키지만, 인증서를 정확히 지정하면 Play with Docker 웹 사이트에서 동작 중인 도커 엔진을 로컬 컴퓨터에서 마음대로 조작할 수 있다. 그림 15-8에서 확인해 보자.

▼ 그림 15-8 클라이언트 인증서로는 TLS 보안이 적용된 도커 엔진에만 원격으로 접근할 수 있다.

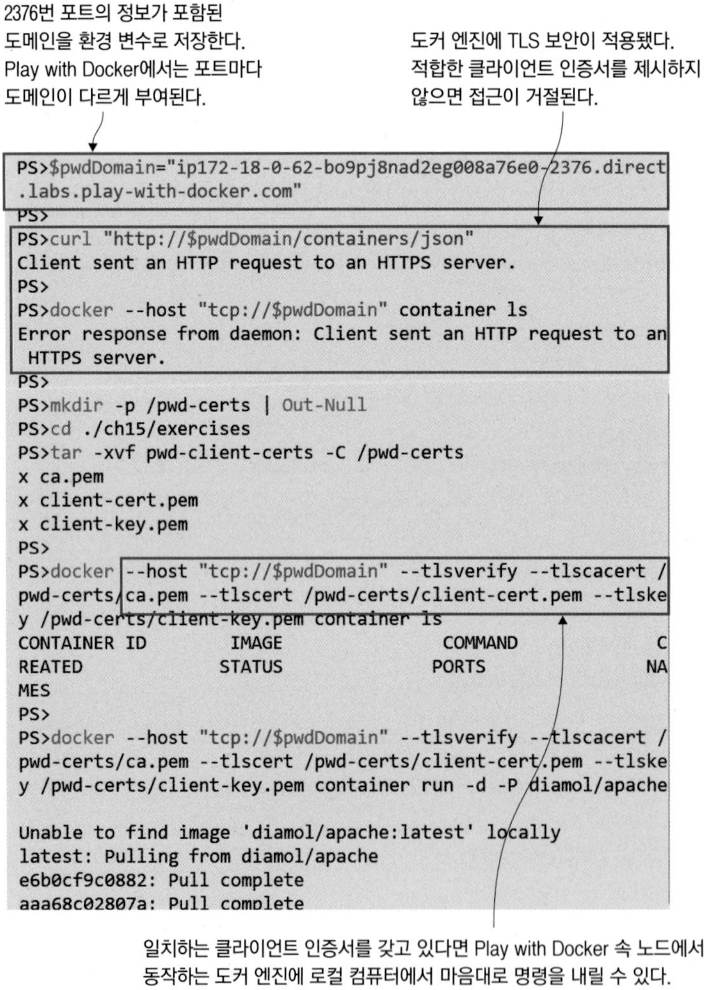

2376번 포트의 정보가 포함된
도메인을 환경 변수로 저장한다.
Play with Docker에서는 포트마다
도메인이 다르게 부여된다.

도커 엔진에 TLS 보안이 적용됐다.
적합한 클라이언트 인증서를 제시하지
않으면 접근이 거절된다.

```
PS>$pwdDomain="ip172-18-0-62-bo9pj8nad2eg008a76e0-2376.direct
.labs.play-with-docker.com"
PS>
PS>curl "http://$pwdDomain/containers/json"
Client sent an HTTP request to an HTTPS server.
PS>
PS>docker --host "tcp://$pwdDomain" container ls
Error response from daemon: Client sent an HTTP request to an
HTTPS server.
PS>
PS>mkdir -p /pwd-certs | Out-Null
PS>cd ./ch15/exercises
PS>tar -xvf pwd-client-certs -C /pwd-certs
x ca.pem
x client-cert.pem
x client-key.pem
PS>
PS>docker --host "tcp://$pwdDomain" --tlsverify --tlscacert /
pwd-certs/ca.pem --tlscert /pwd-certs/client-cert.pem --tlske
y /pwd-certs/client-key.pem container ls
CONTAINER ID        IMAGE              COMMAND            C
REATED              STATUS             PORTS              NA
MES
PS>
PS>docker --host "tcp://$pwdDomain" --tlsverify --tlscacert /
pwd-certs/ca.pem --tlscert /pwd-certs/client-cert.pem --tlske
y /pwd-certs/client-key.pem container run -d -P diamol/apache

Unable to find image 'diamol/apache:latest' locally
latest: Pulling from diamol/apache
e6b0cf9c0882: Pull complete
aaa68c02807a: Pull complete
```

일치하는 클라이언트 인증서를 갖고 있다면 Play with Docker 속 노드에서
동작하는 도커 엔진에 로컬 컴퓨터에서 마음대로 명령을 내릴 수 있다.

도커 엔진에 원격 접근할 수 있는 다른 보안 채널로 SSH가 있다. SSH의 장점은 도커 명령행 도구가 표준 SSH 클라이언트를 사용하기 때문에 도커 엔진 쪽에서 설정을 변경할 필요가 없다는 점이다. 사용자 인증은 서버가 대신 처리해 주기 때문에 따로 인증서를 생성할 필요도 없다. 도커 엔진을 실행 중인 컴퓨터에서 원격 접속에 사용할 계정을 추가하기만 하면 된다. 이 계정을 사용해 도커 엔진에 원격으로 명령을 내릴 수 있다.

실습 Play with Docker 웹 사이트의 현재 세션으로 돌아가자. node1의 IP 주소를 옮겨 적은 뒤, 다른 노드를 하나 더 생성한다. 다음 명령을 입력해 node2에서 SSH를 통해 node1에서 실행 중인 도커 엔진에 명령을 내려 보자.

```
# node1의 IP 주소를 환경 변수로 정의한다
node1ip="<node1-ip-address-goes-here>"

# 접속 테스트를 위해 SSH로 접속을 시도한다
ssh root@$node1ip
exit

# node2에서 해당 노드에서 실행 중인 컨테이너의 목록을 확인한다
docker container ls

# node1에서 원격으로 접근한 도커 엔진에서 실행 중인 컨테이너의 목록을 확인한다
docker -H ssh://root@$node1ip container ls
```

Play with Docker를 사용하면 이 과정이 매우 간단해진다. 왜냐하면 Play with Docker 웹 사이트가 도커 엔진 원격 접근에 필요한 모든 사항을 직접 관리하기 때문이다. 운영 환경이었다면 사용자 계정을 만들고, 게다가 패스워드 입력을 건너뛸 필요가 있는 경우에는 SSH 키를 생성해 공개 키는 서버에, 비밀 키는 사용자에게 전달해야 한다. 그림 15-9를 보면 나의 환경에서 이 단계까지 준비가 됐음을 알 수 있다.

▼ 그림 15-9 Play with Docker에서 생성한 노드는 서로의 SSH 공개 키를 자동으로 주고받는다.

Play with Docker에서 두 개의 노드를 생성했다.
현재 터미널은 node2에 연결된 상태다.

Play with Docker에서 생성한 노드는 서로의
SSH 공개 키를 자동으로 주고받으므로
패스워드 입력 없이 SSH 접속이 가능하다.

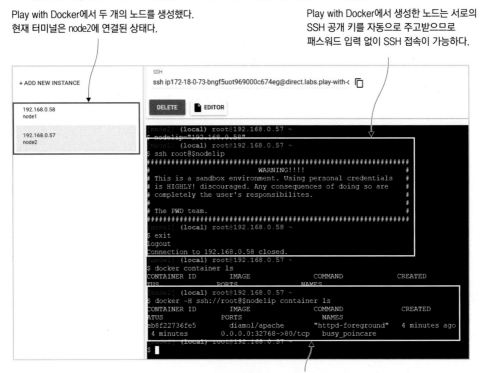

SSH가 설정된 도커 명령행 도구로도 추가 설정 없이
도커 엔진을 사용할 수 있다.

운영 업무를 주로 하던 사람들은 SSH를 통한 도커 원격 접근에서 서로 엇갈린 반응을 보여 준다. 한쪽에서는 인증서 관리보다 부담이 적고 리눅스 운영 경험이 많은 조직에서는 학습 부담이 거의 없다면서 긍정적인 반응을 나타내지만, 다른 한쪽에서는 단지 도커 엔진을 원격으로 사용하기 위해 서버 접근 권한을 부여하는 것은 지나치다는 반응을 나타내기도 한다. 윈도 환경을 채택한 조직에서는 윈도용 OpenSSH 서버를 설치하면 똑같은 방법을 적용할 수 있다. 하지만 윈도 서버에 대한 접근 권한 관리는 리눅스와 큰 차이가 있다. 이 경우 인증서 관리에 따른 오버헤드를 감수하고서라도 SSH 서버와 클라이언트를 다룰 필요가 없는 TLS가 더 좋은 선택일 수 있다.

도커 엔진 원격 접근에 TLS나 SSH 보안을 적용하면 암호화(명령행 도구와 도커 API 간의 통신 내용을 제삼자가 읽을 수 없다)와 사용자 인증(도커 엔진 접근을 위해 사용자가 신원을 밝혀야 한다)이 함께 적용된다. 보안 접속에 권한 조정 기능이나 감시 기능은 포함돼 있지 않으므로, 특정 사용자에게 특정 명령의 사용 권한을 지정하거나 어떤 사용자가 어떤 작업을 했는지 추적할 수는 없다. 이런 부분은 환경별 접근 권한이 필요해졌을 때 알아야 할 사항이다. 또한, 사용자들도 자신이 현재 어떤 환경에 접근해 있는지 주의해야 한다. 도커 명령행 도구를 사용하면 접근 중인 원격

엔진을 바꾸기가 너무 쉬워서 테스트 환경의 중요한 데이터가 담긴 볼륨을 로컬 엔진의 볼륨으로 착각하고 삭제할 수도 있다.

15.3 / 도커 컨텍스트를 사용해 원격 엔진에서 작업하기

host 인자의 값으로 지정해 도커 명령행 도구가 가리킬 원격 컴퓨터를 결정할 수 있지만, 보안 접근을 위한 TLS 인증서의 경로까지 명령을 입력할 때마다 매번 지정해야 하기 때문에 사용하기 번거롭다. 도커 컨텍스트를 사용하면 원격으로 접근할 도커 엔진을 편리하게 전환할 수 있다. 도커 컨텍스트는 도커 명령행 도구에서 원격 접근에 필요한 모든 상세 정보를 지정하면 생성할 수 있다. 컨텍스트는 여러 개를 만들 수도 있으며 원격 접근에 필요한 상세 정보는 모두 로컬 컴퓨터에 저장된다.

실습 TLS 보안이 설정된 Play with Docker의 원격 도커 엔진에 접근하기 위한 컨텍스트를 생성하라.

```
# Play with Docker 내 도커 엔진의 도메인과 인증서로 컨텍스트를 생성한다
docker context create pwd-tls --docker "host=tcp://$pwdDomain,ca=/tmp/pwd-certs/
ca.pem,cert=/tmp/pwd-certs/client-cert.pem,key=/tmp/pwd-certs/client-key.pem"

# SSH 보안을 적용한 경우
# docker context create local-tls --docker "host=ssh://user@server"

# 컨텍스트 목록을 확인한다
docker context ls
```

컨텍스트 목록을 보면 내부 채널로 접근하는 로컬 컴퓨터의 도커 엔진을 가리키는 기본 컨텍스트를 확인할 수 있다. 나의 윈도 환경에서 실행한 결과를 그림 15-10에 실었다. 윈도 환경이므로 기본 채널은 명명 파이프가 사용된다. 이 외에도 쿠버네티스 엔드포인트 항목을 볼 수 있는데, 쿠버네티스 클러스터에 접속하기 위한 상세 정보도 도커 컨텍스트로 만들 수 있기 때문이다.

❤ 그림 15-10 원격 호스트의 이름과 TLS 인증서 경로를 지정해 컨텍스트 추가하기

도커 명령행 도구에서 원격 엔진에 접근할 때 입력했던 접속 상세 정보로 컨텍스트를
만들 수 있다. 여기서는 호스트명과 인증서 경로로 컨텍스트를 만들었다.

```
PS> docker context create pwd-tls --docker "host=tcp://$pwdDo
main,ca=/pwd-certs/ca.pem,cert=/pwd-certs/client-cert.pem,key
=/pwd-certs/client-key.pem"
pwd-tls
Successfully created context "pwd-tls"
PS>
PS> docker context ls
NAME                    DESCRIPTION
 DOCKER ENDPOINT
                          KUBERNETES ENDPOINT    ORCHESTRATOR
default *               Current DOCKER_HOST based configuration
 npipe://///./pipe/docker_engine
                                         swarm
pwd-tls
 tcp://ip172-18-0-58-bngf5uot969000c674eg-2376.direct.labs.pl
ay-with-docker.com
PS>
```

도커 엔진은 물론이고 쿠버네티스 엔드포인트 접속 정보로도 컨텍스트를 만들 수 있다.
현재 기본 컨텍스트는 명명 파이프가 사용된 로컬 컴퓨터의 도커 엔진을 가리킨다.

컨텍스트에는 로컬 엔진이나 원격 엔진 간에 대상을 전환하기 위해 필요한 모든 정보가 들어간다.
앞의 실습에서는 TLS 보안이 적용된 엔진이 대상이었지만, SSH 보안이 적용된 엔진에서도 호스
트명과 인증서 경로 대신 SSH 접속 문자열을 인자로 지정하면 똑같이 기능하는 컨텍스트를 만들
수 있다.

컨텍스트는 로컬 네트워크상의 컴퓨터나 인터넷상의 컴퓨터도 가리킬 수 있다. 컨텍스트를 전환
하는 방법은 두 가지다. 한 가지는 해당 터미널 세션에만 적용되는 임시적인 전환이고, 다른 한 가
지는 이후 다른 컨텍스트로 다시 전환할 때까지 다른 터미널 세션에도 모두 적용되는 영구적인 전
환이다.

실습 컨텍스트가 전환되면 그때부터 호스트명을 지정하지 않고 입력된 도커 명령은 현재 컨
텍스트가 가리키는 도커 엔진으로 전달된다. 컨텍스트는 환경 변수를 사용해 임시로 전환할
수도 있고, context use 명령을 사용해 영구적으로 전환할 수도 있다.

```
# 환경 변수를 사용해 이름이 있는 컨텍스트로 전환하는 방법
# 해당 터미널 세션에서만 적용되지만, 권장되는 컨텍스트 전환 방법이다

# 윈도 환경에서
$env:DOCKER_CONTEXT='pwd-tls'

# 리눅스 환경에서
export DOCKER_CONTEXT='pwd-tls'

# 현재 선택된 컨텍스트를 확인한다
docker context ls

# 현재 컨텍스트가 가리키는 도커 엔진의 컨테이너 목록을 확인한다
docker container ls

# 기본 컨텍스트로 복귀한다. 이 방법으로 컨텍스트를 전환하면
# 다른 터미널 세션까지 영향을 미치기 때문에 바람직하지 않다
docker context use default

# 현재 컨텍스트가 가리키는 도커 엔진의 컨테이너 목록을 확인한다
docker container ls
```

예상과 다른 결과가 출력됐을 것이다. 이런 결과를 피하려면 컨텍스트를 전환하는 방법의 차이를 잘 알고 주의해서 사용해야 한다. 그림 15-11은 나의 환경에서 실행한 결과다. 도중에 다시 기본 컨텍스트로 전환했음에도 여전히 Play with Docker 웹 사이트의 도커 엔진을 가리키고 있다.

docker context use 명령으로 컨텍스트를 전환하면 시스템 전체에 영향이 미친다. 새 터미널 창을 열거나 도커 명령을 사용하는 모든 배치 프로세스가 이 컨텍스트를 사용한다. 이 컨텍스트 설정은 환경 변수 DOCKER_CONTEXT를 정의해 오버라이드할 수 있다. 이 환경 변수의 값은 docker context use 명령으로 설정한 컨텍스트에 우선하지만, 현재 터미널 세션에만 적용된다. 만약 주기적으로 컨텍스트를 전환해 가며 도커를 사용한다면, 기본 컨텍스트는 로컬 도커 엔진을 가리키도록 그대로 두고 환경 변수만을 사용해 컨텍스트를 전환하는 것이 좋다. 그렇지 않으면, 어제 퇴근하기 전에 운영 서버 컨텍스트로 전환한 것을 까맣게 잊고 다음 날 아침 시원하게 모든 컨테이너를 삭제하는 큰 실수를 저지르게 될 수도 있다.

❤ 그림 15-11 컨텍스트를 전환하는 방법은 두 가지가 있으며 두 가지를 섞어 사용하면 혼동을 일으킬 가능성이 높다.

컨텍스트 이름을 값으로 환경 변수를 정의하면 해당 터미널 세션에서만
유효하게 컨텍스트를 전환할 수 있다.

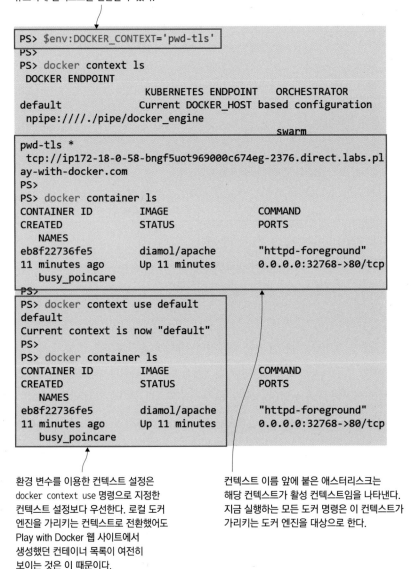

환경 변수를 이용한 컨텍스트 설정은
docker context use 명령으로 지정한
컨텍스트 설정보다 우선한다. 로컬 도커
엔진을 가리키는 컨텍스트로 전환했어도
Play with Docker 웹 사이트에서
생성했던 컨테이너 목록이 여전히
보이는 것은 이 때문이다.

컨텍스트 이름 앞에 붙은 애스터리스크는
해당 컨텍스트가 활성 컨텍스트임을 나타낸다.
지금 실행하는 모든 도커 명령은 이 컨텍스트가
가리키는 도커 엔진을 대상으로 한다.

물론 운영 서버의 도커 엔진에 주기적으로 접근할 일이 없을 수도 있다. 하지만 컨테이너를 배우
면 배울수록 도커의 장점 중 하나인 쉬운 자동화의 편리함을 누리게 되고, 도커 엔진에 직접 접근
하는 사용자는 최고 관리자와 지속적 통합/배포 파이프라인에 사용되는 시스템 계정 외에는 필요
치 않다는 것을 알게 된다.

15.4 지속적 통합 파이프라인에 지속적 배포 추가하기

이제 보안이 적용된 원격 도커 엔진에 접근할 수 있게 됐다. 따라서 11장에서 설정한 젠킨스 서버를 이용해 지속적 통합/배포 파이프라인을 완성할 수 있다. 지금의 파이프라인은 애플리케이션을 빌드하고 테스트한 뒤 빌드한 이미지를 레지스트리에 푸시하는 지속적 통합(Continuous Integration, CI) 단계까지 만들어진 상태다. 지속적 배포(Continuous Deployment, CD) 단계는 여기에 덧붙여 테스트 환경에 애플리케이션을 배포한 후 최종 배포 인가를 받고 운영 환경까지 배포하는 단계를 말한다.

CI 빌드는 처음부터 끝까지 빌드용 서버의 도커 엔진 안에서만 진행될 수 있지만, 배포는 원격 도커 엔진에서 진행해야 할 필요가 있다. CD 파이프라인에서도 우리가 실습한 것과 같이 원격 서버를 가리키는 호스트명 인자를 지정하고 보안 인증 수단을 사용해 도커 및 도커 컴포즈로 명령을 내린다. 이 인증 수단이 어딘가 존재해야 하겠지만, 인증 수단을 절대로 형상 관리 도구에 보관해서는 안 된다. 왜냐하면 소스 코드로 작업하는 모든 사람이 운영 서버에서 작업해야 하는 사람은 아니기 때문이다. 따라서 운영 서버에 접근하기 위한 인증 수단에 아무나 접근할 수 있으면 안 된다. 대부분의 자동화 서버는 비밀값을 빌드 서버 내부에 저장해 파이프라인 작업에 사용한다. 이는 소스 코드 형상 관리와 인증 수단 관리를 분리하는 효과도 있다.

> **실습** 11장에서 만들었던 것과 비슷하게 로컬 Git 서버, 도커 레지스트리, 젠킨스 서버로 구성된 빌드 인프라스트럭처를 만들 것이다. 이들 구성 요소는 모두 컨테이너로 실행된다. 젠킨스 서버가 가동되면 로컬 컴퓨터에 있는 Play with Docker 내 도커 엔진에 대한 인증서 파일로 인증 수단을 만드는 스크립트가 실행된다. 따라서 CD 단계는 Play with Docker 내 도커 엔진을 대상으로 실행된다.

```
# 컴포즈 파일이 위치한 디렉터리로 이동한다
cd ch15/exercises/infrastructure

# 컨테이너를 실행한다(윈도 컨테이너)
docker-compose -f ./docker-compose.yml -f ./docker-compose-windows.yml up -d

# 컨테이너를 실행한다(리눅스 컨테이너)
docker-compose -f ./docker-compose.yml -f ./docker-compose-linux.yml up -d
```

컨테이너가 실행되고 나면 웹 브라우저에서 http://localhost:8080/credentials에 접근해 사용자명 diamol, 패스워드 diamol로 젠킨스에 로그인한다. 그러면 도커 인증 기관 및 클라이언트 접속 관련 인증서가 이미 젠킨스에 저장돼 있는 것을 볼 수 있다. 이들 인증서는 로컬 컴퓨터에 있던 Play with Docker(PWD) 원격 접근 관련 인증서가 전달된 것으로, 파이프라인 작업에 사용된다. 그림 15-12는 젠킨스 인증 수단에 추가된 인증서 목록의 스크린샷이다.

▼ 그림 15-12 PWD의 도커 엔진에서 파이프라인 작업을 실행하는 데 사용할 TLS 인증서를 젠킨스 인증 수단에 추가하기
　　　젠킨스 인증 수단은 다양한 종류를 지원한다. 인증 수단은 기밀 파일에 저장되며 작업이 실행될 때 사용된다.
　　　이 인증서는 로컬 컴퓨터에 있는 인증서를 젠킨스 시작 스크립트를 통해 컨테이너로 전달한 것이다.

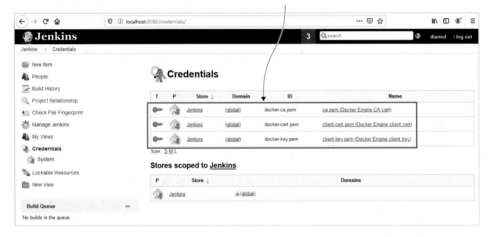

이 빌드 인프라스트럭처는 지금 막 실행된 컨테이너로 구성된 기본 설정 상태다. 젠킨스 서버는 자동화 스크립트 덕분에 바로 사용 가능하도록 설정이 완료돼 있다. 그러나 Git 서버는 약간의 수작업 설정이 필요하다. 웹 브라우저에서 http://localhost:3000에 접근해 설치 단계를 마무리하면 diamol이라는 사용자가 생성된다. 그다음에는 diamol이라는 이름으로 코드 저장소를 만든다. 기억이 잘 나지 않는다면 11장으로 돌아가 그림 11-3, 그림 11-4, 그림 11-5를 참고하라.

이번 절에서 구성할 파이프라인으로 12장에서 다뤘던, 10초마다 한 번씩 현재 시간을 출력하는 timecheck 애플리케이션의 새 버전을 빌드할 것이다. 이번 장의 예제 코드에 스크립트가 모두 준비돼 있지만 Play with Docker 내 도커 엔진의 도메인을 스크립트에 추가해야 한다. 그러고 나서 빌드를 실행시키면 CI 단계를 거쳐 로컬 도커 엔진의 컨테이너에서 Play with Docker 속 도커에 배포된다. 이 Play with Docker 속 도커 환경을 사용자 인수 테스트 환경이자 운영 환경이라 생각하고 실습을 진행하겠다.

ch15/exercises 디렉터리에서 파이프라인 정의 파일을 열어라. 윈도 컨테이너를 사용한다면 Jenkinsfile.windows, 리눅스 컨테이너를 사용한다면 Jenkinsfile을 열면 된다. enviroment 항목을 보면 도커 레지스트리 도메인과 사용자 인수 테스트 및 운영 환경의 도커 엔진에 관련된 변수를 볼 수 있다. pwd-domain 부분을 여러분의 Play with Docker 내 도커 엔진의 도메인으로 수정하라. 이때 :80과 같이 포트를 추가해야 한다. 그러면 80번 포트를 주시하다가 이 포트로 들어오는 트래픽을 Play with Docker 속 2376번 포트로 연결해 준다.

```
environment {
  REGISTRY = "registry.local:5000"
  UAT_ENGINE = "ip172-18-0-59-bngh3ebjagq000ddjbv0-2376.direct.labs.play-with-docker.
com:80"
  PROD_ENGINE = "ip172-18-0-59-bngh3ebjagq000ddjbv0-2376.direct.labs.play-with-docker.
com:80"
}
```

그다음에는 수정한 코드를 로컬 Git 서버에 푸시한다.

```
git remote add ch15 http://localhost:3000/diamol/diamol.git

git commit -a -m 'Play with Docker의 도메인 정보를 추가함'

git push ch15

# Gogs에서 로그인 정보를 요구할 것이다
# Gogs에서 등록한 사용자 정보인 사용자명 diamol, 패스워드 diamol을 사용한다
```

웹 브라우저에서 http://localhost:8080/job/diamol 페이지에 접근해 **Build Now** 버튼을 클릭한다.

이번 파이프라인도 기본적인 동작은 11장에서 본 것과 같다. Git 서버에서 소스 코드를 받아 온 다음, 멀티 스테이지 빌드가 적용된 Dockerfile 스크립트로 애플리케이션을 빌드하고, 빌드된 애플리케이션에 테스트를 진행하고 나서 이미지를 로컬 레지스트리에 푸시하는 구조다. 그리고 그 뒤로 새로 추가된 배포 단계가 이어진다. 먼저 사용자 인수 테스트용 도커 엔진에 애플리케이션을 배포한 후 사람이 사용자 인수 테스트를 승인할 때까지 잠시 대기한다. 이러한 수동 승인 단계는 CD의 시작 단계로 삼기에 적당하다. 모든 과정이 자동화돼 있더라도 사람이 직접 확인해야 하는 부분이 여전히 남아 있기 때문이다. 운영 환경에 대한 자동 배포가 아직 익숙치 않은 조직에는 사전에 배포를 미리 검증하는 효과도 있다. 그림 15-13은 사용자 인수 테스트를 성공하고 최종 배포 승인을 기다리고 있는 상태다.

❤ 그림 15-13 CI/CD 파이프라인에서 사용자 인수 테스트를 마치고 최종 배포 승인을 기다리는 중이다.

CI 단계에서는 컨테이너에서 애플리케이션을
빌드하고 실행한 다음 빌드된 이미지를
레지스트리에 푸시한다.

이 부분의 배포는 Play with Docker 내
원격 도커 엔진에서 실행된 컨테이너에서
진행된다.

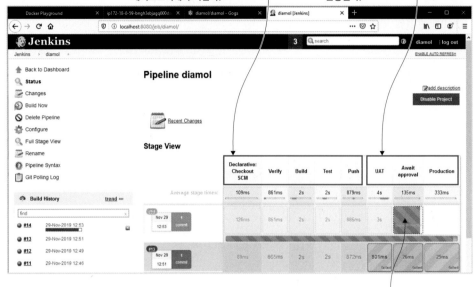

파이프라인이 최종 배포 승인을 기다리고 있다. 이 박스를 클릭해
이후 작업을 속행하거나 취소할 수 있다.

최종 배포 승인 결정을 내리기 위해 전담 팀이 종일 테스트를 진행하게 할 수도 있고, 운영 환경과
유사한 환경에서 간단한 새니티 테스트(sanity check)를 진행할 수도 있다. 배포 결과가 만족스럽다
면 젠킨스로 돌아가 최종 배포 승인을 내리면 된다. 그러면 파이프라인의 최종 단계인 운영 환경
배포에 들어간다.

실습 Play with Docker 웹 사이트에서 timecheck 컨테이너가 실행 중이며 로그를 정확히
출력하고 있는지 확인한다.

```
docker container ls
```

```
docker container logs timecheck-uat_timecheck_1
```

결과가 만족스러우므로 젠킨스에서 승인 대기 상태 박스를 클릭한다. 새 창이 뜨며 배포 승인을
요청한다. **Do it!** 버튼을 누르면 파이프라인이 재개된다.

운영 환경 배포가 진행 중인 흥분되는 순간이다. 그림 15-14에 나의 환경에서 실행한 결과를 실
었다. 백그라운드에서 사용자 인수 테스트가 진행 중이고 포어그라운드는 승인 대기 상태다.

▼ 그림 15-14 Play with Docker 내 도커 엔진에서 진행된 사용자 인수 테스트가 무사히 성공했다. 이제 운영 환경에 배포할 차례다.

Play with Docker 내 도커 엔진에서 애플리케이션이 사용자 인수 테스트 설정으로 실행 중이다.
이 애플리케이션은 나의 로컬 컴퓨터에서 동작 중인 도커에서 실행된 젠킨스에 의해 배포됐으며
Play with Docker에는 TLS 보안을 통해 접속했다.

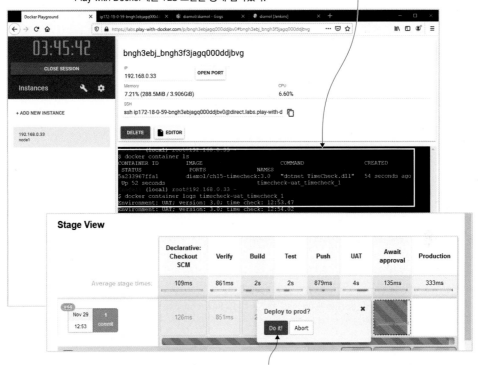

젠킨스 페이지로 돌아왔다. 현재 파이프라인은 승인 대기 상태다. 파이프라인을 재개하면
운영 환경에 애플리케이션이 배포된다.

CD 단계는 CI 단계보다 복잡한 작업이 없다. 각 단계마다 도커 명령 한 번으로 해당 단계를 실행하거나 오버라이드 파일을 병합하는(원격 도커 환경이 스웜 클러스터라면 docker stack deploy 명령으로 이 부분을 더욱 쉽게 진행할 수 있다) 스크립트가 있다. 이들 스크립트는 환경 변수에서 TLS 인증서 경로와 도커 호스트 도메인 이름을 참조하므로 이들 환경 변수가 파이프라인을 실행할 때 정의돼 있어야 한다.

파이프라인에서 도커 명령행이 하는 일과 도커 컴포즈 명령행이 하는 일, 그리고 이 두 가지 일을 제어하는 일을 잘 분리해 두어야 한다. 그래야 특정 자동화 서버에 대한 의존을 줄일 수 있고 나중에 자동화 서버를 전환할 때 도움이 된다. 예제 15-3은 Jenkinsfile 스크립트의 일부와 사용자 인수 테스트 환경에 배포를 수행하는 배치 스크립트를 발췌한 것이다.

```
# Jenkinsfile의 사용자 인수 테스트 환경 배포 단계
stage('UAT') {
  steps {
    withCredentials(
      [file(credentialsId: 'docker-ca.pem', variable: 'ca'),
       file(credentialsId: 'docker-cert.pem', variable: 'cert'),
       file(credentialsId: 'docker-key.pem', variable: 'key')]) {
          dir('ch15/exercises') {
            sh 'chmod +x ./ci/04-uat.bat'
            sh './ci/04-uat.bat'
            echo "Deployed to UAT"
          }
      }
    }
  }
}

# 도커 컴포즈 명령 하나로만 구성된 실제 스크립트
docker-compose \
  --host tcp://$UAT_ENGINE --tlsverify \
  --tlscacert $ca --tlscert $cert --tlskey $key \
  -p timecheck-uat -f docker-compose.yml -f docker-compose-uat.yml \
  up -d
```

젠킨스가 저장된 인증 수단 중에서 TLS 인증서를 셸 스크립트에 제공한다. 이 프로세스를 깃허브 액션스로 이전하려면 깃허브 저장소에 저장된 비밀값을 사용해 이 과정을 흉내 내면 된다. 빌드 스크립트 자체를 수정할 필요는 없다. 운영 환경 배포 역시 컴포즈 오버라이드 파일 중 운영 환경 용 설정 파일이 들어간다는 점만 빼면 사용자 인수 테스트 환경 배포와 거의 동일하다. 여기서는 운영 환경과 사용자 인수 테스트 환경이 동일한 Play with Docker 내 환경이므로 파이프라인 실 행이 끝나면 배포된 두 환경에서 애플리케이션이 모두 정상적으로 동작한다.

실습 마지막으로, Play with Docker 웹 사이트로 돌아와 로컬에서 동작하는 젠킨스에서 빌 드되고 사용자 인수 테스트 환경과 운영 환경에 배포된 애플리케이션이 제대로 동작하는지 확 인한다.

```
docker container ls

docker container logs timecheck-prod_timecheck_1
```

그림 15-15에 나의 환경에서 실행한 결과를 실었다. 이제 로컬 컨테이너에서 동작하는 젠킨스에서 실행돼 두 개의 원격 도커 환경(여기서는 두 환경이 한 곳이긴 하다)에 배포를 수행하는 CI/CD 파이프라인을 완성했다.

▼ 그림 15-15 Play with Docker의 도커 엔진에 배포된 애플리케이션. 도메인 이름과 인증서만 교체하면 실제 클러스터를 대상으로 배포가 가능하다.

같은 Play with Docker 세션을 사용자 인수 테스트 환경 및 운영 환경으로 사용했으므로 두 컨테이너가 모두 여기서 실행 중이라고 나온다. Play with Docker 사이트 안에서 환경별로 노드를 분리할 수도 있지만, 실제로는 도커 서버나 클러스터가 하나의 환경이 된다.

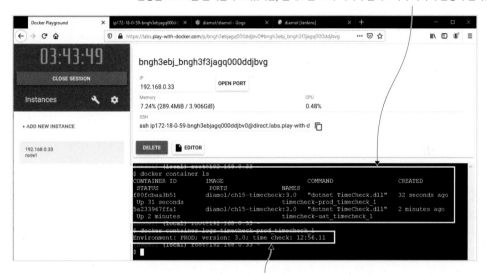

운영 환경에 실행 중인 애플리케이션의 버전이 3.0인 것으로 보아 파이프라인이 정상적으로 동작했다.

놀랍도록 강력한 구조이지만, 각 환경의 컨테이너를 실행할 도커 서버와 CI/CD 인프라스트럭처 역할을 할 도커 엔진을 구동할 컴퓨터 한 대만 있으면 충분하다. 여러분의 애플리케이션에도 하루면 이 파이프라인을 적용할 수 있다(애플리케이션은 이미 컨테이너화됐다는 가정하에). 클러스터를 구성하고 이 클러스터로 배포 대상을 바꾸기만 하면 된다.

운영 환경 배포를 포함한 파이프라인 구상에 들어가기 전에 먼저 알아야 할 것이 있다. 바로 도커 리소스의 접근 모델이다.

15.5 / 도커 리소스의 접근 모델

도커 리소스의 접근 모델은 절을 따로 할애할 만큼 복잡한 내용은 아니다. 하지만 중요도가 높기 때문에 별도의 절에 배치했다. 도커 엔진의 보안은 두 가지를 의미한다. 첫 번째는 명령행 도구와 API 사이의 통신을 암호화하는 것이고, 두 번째는 허가받은 사용자만이 API에 접근할 수 있도록 하는 것이다. 권한을 조정하는 기능은 없다. 모든 것을 할 수 있거나 아무것도 할 수 없거나, 둘 중하나다.

인프라스트럭처나 보안 모델을 이해하는 수준에 따라 이 이야기에 놀랄 독자도 있고 그렇지 않은 독자도 있을 것이다. 외부에서 접근할 수 없는 사내용 클러스터를, 그것도 매니저 노드를 허용된 IP 주소만 접근할 수 있는 망 분리된 네트워크에 두며 매일 도커 인증 기관을 교체하는 보안에 철저한 기업이 있다. 그러나 이렇게 방비를 철저히 하더라도 여러분의 직원들에게서 비롯한 약점은 남아 있게 마련이다.

다른 구성도 가능하지만 금세 복잡해진다. 쿠버네티스에는 도커 엔터프라이즈와 마찬가지로 역할 기반 접근 제어 모델이 있어서 어떤 사용자가 접근할 수 있는 리소스는 무엇이고 이들 리소스에 어떤 작업을 수행할 수 있는지까지 세세히 지정할 수 있다. CI/CD 파이프라인의 주체가 바뀐 GitOps적인 접근법도 있다. 이 방법은 풀링 기반 모델을 사용하므로 클러스터에서 새 빌드가 승인됐는지 여부를 파악해 업데이트를 스스로 배포한다. 그림 15-16에 GitOps 스타일의 접근법을 정리해 실었다. 클러스터에 접근할 주체가 없으므로 인증 수단 자체가 필요 없다.

▼ 그림 15-16 GitOps가 여는 새로운 시대. 모든 것을 Git 저장소에 저장하고 클러스터가 직접 배포를 시작한다. 이 그림은 https://www.gitops.tech에 게재된 다이어그램을 간략하게 수정한 것이다.

소스 코드에 변경이 생기면 파이프라인이 실행된다. 파이프라인 실행 결과로
애플리케이션이 빌드되고 이미지가 레지스트리에 푸시되며 최신 버전이 적용된
배포용 YAML 파일이 생성된다. 이들은 모두 별도의 Git 저장소에 저장된다.

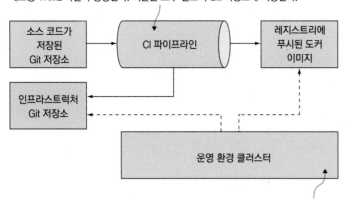

운영 환경 클러스터의 구성 요소는 이미지 레지스트리와 인프라스트럭처 저장소를
주시하다가 변경이 발견되면 최신 상태의 YAML 파일과 이미지를 내려받아 스스로
배포를 시작한다.

GitOps는 매우 흥미로운 접근법이다. 이 안에서는 모든 것이 반복 가능하며 버전 관리의 대상이 되기 때문이다. 애플리케이션 소스 코드뿐만 아니라 배포에 사용되는 YAML 파일의 버전, 인프라스트럭처 설정 스크립트까지 버전 관리의 대상이 된다. 전체 스택에 관한 모든 정보를 Git 저장소 한 곳에서 얻을 수 있다. GitOps에 관심이 있지만 아무것도 없는 빈 손 상태라면? 고도화에 조금 시간은 걸리겠지만, 이번 장에서 배운 아주 간단한 CI/CD 파이프라인부터 시작해 자신감을 얻은 후 프로세스와 도구를 발전시켜 나가면 된다.

DOCKER TEXTBOOK

15.6 / 연습 문제

15.4절에서 지속적 배포와 관련된 실습을 충실히 따라왔다면 어떻게 배포가 되는지 의아하게 생각했을 것이다. 그도 그럴 것이, 지속적 통합 단계에서 빌드된 이미지는 로컬 레지스트리에 푸시됐고 Play with Docker 환경은 이 레지스트리에 접근할 수가 없다. 어떤 방법으로 이미지를 가져와 컨테이너를 실행한 것일까? 사실 이미지를 로컬 레지스트리에서 가져온 것은 아니다. 약간의 속임수가 있었다. 배포 오버라이드 파일에는 다른 이미지 태그가 사용됐다. 이 이미지는 내가

직접 빌드해 도커 허브에 푸시한 것이다(실망스러웠다면 미안하지만, 그래도 이 책에 나오는 모든 이미지는 젠킨스 파이프라인을 통해 빌드된 것이므로 그리 큰 차이는 없다). 이번 연습 문제에서 이 속임수를 빼고 빌드를 완성해 보자.

빌드에서 미완성인 부분은 빌드된 이미지를 로컬 레지스트리에 푸시하는 세 번째 단계다. 일반적인 경우라면 로컬 서버에 수행하는 테스트 단계가 있어 로컬 레지스트리에 푸시된 이미지를 사용한 후 다시 운영 레지스트리에 이미지를 푸시한다. 그러나 여기서는 로컬 테스트 단계 대신 도커 허브로 한 번 더 푸시하는 과정을 추가한다. 다음 조건을 만족하면 된다.

- CI에서 빌드한 이미지에 도커 허브 계정과 '3.0' 태그를 부여한다.
- 도커 허브에 이 이미지를 푸시한다. 이때 도커 허브에 로그인하는 인증 수단을 노출해서는 안 된다.
- 도커 허브에 푸시된 이미지로 사용자 인수 테스트 환경과 운영 환경에 애플리케이션을 배포한다.

수정해야 할 부분이 여러 곳이지만, 기존 파이프라인을 잘 살펴보면 어디를 수정해야 할지 알 수 있을 것이다. 힌트는 두 개다. 첫 번째 힌트는 젠킨스에서 사용자명과 패스워드 인증 수단을 만들어 Jenkinsfile의 withCredentials 블록에서 이 인증 수단을 사용하라는 것이다. 두 번째 힌트는 Play with Docker 웹 사이트에서 개방했던 포트를 더 이상 주시하지 않는 경우가 가끔 있으며 이때는 Play with Docker 웹 사이트에서 새 세션을 시작하고 Jenkinsfile에 기재된 도메인도 새 도메인으로 교체해야 한다는 것이다.

깃허브에 올린 나의 해답도 exercises 디렉터리를 복사해 작성했다. 내가 어디를 수정했는지 알고 싶다면 ch15/lab 폴더에서 파일의 내용을 비교해 보기 바란다.

16장

어디서든 실행할 수 있는 도커 이미지 만들기: 리눅스, 윈도, 인텔, ARM

이 책은 따라 해 볼 수 있는 실습 위주로 구성됐다. 맥, 윈도, 리눅스, 라즈베리 파이 등 다양한 아키텍처와 운영체제 환경에서 이 실습을 실행해 봤다면, 어떤 환경에서도 실습을 똑같이 실행할 수 있었을 것이다. 이것은 우연이 아니라 내가 이 책에 나오는 모든 이미지를 다중 아키텍처 이미지(multi-architecture image)로 빌드했기 때문이다. 다중 아키텍처 이미지는 여러 개의 변종 이미지 형태로 빌드되고 레지스트리에 푸시된다. 각각의 변종 이미지는 서로 다른 아키텍처나 운영체제 환경을 대상으로 한다. 컨테이너를 실행하든 다른 이미지를 빌드하기 위해서든 다중 아키텍처 이미지를 내려받으려 시도하면, 도커는 현재 컴퓨터의 아키텍처와 운영체제에 일치하는 변종 이미지를 받아 온다. 다른 아키텍처의 컴퓨터에서 같은 이름으로 이미지를 내려받아 보면, 아까와는 다른 변종의 이미지를 내려받게 될 것이다. 하지만 두 이미지는 같은 애플리케이션을 담고 있으며 실행해 봐도 동일하게 동작한다. 사용자에게는 매우 편리한 기능이지만 이미지를 배포하는 입장에서는 좀 더 손이 가는 일이다.

이번 장에서는 다중 아키텍처 이미지를 만드는 다양한 방법을 익혀 볼 것이다. 특정 아키텍처나 운영체제를 사용하지 않는다고 이번 장을 건너뛸 생각이라면 적어도 첫 번째 절은 읽어 보기 바란다. 다중 아키텍처 이미지가 왜 게임 체인저라고 불리는지 알게 될 것이다.

16.1 / 다중 아키텍처 이미지가 중요한 이유

아마존 웹 서비스(Amazon Web Services, AWS)는 다양한 등급의 가상 머신을 제공한다. 이들 가상 머신은 인텔, AMD, ARM 프로세서를 사용하는 것들도 있다. ARM 프로세서를 사용하는 가상 머신(A1 인스턴스)은 인텔이나 AMD 프로세서를 사용하는 가상 머신에 비해 단가가 거의 절반에 불과하다. AWS는 ARM 아키텍처를 가진 가상 머신을 제공하는 최초의 주요 클라우드 사업자다. 하지만 저렴한 단가를 이유로 컴퓨팅 수요가 AWS로 더 이동한다면 다른 클라우드 서비스도 ARM 가상 머신을 곧 지원할 것이다. 애플리케이션 운영 비용이 절반으로 감소한다면 ARM 가상 머신으로 넘어가지 않을 이유가 없다. 하지만 인텔 프로세서용으로 개발된 애플리케이션을 ARM 프로세서용으로 빌드하는 것은 쉬운 일이 아니다.

한편, 주로 ARM 프로세서로 구동되는 IoT 장비들이 있다. 이들은 ARM 프로세서의 뛰어난 전력 효율 때문에(클라우드에서 가상 머신의 단가가 저렴한 것도 바로 이 때문이다) ARM 프로세서를 사용한다. 컨테이너 이미지처럼 소프트웨어도 원하는 플랫폼으로 옮겨 다닐 수 있다면 좋을 것이다. 하지만 ARM 프로세서의 인스트럭션셋은 인텔과 AMD 프로세서에서 사용하는 x64 인스트럭션셋과 호환되지 않는다. 클라우드 혹은 엣지 환경(라즈베리 파이로 가득한 데이터센터도 포함된다)에서 ARM 프로세서를 지원하려면 ARM 프로세서를 지원하는 애플리케이션 플랫폼을 사용해야 하고 애플리케이션 빌드 역시 ARM 컴퓨터에서 해야 한다. 도커는 개발자의 워크플로 및 운영 환경의 빌드팜에서 이 문제를 해결해 줄 수 있다. 도커 데스크톱은 ARM 아키텍처에서 이미지를 빌드하고 컨테이너를 실행할 수 있는 에뮬레이션 기능을 제공한다(물론 인텔 컴퓨터 역시 가능하다).

실습 아쉽지만 이 실습은 도커 엔진 단독 환경이나 Play with Docker에서는 진행할 수 없다. ARM 에뮬레이션 기능은 도커 데스크톱에서만 사용할 수 있기 때문이다. 맥과 윈도(리눅스 컨테이너 모드)의 도커 데스크톱에서 실습을 진행하기 바란다.

먼저 고래 아이콘을 클릭해 그림 16-1에서 보듯 실험적 기능 모드를 활성화한다.

❤ **그림 16-1** 실험적 기능 모드를 활성화하면 개발 중인 기능을 먼저 사용해 볼 수 있다.

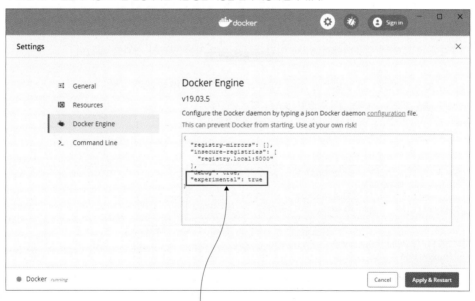

도커의 새 기능은 '실험' 딱지를 달고 나오는 경우가 많다. 이 기능을 사용하려면 먼저 실험적 기능 모드를 활성화해야 한다. 도커 데스크톱 일부 버전은 체크박스로 실험적 기능을 활성화할 수 있지만, 여기서는 JSON 설정 파일을 수정해 실험적 기능 모드를 활성화했다.

이제 터미널 창을 열어 ARM 에뮬레이션 기능을 사용해 이미지를 빌드해 보자.

```
# 실습용 예제 코드 디렉터리로 이동
cd ch16/exercises

# 64비트 ARM 프로세서용으로 빌드
docker build -t diamol/ch16-whoami:linux-arm64 --platform linux/arm64 ./whoami

# 이미지 아키텍처를 확인한다
docker image inspect diamol/ch16-whoami:linux-arm64 -f '{{.Os}}/{{.Architecture}}'

# 도커 엔진의 네이티브 아키텍처와 비교한다
docker info -f '{{.OSType}}/{{.Architecture}}'
```

이미지의 대상 아키텍처가 64비트 ARM 플랫폼임을 알 수 있다. 64비트 인텔 또는 AMD 컴퓨터를 사용하고 있는데도 말이다. 이 이미지는 멀티 스테이지 Dockerfile로 컴파일되고 패키징된 닷넷 코어 애플리케이션이다. 닷넷 코어 플랫폼은 ARM 프로세서에서도 동작하므로 Dockerfile 스크립트에 지정된 기반 이미지도 ARM 프로세서 버전이 따로 있다. 이 조건만 충족하면 크로스 플랫폼 빌드가 가능하다.

이 이미지를 레지스트리에 푸시하고 진짜 ARM 프로세서가 달린 컴퓨터(라즈베리 파이 또는 AWS의 A1 인스턴스)에서 이 이미지를 내려받아 컨테이너를 실행하면 실제로 잘 동작한다. 그림 16-2에 나의 인텔 컴퓨터에서 ARM 아키텍처용 이미지를 빌드한 결과를 실었다.

❤ 그림 16-2 인텔 컴퓨터에서 에뮬레이션 기능을 사용해 ARM 아키텍처용 이미지를 빌드할 수 있다.

컨테이너에서 빌드가 수행되는 멀티 스테이지 빌드다. SDK 이미지가
다중 아키텍처 이미지이므로 이 이미지는 도커 데스크톱의 에뮬레이션
기능을 통해 ARM 프로세서용으로 빌드된다.

```
Step 11/11 : COPY --from=builder /out/ .
 ---> 3dbd124a2da3
Successfully built 3dbd124a2da3
Successfully tagged diamol/ch16-whoami:linux-arm64
PS>
PS>docker image inspect diamol/ch16-whoami:linux-arm64 -f '{
{.Os}}/{{.Architecture}}'
linux/arm64
PS>
PS>docker info -f '{{.OSType}}/{{.Architecture}}'
linux/x86_64
PS>
```

도커 엔진은 인텔 64비트 컴퓨터에서 실행했는데
이미지 아키텍처가 linux/arm64로 나온다.

도커는 시스템 정보를 이용해 환경에 맞는 이미지를 내려받는다. 이미지를 내려받는 과정에는 그냥 그 이미지를 구성하는 레이어를 내려받는 것 외에 이미지를 곧바로 사용할 수 있도록 레이어의 압축을 푸는 최적화 과정도 포함된다. 하지만 이 최적화 과정은 이미지의 아키텍처와 현재 컴퓨터의 아키텍처가 일치해야만 한다. 만약 두 아키텍처가 일치하지 않으면 이미지를 내려받을 수조차 없다.

> **실습** 리눅스 컨테이너를 실행할 수 있는 도커 엔진을 실행 중이라면 이 실습을 진행할 수 있다. 마이크로소프트 윈도 이미지를 내려받아 보자.

```
# 윈도 나노 서버 이미지를 내려받는다
docker image pull mcr.microsoft.com/windows/nanoserver:1809
```

그림 16-3에 나의 환경에서 실행한 결과를 실었다. 현재 도커 엔진이 실행 중인 컴퓨터의 운영체제와 아키텍처를 알아낸 후 레지스트리에 이들 정보가 일치하는 이미지 변종이 있는지 확인했다. 그러나 일치하는 변종이 없었으므로 오류가 발생했다.

▼ 그림 16-3 운영체제와 아키텍처가 일치하는 이미지 변종이 있어야 이미지를 내려받을 수 있다.

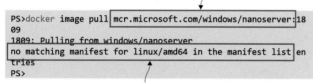

이미지의 매니페스트 리스트는 이러한 이미지의 변종 목록이다. 윈도 나노 서버 이미지는 윈도 컨테이너용 변종만 있으므로 진정한 다중 아키텍처 이미지라 보기 어렵다. 기본적인 원칙은 이미지의 아키텍처가 도커 엔진의 아키텍처와 일치해야 한다는 것이다. 하지만 미묘한 예외가 있다. 리눅스용 이미지는 아키텍처가 일치하지 않아도 내려받기가 가능하다. 그러나 컨테이너를 실행해 보면 'user process caused 'exec format error''라는 메시지와 함께 오류를 일으킬 것이다. 윈도용 도커 엔진 중에는 Linux Containers on Windows(LCOW)라는 실험적 기능을 탑재한 버전이 있다. 이 기능이 탑재된 윈도용 도커 엔진은 리눅스 컨테이너를 실행할 수 있다(하지만 복잡한 애플리케이션은 한층 더 읽기 힘든 로그를 내뿜으며 실행되지 않는다). 최선은 엔진과 아키텍처가 일치하는 이미지를 사용하되 다중 아키텍처 이미지는 필요한 경우에 개별 운영체제와 아키텍처에 대한 맞춤 기능을 제공하는 목적으로 사용하는 것이다.

16.2 다중 아키텍처 이미지를 만들기 위한 Dockerfile 스크립트

다중 아키텍처 이미지를 만들 수 있는 방법은 크게 두 가지다. 첫 번째는 이번 장의 실습 예제인 who-am−I 애플리케이션에서 사용한 방법으로, 멀티 스테이지 Dockerfile 스크립트를 이용해 컨테이너에서 소스 코드를 빌드하고 패키징하는 방법이다. 단, 이 방법을 사용하려면 애플리케이션에 사용된 SDK나 런타임에 원하는 아키텍처를 지원해야 한다.

첫 번째 방법의 가장 큰 장점은 Dockfile 스크립트 하나로 다른 아키텍처의 컴퓨터에서 이미지를 빌드하면 해당 아키텍처의 이미지를 만들 수 있다는 점이다. 나도 이 방법을 사용해 개인적으로 사용하는 닷넷 코어 스택의 골든 이미지를 만들었다. 그림 16-4는 첫 번째 방법을 정리한 다이어그램이다.

❤ 그림 16-4 다중 아키텍처 이미지를 기반 이미지로 사용하는 멀티 스테이지 Dockerfile 스크립트로 다중 아키텍처 이미지를 만들 수 있다.

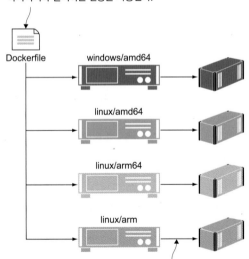

기반 이미지가 다중 아키텍처 이미지일 경우, 빌드를 실행하는 도커 엔진의
아키텍처와 일치하는 변종을 사용한다.

같은 Dockerfile 스크립트를 사용해 서로 다른
아키텍처의 도커 엔진에서 이미지를 빌드하고
이들 이미지를 각각 도커 허브에 푸시한다.

다만 빌드에 사용된 이미지가 다중 아키텍처 이미지가 아니거나 원하는 아키텍처를 모두 지원하지 않는다면 이 방법은 사용할 수 없다. 도커 허브에 공개된 거의 모든 공식 이미지는 다중 아키텍처 이미지다. 그러나 원하는 아키텍처를 모두 지원하지는 않을 수도 있다. 이럴 때는 Dockerfile 스크립트를 아키텍처나 운영체제별로 따로 작성해야 한다. 이 방법은 Dockerfile 가짓수가 늘어나는 만큼 관리 업무가 늘어나지만 대상 아키텍처마다 이미지에 원하는 대로 변화를 줄 수 있다. 나는 메이븐(Maven)(자바 애플리케이션 빌드 도구)의 골든 이미지를 만드는 데 이 방법을 사용했다. 그림 16-5에 이때 사용된 스택을 나타냈다.

❤ 그림 16-5 각 아키텍처별로 Dockerfile을 따로 작성해 다중 아키텍처 이미지를 만들 수 있다.

Dockerfile 스크립트를 아키텍처별로 맞춤으로 작성할 수 있다.
그림을 보면 윈도와 32비트 ARM 이미지는 전용 Dockerfile 스크립트가 있고,
리눅스 이미지는 인텔 아키텍처와 ARM 아키텍처가 Dockerfile 스크립트를 공유한다.

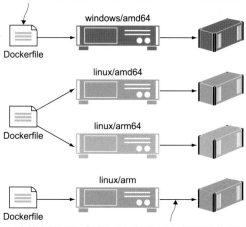

각 아키텍처 또는 운영체제별 변종을 해당 아키텍처 및 운영체제에서
구동된 도커 엔진에서 빌드하는 방식은 그대로다. 하지만 여러 개의
Dockerfile을 함께 수정해야 하므로 관리 측면에서 오버헤드가 생긴다.

이번 장의 실습은 런타임에 대한 정보와 디렉터리의 파일 목록을 출력하는 아주 간단한 애플리케이션인 folder-list를 소재로 한다. 이 애플리케이션은 네 개의 Dockerfile 스크립트가 있는데, 각각 인텔(윈도), 인텔(리눅스), 32비트 ARM(리눅스), 64비트 ARM(리눅스) 아키텍처에 해당한다. 도커 데스크톱의 에뮬레이션 기능을 사용하면 이들 중 세 가지 아키텍처를 빌드할 수 있다.

실습 플랫폼별 Dockerfile 스크립트를 사용해 각 플랫폼용 이미지를 빌드해 보자. 각 Dockerfile 스크립트는 내용이 조금씩 다르며 컨테이너를 실행하면 그 차이를 알 수 있다.

```
cd ./folder-list
```

```
# 네이티브 아키텍처(인텔/AMD)로 이미지를 빌드한다
```

```
docker image build -t diamol/ch16-folder-list:linux-amd64 -f ./Dockerfile.linux-amd64 .

# 64비트 ARM 아키텍처로 이미지를 빌드한다
docker image build -t diamol/ch16-folder-list:linux-arm64 -f ./Dockerfile.linux-arm64
--platform linux/arm64 .

# 32비트 ARM 아키텍처로 이미지를 빌드한다
docker image build -t diamol/ch16-folder-list:linux-arm -f ./Dockerfile.linux-arm
--platform linux/arm .

# 빌드한 각 이미지로 컨테이너를 실행해 출력 내용을 확인한다
docker container run diamol/ch16-folder-list:linux-amd64

docker container run diamol/ch16-folder-list:linux-arm64

docker container run diamol/ch16-folder-list:linux-arm
```

컨테이너를 실행하면 하드 코딩된 해당 이미지의 대상 운영체제와 아키텍처 정보가 나오고, 그 뒤
로는 도커 엔진의 실제 운영체제와 아키텍처 정보가 출력된다. 그림 16-6에 나의 환경에서 실행
한 결과를 실었다. 도커 엔진에서 필요한 경우 에뮬레이션 기능을 사용하므로, 여기서는 32비트
ARM과 64비트 ARM 이미지의 컨테이너를 실행하며 이 에뮬레이션 기능이 사용됐다.

❤ 그림 16-6 이미지는 특정 아키텍처를 대상으로 빌드됐지만, 도커 데스크톱에서 에뮬레이션 기능을 사용했다.

Dockerfile마다 다른 값이 하드 코딩된 문자열이 출력된다. 그다음에는
현재 CPU 아키텍처와 운영체제 종류를 출력하는 명령을 실행한다.

```
PS>docker container run diamol/ch16-folder-list:linux-amd64
Built as: linux/amd64
Linux cdd7b64a7d7f 4.19.76-linuxkit #1 SMP Thu Oct 17 19:31:
58 UTC 2019 x86_64 Linux
file.txt
PS>
PS>docker container run diamol/ch16-folder-list:linux-arm64
Built as: linux/arm64
Linux fe7283fa28c7 4.19.76-linuxkit #1 SMP Thu Oct 17 19:31:
58 UTC 2019 aarch64 Linux
file.txt
PS>
PS>docker container run diamol/ch16-folder-list:linux-arm
Built as: linux/arm32
Linux d86afd84e2c7 4.19.76-linuxkit #1 SMP Thu Oct 17 19:31:
58 UTC 2019 armv7l Linux
file.txt
PS>
```

platform 플래그를 사용하지 않아도 도커 엔진이 에뮬레이션 기능을
사용하므로 인텔 컴퓨터에서도 ARM 이미지를 실행할 수 있다.

리눅스 대상 이미지의 Dockerfile 스크립트는 대상 아키텍처를 나타내는 하드 코딩된 문자열을 제외하면 거의 비슷한 내용이다. 윈도 대상 이미지의 Dockerfile 스크립트도 동작은 같지만 명령어가 다르다. Dockerfile 스크립트를 여러 개 만드는 방식의 장점이 여기에 있다. Dockerfile 스크립트의 인스트럭션이 전혀 달라도 동작은 같도록 할 수 있기 때문이다. 예제 16-1은 64비트 ARM/리눅스용 Dockerfile과 64비트 인텔/윈도용 Dockerfile 스크립트를 비교한 것이다.

예제 16-1 리눅스용 이미지와 윈도용 이미지의 Dockfile 스크립트 비교

```
# 리눅스용 이미지
FROM diamol/base:linux-arm64

WORKDIR /app
COPY file.txt .
CMD echo "Built as: linux/arm64" && \
  uname -a && \
  ls /app

# 윈도용 이미지
# escape=`
FROM diamol/base:windows-amd64

WORKDIR /app
COPY file.txt .

CMD echo Built as: windows/amd64 && `
  echo %PROCESSOR_ARCHITECTURE% %PROCESSOR_IDENTIFIER% && `
  dir /B C:\app
```

이미지 각 버전마다 기반 이미지가 다른데, 이 기반 이미지는 다중 아키텍처 이미지가 아니라 특정 아키텍처 대상 이미지를 사용한다. 윈도용 Dockerfile 스크립트를 보면, 줄바꿈 이스케이프 문자를 백슬래시(\)에서 백틱(`)으로 변경해 백슬래시를 경로 구분자로 사용할 수 있게 했다. 리눅스의 uname에 해당하는 윈도 명령이 없기 때문에 윈도에서는 CPU 아키텍처 이름이 정의된 환경변수 값을 출력하게 했다. 이 파일은 윈도 전용 Dockerfile 스크립트이므로 동작 결과는 같지만 그 방법을 달리할 수 있다.

서드파티 애플리케이션의 다중 아키텍처 버전 이미지를 만들고 싶다면 대개는 이렇게 Dockerfile 스크립트를 여러 개 만드는 방법을 사용해야 한다. 이 책에서 사용된 프로메테우스와 그라파나의 골든 이미지도 이런 경우다. 프로메테우스와 그라파나 개발 팀이 배포하는 다중 아키텍처 이미지에 내가 필요한 모든 리눅스 이미지가 있었지만 윈도용 이미지는 없었기 때문이다. 그

어디서든 실행할 수 있는 도커 이미지 만들기 리눅스, 윈도, 인텔, ARM

래서 리눅스용 Dockerfile 스크립트는 공식 이미지를 기반으로 하고, 윈도용 Dockerfile 스크립트는 웹에서 배포하는 설치 파일을 내려받아 설치하도록 작성했다. 직접 개발한 애플리케이션이라면 어렵지 않게 단일 Dockerfile 스크립트를 만들어 관리 부담을 줄일 수 있을 것이다. 하지만 이런 경우 모든 대상 운영체제에서 공통적으로 사용할 수 있는 명령어만 사용해야 한다. uname처럼 특정 아키텍처나 운영체제에서 사용할 수 없는 명령이 섞이면 해당 변종의 이미지가 제대로 동작하지 않는다.

실습 folder-list 애플리케이션 디렉터리에는 다중 아키텍처 이미지를 빌드하기 위한 Dockerfile 스크립트 파일이 하나 더 있다. 이 스크립트는 다중 아키텍처 이미지를 기반 이미지로 삼았지만, 리눅스 명령어와 윈도 명령어를 섞어 사용했기 때문에 모든 아키텍처에서 컨테이너가 정상적으로 실행되지 않는다.

```
# 다중 아키텍처 이미지 빌드하기
docker image build -t diamol/ch16-folder-list .
```

```
# 빌드한 이미지로 컨테이너 실행하기
docker container run diamol/ch16-folder-list
```

이미지는 정상적으로 빌드되지만, 컨테이너를 실행해 보면 제대로 실행되지 않는다. 그림 16-7에 나의 환경에서 실행한 결과를 실었다. 리눅스용 이미지와 윈도용 이미지를 모두 실행해 봤지만, 두 가지 이미지 모두 CMD 인스트럭션에 사용할 수 없는 명령어가 섞여 있어 컨테이너가 정상적으로 실행되지 않는다.

▼ 그림 16-7 다중 아키텍처 이미지는 자칫하면 특정 플랫폼에서 제대로 실행되지 않을 수 있다.

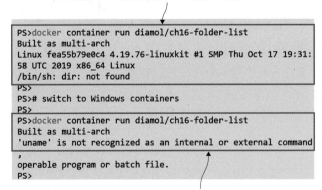

리눅스용 이미지로 실행한 컨테이너가 정상적으로 실행되지 않는다.
리눅스 명령어가 아닌 dir 명령어가 사용됐기 때문이다.

```
PS>docker container run diamol/ch16-folder-list
Built as multi-arch
Linux fea55b79e0c4 4.19.76-linuxkit #1 SMP Thu Oct 17 19:31:
58 UTC 2019 x86_64 Linux
/bin/sh: dir: not found
PS>
PS># switch to Windows containers
PS>
PS>docker container run diamol/ch16-folder-list
Built as multi-arch
'uname' is not recognized as an internal or external command
,
operable program or batch file.
PS>
```

윈도용 이미지로 실행한 컨테이너도 마찬가지로 비정상 종료됐다.
uname은 윈도 명령어가 아니기 때문이다.

다중 아키텍처 이미지를 만들 때는 이 점을 항상 염두에 두어야 한다. 특히 시작 스크립트가 복잡하다면 더욱 주의가 필요하다. 운영체제에 없는 명령어가 RUN 인스트럭션에서 사용됐다면 이미지를 빌드하는 시점에 알 수 있지만, CMD 인스트럭션에 사용됐다면 컨테이너를 실제로 실행해 보기 전에는 그 사실을 알 수 없다.

다중 아키텍처 이미지를 레지스트리에 푸시해 보기 전에 마지막으로 도커가 지원하는 아키텍처를 알아보자. 다중 아키텍처 이미지를 다루다 보면 낯선 아키텍처 코드명을 보게 될 것이다. 표 16-1은 도커에서 지원하는 아키텍처와 그 코드명을 정리한 것이다.

▼ 표 16-1 도커가 지원하는 주요 아키텍처와 아키텍처를 가리키는 코드명

운영체제	CPU 아키텍처	워드 길이	CPU 종류	아키텍처 코드명
윈도	인텔/AMD	64비트	amd64	x86_64
리눅스	인텔/AMD	64비트	amd64	x86_64
리눅스	ARM	64비트	arm64	aarch64, armv8
리눅스	ARM	32비트	amd	arm32v7, armv7, armhf

여기 언급된 플랫폼 외에도 지원 플랫폼이 더 있지만 주요 플랫폼은 표에 언급된 대로다. amd64 CPU는 인텔과 AMD CPU에서 함께 사용되는 인스트럭션셋으로, 실질적으로 거의 모든 데스크톱, 서버, 랩톱 컴퓨터의 CPU가 이 아키텍처를 채택했다(도커는 이 외에도 32비트 인텔 x86 아키텍처를 추가로 지원한다). 32비트 및 64비트 ARM 프로세서는 휴대폰, IoT 장치, (라즈베리 파이로 유명한) 단일 보드 컴퓨터 등에 주로 쓰인다. 라즈베리 파이 3까지는 32비트였으나 4부터는 64비트 프로세서가 장착됐다. 메인프레임 환경인 IBM CPU 아키텍처와 리눅스도 충실히 지원하므로 IBM Z, POWER, PowerPC 컴퓨터를 운영 중이라면 메인프레임 애플리케이션도 컨테이너로 이전할 수 있다.

16.3 다중 아키텍처 이미지를 레지스트리에 푸시하기

도커 데스크톱을 사용하면 다양한 아키텍처의 리눅스 이미지를 빌드할 수 있다. 하지만 이들 이미지를 다중 아키텍처 이미지로 만들려면 매니페스트와 함께 이들 이미지를 레지스트리에 푸시해야 한다. 매니페스트란 여러 개의 변종 이미지를 하나의 이미지 태그로 묶는 메타데이터를 말한다. 매니페스트는 도커 명령행 도구로 만들어 레지스트리에 푸시한다. 매니페스트에는 이미지 변종의 목록이 담기는데, 이들 이미지가 먼저 레지스트리에 푸시된 상태여야 한다. 결국 전체 절차는 변종 이미지를 모두 푸시한 다음 매니페스트를 작성하고 푸시하는 과정이다.

실습 앞서 빌드한 folder-list 애플리케이션의 변종 이미지를 푸시한다. 여러분은 diamol 단체 계정에 푸시할 권한이 없으므로 이미지 푸시 전에 먼저 여러분의 도커 허브 계정이 포함된 태그를 이미지에 부여해야 한다.

```
# 도커 계정 이름을 환경 변수로 정의한다(윈도)
$dockerId = '<내_도커허브_계정>'

# 도커 계정 이름을 환경 변수로 정의한다(리눅스)
dockerId='<내_도커허브_계정>'

# 이미지에 도커 계정 이름이 포함된 태그를 부여한다
docker image tag diamol/ch16-folder-list:linux-amd64 "$dockerId/ch16-folder-list:linux-amd64"

docker image tag diamol/ch16-folder-list:linux-arm64 "$dockerId/ch16-folder-list:linux-arm64"

docker image tag diamol/ch16-folder-list:linux-arm "$dockerId/ch16-folder-list:linux-arm"

# 이미지를 도커 허브에 푸시한다(해당 태그를 가진 모든 이미지가 푸시된다)
docker image push "$dockerId/ch16-folder-list"
```

그러면 모든 이미지가 도커 허브로 푸시된다. 아키텍처와 상관없이 모든 이미지는 같은 사양을 따르며 도커 레지스트리 역시 모든 이미지를 같은 방식으로 처리하기 때문에 도커 레지스트리는 이미지 아키텍처와 무관하다. 하지만 레지스트리도 이미지의 대상 아키텍처 정보는 알고 있기 때문에 도커 엔진이 이미지를 내려받으려 할 때 이 정보를 제공한다. 나의 환경에서 이 실습을 실행한 결과를 그림 16-8에 실었다. 이미지 메타데이터에는 해당 이미지의 대상 아키텍처 종류가 함께 기재된다. 여기서는 메타데이터에 태그도 포함됐지만, 필수 사항은 아니다.

도커 매니페스트는 도커 명령행 도구를 사용해 관리할 수 있다. 그러나 이 기능은 새롭게 추가된 기능이므로 도커 엔진의 실험적 기능 옵션을 활성화해야 사용할 수 있다. 도커 명령행과 도커 엔진이 모두 실험적 기능을 지원한다 하더라도 양쪽 모두에서 사용 여부를 명시해야 이들 기능을 사용할 수 있다. 실험적 기능은 도커 데스크톱의 설정 화면, 혹은 도커 엔진의 설정 파일을 수정해 활성화한다.

❤ 그림 16-8 다중 아키텍처 이미지를 만드는 첫 단계는 모든 변종 이미지를 푸시하는 것이다.

5장에서 배웠듯, 이미지 태그에 도커 허브 계정을 포함시켜야 도커 허브에
이미지를 푸시할 수 있다. 이 이미지를 푸시하면 나의 계정에 새로운 태그가
추가된다.

```
PS>$dockerId = 'sixeyed'
PS>
PS>docker image tag diamol/ch16-folder-list:linux-amd64 "$do
ckerId/ch16-folder-list:linux-amd64"
PS>
PS>docker image tag diamol/ch16-folder-list:linux-arm64 "$do
ckerId/ch16-folder-list:linux-arm64"
PS>
PS>docker image tag diamol/ch16-folder-list:linux-arm "$dock
erId/ch16-folder-list:linux-arm"
PS>
PS>docker image push "$dockerId/ch16-folder-list"
The push refers to repository [docker.io/sixeyed/ch16-folder
-list]
ab9f7ec6b26c: Pushed
c2a1b752af4e: Pushed
f1b5933fe4b5: Mounted from diamol/base
linux-amd64: digest: sha256:8c0f5b57bbe9796198a9780c8d3730f4
e3bf7472224b1e1f1412422bc06e58fc size: 942
b423bfad7cab: Pushed
fc8ed974e69b: Pushed
7d5b9c167a1f: Mounted from diamol/base
linux-arm: digest: sha256:988286f0dbc8ac99eecda64e0464acfa52
21d1b9edab63de4335b2d6e09ac9cf size: 942
d0ec2f286967: Pushed
5b124270606a: Pushed
6d626da635fc: Mounted from diamol/base
linux-arm64: digest: sha256:5efa6540e0fb321cb2a1bb033cee10b2
360d20ada2e6da5a39fb0ea86cefa1f4 size: 942
```

이미지 태그를 지정하치 않으면 해당 이미지 이름을 가진
모든 이미지가 한 번에 푸시된다.

도커 데스크톱을 사용 중이라면, 고래 아이콘을 눌러 설정 화면을 열고 **Command line** 항목으로 이동하라. 이 화면에서 그림 16-9와 같이 **Enable Experimental Features** 항목에 체크하라.

❤ 그림 16-9 도커 매니페스트와 관련된 명령을 사용하려면 도커 명령행에서 실험적 기능을 활성화해야 한다.

링크를 클릭해 도커 디벨로퍼 프리뷰 프로그램 신청 화면으로 이동한 후
서식을 기입해 프로그램에 참여하면 된다.

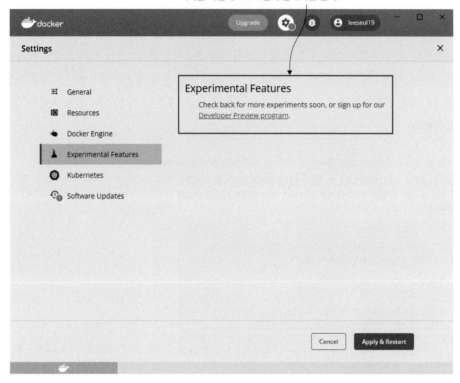

도커 엔진 커뮤니티 버전(혹은 엔터프라이즈 버전)을 사용 중이라면 홈 디렉터리에 있는 도커 명령행의 설정 파일(~/.docker/config.json)을 열어 다음과 같이 수정한다.

```
{ "experimental":"enabled"}
```

이제 도커 명령행 도구의 실험적 기능이 활성화됐으니 docker manifest 명령을 사용해 로컬에서 매니페스트를 생성하고 레지스트리에 푸시할 수 있다. 또한, 이미 생성된 매니페스트의 목록을 확인할 수도 있다. 굳이 도커 허브 페이지를 뒤져 보지 않아도 매니페스트의 정보를 확인하면 해당 이미지가 어떤 아키텍처를 지원하는지 알 수 있다. 매니페스트 정보를 확인하기 위해 이미지 전체를 내려받을 필요도 없다. 메타데이터만 레지스트리에서 내려받아 확인하면 된다.

실습 명령행 도구에서 매니페스트 관련 명령을 쓸 수 있는지 확인하라. 이 책의 기반 이미지의 매니페스트 정보를 확인하면 된다.

```
docker manifest inspect diamol/base
```

manifest inpsect 명령에는 filter 인자가 없기 때문에 해당 태그 이미지의 전체 이미지 매니페스트 내용이 출력된다. 그리고 다중 아키텍처 이미지뿐만 아니라 단일 이미지의 정보도 확인할 수 있다. 출력된 내용을 보면 이미지 식별을 위한 다이제스트 값과 대상 운영체제, 아키텍처 정보가 표시된다. 나의 환경에서 실행한 결과를 그림 16-10에 실었다.

▼ 그림 16-10 다중 아키텍처 이미지는 여러 개의 매니페스트를 가지며 각각의 매니페스트 정보에는 해당 이미지의 대상 아키텍처 정보가 포함된다.

```
PS>docker manifest inspect diamol/base | jq '.manifests[] |
{digest: .digest, arch: .platform.architecture, os: .platfor
m.os}'
{
  "digest": "sha256:bf1684a6e3676389ec861c602e97f27b03f14178
e5bc3f70dce198f9f160cce9",
  "arch": "amd64",
  "os": "linux"
}
{
  "digest": "sha256:f6d15ec5c7cf08079309c59f59ff1e092eb9a678
ab891257b1d2b118e7aecc2b",
  "arch": "arm",
  "os": "linux"
}
{
  "digest": "sha256:1032bdba4c5f88facf7eceb259c18deb28a51785
eb35e469285a03eba78dd3fc",
  "arch": "arm64",
  "os": "linux"
}
{
  "digest": "sha256:bc0b35167a7eadfff46fda59034f16e9eb49c45f
6fa87623c0377e6c44a8e4a2",
  "arch": "amd64",
  "os": "windows"
}
```

diamol/base는 이 책에 나오는 다른 모든 이미지의 기반 이미지로 쓰이는 다중 아키텍처 이미지다. 이 이미지는 윈도용은 나노 서버, 리눅스용은 알파인 리눅스를 기반 이미지로 한다.

다이제스트는 이미지의 유일 식별자로, 해당 변종 이미지 매니페스트의 해시값이다. 이 매니페스트에는 대상 운영체제와 아키텍처 정보도 들어있다.

여기서는 출력된 내용을 추리기 위해 jq 명령을 사용했지만, 가독성을 위한 것일 뿐이므로 실습에서 반드시 내용을 추릴 필요는 없다.

이제 매니페스트를 만들 수 있다. 이미지와 마찬가지로 매니페스트도 로컬 컴퓨터에 먼저 생성된 후 레지스트리로 푸시된다. 엄밀히 말하면 여기서 만드는 것은 매니페스트 리스트(manifest list)로, 두 개 이상의 이미지를 하나의 이미지 태그로 묶어 주는 역할을 한다. 모든 이미지는 이미 매니페스트를 하나씩 갖고 있으며 레지스트리에서 이 매니페스트에 담긴 정보를 볼 수 있다. 그러나 레지스트리에서 하나 이상의 매니페스트 정보를 반환한다면 그 이미지는 다중 아키텍처 이미지다. 그림 16-11에 이미지와 매니페스트, 매니페스트 리스트의 관계를 정리했다.

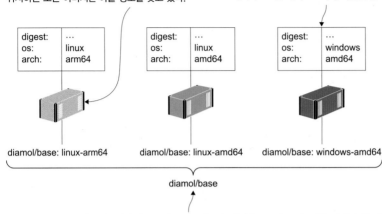

▼ 그림 16-11 매니페스트와 매니페스트 리스트는 이미지의 메타데이터를 담고 있으며 레지스트리에 저장된다.

이미지는 컨테이너의 파일 시스템 내용,
대상 운영체제 및 아키텍처 정보, 이미지 태그
정보를 포함한다. 로컬에 위치하든 레지스트리에
위치하든 모든 이미지는 이들 정보를 갖고 있다.

매니페스트에는 대상 운영체제, 아키텍처 등
이미지에 대한 메타데이터만 들어 있다.
매니페스트는 레지스트리에 저장된다.

다중 아키텍처 이미지는 매니페스트 리스트를 갖는다. 매니페스트 리스트는 같은 이미지 태그로
묶이는 이미지들의 매니페스트를 모은 것이다. 매니페스트 리스트도 레지스트리에 저장된다.

비유하자면, 매니페스트 리스트는 이미지 태그의 목록 같은 것이다. 그리고 매니페스트 리스트의 이름이 다중 아키텍처 이미지의 이름이 된다. 우리가 지금까지 빌드해 온 모든 이미지는 이미지 태그를 통해 대상 운영체제와 아키텍처를 구분했다. 태그 없이 같은 이름으로 매니페스트를 만들면, 이 이미지는 latest 태그가 적용된 다중 아키텍처 이미지가 된다. 또 대상 운영체제와 아키텍처 정보에 더해 버전 넘버가 포함된 태그를 부여함으로써 이미지를 푸시할 수도 있다. 이 경우 다중 아키텍처 태그는 버전 넘버가 된다.

실습 모든 리눅스 대상 변종 이미지를 모은 매니페스트를 생성한 다음, 도커 허브에 푸시하라. 매니페스트의 이름이 이 다중 아키텍처 이미지의 이미지 태그가 된다.

```
# 매니페스트 이름과 해당 매니페스트에 포함시킬 모든 이미지 태그를 열거해 매니페스트를 생성한다
docker manifest create "$dockerId/ch16-folder-list" "$dockerId/ch16-folder-list:linux-amd64" "$dockerId/ch16-folder-list:linux-arm64" "$dockerId/ch16-folder-list:linux-arm"

# 생성한 매니페스트를 도커 허브에 푸시한다
docker manifest push "$dockerId/ch16-folder-list"

# 도커 허브상의 자신의 페이지에서 이미지 목록을 확인한다
```

도커 허브에서 이미지 정보를 확인해 보면 latest 태그가 달린 변종 이미지가 여러 개 있는 것을 볼 수 있다. 각각 대상 운영체제와 아키텍처, 이미지 식별을 위한 다이제스트 값이 표시된다. 리

눅스 도커 엔진을 사용 중인 독자는 이들 이미지를 사용해 바로 컨테이너를 실행할 수 있다. 컨테이너 실행 명령을 내리면 인텔 혹은 AMD 컴퓨터에서는 amd64 버전 이미지를 내려받을 것이고, AWS A1 인스턴스나 라즈베리 파이 4를 사용한다면 arm64 버전 이미지를, 라즈베리 파이 3 이전 버전을 사용한다면 arm 버전 이미지를 내려받는다. 그림 16-12는 나의 도커 허브 리포지터리 화면이다.

❤ 그림 16-12 다중 아키텍처 이미지는 같은 이름으로 여러 개의 변종 이미지를 포함한다. 도커 허브에서 모든 변종의 목록을 볼 수 있다.

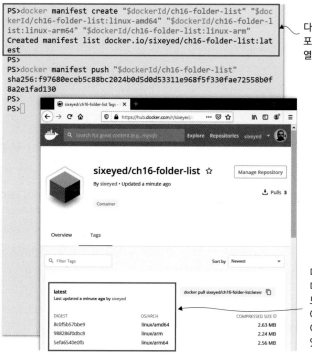

```
PS>docker manifest create "$dockerId/ch16-folder-list" "$doc
kerId/ch16-folder-list:linux-amd64" "$dockerId/ch16-folder-l
ist:linux-arm64" "$dockerId/ch16-folder-list:linux-arm"
Created manifest list docker.io/sixeyed/ch16-folder-list:lat
est
PS>
PS>docker manifest push "$dockerId/ch16-folder-list"
sha256:f97680eceb5c88bc2024b0d5d0d53311e968f5f330fae72558b0f
8a2e1fad130
PS>
PS>
```

다중 아키텍처 이미지에 포함시킬 모든 변종 이미지를 열거한다.

매니페스트를 푸시하면 레지스트리에 다중 아키텍처 이미지가 생긴다. 도커 허브에서 확인해 보면 이 다중 아키텍처 이미지에는 인텔 프로세서용 이미지와 ARM 프로세서용 이미지가 있다고 나온다.

이들 ARM 프로세서용 이미지는 도커 데스크톱에서 에뮬레이션 기능을 사용해 빌드한 것이다. 에뮬레이션 기능이 느리고 네이티브 모드에 비해 Dockerfile 인스트럭션이 다르게 동작하는 경우도 있지만, 상황에 따라서는 정말 유용한 기능이다. 빠르고 대상 아키텍처와 정확하게 일치하는 멀티 아키텍처 이미지를 빌드하고 싶다면 빌드팜이 있어야 한다. 나도 이 책의 이미지를 빌드하기 위해 다양한 아키텍처의 단일 보드 컴퓨터와 지원할 운영체제를 설치해 빌드팜을 하나 구축했다. 나의 젠킨스 파이프라인은 이들 단일 보드 컴퓨터에 실행된 도커 엔진에 접근해 해당 아키텍처 대상의 변종 이미지를 빌드한 다음 도커 허브에 이 이미지를 푸시하고 마지막으로 매니페스트를 생성한 후 푸시하도록 구성됐다.

어디서든 실행할 수 있는 도커 이미지 만들기: 리눅스, 윈도, 인텔, ARM

16.4 / 도커 Buildx를 사용해 다중 아키텍처 이미지 빌드하기

도커 빌드팜을 훨씬 쉽고 효율적으로 운영하는 방법이 하나 더 있다. 도커의 새로운 기능인 Buildx를 사용하는 방법이다. Buildx는 docker build 명령의 확장판이라고 생각하면 되는데, 최적화된 빌드 엔진이 적용돼 빌드 성능이 뛰어나다. 하지만 Dockerfile 스크립트를 입력받아 이미지를 생성하는 것은 이전과 동일하기 때문에 docker build 명령을 그대로 대체할 수 있다. 또한, 크로스 플랫폼 빌드를 지원하며 도커 컨텍스트와 통합돼 있기 때문에 한 번의 명령으로 여러 대의 서버에서 빌드를 진행할 수 있다.

Buildx는 아직 윈도 컨테이너를 지원하지 않으며 단일 파일로 된 Dockerfile 스크립트만 지원한다. 이 때문에 아직 모든 빌드 상황에서 docker build 명령을 대체할 수는 없다(나 역시 이 책에 사용된 이미지 빌드에 Buildx를 사용할 수 없었다). 하지만 리눅스 이미지의 아키텍처별 변종 이미지를 만들려는 경우에 매우 유용하다. 그리고 이미지 빌드뿐만 아니라 빌드팜을 생성하고 관리하는 용도로도 Buildx를 사용한다.

Play with Docker에서 실제 분산 빌드팜을 구성하는 전체 과정을 예제로 살펴보자. 가장 먼저 빌드팜의 각 노드를 가리키는 도커 컨텍스트를 만들어야 한다.

> **실습** Play with Docker 웹 사이트에서 새 세션을 시작한다. https://play-with-docker.com에 접근해 새로운 세션에서 두 개의 인스턴스를 추가하라. 모든 명령은 node1을 사용해 내린다. node2의 IP 주소를 저장하고 SSH 접속 가능 여부를 확인한다. 그다음에는 node1과 node2를 대상으로 하는 컨텍스트를 생성한다.

```
# node2의 IP 주소를 저장한다
node2ip=<노드2의_ip>

# SSH 접속 가능 여부를 확인한다
ssh $node2ip

# 그다음에는 exit로 SSH 접속을 종료하고 node1으로 돌아온다
exit

# 로컬 소켓을 통해 node1을 가리키는 컨텍스트를 생성한다
```

```
docker context create node1 --docker "host=unix:///var/run/docker.sock"

# SSH를 통해 node2를 가리키는 컨텍스트를 생성한다
docker context create node2 --docker "host=ssh://root@$node2ip"

# 컨텍스트 목록에서 컨텍스트가 잘 생성됐는지 확인한다
docker context ls
```

컨텍스트를 미리 만들어 두면 Buildx 설정을 쉽게 할 수 있다. 그림 16-13에 나의 환경에서 실행한 결과를 실었다. Buildx는 node1에서 실행하므로 클라이언트가 된다. 따라서 로컬 채널을 사용하게 했다. node1에서 node2로는 SSH로 접속한다.

✔ 그림 16-13 Buildx로 빌드팜을 구성하려면 도커 컨텍스트가 필요하다. 그러므로 먼저 도커 컨텍스트를 만들어야 한다.

Play with Docker에서 생성한 노드는 모두 SSH로 접속 가능하도록 설정된 상태다. 여기서 접속 가능 여부를 확인한다.

```
$ node2ip=192.168.0.7
[node1] (local) root@192.168.0.8 ~
$ ssh $node2ip
The authenticity of host '192.168.0.7 (192.168.0.7)' can't be established.
RSA key fingerprint is SHA256:ZoNwaA7uSGeRX00ftDttcTr3vSKx1Pdh00SnktPc9fs.
Are you sure you want to continue connecting (yes/no/[fingerprint])? yes
Warning: Permanently added '192.168.0.7' (RSA) to the list of known hosts.
##################################################################
#                          WARNING!!!!                           #
# This is a sandbox environment. Using personal credentials     #
# is HIGHLY! discouraged. Any consequences of doing so are      #
# completely the user's responsibilites.                        #
#                                                                #
# The PWD team.                                                  #
##################################################################
[node2] (local) root@192.168.0.7 ~
$ exit
logout
Connection to 192.168.0.7 closed.
[node1] (local) root@192.168.0.8 ~
$ docker context create node1 --docker "host=unix:///var/run/docker.sock"
node1
Successfully created context "node1"
[node1] (local) root@192.168.0.8 ~
$ docker context create node2 --docker "host=ssh://root@$node2ip"
node2
Successfully created context "node2"
[node1] (local) root@192.168.0.8 ~
$ docker context ls
NAME                DESCRIPTION                               DOCKER ENDPOINT
default *           Current DOCKER_HOST based configuration   unix:///var/run/docker.sock
node1                                                         unix:///var/run/docker.sock
node2                                                         ssh://root@192.168.0.7
```

Buildx에서 이 컨텍스트를 사용해 두 가지 빌드 작업을 동시에 시작할 수 있다.

빌드팜을 구성하는 과정의 첫 단계는 컨텍스트 생성이다. 운영 환경에서는 자동화 서버가 Buildx를 실행하는 클라이언트가 되므로 젠킨스 서버(그 외 사용 중인 자동화 서버)에서 컨텍스트를 생성하면 된다. 원하는 대상 아키텍처별로 노드를 최소 하나씩 배치하고 각 노드를 가리키는 도커 컨텍스트를 만든다. 이들 노드를 스웜이나 쿠버네티스를 사용해 클러스터로 구성할 필요는 없으며, 이미지 빌드에만 사용하므로 독립적인 서버로 두어도 된다.

그다음에는 Buildx를 설치하고 설정한다. Buildx는 도커 명령행 도구의 플러그인이므로 도커 데스크톱이나 도커 엔진 커뮤니티 에디션만 설치해도 함께 설치된다(docker buildx 명령을 입력해 확인해 보자). 그러나 Play with Docker에는 Buildx가 없기 때문에 Buildx를 직접 설치하고 다른 노드에 빌드를 명령할 빌더도 설치해야 한다.

> **실습** Buildx는 도커 명령행 도구의 플러그인이다. 그러므로 Buildx를 사용하려면 플러그인 파일을 내려받아 명령행 도구의 plugin 디렉터리에 복사해야 한다.

```
# Buildx 플러그인 파일 다운로드
wget -O ~/.docker/cli-plugins/docker-buildx https://github.com/docker/buildx/releases/
download/v0.3.1/buildx-v0.3.1.linux-amd64

# 플러그인 파일을 실행 가능으로 설정한다
chmod a+x ~/.docker/cli-plugins/docker-buildx

# 플러그인 파일 준비가 끝났으니 node1로 빌더를 생성한다
docker buildx create --use --name ch16 --platform linux/amd64 node1

# node2로도 빌더를 생성한다
docker buildx create --append --name ch16 --platform linux/386 node2

# 빌더 목록을 확인한다
docker buildx ls
```

Buildx는 빌더로 사용 가능한 도커 컨텍스트를 찾아 컨텍스트가 가리키는 노드의 플랫폼 정보를 스스로 확인할 수도 있을 만큼 유연성이 뛰어나다. 빌더를 생성할 때는 이렇게 Buildx가 확인한 플랫폼 정보를 그대로 적용할 수도 있고, 특정 노드에 특정 플랫폼 설정을 지정하거나 강제할 수도 있다. 위 실습에서 이 방법을 사용했다. 따라서 node1은 x64 아키텍처 이미지만 빌드하고, node2는 386 아키텍처 이미지만 빌드한다. 그림 16-14에 나의 환경에서 실행한 결과를 실었다.

이것으로 빌드팜 구성이 끝났다. 두 아키텍처를 대상으로 하는 Dockerfile 스크립트만 있으면, 이 빌드팜으로 32비트 및 64비트 아키텍처의 리눅스 이미지를 포함하는 다중 아키텍처 이미지를 빌드할 수 있다. Buildx는 여러 노드에 한꺼번에 Dockerfile 스크립트와 빌드 컨텍스트 디렉터리(대개는 이 디렉터리에 소스 코드가 포함된다)를 보내 병렬로 빌드를 진행한다. Buildx 명령 한 번이면, Play with Docker 사이트를 이용해 이 책의 예제 코드를 위한 다중 아키텍처 이미지를 빌드하고 푸시까지 가능하다.

❤️ 그림 16-14 Buildx를 사용하면 어렵지 않게 빌드팜을 구성할 수 있다. Buildx는 도커 컨텍스트를 사용해 원격 도커 엔진에 빌드를 명령한다.

node1을 빌더 노드로 등록한다.
빌드 대상 플랫폼은 인텔 64비트 리눅스로 설정한다.

도커 명령행 도구의 플러그인은 명령행에 새 명령을 추가하는 방식으로 동작한다. 새로 추가된 명령을 실행하면 cli-plugins 디렉터리에 들어 있는 플러그인 바이너리가 실행된다.

```
[node1] (local) root@192.168.0.8 ~
$ wget -O ~/.docker/cli-plugins/docker-buildx https://github.com/docker/buildx/releases/dow
Connecting to github.com (140.82.114.3:443)
Connecting to github-production-release-asset-2e65be.s3.amazonaws.com (52.216.146.195:443)
docker-buildx       100% |********************************************************
0.0M  0:00:00 ETA
[node1] (local) root@192.168.0.8 ~
$ chmod a+x ~/.docker/cli-plugins/docker-buildx
[node1] (local) root@192.168.0.8 ~
$ docker buildx create --use --name ch16 --platform linux/amd64 node1
ch16
[node1] (local) root@192.168.0.8 ~
$ docker buildx create --append --name ch16 --platform linux/386 node2
ch16
[node1] (local) root@192.168.0.8 ~
$ docker buildx ls
NAME/NODE DRIVER/ENDPOINT  STATUS   PLATFORMS
ch16 *    docker-container
  ch160   node1            inactive linux/amd64
  ch161   node2            inactive linux/386
node1     docker
  node1   node1            running  linux/amd64, linux/386
node2     docker
  node2   node2            running  linux/amd64, linux/386
default   docker
  default default          running  linux/amd64, linux/386
```

새로 생성한 빌더가 기본으로 설정된다. 또 이 빌더 노드의 빌드 대상 플랫폼 정보도 표시된다. 나머지 빌더는 Buildx가 도커 컨텍스트를 통해 자동으로 인식한 것이다.

node2를 빌더 노드로 더 추가한다.
빌드 대상 플랫폼은 인텔 32비트 리눅스로 설정한다.

실습 예제 코드 저장소를 복제한 후 folder-list 애플리케이션의 다중 아키텍처 Dockerfile 스크립트가 있는 디렉터리로 이동한다. Buildx를 사용해 각 변종 이미지를 빌드하고 푸시하라.

```
git clone https://github.com/sixeyed/diamol.git

cd diamol/ch16/exercises/folder-list-2/

# 도커 허브 계정 이름을 저장하고 Buildx가 이미지를
# 푸시할 수 있도록 도커 허브에 로그인한다
dockerId=<your-docker-id>

docker login -u $dockerId

# node1과 node2를 모두 사용해 변종 이미지를 동시에 빌드하고 푸시한다
docker buildx build -t "$dockerId/ch16-folder-list-2" --platform linux/amd64,linux/386
--push .
```

어디서든 실행할 수 있는 도커 이미지 만들기 리눅스, 윈도, 인텔, ARM

Buildx로 이미지를 빌드하면 모든 빌더 노드에서 출력하는 메시지가 한꺼번에 섞여 출력되기 때문에 뭔가 대단한 일을 하는 것 같은 느낌이 든다. 그러나 사실은 Buildx가 이미지 빌드, 푸시, 매니페스트 생성과 푸시까지 다 알아서 해 준다. 그림 16-15는 위 실습을 실행한 결과의 끝부분을 발췌한 화면과 도커 허브의 해당 이미지 태그 화면을 보여 준다.

❤ 그림 16-15 Buildx는 여러 빌더에 Dockerfile 스크립트와 빌드 컨텍스트를 나눠 주고 빌드를 지시한 다음, 각 빌더의 로그를 수집하고 빌더에서 빌드된 이미지를 푸시한다.

Buildx는 여러 빌더 노드에 빌드를 지시하고 빌더에서 출력된 내용을 수집한다.
Buildx를 주로 CI 파이프라인에서 실행할 텐데, 이때는 이 로그도 CI 파이프라인 로그로 수집된다.

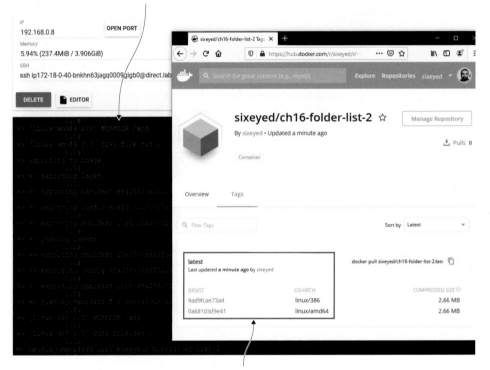

Buildx가 빌더에서 빌드된 이미지와 매니페스트 리스트를 도커 허브에 푸시한다.
이 이미지 태그는 32비트 리눅스와 64비트 리눅스, 두 가지 변종 이미지를 포함한다.

Buildx를 사용하면 간단하게 다중 아키텍처 이미지를 빌드할 수 있다. 빌드 서버마다 원하는 대상 플랫폼을 지정해 두면, 이들 모두에 빌드를 지시할 수 있으므로 대상 아키텍처가 두 가지든 열가지든 빌드 명령은 똑같다. Buildx로 빌드한 후 도커 허브에 푸시한 다중 아키텍처 이미지는 다른 이미지와 한 가지 다른 점이 있는데, 변종 이미지가 자신만의 이미지 태그를 따로 갖지 않고 다중 아키텍처 이미지의 태그 하나만 부여된다는 것이다. 앞 절에서 매니페스트 리스트를 따로 생성해 직접 푸시했던 다중 아키텍처 이미지에서는 변종 이미지가 각각 이미지 태그를 따로 갖고 있었는데, 이런 경우 변종 이미지 가짓수가 많아지면 사용자가 이미지를 구별하기가 어려워진다. 현재로서는 윈도 컨테이너를 꼭 지원할 필요가 없다면 다중 아키텍처 이미지 빌드에 Buildx를 사용하는 것이 가장 좋다.

16.5 / 개발 로드맵과 다중 아키텍처 이미지

지금 당장은 다중 아키텍처 이미지가 필요 없을 수도 있다. 그래도 인내심을 갖고 이번 장을 여기까지 읽어 주어서 고맙게 생각한다. 하지만 다중 아키텍처 이미지의 동작 원리나 빌드 방법은 배워 둘 가치가 있다. 언젠가는 여러분의 개발 로드맵에서 다중 아키텍처가 필요해질 수 있기 때문이다. IoT 장치를 지원해야 하는 프로젝트에 참여하게 되거나 클라우드 운영비를 줄여야 하는 상황에 맞닥뜨리게 될 수도 있다. 그림 16-16은 프로젝트가 발전하면서 다중 아키텍처가 적용되고 변종 이미지도 점점 추가되던 변화의 양상을 정리한 것이다.

▼ 그림 16-16 애초 인텔/리눅스 플랫폼으로 출발했던 주요 프로젝트에서 지원 아키텍처가 점점 늘어났다.

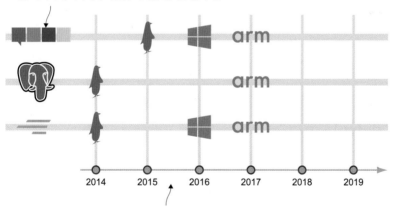

이 그래프는 주요 프로젝트에서 도커 허브에 공개된 공식 이미지에
다중 아키텍처 이미지가 적용된 시기를 정리한 것이다.

이들 프로젝트는 모두 2014년과 2015년 사이에 리눅스 전용으로 시작됐다. 2017년에는
모든 프로젝트에서 ARM 아키텍처를 지원하기 시작했고, Go 언어와 NATS(메시지 큐 시스템)
프로젝트는 2016년부터 윈도 지원을 시작했다. PostgreSQL은 아직 윈도용 공식 이미지를
제공하지 않는다.

Dockerfile 스크립트에 다음 두 가지 사항만 미리 적용해 놓는다면, 큰 어려움 없이 다중 아키텍처 이미지로 전환할 수 있다. 첫 번째는 FROM 인스트럭션에 항상 다중 아키텍처 이미지를 기반 이미지로 지정하는 것이고, 두 번째는 RUN, CMD 인스트럭션에는 특정 운영체제에서만 사용되는 명령어를 사용하지 않는 것이다. 배포 과정 혹은 애플리케이션 시동 과정이 복잡하다면, 이 과정을 애플리케이션 구현 언어와 같은 언어를 사용해 별도의 유틸리티 애플리케이션으로 만든다. 그리고 별도의 빌드 단계에서 이 유틸리티를 컴파일한다.

도커 허브에 게시된 모든 공식 이미지는 다중 아키텍처 이미지다. 그러므로 공식 이미지를 기반 이미지로 사용하는 것이 좋다(아니면 공식 이미지를 기반 이미지로 하는 골든 이미지를 따로 만들어도 좋다). 이 책에 사용된 모든 골든 이미지도 다중 아키텍처 이미지다. 예제가 궁금하다면 예제 코드의 images 디렉터리를 살펴보자. 그럼 다양한 Dockerfile 스크립트 예제를 볼 수 있다. 대체로 현재 사용되는 거의 모든 애플리케이션 플랫폼(Go, Node.js, 닷넷 코어, 자바)은 다중 아키텍처 이미지가 제공되며, 데이터베이스 역시 PostgreSQL이 다중 아키텍처로는 가장 좋은 선택이다.

모든 대상 아키텍처를 제공하는 매니지드 빌드 서비스는 아직 없다. 일부 서비스가 윈도와 리눅스를 모두 지원하지만 ARM 아키텍처는 직접 대책을 마련해야 한다. AWS에서 리눅스, 윈도, ARM 가상 머신에 도커를 설치해 사용하면 비교적 저렴한 비용에 빌드팜을 꾸릴 수 있다. 애저 데브옵스나 깃허브 액션스 같은 매니지드 서비스를 사용해도 좋다. 중요한 점은 언젠가는 다른 아키텍처를 지원해야 할 날이 온다는 사실을 명심하는 것이다. 앞서 설명한 베스트 프랙티스를 준수해 Dockerfile 스크립트를 작성하고, 다중 아키텍처로 전환하려면 빌드 파이프라인을 어떤 절차를 따라 어떻게 수정해야 하는지 알아 두어야 한다.

16.6 / 연습 문제

이번 장의 연습 문제는 다중 아키텍처 이미지를 빌드할 수 있도록 Dockerfile 스크립트를 수정하는 것이다. 앞에서 설명한 베스트 프랙티스를 지키지 않고, 다시 말해 특정 아키텍처용 이미지를 기반 이미지로 사용했거나, 아니면 RUN, CMD 인스트럭션에서 다른 운영체제에 없는 명령어를 사용해 작성한 Dockerfile 스크립트에 다중 아키텍처 지원을 추가하려 할 때 맞닥뜨릴 법한 문제다. 이번 장 예제 코드의 lab 디렉터리에 있는 Dockerfile을 수정해 ARM/리눅스, 인텔/리눅스, 인텔/윈도 플랫폼을 대상으로 이미지를 빌드하면 된다. 다양한 해답이 있겠지만, 다음 힌트를 참고하기 바란다.

- 일부 인스트럭션은 여러 플랫폼에서 동일하게 동작하는 데 비해, RUN 인스트럭션에서 같은 기능을 하는 운영체제 명령은 그렇지 못하다.
- 윈도 명령어와 리눅스 명령어가 같은 것도 있지만, 그렇지 않은 것도 있다. 이 책의 골든 기반 이미지에는 리눅스 명령어를 윈도에서도 사용할 수 있도록 몇 가지 앨리어스를 정의했다.

마찬가지로 이번 장의 예제 코드 ch16/lab 폴더에 나의 해답(Dockerfile.solution 파일)을 올려두었다.

제 **4** 부

운영 환경 투입을 위한 컨테이너 준비하기

이제 더 배울 것이 많지는 않지만, 아직 완전히 익히지 못한 부분이 있다. 마지막 4부에서는 컨테이너화된 애플리케이션을 실제 운영에 투입하기 전 준비 작업에 사용되는 중요한 프랙티스를 다룬다. 주로 도커 이미지 최적화와 애플리케이션을 도커 플랫폼에 통합하는 내용이 될 것이다. 여기서 도커 플랫폼에 애플리케이션을 통합한다는 의미는 애플리케이션 설정 파일을 도커에서 읽어 들이고 애플리케이션 로그를 도커에 출력하는 것을 말한다. 그 외에 리버스 프록시와 메시지 큐를 적용한 설계도 설명한다. 어렵게 들리지만, 도커와 결합하면 강력하고 직관적인 설계가 된다.

17^장

도커 이미지
최적화하기:
보안, 용량, 속도

컨테이너화한 애플리케이션이 클러스터에서 잘 동작하는 것까지 확인했으니 이제 운영 환경에 투입하는 것을 고려할 시기라고 생각할 수도 있겠다. 하지만 좀 더 시간을 들여 적용해야 할 베스트 프랙티스가 아직 남아 있다. 그중에서도 가장 중요한 것은 이미지 최적화다. 이미지가 최적화돼야 이미지 빌드와 배포가 빨라지고, 애플리케이션의 보안이 지켜지며, 비상 출근 없는 안온한 밤을 보낼 수 있기 때문이다(새벽 2시에 서버 디스크 용량의 고갈을 알리는 비상 호출 소리를 들으면서 잠을 깨고 싶지는 않을 것이다). Dockerfile 문법이 간단하고 직관적이긴 하지만, 빌드된 이미지가 최선의 성능을 내려면 겉으로 드러나지 않는 복잡한 내막을 이해해야 한다.

이번 장은 이미지 최적화에 필요한 이미지 포맷의 세부 사항을 설명한다. 앞서 이미지는 이미지 레이어가 합쳐져 구성된다고 배웠던 3장의 내용으로부터 출발하겠다.

17.1 / 도커 이미지를 최적화하는 방법

도커 이미지는 이미 최적화가 상당히 잘된 포맷이다. 이미지끼리 레이어를 최대한 공유하기 때문에 이미지 빌드 시간, 네트워크 트래픽, 디스크 사용량을 아낄 수 있다. 하지만 도커는 데이터를 보수적으로 다룬다. 내려받은 이미지는 명시적으로 삭제하지 않는 한 자동으로 삭제되지 않는다. 그러므로 애플리케이션을 업데이트하기 위해 컨테이너를 교체하면 새로운 이미지를 내려받지만 기존 이미지도 삭제되지 않고 남는다. 그러다 보니 디스크 용량이 순식간에 잠식되는 경우가 많다. 주기적으로 자주 업데이트되는 개발 환경이나 테스트 환경이라면 더욱 그렇다.

> **실습** system df 명령을 사용하면 내려받은 이미지와 컨테이너, 볼륨, 빌드 캐시 등이 점유하는 실제 디스크 용량을 알 수 있다.

```
docker system df
```

도커 엔진에서 오래된 이미지를 제거한 적이 없다면, 아마 출력되는 디스크 용량에 깜짝 놀랄 것이다. 그림 17-1에 나의 환경에서 실행한 결과를 실었다. 결과를 보면 아무 컨테이너도 실행하지 않은 상태인데도 185개 이미지가 7.5GB의 디스크 용량을 점유한 것으로 나온다.

❤ 그림 17-1 사용하지 않는 도커 이미지로 디스크 용량이 쉽게 잠식된다.

이 명령으로 이미지 캐시, 컨테이너 기록 가능 레이어, 볼륨, 빌드 캐시 등
도커에 사용된 이미지 크기를 알 수 있다.

```
PS>docker system df
TYPE                TOTAL         ACTIVE        SIZE
          RECLAIMABLE
Images              185           0             7.509GB
          7.509GB (100%)
Containers          0             0             0B
          0B
Local Volumes       15            0             2.589GB
          2.589GB (100%)
Build Cache         0             0             0B
          0B
PS>
```

현재 컨테이너가 실행 중이 아닌데도 이미지만으로 7.5GB의 디스크 용량을 점유하고 있다.
이 컴퓨터는 16GB 플래시 카드가 장착된 라즈베리 파이이므로 컴퓨터 용량의 반을
이미지가 점유하고 있는 것이다.

이 정도는 차라리 덜한 편이다. 몇 년 넘게 도커를 가동하면서 사용하지 않는 이미지가 수백 GB 나 쌓여 있던 서버를 본 적도 있다. 따라서 주기적으로 docker system prune 명령을 실행해 사용하지 않는 이미지 레이어나 빌드 캐시를 비워 주는 것이 좋다. 예약 작업을 만들어 사용하지 않는 이미지 레이어를 삭제하는 방법도 좋지만, 이미지를 잘 최적화하면 이 문제가 크게 줄어든다. 기술 스택을 최적화하는 작업은 작은 개선을 지속적으로 반복하는 형태가 많다. 하지만 도커에서는 몇 가지 간단한 베스트 프랙티스를 준수하는 것만으로도 큰 폭의 개선이 가능하다.

첫 번째 원칙으로 꼭 필요한 파일만 이미지에 포함시켜야 한다. 당연한 소리처럼 들리지만, 실제 Dockerfile 스크립트를 작성해 보면 사용되지 않을 이미지 파일이나 문서 파일까지 한꺼번에 디렉터리 채로 이미지에 포함시키는 경우가 많다. 꼭 필요한 파일만 이미지에 포함시키는 것이 디스크 용량 절약의 첫걸음이다. 예제 17-1을 보면 첫 번째 Dockerfile 스크립트는 디렉터리 전체를 이미지에 복사하는데, 두 번째 Dockerfile 스크립트는 불필요한 파일을 추려내 삭제하는 단계가 추가됐다.

예제 17-1 불필요한 파일을 제거해 최적화를 시도한 Dockerfile 스크립트

```
# Dockerfile v1 - 전체 디렉터리 구조를 이미지에 복사함
FROM diamol/base
CMD echo app- && ls app && echo docs- && ls docs
COPY . .


# Dockerfile v2 - 불필요한 파일을 별도로 삭제함
FROM diamol/base
CMD echo app- && ls app && echo docs- && ls docs
```

17 도커 이미지 최적화하기: 보안, 용량, 속도

```
COPY . .
RUN rm -rf docs
```

v2 스크립트에서 불필요한 docs 디렉터리를 삭제했으니 이미지 크기가 v1에 비해 작아질 것으로
생각했다면 오산이다. 이미지 레이어는 그런 식으로 동작하지 않는다. 이미지는 이미지 레이어가
쌓여 만들어진다. docs 디렉터리는 COPY 인스트럭션으로 만든 레이어에 그대로 남아 있다. 삭제
레이어에 가려 보이지 않을 뿐이다. 전체 이미지 크기는 전혀 줄어들지 않는다.

실습 앞에 나온 두 Dockerfile 스크립트로 이미지를 빌드해 크기를 비교해 보자.

```
cd ch17/exercises/build-context

docker image build -t diamol/ch17-build-context:v1 .

docker image build -t diamol/ch17-build-context:v2 -f ./Dockerfile.v2 .

docker image ls -f reference= diamol/ch17*
```

v2 이미지의 크기는 v1 이미지의 크기와 차이가 없었다. 그 이유는 rm 명령으로 삭제한 디렉터리
가 실제로 삭제되는 것이 아니기 때문이다. 나의 환경에서 실행한 결과를 그림 17-2에 실었다. 리
눅스 컨테이너이므로 이미지 크기가 그리 크지 않지만, 거의 절반에 달하는 용량을 docs 디렉터
리의 불필요한 파일이 차지한다.

❤ 그림 17-2 하지만 파일을 삭제해도 그 파일을 숨기는 레이어가 추가될 뿐 이미지 크기는 줄어들지 않는다.
파일을 삭제한 v2 이미지의 크기가 v1 이미지와 같다. 이미지는
이미지 레이어가 합쳐져 만들어지는데, 파일이 삭제된 것이 아니라
그다음 레이어가 해당 파일을 가린 것이다.

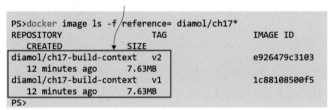

Dockerfile 스크립트의 인스트럭션 하나마다 이미지 레이어가 하나씩 생긴다. 그리고 이 이미지
레이어가 모두 합쳐져 전체 이미지가 된다. 한 번 이미지에 복사된 파일은 이미지에서 뺄 수 없다.
그다음 레이어에서 파일을 지우더라도 파일 시스템에서 숨겨질 뿐 실제로 파일이 삭제되지는 않
는다. 이미지를 최적화할 때 가장 먼저 기억해야 할 점이 바로 이것이다. 다음 레이어에서 불필요

한 파일을 제거해 봐야 소용이 없으며, 각 레이어마다 따로 최적화해야 한다. 그 앞의 이미지 레이어로 컨테이너를 실행해 보면 이를 확인할 수 있다.

> **실습** 캐시에 저장된 레이어로 컨테이너를 실행할 수 있다. 전체 이미지로 실행한 컨테이너와 비교해 보자.

```
# 전체 이미지로 컨테이너를 실행한다
docker container run diamol/ch17-build-context:v2

# 이미지 히스토리에서 삭제 이전 레이어의 식별자를 확인한다
docker history diamol/ch17-build-context:v2

# 삭제 이전 레이어로 컨테이너를 실행한다
docker container run <이전_레이어_식별자>
```

이미지의 마지막 레이어라고 해서 특별할 것은 없다. 이미지 구조 중간에 오는 레이어로도 컨테이너를 실행할 수 있다. 다만 파일 시스템의 내용이 해당 레이어까지만 병합된 상태가 된다. 나의 환경에서 실행한 결과를 그림 17-3에 실었다. 삭제 이전 레이어에서 실행한 컨테이너에 삭제했다고 생각했던 파일이 그대로 남아 있는 것을 볼 수 있다.

▼ 그림 17-3 삭제 레이어가 합쳐지면 삭제된 파일이 가려진다. 하지만 이전 레이어를 뒤져 보면 삭제했던 파일이 그대로 남아 있다.

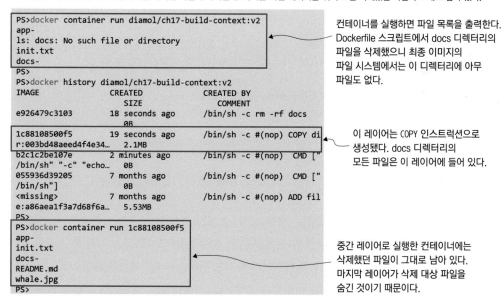

이미지 최적화의 첫 번째 요점이다. 애플리케이션 실행에 필요하지 않은 파일은 이미지에 복사해서는 안 된다. 그 뒤에 오는 인스트럭션에서 불필요한 파일을 지웠다 하더라도 이전 레이어에 그대로 남아 디스크 용량을 차지한다. COPY 인스트럭션에서 꼭 필요한 파일만 골라 복사하는 편이 낫다. 이미지 크기가 줄어든다는 점 외에도 Dockerfile 스크립트가 설치 과정의 참조 문서 역할을 하는 데 도움이 된다. 예제 17-2는 같은 애플리케이션의 v3 버전 Dockerfile 스크립트다. v1 버전과 달라진 것은 전체 디렉터리 구조를 복사하는 대신 서브 디렉터리 app만 복사하는 점이다.

예제 17-2 필요한 파일만 복사하도록 최적화된 Dockerfile 스크립트

```
FROM diamol/base
CMD echo app- && ls app && echo docs- && ls docs
COPY ./app ./app
```

이 스크립트로 이미지를 빌드해 보면 이미지 크기가 줄어들었음을 알 수 있다. 하지만 아직 최적화의 여지가 남아 있다. 도커의 빌드 과정은 엔진에 빌드 컨텍스트(빌드를 실행한 디렉터리)를 압축하고 Dockerfile 스크립트를 함께 보내면서 시작된다. 이러한 빌드 과정 덕분에 로컬 컴퓨터에서 원격 엔진에 이미지 빌드 명령을 내릴 수 있는 것이다. 이 빌드 컨텍스트에는 불필요한 파일이 포함된 경우가 많다. .dockerignore 파일에 불필요한 디렉터리나 파일 목록(와일드카드도 사용할 수 있다)을 기재하면 빌드 컨텍스트에서 이들 파일을 제외할 수 있다.

실습 .dockerignore 파일을 작성해 빌드 컨텍스트의 크기를 줄인 다음 최적화된 이미지를 다시 빌드해 보자.

```
# 최적화된 이미지를 빌드한다고 하지만 컨텍스트에 아직 불필요한 파일이 있다
docker image build -t diamol/ch17-build-context:v3 -f ./Dockerfile.v3 .

# 미리 작성해 둔 ignore 파일의 이름을 바꿔 유효하게 한다
mv rename.dockerignore .dockerignore
cat .dockerignore

# 다시 한 번 똑같이 이미지를 빌드한다
docker image build -t diamol/ch17-build-context:v3 -f ./Dockerfile.v3 .
```

첫 번째 빌드에서는 엔진에 전달된 빌드 컨텍스트의 용량이 2MB였다. 빌드 컨텍스트가 압축되지 않았기 때문에 이 용량은 디렉터리에 든 전체 파일의 용량과 같다. 대부분은 고래 사진 그림 파일의 용량이다. 두 번째 빌드에서는 현재 디렉터리에 빌드 컨텍스트에서 제외할 파일 목록이 정의된 .dockerignore 파일이 있는 상태에서 빌드가 실행됐다. 이때의 빌드 컨텍스트 용량은 4KB에 불과했다. 그림 17-4에서 이 결과를 확인해 보기 바란다.

▼ 그림 17-4 .dockerignore 파일을 활용하면 빌드 컨텍스트 용량과 전송 시간을 모두 줄일 수 있다.

이번 빌드에는 .dockerignore 파일이 없기 때문에
현재 디렉터리의 모든 파일이 빌드 컨텍스트에 포함돼 엔진으로 전달된다.

```
PS>docker image build -t diamol/ch17-build-context:v3 -f .\Docker
file.v3 .
Sending build context to Docker daemon  2.104MB
Step 1/3 : FROM diamol/base
 ---> 055936d39205
                            ...
PS>mv rename.dockerignore .dockerignore
PS>
PS>cat .dockerignore
docs/
Dockerfile*
PS>
PS>docker image build -t diamol/ch17-build-context:v3 -f .\Docker
file.v3 .
Sending build context to Docker daemon  4.608kB
Step 1/3 : FROM diamol/base
 ---> 055936d39205
```

이제 .dockerignore 파일이 있으므로
docs 디렉터리가 빌드 컨텍스트에
포함되지 않는다.

Dockerfile 스크립트에서 사용되지 않은
파일을 제외하니 빌드 컨텍스트 크기가
약 4KB로 감소했다.

.gitignore 파일의 형식은 Git에서 사용되는 .gitignore 파일과 동일하다. 깃허브에서 .gitignore 파일의 템플릿을 내려받은 후 수정해 사용해도 좋다(Dockerfile 스크립트의 경로가 Git 저장소의 최상위 디렉터리라면 저장소 히스토리가 담긴 .git 디렉터리를 .dockerignore 파일에도 추가해야 한다).

이미지에 잘 선별한 파일만 포함시켜야 하는 이유를 잘 알았을 것이다. 이제 화제를 바꿔 기반 이미지에 대해 알아보자.

DOCKER TEXTBOOK

17.2 / 좋은 기반 이미지를 고르는 법

기반 이미지의 크기는 디스크 용량이나 네트워크 전송 시간뿐만 아니라 애플리케이션 보안과도 관계가 깊다. 운영체제 기반 이미지의 크기가 크면 다양한 도구가 포함되기 마련이다. 그러나 이들 도구는 실제 컴퓨터에서는 유용할지 모르지만 컨테이너에서는 보안상의 허점이 되기 쉽다. 예를 들어 운영체제 기반 이미지에 curl이 설치돼 있다면, 애플리케이션 컨테이너에 침입한 공격자

가 curl을 사용해 악의적인 소프트웨어를 컨테이너로 내려받거나 자신의 서버로 여러분의 데이터를 전송할 수도 있다.

애플리케이션 플랫폼 기반 이미지라도 마찬가지다. 자바 애플리케이션은 OpenJDK 공식 이미지를 기반 이미지로 많이 사용한다. 그러나 설정값에 따라 다양한 태그가 부여된 자바 런타임(JRE)과 개발자 키트(JDK) 이미지가 있다. 표 17-1은 다중 아키텍처 이미지로 만들어진 SDK와 최소 버전의 런타임 이미지의 이미지 크기를 비교한 것이다.

▼ 표 17-1 도커 허브에서 게시된 자바 11 버전 이미지 간의 이미지 크기 차이

	:11-jdk	:11-jre	:11-jre-slim	:11-jre-nanoserver-1809
리눅스	296MB	103MB	69MB	
윈도	2.4GB	2.2GB		277MB

도커 허브에서 변종 이미지 목록만 확인해 봐도 리눅스 사용자는 296MB짜리 기반 이미지를 69MB로 줄일 수 있고, 윈도 사용자도 2.4GB에 달하는 기반 이미지를 277MB로 줄일 수 있다. OpenJDK 개발 팀도 가장 호환성이 뛰어나도록 다중 아키텍처 이미지를 신중하게 구성했다. 하지만 애플리케이션에 사용할 때는 크기가 작은 변종 이미지부터 검토해야 한다. 참고 사항이지만 리눅스 컨테이너에는 알파인 리눅스 또는 데비안 슬림 이미지를 기반 이미지로 추천하며, 윈도 컨테이너는 나노 서버(윈도 서버의 모든 기능을 갖춘 윈도 서버 코어의 대체품이다)를 기반 이미지로 사용하는 것이 좋다. 작은 기반 이미지로는 동작하지 않는 애플리케이션도 있겠지만, FROM 인스트럭션에서 기반 이미지를 쉽게 바꿀 수 있으므로 여러 번 테스트하며 적합한 이미지를 찾으면 된다.

이미지 크기는 비단 디스크 용량에만 관계된 것이 아니며, 디스크 활용과도 관계가 깊다. 크기가 가장 큰 OpenJDK 이미지는 자바 SDK 전체가 들어 있다. 따라서 누군가가 컨테이너에 침입했다면 그다음 공격을 이어 나갈 좋은 수단으로 이를 이용할 수 있다. 컨테이너 파일 시스템에서 자바로 코드를 작성한 다음 SDK를 사용해 이를 컴파일하고, 컨테이너 보안을 멋대로 헤집는 애플리케이션을 실행할 수도 있다.

실습 이번 장의 실습 문제 중에는 기본 JDK 이미지를 사용하는 자바 애플리케이션이 있다. 이 애플리케이션은 항상 true를 반환하는 간단한 REST API를 제공한다.

```
cd ch17/exercises/truth-app

# 이미지 빌드 - 베이스 이미지로 :11-jdk 태그가 쓰인다
docker image build -t diamol/ch17-truth-app .

# 애플리케이션을 실행하고 테스트한다
docker container run -d -p 8010:80 --name truth diamol/ch17-truth-app

curl http://localhost:8010/truth
```

지금 실행한 컨테이너는 자바 REST API를 제공한다. 하지만 이 외에도 다른 자바 애플리케이션을 컴파일할 수 있는 모든 도구가 함께 이미지에 포함돼 있다. 공격자가 애플리케이션 내부로 침입해 컨테이너에서 명령을 실행할 수 있게 됐다면, 자신이 원하는 코드를 무엇이든 실행할 수 있다. 이 이미지에 '우연히'도 테스트 코드 파일이 포함돼 있었다면, 공격자가 이 코드를 실행해 애플리케이션의 동작에 영향을 미칠 수 있다.

실습 셀로 API 컨테이너에 접속해 공격자를 가정해 보자. 그리고 JDK를 사용해 테스트 코드를 실행한 다음 애플리케이션의 동작을 다시 확인해 보자.

```
# 셀로 API 컨테이너에 접속하기(리눅스 컨테이너)
docker container exec -it truth sh

# 셀로 API 컨테이너에 접속하기(윈도 컨테이너)
docker container exec -it truth cmd

# 컨테이너 내부에서 자바 테스트 코드를 컴파일하고 실행한다
javac FileUpdateTest.java
java FileUpdateTest
exit

# 컨테이너에서 로그아웃한 후 API를 다시 호출한다
curl http://localhost:8010/truth
```

애플리케이션의 동작이 변화했을 것이다. 테스트 코드에 포함된 픽스처(fixture)가 API의 응답을 false로 바꿨다. 그림 17-5에서 원래 응답과 '해킹' 후의 응답이 달라진 것을 볼 수 있다.

▼ 그림 17-5 SDK 도구를 이미지에 포함시키면 임의의 코드를 실행하는 공격을 허용할 가능성이 있다.

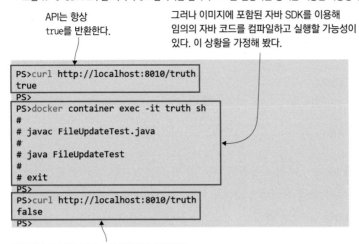

API는 항상
true를 반환한다.

그러나 이미지에 포함된 자바 SDK를 이용해
임의의 자바 코드를 컴파일하고 실행할 가능성이
있다. 이 상황을 가정해 봤다.

```
PS>curl http://localhost:8010/truth
true
PS>
PS>docker container exec -it truth sh
#
# javac FileUpdateTest.java
#
# java FileUpdateTest
#
# exit
PS>
PS>curl http://localhost:8010/truth
false
PS>
```

해킹된 API가 항상 false를 반환하게 바뀌었다.

여기서는 간단한 재현을 위해 이미지에 들어 있던 테스트 코드를 사용했다. 하지만 심한 경우에는 컨테이너를 망가뜨릴 수도 있다. 이미지에 방치한 불필요한 파일이 공격 수단으로 돌변하는 흥미로운 상황이다. 플랫폼에서 컨테이너의 네트워크 접근을 차단하더라도 이 공격은 계속 유효하다. 여기서 배울 점은 기반 이미지가 애플리케이션 실행에 필요한 모든 것을 갖춰야 하지만, 빌드에 필요한 도구를 포함시켜서는 안 된다는 것이다(Node.js나 파이썬 같은 인터프리터 언어는 빌드 도구가 애플리케이션 실행에도 사용되므로 여기에 해당되지 않는다).

골든 이미지(golden image)는 이러한 문제를 피할 수 있는 한 가지 방법이다. 사내에 적합한 기반 이미지를 선택하고 사내용 골든 이미지를 빌드하는 전담 팀을 둘 수도 있다. 이 책에서도 이러한 방법을 사용했다. 이 책에 실린 자바 애플리케이션은 diamol/openjdk 이미지를 기반으로 만들어졌다. 이 이미지는 각 운영체제마다 가장 작은 크기의 이미지에 기반을 둔 다중 아키텍처 이미지다. 직접 만든 골든 이미지는 업데이트 주기를 스스로 결정할 수 있고 골든 이미지 빌드 후에 바로 이어서 애플리케이션 빌드를 진행할 수도 있다. 또한, 앤코어(Anchore) 같은 서드파티 도구를 골든 이미지에 삽입해 빌드 중에 보안 검사를 할 수 있다는 것도 장점이다.

실습 앤코어는 오픈 소스 도커 이미지 분석 도구다. 앤코어의 분석 모듈은 도커 컨테이너에서 실행되는데, 아쉽게도 아직 다중 아키텍처를 지원하지 않는다. 인텔 프로세서에서 리눅스 컨테이너를 사용 중이라면 앤코어를 사용할 수 있다. 만약 지원 대상이 아니라면, Play with Docker 세션을 사용해 이 책의 예제 코드 저장소를 복제한 후 실습을 진행하기 바란다.

```
cd ch17/exercises/anchore

# 앤코어의 모든 구성 요소를 실행한다
docker-compose up -d

# 앤코어가 데이터베이스를 내려받는 데 15분 정도가 걸린다
# 여기서부터는 새 터미널 창을 열어 진행하기 바란다
docker exec anchore_engine-api_1 anchore-cli system wait

# 나의 자바 골든 이미지 Dockerfile 스크립트를 컨테이너로 복사한다
docker container cp "$(pwd)/../../../images/openjdk/Dockerfile" anchore_engine-api_1:/
Dockerfile

# 그리고 이미지와 Dockerfile을 앤코어로 분석한다
docker container exec anchore_engine-api_1 anchore-cli image add diamol/openjdk
--dockerfile /Dockerfile

# 분석 결과를 기다린다
docker container exec anchore_engine-api_1 anchore-cli image wait diamol/openjdk
```

앤코어를 처음 실행하면 먼저 보안 문제점에 대한 데이터베이스를 내려받기 때문에 사용할 수 있을 때까지 조금 시간이 걸린다. 대개 앤코어를 CI/CD 파이프라인에 통합해 사용하므로 데이터베이스를 내려받는 것은 처음 설치했을 때뿐이다. 그리고 wait 명령을 사용해 앤코어의 사용 준비가 끝날 때까지 터미널 세션을 막아 놓았다. 그림 17-6을 보면 OpenJDK 이미지를 분석 대상에 추가했지만, 아직 분석이 끝나지 않았다.

앤코어 분석이 끝나면 이미지에 포함된 다양하고 많은 문제점을 지적해 준다. 이미지에 사용된 오픈 소스 소프트웨어의 라이선스부터 운영체제와 애플리케이션 플랫폼에 대한 상세 정보, 이미지에 포함된 바이너리 파일의 보안 문제까지 알 수 있다. 이렇게 발견된 문제점으로 업데이트된 기반 이미지의 품질을 평가할 수도 있다. 우리 회사에서 사용할 수 없는 오픈 소스 라이선스가 적용됐거나 심각한 취약점을 포함하고 있다면, 해당 업데이트는 적용하지 않으면 된다.

도커 이미지 최적화하기: 보안, 용량, 속도

❤ 그림 17-6 앤코어로 도커 이미지를 분석해 이미지에 포함된 알려진 문제점 파악하기

도커 허브 혹은 전용 레지스트리에 저장된 특정 이미지나
리포지터리 전체를 분석 대상으로 삼을 수 있다. 대상 이미지를
스캔하고 보안 취약점이나 정책 위반 사항을 찾아낸다.

```
PS>docker container exec anchore_engine-api_1 anchore-cli
 image add diamol/openjdk --dockerfile /Dockerfile
Image Digest: sha256:1623b24fe088e0aefcfe499da1b8d72f108e
16dd906ffdfff570736bfbbb1473
Parent Digest: sha256:62a13a1844ec5f6852c71d4b96c9f98f145
9a5fd76d79611a6cff1fe9cbc3ffe
Analysis Status: not_analyzed
Image Type: docker
Analyzed At: None
Image ID: cacf73bc929e94baf2119d8ae984230dcec4ea40332fd93
c30cac7f04ef32691
Dockerfile Mode: Actual
Distro: None
Distro Version: None
Size: None
Architecture: None
Layer Count: None

Full Tag: docker.io/diamol/openjdk:latest
Tag Detected At: 2019-12-11T14:54:45Z


PS>docker container exec anchore_engine-api_1 anchore-cli
 image wait diamol/openjdk
```

응답 내용에서 이미지가 분석 대상에는
포함됐지만, 분석 과정은 백그라운드에서
돌아가며 아직 분석이 끝나지 않은
상태임을 알 수 있다.

이 부분은 대개 CI/CD 파이프라인에서
실행하는 방식이지만, 앤코어의 wait 명령으로
분석이 끝날 때까지 터미널 세션을 막아 놓는
기능을 보이고자 여기서 사용했다.

앤코어는 젠킨스 같은 CI/CD 도구용 플러그인을 제공한다. 이를 사용해 원하는 정책을 파이프라인에 포함시킬 수 있다. 분석 결과는 앤코어 API 컨테이너에 직접 쿼리로 문의할 수 있다.

실습 앞의 실습에서 wait를 포함한 명령 실행이 끝나면 이미지 분석이 완료된 것이다. 애플리케이션 플랫폼 및 이미지에서 어떤 보안 취약점이 발견됐는지 확인해 보자.

```
# 이미지에서 사용된 자바 컴포넌트를 확인한다
docker container exec anchore_engine-api_1 anchore-cli image content diamol/openjdk
java

# 이미지에서 발견된 보안 취약점을 확인한다
docker container exec anchore_engine-api_1 anchore-cli image vuln diamol/openjdk all
```

앤코어의 분석 결과를 출력해 보면, 이미지에 포함된 자바 런타임에 대한 상세 정보와 많은 수의 보안 취약점이 나온다. 이 책을 집필하는 시점에서는 모든 취약점이 경미한 수준이라고 나왔다.

다시 말해 의미 있는 위협이 되지 못한다는 뜻이니 이 이미지를 사용해도 무방할 듯하다. 출력된 내용에는 각 취약점마다 해당 취약점에 대한 자세한 사항을 읽을 수 있는 링크가 같이 달려 있다. 그림 17-7에 나의 환경에서 실행한 분석 결과의 일부를 실었다.

❤️ 그림 17-7 앵코어는 이미지에 포함된 바이너리를 내부 데이터베이스와 대조해 보안 취약점을 찾아낸다.

앵코어는 주요 애플리케이션 플랫폼을 분석할 수 있다. 이 이미지에서
자바 런타임을 찾아내고 그 상세 정보(버전, 설치 경로)를 파악했다.

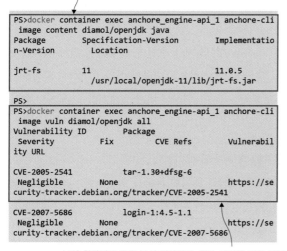

```
PS>docker container exec anchore_engine-api_1 anchore-cli
 image content diamol/openjdk java
Package         Specification-Version        Implementatio
n-Version       Location

jrt-fs          11                           11.0.5
                /usr/local/openjdk-11/lib/jrt-fs.jar

PS>
PS>docker container exec anchore_engine-api_1 anchore-cli
 image vuln diamol/openjdk all
Vulnerability ID        Package
 Severity       Fix          CVE Refs        Vulnerabil
ity URL

CVE-2005-2541           tar-1.30+dfsg-6
 Negligible     None                         https://se
curity-tracker.debian.org/tracker/CVE-2005-2541

CVE-2007-5686           login-1:4.5-1.1
 Negligible     None                         https://se
curity-tracker.debian.org/tracker/CVE-2007-5686
```

보안 취약점도 주요 분석 대상이다. 최소 크기의 기반 이미지이지만
많은 수의 보안 취약점이 발견됐다. 다행히 취약점의 심각도는 모두 높지 않다.

최소 크기의 OpenJDK 기반 이미지로 만든 골든 이미지인 것을 감안하면 그럭저럭 받아들일 수 있는 결과다. openjdk:11-jdk 이미지를 분석한 결과를 보면 훨씬 많은 취약점이 나올 것이다. 그 중 코어 SSL 보안 라이브러리의 '낮음' 등급 하나를 제외하면 대부분은 심각도가 '불명'이다. 이 결과가 만족스럽지 못하다면 OpenJDK 개발 팀이 배포한 공식 이미지라도 더 이상 기반 이미지로 사용하지 않을 수도 있다.

앵코어는 취약점을 분석하는 일개 도구에 불과하다. 비슷한 기능을 제공하는 다른 오픈 소스 소프트웨어(이러한 예로 Clair가 있다)나 도커 레지스트리와 통합해 사용하는 상용 소프트웨어(Aqua가 이런 예다)를 사용해도 된다. 어떤 분석 도구를 사용하더라도 이미지의 보안상 문제점을 이해하는 데 도움이 되고 골든 이미지의 신뢰성을 향상시켜 준다. 애플리케이션 이미지 역시 분석해 볼 수 있다. 모든 애플리케이션 이미지를 반드시 골든 이미지에서 빌드하도록 하는 것도 주요한 보안 정책이다. 이런 방법으로 조직 내부에서 구성하고 검토한 후 승인한 이미지를 무조건 사용하도록 강제할 수 있다.

도커 이미지 최적화하기: 보안, 용량, 속도

17.3 / 이미지 레이어 수와 이미지 크기는 최소한으로

최소한의 크기와 보안성을 갖춘 기반 이미지는 애플리케이션 이미지 최적화의 전제 조건이다. 그 다음으로 할 일은 꼭 필요한 것만 포함하는 이미지를 만드는 것이다. 간단해 보이지만 그리 쉬운 일은 아니다. 소프트웨어를 설치하면 패키지 목록을 캐싱하거나 추천 패키지 등을 함께 설치하기 때문에 대부분의 경우 불필요한 요소나 설치 후 잔재가 발생한다. 따라서 이런 요소까지 확실하게 통제할 수 있어야 한다. 세부적인 내용은 운영체제나 소프트웨어에 따라 다르지만, 기본적인 원칙은 크게 다르지 않다.

실습 데비안 리눅스는 소프트웨어를 설치할 때 패키지 매니저인 APT(Advanced Package Tool)를 사용한다. 이번 실습은 불필요한 패키지를 제거해 패키지 목록을 정리하면 이미지 크기를 얼마나 많이 줄일 수 있는지 확인하기 위한 것이다(이번 실습은 윈도 컨테이너에서 진행할 수 없다. Play with Docker 세션을 대신 사용하기 바란다).

```
cd ch17/exercises/socat

# v1 이미지에서는 평범하게 apt-get 명령으로 패키지를 설치했다
docker image build -t diamol/ch17-socat:v1 .

# v2 이미지에서는 똑같은 패키지를 설치했지만
# 패키지 관리자에 최적화 옵션을 줬다
docker image build -t diamol/ch17-socat:v2 -f Dockerfile.v2 .

# 두 이미지의 크기를 비교한다
docker image ls -f reference=diamol/ch17-socat
```

두 이미지 모두 데비안 슬림 이미지에 추가로 curl과 socat 패키지를 설치했다. 기능적으로는 두 이미지가 동일하다. 하지만 나의 실행 결과를 그림 17-8에서 확인하면 v2 이미지의 크기가 20MB가량 더 작다.

❤ 그림 17-8 소프트웨어 설치를 최적화해서 이미지 크기를 20%가량 줄일 수 있었다.

v2 이미지에서는 패키지를 설치할 때 Out-Null 명령을 사용해
빌드 관련 출력 내용을 숨겼다(리눅스의 /dev/null과 같다).

```
PS> cd ch17/exercises/socat
PS>
PS> docker image build -t diamol/ch17-socat:v1 . | Out-Null
PS>
PS> docker image build -t diamol/ch17-socat:v2 -f Dockerfile.v2 .
 | Out-Null
PS>
PS> docker image ls -f reference=diamol/ch17-socat
REPOSITORY          TAG               IMAGE ID         CREAT
ED          SIZE
diamol/ch17-socat   v2                6a9c527a6a43     8 min
utes ago    73.1MB
diamol/ch17-socat   v1                95a357db49b8     13 mi
nutes ago   92.6MB
PS>
```

기능이 같음에도 최적화의 결과로
이미지의 크기가 20MB가량 줄었다.

패키지 설치 명령에 몇 가지 조정을 가했을 뿐인데 이미지 크기를 이 정도까지 줄였다. 하나는 apt
에서 추천 패키지를 설치하지 않는 옵션을 사용한 것이고, 다른 하나는 설치 단계를 설치 후 패
키지 목록의 캐시도 삭제하는 단계까지 하나의 RUN 인스트럭션으로 합친 것이다. 예제 17-3에서
Dockerfile 스크립트를 어떻게 수정했는지 살펴보자.

예제 17-3 패키지 설치를 통한 최적화 – 좋은 예와 나쁜 예

```
# Dockerfile - 일반적인 방식으로 APT를 사용함
FROM debian:stretch-slim
RUN apt-get update
RUN apt-get install -y curl=7.52.1-5+deb9u9
RUN apt-get install -y socat=1.7.3.1-2+deb9u1

# Dockerfile.v2 - 패키지 설치 과정을 최적화함
FROM debian:stretch-slim
RUN apt-get update \
  && apt-get install -y --no-install-recommends \
    curl=7.52.1-5+deb9u9 \
    socat=1.7.3.1-2+deb9u1 \
  && rm -rf /var/lib/apt/lists/*
```

여러 개의 RUN 인스트럭션을 하나로 합치는 데는 또 다른 장점이 있다. 이미지 레이어 수가 줄어드는 것 자체는 최적화가 아니지만 최대 레이어 수가 제한돼 있기 때문에(운영체제마다 다르지만 주로 127개) 여분의 레이어를 남겨 두는 것도 의미가 있고, 레이어 수가 적으면 컨테이너 파일 시스템의 내용을 추적하기도 훨씬 쉽다. RUN 인스트럭션 마지막에 rm 명령을 사용하면 훨씬 간단하고 Dockerfile 스크립트의 가독성 면에서도 낫다는 의견이 많지만, 앞서도 확인했듯 이 방법은 이미지 크기를 줄이는 데 도움이 되지 못한다.

한 가지 예제를 더 살펴보자. 이번 예제는 모든 플랫폼에 적용할 수 있는 패턴이다. 인터넷에서 압축된 패키지를 내려받아 압축을 해제한 후 설치하는 경우가 많다. 별도의 인스트럭션으로 파일을 내려받는다면 스크립트 작성 자체는 편하겠지만, 나중을 위해 다운로드-압축 해제-삭제까지의 단계를 모두 하나의 인스트럭션에서 수행하도록 하는 것이 좋다.

> **실습** 머신 러닝 데이터 집합이 그러한 좋은 예다. 이들 데이터는 내려받는 용량이 크고 압축을 해제하면 더 큰 용량의 디렉터리 구조가 생기기 때문이다. 이번 실습은 캘리포니아 주립대학교 어바인 캠퍼스(UCI)에서 배포하는 데이터 집합 압축 파일을 내려받는 예제다.

```
cd ch17/exercises/ml-dataset

# v1에서는 압축 파일을 내려받고 압축을 해제한 다음
# 불필요한 파일을 제거했다
docker image build -t diamol/ch17-ml-dataset:v1 .

# v2에서는 압축 파일을 내려받는 것은 같지만
# 필요한 파일만 압축을 해제했다
docker image build -t diamol/ch17-ml-dataset:v2 -f Dockerfile.v2 .

# 이미지 크기를 비교한다
docker image ls -f reference=diamol/ch17-ml-dataset
```

결과적으로 상당한 차이가 났다. 이유는 앞서 다룬 것과 같다. 레이어에 불필요한 파일이 아예 포함되지 않도록 했기 때문이다. 나의 환경에서 실행한 결과는 그림 17-9에 실었다. 두 이미지 모두 내려받은 데이터 집합의 같은 파일을 갖고 있지만, 하나는 크기가 2.5GB이고 다른 하나는 24MB 밖에 되지 않는다.

▼ 그림 17-9 파일을 조금만 신경 써서 다루면 상당한 양의 디스크 용량을 줄일 수 있다.

최초 버전과 v2 버전의 Dockerfile을 사용해 이미지를 빌드했다.
v2 버전에는 압축 해제와 관련한 최적화가 적용됐다.

```
PS>cd ch17/exercises/ml-dataset
PS>
PS>docker image build -t diamol/ch17-ml-dataset:v1 . | Ou
t-Null
PS>
PS>docker image build -t diamol/ch17-ml-dataset:v2 -f Doc
kerfile.v2 . | Out-Null
PS>
PS>docker image ls -f reference=diamol/ch17-ml-dataset
REPOSITORY              TAG              IMAGE ID
       CREATED          SIZE
diamol/ch17-ml-dataset  v1               525a98610556
       About a minute ago    2.48GB
diamol/ch17-ml-dataset  v2               2b3f49a0c1a5
       9 minutes ago         23.9MB
PS>
```

최적화된 v2 버전의 이미지가 용량이 무려 2.46GB나 적다.

보여 주기 위해 억지로 만들어낸 사례가 아니다. 디버깅 편의를 위해 인스트럭션을 분할해 두고 개발 작업을 진행하는 경우는 흔하다. 인스트럭션을 분할해 두면 중간 단계의 레이어로도 컨테이너를 실행할 수 있기 때문에 내려받은 파일을 캐시에 저장한 상태로 이후 인스트럭션을 작성할 수 있다. 하지만 인스트럭션이 하나로 합쳐져 있었다면 매번 파일을 다시 내려받아야 했을 것이다. 그래도 작업이 끝난 후에는 다시 최적화를 해 두어야 한다. 예제 17-4는 최적화를 거친 Dockerfile 스크립트이며 데이터 파일을 복사하는 데 레이어 하나만을 사용했다(다운로드 URL은 생략했지만 예제 코드에서 볼 수 있다).

예제 17-4 압축 파일을 다루는 최적화 기법

```
FROM diamol/base

ARG DATASET_URL=https://archive.ics.uci.edu/.../url_svmlight.tar.gz

WORKDIR /dataset

RUN wget -O dataset.tar.gz ${DATASET_URL} && \
  tar -xf dataset.tar.gz url_svmlight/Day1.svm && \
  rm -f dataset.tar.gz
```

17

도커 이미지 최적화하기: 보안, 용량, 속도

디스크 용량이 가장 많이 절약되는 부분은 압축 파일을 삭제해서가 아니라 필요한 파일만 압축을
해제하기 때문이다. v1 버전에서는 전체 압축 파일을 압축 해제한 다음(2GB의 디스크 용량이 여
기에 쓰였다) 불필요한 파일을 삭제했다. 압축 파일 예제와 패키지 매니저 예제를 봤을 때, 도구의
동작 원리와 기능을 이해해야 레이어 크기를 적절히 제어할 수 있다.

개발 업무의 편의를 유지하면서도 이미지도 함께 최적화할 수 있는 다른 방법이 있다. 파일을 다
루는 단계를 모두 스테이지로 분리해 디스크 용량을 절약하는 멀티 스테이지 빌드다.

17.4 멀티 스테이지 빌드를 한 단계 업그레이드하기

멀티 스테이지 빌드는 4장에서 처음 배운 것으로, 소스 코드를 컴파일하는 빌드 단계와 컴파일된
바이너리와 런타임을 패키징하는 패키징 단계, 이렇게 두 스테이지로 구성된 멀티 스테이지 빌드
를 살펴봤다. 최종 결과 이미지를 최적화하기에 유리했으므로 아주 단순한 이미지가 아니고는 멀
티 스테이지 Dockerfile 스크립트가 베스트 프랙티스였다.

데이터 집합 다운로더 예제를 다시 살펴보자. 이번에는 파일을 다루는 단계를 각각의 스테이지
로 만든다. 예제 17-5는 이런 방법으로 가독성을 개선한 Dockerfile 스크립트다(다운로드 대상
URL은 이번에도 생략했다).

예제 17-5 스크립트 가독성과 이미지 최적화를 모두 고려한 멀티 스테이지 Dockerfile 스크립트

```
FROM diamol/base AS download
ARG DATASET_URL=https://archive.ics.uci.edu/.../url_svmlight.tar.gz
RUN wget -O dataset.tar.gz ${DATASET_URL}

FROM diamol/base AS expand
COPY --from=download dataset.tar.gz .
RUN tar xvzf dataset.tar.gz

FROM diamol/base
WORKDIR /dataset/url_svmlight
COPY --from=expand url_svmlight/Day1.svm .
```

스테이지별로 어떤 단계를 밟는 중인지 이해하기 쉬우면서도 인스트럭션을 줄이느라 복잡하게 명령어를 합칠 필요가 없다. 최종적으로 빌드되는 이미지에는 앞선 단계에서 명시적으로 복사해 온 파일만이 포함되기 때문이다. v3 버전으로 이미지를 빌드해 보면 최적화를 거친 v2 버전의 이미지와 큰 차이가 없다. 그럼에도 디버깅 편의성은 그대로 유지할 수 있다. 멀티 스테이지 Dockerfile 스크립트 역시 원하는 지점까지만 이미지를 빌드할 수 있으므로 파일 시스템의 중간 상태를 확인하고 싶다면 굳이 이미지 레이어 식별자를 찾지 않아도 된다는 장점도 있다.

실습 인자 target의 값을 지정하면 해당 스테이지에서 멀티 스테이지 빌드를 중단할 수 있다. v3 버전 이미지의 빌드를 각 스테이지에서 중단해 보자.

```
cd ch17/exercises/ml-dataset

# v3 버전 이미지를 끝까지 빌드한다
docker image build -t diamol/ch17-ml-dataset:v3 -f Dockerfile.v3 .

# 'download' 스테이지까지만 빌드한다 - Dockerfile은 같고 태그가 달라진다
docker image build -t diamol/ch17-ml-dataset:v3-download -f Dockerfile.v3 --target
download .

# 'expand' 스테이지까지만 빌드한다
docker image build -t diamol/ch17-ml-dataset:v3-expand -f Dockerfile.v3 --target
expand .

# 이미지의 크기를 확인한다
docker image ls -f reference=diamol/ch17-ml-dataset:v3*
```

이 실습을 진행하고 나면 v3 이미지의 두 가지 중간 단계 이미지와 최종 단계 이미지가 빌드된다. 최종 빌드 이미지의 크기는 24MB로, 최적화된 이미지와 같다. 이것으로 보아 멀티 스테이지 빌드로 전환해도 최적화에는 전혀 손해가 없었다. 나머지 이미지는 중간 스테이지에서 빌드를 중단한 이미지다. 디버깅이 필요한 경우 이들 이미지로도 컨테이너를 실행해 파일 시스템 내용을 살펴볼 수 있다. 중단 이미지를 보면 디스크 용량이 어디에 사용됐는지 알 수 있다. 그림 17-10을 보면 'download' 단계의 이미지는 약 200MB이고, 'expand' 단계의 이미지는 2GB가 넘는다.

도커 이미지 최적화하기: 보안, 용량, 속도

❤ 그림 17-10 멀티 스테이지 빌드 중간 단계에서 중단한 이미지를 사용해 파일 시스템 내용을 디버깅하거나 크기를 확인할 수 있다.

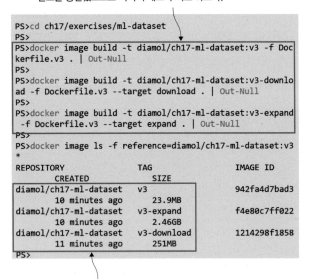

같은 Dockerfile 스크립트로 시작했지만 서로 다른 스테이지에서
빌드를 중단했으므로 이미지 태그가 서로 다르다.

```
PS>cd ch17/exercises/ml-dataset
PS>
PS>docker image build -t diamol/ch17-ml-dataset:v3 -f Doc
kerfile.v3 . | Out-Null
PS>
PS>docker image build -t diamol/ch17-ml-dataset:v3-downlo
ad -f Dockerfile.v3 --target download . | Out-Null
PS>
PS>docker image build -t diamol/ch17-ml-dataset:v3-expand
 -f Dockerfile.v3 --target expand . | Out-Null
PS>
PS>docker image ls -f reference=diamol/ch17-ml-dataset:v3
*
REPOSITORY              TAG            IMAGE ID
        CREATED                SIZE
diamol/ch17-ml-dataset  v3             942fa4d7bad3
        10 minutes ago         23.9MB
diamol/ch17-ml-dataset  v3-expand      f4e80c7ff022
        10 minutes ago         2.46GB
diamol/ch17-ml-dataset  v3-download    1214298f1858
        11 minutes ago         251MB
PS>
```

이미지의 디스크 사용량을 추적하기 편리한 방법이다. download 이미지는
200MB 이상이고 expand 이미지는 2.4GB가 넘었는데, 최종 빌드 이미지는
24MB밖에 되지 않는다.

실습 이번 실습에서는 최소한의 요소만 설치된 젠킨스 이미지를 만들어 볼 것이다. 아직 완전한 이미지가 아니므로 지금 만든 이미지는 정상적으로 실행되지 않는다. Dockerfile 스크립트를 보면, 먼저 젠킨스 자바 배포 파일을 내려받은 다음 최소한의 설정을 적용한다. v2 버전 스크립트는 캐시를 잘 활용하는데, 이미지 내용을 바꿔 보면 이 캐시의 효과를 알 수 있다.

```
cd ch17/exercises/jenkins

# 일반 이미지 v1과 최적화 이미지 v2를 빌드한다
docker image build -t diamol/ch17-jenkins:v1 .
docker image build -t diamol/ch17-jenkins:v2 -f Dockerfile.v2 .

# 두 빌드에서 모두 사용되는 설정 파일을 수정한다
echo 2.0 > jenkins.install.UpgradeWizard.state

# 두 이미지를 다시 빌드하고 빌드 시간을 확인한다
docker image build -t diamol/ch17-jenkins:v1 .
docker image build -t diamol/ch17-jenkins:v2 -f Dockerfile.v2 .
```

2회차 빌드에서는 캐시가 활용된다. v1 스크립트에서는 젠킨스 배포 파일(약 75MB 크기)을 내려받기 전에 설정 파일을 이미지로 복사했다. 그러므로 설정 파일을 수정하면 캐시를 재사용하지 못하고 배포 파일을 다시 내려받아야 한다. 반면 v2 스크립트는 멀티 스테이지 빌드로 구성됐으며, 설정 파일을 이미지로 복사하는 단계가 맨 마지막에 있다. 파워셸의 Measure-Command 명령으로 각 빌드(리눅스에는 기능이 같은 time이라는 명령이 있다)의 실행 시간을 측정했다. 그림 17-11을 보면, 인스트럭션을 잘 배열한 멀티 스테이지 빌드가 처음에는 10초 이상이었지만 1초 이내로 단축됐다.

❤ 그림 17-11 인스트럭션의 순서를 잘 짜는 것만으로도 빌드 시간을 크게 줄일 수 있다.

캐싱된 레이어가 없는 첫 번째 빌드는 10초 이상의 시간이 걸렸다.
v1과 v2의 빌드 시간 차이는 네트워크 상황에 따른 것이다.

```
PS>Measure-Command { docker image build -t diamol/ch17-je
nkins:v1 . } | Select TotalMilliseconds

TotalMilliseconds
-----------------
       16526.0536


PS>Measure-Command { docker image build -t diamol/ch17-je
nkins:v2 -f Dockerfile.v2 . } | Select TotalMilliseconds

TotalMilliseconds
-----------------
       12149.1303


PS>echo 2.0 > jenkins.install.UpgradeWizard.state
PS>
PS>Measure-Command { docker image build -t diamol/ch17-je
nkins:v1 . } | Select TotalMilliseconds

TotalMilliseconds
-----------------
       28675.8448


PS>Measure-Command { docker image build -t diamol/ch17-je
nkins:v2 -f Dockerfile.v2 . } | Select TotalMilliseconds

TotalMilliseconds
-----------------
         391.5283
```

입력 파일의 내용이 수정됐기 때문에 v1 Dockerfile 스크립트의 캐시가 모두 무효화됐다.
따라서 모든 파일을 처음부터 다시 내려받는다. v2는 인스트럭션을 잘 배열한 덕분에
캐시가 무효화되지 않으며 수정된 레이어의 인스트럭션만 다시 실행된다.

캐시를 잘 활용하면 소스 코드를 수정할 때마다 CI/CD 파이프라인에서 시간을 낭비하지 않고도 이미지를 빌드하고 푸시할 수 있다. 하지만 RUN 인스트럭션을 사용해 내려받거나 설치한 다른 소프트웨어처럼 불필요한 요소까지 캐싱하지 않도록 주의해야 한다. 이렇게 캐싱된 소프트웨어는 Dockerfile 스크립트에서 해당 인스트럭션을 수정할 때까지 그대로 캐시에 유지된다. 그리고 이미지에 패키지를 추가할 때는 정확한 버전을 명시해 실행 또는 업데이트 대상을 명확히 한다. 예제 17-3을 보면 apt 명령에서 정확한 버전을 명시했고, 젠킨스 예제에서는 ARG 인스트럭션에서 내려받을 버전을 명시했다. 두 가지 방법 모두 버전을 변경하지 않는 한 캐시를 그대로 활용한다.

17.5 / 최적화가 중요한 이유

이번 장에서는 수정이 쉬운 Dockerfile 스크립트를 위한 간단한 베스트 프랙티스를 몇 가지 살펴봤다. 이 베스트 프랙티스를 정리해 보자.

- 기반 이미지 잘 고르기. 자신만의 골든 이미지를 갖출 수 있다면 이상적이다.
- 아주 간단한 애플리케이션이 아니라면 멀티 스테이지 빌드를 적용한다.
- 불필요한 패키지나 파일을 포함시키지 말고, 레이어 크기를 최소한으로 유지한다.
- Dockerfile 스크립트의 인스트럭션은 자주 수정하는 순서대로 뒤에 오도록 배치해 캐시를 최대한 활용한다.

▼ 그림 17-12 최적화된 이미지는 프로젝트의 생애주기 전체에 걸쳐 긍정적인 영향을 준다.

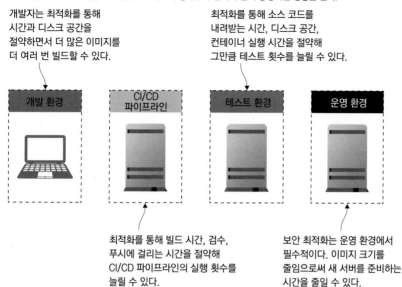

개발자는 최적화를 통해
시간과 디스크 공간을
절약하면서 더 많은 이미지를
더 여러 번 빌드할 수 있다.
최적화를 통해 소스 코드를
내려받는 시간, 디스크 공간,
컨테이너 실행 시간을 절약해
그만큼 테스트 횟수를 늘릴 수 있다.
개발 환경
CI/CD
파이프라인
테스트 환경
운영 환경
최적화를 통해 빌드 시간, 검수,
푸시에 걸리는 시간을 절약해
CI/CD 파이프라인의 실행 횟수를
늘릴 수 있다.
보안 최적화는 운영 환경에서
필수적이다. 이미지 크기를
줄임으로써 새 서버를 준비하는
시간을 줄일 수 있다.

17.6 연습 문제

그럼 지금까지 배운 최적화 기법을 시험해 볼 차례다. 이번 연습 문제의 목표는 도커 명령행 도구를 설치하는 이미지를 최적화하는 것이다. 연습 문제 디렉터리를 보면 리눅스와 윈도 버전의 연습 문제 파일이 있다. 두 스크립트 모두 이미지를 빌드할 수 있는 상태이지만, 빌드된 이미지에 군살이 많다. 이 스크립트를 다음과 같이 수정한다.

- 이미지 파일 시스템을 최적화해서 리눅스 컨테이너는 80MB 이하, 윈도 컨테이너는 330MB 이하가 되도록 하라.
- 이미지 레이어 캐시를 적극 활용해 이미지 빌드 시간을 1초 이내로 단축한다.
- `docker run <image> docker version` 명령을 실행해 도커 명령행의 버전을 출력하는 이미지를 빌드하라(도커 엔진에 접속하지 못하므로 오류를 일으키겠지만, 그래도 버전은 제대로 출력된다).

특별히 힌트는 필요 없겠지만, Dockerfile 스크립트를 수정할 때 좀 더 창의적으로 생각해야 한다. 원래 있던 인스트럭션을 수정하는 것만으로는 목표를 달성하기 어렵다. 그러므로 한 걸음 뒤로 물러서서 문제를 바라보기 바란다.

나의 해답을 같은 디렉터리에 함께 두었다. 이 파일은 깃허브 ch17/lab 폴더에서도 볼 수 있다.

알아야 할 것은 이미 다 배웠다. 이제 실전에 도전할 차례다.

18장

컨테이너의
애플리케이션
설정 관리

애플리케이션은 환경에 따른 설정을 외부로부터 주입받아야 한다. 이 설정은 주로 환경 변수 또는 파일 형태를 갖는다. 도커는 컨테이너에서 실행되는 애플리케이션에 환경을 만들어 주며, 환경 변수를 설정하고 파일 시스템을 구성한다. 이러한 수단만으로도 테스트 단계를 통과한 이미지를 그대로 운영 환경에 배포할 수 있는 유연한 애플리케이션 설정을 만들 수 있다. 이들 기능을 잘 활용해 여러 곳에 분리된 설정값을 병합함으로써 환경 설정을 구성하면 된다.

이번 장에서는 닷넷 코어, 자바, Go, Node.js 애플리케이션에 적합한 설정 관리 방법을 각각의 예제를 통해 설명한다. 이들 중 일부는 설정 관리 기능을 제공하는 라이브러리를 통해 도입되므로 개발의 영역에 속하지만, 나머지는 개발과 운영 사이의 어딘가에 있는 중간 영역에 속하므로 개발 팀과 운영 팀이 함께 설정 모델을 잘 이해하는 것이 중요하다.

18.1 / 다단 애플리케이션 설정

설정 모델은 설정에 담긴 데이터의 구조를 반영해야 한다. 설정 데이터의 종류는 주로 다음 세 가지다.

- **버전에 따라 달라지는 설정**: 모든 환경에서 동일하지만 버전별로 달라지는 설정
- **환경에 따라 달라지는 설정**: 환경별로 달라지는 설정
- **기능 설정**: 버전별로 애플리케이션의 동작을 달리하기 위한 설정

설정 중에는 그리 잘 바뀌지 않는 것도 있고, 일련의 변수가 함께 자주 바뀌는 것도 있으며, 특별히 정해지지 않은 변수끼리 자주 바뀌는 경우도 있다. 그림 18-1은 환경에서 애플리케이션에 주입되는 설정의 예를 나타낸 것이다.

❤️ 그림 18-1 이미지/파일 시스템/환경 변수로 나뉘는 설정의 계층

현재 애플리케이션이 개발 환경 설정으로 동작 중이다. 이 애플리케이션은
설정 모델의 각 층에서 병합돼 만들어진 현재 설정을 보여 주는 설정 API가 있다.

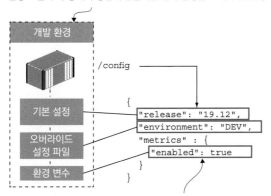

버전에 따라 달라지는 설정값(CI 릴리스 단계 정보)은 이미지의 기본 설정에 포함시킨다.
환경별로 달라지는 설정값(CI 환경 이름)은 컨테이너 파일 시스템에 주입되는 오버라이드
설정 파일에 넣는다. 기능 설정(CI 통계 수집 여부)은 환경 변수 형태로 다룬다.

첫 번째 예제는 설정 관리 라이브러리인 node-config를 사용하는 Node.js 애플리케이션이다.
node-config는 여러 곳에 위치한 파일에서 단계별로 정의된 설정값을 읽어 들이고 병합해 설정
을 구성한 다음 환경 변수로 이 설정을 오버라이드하는 방식으로 설정을 관리한다. 이번 장의 예
제 애플리케이션 access-log에 node-config가 사용됐으며, 다음 두 디렉터리에서 설정을 읽어
온다.

- **config**: 기본 설정으로 도커 이미지에 포함되는 설정
- **config-override**: 이미지에는 포함되지 않지만 볼륨, 컨피그 객체, 비밀값 등을 통해 컨테이
  너 파일 시스템에 주입되는 설정

실습 예제 애플리케이션을 이미지에 포함된 기본 설정으로 실행하라. 그리고 동일한 이미지
를 개발 환경 설정 오버라이드 설정 파일을 적용해 다시 한 번 실행하라.

```
cd ch18/exercises/access-log
```

```
# 이미지에 포함된 기본 설정으로 컨테이너를 실행
docker container run -d -p 8080:80 diamol/ch18-access-log
```

```
# 로컬 오버라이드 설정 파일의 설정을 적용해 컨테이너를 실행
docker container run -d -p 8081:80 -v "$(pwd)/config/dev:/app/configoverride" diamol/
ch18-access-log

# 설정 API로 현재 설정을 확인
curl http://localhost:8080/config
curl http://localhost:8081/config
```

첫 번째 컨테이너는 이미지에 함께 패키징된 기본 설정 파일만을 사용한다. 이 설정 파일에는 릴리스 주기(19.12) 정보와, 프로메테우스 정보 수집을 활성화하는 설정이 담겨 있다. 환경 이름은 UNKNOWN이라고 돼 있다. 이 환경 이름으로 환경별 설정이 제대로 적용되지 않았다는 것도 확인할 수 있다. 두 번째 컨테이너는 로컬 디렉터리를 볼륨으로 연결해 그 안에 있는 오버라이드 설정 파일의 설정을 적용한다. 이 파일은 프로메테우스 정보 수집을 비활성화하고 환경 이름을 설정한다. 두 번째 컨테이너를 대상으로 설정 API를 호출해 보면 동일한 이미지인데도 다른 설정이 적용된 것을 확인할 수 있다. 나의 환경에서는 그림 18-2와 같은 내용이 출력됐다.

미리 정의된 경로에서 오버라이드 설정 파일을 읽어 들이도록 해 두면, 어떤 경로로든 컨테이너 파일 시스템에 설정 파일을 주입하기만 하면 해당 설정을 적용할 수 있다. 여기서는 로컬 바인드를 사용했으나 (10장과 13장에서 배운 것처럼) 클러스터에 저장된 컨피그 객체나 비밀값을 사용해도 같은 결과를 얻을 수 있다. 이러한 방법도 설정 대상이 파일인지 디렉터리인지에 따라 두 가지로 나뉘는데, 디렉터리를 대상으로 하는 방법이 유연성 면에서 더 낫지만(윈도 컨테이너에는 단일 파일을 볼륨으로 마운트하는 기능이 없다), 설정 파일의 이름을 미리 정해진 것만 쓸 수 있다. 이 예제에서는 바인드 대상이 (파일이 하나만 들어 있는) config/dev 디렉터리다. 컨테이너는 이 디렉터리에서 app/config-override/local.json 파일을 찾고 이 파일을 오버라이드 설정 파일로 사용한다.

❤ 그림 18-2 볼륨, 컨피그 객체, 비밀값 등 여러 개의 설정 파일을 병합해 애플리케이션 설정을 직관적으로 구성할 수 있다.

첫 번째 컨테이너는 이미지에   두 번째 컨테이너는 바인드 마운트된 로컬 디렉터리에
포함된 기본 설정 파일을 사용한다.   위치한 오버라이드 설정 파일의 설정을 적용한다.

```
PS>cd ch18/exercises/access-log
PS>
PS>docker container run -d -p 8080:80 diamol/ch18-access-
log
0405197e0c968e6f88217d3898cd940440ab023699fd5dcab19d05554
d82a4b5
PS>
PS>docker container run -d -p 8081:80 -v "$(pwd)/config/d
ev:/app/config-override" diamol/ch18-access-log
0699ab10d2fa9cef9e6cd1aba4397af54d8d486012a03b6eaca8a2784
97e0ca4
PS>
PS>curl http://localhost:8080/config
{"release":"19.12","environment":"UNKNOWN","metricsEnable
d":true}
PS>
PS>curl http://localhost:8081/config
{"release":"19.12","environment":"DEV","metricsEnabled":f
alse}
PS>
```

애플리케이션에 설정 API가 있어서 설정 내용을 확인할 수 있다.
두 번째 컨테이너의 환경 이름과 정보 수집 여부는 오버라이드 설정 파일의
내용이고, 릴리스 주기 정보는 기본 설정 파일의 내용이다.

node-config 패키지에는 환경 변수로부터 설정값을 불러오는 기능도 있다. 이 설정값으로 파일 계층에서 불러온 설정값을 오버라이드할 수 있다. 이 방법은 'The Twelve-Factor App'(https://12factor.net)에서 추천하는 방법이기도 하다. The Twelve-Factor App은 환경 변수에 포함된 설정값을 최우선 순위에 두는 현대적 애플리케이션 설계 스타일을 말한다. 이 방법은 컨테이너를 교체해야만 환경 변수를 수정할 수 있다는 점에서 컨테이너를 '쓰고 버리는' 대상으로 보는 태도를 기르기에도 유용하다. 다만 node-config 패키지에는 조금 비직관적인 부분이 있는데, 환경 변수에 단일 값을 정의하는 대신 JSON 포맷 문자열을 값으로 정의해야 한다는 점이다.

실습 access-log 애플리케이션의 세 번째 컨테이너를 실행하라. 이 컨테이너는 개발 환경 설정을 적용하되 프로메테우스 정보 수집을 활성화해야 한다. 개발 환경 설정 파일은 볼륨 마운트를 통해 주입하며 정보 수집 여부는 환경 변수 설정을 통해 오버라이드한다.

```
cd ch18/exercises/access-log

# 오버라이드 설정 파일과 환경 변수로 설정을 구성해 컨테이너를 실행
docker container run -d -p 8082:80 -v "$(pwd)/config/dev:/app/configoverride" -e NODE_
CONFIG='{\"metrics\": {\"enabled\":\"true\"}}' diamol/ch18-access-log

# 설정 내용을 확인
curl http://localhost:8082/config
```

세 번째 컨테이너의 설정은 이미지에 포함된 기본 설정 파일, 볼륨으로 마운트된 로컬 디렉터리의 오버라이드 설정 파일, 환경 변수를 병합해 만들어진다. 이런 구성은 개발자의 워크플로를 부드럽게 유지할 수 있는 좋은 사례다. 프로메테우스 정보 수집을 비활성화하는(CPU와 메모리 자원을 절약할 수 있다) 기본 설정으로 애플리케이션을 실행하다가, 디버깅을 할 일이 생기면 환경 변수 값만 수정해서 정보 수집을 따로 활성화할 수 있다. 그림 18-3에 나의 환경에서 실행한 결과를 실었다.

▼ 그림 18-3 환경 변수를 통해 특정 기능을 쉽게 설정할 수 있다. 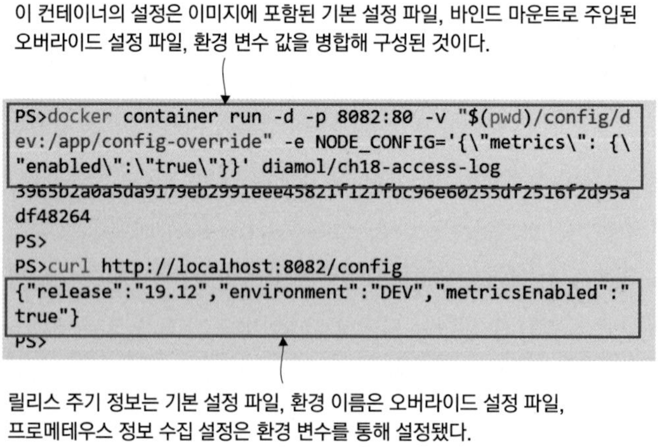
  이 컨테이너의 설정은 이미지에 포함된 기본 설정 파일, 바인드 마운트로 주입된 오버라이드 설정 파일, 환경 변수 값을 병합해 구성된 것이다.

```
PS>docker container run -d -p 8082:80 -v "$(pwd)/config/d
ev:/app/config-override" -e NODE_CONFIG='{\"metrics\": {\
"enabled\":\"true\"}}' diamol/ch18-access-log
3965b2a0a5da9179eb2991eee45821f121fbc96e60255df2516f2d95a
df48264
PS>
PS>curl http://localhost:8082/config
{"release":"19.12","environment":"DEV","metricsEnabled":"
true"}
PS>
```

릴리스 주기 정보는 기본 설정 파일, 환경 이름은 오버라이드 설정 파일, 프로메테우스 정보 수집 설정은 환경 변수를 통해 설정됐다.

이러한 방식이 모든 애플리케이션에 기본적으로 적용하는 핵심 패턴이다. 이 예제를 다시 들여다보면 패턴은 분명하지만, 세부 사항은 더 도드라진다. 이 부분이 배포와 전달 사이에 위치하는 지식의 '회색 지대'다. access-log 애플리케이션은 정해진 경로에 위치한 새로운 설정 파일로 기본 설정 파일의 설정값을 덮어 쓸 수 있다. 또 파일에 정의된 설정값은 모두 환경 변수의 값으로 덮어 쓸 수 있다. 다만, 환경 변수의 값은 JSON 포맷으로 작성된 문자열이어야 한다. 결국 이 JSON 문자열도 YAML로 된 배포 스크립트에 들어갈 것이다. 하지만 이 패턴에는 실수가 일어날 여지가 있다. 다음에 소개할 방법은 설정 관리의 유연성을 조금 희생해 이러한 위험을 해결한 방법이다.

18.2 / 환경별 설정 패키징하기

여러 가지 애플리케이션 프레임워크에서 환경별 설정 파일을 모두 배포에 포함시킬 수 있는 기능을 제공한다. 이 기능을 사용하면 애플리케이션을 실행할 때 환경 이름만 선택해도 해당 환경의 설정을 적용할 수 있다. 애플리케이션 플랫폼이 환경 이름과 일치하는 설정 파일을 읽어 들여 이를 기초로 애플리케이션을 설정한다. 닷넷 코어는 다음과 같은 두 파일로부터 기본 설정값을 읽어 들이는 방식으로 이것이 구현돼 있다.

- **appsettings.json**: 모든 환경에 공통적으로 적용되는 설정
- **appsettings.{환경_이름}.json**: 환경별로 적용되는 오버라이드 설정 파일
- **환경 변수**: 환경 이름 정의 및 오버라이드 설정

이번 장의 예제 코드에는 이 방식으로 모든 설정 파일을 도커 이미지에 포함시킨 버전의 to-do 애플리케이션이 있다. 미리 정해진 환경 변수의 값으로 현재 환경 이름을 지정해 주면 해당 환경의 설정 파일을 다른 파일보다 먼저 읽어 들인다.

> **실습** to-do 애플리케이션을 기본 설정(개발 환경)으로 실행한 다음, 테스트 환경 설정으로 다시 실행하라.

```
# to-do 애플리케이션을 기본 설정으로 실행
docker container run -d -p 8083:80 diamol/ch18-todo-list

# to-do 애플리케이션을 테스트 환경 설정으로 실행
docker container run -d -p 8084:80 -e DOTNET_ENVIRONMENT=Test diamol/ch18-todo-list
```

이 두 컨테이너는 같은 이미지로 실행됐지만, 서로 다른 설정 파일이 적용됐다. 이미지에는 각각 개발, 테스트, 운영 환경용 설정 파일이 들어 있다. 첫 번째 컨테이너의 설정은 appsettings.json과 appsettings.Development.json 파일의 설정이 병합된 것으로, Dockerfile 스크립트에 기본 환경이 개발 환경으로 지정돼 있었기 때문이다. 두 번째 컨테이너의 설정은 appsettings.json, appsettings.Test.json 파일의 설정을 병합한 것이다. 두 파일 모두 이미지에 함께 패키징돼 있으므로 별도의 설정을 외부에서 주입할 필요가 없다. 웹 브라우저에서 http://localhost:8083/diagnostics와 http://localhost:8084/diagnostics에 각각 접근해 개발 환경과 테스트 환경의 설정을 확인한다. 그림 18-4는 나의 환경에서 실행한 결과다.

18

컨테이너의 애플리케이션 설정 관리

❤ 그림 18-4 환경별 설정 파일을 모두 이미지에 포함시키면 환경별로 설정을 전환하기 편리하다.

첫 번째 컨테이너는 이미지에서 기본값으로
설정된 개발 환경 모드로 실행된다.

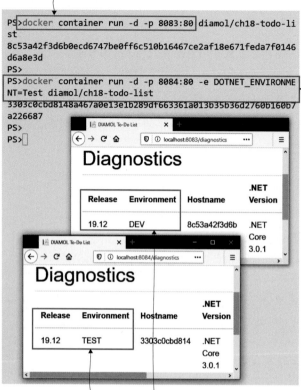

```
PS>docker container run -d -p 8083:80 diamol/ch18-todo-li
st
8c53a42f3d6b0ecd6747be0ff6c510b16467ce2af18e671feda7f0146
d6a8e3d
PS>
PS>docker container run -d -p 8084:80 -e DOTNET_ENVIRONME
NT=Test diamol/ch18-todo-list
3303c0cbd8148a467a0e13e1b289df663361a013b35b36d2760b160b7
a226687
PS>
PS>
```

두 번째 컨테이너는 환경 변수를 사용해
테스트 환경 모드로 실행된다. 테스트 환경용
설정 파일은 이미지에 이미 포함돼 있다.

두 컨테이너 모두 기본 설정 파일에 환경별로 지정된
오버라이드 설정 파일을 병합해 설정을 구성한다.

설정 파일과 소스 코드를 별도의 시스템으로 관리한다면 이런 방법도 유용하다. CI/CD 파이프라인에서 설정 파일을 소스 코드로 가져와 이미지를 빌드하는 방법으로 개발과 설정 관리를 분리할 수 있다. 단점은 이미지에 포함시킬 수 없는 민감한 정보 때문에 여전히 따로 외부에서 컨테이너에 주입해야 하는 정보가 남는다는 것이다. 레지스트리는 항상 외부에 노출될 위험이 있다고 가정하고 보안에 만전을 기해야 한다. 그렇지 않으면 패스워드, API 키 등이 이미지를 통해 평문으로 유출되는 날을 맞을 수 있다.

to-do 애플리케이션에 이 방법이 적용돼 있다. config-overrides 디렉터리가 있는지 확인한 다음, 디렉터리가 존재한다면 이 디렉터리에 들어 있는 파일에서 설정을 읽어 들이고 닷넷 코어의 표준적인 방식에 따라 환경 변수에 들어 있는 설정을 마지막으로 적용한다. 이 방법을 적용하면, 로컬에서 운영 환경 설정을 적용하되 데이터베이스는 로컬 데이터베이스 파일을 바라보도록 애플리케이션을 실행할 수 있다.

to-do 애플리케이션은 이미지에 모든 환경의 설정 파일을 포함하고 있지만, 오버라이드 설정 파일도 사용할 수 있다. 운영 환경 설정으로 애플리케이션을 실행하면 데이터베이스 서버를 찾지 못해 오류를 일으키지만, 오버라이드 설정 파일로 로컬 데이터베이스 파일을 사용하도록 설정할 수 있다.

```
cd ch18/exercises/todo-list
```

```
docker container run -d -p 8085:80 -e DOTNET_ENVIRONMENT=Production -v "$(pwd)/config/
prod-local:/app/config-override" diamol/ch18-todolist
```

웹 브라우저에서 http://localhost:8085/diagnostics에 접속하면 현재 애플리케이션이 운영 환경 모드로 실행됐지만, 오버라이드 설정 파일이 데이터베이스 설정을 변경했기 때문에 PostgreSQL 서버 컨테이너 없이도 애플리케이션이 동작 중임을 확인할 수 있다. 나의 환경에서 실행한 결과를 그림 18-5에 실었다.

❤ 그림 18–5 환경을 지정해 이미지에 포함된 환경별 설정 파일을 사용하더라도 오버라이드 설정 파일을 사용할 수 있다.

이미지에 설정 파일을 포함시키더라도 오버라이드 설정 파일과 환경 변수로
설정을 오버라이드할 수 있다. 이 컨테이너는 운영 환경 모드로 실행됐지만,
오버라이드 파일로 설정을 변경한 상태다.

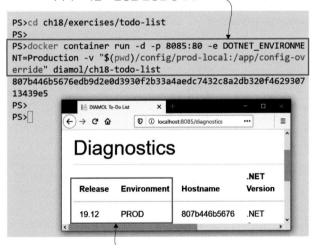

이 컨테이너의 설정은 기본 설정 파일과 환경별 설정 파일, 바인드 마운트로 주입된
오버라이드 설정 파일을 병합해 구성된 것으로, 운영 환경 설정을 기본으로
개발 환경 설정이 일부 포함됐다.

이 컨테이너의 설정은 appsettings.json 파일의 내용을 환경별 설정 파일 appsettings.Production.json과 prod-local 디렉터리에 위치한 오버라이드 설정 파일 local.json의 내용을 병합해 구성한 것이다. Node.js 예제와 비슷한 방법을 사용했으므로 디렉터리명과 파일명이 비

슷하다. 다만, 닷넷 코어에서는 설정을 오버라이드하는 데 환경 변수를 사용한다는 점이 다르다. node-config를 사용하면 환경 변수 값으로 JSON 문자열을 지정해야 설정을 오버라이드할 수 있지만, 닷넷 코어에서는 각각의 환경 변수 형태로 설정을 오버라이드한다는 것도 차이점이다.

실습 앞서와 마찬가지로 운영 환경 설정으로 로컬에서 애플리케이션을 실행하되, 환경 변수를 이용해 릴리스 주기 정보를 오버라이드하라.

```
# 바인드 마운트 및 환경 변수 설정을 적용해 컨테이너를 실행
docker container run -d -p 8086:80 -e DOTNET_ENVIRONMENT=Production -e release=CUSTOM
-v "$(pwd)/config/prod-local:/app/config-override" diamol/ch18-todo-list
```

웹 브라우저에서 http://localhost:8086/diagnostics에 접속하면 릴리스 주기 정보가 환경 변수에서 정의한 값으로 변경된 것을 확인할 수 있다. 나의 환경에서 실행한 결과를 그림 18-6에 실었다.

❤ 그림 18-6 설정 계층별 설정값은 환경 변수를 이용해 오버라이드할 수 있다.

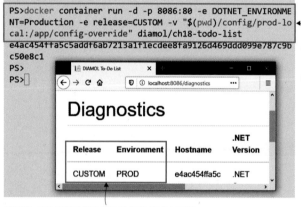

이 컨테이너는 환경 변수의 값을 이용해 릴리스 주기 정보를 오버라이드했다. 환경 변수 값은 모든 설정 파일에 우선한다.

세 개의 설정 파일과 환경 변수의 값을 합쳐 구성한 완전히 새로운 설정이 적용됐다.

이미지에 설정 파일을 모두 포함시키는 방법이 여러 애플리케이션 플랫폼에서 널리 쓰이기는 하지만, 솔직히 말하자면 나는 이 방법을 그리 선호하지 않는다. 스스로 판단하기에 민감하지 않은 정보만을 이미지에 포함시키겠지만, 보안 부서의 판단 기준은 조금 다를 수 있기 때문이다. 서버 이름, URL, 파일 경로, 로그 수준, 캐시 크기까지 생각지도 못한 것이 공격자에게 유용한 정보가 될 수 있다. 잠재적인 민감 정보까지 모두 오버라이드 파일로 옮기고 나면 이미지에 포함시킬 수 있는 설정 정보는 그리 많지 않다. 설정 정보가 소스 코드 형상 관리와 설정 관리로 이원화되는 것도 나는 선호하지 않는다.

컨테이너의 장점은 무엇을 원하든 원하는 패턴을 적용할 수 있다는 점이다. 결정은 여러분의 몫이며, 여러분의 기술 스택에 따라 더 적합한 방식이 있을 수 있다. 여러 기술 스택을 다룬다면 일이 좀 더 복잡해진다. Go 애플리케이션 예제에서 이런 사례를 보게 될 것이다.

18.3 / 런타임에서 설정 읽어 들이기

Go 언어에도 바이퍼(Viper)라는 설정 모듈이 널리 쓰인다. 바이퍼의 기능도 닷넷 코어 라이브러리나 node-config와 크게 다르지 않다. 패키지 목록에 바이퍼를 추가하고, 코드에서 오버라이드 파일을 읽어 올 설정 디렉터리를 지정하기만 하면 된다. 이번 장 예제 코드의 image-gallery 애플리케이션에 바이퍼를 적용했다. 다음에서 알 수 있듯이 다른 예제와 비슷한 설정 계층도 적용된 상태다.

- 이미지에 포함된 config 디렉터리에서 기본 설정 파일을 읽어 들인다.
- 환경별 설정 파일은 config-override 디렉터리에서 읽어 들이는데, 이 디렉터리는 이미지에서는 빈 디렉터리며 파일 시스템 마운트로 외부에서 주입된다.
- 환경 변수는 설정 파일의 설정값을 오버라이드할 수 있다.

바이퍼는 설정 파일 포맷의 선택 범위가 좀 더 넓다. JSON 또는 YAML 등을 사용할 수 있지만, Go 언어에서는 TOML(제안자의 이름이 Tom Preston-Werner다)이 널리 쓰인다. TOML은 코드에서 편리하게 디렉터리를 지정할 수 있기 때문에 JSON이나 YAML보다 가독성 면에서 뛰어나다. 예제 18-1은 TOML로 작성된 image-gallery 애플리케이션의 설정이다.

예제 18-1 TOML을 사용해 설정 파일을 쉽게 관리할 수 있다.

```
release = "19.12"
environment = "UNKNOWN"

[metrics]
enabled = true

[apis]
```

```
[apis.image]
url = "http://iotd/image"

[apis.access]
url = "http://accesslog/access-log"
```

TOML은 특히 클라우드 기반 프로젝트에서 널리 사용되는데, 다른 포맷에 비해 클라우드 환경에서 장점이 더 크기 때문이다. 또한, 가독성이 좋다는 점은 디버깅이 쉬우며 병합 도구를 이용해 버전별 설정의 차이를 확인하기 쉽다는 뜻이기도 하다. 파일 포맷과 이미지에 포함된 기본 설정 파일의 이름이 config.toml이라는 것을 제외하면, 이 애플리케이션의 설정 관리는 Node.js 애플리케이션과 동일하다.

실습 기본 설정을 확인할 수 있도록 설정 변경 없이 애플리케이션을 실행하라.

```
# 컨테이너 실행
docker container run -d -p 8086:80 diamol/ch18-image-gallery

# 설정 API 호출
curl http://localhost:8086/config
```

이 명령을 실행하면 현재 애플리케이션의 설정 내용을 확인할 수 있다. 이 설정은 기본값인 TOML 파일에 기재된 것이다. 나의 환경에서 실행한 결과는 그림 18-7에 실었다. 결과를 보면, 릴리스 주기 정보와 애플리케이션에서 사용하는 API의 기본 URL이 담겨 있다.

▼ 그림 18-7 동작은 하지만 불완전한 설정을 이미지에 포함시키는 방법도 있다.
이 컨테이너의 이미지에는 기본 설정이 담긴 설정 파일 하나가 포함돼 있다.
그러나 이 설정은 실제 환경에서 사용되는 설정이 아니다.

```
PS>docker container run -d -p 8086:80 diamol/ch18-image-g
allery
d2a851fcad0c527200e39fe8dc57008ad285b4cb24ee5f998966a06e4
a277f07
PS>
PS>curl http://localhost:8086/config
{"Release":"19.12","Environment":"UNKNOWN","Metrics":{"En
abled":true},"Apis":{"access":{"Url":"http://accesslog/ac
cess-log"},"image":{"Url":"http://iotd/image"}}}
PS>
```

이 설정은 모든 환경에 공통적으로 사용되지만 버전에 따라
달라지는 설정값이다. 환경 정보의 "UNKNOWN"을 보고 이 설정이
불완전하다는 것을 알 수 있다.

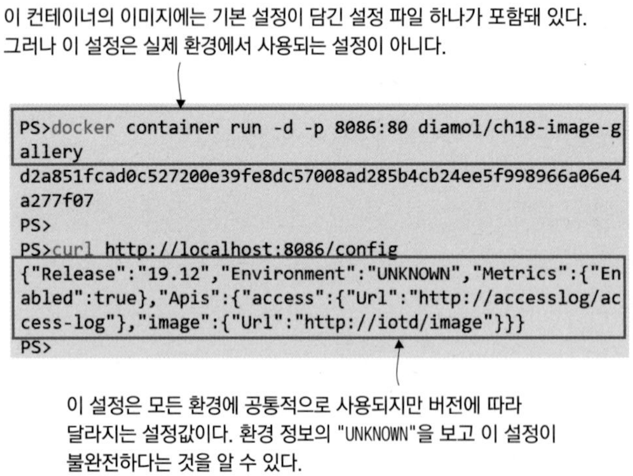

설정 API는 현재 설정 내용이 담긴 JSON 문자열을 반환한다. 애플리케이션에 계층별 설정을 적용했다면 설정 API 기능이 매우 유용할 것이며, 민감한 데이터를 보호하면서도 설정을 디버깅하기 쉽다. 비밀값 등을 사용한 민감 정보를 API를 통해 아무나 보게 할 수는 없는 노릇이므로 설정 API를 만들 때는 다음과 같은 사항을 지켜야 한다.

- 전체 설정을 공개하지 않는다. 민감하지 않은 정보만 선택하되 민감한 정보는 절대 포함시키지 않는다.
- 허가받은 사용자만이 접근할 수 있도록 엔드포인트에 보안을 설정한다.
- 설정 API의 사용 여부를 설정할 수 있도록 한다.

image-gallery 애플리케이션의 설정은 계층별 설정과는 조금 다른 접근법을 취한다. 기본 설정 파일은 이미지에 포함시키고, 환경별 설정 파일은 외부에서 주입한다. 환경별 설정을 환경별 설정 파일에 정의해 기본 설정 파일의 내용을 확장하거나 오버라이드해 전체 설정을 구성하기 위한 방식이다.

실습 오버라이드 파일로 완전한 환경별 설정을 구성해 애플리케이션을 실행하라.

```
cd ch18/exercises/image-gallery

# 로컬 디렉터리를 바인드 마운트해 컨테이너를 실행
docker container run -d -p 8087:80 -v "$(pwd)/config/dev:/app/configoverride" diamol/
ch18-image-gallery

# 설정 내용 확인
curl http://localhost:8087/config
```

그림 18-8에 나의 환경에서 실행한 결과를 실었다. 출력된 설정을 보면, 환경별 오버라이드 설정 파일을 병합해 완전한 개발 환경 설정이 적용됐음을 알 수 있다.

18

컨테이너의 애플리케이션 설정 관리

```
PS>cd ch18/exercises/image-gallery
PS>
PS>docker container run -d -p 8087:80 -v "$(pwd)/config/d
ev:/app/config-override" diamol/ch18-image-gallery
97a73f9b9238e838f8cb6fcd39baf8a7737c9e4407a5daa90ece1e8a5
89dd63c
PS>
PS>curl http://localhost:8087/config
{"Release":"19.12","Environment":"DEV","Metrics":{"Enable
d":false},"Apis":{"access":{"Url":"http://accesslog/acces
s-log"},"image":{"Url":"http://iotd/image"}}}
PS>
```

설정 오버라이드가 적용된 컨테이너.
Node.js 애플리케이션과 마찬가지로
기본 설정 파일과 오버라이드 설정 파일을
병합해 설정을 구성한다.

기본 설정 파일에 개발 환경 오버라이드 설정 파일이 병합돼
완전한 개발 환경 설정이 됐다.

그저 이번 장의 내용을 채우기 위해 조금씩 다른 설정 방법을 설명하는 것은 아니다. 도커는 조직에 처음 도입되면 사용 범위가 급속하게 확산되는 경향이 있다. 그만큼 다양한 애플리케이션을 도커를 사용해 실행하게 될 것이고, 설정도 다양할 것이다. 애플리케이션 플랫폼에서 제공하는 기능이나 일반적으로 따르는 관례에 세세한 차이가 있는 만큼 설정 전략도 조금씩 차이가 날 수밖에 없다. 추상화된 수준에서는 표준적인 전략(이미지에 기본 설정 파일을 포함시키고, 오버라이드 설정 파일을 사용할 수 있게 함)을 따를 수 있지만, 오버라이드 설정 파일이나 환경 변수 형식은 표준화하기 어렵다.

마지막 예제인 Go 애플리케이션에서 이러한 사례를 살펴볼 것이다. 바이퍼 모듈은 환경 변수를 이용해 설정 파일의 설정값을 오버라이드하는 기능을 제공하지만, 세세한 관례는 node-config나 닷넷 코어와 차이가 있다.

> **실습** 환경 변수 오버라이드를 적용해 컨테이너를 실행하라. 이 애플리케이션에서는 이름에 접두사 IG가 붙은 환경 변수만을 설정에 사용한다.

```
cd ch18/exercises/image-gallery

# 환경 변수를 이용한 설정 오버라이드를 적용해 컨테이너를 실행
docker container run -d -p 8088:80 -v "$(pwd)/config/dev:/app/configoverride" -e IG_
METRICS.ENABLED=TRUE diamol/ch18-image-gallery

# 설정 내용 확인
curl http://localhost:8088/config
```

바이퍼의 설정에 사용되는 환경 변수의 이름을 지을 때는 다른 애플리케이션 환경 변수와의 충돌을 피하기 위해 IG라는 접두사를 붙이는 관습이 있다. 여기서는 접두사 IG 뒤로 언더스코어를 추가로 붙이고, 그 뒤의 이름은 점 문법을 따른다(예를 들어 IG_METRICS.ENABLED 환경 변수는 TOML 파일의 metrics 그룹 아래에 위치한 값 enabled에 대응한다). 그림 18-9에 실린 나의 환경에서 실행한 결과를 보면, 기본 설정에 개발 환경 전용 설정을 추가한 다음 여기에 프로메테우스 측정값 수집 설정이 오버라이드됐다.

▼ 그림 18-9 조금씩 차이는 있지만 예제 애플리케이션은 모두 환경 변수를 통해 설정을 적용한다.

Go 애플리케이션 역시 환경 변수를 이용한 설정 오버라이드가 가능하다.
하지만 환경 변수 이름 앞에 이 애플리케이션을 나타내는 접두사
IG를 붙여야 한다.

```
PS>cd ch18/exercises/image-gallery
PS>
PS>docker container run -d -p 8088:80 -v "$(pwd)/config/d
ev:/app/config-override" -e IG_METRICS.ENABLED=TRUE diamo
l/ch18-image-gallery
4104800dff245eb4f94373da778e398818845df7b231588ce5e15abe0
80ceeeb
PS>
PS>curl http://localhost:8088/config
{"Release":"19.12","Environment":"DEV","Metrics":{"Enable
d":true},"Apis":{"access":{"Url":"http://accesslog/access
-log"},"image":{"Url":"http://iotd/image"}}}
PS>
```

기본 설정 파일과 오버라이드 파일, 환경 변수를 합쳐 설정을 완성했다.

세 가지 애플리케이션을 살펴보며 조금씩 다른 세 가지 설정 전략을 알아봤다. 이들 설정 전략 간의 차이점은 애플리케이션 매니페스트에 쉽게 문서화할 수 있고 관리하기도 쉽다. 또 설정 전략이 이미지 빌드나 컨테이너 실행에 큰 영향을 미치지도 않는다. 마지막으로, 설정 라이브러리가 없는 플랫폼에 이러한 설정 전략을 적용하는 사례를 살펴보자. 설정 라이브러리가 없으므로 약간의 수고스러움은 감수해야 한다.

18.4 / 레거시 애플리케이션에 설정 전략 적용하기

레거시 애플리케이션에도 나름 기존의 설정 전략이 있다. 하지만 환경 변수나 설정 파일 병합을 통한 설정 구성은 일반적으로 지원하지 않는다. 윈도 환경의 닷넷 애플리케이션이 그 좋은 예다. 이들 애플리케이션은 특정 경로에 위치한 XML 파일을 설정 파일로 사용하지만, 애플리케이션 루트 디렉터리 외부에 위치한 설정 파일이나 환경 변수의 값을 설정에 도입할 수는 없다. 하지만 Dockerfile 스크립트를 잘 이용하면 이들 애플리케이션에도 우리가 앞서 배운 설정 전략을 적용할 수 있다.

우리가 사용할 방법은 컨테이너에 주입된 설정 파일을 애플리케이션의 설정 전략에 맞춰 변환하는 유틸리티 또는 스크립트를 이미지에 포함시키는 방법이다. 구체적인 구현 방법은 설정 파일 형식이나 애플리케이션 프레임워크에 따라 달라지겠지만, 대체로 다음과 같이 정리할 수 있다.

1. 컨테이너에 지정된 오버라이드 설정 파일을 읽어 들이기

2. 환경 변수에서 오버라이드 설정을 읽어 들이기

3. 오버라이드 설정 파일과 환경 변수 설정을 병합하기. 이때, 환경 변수 값이 우선한다.

4. 병합된 오버라이드 설정을 컨테이너 내 대상 설정 파일에 추가한다.

이번 장의 예제 코드에는 이 설정 전략이 적용된 오늘의 천문 사진 API가 있다. 이 애플리케이션이 완전히 레거시에 해당하지는 않지만, 레거시 패턴대로 이미지가 빌드됐기 때문에 앞서 배운 설정 전략을 적용할 수 없다. 애플리케이션을 시작할 때 미리 설정을 준비해 주는 유틸리티가 있기 때문에 내부 설정 메커니즘이 다르더라도 앞서 본 설정 전략과 같은 방식의 설정을 그대로 사용할 수 있다.

실습 '레거시' 애플리케이션을 기본 설정과 오버라이드 설정 파일을 적용해 각각 실행하라.

```
cd ch18/exercises/image-of-the-day

# 기본 설정으로 실행
docker container run -d -p 8089:80 diamol/ch18-image-of-the-day
```

```
# 바인드 마운트로 주입된 오버라이드 설정 파일을 적용해 실행
docker container run -d -p 8090:80 -v "$(pwd)/config/dev:/configoverride" -e CONFIG_
SOURCE_PATH="/configoverride/application.properties" diamol/ch18-image-of-the-day

# 설정 파일의 내용을 확인
curl http://localhost:8089/config
curl http://localhost:8090/config
```

사용자 입장에서는 다른 애플리케이션과의 큰 차이를 느끼기 어렵다. 환경별 오버라이드 파일이 들어 있는 디렉터리(컨피그 객체나 비밀값도 가능하다)를 바인드 마운트시키고, 추가로 오버라이드 파일 경로를 시작 유틸리티가 참조하는 환경 변수에 지정하면 된다. 기본 설정에 릴리스 주기 정보는 있지만, 환경 정보가 정의돼 있지는 않다. 환경 정보는 오버라이드 파일의 설정이 병합된 두 번째 컨테이너의 설정에서 확인할 수 있다. 나의 환경에서 실행한 결과를 그림 18-10에 실었다.

▼ 그림 18-10 레거시 설정 모델에 맞춰 설정 파일을 변환해 주는 유틸리티가 포함된 애플리케이션. 현대적 설정 모델과 동일한 사용자 경험을 제공한다.

이미지에 포함된 기본 설정
파일의 설정이 적용된다.

바인드 마운트로 주입된 오버라이드 설정 파일을
적용한다. 오버라이드 설정 파일의 경로는
환경 변수를 통해 정의된다.

```
PS>cd ch18/exercises/image-of-the-day
PS>
PS>docker container run -d -p 8089:80 diamol/ch18-image-o
f-the-day
b2ebf9037e712d8321c098325c5bd498b6c7ceeff4ecff06392e33a37
8ee13be
PS>
PS>docker container run -d -p 8090:80 -v "$(pwd)/config/d
ev:/config-override" -e CONFIG_SOURCE_PATH="/config-overr
ide/application.properties" diamol/ch18-image-of-the-day
b465ceeea3f24fdbcc74244e5407d4e37591a6e912dba995643afcc39
c925c3c
PS>
PS>curl http://localhost:8089/config
{"release":"19.12","environment":"UNKNOWN","apodUrl":"htt
ps://api.nasa.gov/planetary/apod?api_key="}
PS>
PS>curl http://localhost:8090/config
{"release":"19.12","environment":"DEV","apodUrl":"https:/
/api.nasa.gov/planetary/apod?api_key="}
PS>
```

기본 설정에는 릴리스 주기
정보가 있지만, 환경 이름은
없다.

오버라이드 설정 파일이 적용된
컨테이너에는 환경 이름 설정이 있다.

애플리케이션과 함께 빌드되는 유틸리티가 레거시 설정 모델에 맞춰 설정 파일을 변환해 준다. 예제 18-2는 Dockerfile 스크립트에서 이 유틸리티를 빌드하는 부분과 애플리케이션 시작 시 유틸리티를 먼저 실행하도록 한 부분을 발췌한 것이다.

```
FROM diamol/maven AS builder
# ...
RUN mvn package

# 설정 변환 유틸리티
FROM diamol/maven as utility-builder
WORKDIR /usr/src/utilities
COPY ./src/utilities/ConfigLoader.java .
RUN javac ConfigLoader.java

# 애플리케이션
FROM diamol/openjdk
ENV CONFIG_SOURCE_PATH="" \
    CONFIG_TARGET_PATH="/app/config/application.properties"

CMD java ConfigLoader && \
    java -jar /app/iotd-service-0.1.0.jar

WORKDIR /app
COPY --from=utility-builder /usr/src/utilities/ConfigLoader.class .
COPY --from=builder /usr/src/iotd/target/iotd-service-0.1.0.jar .
```

여기서 꼭 알아 두어야 할 점은 도커 이미지를 확장해 기존 애플리케이션에 현대적 설정 모델을 도입할 수 있다는 것이다. 애플리케이션 시작 로직을 수정해 실제 애플리케이션이 실행되기 전에 원하는 작업을 수행할 수 있다. 이 작업으로 인해 컨테이너 시작과 애플리케이션 실행 사이에 시간 간격이 생기며, 컨테이너가 실패할 확률도 높아진다(시작 로직에 오류가 있는 경우). 이에 대처할 수 있도록 항상 헬스 체크를 적용해야 한다.

내가 만든 유틸리티는 The Twelve Factor App 스타일을 따라 환경 변수가 설정 파일을 오버라이드하도록 돼 있다. 오버라이드 설정 파일과 환경 변수에 정의된 설정을 병합해 애플리케이션에 정의된 경로에 설정 파일을 만든다. 그리고 바이퍼와 동일하게 다른 설정과 분리하기가 쉽도록 특정한 접두사가 붙은 환경 변수만을 찾는다.

실습 레거시 애플리케이션은 환경 변수를 설정에 사용하지 않지만, 설정 유틸리티가 환경 변수를 읽어 설정 파일로 변환해 주므로 현대적인 애플리케이션과 동일한 사용자 경험을 가질 수 있다.

```
# 오버라이드 설정 파일과 환경 변수 설정을 적용해 컨테이너 실행
docker run -d -p 8091:80 -v "$(pwd)/config/dev:/config-override" -e
```

```
CONFIG_SOURCE_PATH="/config-override/application.properties" -e
IOTD_ENVIRONMENT="custom" diamol/ch18-image-of-the-day

# 설정 내용 확인
curl http://localhost:8091/config
```

이 유틸리티를 사용하면 현대적 설정 모델을 따른 설정 파일을 레거시 애플리케이션에 그대로 적용할 수 있다. 사용자 입장에서는 환경 변수 설정과 오버라이드 설정 파일을 볼륨을 통해 주입하기만 하면 되며, 레거시 애플리케이션 역시 코드를 수정할 필요가 없다. 그림 18-11은 현대적 설정 모델이 적용된 레거시 애플리케이션이다.

▼ 그림 18-11 레거시 애플리케이션에서 현대적 설정 모델처럼 환경 변수를 사용할 수 있다.

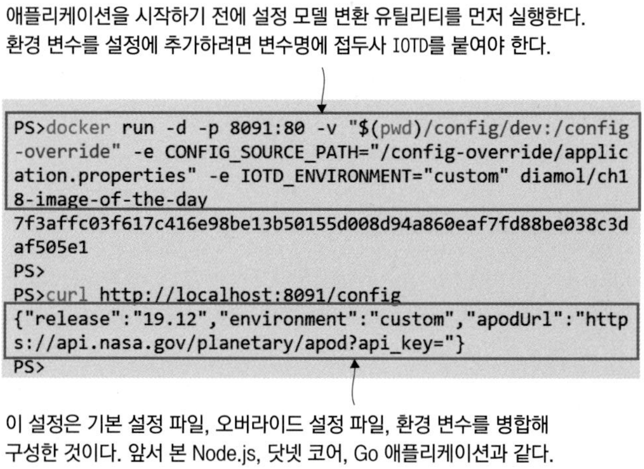

애플리케이션을 시작하기 전에 설정 모델 변환 유틸리티를 먼저 실행한다.
환경 변수를 설정에 추가하려면 변수명에 접두사 IOTD를 붙여야 한다.

```
PS>docker run -d -p 8091:80 -v "$(pwd)/config/dev:/config
-override" -e CONFIG_SOURCE_PATH="/config-override/applic
ation.properties" -e IOTD_ENVIRONMENT="custom" diamol/ch1
8-image-of-the-day
7f3affc03f617c416e98be13b50155d008d94a860eaf7fd88be038c3d
af505e1
PS>
PS>curl http://localhost:8091/config
{"release":"19.12","environment":"custom","apodUrl":"http
s://api.nasa.gov/planetary/apod?api_key="}
PS>
```

이 설정은 기본 설정 파일, 오버라이드 설정 파일, 환경 변수를 병합해
구성한 것이다. 앞서 본 Node.js, 닷넷 코어, Go 애플리케이션과 같다.

이제 image-gallery 애플리케이션의 모든 구성 요소가 동일한 설정 모델을 따르게 됐다. 구성 요소의 표준화가 어느 정도 진행됐지만, 구현상의 차이가 조금씩은 남아 있다. 모든 구성 요소를 오버라이드 설정 파일을 이용해 개발 환경 모드로 실행할 수 있고, 환경 변수의 값을 통해 프로메테우스 정보 수집 여부를 지정할 수도 있다. 실제 설정 방법은 애플리케이션마다 다를 수 있으며, 바로 이 부분이 이번 장 서두에서 설명한 '회색 지대'다. 쉽게 말해, 환경 변수 ENABLE_METRICS=true를 정의한다고 해서 모든 구성 요소에서 프로메테우스 정보 수집이 활성화되지는 않는다. 애플리케이션 플랫폼의 동작이 서로 다르기 때문이다.

문서화를 통해 이러한 혼선을 줄일 수 있다. 그리고 애플리케이션 매니페스트가 이러한 문서 역할을 가장 잘 수행할 수 있다. 이번 장 예제 코드의 컴포즈 파일을 열어 보면, 개발 환경 모드 설정법과 프로메테우스 정보 수집 활성화 등 앞서 설명한 내용이 그대로 적혀 있다. 예제 18-3은 이 컴포즈 파일에서 설정 부분을 발췌한 것이다.

```
version: "3.7"

services:
  accesslog:
    image: diamol/ch18-access-log
    environment:
      NODE_CONFIG: '{"metrics": {"enabled":"true"}}'
    secrets:
      - source: access-log-config
        target: /app/config-override/local.json

  iotd:
    image: diamol/ch18-image-of-the-day
    environment:
      CONFIG_SOURCE_PATH: "/config-override/application.properties"
      IOTD_MANAGEMENT_ENDPOINTS_WEB_EXPOSURE_INCLUDE: "health,prometheus"
    secrets:
      - source: iotd-config
        target: /config-override/application.properties

  image-gallery:
    image: diamol/ch18-image-gallery
    environment:
      IG_METRICS.ENABLED: "TRUE"
    secrets:
      - source: image-gallery-config
        target: /app/config-override/config.toml

secrets:
  access-log-config:
    file: access-log/config/dev/local.json
  iotd-config:
    file: image-of-the-day/config/dev/application.properties
  image-gallery-config:
    file: image-gallery/config/dev/config.toml
```

코드가 조금 길지만, 모두 같은 패턴이라는 것을 보여 주기 위해 한 번에 모아 실었다. Node.js 애플리케이션은 환경 변수의 값에 JSON 문자열을 지정해 프로메테우스 정보 수집을 활성화하며, 오버라이드 설정 파일의 내용도 JSON 포맷으로 돼 있다.

자바 애플리케이션은 환경 변수를 사용해 관리용 API에 노출시킬 정보를 지정하고(프로메테우스로 수집한 정보도 포함시켰다), 키-값 쌍으로 구성된 오버라이드 설정 파일을 불러왔다.

Go 애플리케이션은 간단히 환경 변수 값을 TRUE로 지정해 프로메테우스 정보 수집을 활성화했고, 오버라이드 설정 파일은 TOML 포맷 파일이다. 설정 파일은 비밀값 형태로 전달되지만, 기본적으로 볼륨 마운트나 클러스터에 저장된 컨피그 객체를 사용하는 것과 차이가 없다.

사용자 경험 면에서는 장점과 단점이 모두 존재한다. 장점은 오버라이드 설정 파일의 경로만 변경해 쉽게 환경별 설정을 바꿀 수 있다는 점이고, 단점은 애플리케이션 각각의 특이 사항을 기억해야 한다는 점이다. 대개는 컴포즈 파일을 통해 다양한 설정을 담아내며, 설정을 직접 수정할 일은 그리 많지 않을 것이다. 그보다는 애플리케이션 실행이 훨씬 빈도가 높다.

실습 정해진 설정 사항만으로 애플리케이션 전체 구성 요소를 모두 실행해 보자. 먼저 실행 중인 컨테이너를 모두 제거한 다음 도커 컴포즈를 이용해 애플리케이션을 실행한다.

```
# 컨테이너 모두 제거
docker container rm -f $(docker container ls -aq)

cd ch18/exercises

# 현재 설정대로 전체 애플리케이션 실행
docker-compose up -d

# 설정 API로 설정 내용 확인
curl http://localhost:8030/config
curl http://localhost:8020/config
curl http://localhost:8010/config
```

웹 브라우저로 http://localhost:8010에 접근하면 평범하게 애플리케이션을 사용할 수 있으며, 프로메테우스에서 수집된 정보를 볼 수도 있다(http://localhost:8010/metrics, http://localhost:8030/metrics/, http://localhost:8020/actuator/prometheus). 하지만 실제 설정을 확인하려면 설정 API의 응답을 확인해야 한다.

그림 18-12에 나의 환경에서 실행한 결과를 실었다. 애플리케이션의 모든 구성 요소에서 이미지의 기본 설정 파일에 포함된 릴리스 주기 정보가 설정됐으며, 환경 이름은 오버라이드 설정 파일의 내용을 따랐다. 그리고 프로메테우스 정보 수집 여부는 환경 변수에 설정됐다.

▼ 그림 18-12 컴포즈 파일은 애플리케이션의 설정 모델을 위한 문서 역할도 할 수 있다.

애플리케이션의 모든 구성 요소를 개발 환경 모드로 설정하고, 환경 변수 값으로
프로메테우스 정보 수집을 활성화했다.

```
PS>cd ch18/exercises
PS>
PS>docker-compose up -d
Creating network "exercises_iotd-net" with the default dr
iver
Creating exercises_accesslog_1 ... done
Creating exercises_iotd_1       ... done
Creating exercises_image-gallery_1 ... done
PS>
PS>curl http://localhost:8030/config
{"release":"19.12","environment":"DEV","metricsEnabled":"
true"}
PS>
PS>curl http://localhost:8020/config
{"release":"19.12","environment":"DEV","managementEndpoin
ts":"health,prometheus","apodUrl":"https://api.nasa.gov/p
lanetary/apod?api_key="}
PS>
PS>curl http://localhost:8010/config
{"Release":"19.12","Environment":"DEV","Metrics":{"Enable
d":true},"Apis":{"access":{"Url":"http://accesslog/access
-log"},"image":{"Url":"http://iotd/image"}}}
PS>
```

각 구성 요소의 설정 내용. 릴리스 주기 정보는 기본 설정 파일,
환경 이름은 개발 환경용 오버라이드 설정 파일, 정보 수집 여부는
환경 변수로 설정된 것이다.

컨테이너로 설정 정보를 주입받는 애플리케이션을 만들기 위한 패턴을 이것으로 모두 익혔다. 발
전된 계층별 설정 모델에 대해 좀 더 알아보면서 이번 장을 마무리하자.

18.5 유연한 설정 모델의 이점

11장과 15장에서 도커를 사용한 CI/CD 파이프라인을 살펴본 바 있다. 이 파이프라인의 핵심 설
계는 하나의 이미지를 빌드해 운영 환경까지 이 이미지를 검증하는 배포 과정을 거치는 것이었다.
계층별 설정 모델은 애플리케이션의 동작은 각 환경마다 조금씩 다르게 하면서도 단일 이미지 원
칙을 유지할 수 있게 해 준다.

실무에서는 버전에 따라 달라지는 설정은 이미지에 포함시키고, 환경별로 달라지는 설정은 컨테
이너 플랫폼에서 제공하는 오버라이드 파일을 통해 적용하며, 여기에 환경 변수를 통해 통제하는

기능별 설정도 덧붙일 수 있다. 이러한 설정 모델을 적용하면 운영 환경 이슈에 기민하게 대응할 수 있다. 성능 문제라면 로그 수준을 낮추거나 보안상의 허점이 되는 기능을 비활성화한다거나 하는 식이다. 또 개발자의 로컬 컴퓨터에서 운영 환경과 유사한 환경을 꾸려 버그를 쉽게 재현할 수도 있다.

설정 모델을 적용하는 데 시간을 투자하면, 이렇게 동일한 이미지로 모든 환경에서 애플리케이션을 동작시키는 결과로 보답을 받을 수 있다. 그림 18-13은 CI/CD 파이프라인을 거치고 난 이미지의 생애주기를 정리한 것이다.

▼ 그림 18-13 CI/CD 파이프라인이 이미지를 빌드한 후, 설정 모델을 통해 동일한 이미지의 동작을 달리하며 사용한다.

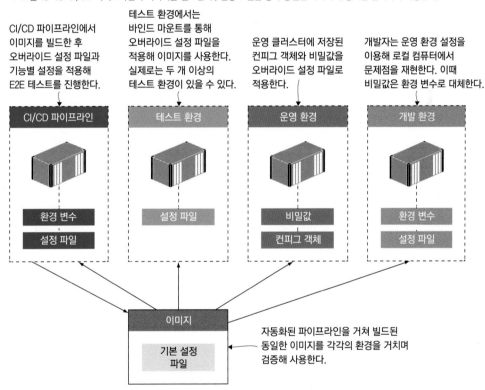

유연한 설정 모델을 갖추려면 지금까지 배운 내용 외에도 가야 할 길이 멀다. 모든 컨테이너 런타임은 컨피그 객체나 비밀값을 컨테이너에 주입하거나 환경 변수를 설정해 주는 기능을 갖추고 있다. 이번 장에서 만든 이미지는 도커 컴포즈, 도커 스웜, 쿠버네티스 환경에서 모두 동일하게 동작한다. 컨테이너 런타임뿐만 아니라 PaaS 서비스나 서버리스 함수 등에도 이러한 설정 파일과 환경 변수를 사용할 수 있다.

18.6 연습 문제

전혀 새로운 애플리케이션에 설정 모델을 적용하려고 하면 너무 막막하게 느껴질 수 있다. 오버라이드 설정 파일을 작성하고 기능별 설정을 완전히 새로 작성하기는 쉽지 않다. 그래서 이번에는 우리가 살펴본 image-gallery 애플리케이션을 그대로 사용하겠다. 연습 문제 디렉터리를 보면 컴포즈 파일이 있는데, 이 컴포즈 파일에 애플리케이션 구성 요소는 정의돼 있지만 설정은 정의돼 있지 않다. 모든 구성 요소에는 다음과 같은 설정을 정의하면 된다.

- 오버라이드 설정 파일은 볼륨을 통해 주입한다.
- 테스트 환경용 설정 파일을 적용한다.
- 릴리스 주기 정보를 "19.12"에서 "20.01"로 변경한다.

이 정도면 그리 어렵지 않을 것이다. 애플리케이션은 수정하지 말고 설정값만 이것저것 건드려 보면 도움이 될 것이다. docker-compose up 명령으로 애플리케이션을 실행하면 http://localhost:8010에서 애플리케이션 동작을 확인할 수 있어야 한다. 그리고 설정 API에서 릴리스 주기 정보가 "20.01"이고, 환경 이름이 TEST인지 확인한다.

나의 해답을 확인하려면 같은 디렉터리에 있는 docker-compose-solution.yml 파일이나 깃허브 ch18/lab 폴더를 참고하기 바란다.

19^장

도커를 이용한
로그 생성 및 관리

로그는 새로운 기술을 배우는 과정에서 가장 지루한 부분이다. 하지만 도커를 이용한 로그는 지루하지 않다. 기본 원칙은 간단하다. 애플리케이션의 로그가 표준 출력 스트림으로 출력되고 있는지만 확인하면 된다. 도커는 표준 출력 스트림을 통해 로그를 수집하기 때문이다. 로그 출력을 확인하는 방법을 몇 가지 배우고 나서 진짜 재미있는 부분이 시작된다. 도커는 플러그인 로깅 프레임워크를 갖추고 있다. 컨테이너에서 로그가 출력 중인지만 확인하면, 도커가 출력된 로그를 원하는 곳으로 전달해 준다. 이 기능을 이용하면 모든 컨테이너의 로그를 중앙 로그 저장소에 저장하고 수집된 로그를 검색하는 UI까지 갖춘 강력한 로깅 모델을 만들 수 있다. 모든 구성 요소는 오픈 소스이며, 컨테이너에서 동작한다.

19.1 표준 에러 스트림과 표준 출력 스트림

도커 이미지는 애플리케이션 바이너리 및 의존성, 그리고 컨테이너를 시작할 때 도커가 실행할 프로세스에 대한 정보 등을 담은 파일 시스템의 스냅샷이다. 컨테이너를 시작할 때 실행되는 프로세스는 포어그라운드로 동작한다. 말하자면, 셸 세션을 시작하고 명령을 하나 입력하는 것과 비슷하다. 입력된 명령이 실행 중인 한, 이 프로세스는 터미널의 입력과 출력을 통제한다. 실행된 프로세스에서 생성한 로그 엔트리는 표준 출력(stdout) 및 표준 오류(stderr) 스트림으로 출력된다. 우리가 터미널에서 애플리케이션의 출력 내용을 볼 수 있는 것은 바로 이 때문이다. 도커는 각 컨테이너의 stdout과 stderr 스트림을 주시하며 스트림을 통해 출력되는 내용을 수집한다. 컨테이너 로그는 바로 이런 방법으로 수집된다.

> **실습** 15장에서 살펴본 timecheck 애플리케이션을 실행해 로그가 수집되는 과정을 어렵지 않게 확인할 수 있다. 이 애플리케이션은 포어그라운드로 동작하며 stdout으로 로그를 출력한다.

```
# 컨테이너를 포어그라운드로 실행
docker container run diamol/ch15-timecheck:3.0

# 확인이 끝나면 Ctrl-C를 눌러 컨테이너를 종료
```

터미널에 로그가 찍히는 것을 볼 수 있다. 그리고 컨테이너가 포어그라운드로 동작하므로 더 이상 명령을 입력할 수 없을 것이다. 지금 상황은 터미널에서 애플리케이션을 실행한 상태와 같다. 몇 초에 한 번씩 현재 시각을 stdout에 출력한다. 나의 환경에서 실행한 결과를 그림 19-1에 실었다.

❤️ 그림 19-1 포어그라운드로 실행된 컨테이너는 종료될 때까지 터미널 세션을 점유한다.

컨테이너가 터미널 세션과 분리되지 않았으므로 로그가
터미널 화면에 출력된다. ────

```
PS>docker container run diamol/ch15-timecheck:3.0
Environment: DEV; version: 3.0; time check: 09:44.57
Environment: DEV; version: 3.0; time check: 09:45.02
Environment: DEV; version: 3.0; time check: 09:45.07
Environment: DEV; version: 3.0; time check: 09:45.12
▊
```

포어그라운드로 실행된 컨테이너는 마치 터미널에서 실행된
──── 프로그램과 같다. 터미널 세션을 컨테이너가 점유하며 사용자가
명령을 입력할 수 없다.

이렇듯 도커가 컨테이너 안에서 프로세스를 실행하고 이 프로세스가 stdout으로 출력한 내용을 로그로 수집하는 구도가 표준적인 컨테이너 운영 모델이다. 자바 런타임, Go 바이너리 등 이 책에서 실행했던 모든 프로그램 역시 이 패턴(애플리케이션 프로세스가 포어그라운드로 실행되고 로그를 stdout(또는 stderr, 두 스트림 모두 같은 식으로 사용할 수 있다)으로 출력하는 패턴)을 따른다. 런타임이 애플리케이션 로그를 출력 스트림으로 내보내면 도커가 이를 수집한다. 그림 19-2에 애플리케이션, 출력 스트림, 도커 간의 관계를 정리했다.

❤️ 그림 19-2 도커는 컨테이너의 출력 스트림을 통해 애플리케이션이 출력한 로그를 수집한다.

애플리케이션은 표준 출력 스트림으로
로그를 내보낸다.

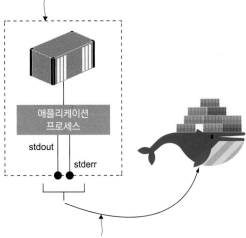

도커는 스트림에서 출력된 내용을
컨테이너 로그로 수집한다.

또한, 터미널 세션과 분리된 컨테이너와 종료된 컨테이너의 로그를 수집할 수 있도록 로그를 JSON 파일로도 저장한다. 이 JSON 파일은 도커가 직접 컨테이너와 동일한 생애주기를 갖도록 관리한다. 즉, 컨테이너가 제거되면 로그 파일도 함께 삭제된다.

실습 조금 전의 이미지로 컨테이너를 실행하되, 터미널 세션과 분리된 백그라운드로 실행해 보자. 그리고 실행된 컨테이너의 로그 내용 및 로그 파일의 경로를 확인하라.

```
# 터미널 세션과 분리된 컨테이너를 실행
docker container run -d --name timecheck diamol/ch15-timecheck:3.0

# 최근 로그 확인
docker container logs --tail 1 timecheck

# 컨테이너 중지 후 로그 확인
docker container stop timecheck
docker container logs --tail 1 timecheck

# 컨테이너 로그 파일 경로 확인
docker container inspect --format='{{.LogPath}}' timecheck
```

도커 데스크톱으로 리눅스 컨테이너를 실행 중이라면, 도커 엔진이 별도로 관리되는 가상 머신 안에서 실행된다는 점에 주의해야 한다. 이 명령에서 출력된 로그 파일의 경로는 이 가상 머신 내부의 경로이므로 이 파일에 직접 접근할 수 없다. 리눅스 환경에서 도커 커뮤니티 에디션을 사용하거나 윈도 컨테이너를 실행했다면, 로그 파일 경로는 로컬 컴퓨터 내부의 경로이므로 로그 파일에 직접 접근할 수 있다. 나의 환경에서 출력한(윈도 컨테이너를 실행했다) 결과를 그림 19-3에 실었다.

▼ 그림 19-3 도커는 컨테이너에서 수집한 로그를 JSON 파일에 저장하며, 이 파일은 로그를 생산한 컨테이너와 같은 생애주기로 관리된다.

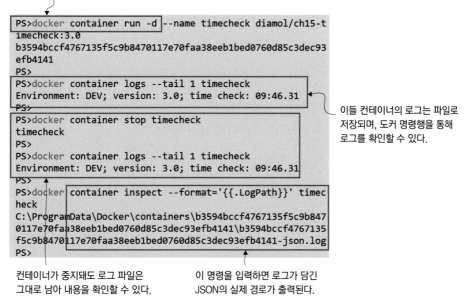

세션과 분리된 컨테이너는
터미널로 로그를 출력하지 않는다.

```
PS>docker container run -d --name timecheck diamol/ch15-t
imecheck:3.0
b3594bccf4767135f5c9b8470117e70faa38eeb1bed0760d85c3dec93
efb4141
PS>
PS>docker container logs --tail 1 timecheck
Environment: DEV; version: 3.0; time check: 09:46.31
PS>
PS>docker container stop timecheck
timecheck
PS>
PS>docker container logs --tail 1 timecheck
Environment: DEV; version: 3.0; time check: 09:46.31
PS>
PS>docker container inspect --format='{{.LogPath}}' timec
heck
C:\ProgramData\Docker\containers\b3594bccf4767135f5c9b847
0117e70faa38eeb1bed0760d85c3dec93efb4141\b3594bccf4767135
f5c9b8470117e70faa38eeb1bed0760d85c3dec93efb4141-json.log
PS>
```

이들 컨테이너의 로그는 파일로
저장되며, 도커 명령행을 통해
로그를 확인할 수 있다.

컨테이너가 중지돼도 로그 파일은
그대로 남아 내용을 확인할 수 있다.

이 명령을 입력하면 로그가 담긴
JSON의 실제 경로가 출력된다.

로그 파일은 구현 세부 사항에 불과하므로 따로 신경 쓸 필요가 없다. 로그 형식도 각각 로그 엔트리, 로그가 수집된 스트림(stderr 또는 stdout), 타임스탬프 값이 문자열로 저장된 JSON 객체로 매우 간단하다. 예제 19-1은 timecheck 컨테이너의 로그 중 일부를 실은 것이다.

예제 19-1 컨테이너 로그는 단순 JSON 객체 형식이다.

```
{"log":"Environment: DEV; version: 3.0; time check:09:42.56\r\n","stream":"stdout","ti
me":"2019-12-19T09:42:56.8142777Z"}
{"log":"Environment: DEV; version: 3.0; time check:09:43.01\r\n","stream":"stdout","ti
me":"2019-12-19T09:43:01.8162961Z"}
```

이 JSON 형식을 고려해야 할 때는 매우 많은 양의 로그를 생산하는 컨테이너가 있고 이 로그의 일정 기간 분량을 관리할 수 있는 파일 구조로 유지해야 할 때뿐이다. 기본적으로 컨테이너마다 JSON 로그 파일 하나가 생성되며, 따로 설정하지 않는 한 디스크 용량이 찰 때까지 이 파일의 크기가 증가한다. 로그 파일에 롤링을 적용하면 설정된 파일 용량에 도달한 후 새 파일에 로그를 다시 수집한다. 또 최대 파일 개수를 설정해 오래된 파일부터 덮어 쓸 수도 있다. 이들 설정은 도커 엔진의 설정이므로 모든 컨테이너에 적용되지만, 컨테이너별 설정도 가능하다. 컨테이너별 로그 설정을 두면 다른 컨테이너의 로그를 그대로 유지하면서 해당 애플리케이션 로그 파일의 크기와 롤링 파일 개수를 조절할 수 있다.

같은 애플리케이션을 로그 옵션을 변경해 다시 실행해 보자. 로그 옵션은 롤링 파일 개수를 세 개로 하고, 각 파일의 최대 크기는 5KB로 한다.

```
# 로그 설정을 변경해 애플리케이션 실행(로그 출력 많음)
docker container run -d --name timecheck2 --log-opt max-size=5k --log-opt max-file=3
-e Timer__IntervalSeconds=1 diamol/ch15-timecheck:3.0

# 몇 분간 대기

# 로그 내용 확인
docker container inspect --format='{{.LogPath}}' timecheck2
```

로그 파일 경로를 보면 여전히 로그 파일은 JSON 파일 하나로 나오지만, 로그 파일명에 접미사를 붙이는 식으로 새로운 파일을 만들며 로그 로테이트가 적용되고 있다. 윈도 컨테이너를 실행 중이거나 리눅스 환경에서 도커 커뮤니티 에디션을 사용 중이라면 로그가 저장되는 디렉터리의 파일 목록을 보고 접미사가 붙은 파일을 확인할 수 있다. 나의 환경에서 실행한 결과를 그림 19-4에 실었다.

▼ 그림 19-4 로그 로테이트를 적용하면 저장된 로그의 수를 원하는 양만큼 조절할 수 있다.

```
PS>docker container run -d --name timecheck2 --log-opt ma
x-size=5k --log-opt max-file=3 -e Timer__IntervalSeconds=
1 diamol/ch15-timecheck:3.0
b1fec71587794095c25d96921f485b5bbb9f762b8875f30c6982f7004
3918168
PS>
PS>docker container inspect --format='{{.LogPath}}' timec
heck2
C:\ProgramData\Docker\containers\b1fec71587794095c25d9692
1f485b5bbb9f762b8875f30c6982f70043918168\b1fec71587794095
c25d96921f485b5bbb9f762b8875f30c6982f70043918168-json.log
PS>
PS>ls C:\ProgramData\Docker\containers\b1fec71587794095c2
5d96921f485b5bbb9f762b8875f30c6982f70043918168\ | select
Name

Name
----
checkpoints
b1fec71587794095c25d96921f485b5bbb9f762b8875f30c6982f7004
3918168-json.log
b1fec71587794095c25d96921f485b5bbb9f762b8875f30c6982f7004
3918168-json.log.1
b1fec71587794095c25d96921f485b5bbb9f762b8875f30c6982f7004
3918168-json.log.2
config.v2.json
hostconfig.json
```

세 개의 파일로 로그 로테이트를 적용하고, 현재 파일 크기가 5KB에 도달하면 다음 파일로 넘어가도록 설정됐다.

컨테이너 정보에는 현재 로그를 출력 중인 하나의 파일 정보만이 나오지만, 파일 세 개를 사용한 로그 로테이트가 적용된다. 세 번째 파일의 크기가 설정된 용량에 도달하면, 첫 번째 파일을 덮어 쓰며 로그를 저장한다.

이 외에도 따로 설정이 가능한 로그 수집 및 전처리 단계가 있다. 조금 전의 실습에서 JSON 파일 구조를 조정하는 로그 전처리 설정을 했는데, 그 외에도 설정을 통해 조정할 수 있는 여지가 많다. 이런 설정을 최대한 활용하려면 모든 컨테이너에서 로그를 생산해야 한다. 컨테이너 중 일부는 조금 더 수고가 필요한 경우도 있다.

19.2 다른 곳으로 출력된 로그를 stdout 스트림에 전달하기

표준 로그 모델을 적용하기 어려운 애플리케이션도 있다. 컨테이너화하더라도 출력 스트림으로 아무 내용도 출력하지 않는 애플리케이션이 특히 그렇다. 윈도 서비스 또는 리눅스 데몬 형태로 동작하는 애플리케이션은 실제 애플리케이션 프로세스가 컨테이너 시작 프로세스와 일치하지 않는다. 또 리눅스의 syslog나 윈도의 이벤트 로그처럼 별도의 로그 프레임워크를 경유해 다른 곳 (로그 관련 용어로 싱크(sink)라고 한다)에 로그를 생산하는 경우도 있다. 이들 모두 컨테이너 시작 프로세스에서 출력되는 로그가 없으므로 도커가 로그를 수집하지 못한다.

실습 예제 코드에는 stdout 스트림 대신 파일로 로그를 출력하도록 수정된 timecheck 애플리케이션이 있다. 이 수정된 버전의 애플리케이션을 실행하면 컨테이너 속 파일 시스템에 로그가 누적되지만 컨테이너 로그는 수집되지 않는다.

```
# 수정된 애플리케이션 실행하기
docker container run -d --name timecheck3 diamol/ch19-timecheck:4.0

# stdout으로 로그가 출력되지 않는 것을 확인
docker container logs timecheck3

# 실행 중인 컨테이너에 터미널 세션 연결(리눅스 컨테이너)
docker container exec -it timecheck3 sh

# 실행 중인 컨테이너에 터미널 세션 연결(윈도 컨테이너)
docker container exec -it timecheck3 cmd
```

```
# 로그 파일 내용 확인
cat /logs/timecheck.log
```

이 명령을 실행해 보면, 애플리케이션이 로그를 생성하고 있는데도 컨테이너 로그가 수집되지 않는다. 나의 환경에서 실행한 결과는 그림 19-5에 실었다. 로그 내용을 확인하기 위해 컨테이너와 연결된 터미널 세션을 열고 로그 파일 내용을 화면에 출력했다.

▼ 그림 19-5 애플리케이션이 출력 스트림으로 로그를 내보내지 않으면 컨테이너 로그가 수집되지 않는다.

이번 버전은 로그를 stdout 스트림 대신 파일에 저장하도록 수정됐다.

```
PS>docker container run -d --name timecheck3 diamol/ch19-
timecheck:4.0
ce86bf8c303a256c471b058f96d2981f1851198bbf33916bea6cbee40
47a49ca
PS>
PS>docker container logs timecheck3
PS>
PS>docker container exec -it timecheck3 sh
#
# cat /logs/timecheck.log
2019-12-19 10:30:54.481 +00:00 [INF] Environment: DEV; ve
rsion: 4.0; time check: 10:30.54
2019-12-19 10:30:59.476 +00:00 [INF] Environment: DEV; ve
rsion: 4.0; time check: 10:30.59
```

컨테이너 로그가 수집되지 않는다. 이 애플리케이션의 로그를 보려면
컨테이너에 터미널 세션을 연결해 파일 시스템에서 파일 내용을 확인해야 한다.

이 애플리케이션에서 컨테이너 로그가 수집되지 않는 이유는 애플리케이션은 표준 출력 스트림이 아닌 채널을 사용해 로그를 출력하는데 도커는 표준 출력 스트림을 통해서만 로그를 수집하기 때문이다. 도커는 표준 출력 스트림 외의 싱크로부터 로그를 수집할 수 없다.

이런 애플리케이션에서 컨테이너 로그를 수집하려면, 로그 파일의 내용을 읽어 표준 출력으로 내보내 주는 별도의 프로세스를 컨테이너 시작 명령에서 실행하면 된다. 이 별도의 프로세스는 셸 스크립트 또는 간단한 유틸리티 등 어떤 형태라도 무방하다. 다만, 컨테이너 시작 시퀀스에서 마지막으로 실행된 프로세스이기만 하면 된다. 그러면 이 프로세스의 표준 출력 스트림으로 연결된 로그를 도커가 수집할 수 있다. 그림 19-6은 이러한 구도를 정리한 것이다.

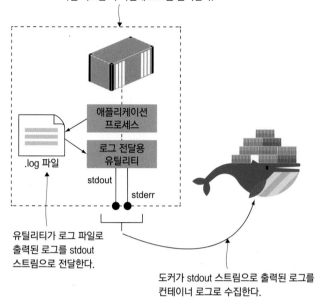

❤ 그림 19-6 파일로 출력된 로그를 전달해 줄 유틸리티를 이미지에 함께 포함시켜야 한다.

애플리케이션 프로세스는 컨테이너
파일 시스템 속 파일에 로그를 출력한다.

애플리케이션
프로세스

로그 전달용
유틸리티

.log 파일

stdout

stderr

유틸리티가 로그 파일로
출력된 로그를 stdout
스트림으로 전달한다.

도커가 stdout 스트림으로 출력된 로그를
컨테이너 로그로 수집한다.

이 방법에도 단점은 있다. 로그 전달용 유틸리티는 포어그라운드로 동작하므로 이 프로세스가 종료되면 애플리케이션과 함께 컨테이너까지 종료되기 때문에 유틸리티는 오류를 일으키지 않도록 세심하게 작성해야 한다. 이와 반대 상황도 일어날 수 있다. 애플리케이션이 오류로 종료돼도 포어그라운드로 동작 중인 로그 전달 유틸리티가 계속 실행 중이므로 컨테이너도 그대로 실행된다. 따라서 헬스 체크를 적용하지 않는 한 컨테이너의 이상 상태를 감지할 수 없게 된다. 마지막 단점은 디스크 사용 효율이 떨어진다는 점이다. 특히 다량의 로그를 생성하는 애플리케이션이라면, 컨테이너 파일 시스템과 도커 호스트 컴퓨터의 디스크 용량을 많이 점유한다.

이런 단점에도 불구하고 이 패턴은 꽤 유용하다. 애플리케이션이 포어그라운드로 동작하고 로그를 표준 출력 스트림으로 내보낼 수 있다면 표준 로그 모델을 사용하는 것이 가장 좋지만, 백그라운드로 동작하는 애플리케이션, 로그 설정에 개입할 여지가 없는 상황이라면 앞에서 설명한 단점을 모두 감수하고 다른 컨테이너와 같이 로그를 수집하는 편이 더 낫다.

이 패턴을 적용해 파일에 출력된 로그를 stdout 스트림으로 내보내는 유틸리티를 추가한 timecheck 애플리케이션을 예제 코드에서 볼 수 있다. 예제 19-2는 이 애플리케이션의 멀티 스테이지 빌드 스크립트 중 마지막 단계를 발췌한 것이다. 리눅스와 윈도에서 서로 다른 시작 명령을 사용하므로 주의하기 바란다.

```
# 애플리케이션 이미지
FROM diamol/dotnet-runtime AS base
...
WORKDIR /app
COPY --from=builder /out/ .
COPY --from=utility /out/ .

# 윈도 컨테이너
FROM base AS windows
CMD start /B dotnet TimeCheck.dll && dotnet Tail.dll /logs timecheck.log

# 리눅스 컨테이너
FROM base AS linux
CMD dotnet TimeCheck.dll & dotnet Tail.dll /logs timecheck.log
```

앞의 두 CMD 인스트럭션은 하는 일이 같다. 먼저 닷넷 애플리케이션을 백그라운드로 실행하는데, 백그라운드 실행을 위한 문법에서 앰퍼샌드 개수에 차이가 있다(윈도: 두 개, 리눅스: 한 개). 그리고 닷넷 유틸리티 tail을 실행한다. tail은 로그 파일을 감시하다가 새로운 내용이 추가되면 그때마다 해당 내용을 stdout 스트림으로 전달해 컨테이너 로그로 수집되도록 하는 역할을 한다.

실습 새로운 버전의 이미지로 컨테이너를 실행하라. 그리고 실행한 컨테이너에서 컨테이너 로그가 수집되는지, 그리고 컨테이너 속 파일 시스템의 파일에도 로그가 출력되는지를 확인하라.

```
# tail 유틸리티와 함께 컨테이너 실행
docker container run -d --name timecheck4 diamol/ch19-timecheck:5.0

# 컨테이너 로그 수집 여부 확인
docker container logs timecheck4

# 컨테이너에 터미널 세션 연결(리눅스)
docker container exec -it timecheck4 sh

# 컨테이너에 터미널 세션 연결(윈도)
docker container exec -it timecheck4 cmd

# 컨테이너 파일 시스템의 로그 파일 확인
cat /logs/timecheck.log
```

이제 컨테이너 로그가 잘 수집된다. stdout 스트림으로 로그 내용을 전달하는 별도의 프로세스를 실행하는 등 번거로운 과정을 거치면서 길을 돌아오긴 했지만, 컨테이너가 실행되면 모든 것이 투명해진다. 이 방법의 단점은 로그를 전달하는 과정과 함께 로그가 두 번 저장되면서 연산 능력과 디스크 용량이 낭비된다는 점이다. 나의 환경에서 실행한 결과를 그림 19-7에 실었다. 결과를 보면 컨테이너 파일 시스템에 여전히 로그 파일이 존재하는 것을 알 수 있다.

▼ 그림 19-7 로그 전달 유틸리티를 통해 애플리케이션 로그를 도커에 전달했다. 그러나 로그를 두 번 저장하므로 그만큼 디스크 용량이 낭비되는 것이 단점이다.

애플리케이션은 백그라운드로 실행되며, 로그 전달 유틸리티는
포어그라운드로 실행돼 애플리케이션 로그를 stdout을 통해 내보낸다.

```
PS>docker container run -d --name timecheck4 diamol/ch19-
timecheck:5.0
c8e3a10d17bdb10014acb32795129d61ae8318835acac2d29cc69e7e9
7499566
PS>
PS>docker container logs timecheck4
Init
2019-12-19 10:53:03.448 +00:00 [INF] Environment: DEV; ve
rsion: 5.0; time check: 10:53.03
2019-12-19 10:53:08.444 +00:00 [INF] Environment: DEV; ve
rsion: 5.0; time check: 10:53.08
PS>
PS>docker container exec -it timecheck4 sh
#
# cat /logs/timecheck.log
Init
2019-12-19 10:53:03.448 +00:00 [INF] Environment: DEV; ve
rsion: 5.0; time check: 10:53.03
2019-12-19 10:53:08.444 +00:00 [INF] Environment: DEV; ve
rsion: 5.0; time check: 10:53.08
```

컨테이너 파일 시스템 내 로그 파일에서도 애플리케이션 로그를 볼 수 있다.

이번 예제에서는 여러 플랫폼을 지원하고자 커스텀 유틸리티를 사용해 로그를 출력 스트림으로 전달했다. 리눅스 표준 명령인 tail을 사용해도 무방하지만, 윈도에는 tail을 대체할 수 있는 명령이 없다. 따라서 어떤 유형의 싱크도 stdout 스트림에 연결할 수 있는 커스텀 유틸리티가 유연성 면에서 더 뛰어나다. 이 커스텀 유틸리티는 애플리케이션 로그가 쌓이는 위치가 도커 엔진이 접근하지 못하는 컨테이너 내부더라도 제 역할을 다할 수 있다.

모든 이미지에서 컨테이너 로그를 수집할 수 있는 준비가 끝났다면, 모든 컨테이너에서 수집된 로그를 종합할 수 있는 도커의 플러그인 로깅 시스템을 적용해 볼 차례다.

19.3 컨테이너 로그 수집 및 포워딩하기

2장에서 컨테이너의 내용물과 상관없이 어떤 환경에서든 컨테이너를 다루는 방법(컨테이너를 시작하고 종료하는 방법, 컨테이너의 상태를 확인하는 방법)은 동일하다고 설명했었다. 이러한 특성은 애플리케이션 아키텍처에 통합 로깅 시스템을 도입할 때 특히 유용하다. 이번에는 가장 널리 쓰이는 오픈 소스 로깅 시스템인 fluentd를 예제로 통합 로깅 시스템의 도입 과정을 살펴볼 것이다.

fluentd는 통합 로깅 계층이다. 통합 로깅 계층은 다양한 곳에서 생성되는 로그를 모으고, 필터링과 가공을 거쳐 다시 여러 대상으로 수집된 로그를 포워딩하는 역할을 한다. fluentd 프로젝트는 클라우드 네이티브 컴퓨팅 재단(Cloud Native Computing Foundation, CNCF)에서 관리한다. CNCF는 쿠버네티스, 프로메테우스, 도커의 컨테이너 런타임 등의 다양한 프로젝트를 함께 관리한다. fluentd는 성숙도가 높으면서도 매우 유연한 시스템이다. fluentd를 컨테이너로 실행하고 다른 컨테이너에서 일반적인 JSON 파일 대신 fluentd 로깅 드라이버를 사용하도록 하면, 이들 컨테이너에서 생성되는 로그가 fluentd 컨테이너로 전송된다.

실습 fluentd는 설정 파일을 통해 로그 처리 내용을 정의할 수 있다. 로그를 수집해 stdout으로 그대로 출력하도록 설정된 fluentd 컨테이너를 실행해 보자. 그다음에는 fluentd 컨테이너로 로그를 전송하는 timecheck 컨테이너를 실행하라.

```
cd ch19/exercises/fluentd

# 설정 파일과 표준 포트를 적용한 fluentd 컨테이너를 실행
docker container run -d -p 24224:24224 --name fluentd -v "$(pwd)/conf:/fluentd/etc" -e
FLUENTD_CONF=stdout.conf diamol/fluentd

# fluentd 로그 드라이버가 설정된 timecheck 애플리케이션 컨테이너 실행
docker container run -d --log-driver=fluentd --name timecheck5 diamol/ch19-
timecheck:5.0

# timecheck 컨테이너의 로그를 확인
docker container logs timecheck5

# fluentd 컨테이너의 로그를 확인
docker container logs --tail 1 fluentd
```

timecheck 애플리케이션 컨테이너의 로그를 확인하려 하면 오류 메시지가 나타날 것이다. 로깅
드라이버 중에는 컨테이너에서 직접 로그 내용을 보여 주지 않는 것도 있다. 이번 실습에서 애플
리케이션 로그는 fluentd가 수집하며, 수집한 로그를 stdout 스트림에 출력하도록 설정됐다. 따
라서 fluentd 컨테이너에서 timecheck 컨테이너의 로그를 볼 수 있다. 나의 환경에서 실행한 결과
를 그림 19-8에 실었다.

▼ 그림 19-8 fluentd는 다른 컨테이너의 로그를 수집한다. 수집한 로그는 저장하거나 stdout을 통해 다시 내보낼 수 있다.

PS>cd ch19/exercises/fluentd
PS>

PS>docker container run -d -p 24224:24224 --name fluentd
-v "$(pwd)/conf:/fluentd/etc" -e FLUENTD_CONF=stdout.conf
diamol/fluentd
3bdcebb6b318b0030df77ef603d6bdbe52f87e60bda9d49592fa2af00
7606563
PS>

fluentd 컨테이너를 실행한다.
이 컨테이너는 24224번 포트를
주시하며 로그를 전달받고, 수집한
로그를 stdout 스트림으로 그대로
출력하도록 설정됐다.

PS>docker container run -d --log-driver=fluentd --name ti
mecheck5 diamol/ch19-timecheck:5.0
5b950139ff8766414c3a801804a07a70d337a5752606fa7b8e7ce7190
ff61b16
PS>

fluentd 로깅 드라이버를 사용하는
애플리케이션 컨테이너를 실행한다.
이 컨테이너의 로그는 fluentd
컨테이너의 24224번 포트로 전달된다.

PS>docker container logs timecheck5
Error response from daemon: configured logging driver doe
s not support reading
PS>

PS>docker container logs --tail 1 fluentd
2019-12-19 11:57:36.000000000 +0000 5b950139ff87: {"conta
iner_name":"/timecheck5","source":"stdout","log":"2019-12
-19 11:57:36.810 +00:00 [INF] Environment: DEV; version:
5.0; time check: 11:57.36","container_id":"5b950139ff8766
414c3a801804a07a70d337a5752606fa7b8e7ce7190ff61b16"}
PS>

fluentd 컨테이너는 수집한 로그를
stdout 스트림에 그대로 출력하도록
설정됐으므로 timecheck
애플리케이션의 로그를 fluentd
컨테이너에서 볼 수 있다.

fluentd 로깅 드라이버를 사용하면 애플리케이션
컨테이너에서 로그를 볼 수 없다.

fluentd는 수집한 로그에 자체 메타데이터를 추가해 저장한다. 이 메타데이터에는 컨테이너 ID
와 이름 등이 포함된다. fluentd는 전체 애플리케이션의 로그를 수집하는 역할을 하므로 수집된
로그의 컨텍스트를 파악하기 위해 이러한 메타데이터가 필요하다. fluentd에서 수집한 로그를 그
대로 stdout 스트림으로 출력한 이유는 fluentd의 동작을 쉽게 이해하기 위해서다. 수집된 로그
는 대개 중앙 데이터 스토어로 전송된다. NoSQL 문서 데이터베이스로 유명한 일래스틱서치 등
이 로그 데이터 스토어로 널리 쓰인다. 일래스틱서치에 로그를 저장하고 로그 검색 UI 및 기능을
제공하는 키바나(Kibana)를 함께 사용하는 것이 일반적이다. 그림 19-9는 이러한 로깅 모델을 나
타낸 것이다.

도커를 이용한 로그 생성 및 관리

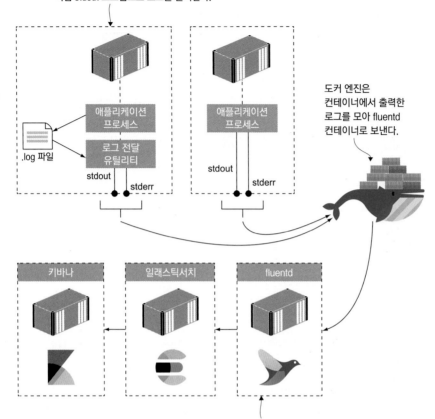

❤ 그림 19-9 중앙 집중식 로그 모델은 모든 컨테이너의 로그를 fluentd 컨테이너로 모아 로그를 처리하고 저장한다.

애플리케이션 컨테이너는 로그 전달 유틸리티를 경유하거나
직접 stdout 스트림으로 로그를 출력한다.

도커 엔진은
컨테이너에서 출력한
로그를 모아 fluentd
컨테이너로 보낸다.

애플리케이션
프로세스

로그 전달
유틸리티

.log 파일

애플리케이션
프로세스

stdout

stderr

stdout

stderr

키바나

일래스틱서치

fluentd

fluentd는 수집된 로그를 필터링하거나 메타데이터를 추가해 일래스틱서치에
저장한다. 키바나는 일래스틱서치에서 데이터를 검색하는 검색 UI 역할을 한다.

실습 모든 컨테이너를 제거한 후 fluentd-elasticsearch-kibana 로깅 컨테이너를 실행한다.
그다음에는 fluentd 로그 드라이버가 설정된 timecheck 애플리케이션 컨테이너를 실행하라.

```
docker container rm -f $(docker container ls -aq)

cd ch19/exercises

# 로그 관련 스택 실행
docker-compose -f fluentd/docker-compose.yml up -d

docker container run -d --log-driver=fluentd diamol/ch19-timecheck:5.0
```

일래스틱서치가 완전히 실행될 때까지 잠시 기다린 후, 웹 브라우저 주소창에 http://localhost:5601을 입력해 키바나에 접근한다. 키바나 화면에서 **Discover** 탭을 클릭하면 검색을 수행할 문서 집합의 이름을 물을 것이다. 그림 19-10과 같이 fluentd*를 입력한다.

▼ 그림 19-10 일래스틱서치에 저장된 문서의 집합을 색인이라고 한다. fluentd는 별도의 색인을 따로 만들어 사용한다.
> 키바나는 일래스틱서치에 저장된 문서를 검색한다. 그러려면 어떤 문서를 대상으로 할지
> 먼저 정해야 한다. fluentd가 저장한 로그는 fluentd로 시작하는 이름을 가진 색인에 저장된다.

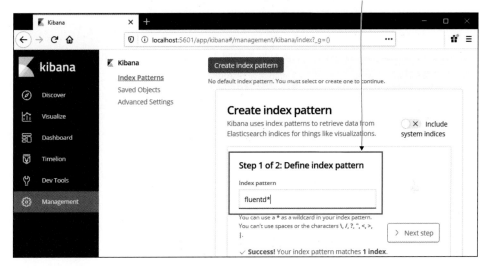

그다음 화면에서 시간 필터를 적용할 필드를 지정한다. 그림 19-11과 같이 @timestamp를 입력한다.

▼ 그림 19-11 fluentd가 이미 일래스틱서치에 데이터를 저장했으므로 fluentd에서 저장한 데이터의 필드 이름을 키바나에서 볼 수 있다.
> 데이터에 시간 필드가 있다면 시간 범위를 지정해 문서를 필터링할 수 있다.
> fluentd는 @timestamp 필드에 타임스탬프 값을 저장한다.

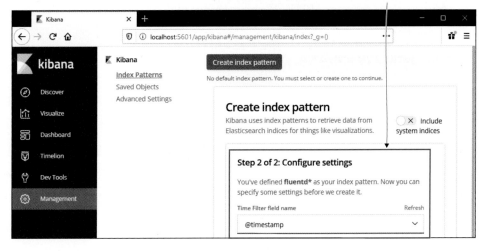

키바나 설정은 자동으로 진행할 수도 있지만, 일래스틱서치와 관련 기술에 익숙하지 않은 독자를 위해 자동 설정을 사용하지 않았다. 설정 단계를 직접 살펴보는 편이 도움이 될 것이다. fluentd 가 수집한 모든 로그는 일래스틱서치에서 fluentd-{날짜}라는 이름의 문서 집합에 저장된다. 키 바나에서 이렇게 저장된 모든 문서를 한눈에 볼 수 있다. 기본 탭인 **Discover** 탭을 보면 시간에 따라 생성된 문서의 수를 나타낸 막대그래프를 볼 수 있으며, 막대를 클릭하면 해당 시간에 생성된 문서의 상세 내용을 볼 수 있다. 이 실습에서 볼 수 있는 문서는 timecheck 애플리케이션의 로그 한 건에 해당한다. 키바나에서 본 데이터 화면을 그림 19-12에 실었다.

▼ 그림 19-12 일래스틱서치-fluentd-키바나 기술 스택을 이용하면 수집하고 저장된 컨테이너 로그를 쉽게 검색할 수 있다.

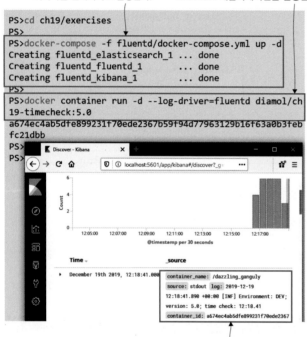

키바나를 사용하면 모든 컨테이너의 로그 중에서 특정 키워드를 포함하는 로그를 검색하거나 시간 등을 기준으로 로그를 필터링할 수 있다. 9장에서 배웠던 그라파나와 유사한 대시보드 기능도 제공하며, 이 기능을 이용해 애플리케이션별 로그 건수나 오류 로그 건수 등을 한눈에 파악할 수 있다. 일래스틱서치는 수평 확장이 매우 용이하므로 운영 환경에서 생성되는 대량의 로그를 처리하는 데 적합하다. 그리고 터미널에서 끝없는 로그를 스크롤하는 것보다 fluentd로 모든 컨테이너의 로그를 모아 한꺼번에 보는 것이 훨씬 낫다.

실습 모든 구성 요소 컨테이너에 fluentd 로깅 드라이버를 적용해 image-gallery 애플리케이션을 실행해 보자.

```
# ch19/exercises 디렉터리에서 진행
docker-compose -f image-gallery/docker-compose.yml up -d
```

웹 브라우저 주소창에 http://localhost:8010을 입력해 애플리케이션에 약간의 트래픽을 발생시키면, 컨테이너가 로그를 생성하기 시작한다. image-gallery 애플리케이션의 fluentd는 로그에 해당 로그가 생성된 컴포넌트 정보가 담긴 태그를 추가하도록 설정됐다. 이렇게 하면 컨테이너 ID나 이름보다 로그의 출처를 훨씬 쉽게 알 수 있다. 나의 환경에서 실행한 결과를 그림 19-13에 실었다. image-gallery 애플리케이션의 전체 구성 요소를 모두 실행했지만, 애플리케이션에 접근할 때 호출되는 API인 access-log 컴포넌트의 로그만 출력하도록 키바나에서 필터링을 걸었다.

▼ 그림 19-13 image-gallery와 timecheck 애플리케이션의 로그가 일래스틱서치에 수집됐다.
fluentd 로깅 드라이버를 사용하도록 설정된 image-gallery 애플리케이션의 컴포즈 파일

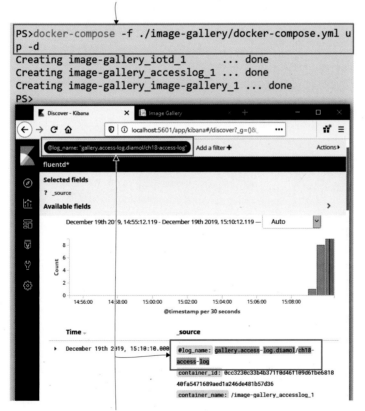

image-gallery 애플리케이션의 UI에 접근하면 fluentd로 로그가 전달된다.
그리고 키바나에서 access-log 컴포넌트에서 수집된 로그만 보이도록 필터를 적용했다.

fluentd에서 로그에 태그를 추가하려면 간단히 로깅 드라이버에 설정을 추가하면 된다. 고정된 이름을 사용하거나 별도의 식별자를 외부에서 주입할 수 있다. 이번 예제에서는 image-gallery 애플리케이션을 의미하는 접두사 gallery에 로그를 생성한 컴포넌트 이름과 이미지 이름을 연결한 문자열을 태그로 사용했다. 애플리케이션과 컴포넌트, 정확한 버전까지 한눈에 알 수 있는 좋은 태그다. 예제 19-3은 image-gallery 애플리케이션의 도커 컴포즈 파일에서 로깅 설정 부분을 발췌한 것이다.

예제 19-3 fluentd에서 로그의 출처를 알 수 있는 태그 추가 설정

```
services:
  accesslog:
    image: diamol/ch18-access-log
    logging:
      driver: "fluentd"
      options:
        tag: "gallery.access-log.{{.ImageName}}"

  iotd:
    image: diamol/ch18-image-of-the-day
    logging:
      driver: "fluentd"
      options:
        tag: "gallery.iotd.{{.ImageName}}"

  image-gallery:
    image: diamol/ch18-image-gallery
    logging:
      driver: "fluentd"
      options:
        tag: "gallery.image-gallery.{{.ImageName}}"
  ...
```

중앙 집중식 로그 모델에 검색 가능한 데이터 스토어, 사용자 친화적인 검색 UI를 갖추는 것은 운영 환경에 필수적이다. 꼭 fluentd만 사용해야 하는 것도 아니다. 도커에는 그 외에도 다양한 로깅 드라이버를 사용할 수 있다. 오픈 소스 도구로는 그레이로그(Graylog), 상용 도구로는 스플렁크(Splunk) 등이 있다. 앞서 설명했듯이 기본 로깅 드라이버는 도커 엔진 설정으로 지정하지만, 애플리케이션 매니페스트에서 로깅 시스템을 명시적으로 지정하는 편이 더 낫다.

로깅 시스템에 대한 경험이 많지 않다면 fluentd를 추천할 만하다. 사용하기 쉽고 개발용 단일 컴퓨터에서 운영용 클러스터로 어렵지 않게 확장할 수도 있으며, 어떤 환경에서든 동일한 방법으로 사용할 수 있다. 로그에 메타데이터를 추가하거나 필터를 적용해 로그 유형별로 저장소를 달리할 수도 있다.

19.4 로그 출력 및 로그 컬렉션 관리하기

로그는 대량의 불필요한 데이터 저장과 문제 진단에 필요한 정보 확보 사이를 오가는 줄타기와 같다. 도커의 유연한 로깅 모델을 이용하면 컨테이너에서는 상세한 로그를 생산하면서 로그를 저장할 때는 필터링을 적용할 수 있어 이러한 균형을 잡는 데 어느 정도 도움이 된다. 그 후 더욱 상세한 로그가 필요할 때는 애플리케이션 설정에 손댈 필요 없이 fluentd 필터 설정만 수정하면 된다.

로그 필터링은 fluentd 설정 파일에서 정의할 수 있다. 지난 예제의 설정 파일은 모든 로그를 일래스틱서치로 전송하도록 했지만, 예제 19-4의 설정은 access-log 컴포넌트의 상세한 로그 중 일부에 필터링을 적용했다. 필터링된 로그는 stdout 스트림으로 출력되고, 나머지 로그는 일래스틱서치로 전달된다.

예제 19-4 로그의 태그 정보에 따라 출력 방향을 바꾸는 로그 설정

```
<match gallery.access-log.**>
  @type copy
  <store>
    @type stdout
  </store>
</match>
<match gallery.**>
  @type copy
  <store>
    @type elasticsearch
...
```

match 블록은 해당 블록의 필터 파라미터와 태그가 일치하는 로그를 어떻게 처리할 것인지를 정의한다. 일치 여부를 판단하는 태그 필드는 로깅 드라이버 설정에 지정된 것이다. 이 로그 설정을 적용하면 access-log에서 생성된 로그는 첫 번째 match 블록과 태그(gallery.access-log)가 일치하므로 일래스틱서치로 전달되는 대신 fluentd 컨테이너의 로그에서만 볼 수 있다. 그리고 모든 로그에서 태그 필드에 포함된 애플리케이션 이름, 서비스 이름, 이미지 이름을 별도의 필드로 분리해 향후 키바나에서 로그를 쉽게 필터링할 수 있도록 했다.

실습 새로운 로그 설정 파일을 가리키는 오버라이드 컴포즈 파일을 적용하고, image-gallery 애플리케이션을 더 상세한 로그를 생성하는 버전으로 업데이트하라.

```
# fluentd 로그 설정 업데이트
docker-compose -f fluentd/docker-compose.yml -f fluentd/override-gallery-filtered.yml
up -d
```

```
# 애플리케이션 로그 설정 업데이트
docker-compose -f image-gallery/docker-compose.yml -f image-gallery/override-logging.
yml up -d
```

두 오버라이드 파일의 내용을 확인해 보면, 애플리케이션 설정만 수정됐을 뿐 이미지는 변경하지 않는다. 웹 브라우저 주소창에 http://localhost:8010을 입력해 access-log 애플리케이션을 동작시키면, 이 애플리케이션에서 로그는 생성되지만 fluentd가 필터링을 적용하므로 키바나에서 이 로그를 볼 수 없다. 그 외 컴포넌트에서 생성된 로그는 새로운 메타데이터 필드가 추가된 것을 알 수 있다. 나의 환경에서 실행한 결과를 그림 19-14에 실었다.

▼ 그림 19-14 태그 필드의 값을 이용해 로그를 필터링하고 새로운 메타데이터를 추가했다.

수정된 컴포즈 파일에는 access-log 컴포넌트의 로그를 필터링하고
로그 수준을 낮춰 더 많은 로그를 생성하도록 하는 로그 설정이 포함됐다.

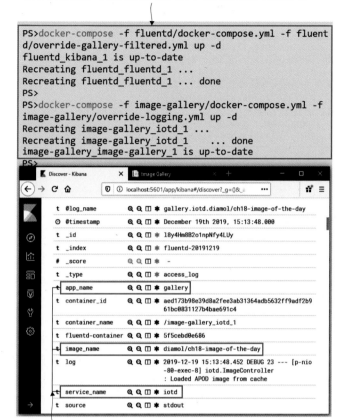

필터링 때문에 access-log 컴포넌트의 로그는 일래스틱서치에 수집되지 않았다.
반면 다른 컴포넌트는 debug 레벨 로그까지 수집되며 로그 엔트리에 새로운
메타데이터가 추가됐다.

access-log 컴포넌트의 로그는 fluentd 컨테이너의 stdout 스트림으로 출력되기 때문에 fluentd 컨테이너의 컨테이너 로그로 확인 가능하다.

실습 fluentd 컨테이너의 컨테이너 로그를 확인해 access-log 컴포넌트의 로그가 맞는지 확인하라.

```
docker container logs --tail 1 fluentd_fluentd_1
```

나의 환경에서 실행한 결과를 그림 19-15에 실었다. access-log 컴포넌트의 로그는 전달되는 대상은 달라졌지만, 다른 로그와 동일하게 애플리케이션, 서비스, 이미지 이름 등 새로운 메타데이터가 추가됐다.

19

도커를 이용한 로그 생성 및 관리

▼ 그림 19-15 access-log 컴포넌트의 로그는 필터링이 적용돼 일래스틱서치에 저장되는 대신 fluentd 컨테이너의 stdout 스트림으로 출력된다.

access-log 컴포넌트의 로그는 stdout 스트림으로 전달하도록 설정됐다.
그러므로 이들 로그는 fluentd 컨테이너의 컨테이너 로그에서 볼 수 있다.

```
PS>docker container logs --tail 1 fluentd_fluentd_1
2019-12-19 15:21:43.000000000 +0000 gallery.access-log.di
amol/ch18-access-log: {"source":"stdout","log":"info: Acc
ess log, client IP: 172.21.0.1:37406","container_id":"0cc
3230c33b4b371f0d46f109d6fbe681840fa5471689aed1a246de481b5
7d36","container name":"/image-gallery accesslog 1","flue
ntd-container":"b1ef45c56df5","app_name":"gallery","servi
ce_name":"access-log","image_name":"diamol/ch18-access-lo
g"}
PS>
```

태그의 문자열 값을 분할해 애플리케이션, 서비스,
이미지 이름 필드를 추가했다.

이 방법은 애플리케이션의 핵심 로그와 '있으면 좋은 정도'의 로그를 분리하는 데 유용하다. 운영 환경에서는 stdout 스트림 대신 해당 등급 로그에 대한 별도의 출력을 둘 것이다. 이를테면 성능과 관련된 가장 중요한 컴포넌트의 로그는 카프카, 사용자 로그는 일래스틱서치, 그 외의 로그는 아마존 S3 클라우드 스토리지로 보내는 식이다. fluentd는 이들 스토리지 모두를 지원한다.

마지막 실습으로 로깅 설정을 초기화해 access-log 컴포넌트의 로그를 다시 일래스틱서치로 전달하도록 하자. 이 실습은 운영 환경에서 시스템의 문제를 발견하고 그 원인을 파악하기 위해 수집 로그의 범위를 늘리려는 상황을 대비한 것이다. 로그 수집 범위를 원래대로 되돌리려면 fluentd의 설정 파일만 변경하면 된다.

실습 fluentd의 설정 파일을 바꿔 access-log 컴포넌트의 로그를 다시 일래스틱서치로 수집해 보자.

```
docker-compose -f fluentd/docker-compose.yml -f fluentd/overridegallery.yml up -d
```

이번에 적용된 설정 파일에는 access-log 컴포넌트의 로그를 필터링하는 match 블록이 빠져 있다. 따라서 모든 로그가 일래스틱서치에 저장된다. 웹 브라우저에서 image-gallery 애플리케이션을 새로 고침해 보면, 수집된 로그가 저장되는 것을 확인할 수 있다. 나의 환경에서 실행한 결과는 그림 19-16에 실었다. API 컴포넌트와 access-log 컴포넌트의 로그가 모두 일래스틱서치에 저장된 것을 볼 수 있다.

❤ 그림 19-16 애플리케이션 수정 없이 fluentd 설정만 수정하면 access-log 컴포넌트의 로그를 다시 일래스틱서치에 저장할 수 있다.

전체 컴포넌트의 로그를 일래스틱서치에 저장하는 fluentd 설정을 적용한다.

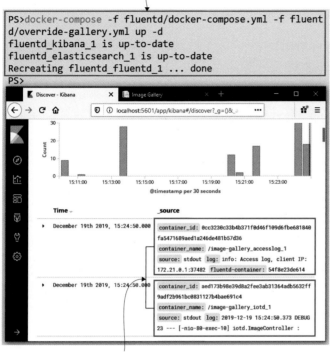

애플리케이션을 사용하면 access-log 컴포넌트의 로그까지
일래스틱서치에 저장된 것을 확인할 수 있다.

그러나 이 방법은 일부 로그가 유실될 수 있다는 점을 유념해야 한다. fluentd를 새로운 설정으로 재배포하는 동안, 컨테이너가 생성한 로그가 수집되지 못하기 때문이다. 도커 엔진도 그대로 동작하고 애플리케이션 컨테이너도 영향을 받지 않지만, 로그를 보관할 버퍼가 없어 그대로 유실된다. 이것이 운영 환경에서 실제로 문제가 될 확률은 그리 높지 않지만, 설사 그렇다 하더라도 더 상세한 로그를 출력하도록 설정을 변경해 애플리케이션을 다시 실행하는 것이 낫다. 상세한 로그에서 알 수 있는 것이 없더라도 애플리케이션 재시작만으로 문제가 해결될 가능성이 높기 때문이다.

19.5 / 컨테이너의 로깅 모델

도커의 로깅 모델은 매우 유연성이 뛰어나지만, 이 유연성은 애플리케이션 로그를 컨테이너 로그로 내보낼 때만 적용된다. 애플리케이션 로그를 컨테이너 로그로 내보내려면, 애플리케이션에서 로그를 stdout 스트림에 직접 출력하는 방법과 별도의 전달 유틸리티를 경유해 stdout 스트림으로 내보내는 방법을 사용할 수 있다. 일단 애플리케이션 로그가 컨테이너 로그로 출력돼야 로그를 원하는 대로 다룰 수 있기 때문에 모든 애플리케이션 로그는 컨테이너 로그로 출력하는 것이 좋다.

이번 장에서 로그를 다루기 위해 EFK 스택(일래스틱서치, fluentd, 키바나)을 사용했다. 그리고 이들을 이용해 어렵잖게 컨테이너 로그를 수집하고 편리한 검색 UI를 갖춘 중앙 집중식 데이터베이스로 저장할 수 있었다. 이 스택의 각 요소는 다른 도구로 교체할 수 있지만, 이 중에서도 fluentd는 간편하고 강력한 기능 덕분에 가장 널리 쓰인다. EFK 스택은 단일 머신에서도 무리 없이 동작하며 운영 환경에 맞춰 수평 확장하기도 쉽다. 그림 19-17은 각 노드마다 fluentd 컨테이너를 배치해 해당 노드의 로그를 수집한 다음 (역시 컨테이너로 동작하는) 일래스틱서치 클러스터로 전달하는 구성을 나타낸 것이다.

❤ 그림 19-17 여러 개의 fluentd 컨테이너와 스토리지 클러스터로 구성된 운영 환경의 EFK 스택

클러스터의 노드마다 하나씩 fluentd 컨테이너를 실행한다. 애플리케이션 컨테이너는
자신과 같은 노드에서 동작하는 fluentd 컨테이너로 로그를 전달한다.

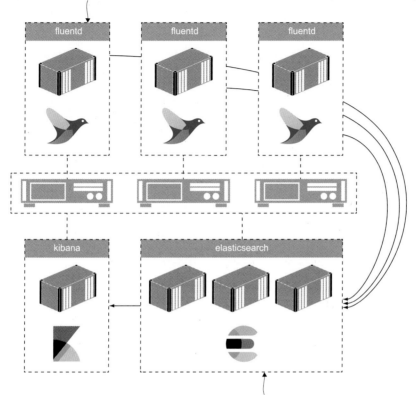

일래스틱서치는 클러스터로 구성하되, 어느 노드에도 배치될 수 있다. fluentd 컨테이너는
이 일래스틱서치 클러스터에 로그를 저장하고, 키바나는 이 클러스터를 대상으로 검색을 수행한다.

연습 문제로 넘어가기 전에 한 가지 주의 사항이 있다. 컨테이너 로깅 모델 또는 그 일부를 선호하지 않는 조직도 있다는 것이다. 어떤 조직은 애플리케이션 로그를 컨테이너 로그와 fluentd 컨테이너를 거치지 않고 바로 최종 저장소인 일래스틱서치에 저장하는 것을 선호하기도 한다. 나는 이 방법을 좋아하지 않는다. 모든 유연성을 희생해 얻은 대가가 약간의 처리 시간과 네트워크 트래픽을 절약하는 것뿐이기 때문이다. 또 애플리케이션이 특정 로깅 기술에 의존하게 되므로 차후 그레이로그나 스플렁크로 전환할 때 애플리케이션 수정이 불가피해진다. 나는 항상 단순하고 유연한 방법(애플리케이션 로그를 stdout 스트림으로 출력하고 플랫폼을 이용해 로그를 수집, 강화, 필터링, 저장하는 방법)을 선호한다.

19.6 연습 문제

이번 장에서 fluentd의 설정에 그리 많은 지면을 할애하지 않았지만, 어느 정도는 경험을 쌓아 두는 것이 좋다. 그래서 이번 장의 연습 문제는 fluentd의 설정을 다룬다. 이번 장 예제 코드의 lab 디렉터리를 보면 무작위 숫자 애플리케이션과 EFK 스택의 컴포즈 파일이 있다. 애플리케이션 컨테이너는 fleuntd를 사용하도록 설정되지 않았고, fluentd 설정 역시 로그에 새로운 항목을 추가하지 않는다. 이번 문제의 목표는 다음 세 가지다.

- 컴포즈 파일을 확장해 모든 컴포넌트에 fluentd 로깅 드라이버를 적용하라. 그리고 로그에 애플리케이션, 서비스, 이미지 이름으로 구성된 태그를 추가하라.
- fluentd 설정 파일인 elasticsearch.conf의 내용을 확장하라. 태그 문자열을 분해해 애플리케이션, 서비스, 이미지 이름의 필드를 로그에 추가하면 된다.
- fluentd 설정에 마지막 match 블록을 추가해 무작위 숫자 애플리케이션 외의 로그는 stdout 스트림으로 출력하도록 하라.

이번 문제에는 힌트가 없다. 이번 장의 내용을 그대로 무작위 숫자 애플리케이션에 적용하는 것이기 때문이다. 나의 해답은 깃허브 ch19/lab/ 폴더에서 볼 수 있다.

20^장

리버스 프록시를 이용해 컨테이너 HTTP 트래픽 제어하기

외부에서 들어온 트래픽을 컨테이너까지 이어 주는 라우팅은 도커 엔진이 담당한다. 하지만 컨테이너가 주시할 수 있는 네트워크 포트는 하나뿐이다. 운영 환경 외의 환경이라면 컨테이너마다 각각 다른 포트를 사용하게 해도 무방하겠지만(실제로 이전 장에서 여러 애플리케이션을 분리하기 위해 열 개의 서로 다른 포트를 사용하기도 했다), 운영 환경에서는 그럴 수가 없다. 클러스터 하나에서 수없이 많은 애플리케이션을 실행해야 하고, 또 이들 모두를 HTTP와 HTTPS 표준 포트(각각 80번과 443번)를 통해 외부 네트워크에서 접근 가능하도록 해야 한다.

리버스 프록시는 이런 경우에 유용하다. 또한, 리버스 프록시는 컨테이너 환경에 적합한 애플리케이션 설계에서 매우 중요한 역할을 한다. 이번 장에서는 리버스 프록시의 기능과 리버스 프록시를 사용하는 패턴을 소개한다. 그중에서도 가장 널리 쓰이는 엔진엑스(Nginx)와 트래픽(Traefik)을 사례로 삼을 것이다. 물론 이들 기술 역시 컨테이너로 동작한다.

20.1 / 리버스 프록시란?

네트워크에서 말하는 프록시는 네트워크상의 다른 구성 요소를 대신해 네트워크 트래픽을 처리하는 네트워크 구성 요소를 말한다. 여러분이 속한 회사 네트워크에도 여러분의 웹 브라우저에서 전달되는 요청을 가로채 허용된 사이트인지 확인하거나 빠른 속도를 위해 접근하려는 사이트의 캐시를 제공하는 용도로 프록시가 설치돼 있을 수 있다. 리버스 프록시의 역할도 이와 비슷하다. 리버스 프록시는 여러 웹 애플리케이션으로 통하는 관문 역할을 한다. 모든 트래픽은 리버스 프록시를 거치며 해당 트래픽이 어떤 애플리케이션에서 출발한 것인지 판단한다. 또한, 애플리케이션의 응답 내용을 캐시해 두었다가 적절하게 가공해 클라이언트에게 전달하기도 한다. 그림 20-1은 컨테이너에서 동작하는 리버스 프록시를 나타낸 것이다.

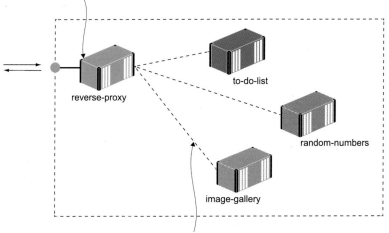

❤ 그림 20-1 리버스 프록시는 애플리케이션의 관문 역할을 한다. 애플리케이션 컨테이너 자체는 외부에서 접근할 수 없다.

리버스 프록시도 컨테이너로 실행된다. 외부에서 들어오는 모든 트래픽은
먼저 리버스 프록시를 거치므로 애플리케이션 컨테이너는 포트를 외부에 공개하지 않아도 된다.

리버스 프록시는 적절한 애플리케이션 컨테이너에서 응답을 받아 온 후
이를 클라이언트에 전달한다.

리버스 프록시는 포트를 외부로 공개한 유일한 컨테이너다. 외부에서 들어오는 모든 요청을 먼저 받고 그에 맞는 컨테이너로부터 응답을 받아 온다. 리버스 프록시 덕분에 모든 애플리케이션 컨테이너는 외부에 노출될 필요가 없다. 그만큼 스케일링, 업데이트, 보안 면에서 유리하다. 리버스 프록시가 새로운 기술은 아니지만 컨테이너 혁명과 함께 중요성이 매우 커졌다. 예전 같으면 리버스 프록시는 운영 환경에 그저 설치된 상태로 운영 팀만 손을 대는 존재였다. 하지만 리버스 프록시를 경량 컨테이너로 실행하게 되면서 모든 환경에서 동일한 프록시 설정을 사용할 수 있게 됐다.

실습 엔진엑스는 인터넷의 30%를 차지할 정도로 오랫동안 리버스 프록시로 널리 쓰였다. 매우 가볍고 빠르고 강력한 HTTP 서버 기능을 갖춰 콘텐츠 제공 성능 못지 않은 프록시 성능을 보인다.

```
# 예제 애플리케이션을 위한 네트워크 생성(리눅스 컨테이너)
docker network create ch20

# 예제 애플리케이션을 위한 네트워크 생성(윈도 컨테이너)
docker network create --driver=nat ch20
```

리버스 프록시를 이용해 컨테이너 HTTP 트래픽 제어하기

```
cd ch20/exercises

# 설정 파일을 바인드 마운트로 주입한 엔진엑스 컨테이너를 실행(리눅스 컨테이너)
docker-compose -f nginx/docker-compose.yml -f nginx/override-linux.yml up -d

# 설정 파일을 바인드 마운트로 주입한 엔진엑스 컨테이너를 실행(윈도 컨테이너)
docker-compose -f nginx/docker-compose.yml -f nginx/overridewindows.yml up -d

# 웹 브라우저에서 http://localhost에 접근
```

엔진엑스는 웹 사이트별로 설정 파일을 따로 둘 수 있다. 이 컨테이너는 로컬 디렉터리 sites-enabled를 바인드 마운트했으나, 이 디렉터리에 아직 설정 파일이 없다. 로컬 호스트에 접속해 보면 그림 20-2와 같은 간단한 기본 HTML 페이지를 볼 수 있다.

▼ 그림 20-2 엔진엑스는 HTTP 서버로, 정적 콘텐츠를 제공하는 것은 물론 리버스 프록시 기능도 할 수 있다.

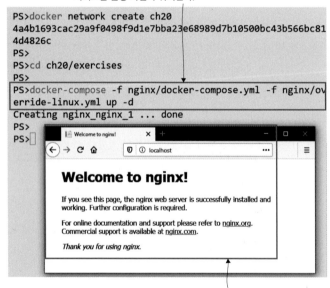

컨테이너로 엔진엑스를 실행한다. 이 컴포즈 오버라이드 파일에
로컬 디렉터리를 바인드 마운트로 지정하며, 이 디렉터리에
사이트별 설정 파일이 위치한다.

사이트별 설정 파일이 아직 없으므로 기본 웹 페이지를 보여 준다.
컨테이너의 80번과 443번 포트가 공개된다.

이 엔진엑스 컨테이너는 아직 리버스 프록시로 기능하지 않는다. 리버스 프록시로 사용하려면 사이트별 설정 파일을 하나 추가해야 한다. 같은 포트를 통해 여러 개의 애플리케이션을 호스팅하려면 이들을 먼저 구별할 수 있어야 하는데, 대개 도메인이 이 역할을 한다. 예를 들어, http://blog.sixeyd.com에 접속을 시도하면 웹 브라우저가 보내는 HTTP 요청의 헤더에 Host=blog.sixeyed.com이라는 정보가 들어간다. 엔진엑스는 이 헤더의 호스트 정보로 해당 요청을 처리할 사이트의 설정 파일을 찾는다. 로컬 컴퓨터의 hosts 파일에 도메인을 추가하면 된다. 이 파일은 도메인과 IP 주소의 짝으로 이뤄진 간단한 파일로, 엔진엑스 컨테이너를 통해 여러 애플리케이션에 접근할 수 있게 해 준다.

실습 간단한 웹 애플리케이션 who-am-I를 공개 포트 없이 실행해 이 애플리케이션에 whoami.local 도메인으로 접근할 수 있게 해 보자.

```
# 도메인 whoami.local을 hosts 파일에 추가(맥 또는 리눅스)
echo $'\n127.0.0.1 whoami.local' | sudo tee -a /etc/hosts

# 도메인 whoami.local을 hosts 파일에 추가(윈도)
Add-Content -Value "127.0.0.1 whoami.local" -Path /windows/system32/drivers/etc/hosts

# who-am-I 컨테이너 실행
docker-compose -f whoami/docker-compose.yml up -d

# 애플리케이션 설정 파일을 엔진엑스 설정 파일 디렉터리로 복사
cp ./nginx/sites-available/whoami.local ./nginx/sites-enabled/

# 엔진엑스를 재시작해 설정 업데이트
docker-compose -f nginx/docker-compose.yml restart nginx

# 웹 브라우저로 http://whoami.local에 접속
```

웹 브라우저 주소창에 http://whoami.local을 입력하면 hosts 파일에 추가한 도메인 정보를 통해 로컬 컴퓨터로 연결하고, 엔진엑스 컨테이너는 이 요청을 전달받아 헤더에 포함된 호스트 정보 Host=whoami.local을 이용해 해당하는 사이트 설정을 찾는다. 일치하는 사이트 설정이 있으면 해당 애플리케이션 컨테이너에서 콘텐츠를 받아 와 요청에 응답한다. 그림 20-3을 보면, 응답 내용이 who-am-I 애플리케이션 컨테이너의 응답과 완전히 같다는 것을 알 수 있다.

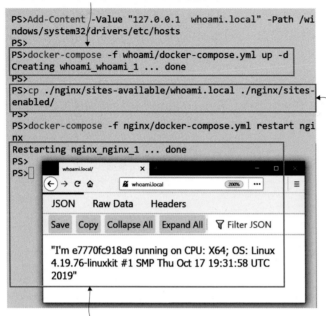

▼ 그림 20-3 동작 중인 리버스 프록시. 외부에 노출되지 않은 애플리케이션 컨테이너에서 콘텐츠를 받아 와 외부로 제공한다.

who-am-I 컨테이너를 실행한다. 이 컨테이너는
엔진엑스 컨테이너와 함께 ch20 네트워크에 연결된다.

```
PS>Add-Content -Value "127.0.0.1  whoami.local" -Path /wi
ndows/system32/drivers/etc/hosts
PS>
PS>docker-compose -f whoami/docker-compose.yml up -d
Creating whoami_whoami_1 ... done
PS>
PS>cp ./nginx/sites-available/whoami.local ./nginx/sites-
enabled/
PS>
PS>docker-compose -f nginx/docker-compose.yml restart ngi
nx
Restarting nginx_nginx_1 ... done
PS>
PS>
```

사이트 설정 파일을 엔진엑스
디렉터리로 복사한다. 이 파일에는
whoami.local에 대한 요청을
who-am-I 컨테이너로 전달하라는
설정이 들어 있다.

JSON   Raw Data   Headers

Save   Copy   Collapse All   Expand All   ▽ Filter JSON

"I'm e7770fc918a9 running on CPU: X64; OS: Linux
4.19.76-linuxkit #1 SMP Thu Oct 17 19:31:58 UTC
2019"

엔진엑스를 재시작하면 새로운 설정이 적용된다. 도메인 whoami.local은
로컬 호스트로 해석되며, 따라서 엔진엑스 컨테이너가 요청을 전달받고
who-am-I 컨테이너의 응답을 받아 와 외부로 전달한다.

엔진엑스는 다양한 기능을 갖춘 강력한 서버이지만, 어렵지 않게 웹 애플리케이션의 프록시로 설정할 수 있다. 먼저 서버의 도메인과 콘텐츠의 위치를 확인해야 한다. 콘텐츠의 위치는 내부 도메인도 가능하다. 그러면 엔진엑스 컨테이너가 도커 네트워크를 통해 애플리케이션 컨테이너에서 콘텐츠를 받아 온다. 예제 20-1은 who-am-I 사이트의 전체 설정 파일이다.

예제 20-1 who-am-I 사이트에 대한 엔진엑스 프록시 설정 파일

```
server {
  server_name whoami.local; # 도메인

  location / {
    proxy_pass http://whoami; # 콘텐츠가 위치한 주소
    proxy_set_header Host $host; # 호스트 정보를 콘텐츠 위치로 설정
    add_header X-Host $hostname; # 응답의 호스트 정보를 프록시 이름으로 변경
  }
}
```

리버스 프록시가 꼭 웹 사이트만을 대상으로 하는 것은 아니다. HTTP로 제공되는 콘텐츠라면 무엇이든 대상이 될 수 있다. 당연히 REST API도 가능하며, 그 외 유형의 트래픽(일반 TCP/IP나 gRPC)도 가능한 경우가 있다. 이 설정의 효과는 엔진엑스가 단순히 요청을 전달하는 매개자 역할을 하는 것이다. 요청을 받을 때마다 이를 처리할 컨테이너('업스트림'이라고 한다)를 호출하고, 그 응답을 다시 클라이언트('다운스트림'이라고 한다)로 전달한다. 업스트림에 해당하는 애플리케이션에 이상이 발생하면 엔진엑스는 실패 응답을 다운스트림에 전달한다.

실습 hosts 파일에 도메인을 하나 더 추가한다. 그리고 무작위 숫자 애플리케이션의 API를 실행하고 여기에 엔진엑스를 통한 프록시를 적용한다. 이 API는 몇 번 호출된 후에는 이상을 일으키므로 서버 오류 코드 500을 볼 수 있을 것이다.

```
# 도메인을 hosts 파일에 추가(맥 또는 리눅스)
echo $'\n127.0.0.1 api.numbers.local' | sudo tee -a /etc/hosts

# 도메인을 hosts 파일에 추가(윈도)
Add-Content -Value "127.0.0.1 api.numbers.local" -Path /windows/system32/drivers/etc/
hosts

# API 컨테이너를 실행
docker-compose -f numbers/docker-compose.yml up -d

# 사이트 설정 파일을 엔진엑스 설정 파일 디렉터리로 복사
cp ./nginx/sites-available/api.numbers.local ./nginx/sites-enabled/

docker-compose -f nginx/docker-compose.yml restart nginx

# 웹 브라우저로 http://api.numbers.local/rng에 접속해
# 여러 번 새로 고침하며 오류를 일으키는지 확인
```

엔진엑스를 경유하거나 직접 접속하거나 애플리케이션은 똑같이 사용할 수 있다. 이제 엔진엑스를 경유하는 애플리케이션이 두 개로 늘었다. 업스트림 컨테이너에 다다르는 라우팅을 엔진엑스가 담당하게 된 것이다. 하지만 엔진엑스가 트래픽의 내용을 변조하지는 않으므로 응답의 몸체는 애플리케이션 컨테이너의 응답과 완전히 같다. 그림 20-4는 리버스 프록시를 거쳐 돌아온 API의 실패 응답이다.

▼ 그림 20-4 애플리케이션의 응답을 그대로 전달하는 단순 프록시 설정 예. 실패 응답까지 그대로 전달된다.

▼ 그림 20-4 애플리케이션의 응답을 그대로 전달하는 단순 프록시 설정 예. 실패 응답까지 그대로 전달된다.

엔진엑스 컨테이너와 같은 네트워크에 연결된 무작위 숫자 API 컨테이너를 실행한다. 그리고 엔진엑스 컨테이너에 새로운 사이트 설정 파일을 주입한다.

API를 여러 번 호출하면 오류를 일으킨다. 엔진엑스를 경유한 호출과 직접 호출 모두 똑같이 서버 오류 응답 500이 나온다.

리버스 프록시의 기능은 이보다 훨씬 강력하다. 모든 애플리케이션 트래픽은 프록시를 경유하므로 설정의 중심 역할을 할 수 있다. 그리고 인프라스트럭처 수준의 사항을 애플리케이션 컨테이너와 분리할 수 있다는 것도 장점이다.

20.2 리버스 프록시의 라우팅과 SSL 적용하기

조금 전, 다음과 같은 방법으로 리버스 프록시에 새로운 애플리케이션을 추가했다. 먼저 애플리케이션 컨테이너를 시작하고, 사이트 설정 파일을 엔진엑스 컨테이너에 복사한 다음, 엔진엑스 컨테이너를 재시작했다. 이 순서가 중요한 이유는 엔진엑스를 재시작할 때 사이트별 설정 파일을 모두 읽은 다음 해당 설정의 업스트림이 모두 접근 가능한지 확인을 거치기 때문이다. 업스트림 중 하나라도 접근이 불가능한 것이 있다면 엔진엑스는 그대로 종료된다. 업스트림에 모두 접근이 가능하다면, 그다음에는 호스트명과 IP 주소를 연결한 내부 라우팅 리스트를 만든다. 이 리스트가 프록시가 맡아 처리해 주는 첫 번째 인프라스트럭처 관련 사항이다. 업스트림 컨테이너가 여러 개 존재한다면 이들 간의 로드 밸런싱까지 처리해 준다.

실습 이번에는 image-gallery 애플리케이션을 실행하며, 주 웹 애플리케이션에 리버스 프록시를 적용한다. 웹 애플리케이션 컴포넌트를 스케일링하면 늘어난 컨테이너 간의 로드 밸런싱을 엔진엑스가 처리해 준다.

```
# 도메인을 hosts 파일에 추가(맥 또는 리눅스)
echo $'\n127.0.0.1 image-gallery.local' | sudo tee -a /etc/hosts

# 도메인을 hosts 파일에 추가(윈도)
Add-Content -Value "127.0.0.1 image-gallery.local" -Path /windows/system32/drivers/
etc/hosts

# 애플리케이션을 세 개의 컨테이너로 스케일링해 실행
docker-compose -f ./image-gallery/docker-compose.yml up -d --scale image-gallery=3

# 사이트 설정 파일을 엔진엑스 설정 파일 디렉터리로 복사하고 엔진엑스 재시작
cp ./nginx/sites-available/image-gallery.local ./nginx/sites-enabled/

docker-compose -f ./nginx/docker-compose.yml restart nginx

# 웹 애플리케이션에 접근
curl -i --head http://image-gallery.local
```

image-gallery 애플리케이션에 대한 엔진엑스 사이트별 설정은 호스트명과 업스트림의 도메인만 제외하면 예제 20-1과 같다. 여기서 응답 헤더에 X-Upstream 항목을 추가하는데, 이 항목은 엔진엑스가 응답을 받아 온 컨테이너의 IP 주소가 담긴 항목이다. 그림 20-5를 보면 나의 환경에서 업스트림의 IP 주소 대역은 172.20임을 알 수 있다. 이는 도커 네트워크의 애플리케이션 컨테이너 대역이다. curl로 웹 애플리케이션을 몇 번 더 호출해 보면, 엔진엑스가 로드 밸런싱을 적용해 매번 호출되는 컨테이너의 IP 주소가 바뀌는 것을 볼 수 있다.

단일 도커 호스트에서도 이제 애플리케이션에 로드 밸런싱을 적용할 수 있다. 도커 엔진을 스웜 모드로 전환하거나 쿠버네티스 클러스터를 꾸리지 않아도 된다. 애플리케이션 코드나 설정도 전혀 수정하지 않았다. 그저 리버스 프록시를 적용했을 뿐이다.

리버스 프록시를 이용해 컨테이너 HTTP 트래픽 제어하기

▼ 그림 20-5 엔진엑스가 로드 밸런싱을 담당하므로 애플리케이션 컨테이너의 수를 늘려 확장할 수 있다.

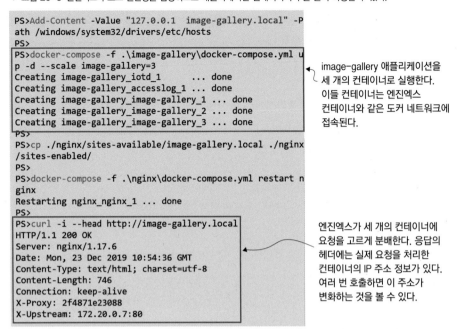

image-gallery 애플리케이션을
세 개의 컨테이너로 실행한다.
이들 컨테이너는 엔진엑스
컨테이너와 같은 도커 네트워크에
접속된다.

엔진엑스가 세 개의 컨테이너에
요청을 고르게 분배한다. 응답의
헤더에는 실제 요청을 처리한
컨테이너의 IP 주소 정보가 있다.
여러 번 호출하면 이 주소가
변화하는 것을 볼 수 있다.

지금까지는 한 환경에서 여러 애플리케이션을 실행할 때처럼 호스트명을 통해 엔진엑스가 컨테이너를 구별하도록 했다. 엔진엑스 라우팅 기능을 이용하면 훨씬 더 세세한 설정이 가능하다. 같은 도메인을 가진 컨테이너 간에도 선택적으로 컨테이너를 노출시킬 수 있다.

실습 image-gallery 애플리케이션은 REST API를 사용한다. HTTP 요청 경로를 이용해 엔진엑스에 이 API의 프록시를 설정할 수 있다. 이 API는 별도의 컨테이너에서 실행되지만 웹 UI와 마찬가지로 image-gallery 애플리케이션의 일부다.

```
# image-gallery 애플리케이션의 기존 설정 파일 삭제
rm ./nginx/sites-enabled/image-gallery.local

# 새로운 설정 파일을 복사하고 엔진엑스 재시작
cp ./nginx/sites-available/image-gallery-2.local ./nginx/sites-enabled/image-gallery.local

docker-compose -f ./nginx/docker-compose.yml restart nginx

curl -i http://image-gallery.local/api/image
```

애플리케이션 스택의 일부분만 노출시키고 싶을 때 매우 유용한 패턴이며, 여러 개의 컴포넌트를 하나의 도메인 아래에 묶어 내고 싶을 때도 유용하다. 그림 20-6은 나의 환경에서 실행한 결과다. 응답은 API 컨테이너에서 처리한 것이지만, 클라이언트는 웹 애플리케이션과 동일한 image-gallery.local 도메인에서 API를 호출했다.

▼ 그림 20-6 엔진엑스는 요청에 포함된 도메인이나 경로를 기준으로 서로 다른 컨테이너로 요청을 라우팅해 준다.

```
PS>rm ./nginx/sites-enabled/image-gallery.local
PS>
PS>cp ./nginx/sites-available/image-gallery-2.local ./ngi
nx/sites-enabled/image-gallery.local
PS>
PS>docker-compose -f .\nginx\docker-compose.yml  restart
nginx
Restarting nginx_nginx_1 ... done
PS>
PS>curl -i http://image-gallery.local/api/image
HTTP/1.1 200
Server: nginx/1.17.6
Date: Mon, 23 Dec 2019 11:11:20 GMT
Content-Type: application/json;charset=UTF-8
Transfer-Encoding: chunked
Connection: keep-alive
X-Proxy: 2f4871e23088
X-Upstream: 172.20.0.5:80

{"url":"https://www.youtube.com/embed/pvKEG141GmU?rel=0",
"caption":"Places for OSIRIS-REx to Touch Asteroid Bennu"
,"copyright":null}
PS>
```

새 사이트별 설정에는 경로 /api/image를 API 컨테이너로 연결하는 프록시 설정이 포함된다. 같은 도메인이라도 이 외의 경로에 대한 요청은 다른 컨테이너로 전달된다.

웹 컨테이너에 접근하는 데 사용하던 image-gallery.local 도메인으로 API 컨테이너에도 접근할 수 있게 됐다.

로드 밸런싱과 라우팅까지 갖추면 개발용 또는 테스트용 단일 컴퓨터에서 운영 환경과 비슷한 조건을 만들 수 있다. 여기에 한 가지를 더 보태자면 SSL 종료 프록시가 있다. 애플리케이션이 HTTPS 사이트(요즘은 응당 그래야 한다)로 돼 있다면 이를 위한 설정과 인증서가 어딘가에 위치해야 한다. 그리고 모든 애플리케이션 컴포넌트마다 따로 이를 두는 것보다는 중앙의 프록시에 두는 것이 훨씬 나을 것이다. 엔진엑스는 Let's Encrypt 같은 실제 도메인 제공자나 서비스에서 발급한 실제 인증서를 설정에 포함할 수 있다. 하지만 운영 외 환경에서는 자체 서명 인증서를 만들어 사용해도 된다.

실습 image-gallery 애플리케이션에서 사용할 SSL 인증서를 생성하고 엔진엑스에서 이 인증서를 사용해 HTTPS 프록시를 적용한다.

```
# 자체 서명 인증서 생성하기(리눅스 컨테이너)
docker container run -v "$(pwd)/nginx/certs:/certs" -e HOST_NAME=image-gallery.local
diamol/cert-generator

# 자체 서명 인증서 생성하기(윈도 컨테이너)
```

```
docker container run -v "$(pwd)/nginx/certs:C:\certs" -e HOST_NAME=image-gallery.local
diamol/cert-generator

# 기존 설정 파일 삭제
rm ./nginx/sites-enabled/image-gallery.local

# SSL이 포함된 사이트별 설정 파일 복사
cp ./nginx/sites-available/image-gallery-3.local ./nginx/sites-enabled/image-gallery.
local

# 엔진엑스 재시작
docker-compose -f nginx/docker-compose.yml restart nginx

# 웹 브라우저에서 http://image-gallery.local
```

이번 실습은 내용이 조금 길다. 처음 실행한 컨테이너는 OpenSSL이라는 도구를 사용해 자체 서명 인증서를 생성한다. 이어서 이 인증서를 로컬 컴퓨터의 certs 디렉터리로 복사하는데, 이 디렉터리 역시 엔진엑스 컨테이너에 바인드 마운트된다. 그다음에는 image-gallery 애플리케이션의 설정 파일을 SSL이 적용된 파일로 교체하고 엔진엑스를 재시작한다. HTTP 프로토콜로 애플리케이션에 접근해 보면 HTTPS로 리다이렉트되는 것을 볼 수 있다. 이와 함께 자체 서명 인증서는 신뢰할 수 없다는 경고 메시지가 함께 나타난다. 나는 **Advanced** 버튼을 눌러 앞으로 이 사이트에 대해 이 경고를 무시하도록 했다.

엔진엑스는 프로토콜부터 암호화까지 상세한 SSL 설정이 가능하지만(www.ssllabs.com에서 웹 사이트를 분석하고 제시된 베스트 프랙티스를 적용해 보자), 이들 내용을 모두 다루지는 못하므로 HTTPS 설정의 핵심을 예제 20-2에 정리했다. HTTP 사이트가 80번 포트를 주시하다가 301 응답을 보내 클라이언트를 443번 포트를 사용하는 HTTPS 사이트로 리다이렉트하는 것을 볼 수 있다.

예제 20-2 HTTP 연결을 리다이렉트하는 HTTPS 사이트 설정

```
server {
  server_name image-gallery.local;
  listen 80;
  return 301 https://$server_name$request_uri;
}

server {
  server_name image-gallery.local;
  listen 443 ssl;
```

```
ssl_certificate          /etc/nginx/certs/server-cert.pem;
ssl_certificate_key      /etc/nginx/certs/server-key.pem;
ssl_protocols            TLSv1 TLSv1.1 TLSv1.2;
...
```

▼ 그림 20-7 HTTP 요청을 리다이렉트하는 HTTPS 사이트

자체 서명 인증서를 생성해 image-gallery 애플리케이션의
HTTPS 사이트 설정에 사용한다.

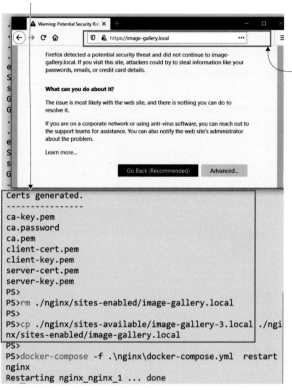

브라우저에서 자체 서명 인증서로
인한 경고 메시지가 나온다.
자체 서명 인증서는 가짜 웹 사이트에
이용될 수 있기 때문이다. 테스트
목적으로는 아무 문제가 없으므로 경고를
무시하고 그대로 진행한다.

설정에 지정된 인증서와 키 파일을 컨테이너 파일 시스템에서 읽어 들인다. 인증서와 키 파일 쌍
은 하나의 도메인에 한해서만 유효하므로 애플리케이션 하나마다 인증서와 키 파일 세트가 필요
하다. 인증서와 키 파일은 민감한 정보이므로 운영 환경에서는 비밀값 형태로 클러스터에 저장된
다. HTTPS를 적용하지 않으면 애플리케이션 컨테이너의 설정과 인증서 관리 부담이 그만큼 줄
어들며(인증서 관리는 프록시로 옮겨 온 인프라스트럭처 문제다), 개발자는 단순 HTTP 버전으로
테스트를 진행할 수 있다.

이제 엔진엑스의 마지막 기능을 살펴보자. 이는 업스트림 컴포넌트의 응답을 캐싱하는 기능으로,
성능상의 큰 이점이 된다.

20.3 / 프록시를 이용한 성능 및 신뢰성 개선

엔진엑스는 고성능 HTTP 서버다. 정적 HTML 콘텐츠나 단일 페이지 애플리케이션을 제공하는 데 활용할 수 있으며, 컨테이너 하나만으로도 초당 수천 건의 요청을 처리할 수 있다. 이러한 고성능을 애플리케이션을 개선하는 데 활용하는 방법이 있다. 엔진엑스를 캐싱 프록시로 사용하는 방법이다. 더 자세히 설명하면, (업스트림) 애플리케이션에서 받아 온 콘텐츠를 로컬 디스크나 메모리에 저장해 두었다가 이후 같은 콘텐츠에 대한 요청이 들어오면 업스트림에 콘텐츠를 요청하지 않고 저장된 것을 사용하는 것이다. 그림 20-8에 캐시의 동작 과정을 정리했다.

▼ 그림 20-8 엔진엑스를 캐싱 프록시로 활용하면 애플리케이션 컨테이너의 부담을 줄일 수 있다.

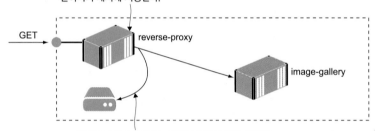

캐싱 프록시의 장점은 크게 두 가지다. 첫 번째는 요청을 처리하는 시간을 줄일 수 있다는 점이다. 애플리케이션이 아무리 빨리 요청을 처리하더라도 메모리에 미리 캐싱된 응답을 제공하는 것보다는 시간이 더 걸릴 수밖에 없다. 두 번째는 애플리케이션을 오가는 트래픽을 줄일 수 있으므로 그만큼 같은 인프라스트럭처로 더 많은 요청을 처리할 수 있다. 인증 쿠키가 포함된 요청은 캐싱하지 않도록 하면 개인화된 콘텐츠를 캐시에서 어렵지 않게 제외할 수 있다. image-gallery 애플리케이션처럼 일반적인 웹 사이트는 모든 콘텐츠를 캐싱할 수 있다.

실습 엔진엑스를 image-gallery 애플리케이션의 캐싱 프록시로 설정해 보자. 웹 애플리케이션과 API를 모두 캐싱 대상으로 한다.

```
# 현재 설정 파일 제거
rm ./nginx/sites-enabled/image-gallery.local
```

```
# 새로운 설정 파일을 복사하고 엔진엑스를 재시작
cp ./nginx/sites-available/image-gallery-4.local ./nginx/sites-enabled/image-gallery.
local

docker-compose -f ./nginx/docker-compose.yml restart nginx

# 애플리케이션에 접근
curl -i --head --insecure https://image-gallery.local
curl -i --head --insecure https://image-gallery.local
```

새로운 프록시 설정에는 사용자 정의 응답 헤더 X-Cache가 포함된다. 이 헤더를 사용하면 요청에 해당하는 캐시가 있는지 먼저 확인한다. 요청이 일치하는 캐시가 없다면, 응답 헤더에 이전에 같은 요청이 들어온 적이 없다는 의미인 X-Cache: MISS가 나온다. 그리고 X-Upstream 헤더에 콘텐츠를 제공한 컨테이너의 IP 주소가 담긴다. 같은 요청을 반복하면, 그다음 응답은 캐시에서 제공된다. 헤더에 X-Cache: HIT가 있고 X-Upstream이 없으므로 이를 알 수 있다. 나의 환경에서 실행한 결과를 그림 20-9에 실었다.

❤ 그림 20-9 캐시에 요청과 일치하는 콘텐츠가 있으면 업스트림에 콘텐츠를 요청하는 대신 캐시에 저장된 콘텐츠를 제공한다.

이 설정은 엔진엑스를 image-gallery 애플리케이션의
캐싱 프록시로 사용한다.

```
PS>rm ./nginx/sites-enabled/image-gallery.local
PS>
PS>cp ./nginx/sites-available/image-gallery-4.local  ./ngi
nx/sites-enabled/image-gallery.local
PS>
PS>docker-compose -f .\nginx\docker-compose.yml  restart
nginx
Restarting nginx_nginx_1 ... done
PS>
PS>curl -i --head --insecure https://image-gallery.local
HTTP/1.1 200 OK
Server: nginx/1.17.6
Date: Mon, 23 Dec 2019 13:27:06 GMT
Content-Type: text/html; charset=utf-8
Content-Length: 746
Connection: keep-alive
X-Cache: MISS
X-Proxy: 2f4871e23088
X-Upstream: 172.20.0.9:80

PS>curl -i --head --insecure https://image-gallery.local
HTTP/1.1 200 OK
Server: nginx/1.17.6
Date: Mon, 23 Dec 2019 13:27:13 GMT
Content-Type: text/html; charset=utf-8
Content-Length: 746
Connection: keep-alive
X-Cache: HIT
X-Proxy: 2f4871e23088
```

처음에는 캐시에 아무것도 저장되지
않은 상태다. 업스트림에서 받아 온
콘텐츠를 캐시에 추가한다.

두 번째 호출에서는 요청과 일치하는
콘텐츠를 캐시에서 찾아 제공한다.
업스트림에는 요청이 전달되지 않는다.

캐시 사용은 세세하게 설정할 수 있다. 조금 전의 예제에서 API의 캐시는 단기 캐시로 설정돼 캐싱되고 나서 1분이 지나면 무효화된다. 이 설정은 매우 부하가 크면서 항상 새로운 값을 유지해야 할 때 유용하다. 예를 들어 API가 초당 5,000번의 요청을 처리한다면, 1분 동안 유효한 캐시로도 API 컨테이너의 부하 없이 30만 번의 요청을 처리할 수 있다. 웹 애플리케이션의 캐시는 여섯 시간 동안 유효하게 설정됐다. 예제 20-3은 설정 파일에서 캐시 설정 부분을 발췌한 것이다.

예제 20-3 image-gallery 애플리케이션과 API의 캐시 프록시 설정

```
...
location = /api/image {
  proxy_pass              http://iotd/image;
  proxy_set_header        Host $host;
  proxy_cache             SHORT;
  proxy_cache_valid       200 1m;
  ...
}

location / {
  proxy_pass              http://image-gallery;
  proxy_set_header        Host $host;
  proxy_cache             LONG;
  proxy_cache_valid       200 6h;
  proxy_cache_use_stale error timeout invalid_header updating
                          http_500 http_502 http_503 http_504;
  ...
}
```

캐시 설정 LONG과 SHORT는 diamol/nginx 이미지의 엔진엑스 코어 설정 파일에 정의된 것이다. 캐시 규격은 응답 콘텐츠를 저장하는 데 사용할 메모리 및 디스크 용량과 오래된 캐시 항목의 유효 시간을 설정한다.

여기서는 엔진엑스 설정을 필요 이상 자세히 설명하지 않겠지만, 애플리케이션 신뢰성을 개선하는 데 도움이 될 만한 기능 하나를 잠시 소개한다. 웹 애플리케이션 캐시 설정의 proxy_cache_use_stale 항목이다. 이 항목은 업스트림을 사용할 수 없을 때 유효 시간이 만료된 캐시라도 사용하라는 의미다. 만료된 캐시 콘텐츠라도 제공할 수 있다면, 애플리케이션 컨테이너가 장애를 일으켜도 애플리케이션이 (불완전하게나마) 서비스를 제공할 수 있다. 이 방법은 일시적인 장애나 업데이트로 인한 롤백의 영향을 회피하는 유용한 수단이 된다. 캐시를 활용해 문제없이 서비스를 제공할 수 있는 경로를 세심히 골라야 하지만, 간단한 애플리케이션이라면 전체를 대상으로 해도 무방하다.

실습 image-gallery 애플리케이션과 API를 몇 번 호출해 캐시가 저장되도록 한 다음, 컨테이너를 제거한 상태에서 다시 애플리케이션에 요청을 보내자.

```
# 웹 사이트와 API를 호출
curl -s --insecure https://image-gallery.local
curl -s --insecure https://image-gallery.local/api/image

# 웹 컨테이너를 모두 제거
docker container rm -f $(docker container ls -f name=image-gallery-image-gallery_* -q)

# 웹 사이트를 다시 한 번 호출
curl -i --head --insecure https://image-gallery.local

# API 컨테이너를 제거
docker container rm -f image-gallery_iotd_1

# API를 다시 한 번 호출
curl -i --head --insecure https://image-gallery.local/api/image
```

두 가지 캐시 설정이 어떻게 다르게 동작하는지 확인할 수 있다. 웹 사이트 캐시는 여섯 시간 동안 유효하므로 웹 컨테이너가 없어도 캐싱된 콘텐츠가 그대로 제공된다. API 캐시는 1분 후에 만료된다. 그리고 proxy_cache_use_stale 설정도 없으므로 API 컨테이너가 없으면 502 오류가 발생한다. 나의 환경에서 실행한 결과는 그림 20-10에 실었다.

리버스 프록시를 이용해 컨테이너 HTTP 트래픽 제어하기

▼ 그림 20–10 엔진엑스 캐시는 유효 시간부터 애플리케이션 신뢰성을 위한 만료 캐시 이용 여부까지 세세한 설정이 가능하다.

콘텐츠가 캐싱되도록
애플리케이션을 호출한다.

웹 컨테이너를 제거하면
캐싱된 콘텐츠가
제공된다.

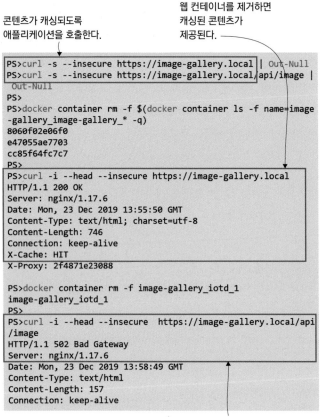

```
PS>curl -s --insecure https://image-gallery.local | Out-Null
PS>curl -s --insecure https://image-gallery.local/api/image |
 Out-Null
PS>
PS>docker container rm -f $(docker container ls -f name=image
-gallery_image-gallery_* -q)
8060f02e06f0
e47055ae7703
cc85f64fc7c7
PS>
PS>curl -i --head --insecure https://image-gallery.local
HTTP/1.1 200 OK
Server: nginx/1.17.6
Date: Mon, 23 Dec 2019 13:55:50 GMT
Content-Type: text/html; charset=utf-8
Content-Length: 746
Connection: keep-alive
X-Cache: HIT
X-Proxy: 2f4871e23088

PS>docker container rm -f image-gallery_iotd_1
image-gallery_iotd_1
PS>
PS>curl -i --head --insecure  https://image-gallery.local/api
/image
HTTP/1.1 502 Bad Gateway
Server: nginx/1.17.6
Date: Mon, 23 Dec 2019 13:58:49 GMT
Content-Type: text/html
Content-Length: 157
Connection: keep-alive
```

API 캐시는 유효 시간이 1분으로 짧아서 이미 만료됐다. 따라서 API 컨테이너를
제거하고 애플리케이션을 호출하면 오류가 발생한다.

엔진엑스를 이용한 실습은 여기까지다. 엔진엑스는 리버스 프록시로도 매우 유용하며, 그 외에도
HTTP 응답에 Gzip 압축 적용, 클라이언트 캐시 헤더 추가 등 여러 용도로 활용해 사용자가 체
감하는 성능을 개선하고 애플리케이션 컨테이너의 부담을 경감할 수 있다. 엔진엑스는 컨테이너
이전부터 있던 기술이므로 컨테이너 플랫폼 수준에서 통합되지는 않는다. 다만 도커 네트워크의
DNS 조회를 통해 네트워크 수준에서 동작할 뿐이다. 엔진엑스는 제대로 동작하지만, 애플리케이
션별로 설정 파일을 따로 유지하며 설정이 변경될 때마다 엔진엑스를 재시작해야 한다.

도커와 잘 통합되는 컨테이너용 리버스 프록시를 알아보고 이번 장을 마무리하겠다.

20.4 클라우드 네이티브 리버스 프록시

11장에서는 컨테이너에서 동작하는 젠킨스를 이용해 CI 파이프라인을 구성했다. 이 컨테이너는 자신을 구동하는 도커 엔진과 연결돼 컨테이너가 직접 이미지를 빌드하고 푸시할 수 있었다. 도커 엔진과 연결된 컨테이너는 이미지 푸시 외에도 도커 API의 애플리케이션 질의를 통해 다른 컨테이너에 대한 정보를 얻을 수 있다. 클라우드 네이티브 리버스 프록시 도구인 트래픽(Traefik)이 바로 이런 식으로 동작한다. 트래픽을 사용해 프록시를 적용하려면 애플리케이션별로 설정 파일을 따로 둘 필요 없이 컨테이너에 레이블을 추가하기만 하면 된다. 그러면 이 레이블을 이용해 스스로 설정과 라우팅 맵을 구성한다.

트래픽 등과 같은 컨테이너용 프록시의 가장 큰 장점은 동적 설정을 구성할 수 있다는 점이다. 트래픽이 새로운 컨테이너를 모니터링하기 때문에 트래픽 실행 전에 모든 애플리케이션을 실행해 두지 않아도 된다. 또 애플리케이션 설정이 변경돼도 트래픽을 재시작할 필요가 없다. 프록시 적용도 애플리케이션 배포 영역의 일부가 되는 것이다. 트래픽은 전용 API와 웹 UI를 갖추고 있으므로 아무 컨테이너도 없는 상태에서 트래픽을 실행하고 그 후 애플리케이션을 배포하며 자동으로 구성된 설정을 확인할 수 있다.

> **실습** 먼저 기존 컨테이너를 모두 제거한다. 그다음에는 트래픽을 실행하고 UI를 살펴보면서 사용법을 익혀 보자.

```
docker container rm -f $(docker container ls -aq)

# 트래픽 실행하기(리눅스 도커 엔진에 연결)
docker-compose -f traefik/docker-compose.yml -f traefik/override-linux.yml up -d

# 트래픽 실행하기(윈도 도커 엔진에 연결)
docker-compose -f traefik/docker-compose.yml -f traefik/override-windows.yml up -d

# 웹 브라우저에서 http://localhost:8080
```

도커 엔진 접속 채널이 리눅스와 윈도에서 서로 다르기 때문에 오버라이드 파일이 각각 따로 있다. 이 점을 제외하면 트래픽은 모든 플랫폼에서 동일하게 동작한다. 대시보드에서는 트래픽이 자동으로 구성한 애플리케이션의 프록시 설정을 볼 수 있다. 프록시 설정을 위해 트래픽에서 사용하는 리소스를 그림 20-11에 실었다.

리버스 프록시를 이용해 컨테이너 HTTP 트래픽 제어하기

❤ 그림 20-11 트래픽 대시보드에서 프록시가 적용된 애플리케이션과 그 설정을 확인할 수 있다.

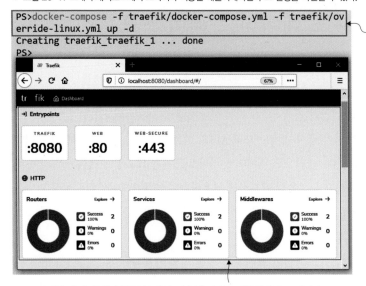

PS>docker-compose -f traefik/docker-compose.yml -f traefik/override-linux.yml up -d 　←　트래픽은 도커 엔진과 바인드 마운트로 연결된다.
Creating traefik_traefik_1 ... done
PS>

트래픽 대시보드에서 엔트리포인트, 라우터, 서비스, 미들웨어 등 트래픽의 핵심 구성 요소를 모두 볼 수 있다. 이들 기능을 조합해 애플리케이션 컨테이너에 리버스 프록싱을 적용한다.

트래픽은 엔진엑스와 비슷한 점이 많다. 도커 허브에서 공식 이미지로 배포되는 오픈 소스 무료 도구이며 기술 지원이 필요할 경우 상용 버전을 사용할 수 있다는 점도 같다. 리버스 프록시에 익숙하지 않다면 엔진엑스와 트래픽을 먼저 사용해 보기를 권한다. 여러분의 인프라스트럭처에서 큰 비중을 차지할 수 있으므로 신중히 검토해 선택해야 한다. 지금부터는 트래픽의 동작 과정을 좀 더 자세히 살펴보자.

- **엔트리포인트**: 외부에서 들어오는 트래픽을 주시하는 포트다. 이 포트와 컨테이너의 공개 포트가 매핑된다. 나는 HTTP의 80번 포트와 HTTPS의 443번 포트, 트래픽 대시보드용 8080번 포트를 정의했다.
- **라우터**: 인입된 요청을 배정할 컨테이너를 결정하는 규칙이다. HTTP 라우터의 규칙은 호스트명, 경로 등으로 돼 있다.
- **서비스**: 실제 콘텐츠를 제공하는 업스트림 컴포넌트다.
- **미들웨어**: 라우터와 서비스 사이에서 서비스에 전달되는 요청을 변경하는 역할을 한다. 요청에 포함된 경로 또는 헤더를 변경하거나 인증을 강제할 수 있다.

우선 클라이언트 요청과 이를 처리할 서비스를 연결하는 규칙을 정의해 라우터를 만들면 기본적인 설정을 충족한다.

실습 수정된 컴포즈 파일을 이용해 who-am-I 애플리케이션을 배포해 보자. 이 컴포즈 파일에는 트래픽의 라우팅을 적용하기 위한 레이블 정보가 추가됐다.

```
# 레이블이 추가된 오버라이드 파일로 애플리케이션 배포
docker-compose -f whoami/docker-compose.yml -f whoami/overridetraefik.yml up -d

# 트래픽의 라우터 정보 확인
# http://localhost:8080/dashboard/#/http/routers/whoami@docker

# 라우팅 동작 확인
curl -i http://whoami.local
```

엔트리포인트 포트를 업스트림 서비스(who-am-I 컨테이너)와 연결하는 아주 간단한 설정이다. 그림 20-12를 보면 whoami.local 도메인을 whoami 서비스와 연결한 라우터가 자동으로 설정된 것을 확인할 수 있다.

❤ 그림 20-12 트래픽은 도커 API를 통해 컨테이너와 컨테이너 레이블을 감지하고 이들 정보를 토대로 자동으로 설정을 구성한다.

image-gallery 애플리케이션을 실행한다. 그중 웹 컨테이너에는
프록시 설정을 위한 트래픽 레이블이 부여됐다.

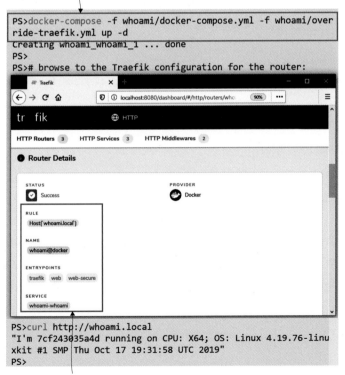

트래픽이 도커 엔진과 연결돼 실행 중이다. 새로운 컨테이너와 부여된 레이블을 감지하고
이들 정보를 토대로 라우터를 자동으로 설정한다.

우리가 한 일은 컨테이너에 두 개의 레이블을 부여한 것뿐이다. 하나는 트래픽에 자동 설정을 허용한다는 의미이고, 다른 하나는 연결할 요청의 호스트명을 지정하는 것이다.

예제 20-4 컨테이너 레이블을 이용한 트래픽 자동 설정

```
services:
  whoami:
    labels:
      - "traefik.enable=true"
      - "traefik.http.routers.whoami.rule=Host(`whoami.local`)"
```

좀 더 복잡한 라우팅 설정도 가능하다. 호스트명과 경로 외에 경로의 앞부분만을 일치 기준으로 삼고 나중에 미들웨어에서 이 앞부분을 제외하도록 요청을 수정하는 방법이다. 복잡하게 들리지만, image-gallery 애플리케이션의 API에서 유용한 설정이다. 이렇게 해야 주 애플리케이션 도메인의 하위 경로를 통해 API를 사용할 수 있다. 먼저 요청 경로가 'api'로 시작하는 요청을 주시하게끔 설정한다. 그다음에는 인입된 요청의 URL 경로 앞부분에서 'api'를 삭제한다. 이 앞부분을 삭제하는 이유는 실제 서비스에서는 이 경로가 존재하지 않기 때문이다.

> **실습** 트래픽 설정 적용 대상임을 나타내는 컨테이너 레이블을 적용한 오버라이드 파일과 함께 image-gallery 애플리케이션을 배포하면 라우팅 규칙이 자동으로 설정된다.

```
# 새로운 레이블을 부여해 애플리케이션을 배포
docker-compose -f image-gallery/docker-compose.yml -f imagegallery/override-traefik.yml up -d

# 웹 애플리케이션 동작 확인
curl --head http://image-gallery.local

# API 동작 확인
curl -i http://image-gallery.local/api/image
```

API 호출과 동일한 결과를 볼 수 있을 것이다. 트래픽이 http://image-gallery.local/api/image에 대한 요청을 라우터와 미들웨어를 통해 http://iotd/image로 변환해 API 컨테이너에 전달했기 때문이다. 이를 위한 설정은 조금 이해하기 까다롭다. 먼저 라우터와 미들웨어를 정의한 다음, 미들웨어를 라우터에 연결해야 한다. image-gallery/override-traefik.yml 파일에서 이 설정을 볼 수 있다.

애플리케이션이나 API를 사용하는 외부에서는 이 복잡한 과정이 드러나지 않는다. 그림 20-13을 보면 API를 직접 호출한 것과 동일한 응답이 반환된다는 사실을 확인할 수 있다.

▼ 그림 20-13 라우팅 규칙을 통해 여러 개의 컨테이너로 구성된 애플리케이션을 하나의 도메인으로 이용할 수 있다.

트래픽을 통해 API 컨테이너와 웹 컨테이너에 프록시를 적용한다.
요청 경로의 앞부분에 'api'가 붙으면 API에 대한 요청으로 간주한다.

```
PS>docker-compose -f image-gallery/docker-compose.yml -f imag
e-gallery/override-traefik.yml up -d
Creating image-gallery_accesslog_1 ... done
Creating image-gallery_iotd_1      ... done
Creating image-gallery_image-gallery_1 ... done
PS>
PS>curl --head http://image-gallery.local
HTTP/1.1 200 OK
Content-Length: 746
Content-Type: text/html; charset=utf-8
Date: Mon, 23 Dec 2019 15:43:04 GMT

PS>curl -i http://image-gallery.local/api/image
HTTP/1.1 200 OK
Content-Type: application/json;charset=UTF-8
Date: Mon, 23 Dec 2019 15:43:13 GMT
Content-Length: 132

{"url":"https://www.youtube.com/embed/pvKEG141GmU?rel=0","cap
tion":"Places for OSIRIS-REx to Touch Asteroid Bennu","copyri
ght":null}
PS>
```

웹 컨테이너와 API 컨테이너가 분리돼 있지만 웹 애플리케이션과 같은 도메인에서
API를 사용할 수 있다.

리버스 프록시 도구가 지금 소개한 기능을 모두 지원하지는 않는다. 트래픽의 경우, 캐시를 지원하지 않는다(버전 2.1 기준). 따라서 캐싱 프록시를 적용하려면 엔진엑스를 사용해야 한다. 반면 SSL 지원은 트래픽이 훨씬 충실하다. 인증서 제공 서비스와 통합이 잘돼 있기 때문에 Let's Encrypt 서비스를 통해 자동으로 인증서가 갱신된다. 개발 환경에 사용하는 것이 목적이라면 별도의 인증서 관리 없이 자체 서명 인증서를 그대로 사용해도 무방하다.

실습 image-gallery 애플리케이션과 API에 SSL 지원을 추가하려면 복잡한 트래픽 설정이 필요하다. HTTPS 엔트리포인트를 추가하고, HTTP 엔트리포인트는 HTTPS 엔트리포인트로 리다이렉트해야 한다. 이러한 설정 역시 레이블 부여만으로 가능하다.

```
# HTTPS 적용을 위한 레이블을 추가해 애플리케이션을 실행
docker-compose -f image-gallery/docker-compose.yml -f imagegallery/override-traefik-
ssl.yml up -d

# HTTPS를 통한 사이트 접근
curl --head --insecure https://image-gallery.local
```

```
# HTTPS를 통한 API 접근
curl --insecure https://image-gallery.local/api/image
```

웹 브라우저에서 웹 사이트나 API에 접근해 보면, 앞서 엔진엑스를 사용했을 때와 같이 인증서를 신뢰할 수 없다는 경고 메시지가 나타날 것이다. 그러나 이번에는 우리가 자체 서명 인증서를 생성하거나 복사한 적이 없다(트래픽의 자동 설정 과정에서 포함됐다). 그림 20-14에 나의 환경에서 실행한 결과를 실었다. curl 명령에 사용된 insecure 옵션은 인증서를 신뢰할 수 없더라도 그대로 접속을 진행하라는 의미다.

❤ 그림 20-14 트래픽을 이용해 HTTPS를 적용한 예. 자체 서명 인증서를 생성하거나 인증 기관의 인증서를 자동으로 받아 오는 기능까지 갖추고 있다.

트래픽의 기본 인증서 제공자 설정을 토대로 HTTPS를 설정한다.
이 과정에서 자체 서명 인증서가 생성된다.

```
PS>docker-compose -f image-gallery/docker-compose.yml -f imag
e-gallery/override-traefik-ssl.yml up -d
image-gallery_accesslog_1 is up-to-date
Recreating image-gallery_iotd_1 ... done
Recreating image-gallery_image-gallery_1 ... done
PS>
PS>curl --head --insecure https://image-gallery.local
HTTP/1.1 200 OK
Content-Length: 746
Content-Type: text/html; charset=utf-8
Date: Mon, 23 Dec 2019 16:00:19 GMT

PS>curl --insecure https://image-gallery.local/api/image
{"url":"https://www.youtube.com/embed/pvKEG141GmU?rel=0","cap
tion":"Places for OSIRIS-REx to Touch Asteroid Bennu","copyri
ght":null}
```

신뢰할 수 없는 인증서 오류를 무시하기 위해 curl에서 --insecure 플래그를 사용했다.
이제 웹 애플리케이션 및 API와 HTTPS로 통신한다.

라우팅, 로드 밸런싱, SSL 적용은 리버스 프록시의 주요 기능이다. 트래픽을 사용하면 이들 기능을 컨테이너 레이블을 이용한 자동 설정을 통해 적용할 수 있다. 엔진엑스 대신 트래픽을 사용할 생각이라면, 트래픽에 캐시 기능이 없다는 점을 유념하기 바란다. 다만, 기능 추가 요청을 많이 받고 있으므로 향후 기능이 추가될 가능성은 있다.

엔진엑스에서는 설정이 까다롭지만 트래픽에서 쉽게 적용할 수 있는 기능을 한 가지 더 살펴보겠다. 바로 스티키 세션(sticky session)이다. 현대적 애플리케이션은 최대한 많은 부분을 무상태로 만들어야 한다. 무상태는 아무 컨테이너나 요청을 처리할 수 있으므로, 수평 확장 시 성능 향상은 물론 로드 밸런싱의 효과를 극대화할 수 있다는 점에서 매우 중요한 특징이다. 기존 애플리케이션은 상태가 있는 구성 요소를 많이 포함하고 있어서 이들 애플리케이션을 컨테이너로 이주하려면 같은 사용자의 요청은 같은 컨테이너로 계속 라우팅할 필요가 생긴다. 이것이 바로 스티키 세션이다. 트래픽에서 서비스를 설정하면 스티키 세션을 적용할 수 있다.

실습 who-am-I 애플리케이션은 스티키 세션을 적용하기에 적당하다. 현재 배포된 애플리케이션의 컨테이너 수를 늘려 확장한 다음 반복적으로 호출한다. 그러면 이 요청이 컨테이너에 고르게 분배된다. 그다음에는 스티키 세션이 적용된 버전으로 애플리케이션을 업데이트한다. 새 버전에 대한 요청은 모두 같은 컨테이너에서 처리되는 것을 볼 수 있다.

```
# who-am-I 애플리케이션을 세 개의 컨테이너로 실행
docker-compose -f whoami/docker-compose.yml -f whoami/overridetraefik.yml up -d
--scale whoami=3

# 컨테이너 간 로드 밸런싱 적용 확인
curl -c c.txt -b c.txt http://whoami.local
curl -c c.txt -b c.txt http://whoami.local

# 스티키 세션을 적용해 애플리케이션 업데이트
docker-compose -f whoami/docker-compose.yml -f whoami/overridetraefik-sticky.yml up -d
--scale whoami=3

# 모든 요청이 한 컨테이너에서 처리되는 것을 확인
curl -c c.txt -b c.txt http://whoami.local
curl -c c.txt -b c.txt http://whoami.local
```

스티키 세션을 활성화하면, 클라이언트에 컨테이너를 식별할 수 있는 쿠키가 부여되므로 해당 사용자의 요청을 계속 같은 컨테이너로 라우팅한다. 관심 있는 독자는 브라우저 세션의 쿠키나 c.txt 파일을 살펴보기 바란다. 쿠키에 삽입된 컨테이너의 IP 주소를 볼 수 있을 것이다. 다시 애플리케이션을 사용하면, 이 IP 주소를 통해 앞서와 같은 컨테이너로 요청이 라우팅된다. 나의 환경에서 실행한 결과를 그림 20-15에 실었다.

▼ 그림 20-15 트래픽을 이용해 스티키 세션 적용하기. 쿠키에 포함된 컨테이너의 IP 정보를 이용해 해당 사용자의 요청을 이전과 같은 컨테이너로 라우팅한다.

스티키 세션을 적용하지 않으면 요청이
모든 컨테이너에 고르게 로드 밸런싱된다.

```
PS>docker-compose -f whoami/docker-compose.yml -f whoami/over
ride-traefik.yml up -d --scale whoami=3
Recreating whoami_whoami_1 ... done
Creating whoami_whoami_2   ... done
Creating whoami_whoami_3   ... done
PS>
```

```
PS>curl -c c.txt -b c.txt http://whoami.local
"I'm bf520136449c running on CPU: X64; OS: Linux 4.19.76-linu
xkit #1 SMP Thu Oct 17 19:31:58 UTC 2019"
PS>
PS>curl -c c.txt -b c.txt http://whoami.local
"I'm cba81f8d6bfd running on CPU: X64; OS: Linux 4.19.76-linu
xkit #1 SMP Thu Oct 17 19:31:58 UTC 2019"
```

```
PS>
PS>docker-compose -f whoami/docker-compose.yml -f whoami/over
ride-traefik-sticky.yml up -d --scale whoami=3
Recreating whoami_whoami_1 ... done
Recreating whoami_whoami_2 ... done
Recreating whoami_whoami_3 ... done
PS>
```

```
PS>curl -c c.txt -b c.txt http://whoami.local
"I'm 4a38665b433f running on CPU: X64; OS: Linux 4.19.76-linu
xkit #1 SMP Thu Oct 17 19:31:58 UTC 2019"
PS>
PS>curl -c c.txt -b c.txt http://whoami.local
"I'm 4a38665b433f running on CPU: X64; OS: Linux 4.19.76-linu
xkit #1 SMP Thu Oct 17 19:31:58 UTC 2019"
```

스티키 세션을 적용하면 쿠키에 포함된 정보를 이용해 특정 사용자의 요청을
이전에 처리했던 컨테이너로만 전달한다. curl 명령은 텍스트 파일을 쿠키로
사용하는 기능이 있어 브라우저를 흉내 낼 수 있다.

DOCKER TEXTBOOK

20.5 / 리버스 프록시를 활용한 패턴의 이해

운영 환경에서 여러 개의 애플리케이션을 운영하게 되면 리버스 프록시는 거의 필수적으로 도입해야 한다. 이번 장에서는 리버스 프록시의 다양한 고급 기능(SSL, 캐싱 프록시, 스티키 세션 등)을 활용하는 법을 배웠다. 하지만 이들 기능을 사용하지 않더라도 언젠가는 리버스 프록시의 필요성을 느끼게 될 것이다. 리버스 프록시가 있어야 적용할 수 있는 세 가지 주요 패턴을 살펴보고 이번 장을 마무리하겠다.

첫 번째 패턴은 클라이언트 요청에 포함된 호스트명을 통해 HTTP 혹은 HTTPS로 제공되는 애플리케이션에서 적확한 콘텐츠를 제공하는 패턴이다. 이 패턴을 그림 20-16에 나타냈다.

▼ 그림 20-16 한 클러스터에서 각각 다른 도메인 이름을 갖는 여러 개의 애플리케이션을 호스팅하는 패턴

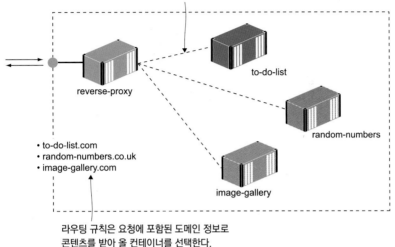

두 번째 패턴은 한 애플리케이션이 여러 개의 컨테이너에 걸쳐 실행되는 마이크로서비스 아키텍처에서 주로 활용된다. 이 패턴에서 리버스 프록시는 HTTP 요청의 경로를 이용해 마이크로서비스의 요소 중 일부만을 선택적으로 노출한다. 외부에서 보면 애플리케이션은 하나의 도메인을 갖지만, 경로에 따라 서로 다른 컨테이너가 요청을 처리하는 구조다. 그림 20-17에 이 패턴을 나타냈다.

▼ 그림 20-17 마이크로서비스 아키텍처의 일부 요소를 외부로 노출시키는 패턴

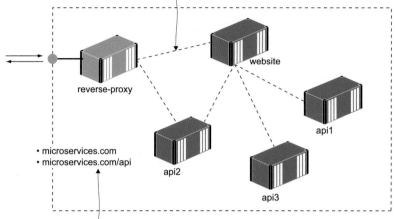

웹 컨테이너는 다른 마이크로서비스를 사용한다. 리버스 프록시를 통해
웹 컨테이너와 마이크로서비스 중 일부가 외부로 노출된다.

website

reverse-proxy

api1

• microservices.com
• microservices.com/api

api2

api3

엔트리포인트는 같은 도메인을 사용하지만, HTTP 요청 경로에 따라
요청이 다른 컨테이너로 라우팅된다.

세 번째 패턴은 구식 모놀리식(monolithic) 설계를 가진 애플리케이션을 컨테이너로 이주시킬 때 특히 유용한 패턴이다. 먼저 리버스 프록시를 두어 모놀리식 설계를 가진 애플리케이션의 프론트엔드 역할을 맡긴다. 그리고 이후 추가되는 기능은 컨테이너로 분할한다. 이들 기능은 현대적인 기술 스택을 적용해 만들어졌으므로 리버스 프록시에서 라우팅을 통해 요청을 전달받을 수 있다. 그림 20-18에 이러한 구조를 간단히 나타냈다.

▼ 그림 20-18 리버스 프록시가 모놀리식 설계를 가려 주어 애플리케이션을 점진적으로 여러 개의 서비스로 분할해 갈 수 있다.

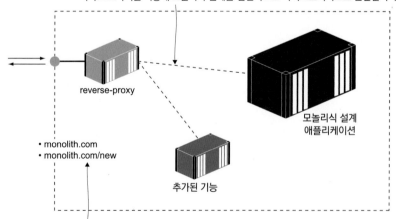

모놀리식 설계를 가진 애플리케이션도 컨테이너에서 실행할 수 있다.
하지만 클라우드를 고려해 설계된 애플리케이션보다는 누릴 수 있는 장점이 적다.
리버스 프록시를 이용해 모놀리식 설계를 점진적으로 마이크로서비스로 분할할 수 있다.

reverse-proxy

모놀리식 설계
애플리케이션

• monolith.com
• monolith.com/new

추가된 기능

새로운 기능은 별도의 컨테이너 형태로 추가하며, 리버스 프록시를 통해 요청 경로에 따라 요청을
전달한다. 기존 기능 역시 같은 방식으로 모놀리식 설계에서 별도의 컨테이너로 분리해 나간다.

이들 패턴은 여러 가지를 함께 적용하는 것도 가능하다. 하나의 클러스터 안에서 여러 개의 도메인과 연결된 모놀리식 설계 애플리케이션과 마이크로서비스를 리버스 프록시를 이용해 함께 서비스하는 것도 불가능하지 않다.

20.6 연습 문제

이번 연습 문제는 완전히 새로운 애플리케이션을 소재로 다룬다. 이 애플리케이션을 통해 리버스 프록시의 캐싱이 얼마나 강력한 기능인지 체감할 수 있을 것이다. 이 애플리케이션은 원주율을 소수점 아래의 원하는 자릿수까지 계산하는 간단한 웹 사이트다. 이번 장 예제 코드의 연습 문제 디렉터리에 있는 컴포즈 파일로 애플리케이션을 실행한 후, http://localhost:8031/?dp=50000에 접속하면 원주율의 소수점 아래 5만 번째 자리를 볼 수 있다. 브라우저를 새로 고침해 처음과 비교함으로써 계산 시간이 얼마나 걸리는지 확인해 보자. 이 문제의 조건은 다음과 같이 설정된 리버스 프록시를 통해 애플리케이션을 실행하는 것이다.

- 도메인 pi.local의 HTTP 표준 포트를 통해 애플리케이션에 접근할 수 있어야 한다.
- 사용자로부터 같은 요청이 들어오면 프록시에서 캐싱된 응답을 제공해야 하며, 이때 걸리는 시간이 애플리케이션에서 콘텐츠를 받아 오는 것보다 훨씬 짧아야 한다.
- 프록시는 애플리케이션 컨테이너에 장애가 발생하더라도 캐싱된 응답이 있으면 이를 제공해 탄력성을 유지해야 한다.

이번에도 나의 해답을 깃허브 /ch20/lab/ 폴더에 올려 두었다.

리버스 프록시를 이용해 컨테이너 HTTP 트래픽 제어하기

21^장

메시지 큐를
이용한 비동기 통신

이번 장은 이 책의 실질적인 마지막 장으로, 시스템의 컴포넌트가 서로 통신하는 새로운 방식을 제시한다. 바로 메시지 큐(message queue)를 이용해 메시지를 주고받는 방식이다. 메시지 큐는 매우 오랫동안 사용돼 온 방식으로, 컴포넌트끼리 직접 메시지를 주고받는 방식과 비교해 컴포넌트 간의 결합을 느슨하게 하는 효과가 있다. 메시지 큐는 하나 혹은 여러 대상에 메시지를 전달할 수 있으며, 이 점만으로도 시스템 아키텍처에 큰 유연성을 부여할 수 있다.

이번 장에서는 메시지 큐를 도입한 애플리케이션에서 기대할 수 있는 두 가지 시나리오를 집중적으로 다룬다. 첫 번째는 시스템 성능과 확장성을 개선하는 시나리오이고, 두 번째는 무중단으로 새 기능을 추가하는 시나리오다. 이를 위해 도커와 아주 궁합이 좋은 두 가지 메시지 큐 도구인 레디스(Redis)와 NATS를 사용할 것이다.

21.1 / 비동기 메시징이란?

소프트웨어의 컴포넌트는 대개 동기적으로 통신한다. 이는 클라이언트가 서버에 접속하고, 요청을 보내고, 서버의 응답을 기다린 다음 접속을 종료하는 전체 과정이 동기적으로 이뤄진다는 뜻이다. HTTP 연결에 기반하는 REST API와 SOAP 웹 서비스, gRPC 등도 마찬가지다.

동기적 통신은 전화 통화에 비유할 수 있다. 두 대화 상대가 동시에 통화 가능한 상태여야 하고, 주의 깊게 통신을 관리하지 않으면 안 된다. 서버가 다운됐거나 일부 기능을 상실해 접속이 불가능할 수도 있고, 응답 처리에 오랜 시간이 걸려 클라이언트의 타임아웃 시간이 만료될 수도 있다. 네트워크 수준에서 접속에 실패했다면 클라이언트도 이를 파악해야 요청을 정상적으로 다시 보낼 수 있다. 이 모든 예외 상황을 처리하려면 애플리케이션 코드에 복잡한 로직이 필요해진다.

비동기 통신을 적용하면 클라이언트와 서버 사이에 계층이 하나 끼어든다. 클라이언트가 서버에 요청할 것이 생기면, 서버에 직접 요청을 보내는 대신 큐에 요청을 보낸다. 서버는 큐를 주시하다가 메시지를 수신하고 처리한다. 처리가 끝나면 서버는 응답 메시지를 큐로 보낸다. 클라이언트가 응답을 필요로 하는 상태라면 큐를 주시하며 서버가 보낸 메시지를 수신할 것이다. 비동기 통신은 이메일을 생각하면 이해하기 쉽다. 두 대화 상대는 자신이 시간이 날 때 각자 대화를 나눌 수 있다. 서버가 다운되거나 기능이 완전하지 않을 때도 서버의 기능이 회복될 때까지 메시지는 메시지 큐에 대기하며, 응답 처리 시간이 오래 걸리더라도 클라이언트나 메시지 큐에는 아무 영향을 미치지 못한다. 클라이언트가 메시지 전송에 실패했다면, 메시지가 큐에 전달되지 않았으므로 안전하게 재전송이 가능하다. 그림 21-1은 비동기 메시징 통신 과정을 나타낸 것이다.

▼ 그림 21-1 메시지 큐는 컴포넌트끼리 간접적으로 통신하게 함으로써 컴포넌트 간의 결합을 느슨하게 한다.

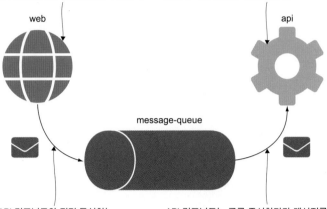

웹 컴포넌트는 API를 사용하지만,
API 컴포넌트와 직접 통신하지 않는다.

API 컴포넌트도 웹 컴포넌트와 직접 통신하는 대신,
요청에 대한 응답을 큐로 보낸다.

API 컴포넌트와 직접 통신하는
대신, 웹 컴포넌트는 큐로
요청을 보낸다.

API 컴포넌트는 큐를 주시하다가 메시지를 전달받는데,
이 메시지에 따라 요청을 처리하거나 명령을 실행한다.

통합 아키텍처를 설계할 때 메시징은 아주 매력적인 수단이지만, 여기에는 몇 가지 문제가 있다. 큐를 제공하는 기술의 신뢰성이 매우 뛰어나야 하고, 이러한 큐 기술의 사용료가 너무 비싸기 때문에 테스트 환경까지 동일하게 도입할 수 없으므로 운영 환경과 테스트 환경의 괴리를 견디거나 개발 환경 또는 테스트 환경에서는 큐 자체를 생략해야 한다는 점 등이다. 도커를 사용하면 엔터프라이즈급 안정성을 갖춘 오픈 소스 큐 시스템을 도입해 이러한 문제를 해결할 수 있다. 경량 컨테이너에서 메시지 큐를 실행하면 애플리케이션마다 별도의 전용 메시지 큐를 둘 수 있다. 또한, 이 메시지 큐 기술은 오픈 소스 소프트웨어이므로 모든 환경에서 동일하게 도입할 수 있다. 레디스는 그중에서도 매우 널리 쓰이는 기술(데이터 스토어로도 사용 가능하다)로, 여기서 간단히 레디스를 적용해 보면서 비동기 메시지 큐의 장점을 체험해 보자.

실습 컨테이너로 레디스 서버를 실행하라. 이 컨테이너는 도커 네트워크에 접속돼 다른 컨테이너와 메시지를 주고받을 수 있어야 한다.

```
# 도커 네트워크 생성하기(리눅스 컨테이너)
docker network create ch21

# 도커 네트워크 생성하기(윈도 컨테이너)
docker network create -d nat ch21
```

메시지 큐를 이용한 비동기 통신

```
# 레디스 서버 실행하기
docker container run -d --name redis --network ch21 diamol/redis

# 서버가 정상적으로 실행됐는지 확인하기
docker container logs redis --tail 1
```

메시지 큐는 우리가 직접 종료시킬 때까지 계속 동작하는 서버다. 레디스 서버는 6379번 포트를 주시하며, 이 주소를 통해 서버와 클라이언트가 메시지를 주고받는다. 컨테이너 로그를 보면 레디스가 정상적으로 실행된 상태임을 확인할 수 있다. 나의 환경에서 실행한 결과를 그림 21-2에 실었다.

▼ 그림 21-2 메시지 큐는 요청을 기다리는 여느 백그라운드 컨테이너와 다를 바 없이 동작한다.

레디스 컨테이너를 실행한다. 포트가 외부로 노출되지 않았으므로
이 메시지 큐는 컨테이너끼리만 사용할 수 있다.

```
PS>docker network create -d nat ch21
e1ec1a949e04a96d5cf6179a530a7e2a97fb7ccd7e11a22314ba13bf13d32
674
PS>
PS>docker container run -d --name redis --network ch21 diamol
/redis
1ef79b7d56fed54b03979d9246e00b73b57072b152fc1e5fae0c7ff8a020d
eee
PS>
PS>docker container logs redis --tail 1
[1188] 03 Jan 10:48:27.559 * The server is now ready to accep
t connections on port 6379
```

레디스를 실행하면 로그가 기록된다. 마지막 로그는
클라이언트를 받을 준비가 끝났다는 뜻이다.

클라이언트가 메시지를 보내려면 큐에 접속해야 한다. 메시지 큐가 어떻게 REST API를 직접 호출하는 것보다 더 낫다는 것인지 의구심이 든다면, 아마 속도 탓일 것이다. 메시지 큐는 일반적으로 고도로 최적화된 전용 통신 프로토콜을 갖추고 있다. 이 프로토콜에 따라 클라이언트는 메시지를 보낸 후 큐의 수신 확인을 기다린다. 메시지 큐 시스템은 메시지에 복잡한 가공을 하지 않으므로 어렵지 않게 초당 수천 건의 메시지를 처리할 수 있다.

실습 초당 수천 개까지는 아니지만, 레디스 명령행 도구를 통해 메시지를 보내 보겠다. 명령 문법이 조금 어렵게 보이지만, channel21이라는 채널에 메시지 'ping'을 보내는 간단한 명령이다. 그리고 5초에 한 번씩 같은 메시지를 50번 반복적으로 전송한다.

```
# 레디스 클라이언트를 백그라운드로 실행해 메시지를 전달한다
docker run -d --name publisher --network ch21 diamol/redis-cli -r 50 -i 5 PUBLISH
channel21 ping

# 메시지가 보내지는지 로그를 통해 확인한다
docker logs publisher
```

레디스 클라이언트 컨테이너가 백그라운드로 실행되며 5초에 한 번씩 메시지를 보낸다. 로그에 출력된 내용을 보면, 계속 출력되는 0과 'OK' 응답을 통해 모든 것이 정상 상태임을 알 수 있다. 나의 환경에서 실행한 결과를 그림 21-3에 실었다.

▼ 그림 21-3 레디스 명령행 도구를 사용하면 레디스 컨테이너에서 동작 중인 메시지 큐에 간편하게 메시지를 보낼 수 있다.

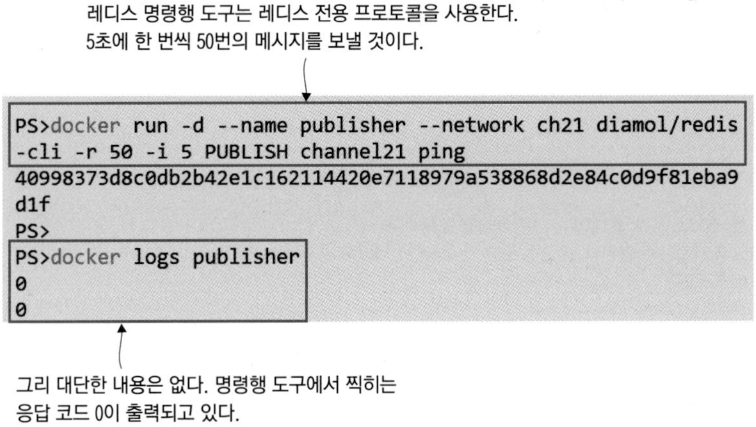

레디스 명령행 도구는 레디스 전용 프로토콜을 사용한다.
5초에 한 번씩 50번의 메시지를 보낼 것이다.

```
PS>docker run -d --name publisher --network ch21 diamol/redis
-cli -r 50 -i 5 PUBLISH channel21 ping
40998373d8c0db2b42e1c162114420e7118979a538868d2e84c0d9f81eba9
d1f
PS>
PS>docker logs publisher
0
0
```

그리 대단한 내용은 없다. 명령행 도구에서 찍히는
응답 코드 0이 출력되고 있다.

이쯤에서 새로운 용어를 도입할 차례다. 메시지 큐를 적용한 상태에서 이들은 더 이상 클라이언트와 서버가 아니기 때문이다. 메시지 큐 환경에서 모든 컴포넌트는 메시지 큐의 클라이언트가 된다. 다만 사용하는 방식은 각기 차이가 있다. 메시지를 보내는 컴포넌트는 퍼블리셔(publisher)가 되고, 메시지를 받는 컴포넌트는 서브스크라이버(subscriber)가 된다. 다양한 시스템이 메시지 큐를 이용할 수 있으므로 채널(channel)을 나눠 메시지를 구분한다. 조금 전의 예제에서는 channel21 채널을 통해 퍼블리셔가 메시지를 전송했다. 그러므로 이 메시지를 읽는 컴포넌트는 이 채널의 서브스크라이버가 된다.

실습 다른 레디스 명령행 도구 컨테이너를 실행하고 조금 전 메시지를 보낸 채널을 구독한다.

```
# 대화식 컨테이너를 실행해 채널을 구독하면
# 5초마다 한 번씩 메시지를 전달받는다
docker run -it --network ch21 --name subscriber diamol/redis-cli SUBSCRIBE channel21
```

우리는 지금 간단히 사용 가능한 레디스 명령행 도구를 쓰고 있지만, 애플리케이션이 사용할 수 있는 레디스 SDK가 대부분의 주요 플랫폼에 제공되므로 어렵지 않게 이 SDK를 애플리케이션에 통합할 수 있다. 명령행 도구에서 출력되는 내용은 채널을 구독하는 것부터 시작된다. 퍼블리셔 컨테이너는 백그라운드에서 동작하며, 메시지를 보낼 때마다 레디스가 서브스크라이버 컨테이너에 메시지의 사본을 보내온다. 그러면 우리가 로그에서 그 메시지를 볼 수 있다. 나의 환경에서 실행한 결과를 그림 21-4에 실었다.

▼ 그림 21-4 채널의 서브스크라이버가 된 컨테이너는 해당 채널에 전송된 메시지의 사본을 전달받는다.

레디스 명령행 도구를 실행한 대화식 컨테이너에서 subscribe 명령을 실행한다.
처음 출력되는 내용은 채널을 새로이 구독한다는 내용이다.

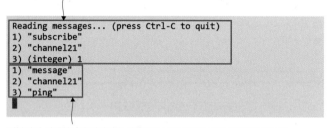

퍼블리셔 컨테이너가 메시지를 레디스에 보낼 때마다 같은 채널을 구독하는
서브스크라이버 컨테이너에도 메시지가 전달된다. 로그를 보면 channel21 채널에
'ping'이라는 내용의 메시지가 출력됐다.

Ctrl + C 를 누르거나 docker container rm -f subscriber 명령을 입력해 서브스크라이버 컨테이너를 종료한다. 지금 우리가 한 것이 바로 비동기 통신이다. 퍼블리셔는 서브스크라이버가 큐를 주시하기 전부터 메시지를 보낼 수 있으며, 서브스크라이버는 퍼블리셔가 하나도 없더라도 큐를 주시할 수 있다. 메시지 큐를 다루는 컴포넌트는 같은 큐에서 메시지를 보내거나 받는 다른 컴포넌트의 존재를 알 수 없다.

이렇게 큐를 이용해 메시지 전달자와 수신자의 결합을 느슨하게 하는 방법으로 애플리케이션의 성능과 확장성을 개선할 수 있다. 다음 절에서 to-do 애플리케이션의 수정된 버전을 통해 이 사례를 살펴볼 것이다.

21.2 클라우드 네이티브 메시지 큐 사용하기

to-do 애플리케이션은 웹 프론트엔드와 SQL 데이터베이스로 구성된다. 최초 구현에서는 컴포넌트 간의 모든 통신이 동기적으로 이뤄졌다. 그러므로 웹 애플리케이션이 쿼리를 보내거나 데이터를 추가하려면 데이터베이스 서버에 접속해 요청이 완료될 때까지 접속을 유지해야 했다. 이 아키텍처는 확장성이 좋지 못하다. 많은 수의 사용자를 감당할 수 있도록 수백 개의 웹 컨테이너를 실행해야 한다고 하자. 하지만 현재 아키텍처로는 금세 데이터베이스 서버의 최대 커넥션 수를 초과하고 애플리케이션이 오류를 일으킬 것이다.

이런 상황에 메시지 큐를 도입하면 성능과 확장성을 함께 개선할 수 있다. 수정된 to-do 애플리케이션은 할 일을 저장할 때 비동기 통신을 사용한다. 사용자가 새로운 할 일을 추가하면, 웹 애플리케이션이 이 데이터를 큐에 메시지로 보낸다. 큐는 데이터베이스 서버의 커넥션 수보다 훨씬 많은 수의 퍼블리셔를 처리할 수 있으며, 필요한 접속의 지속 시간도 훨씬 짧다. 그러므로 많은 사용자가 몰리더라도 여간해서는 처리 한계에 도달하지 않는다. 이번 실습에서는 레디스가 아닌 다른 큐 기술인 NATS를 사용해 보겠다. NATS는 CNCF에서 관리하는 프로젝트로, 높은 완성도와 신뢰도를 바탕으로 널리 쓰이고 있다. NATS는 메시지를 메모리에 저장한다. 따라서 속도가 매우 빠르고 컨테이너끼리의 통신에 적합하다.

> **실습** NATS를 컨테이너로 실행하라. NATS는 현재 큐에 연결된 클라이언트의 수를 알려 주는 간단한 관리자 API를 제공한다.

```
# 실습 디렉터리로 이동
cd ch21/exercises/todo-list

# 메시지 큐 컨테이너 실행
docker-compose up -d message-queue

# 로그 확인하기
docker container logs todo-list_message-queue_1

# 현재 메시지 큐의 클라이언트 수 확인하기
curl http://localhost:8222/connz
```

접속 수 API를 호출하면 현재 연결된 클라이언트의 수를 알려 주는 JSON 문서를 반환한다. 클라이언트는 수천 개까지 접속 가능하므로 응답 내용에 페이지가 적용될 수도 있다. 하지만 지금은 클라이언트 수가 0이므로 응답 역시 한 페이지뿐이다. 나의 환경에서 실행한 결과를 그림 21-5에 실었다.

▼ 그림 21-5 NATS는 또 다른 메시지 큐 기술이다. 이는 매우 가벼우며 간단한 관리자 API를 제공한다.

컴포즈 파일에 전체 애플리케이션이
정의돼 있다. 이 명령만으로 NATS를
실행할 수 있다.

NATS는 클라이언트 접속과 관리자 API가
서로 다른 포트를 사용한다. 이 컴포즈 파일에는
관리자 API의 포트가 8222로 돼 있다.

```
PS>cd ch21/exercises/todo-list
PS>
PS>docker-compose up -d message-queue
Creating todo-list_message-queue_1 ... done
PS>

PS>docker container logs todo-list_message-queue_1
[1376] 2020/01/03 12:08:32.274131 [INF] Starting nats-server
version 2.1.2
[1376] 2020/01/03 12:08:32.275130 [INF] Git commit [679beda]
[1376] 2020/01/03 12:08:32.277128 [INF] Starting http monitor
 on 0.0.0.0:8222
[1376] 2020/01/03 12:08:32.278128 [INF] Listening for client
connections on 0.0.0.0:4222
[1376] 2020/01/03 12:08:32.278128 [INF] Server id is NAFKYQSP
XKLDI3RZV4OUW6EFVYAG67PH4OJQMS6RYX7V3ZYW626FCF3X
[1376] 2020/01/03 12:08:32.278128 [INF] Server is ready
[1376] 2020/01/03 12:08:32.290144 [INF] Listening for route c
onnections on 0.0.0.0:6222
PS>
PS>curl http://localhost:8222/connz
{
  "server_id": "NAFKYQSPXKLDI3RZV4OUW6EFVYAG67PH4OJQMS6RYX7V3
ZYW626FCF3X",
  "now": "2020-01-03T12:09:10.2655257Z",
  "num_connections": 0,
  "total": 0,
  "offset": 0,
  "limit": 1024,
  "connections": []
}
```

관리자 API를 통해 현재 클라이언트 수를 알 수 있다.
지금은 큐에 접속한 클라이언트가 없다.

비동기 메시징을 적용하려면 몇 가지 개발 작업이 필요하다. to-do 애플리케이션에서는 웹 애플리케이션에 수정이 필요했다. 이제 사용자가 새로운 할 일을 추가하면, 웹 애플리케이션이 그 메시지를 데이터베이스 서버 대신 NATS로 전달한다. 예제 21-1을 보면, 닷넷 코어에 익숙하지 않은 독자라도 그리 어렵지 않은 수정임을 알 수 있다.

```
public void AddToDo(ToDo todo)
{
    MessageQueue.Publish(new NewItemEvent(todo));
    _NewTasksCounter.Inc();
}
```

NATS에는 채널 개념이 없다. 그 대신 모든 메시지에는 서브젝트(subject)가 부여된다. 이 서브젝트를 통해 메시지의 유형을 구분하며, 서브젝트에 원하는 명명 규칙을 적용할 수 있다. 여기서는 events.todo.newitem이라는 서브젝트를 사용했다. to-do 애플리케이션의 새 할 일 이벤트라는 뜻이다. 서브스크라이버는 각자 자신이 관심 있는 주제가 부여된 메시지를 수신한다. 어떤 서브스크라이버가 new-item 이벤트에 관심이 있다면 해당 서브젝트를 구독하면 된다. 하지만 서브스크라이버가 없더라도 애플리케이션은 계속 이 서브젝트로 메시지를 전달한다.

실습 수정된 버전의 to-do 애플리케이션 및 데이터베이스 서버를 실행한다. 아무 오류 없이 애플리케이션이 정상적으로 실행됐지만, 제대로 동작하지는 않을 것이다.

```
# 웹 컨테이너, 데이터베이스 컨테이너 실행
docker-compose up -d todo-web todo-db
```

```
# 웹 브라우저에서 http://localhost:8080에 접속해 새 할 일을 추가한다
```

애플리케이션에서 새로운 할 일을 추가할 수 있지만, 목록을 다시 확인해 보면 추가됐어야 할 할 일이 사라졌다. 그 이유는 목록 페이지의 데이터를 데이터베이스에서 불러오는데 새롭게 수정된 할 일 추가 페이지는 새 데이터를 데이터베이스에 추가하지 않기 때문이다. 새 할 일 추가 이벤트 메시지는 NATS 메시지 큐에 전달된다. 그러나 이 메시지 큐를 구독하는 대상이 없다. 나의 환경에서 실행한 결과는 그림 21-6에 실었다.

21

메시지 큐를 이용한 비동기 통신

▼ 그림 21-6 메시지 큐를 적용한 to-do 애플리케이션. 메시지 큐를 구독하는 서브스크라이버가 없기 때문에 새로운 할 일을 추가할 수 없다.

컴포즈 파일을 이용해 웹 애플리케이션과 데이터베이스 컨테이너를 모두 실행한다.

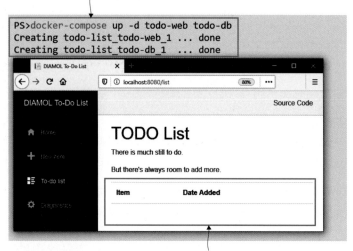

새로운 할 일을 추가했는데 할 일 목록에 새로 추가한 할 일이 나타나지 않는다.
새로운 할 일 이벤트의 데이터가 메시지 큐에 전달됐지만 이 메시지를 받아
처리를 수행할 서브스크라이버가 없기 때문이다.

메시지 큐 시스템은 이러한 상황을 서로 다른 방법으로 처리한다. 메시지가 큐에 전달됐는데 이 큐를 구독하는 서브스크라이버가 없는 상황이 발생하면, 관리자가 대신 처리할 수 있도록 데드-레터 큐(dead-letter queue)에 이 메시지를 모아 두거나 해당 큐에 서브스크라이버가 생길 때까지 메시지를 저장해 두는 방법을 사용하기도 한다. 레디스와 NATS는 모두 메시지를 수신할 서브스크라이버가 없다면 해당 메시지를 그대로 버리는 방식을 취한다. 그러므로 레디스 또는 NATS 메시지 큐를 새로 구독한 서브스크라이버는 자신이 구독을 시작한 이후 발행된 메시지만 수신할 수 있다.

실습 깃허브에서 배포되는 NATS의 예제 코드 중에는 간단한 NATS 서브스크라이버 도구가 포함돼 있다. 이 도구를 사용하면 특정 서브젝트에 해당하는 메시지를 수신할 수 있다. to-do 애플리케이션의 새로운 할 일 메시지가 메시지 큐에 제대로 발행되고 있는지 확인하라.

```
# 'events.todo.newitem' 서브젝트의 메시지를
# 수신하는 서브스크라이버 실행
docker container run -d --name todo-sub --network todo-list_app-net diamol/nats-sub
events.todo.newitem
```

```
# 서브스크라이버의 컨테이너 로그 확인
docker container logs todo-sub

# 웹 브라우저에서 http://localhost:8080에 접근해 새로운 할 일 추가

# 새 할 일 이벤트 메시지가 제대로 발행되는지 확인
docker container logs todo-sub
```

사용자 입장에서도 애플리케이션이 제대로 동작하지 않는 것은 마찬가지다. 웹 애플리케이션은 메시지 큐에 메시지를 발행할 뿐 이 메시지가 제대로 처리되는지는 알 수 없지만, 이제 메시지 큐에 서브스크라이버가 생겼으므로 발행된 메시지를 수신할 대상이 생겼다. 웹 애플리케이션에서 새 할 일을 추가하면 서브스크라이버 컨테이너의 로그에서 이 메시지를 볼 수 있다. 나의 환경에서 실행한 결과를 그림 21-7에 실었다.

▼ 그림 21-7 메시지를 로그로 출력하는 간단한 서브스크라이버 컨테이너를 이용하면 메시지가 정상적으로 발행되는지 확인할 수 있다.

특정 메시지 서브젝트를 구독하는 NATS 예제 애플리케이션을 실행한다.
그 아래 메시지는 to-do 애플리케이션이 새 할 일을 추가하기 위해 발행한 메시지다.

```
PS>docker container run -d --name todo-sub --network todo-lis
t_app-net diamol/nats-sub events.todo.newitem
773bfa51830de6a8e54e3eb353ba8bacc672f5472d868b85deddc0b399a6f
138
PS>
PS>docker container logs todo-sub
Listening on [events.todo.newitem]
PS>
PS>docker container logs todo-sub
Listening on [events.todo.newitem]
[#1] Received on [events.todo.newitem]: '{ " S u b j e c t "
: " e v e n t s . t o d o . n e w i t e m " , " I t e m " :
" T o D o I d " : 0 , " I t e m " : " F i n i s h   D I A M
L   C h a p t e r   2 1 " , " D a t e A d d e d " : " 2 0 2
- 0 1 - 0 3 T 0 0 : 0 0 : 0 0 + 0 0 : 0 0 " } , " C o r r e
a t i o n I d " : " 2 e 2 1 5 7 f a - 4 e a f - 4 7 3 1 - a
e a - 7 9 c 4 9 9 2 e b 3 4 0 " } '
```

이 시점에는 메시지가 없다. 서브스크라이버는 자신이 서브젝트를 구독하기 전에 발행된 메시지를 수신하지 못한다.

웹 애플리케이션에서 새 할 일을 추가하면 그 내용이 컨테이너 로그에 나타난다 (포매팅이 이상한 이유는 터미널 때문이다).

지금 생각해 보면, to-do 애플리케이션에는 발행된 메시지를 받아 처리할 컴포넌트가 없다. 비동기 메시징을 적용하려면 메시지 큐, 이벤트 발생 시 메시지를 발행할 퍼블리셔, 메시지를 수신해 이벤트를 처리할 서브스크라이버까지 최소 세 가지의 구성 요소가 필요하다. to-do 애플리케이션에는 이 중 마지막 요소인 서브스크라이버가 빠져 있다. 이제부터 빠진 요소를 채워 보자.

21.3 / 메시지 수신 및 처리

큐를 구독하는 컴포넌트를 메시지 핸들러(message handler)라고 한다. 대개 메시지의 종류(레디스의 채널, NATS의 서브젝트에 해당)마다 이를 처리하는 메시지 핸들러가 하나씩 필요하다. to-do 애플리케이션에는 새 할 일 이벤트 메시지를 처리해 데이터를 데이터베이스에 추가하는 역할을 해 줄 메시지 핸들러가 필요하다. 그림 21-8은 완성된 애플리케이션의 아키텍처를 나타낸 것이다.

❤ 그림 21-8 비동기 처리에는 이벤트 퍼블리셔와 메시지 핸들러가 모두 필요하다.

웹 애플리케이션 컨테이너는 데이터베이스에서 데이터를 읽어 오지만
새로운 데이터를 직접 추가하지는 않는다. 그 대신, 메시지 큐에 이벤트를 발행한다.

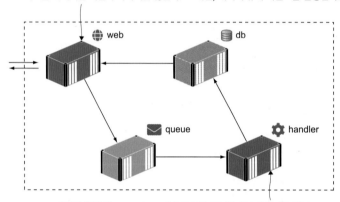

메시지 핸들러는 new-item 메시지 큐를 주시하다가 메시지를 받아
그 내용을 데이터베이스에 추가한다.

이 아키텍처는 메시지 큐가 급증하는 부하의 버퍼와도 같은 역할을 하기 때문에 스케일링이 용이하다. 웹 컨테이너가 수백 개 있더라도 메시지 핸들러 컨테이너는 열 개면 충분하다. 메시지 핸들러는 그룹으로 묶어 두고 돌아가면서 큐에 들어온 메시지를 처리한다. 메시지는 한 번에 하나씩 처리하므로 사용자가 아무리 많더라도 동시에 데이터 추가를 위해 들어오는 SQL 연결은 열 개로 제한된다. 메시지 핸들러 열 개 이상의 부하가 걸린다면, 메시지는 큐에 저장된 상태로 자신의 차례를 기다릴 것이다. 애플리케이션은 그대로 잘 동작하며 데이터도 잠시 후면 저장이 완료된다.

실습 to-do 애플리케이션의 메시지 핸들러는 미리 이미지로 빌드해 도커 허브에서 배포 중이다. 이 이미지로 컨테이너를 실행해 애플리케이션의 비동기 메시징이 완전히 동작하는지 확인하라.

```
# 메시지 핸들러 컨테이너 시작
docker-compose up -d save-handler

# 컨테이너 로그 확인
docker logs todo-list_save-handler_1

# 웹 브라우저에서 http://localhost:8080에 접근해 새로운 할 일 추가

# 이벤트가 잘 처리되는지 확인
docker logs todo-list_save-handler_1
```

애플리케이션이 다시 잘 동작한다. 하지만 아직 완전한 것은 아니다. 새 할 일을 추가하면 목록에 새로 추가된 할 일이 나타나기는 하지만, 약간의 시차가 있다. 할 일을 저장하면 웹 애플리케이션의 화면이 할 일 목록 화면으로 전환되는데, 이 페이지는 메시지가 큐와 메시지 핸들러를 지나며 처리되는 동안에 로딩된다. 따라서 새 할 일이 데이터베이스에 저장되기 전에 할 일 목록을 불러오므로 새 할 일이 목록 화면에 나타나지 않는다. 나의 환경에서 실행한 결과는 그림 21-9에 실었다. 그림을 보면 새로 추가한 할 일이 목록에 나타나지 않았다.

▼ 그림 21-9 메시지 핸들러는 메시지 큐를 주시하며 새로운 메시지의 사본을 전달받고 그 내용에 따라 메시지를 처리한다.

애플리케이션이 동작하도록 메시지 핸들러를 추가한다.
메시지 핸들러는 메시지 큐를 주시하다 메시지를 받아
새로운 할 일 항목을 데이터베이스에 추가하는 역할을 한다.   메시지 큐를 구독했다.

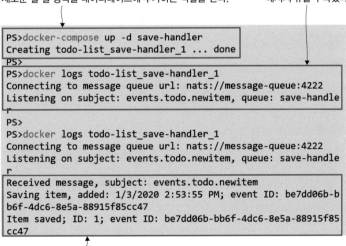

웹 애플리케이션에서 새 할 일을 추가하며 발행된 메시지를 큐에서 메시지 핸들러가
수신한다. 메시지 핸들러는 메시지의 내용을 SQL 쿼리로 데이터베이스에 추가한다.
ID는 데이터베이스에서 부여된 것이다.

비동기 메시징에서 발생하는 이러한 부수 효과를 결과적 일관성(eventual consistency)이라고 한다. 모든 메시지의 처리가 끝나면 애플리케이션 데이터의 상태가 정확해지는데, 그 이전 시점에는 일관성이 깨질 수 있다. 전체 UI가 비동기적으로 동작할 수 있도록 이 문제를 해결하는 몇 가지 방법이 있는데, 웹 애플리케이션이 '모든 메시지의 처리가 끝나고 할 일 목록이 갱신됐음'을 의미하는 이벤트를 기다렸다가 그에 맞춰 화면을 리프레시하면 된다. 이러한 푸시 모델(push model)은 지금 사용된 폴링 모델(polling model)에 비해 훨씬 효율적이지만, 이 책의 내용을 벗어나므로 여기서는 다루지 않고 그냥 웹 브라우저를 리프레시하겠다.

비동기 메시징을 적용하는 것은 아키텍처 관점에서는 상당히 큰 변화다. 하지만 이 변화로부터 얻을 수 있는 기회가 많다. 그만큼 비동기 메시징을 잘 알아 두어야 한다. 메시지 핸들러는 특정 목적에 특화된 작은 컴포넌트로, 주 애플리케이션이나 다른 컴포넌트와 별도로 업데이트하거나 스케일링할 수 있다. 이번 실습에서 큐를 사용해 수평 확장 문제를 해결했으므로 이제 메시지 핸들러의 수를 늘려 SQL 커넥션 풀의 수를 늘리지 않고도 증가하는 부하에 대응할 수 있다.

> **실습** 메시지 핸들러는 내부 컴포넌트다. 다른 포트를 주시하지 않으므로 단일 컴퓨터에서 여러 컨테이너를 실행해도 문제가 없다. NATS는 같은 서브젝트를 처리하는 여러 핸들러 간의 로드 밸런싱을 지원한다.

```
# 핸들러의 인스턴스 수를 늘림
docker-compose up -d --scale save-handler=3

# 새로 늘린 핸들러가 메시지를 구독하는지 확인
docker logs todo-list_save-handler_2

# 웹 브라우저에서 http://localhost:8080에 접근해 새로운 할 일을 추가

# 어느 메시지 핸들러가 메시지를 처리했는지 확인
docker-compose logs --tail=1 save-handler
```

메시지가 서로 다른 컨테이너에 의해 처리되는 것을 볼 수 있다. NATS는 라운드 로빈 방식의 로드 밸런싱을 통해 서브스크라이버에 메시지를 분배할 수 있다. 메시지의 수가 더 많아지면 더 고르게 부하가 분배되는 것을 볼 수 있다. 그림 21-10에 나의 환경에서 실행한 결과를 실었다. 컨테이너 1과 2는 메시지를 처리했지만, 3은 메시지를 처리하지 않았다.

중요한 것은 코드 한 줄 수정하지 않고도 새 할 일 추가 기능의 처리 용량을 세 배로 증가시켰다는 점이다. 우리가 한 일은 메시지 핸들러의 수를 늘린 것뿐이다. 같은 이벤트를 통해 동작하는 다른 기능이 있다면, 해당 서브젝트를 구독하는 또 다른 메시지 핸들러를 실행하면 된다. 이런 방법으로 코드 변경 없이 새로운 기능을 추가하는 전략도 흥미로울 것이다.

▼ 그림 21-10 메시지 핸들러를 여러 개 만들면 로드 밸런싱이 적용돼 스케일링이 간편하다.

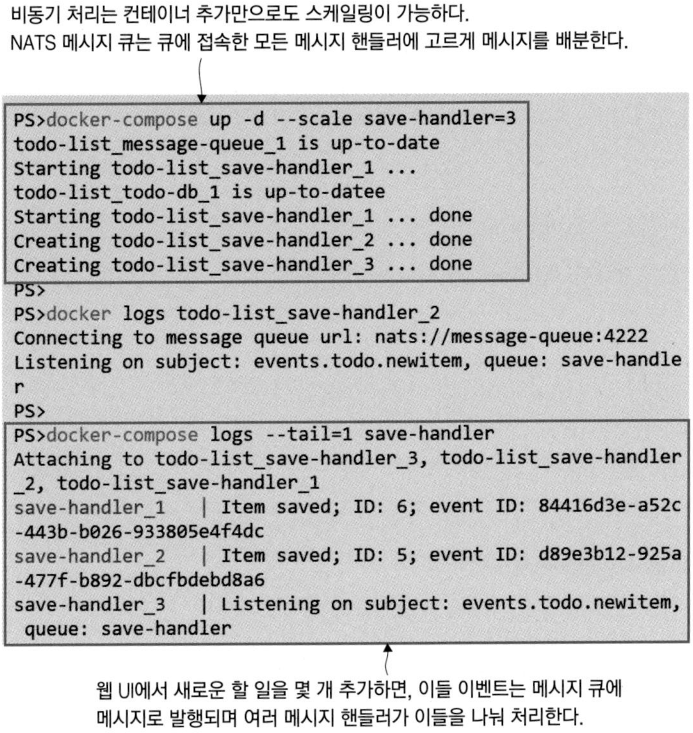

비동기 처리는 컨테이너 추가만으로도 스케일링이 가능하다.
NATS 메시지 큐는 큐에 접속한 모든 메시지 핸들러에 고르게 메시지를 배분한다.

```
PS>docker-compose up -d --scale save-handler=3
todo-list_message-queue_1 is up-to-date
Starting todo-list_save-handler_1 ...
todo-list_todo-db_1 is up-to-datee
Starting todo-list_save-handler_1 ... done
Creating todo-list_save-handler_2 ... done
Creating todo-list_save-handler_3 ... done
PS>
PS>docker logs todo-list_save-handler_2
Connecting to message queue url: nats://message-queue:4222
Listening on subject: events.todo.newitem, queue: save-handle
r
PS>
PS>docker-compose logs --tail=1 save-handler
Attaching to todo-list_save-handler_3, todo-list_save-handler
_2, todo-list_save-handler_1
save-handler_1  | Item saved; ID: 6; event ID: 84416d3e-a52c
-443b-b026-933805e4f4dc
save-handler_2  | Item saved; ID: 5; event ID: d89e3b12-925a
-477f-b892-dbcfbdebd8a6
save-handler_3  | Listening on subject: events.todo.newitem,
 queue: save-handler
```

웹 UI에서 새로운 할 일을 몇 개 추가하면, 이들 이벤트는 메시지 큐에 메시지로 발행되며 여러 메시지 핸들러가 이들을 나눠 처리한다.

DOCKER TEXTBOOK

21.4 메시지 핸들러로 기능 추가하기

이것으로 to-do 애플리케이션의 아키텍처를 이벤트 지향 아키텍처(event-driven architecture)로 변경했다. 이벤트 지향 아키텍처는 애플리케이션이 모든 일을 즉각 동기적으로 처리하는 대신 이벤트를 통해 다른 구성 요소에 자신의 현재 상태를 알리는 방식을 말하며, 이벤트를 발행하는 로직을 변경하지 않고도 이벤트 처리 로직을 바꿀 수 있으므로 애플리케이션의 구성 요소 간 결합도를 느슨하게 하는 효과가 있다. 지금은 이벤트를 한 가지만 사용하지만, 이것만으로도 기존 애플리케이션을 변경하지 않고 새 기능을 추가할 수 있는 유연성을 갖추고 있다.

새 기능을 추가하는 가장 쉬운 방법은 새로운 메시지 핸들러의 그룹을 만들고 모든 메시지를 수신하도록 하되 이벤트 처리를 다르게 하는 것이다. 데이터베이스에 데이터를 저장하는 역할을 하는 기존 메시지 핸들러와 달리, 새로운 메시지 핸들러는 데이터를 일래스틱서치에 저장해 키바나에서 그 내용을 검색하게 할 수도 있고, 새 할 일을 구글 캘린더에 추가할 수도 있다. 이번 실습에서는 새로 추가되는 할 일의 내용을 컨테이너 로그로 출력하는 간단한 메시지 핸들러를 만들어 볼 것이다.

> **실습** 새 메시지 핸들러는 컴포즈 오버라이드 파일에 정의된다. 이 컴포즈 파일을 배포하면 컴포넌트가 애플리케이션에 추가된다. 컨테이너가 하나 추가되는 것 외에 기존 컨테이너의 변경은 없다.

```
# 동작 확인 핸들러를 실행한다
# 개수는 메시지 저장 핸들러와 동일하다
docker-compose -f docker-compose.yml -f docker-compose-audit.yml up -d --scale save-handler=3

# 동작 확인 핸들러가 메시지를 수신하는지 확인
docker logs todo-list_audit-handler_1

# 웹 브라우저에서 http://localhost:8080에 접근해 새로운 할 일 추가

# 동작 여부 확인
docker logs todo-list_audit-handler_1
```

이번 배포는 무중단 배포다. 기존 컨테이너의 변경은 없고, 새 기능은 새 컨테이너로 구현됐다. 동작 확인 핸들러는 메시지 저장 핸들러와 같은 서브젝트를 구독하므로 모든 메시지를 수신할 수 있다. 메시지 저장 핸들러도 마찬가지다. 나의 환경에서 실행한 결과를 그림 21-11에 실었다. 동작 확인 핸들러가 새로운 할 일 항목의 날짜와 내용을 로그로 출력하는 것을 볼 수 있다.

❤ 그림 21-11 이벤트를 이용하면 컴포넌트 간의 결합도를 느슨하게 하고 새 기능을 추가할 수도 있다.

동작 확인 핸들러를 실행한다. 그 외 기존 컨테이너는 변경되지 않으므로
컨테이너 하나와 기능 하나만이 추가된다.

```
PS>docker-compose -f docker-compose.yml -f docker-compose-aud
it.yml up -d --scale save-handler=3
todo-list_save-handler_1 is up-to-date
todo-list_save-handler_2 is up-to-date
todo-list_save-handler_3 is up-to-date
todo-list_todo-web_1 is up-to-date
todo-list_message-queue_1 is up-to-date
todo-list_todo-db_1 is up-to-date
Creating todo-list_audit-handler_1 ... done
PS>
PS>docker logs todo-list_audit-handler_1
Connecting to message queue url: nats://message-queue:4222
Listening on subject: events.todo.newitem, queue: audit-handl
er
PS># add some items through the app
PS>

PS>docker logs todo-list_audit-handler_1
Connecting to message queue url: nats://message-queue:4222
Listening on subject: events.todo.newitem, queue: audit-handl
er
AUDIT @ 1/3/2020 4:06:24 PM: Finish DIAMOL Chapter 21
AUDIT @ 1/3/2020 4:06:29 PM: Start DIAMOL Chapter 22
```

새 기능은 추가되는 새 할 일의 목록을 출력하는 것이다. 이 컨테이너와
기존 메시지 저장 핸들러가 함께 모든 메시지를 수신한다.

이제 사용자가 새 할 일을 추가하면 두 가지 처리가 함께 일어난다. 또한, 이 두 가지 처리는 서로 다른 컨테이너에서 동작한다. 웹 UI가 이들 처리가 끝나기를 기다릴 필요가 없으므로(애초에 존재 자체를 알지 못한다) 서로 처리 시간이 달라도 사용자 경험에 영향을 미치지 않는다. 웹 UI는 이벤트를 메시지 큐에 발행하며, 아무리 사용자가 많더라도 이 과정의 지연 시간은 고정된다.

이렇게 간단한 예제만으로도 이 아키텍처의 강력함을 느낄 수 있을 것이다. 애플리케이션에서 핵심 이벤트를 메시지 큐에 발행하기만 하면, 기존 컴포넌트를 수정하지 않고도 새로운 기능을 추가할 수 있다. 또 이 새 기능은 빌드와 테스트, 배포까지 기존 애플리케이션에 영향을 미치지 않는다. 이 기능에 문제가 생긴다면 해당 메시지 핸들러만 중단시키면 된다.

이 마지막 예제까지 살펴보고 나면, 여러분의 애플리케이션에도 비동기 메시징을 꼭 도입해야겠다는 생각이 들 것이다. 앞서 봤듯 같은 유형의 이벤트를 여러 종류의 서브스크라이버가 구독할 수 있는데, 반대로 여러 퍼블리셔도 같은 유형의 이벤트를 발행할 수 있다. 새 할 일 이벤트는 코드에 이미 고정돼 있으므로 어떤 컴포넌트라도 새 할 일 이벤트를 발행할 수 있다. 이 점을 이용하면 새 할 일을 만드는 다른 방법을 구현할 수 있다. 이런 식으로 기존 애플리케이션을 수정하지 않고도 새 할 일을 추가하는 REST API를 만들어 보겠다.

실습 to-do 목록 API도 이미 구현이 끝나 바로 배포할 수 있다. 이 API는 8081번 포트를 주시하며 사용자가 HTTP POST 요청을 보내면 새 할 일 이벤트를 발행한다.

```
# 컴포즈 오버라이드 파일에 정의된 API 컨테이너 실행
docker-compose -f docker-compose.yml -f docker-compose-audit.yml -f docker-compose-
api.yml up -d todo-api

# API를 사용해 새 할 일 추가
curl http://localhost:8081/todo -d '{"item":"홍보 비디오 촬영"}' -H 'Content-Type:
application/json'

# 동작 확인 로그 확인
docker logs todo-list_audit-handler_1
```

이 API의 실체는 HTTP 서버다. 그리고 이 API에 포함된 실제 로직은 예제 21-1의 코드와 동일한 메시지 큐에 이벤트를 발행하는 것뿐이다. 로그를 확인하면 API로 입력된 새 할 일이 동작 확인 핸들러와 메시지 저장 핸들러에서 처리되는 것을 볼 수 있다. 웹 애플리케이션을 리프레시하면 새로 추가된 할 일도 볼 수 있다. 나의 환경에서 실행한 결과를 그림 21-12에 실었다.

▼ 그림 21-12 같은 이벤트를 여러 컴포넌트에서 발행하고 구독할 수 있다. 이를 통해 컴포넌트 간의 결합을 느슨하게 하는 효과를 얻을 수 있다.

새 할 일 API는 새 할 일 이벤트를 발행하는 간단한 컴포넌트다. 이 이벤트는 기존 메시지 핸들러의 로직도 함께 실행한다.

API를 통해 새 할 일 항목을 추가하면 동작 확인 핸들러에서 기존 할 일 항목과 함께 그 내용을 볼 수 있다.

메시지 저장 핸들러도 같은 방식으로 동작하므로 API를 통해 추가된 할 일 항목을 웹 애플리케이션에서 볼 수 있다.

강력하지만, 애플리케이션에서 발행하는 한 가지 이벤트만으로 구현해 낸 것이다. 비동기 메시징을 사용하면 스케일링과 업데이트가 쉬운 유연한 애플리케이션을 만들 수 있다. 여러분의 애플리케이션도 몇 가지 핵심 이벤트만 추가하면 이 모든 장점을 누릴 수 있다.

향후 비동기 메시징 도입에 도움이 될 만한 패턴을 좀 더 소개하며 이번 장을 마무리하겠다.

21.5 / 비동기 메시징 패턴 이해하기

비동기 메시징은 고급 주제이지만, 도커를 이용해 진입 장벽을 상당히 낮출 수 있다. 메시지 큐를 컨테이너로 실행하고 이벤트를 발행하는 애플리케이션을 빠르게 프로토타이핑할 수 있기 때문이다. 메시지 큐에 메시지를 전달하고 수신하는 방법도 몇 가지 형태가 더 있다. 상황에 따라 적합한 방식을 선택할 수 있도록 미리 알아 두는 것이 좋다.

이번 장에서 사용한 방식은 퍼블리시-서브스크라이브(publish-subscribe, pub-sub) 패턴이다. 이 패턴은 서브스크라이버(하나 이상이거나 없을 수도 있다)가 퍼블리시된 메시지를 구독하는 형태다. 이 패턴을 그림 21-13에 정리했다.

▼ 그림 21-13 퍼블리시-서브스크라이브 패턴은 같은 메시지를 여러 핸들러가 처리할 수 있다.

웹 애플리케이션은 이벤트, 명령, 쿼리 등의 메시지를 메시지 큐에 발행하므로 퍼블리셔에 해당한다. 퍼블리셔는 메시지 큐의 존재만 알 뿐 핸들러의 존재는 알지 못한다.

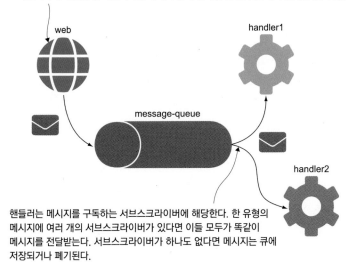

핸들러는 메시지를 구독하는 서브스크라이버에 해당한다. 한 유형의 메시지에 여러 개의 서브스크라이버가 있다면 이들 모두가 똑같이 메시지를 전달받는다. 서브스크라이버가 하나도 없다면 메시지는 큐에 저장되거나 폐기된다.

21

메시지 큐를 이용한 비동기 통신

퍼블리시-서브스크라이브 패턴이 적합하지 않은 경우도 있다. 이 패턴에서는 퍼블리셔가 메시지를 사용하는 것이 누구이고, 어떻게 처리하며, 언제 처리가 끝나는지를 전혀 알 방법이 없다. 이를 해결할 수 있는 패턴이 리퀘스트-리스폰스(request-response) 패턴이다. 이 패턴에서는 클라이언트가 메시지 큐에 메시지를 전달하고 응답을 기다린다. 핸들러는 요청 메시지를 처리한 다음 응답 메시지를 메시지 큐에 보내고, 큐는 다시 이 메시지를 클라이언트에 전달한다. 이 패턴은 과부하를 일으키지 않는 핸들러와 클라이언트가 기다리는 동안 다른 작업을 할 수 있다는 비동기 메시징의 장점을 그대로 유지하면서도 일반적인 동기 서비스 호출을 대체할 수 있다. 그림 21-14에 리퀘스트-리스폰스 패턴을 정리했다.

▼ 그림 21-14 리퀘스트-리스폰스 패턴은 직접 연결이 수반되지 않는 클라이언트-서비스 통신과 같다.

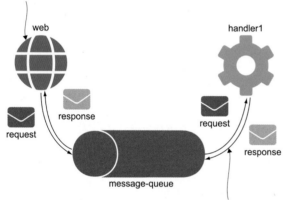

웹 애플리케이션은 메시지 큐로 요청 메시지를 전달한다.
이 메시지에는 웹 애플리케이션이 기다리는 응답을 보낼
큐의 주소가 담겨 있다.

핸들러는 요청 메시지를 받아 처리한 다음, 응답을 큐에 메시지로 보낸다.
이 응답은 앞서 받은 요청 메시지에 지정된 클라이언트로 전달된다.

대부분의 메시지 큐 기술은 이들 패턴과 그 변종(이를테면 클라이언트가 요청이 아닌 명령 메시지를 보내고 응답은 기다리지 않는 패턴인 fire-and-forget, 여러 서브스크라이버에 메시지를 보낸 다음 이들로부터 응답을 모아 오는 scatter-gather 등)을 모두 지원한다. 이번 장에서는 메시지 큐 기술로 레디스와 NATS를 살펴봤다. 하지만 이 외에 래빗MQ(RabbitMQ)도 고려해 볼 만하다. 래빗MQ는 복잡한 메시지 라우팅과 메시지를 디스크에 저장하는 퍼시스턴트 메시징을 지원한다. 래빗MQ 역시 레디스나 NATS와 마찬가지로 도커 허브에 공식 이미지가 공개돼 있다.

메시지 큐 기술은 애플리케이션 아키텍처가 운신할 폭을 크게 넓혀 준다. 처음부터 이벤트 지향 아키텍처를 선택할 수도 있고, 다른 아키텍처에서 점진적으로 이벤트 지향 아키텍처를 적용해 나갈 수도 있다. 아니면 핵심 이벤트에만 메시지를 적용해도 무방하다. 서비스 중단 없이 새 기능을 배포하고 싶거나 자원이 부족한 데이터베이스 서버를 보호하기 위해 핸들러 인스턴스 수를 줄여야 할 필요가 있다면, 메시지 큐를 이용한 패턴의 강력함을 체감할 수 있을 것이다.

21.6 / 연습 문제

드디어 이 책의 마지막 연습 문제다. 그런 만큼 이번 문제는 조금 까다로울 것이다. 이번 문제의 목표는 to-do 애플리케이션에 새로운 메시지 핸들러를 추가하는 것이다. 새로운 메시지 핸들러는 새 할 일 항목의 설명 텍스트를 수정하는 기능을 한다. 핸들러는 이미 구현돼 있으므로 독자 여러분은 컴포즈 파일에 새로운 서비스 정의를 추가하면 된다. 다만 몇 가지 필요한 설정이 있으니 이들 설정은 직접 궁리해 보기 바란다.

구현된 핸들러는 diamol/ch21-mutating-handler 이미지로 도커 허브에 공개돼 있다. 이 핸들러를 사용하려면 다음과 같은 사항을 미리 살펴봐야 한다.

- 이 핸들러는 events.todo.itemsaved 이벤트를 주시한다. 하지만 아직 이 유형의 이벤트를 발행하는 컴포넌트가 없다. 기존 컴포넌트가 이 새로운 이벤트를 발행하도록 설정하는 방법을 찾아보자.
- 이 핸들러의 기본 설정값에는 메시지 큐의 주소 등 고쳐야 할 값이 많다. 이들 설정을 수정하는 방법을 찾아보자.

실제로 풀어 보면 보기만큼 어렵지는 않을 것이다. 필요한 사항은 Dockerfile 스크립트에 모두 담겨 있으며, 이 컴포즈 파일에 적당한 값을 찾아 넣기만 하면 된다. 소스 코드를 수정하거나 이미지를 다시 빌드할 필요는 없다. 도커를 실제 사용하며 필요한 설정 방법을 찾아 나가는 문제이므로 많은 도움이 될 것이다. 그리고 새로운 메시지 핸들러는 to-do 애플리케이션에 멋진 새 기능을 추가할 것이다.

나의 해답이 깃허브 ch21/lab/ 폴더에 공개돼 있으며, 동작 중인 to-do 애플리케이션의 스크린 샷도 함께 들어 있다. 필요한 독자는 해답을 참고하기 바란다.

메시지 큐를 이용한 비동기 통신

22장

끝없는 정진

도커는 배우기 즐거운 기술이다. 개인용 Git 서버의 실행부터 레거시 애플리케이션의 클라우드 이주, 클라우드 환경에 특화된 새 애플리케이션 개발까지 활용도가 무궁무진하기 때문이다. 이 책과 함께한 여정을 통해 여러분이 컨테이너를 자신 있게 다룰 수 있기를 바란다. 이제 여러분 프로젝트의 어느 부분에서 컨테이너를 활용할 수 있을지 알았을 것이다. 마지막 장에서는 실무에 도커를 성공적으로 활용하기 위한 몇 가지 힌트와 함께 도움이 될 만한 도커 커뮤니티를 소개하면서 이 책을 마무리 짓고자 한다.

22.1 / 도커를 이용한 개념 검증

도커를 많이 사용하면 사용할수록 컨테이너를 편안하게 느낄 수 있으며, 그만큼 도커의 장점도 더 많이 누릴 수 있다. 대부분의 앱은 컨테이너에서 실행할 수 있으며 개발 중인 개념 검증(proof-of-concept) 수준의 애플리케이션을 도커로 이주하는 것은 도커를 실무에 활용하는 좋은 출발점이 될 것이다. 이 책에서 배운 내용을 실무에 활용하면서 자신의 작품을 팀에 시연할 수 있으니 일석이조다.

개념 검증은 단순히 이미지를 빌드하고 컨테이너를 실행하는 것이 아니다. 컨테이너의 위력을 팀 원들과 공유하고 싶다면 개념 검증 애플리케이션을 다음과 같이 만들면 좋다.

- 여러 개의 컴포넌트를 컨테이너화한다. 도커 컴포즈의 강력한 기능과 다양한 설정을 어필할 수 있을 것이다(10장 참조).
- 처음부터 베스트 프랙티스를 적용해 도커로 이주하면 전체 전달 사이클을 어떻게 개선할 수 있는지 어필한다. 멀티 스테이지 Dockerfile 스크립트 및 최적화, 개인용 골든 이미지를 시연하면 더 좋다(17장 참조).
- 중앙화된 로그 수집(19장)과 컨테이너 정보 수집(9장)을 적용하라. 일목요연하게 잘 꾸며진 그라파나 대시보드와 키바나를 이용한 로그 검색 기능을 적용하면 개념 검증 애플리케이션이 더욱 돋보일 것이다.
- CI/CD 파이프라인을 구축하라. 단일 컨테이너로 젠킨스를 구동하는(11장) 단순한 파이프라인일지라도 도커의 빌드 자동화 기능을 보여 주기에 충분하다.

개념 검증 애플리케이션은 큰 노력 없이도 만들 수 있다. 방금 언급한 사항을 모두 적용한다 해도 간단한 애플리케이션이라면 아마 5일 이내에 마칠 수 있을 것이다. 다른 팀원의 도움을 받을 필요도 없다. 이 시점까지는 개인의 사이드 프로젝트에 지나지 않는다.

개념 검증 애플리케이션을 시연한 후 팀 내에 도커를 도입하는 데 실패했더라도 실망할 필요는 없다. 도커를 활발히 사용하는 사용자 중에는 집에서 도커를 처음 사용한 사람도 많다. 라즈베리 파이 등의 컴퓨터를 이용해 상당히 뛰어난 소프트웨어를 컨테이너로 실행할 수 있다. 이것만으로도 도커를 주로 사용하는 것이 된다.

22.2 소속 조직에서 도커의 유용함을 입증하라

도커 도입은 실무에 많은 영향을 미치는 큰 결정이다. 게다가 소속 조직이 이런 변화를 받아들일 준비가 되지 않았을 수도 있다. 이 책에서 이미 다른 기술과 비교해 도커의 다양한 장점을 설명했지만, 그중에서도 핵심 이해관계자와 결정권자를 설득할 수 있는 내용을 정리해 봤다.

- 개발자는 전체 애플리케이션 스택을 개발용 컴퓨터에서 운영 환경과 완전히 동일한 환경으로 실행할 수 있다. 의존 모듈 누락이나 버전 차이로 인한 트러블이 원천적으로 차단되므로 개발에만 전념할 수 있다. 개발 팀과 운영 팀이 동일한 도구를 사용하게 되므로 해당 애플리케이션 컴포넌트에 대한 오너십(ownership)이 동등해진다.

- 운영 팀은 모든 애플리케이션 운영에 필요한 표준 도구를 갖게 된다. 그리고 컨테이너화된 컴포넌트의 로그, 동작 정보, 설정을 아우르는 표준 API를 사용할 수 있다. 배포와 롤백 과정이 완전히 자동화되며, 실패가 적어지므로 더 자주 새로운 버전을 릴리스할 수 있다.

- 데이터베이스 관리자 입장에서는 운영 환경의 데이터베이스 서버가 컨테이너화되는 것이 그리 바람직하지는 않다. 하지만 컨테이너를 사용하면 개발 팀과 운영 팀이 데이터베이스 작업을 직접 수행할 수 있다. 데이터베이스 스키마도 형상 관리 도구로 이전해 도커 이미지에 포함시킬 수 있으며, 데이터베이스 개발에도 CI/CD를 도입할 수 있다.

- 보안 팀은 실행 중인 컨테이너의 보안을 우려할 것이다. 하지만 도커를 사용하면 전체 컨테이너 생애주기에서 원하는 수준까지 보안을 확보할 수 있다. 여기에 더해 골든 이미지, 보안 스캐닝, 이미지 사이닝까지 소프트웨어 공급 체인 전체를 안전하게 유지할 수 있는 수단을 갖추고 있다. 아쿠아(Aqua)나 트위스트록(Twistlock) 등의 도구는 컨테이너를 모니터링하며 잠재적인 공격을 방지할 수도 있다.

- 사업 팀 또는 프로덕트 책임자는 릴리스 일정상의 장점을 주로 이해할 것이다. 이들은 이전에 발생했던 릴리스 과정의 문제점이 배포 품질을 위한 불필요한 절차로 이어지며 릴리스 주기가 길어졌던 기억을 갖고 있다. 자기 수복 애플리케이션, 헬스 대시보드, 지속적 배포 등을 통해 소프트웨어의 품질을 향상시키고 더 기민하게 새 기능을 릴리스할 수 있다.

- 상위 관리 팀의 관심사는 사업 팀과 크게 다르지 않다. 하지만 그 외에 IT 관련 예산의 관점에서 우리를 바라볼 것이다. 애플리케이션을 기존 가상 머신에서 컨테이너로 이전하면, 줄어드는 서버 대수만큼 상당히 큰 비용을 절감할 수 있다. 필요한 운영체제 라이선스의 수가 줄어드는 것은 덤이다.

- IT 관리 팀은 지금의 컨테이너 열풍이 빠르게 지나가는 유행이 아니라는 것을 이미 이해하고 있다. 도커는 2014년부터 성공적으로 시장에 안착했으며, 주요 클라우드 사업자는 모두 매니지드 컨테이너 플랫폼을 제공한다. 독자 여러분의 기술 로드맵에 도커를 추가한다면, 최신 기술 스택을 유지하고 개발 팀을 행복하게 할 수 있을 것이다.

22.3 / 운영 환경으로 가는 길

조직에 도커를 도입하고 싶다면 그 도입 범위에 대해서도 먼저 잘 이해해야 한다. 이 책 앞부분에서는 레거시 애플리케이션의 현대화, 서버리스 함수까지 도커의 장점을 누릴 수 있는 다섯 가지 프로젝트에 대해 설명했다. 여러분이 만든 개념 검증 애플리케이션이 이 다섯 가지 유형에 포함되거나 혹은 이보다 더 특이한 것이더라도 도커를 도입하는 궁극적인 목표를 정해 두어야 목표에 이르는 로드맵을 계획하고 그 진행 상황을 파악할 수 있다.

가장 중요한 결정은 도커 스웜과 쿠버네티스 중 하나를 택하는 것이다. 이 책에서는 스웜을 사용했는데, 그 이유는 스웜이 초보자에게 더 쉽기 때문이다. 하지만 클라우드 환경을 목표로 한다면 쿠버네티스로 시작하는 편이 더 낫다. 모든 도커 이미지는 쿠버네티스에서도 사용할 수 있다. 하지만 애플리케이션 정의 문법은 도커 컴포즈와 쿠버네티스가 서로 다르다. 또 쿠버네티스의 학습 곡선이 훨씬 더 가파르다는 점도 감안해야 한다. 데이터센터에서 컨테이너 플랫폼을 직접 운영해야 한다면 우선 도커 스웜부터 시작하기를 권한다. 도커 스웜은 운영 측면에서 좀 더 접근하기 쉽다. 쿠버네티스는 전담 운영 팀이 따로 필요할 정도로 복잡한 시스템이며, 아예 상업적인 운영 서비스를 구매하는 것이 더 나을 수도 있다.

22.4 / 도커 커뮤니티 소개

마지막으로, 여러분이 도움을 받을 수 있는 도커 커뮤니티를 소개하며 이 책을 마치겠다. 도커는 매우 활발하고 규모가 큰 사용자 커뮤니티를 갖추고 있으며 오프라인 밋업도 전 세계에서 활발하게 열리고 있다. 아래에 정리한 커뮤니티에서 자신의 경험과 지식을 기꺼이 나눠 줄 동료를 어렵지 않게 찾을 수 있다.

- **도커 커뮤니티 슬랙 그룹**: https://dockr.lt/slack
- **온오프라인 밋업 찾기**: https://events.docker.com
- **도커 캡틴**(도커가 전문성과 활발한 커뮤니티 활동을 공식적으로 인증한 커뮤니티 회원): https://docker.com/community/captains
- **도커콘**(컨테이너 콘퍼런스): https://dockercon.com

나 역시 위에 소개된 커뮤니티의 일원이다. 슬랙 그룹에서 @eltonstoneman을 찾거나 트위터에서 @EltonStoneman을 찾으면 된다. 언제든지 마음 편하게 문의하기 바란다. 나의 블로그 https://blog.sixeyed.com과 깃허브 페이지(@sixeyed)를 통해서도 연락할 수 있다. 이 책을 끝까지 읽어 준 독자 여러분에게 감사한다. 이 책이 유용했기를 바라며, 도커를 이용해 원하는 성과를 거두게 되기를 기대한다.

22
끝없는 정진